ENCYCLOPEDIE MÉTHODIQUE,

OU

PAR ORDRE DE MATIÈRES.

PAR UNE SOCIÉTÉ DE GENS DE LETTRES, DE SAVANS ET D'ARTISTES;

Precédée d'un Vocabulaire universel, *servant de Table pour tout l'Ouvrage, ornée des Portraits de MM.* DIDEROT & D'ALEMBERT, *premiers Éditeurs de l'*Encyclopédie.

ENCYCLOPÉDIE
MÉTHODIQUE.

DICTIONNAIRE
DE TOUTES LES ESPÈCES DE PÊCHES.

A PARIS,
Chez H. AGASSE, Imprimeur-Libraire, rue des Poitevins. N°. 18.

L'AN QUATRIÈME DE LA RÉPUBLIQUE FRANÇAISE UNE ET INDIVISIBLE.

AVERTISSEMENT.

LA pêche eſt un art dont l'exercice doit être conſidéré comme infiniment utile ſous tous les rapports. C'eſt la pêche qui occupe & fait ſubſiſter un grand nombre de citoyens robuſtes & laborieux.

La pêche eſt la première & la meilleure école de marine, où ſe forme cette claſſe précieuſe de matelots accoutumés à ſupporter les fatigues qu'offre ſans ceſſe l'élément perfide ſur lequel ils paſſent la plus grande partie de leur vie. La pêche enhardit les hommes à lutter contre les vents & les flots ; elle les rend intrépides dans les dangers, juſqu'à l'audace, & entreprenans juſqu'à la témérité.

La jeuneſſe, & la paſſion de la gloire peuvent former un bon ſoldat en une ſeule campagne, mais il faut qu'un vrai matelot ait fréquenté la mer dès ſon enfance, pour façonner ſon tempérament à un élément qui ne lui eſt pas naturel ; il faut qu'il acquière, par un exercice continuel, une agilité qui le fait, en quelque ſorte, planer au-deſſus des abîmes qui ſont entr'ouverts de toutes parts pour l'engloutir.

Le fils d'un pêcheur ſuit ſon père dès ſes premiers ans ; il s'embarque avec lui dans de frêles barques, & ſe familiariſe avec les caprices des mers où il doit aller chercher ſa ſubſiſtance : ſes forces devancent ſon âge, & le portent à des travaux toujours plus grands & plus périlleux. C'eſt ainſi que les pêcheurs, après avoir fait leur premier aprentiſſage ſur des barques, paſſent au ſervice du commerce en qualité de matelots, & parviennent par degrés, à ſervir avec honneur ſur les vaiſſeaux de la République. C'eſt ainſi qu'accoutumés à braver les dangers de la mer, étant pêcheurs, ils montrent la même intrépidité étant matelots, pour affronter les feux de la guerre.

On ſent que tout ceci doit s'entendre des pêcheurs qui s'adonnent aux grandes pêches, telles que celles du hareng, de la morue, de la baleine, &c. lesquelles exigent de longues & pénibles navigations, avec une constance infatigable, pour tenir la mer la nuit comme le jour, dans des climats différens, & souvent parmi les glaces des mers du nord. Ces grandes pêches ont un autre avantage bien essentiel, c'est qu'elles forment d'excellens pilotes-côtiers, & qu'elles seules peuvent donner les connoissances les plus certaines & les plus circonstanciées de l'hydrographie. Donnons pour exemple & pour preuve de cette assertion, ce que Duhamel rapporte dans son *Traité des pêches*, d'après un mémoire de pêcheur.

Les bords de la mer présentent bien des objets différens. Ici ce sont des rochers fort élevés & escarpés ; là les rochers ont moins d'élévation, & sont quelquefois recouverts par l'eau des hautes marées : ailleurs ce sont des dunes ou de grandes montagnes de sable : quelques côtes sont formées par des terres plus ou moins dures, mêlées de pierres qui, tombant à la mer, s'arrondissent par les frottemens qu'occasionne le mouvement de l'eau ; en cet état elles forment ce qu'on nomme *le galet*. On trouve aussi des plages très-étendues, formées de sable, de vase ou de galet, qui étant peu inclinées sont recouvertes à une grande distance par l'eau de la marée. Çà & là se trouvent soit les embouchures des fleuves, soit des crics, des anses, des ports qui servent d'asyle aux pêcheurs quand ils sont pris de gros temps. En s'écartant des côtes, on trouve les mêmes variétés, des rochers, des îlots qui s'élevant au-dessus de la surface de la mer, forment comme des archipels où les pêcheurs peuvent mettre pied à terre ; d'autres étant à une petite profondeur sous l'eau, occasionnent des brisans qui annoncent des écueils très-dangereux.

Les fonds de la mer sont de roche, de galet, de gravier, de sable, de fragmens de coquilles, d'argille, de vase, de plantes marines, &c. Il est très-essentiel aux pêcheurs de connoître toutes ces variétés, ainsi que la profondeur de l'eau, pour savoir si l'ancrage y est bon, quels sont les poissons qui s'y trouvent le plus abondamment, quelle espèce de pêche on peut y pratiquer, & quelle route ils peuvent ſuivre la nuit, ſoit pour faire leur pêche, ſoit pour gagner la côte.

Ce ſont ces connoiſſances, qu'ils doivent à une longue & continuelle pratique, qui les ont mis en état de former des eſpèces de cartes qu'ils n'ont point tracées ſur le papier, mais qu'ils ont dans la tête; chaque endroit porte un nom connu de tous les pêcheurs d'une côte. Pour en donner une idée, je choiſis les fonds & les ridains que les pêcheurs de Haute-Normandie fréquentent entre les côtes de France & d'Angleterre par le travers de Dieppe; ce ſeul exemple ſuffira pour donner une idée de ce qui ſe pratique entre les pêcheurs, ſur les autres côtes, tant de l'Océan que de la Méditerranée. Au moyen de ces cartes qu'ils ont toujours préſentes à la mémoire, les pêcheurs connoiſſent dans le plus grand détail les fonds de leur côte, & ils ſavent ceux qui ſont fréquentés par différentes eſpèces de poiſſons.

Le port de *Dieppe* à la côte de France dans la Haute-Normandie, pays de Caux, eſt établi S. S. E., eu égard à la petite ville d'*Haſtings*, de la côte méridionale d'Angleterre, dans le comté de Suſſex qui lui reſte au N. N. O. Partant de cet établiſſement, voici les différens fonds que rencontrent les pêcheurs qui exercent leur métier par le travers des côtes de France à celles d'Angleterre.

Le premier fond qu'ils trouvent en traverſant le Canal, ſe nomme le *Blanc fond d'Erangue*: il commence à environ deux lieues de la côte; il a demi-lieue de large, fond de ſable, par douze braſſes d'eau. Le terrein qui ſuit eſt de roche, par dix-huit braſſes: il peut avoir un quart de lieue de large; les pêcheurs le nomment *le Larron*.

On rencontre enſuite *le Heu de Limon* ſur quatorze braſſes; lequel a environ un quart de lieue de largeur: puis le fort-fond dit *l'Etel-landel*, ſur quinze braſſes; celui-ci eſt des plus rudes & des plus mauvais; il eſt auſſi étroit que les autres.

Quand on l'a traverſé, on ſe trouve par 13 à 14 braſſes ſur *le fond blanc d'Etellande*, qui est un des meilleurs & des plus sains qu'on puisse rencontrer aux côtes de France ; il a environ une demi-lieue de large. Tous ces fonds ne passent guères au N. O. les rochers d'Ailly ; mais ils s'étendent fort avant à l'Est vers les côtes de Picardie.

Après le fond d'Etellande on trouve le *Roquet de St.-Michel*, fond de roche, par 18 brasses, mais fort doux ; il n'a guères qu'un quart de lieue. Ensuite est le *Bonival blanc*, fond de sable sur 18 brasses, qui a environ une demi-lieue de largeur.

Le *Roquet-St.-Laurent* commence environ à cinq lieues de terre, il est mêlé de roche, de blanc-fond & de gravier, sur 20 à 22 brasses. Puis vient le blanc-fond de *Caddeville*, qui est un des meilleurs qui se trouvent à la vue des côtes de France ; ce banc a une lieue de large, fond de sable, sur 22 brasses.

A trois lieues de distance de Caddeville, par 30 ou 31 brasses d'eau, on rencontre un fond dur & de roches, qui a une lieue de largeur, ensuite, sur la même profondeur d'eau, le fond qu'on nomme *de parmi-Mer*, qui est d'abord de sable, & devient ensuite de roche ; il a environ deux lieues & demie de largeur : on y pêchoit autrefois beaucoup de vives ; elles y sont maintenant fort rares.

Par 26 à 27 brasses se trouve un fond de petites roches assez douces ; qu'on nomme les *Roquets de Feulague*, & ensuite le *petit Feulague*, qui étoit autrefois très-abondant en vives.

En suivant, on se trouve sur les *petits Roquets* par 30 brasses, ce fond n'a qu'un quart de lieue de large, & est contigu à un petit blanc-fond d'une demi-lieue de large sur 24 brasses, fond de sable.

Plus loin est le *Roquet d'Eleppe*, par 28 jusqu'à 35 brasses d'eau, fond de roche assez doux, qui peut avoir deux lieues de large.

Plus on s'approche ensuite des côtes d'Angleterre, plus le fond s'élève, jusqu'à n'avoir plus que deux brasses d'eau.

Ce

Ces petits détails offrent une idée des plans que les pêcheurs se forment du fond de la mer. Ce n'est cependant pas tout. Comme sur les fonds de sable & de coquillage, il se forme des espèces de buttes que les pêcheurs nomment *ridains*, *rideaux*, quelquefois *ridelles*, & où les poissons se plaisent plus qu'ailleurs; on en tient compte: on sait, par exemple, qu'il y en a un fort grand sur le fond de Cadeville; trois sur le roquet de S. Laurent, nommés *poignants* ou *rideaux devers l'eau*; sur le roquet de S. Michel, deux grands rideaux que les pêcheurs appellent *bourbeaux*; sur le fond du Larron, qu'on nomme *de S. Martin*; sur le fond blanc d'Erangue, trois que les pêcheurs appellent *les masses*; &c.

Il est évident que les Pêcheurs qui connoissent avec tant de précision les parages qu'ils fréquentent, & qui de plus ont lieu d'étudier la force & la direction des courants, sont les meilleurs Pilotes-côtiers. La sonde dont le dessous frotté de suif leur indique la profondeur & la nature du fond, leur suffit pour connoître leur position: ils savent, par exemple, que par tant de brasses, fond de roche, de sable, de coquillage, de vase, &c. ils sont à tel endroit; & au moyen de la boussole, ils connoissent encore pendant la nuit la route qu'ils doivent tenir pour gagner le port ou la côte, comme s'ils apperçevoient les balises, les amers, ou les signaux qui les guident pendant le jour.

C'est pour ces raisons qu'à Dunkerque, ainsi que dans les autres ports où les grandes pêches sont établies, les Chambres du Commerce fournissent avec la plus grande confiance pour Pilotes aux vaisseaux qui vont dans le Nord, les Doyens des Pêcheurs; la grande pratique qu'ils ont, leur faisant connoître tous les bancs & les écueils: au lieu que les Pêcheurs qui ne sont pas assez anciens pour avoir passé par les charges qu'on peut regarder comme des preuves de leur capacité, sont obligés d'aller toujours en tâtonnant & la sonde à la main.

Il y a, dans les Départemens, des hydrographes pour enseigner la théorie de la navigation aux Elèves qui, après avoir subi un examen, & sur l'attestation de l'Hydrographe, sont reçus Pilotes. Ces écoles sont de la plus grande utilité, sur-tout pour former les pilotes-hauturiers qu'on emploie dans les grandes navigations. Quelques principes de pilotage sont même utiles aux Pilotes-côtiers qu'on prend pour les attérages; mais c'est la pratique de la pêche, qui donne à ces derniers une connoissance parfaite des fonds, des sondes & des courants.

Ces considérations, jointes à la grande utilité de la pêche, ont engagé à établir sur presque toutes les côtes une espèce de Jurisdiction consulaire, composée de pêcheurs qui sont choisis & élus par tous leurs camarades. Ces Juges qu'on a coutume de nommer *Prud'hommes*, *Anciens*, ou *Jurés-Pêcheurs*, sont presque toujours irréprochables dans leurs mœurs & leur conduite, & très-experts dans leur métier.

Il a paru nécessaire de confier la police des pêches à ces Prud'hommes, parce que les jugements sur le fait des pêches dépendent d'une infinité de combinaisons, qui ne peuvent être connues que par ceux qui ont long-temps pratiqué toutes les différentes espèces de pêches. Si la pêche à la mer fournit à l'Etat de bons matelots & d'excellents pilotes-côtiers : elle présente encore, ajoute Duhamel, une utilité bien sensible, quand on la regarde du côté des aliments qu'elle procure. Combien de bons poissons s'élevent dans les étangs & les rivieres : les Carpes, les Brochets, les Perches, les Truites, les Barbots, les Tanches, les Lottes, les Anguilles, &c ! Plusieurs excellents poissons sortent de l'eau salée, remontent dans les rivieres, & fournissent par-là à ceux qui habitent le Continent, une partie des productions de la mer : les Esturgeons, les Saumons, les Aloses, les Plies, les Éperlans, &c. remontent dans les fleuves, quelquefois très-loin de la mer, qui est sans contredit le réservoir le plus abondant d'une infinité d'espèces différentes de poissons; ses productions en ce genre sont si variées, que personne ne peut espérer de savoir les distinguer toutes. Les pêcheurs les plus anciens & les plus laborieux en prennent de temps en temps qui leur sont inconnus, & il y a tout lieu de soupçonner que la mer en nourrit beaucoup d'autres dont on n'a aucune idée.

On distingue le produit des pêches en poissons frais, qu'on mange tels qu'ils ſortent de l'eau; & en poiſſons ſalés, marinés ou boucanés, qu'on peut conſerver long-temps ſans qu'ils ſe gâtent.

Entre les poiſſons frais, les uns très-délicats ne peuvent être tranſportés loin de la mer; il faut les conſommer dans les provinces maritimes. D'autres dont la chair eſt moins ſujette à ſe corrompre, ſont diſtribués par les chaſſes-marée à des diſtances aſſez conſidérables dans les terres. La délicateſſe & la rareté de quelques poiſſons font qu'ils ne paroiſſent que ſur les tables des gens riches; les pêcheurs les appellent la *grande Marée* : d'autres qui ſont de très-bon goût, mais plus abondants, ſont à portée des gens qui n'ont qu'une fortune médiocre, & ceux-là forment ce qu'on appelle la *petite marée*. D'où il ſuit, que quand une eſpèce de poiſſon ſe montre en grande quantité ſur une côte, il peut, après avoir été compris dans la grande marée, être rangé dans la petite. Enfin, d'autres très-abondans & peu délicats, ne méritant pas d'être tranſportés, ſont conſommés au bord de la mer par les gens peu aiſés; & on ne les comprend point dans les marées.

Pour donner une idée générale des poiſſons que la mer fournit, on peut les diſtinguer, 1°. en poiſſons ronds, dont les uns remontent dans les rivières; & de ce genre ſont, le ſaumon, l'eſturgeon, l'aloſe, la lamproie, l'éperlan; &c. les autres ne remontent point dans les rivières; tels ſont la dorée, la dorade, la vive, le merlan, le colin, le rouget, le bar, l'égrefin, le célan, le lieu, les chiens de mer, les marſouins, l'anguille, le mulet, la ſardine, le maquereau, l'orphie, le ſurmulet; en Provence, la pélamide, le thon, la bonite, &c. pluſieurs de ces poiſſons ne ſont que de paſſage.

La ſeconde claſſe eſt celle des poiſſons plats à arrête, ou cartilagineux, ce qui comprend les raies de différentes eſpèces, la ſole, le carrelet, la limande, la limandelle, la barbue, la poule de mer, le turbot, &c.; & la plie, qui remonte dans les rivières.

Joignez à cela les cruſtacées; les écreviſſes dans les ruiſſeaux; à la mer, les crabes de beaucoup d'eſpèces différentes, les homards, les langouſtes, les chevrettes, &c.

A l'égard des teſtacées, on ne tranſporte guères dans les grandes villes que les huîtres & les moules; mais on en trouve au bord de la mer une infinité d'autres, dont bien des gens font leur nourriture.

Ce tableau des productions de la mer, quoique repréſenté fort en raccourci, montre aux pêcheurs de quoi faire une ample moiſſon : mais il faut qu'ils ſachent où ils doivent aller les chercher; car chaque eſpèce de poiſſon choiſit pour ſon habitation le lieu qui lui convient le mieux : celui-ci ſe retire dans les rochers; cet autre ſe plaît & s'enfouit dans le ſable; pluſieurs cherchent les herbiers & les fonds de vaſe : ſi quelques-uns ſe tiennent dans les endroits où l'eau eſt peu agitée, d'autres ſe plaiſent dans les courants occaſionnés par les rivières ou l'agitation de la marée. Quand il fait chaud, beaucoup de poiſſons s'approchent de la côte, à des endroits où il y a peu d'eau, où ils trouvent leur nourriture en abondance. Lorſqu'aux approches de l'hiver le froid ſe fait ſentir, ils ſe retirent dans la grande eau, où ſe tenant à une grande profondeur, ils trouvent une eau plus tempérée.

Un phénomène bien ſingulier eſt celui des poiſſons de paſſage qui venant dans des ſaiſons réglées, nous offrent des pêches tout autrement abondantes que celles que peuvent fournir les poiſſons qui reſtent ſur nos côtes, & qu'on peut regarder en quelque façon comme domiciliés. Quelle richeſſe en effet que celle que nous fourniſſent dans certaines ſaiſons, les maquereaux, les harengs, les ſardines, les merlans, les morues, les ſaumons, les thons, &c.! Quoique ces poiſſons ſoient excellents à manger frais, ils ſont ſi abondans dans les ſaiſons où ils donnent à certaines côtes, que la plus grande partie ſeroit perdue, ſi on ne ſavoit pas les préparer de différentes façons pour les mettre en état d'être conſervés & tranſportés fort loin. Ces poiſſons ſalés, marinés, deſſéchés ou boucanés, mettent les pays les plus éloignés de la mer, en état de profiter de ſes richeſſes, & forment des branches de commerce très-conſidérables, qui font que ces pêches ſont d'une utilité ſupérieure à celles des poiſſons frais.

Il faut que les pêcheurs ſoient inſtruits fort en détail de tout ce qui vient d'être indiqué, pour ſavoir dans quelle ſaiſon & en quel lieu ils doivent aller chercher le poiſſon ; dans quelle circonſtance ils peuvent l'attaquer avec avantage, & quelle façon de pêcher ils ont à choiſir pour prendre telle ou telle eſpèce.

L'homme qui peut tout au plus ſubſiſter quelques inſtants dans l'eau, a réuſſi, par ſon induſtrie, à devenir poſſeſſeur des poiſſons qui habitent un élément ſi oppoſé à ſa nature : le gibier eſſaie de ſe dérober à la vue du chaſſeur qui le pourſuit, & ſa principale reſſource eſt de fuir ſon ennemi ; mais il ſemble que les poiſſons ſoient ſéparés du pêcheur par une barrière impénétrable, & que retirés au fond des eaux ils ſoient à l'abri de toute inſulte : on verra que l'homme a cependant imaginé une infinité de moyens pour ſurmonter toutes les difficultés.

Si l'on eût voulu comprendre dans ces recherches tous les animaux qui vivent dans les eaux, comme il n'eſt pas poſſible de ſe les procurer, on auroit été obligé, ſuivant la remarque de Duhamel, d'avoir recours aux auteurs qui ont donné des traités particuliers ; à *Ovide*, pour les poiſſons du *Pont-Euxin* ; à *Oppian* pour ceux de la mer *Adriatique* ; à *Mangolt*, pour ceux du lac de *Conſtance* ; à *Benoit Jove*, pour ceux du lac *Côme* ; à *Artedi*, ſuivant lui d'après un auteur qu'il nomme *Figulus*, pour ceux de la *Moſelle* ; à *Schwenkfeld*, pour ceux de la *Siléſie* ; à *Marcgraf* & à *Piſon*, pour ceux du *Bréſil* ; à *Paul Jove* & *Salvian*, pour ceux de la mer de *Toſcane* ; à *Gille* & *Rondelet*, pour ceux de la *Méditerranée* ; à *Schonevelde*, pour les poiſſons de *Hambourg* & de la mer *Baltique* ; à *Marſigli*, pour ceux du *Danube* ; enfin, au peu qu'en ont dit les voyageurs pour les poiſſons qui ne ſe trouvent que dans les mers fort éloignées. C'eſt en puiſant dans ces ſources qu'*Aldrovande*, *Ray*, *Jonſton*, *Charleton*, *Geſner*, *Ruyſch*, &c. ont réuſſi à completter leurs hiſtoires générales des poiſſons. C'eſt encore ce qui a contribué à établir les méthodes dont nous ſommes redevables à *Willughby*, à *Artedi*, au chevalier *Linné*, à *Gronovius*, à *Goüan*, & autres célèbres auteurs.

Quand on ſe repréſente le nombre preſqu'infini de poiſſons qui ſe trouvent dans les rivières & à la mer, on conçoit qu'il eſt impoſſible qu'un homme les ait tous ſous les yeux ; & que celui qui entreprend une *hiſtoire générale des poiſſons*, eſt indiſpenſablement obligé de s'en rapporter aux auteurs qui ont donné l'hiſtoire particulière de ceux qui ſe trouvoient à leur portée, & à ce qu'ont dit les voyageurs, où ſouvent on ne trouve que des figures vicieuſes, & des deſcriptions peu exactes, dont cependant les ichthyologiſtes ont été réduits à tirer le meilleur parti qu'il leur a été poſſible. Ces ouvrages qui ont exigé de grandes & pénibles recherches, méritent aſſurément des éloges, & les naturaliſtes doivent à leurs auteurs des témoignages de reconnoiſſance.

Mais quoique l'on ne puiſſe douter de l'utilité de leurs méthodes pour l'étude de cette partie de l'Hiſtoire Naturelle cependant comme il s'agit principalement ici des procédés de la pêche, l'ordre alphabétique eſt ſans contredit celui qui paroit le plus commode pour le lecteur, comme le plus convenable pour la diſtribution des divers articles qui compoſent cet art.

En effet, la pêche eſt devenue un art varié & partagé en un grand nombre de branches auſſi curieuſes qu'intéreſſantes. L'objet de ce dictionnaire doit donc être d'en développer toutes les parties d'après les ouvrages des ſavants naturaliſtes, & ſur-tout par l'analyſe du grand traité de Duhamel-Dumonceau qui s'eſt attaché à décrire toutes les ſortes de pêches qui ſe font dans les étangs, dans les lacs, dans les rivières & à la mer. Nous faiſons connoître avec le ſecours de ces guides éclairés toutes les eſpèces de poiſſons qui ſervent non-ſeulement à la ſubſiſtance de l'homme, mais encore à differens uſages de commerce, des arts, & d'induſtrie. On trouve dans ce recueil les procédés employés pour conſerver les poiſſons frais, ou ſalés, ſéchés, fumés, boucanés, marinés. La pêche aux hameçons ou haims qui ſe diverſifie d'une infinité de manières, y eſt développée avec les détails ſuffiſans. On y a décrit toutes les eſpèces de filets & la façon de s'en ſervir, ainſi que les pêches qui ſe font au harpon, à la fichure, à la fouane, au rateau &c. On y rapporte quantité d'inventions plus ingénieuſes les unes que les autres pour aller chercher les poiſſons au fond des mers & dans les retraites où ils ſemblent à l'abri des entrepriſes des pêcheurs. Enfin le lecteur trouvera dans les 114 planches gravées, & dans les explications imprimées qui les précèdent (*XIV*ᵉ. *partie des planches d'Histoire Naturelle.*) tout ce qu'il importe de connoître relativement aux instrumens, machines, & apprêts des pêcheurs; sans doute aussi qu'il parcourra avec quelque satisfaction les tableaux agréables & nombreux qui représentent les bâtimens divers & les manœuvres multipliées des pêcheurs.

ABAGATUAJA.

A.

ABACATUAJA, poiſſon du Bréſil. Ce poiſſon a la grandeur & la forme applatie de la limande & de la plie. Sa bouche eſt petite, arrondie & ſans dents. Il a les yeux noirs, entourés d'un cercle argentin. Il a ſept nageoires : deux ſont attachées à ſa poitrine, deux autres plus grandes ſe prolongent juſqu'à la queue ; l'une tient au dos, l'autre derrière l'anus. Deux ſont ſous le ventre. Sa peau eſt liſſe, ſans écailles, argentine. Sa chair eſt de bon goût. Ce poiſſon tient beaucoup de l'eſpèce du maquereau.

ABLE ou ABLETTE, petit poiſſon de rivière, un peu applatti, plus allongé que le goujon ; ſa tête eſt aſſez petite, platte en-deſſus, le bout du muſeau eſt échancré & un peu relevé : les plus grands ont à peine ſix pouces de longueur ; ceux qu'on prend le plus communément, n'ont guère que quatre pouces.

Leurs yeux ſont grands, brillans, la prunelle noire ; les écailles ſont petites, minces, peu adhérentes à la peau : celles des côtés ſont blanches, argentées & de couleur de perles orientales : celles du dos ſont bleuâtres, tirant un peu au vert ; mais il y en a qui ſont preſqu'entièrement blanches : à d'autres la couleur bleue du dos a plus d'étendue & d'intenſité, & celles-ci ſont beaucoup moins eſtimées que les autres ; car il n'y a que les écailles blanches & argentées, qui puiſſent ſervir à faire les perles fauſſes : on rejette les autres. Quelques-uns, eu égard à cette différence, veulent diſtinguer deux eſpèces d'*ables* ; mais nous penſons que ce n'eſt qu'une variété : néanmoins ils nomment *ables bordés*, ceux où la partie colorée a plus d'étendue, & ils prétendent qu'ils ſont moins alongés.

L'*able* a de la reſſemblance avec l'éperlan : mais à l'éperlan les écailles des côtés ne ſont pas auſſi brillantes qu'à l'*able*, qui n'a pas entre l'aileron du dos & celui de la queue, le petit appendice muqueux qui caractériſe l'éperlan : les nageoires & les ailerons des *ables* ſont ordinairement teints de rouge à l'endroit où ils tiennent au corps, & l'aileron de la queue plus que les autres.

Quand on interpoſe ce poiſſon entre le ſoleil & l'œil, il paroît preſque tranſparent : néanmoins le dos eſt aſſez épais & charnu. Les raies latérales, qui partent du haut des opercules des ouies, & aboutiſſent au milieu de l'aileron de la queue, font une courbure aſſez conſidérable du côté des ouies.

De la pêche des ables.

On trouve ce petit poiſſon dans preſque toutes les grandes rivières, ainſi que dans pluſieurs lacs. On en prend quelques-uns dans toutes les ſaiſons ; mais c'eſt au printemps qu'ils ſe montrent en plus grand nombre. On prétend qu'alors ils ſe raſſemblent pour frayer : & comme ils ſont très-voraces, on les attire en un lieu avec différens appâts.

Dans la Seine, on forme au milieu de la rivière, avec des piquets, une eſpèce de clayonnage qui augmentant l'agitation de l'eau, attire le poiſſon ; on attache à un des piquets un panier dans lequel on met des tripailles & du ſang caillé qu'on ramaſſe dans les boucheries. L'eau emporte peu-à-peu ce ſang, & les *ables* attirés par cet appât, ſe raſſemblent auprès du pâlis où on les prend de différentes façons. Quelquefois pluſieurs pêcheurs ſe portent dans un bateau auprès du pâlis ; & ils prennent le poiſſon avec des lignes déliées au bout deſquelles ils ajuſtent trois ou quatre petits hameçons amorcés de vers blancs, qu'ils attachent à un ſimple brin de crin : on peut dans les ſaiſons où les *ables* ſont abondans, en pêcher ainſi au bord des rivières.

Mais au moyen du pâlis, on en raſſemble un plus grand nombre dans un endroit, & le plus ſouvent on les prend avec le filet que l'on nomme *ableret*, qui n'eſt autre choſe que le carrelet ou échiquier. Comme les *ables* ſont petits, il faut que le filet ſoit fait avec du fil fin, & que les mailles aient peu d'ouverture. Quand on a raſſemblé beaucoup de ces poiſſons dans un endroit, on en prend auſſi avec un petit épervier dont les mailles ſont ſerrées.

On pêche auſſi dans les lacs qui ſont au nord de la Hollande, des *ables* ou *ablettes* pêle-mêle, avec beaucoup d'autres poiſſons d'eau douce : pour cela on ſe ſert d'une grande nappe de filet en tramail, qu'on tend perpendiculairement, & avec lequel on forme une grande enceinte qui embraſſe une maſſe d'eau conſidérable : les pêcheurs avec de petits bateaux ſe placent dans cette enceinte, munis d'une longue perche, à l'extrémité de laquelle on attache un vase de bois, qui a la forme d'une coupe ou d'une tasse creuse; les pêcheurs plongent cette coupe dans l'eau de toute leur force, ce qui produit un bruit sourd, qui néanmoins s'entend à une grande distance; alors le poisson épouvanté, soit par le bruit, soit par l'agitation de l'eau, se jette dans le filet & est pris.

Ce petit poisson a la chair flasque, & a peu de goût, c'est pour son écaille qu'on le pêche: cependant quand on l'en a dépouillé, on vend le poisson à bas prix, & ceux qui les achetent les font frire. On recherche les écailles à cause de leur éclat qui ressemble à la nacre de perle; elles sont pour cette raison préférables à toute autre pour faire les perles fausses, qui ayant autant d'éclat que les fines, ont beaucoup fait baisser le prix de celles-ci.

Quant à la préparation de l'*essence d'Orient*, que l'on tire des écailles de l'*able*, *voyez* tom. II des Arts & Métiers méchaniques, page 426 & *suiv.*

ABLERET, ABLERETTE, sorte de filet qu'on appelle aussi *carrelet* ou *échiquier*, & qui sert à prendre les ables ou ablettes.

ACARNE ou ACAMANE, poisson écailleux & blanc, qui habite le rivage de la mer, & qui devient fort maigre en été. Il est semblable au pagel & au pagre, avec lesquels on le vend à Rome sous le nom commun de *phagolino*. Sa chair est douce & nourrissante.

ACHÉES. On donne ce nom, & celui de *laiche*, à certains vers qui servent à nourrir des oiseaux, ou à faire des appâts pour la pêche; & comme il est quelquefois assez difficile d'en trouver, voici divers moyens pour en avoir presque en toutes les saisons de l'année.

Le premier est de s'en aller dans un pré ou autre lieu rempli d'herbes, où l'on jugera qu'il peut y avoir de cette sorte de vers; là il faut, sans sortir d'une place, danser ou plutôt trépigner des pieds environ un demi-quart d'heure sans s'arrêter : vous verrez les vers sortir de terre tout-au-tour de vous : vous les amasserez, non à mesure qu'ils sortiront, mais quand ils seront tous dehors; car si vous vous arrêtez un moment, ils rentreront dans la terre.

Le deuxième moyen s'emploie lorsqu'il y a des noix vertes sur les noyers : prenez-en un quarteron ou deux ; ayez un seau plein d'eau, & une brique ou tuile sur laquelle vous raperez la broue de vos noix, tenant la brique & les noix dans le fond de l'eau : lorsque vous aurez tout rapé, l'eau sera amère : répandez cette eau : s'il y a des vers, ils sortiront dans un quart d'heure.

On fait la même chose avec des feuilles de noyer ou de chanvre qu'on fait bouillir, & on répand sur la terre l'eau dans laquelle les feuilles ont bouilli.

On fait encore bouillir du vert-de-gris dans un peu de vinaigre, & on en arrose la terre.

Enfin vous trouverez des *achées* aisément la nuit, ayant une lanterne sourde, & marchant doucement dans un jardin le long des allées, ou dans un pré où il n'y aura plus d'herbes, quand il aura plu ou après un brouillard. Quand il fait sec, les *achées* ne sortent de leurs trous que dans les lieux humides, & à l'abri du vent & du soleil.

Autre moyen : c'est de planter d'environ un pied un gros bâton dans un endroit d'un pré humide, & de remuer la terre pendant un demi-quart d'heure en agitant le bâton en tous sens : l'ébranlement de la terre fera sortir les vers.

ACON, petit bateau plat très-léger, & quarré par derrière : il sert à aller sur les vases. Un homme met une jambe dans le bateau, il appuie ses deux mains sur les bords, & il pousse l'*acon* avec une jambe qu'il a dehors : de cette façon, il se transporte où il veut.

ACUL, nom que les pêcheurs donnent au fond des parcs, du côté de la mer.

ADANE. C'est le poisson le plus énorme que nourrissent les rivières. C'est principalement dans le Pô qu'on le trouve : il se nomme en italien, *adeno* & *adello*, & en latin, *attilus*. Ce poisson a cinq rangs de grandes écailles rudes & piquantes, deux de chaque côté, & l'autre au milieu du dos : ces deux grandes écailles le font assez ressembler à l'esturgeon ; mais il les perd avec le temps, au lieu que l'esturgeon conserve toujours les siennes. Ce poisson a deux barbillons charnus & mous ; il n'a point de dents : il se nourrit de poissons. Dans l'hiver, il se retire dans les gouffres du Pô. L'*adane* est quelquefois si monstrueux, qu'il pèse jusqu'à mille livres. Les italiens se servent pour le pêcher d'un hameçon attaché à une chaîne de fer: & souvent deux boeufs suffisent à peine pour le traîner hors de l'eau. La chair de l'*adane* est molle & d'assez bon goût ; mais il s'en faut qu'elle ait la délicatesse de l'esturgeon.

AGON. On pêche dans le lac de Guarda, proche Vérone, un poisson gros comme un petit hareng ou une grosse sardine, connu en Italie sous le nom d'*agoni* ou sardine d'eau douce; car, quoique ce lac soit d'eau douce, on trouve à ce poisson un peu du goût de la sardine de mer; au reste il en a tous les caractères, tant pour les nageoires, que pour les ailerons.

Les *agons* du lac du Côme ne sont guère plus grands qu'une forte sardine ou un célerin; mais ils ont le ventre un peu plus large. On ne transporte ordinairement cette espèce que jusqu'aux environs de Milan & de Mantoue, les uns secs, les autres en barils, où ils sont confits avec une saumure: il n'y a point dans ces provinces de poisson plus commun que les *agons*.

L'*agon* se dépouille aisément de ses écailles, qui sont assez grandes, minces & flexibles; elles sont noirâtres sur le dos, & argentées sur les côtés. On ne sent point de dents dans sa gueule; il y a sur le dos un petit aileron flexible, deux nageoires derrière les ouies, & deux sous le ventre: l'aileron de la queue est fendu, &, dit Belon, terminé comme un pinceau; il a des aspérités sous le ventre, depuis l'anus jusqu'à la gorge; ses yeux sont grands & élevés sur la tête. Cette courte description établit que l'*agon* tient beaucoup de la sardine, du célerin ou du hareng.

AIGREFIN, ou EGREFIN, petit poisson de la famille des morues, qui se pêche sur les côtes de Flandres.

AIGUILLE, genre de poisson, ainsi nommé de la forme singulière de sa tête: ses deux mâchoires, dont l'inférieure est la plus longue, sont si alongées & si menues, qu'elles imitent la forme d'une aiguille: elles sont garnies de petites dents, posées fort près les unes des autres. Ces poissons sont ordinairement de la grosseur d'un goujon; mais on en a vu de la longueur d'une coudée. La pêche la plus abondante de ces poissons se fait en Normandie.

Il y a dans les mers des Indes orientales une espèce d'*aiguille*, dont la queue est tranchante: elle blesse & perce en nageant tous les poissons qu'elle rencontre.

AIGUILLETTE, morceau de fil de fer terminé par une espèce de bouton, qui sert à tirer du sable les coquillages qu'on nomme *manchots* ou *manches de couteau*.

AILES DE FILET. Ce sont les bandes de filet qu'on ajoute aux côtés des filets en manche.

AINARDS, petites gances qui servent aux pêcheurs à attacher le bord de leur filet sur une corde ou ralingue qui les borde.

AJOL, poisson que les anciens ont connu sous le nom de *scarus*. Sa chair est tendre & délicate; il a les yeux & le bas du ventre couleur de pourpre, la queue bleue, & le reste du corps en partie vert & en partie noir-bleuâtre: proche la queue il a des aiguillons liés par une membrane, & à la pointe de chaque aiguillon est une autre petite membrane qui flotte comme un étendart. La pêche de ce poisson est très-lucrative. Les marseillois en font beaucoup de cas.

ALACCI. On nomme ainsi en Sicile un poisson communément un peu plus gros que la sardine, & qui se débite frais dans les villes & villages de ce royaume.

ALIGNOLLE, filet de Provence, qui est une simple nappe lestée & flottée, qu'on établit près de la surface de l'eau. On le fait avec un fil retors assez fort, parce qu'il sert à prendre des bonites, des thons, des espadons, &c.

ALINETTES, petites baguettes dans lesquelles on embroche les harengs qu'on veut saurir.

ALITER. C'est mettre les anchois le dos en haut, dans des barils, entre plusieurs couches de sel.

ALLIGATOR, espèce de crocodiles qu'on voit en Afrique. Leur écaille est fort dure, leurs dents sont tranchantes, leur queue est épaisse. Ils sont peu farouches; ils dévorent les poissons & les animaux.

ALOSE. Ce poisson a beaucoup de ressemblance, pour sa forme extérieure, avec le saumon. L'*alose* est un poisson de passage, qui remonte dans les rivières, depuis le mois de mars jusqu'à celui d'août. On dit que son arrivée au bord de la mer est annoncée par les petits maquereaux, qu'on nomme *roubleaux* ou *sansonnets*.

On prétend que les *aloses* qu'on prend à la mer ont plus de goût que celles des rivières; mais que celles-ci sont plus grasses, plus délicates, & infiniment meilleures, pourvu qu'elles se soient trouvées dans une eau pure, & qu'elles aient rencontré de petits poissons dont elles se nourrissent; car les *aloses*, plus particulièrement que d'autres poissons, sont de bonne ou de mauvaise qualité, suivant la pureté des eaux où elles ont séjourné, & les alimens dont elles ont pu se nourrir: il faut aussi qu'elles aient eu le temps de se rétablir de la maladie que leur occasionne le frai; ce qui arrive ordinairement dans les mois de mai & de juin.

Il est certain qu'on prend des *aloses* beaucoup plus grandes les unes que les autres; mais il n'en résulte pas des différences dans les espèces, puis que les poissons, ainsi que les autres animaux, ne parviennent pas tout d'un coup à leur plus grande taille. Les pêcheurs de la Loire prennent de petites *aloses*, qu'ils nomment *aloseaux* ou *alosons* : on en a vu de si petites, qu'on les confondoit avec la menuise ; mais si on leur avoit donné le temps, ces jeunes poissons seroient devenus de grosses *aloses*.

Pêche des aloses.

Quoiqu'on pêche beaucoup d'*aloses* dans la Loire, on n'en prend presque point dans le Loiret ; mais il y a d'autres rivières qui s'abouchent à la Loire, où l'on en prend beaucoup : telles sont la Mayenne qui passe à Angers, la Vienne, le Cher, &c. Elles franchissent bien de petites chûtes d'eau ; mais elles ne remontent pas les cataractes, comme le font les saumons & les truites.

On doit regarder d'un œil de préférence les *aloses* dont la tête paroît petite & le dos épais, parce que ce sont des signes qu'elles sont charnues & grasses ; les écailles claires & brillantes indiquent qu'elles ont séjourné du temps dans l'eau douce, où elles se sont engraissées. Quand les ouies sont vermeilles, & les yeux clairs, on peut compter qu'elles sont fraîches ; si, outre cela, elles ont été pêchées en bonne eau, en bonne saison, & qu'elles soient d'une bonne grosseur, ce sera par-tout un poisson excellent.

Comme ces poissons se rassemblent à l'embouchure des rivières pour passer dans l'eau douce, il est sensible qu'on doit en prendre davantage dans les parcs & les étentes qu'on y établit. Et pour cette même raison, les pêcheurs les chassent avec de grandes saines qu'on traîne avec de petits bateaux.

On n'établit pas ordinairement dans le lit des rivières des pêcheries expressément destinées à prendre des *aloses* ; mais on en prend beaucoup dans quelques-unes des pêcheries établies pour les saumons.

On se sert, pour cette pêche, de nappes simples ou de saines ; dont la tête est garnie de flottes de liége, & le pied de lest de plomb ; ordinairement les mailles de ces filets ont deux pouces d'ouverture en quarré ; mais plus communément on se sert de tramails dont la flue ou nappe a les mailles assez ouvertes pour ne pas retenir les petits poissons.

Il faut que le filet soit tendu, tantôt à fleur d'eau, & tantôt à une profondeur plus ou moins grande, suivant le lieu que les poissons occupent dans l'eau ; car lorsqu'il fait très-froid, ou fort chaud, & que les eaux sont claires, ils se tiennent éloignés de la superficie ; au contraire ils s'en approchent quand l'air est doux, ou lorsque les eaux sont troubles. Pour donc établir le filet relativement au lieu que le poisson occupe dans l'eau, les pêcheurs mettent plus ou moins de flottes de liége à la ralingue qui borde la tête du filet ; & pour mettre ou ôter facilement & plus promptement ces flottes, ils taillent les liéges comme de petites roulettes.

Les *aloses* entrent dans la Moselle à la fin du mois d'avril, & la pêche de ce poisson cesse à la fin de juin : on y en prend qui pesent depuis trois livres jusqu'à huit. On les pêche avec un grand filet qu'on nomme *raie*. On estime beaucoup plus celles qu'on prend dans la rivière que celles de la mer ; leur chair est agréable & nourrissante. L'*alose* s'y nourrit de petits poissons, sur-tout de l'ablette.

La pêche des *aloses* se fait à Quillebeuf, petite ville à sept lieues du Havre, du côté de l'embouchure de la Seine, depuis le commencement de mars jusqu'à la fin d'avril ; on se sert quelquefois de guideaux, qu'on tend au bord des bancs, ou bien de morte-eau ; & lorsque la mer est belle, on fait la pêche avec des saines. On prend aussi des *aloses* avec des trameaux, qu'on nomme *alosiers* ou *vergueux*. On établit ces filets presqu'à la surface de l'eau.

Les *aloses* de l'embouchure de la Seine sont ordinairement grasses & de bon goût, parce qu'elles y trouvent quantité de petits poissons, particulièrement des éperlans, qui leur fournissent une bonne & abondante nourriture ; mais on estime plus celles qu'on prend en remontant la Seine, que celles qu'on prend vers la mer. Cette pêche commence en février ou mars, & finit en mai. Les plus fortes *aloses* ont deux pieds de longueur, & pesent huit à dix livres.

Outre les *aloses* qu'on trouve dans les parcs qu'on construit au bord de l'eau, on en prend avec des saines qui ont soixante à quatre-vingt brasses de longueur ; les pêcheurs nomment *alosières* celles qui servent à prendre des *aloses*.

On pêche aussi ces poissons avec des tramaux faits de fil très-fin ; les mailles des tramaux ont huit pouces d'ouverture en quarré. Ces filets sont mis à l'eau, conduits & quelquefois relevés au moyen de petits bateaux. Comme les *aloses* remontent les rivières, on pêche plus souvent en descendant la rivière qu'en la montant.

Il y a ordinairement dans chaque bateau quatre hommes ; deux nagent, un gouverne, & le quatrième met le filet à l'eau.

On ne connoît point de rivière en France où l'on prenne autant d'*aloses* que dans la Loire.

Les bateaux qu'on emploie pour la pêche des *aloses*, & que l'on nomme *barges* à l'embouchure de la Loire, & *toue* vers Tours & Orléans, se terminent en pointe par les deux bouts, comme une navette; ils sont ordinairement armés de deux hommes; leur port est d'un ou deux tonneaux; ils ont un petit mât & une voile dont ils se servent rarement, & qu'ils amènent toujours quand ils sont en pêche.

Les pêcheurs mettent leurs filets à l'eau le soir; ils dérivent toute la nuit au gré de la marée, & ils les relèvent le jour pour s'en revenir, si le temps le leur permet, sinon ils amarrent leur barge à terre, & étendent leurs filets sur des arbres pour les faire sécher, jusqu'à ce que la marée leur permette de gagner la ville pour y vendre leur poisson.

La saison la plus favorable pour la pêche de l'*alose* dans la Loire, est depuis la fin de mars jusqu'à la mi-juin; & on regarde à Nantes comme un poste avantageux, depuis quatre lieues au-dessus de la ville jusqu'à quatre lieues au-dessous.

On prend encore beaucoup d'*aloses* depuis le mois de février jusqu'en juin, dans les grandes rivières de la Guienne.

Cette pêche se fait avec des saines de quatre-vingt brasses de longueur, sur trois de chûte, qui traversent quelquefois presque toute la largeur de l'Adour; les mailles ayant deux pouces d'ouverture en quarré, elles sont assez ouvertes pour laisser les petits poissons s'échapper. En quelques endroits de la Loire, les pêcheurs finissent leur pêche en tirant leur filet sur le rivage; cela ne se peut faire sur les rivières de Bordeaux & de Bayonne, parce que les bords n'en sont pas praticables; ainsi ils sont obligés de pêcher avec deux bateaux, & d'y relever leurs filets.

On sait que la ville d'Agde est située sur la rivière d'Hérault, à une demi-lieue de la mer; or dans la saison où les *aloses* remontent cette rivière, les pêcheurs en prennent beaucoup à la saine, & en ce cas les pêcheurs s'arrangent entr'eux pour pêcher chacun à leur tour, comme cela se pratique dans la Loire.

Il y a des pêcheurs qui tendent, par le travers de la rivière, des tramaux qu'ils nomment *alosat*, & quand les *aloses* effrayées par ces filets veulent descendre le courant, elles tombent dans des nasses qu'on y a établies, & qui présentent leur ouverture au fil de l'eau. Quand, malgré tous les piéges, quelques *aloses* arrivent jusqu'à une chaussée de moulin qui traverse la rivière au-dessus de la ville, elles y trouvent un grand nombre de pêcheurs qui les prennent avec des éperviers, des filets à manche, ou qui les harponnent avec des fouannes; car elles font des efforts pour franchir la chûte d'eau qu'occasionne cette digue.

ALOSIER, filet en forme de saine qui sert à l'embouchure de la Seine à prendre des aloses.

ALVIN. On appelle ainsi de petites carpes qui ont six pouces de long, & qu'on met dans les étangs pour les repeupler.

ALVINIERS. On nomme ainsi de petits étangs destinés à élever de l'alvin, ou de petits poissons, pour peupler les grands étangs.

AMPHIBIES. Ce sont les animaux qui peuvent vivre alternativement dans l'eau & sur la terre.

ANADROMOI, nom qu'on donne aux poissons qui remontent de la mer dans les rivières.

ANCHOIS. Ce poisson est communément plus petit que les sardines: la plupart n'ont que trois pouces ou trois pouces & demi de longueur; les gros n'excèdent guère quatre pouces & demi. Sa tête proportionnellement à son corps est un peu grosse; la mâchoire supérieure excède assez considérablement l'inférieure, ce qui fait paroître son museau pointu.

L'ouverture de sa gueule est grande; elle se montre sur-tout considérable quand il la tient ouverte, ce qui a engagé les pêcheurs de la Manche à l'appeller *goulu;* de sorte qu'ils ne le connoissent presque que sous ce nom. Ses yeux sont fort élevés sur la tête, le centre est à environ quatre lignes du bout de la mâchoire supérieure; ils sont assez grands, vifs, & l'iris est argenté, néanmoins ils paroissent couverts par une membrane transparente qui diminue de leur éclat.

La chair de ce poisson est assez transparente pour que quand on l'expose au jour, on apperçoive l'arrête qui forme l'épine du dos.

Au sortir de l'eau, le dessus du dos est verdâtre; il devient bleuâtre, puis noirâtre quand on le garde; les côtés & le dessous du ventre sont argentés, & ces deux couleurs paroissent séparées par une raie qui ressemble comme de l'argent bruni; on voit de grandes plaques brillantes sous les opercules des ouies, & en plusieurs endroits sur la peau.

Il n'a qu'un aileron sur le dos, qui, à l'égard d'un poisson de quatre ou quatre pouces & demi de longueur totale, est à environ un pouce dix lignes du museau; il est formé à peu près de quinze rayons: je dis à peu près; car ils sont si déliés qu'il n'est guère possible de les compter exactement.

Les *anchois* se tiennent plus volontiers au large

que les sardines, qui ordinairement paroissent plutôt sur nos côtes; néanmoins on prend souvent, tant dans l'Océan que dans la Méditerranée, ces deux espèces de poissons dans les mêmes filets, pourvu que les mailles soient assez serrées pour les arrêter; car quoiqu'au commencement de la saison, & dans certains parages on prenne de très-petites sardines, on peut dire en général que les *anchois* sont plus petits que les sardines; & c'est pour cette raison que les pêcheurs disent que quand on se sert de manets, on prend plus d'*anchois* avec les vieux filets qu'avec les neufs, parce que les mailles diminuent d'ouverture par le service.

Les filets que les provençaux nomment *rissoles*, ont au moins 40 brasses de longueur, & 25 à 30 pieds de chûte; les mailles en sont assez serrées pour que les *anchois* ne puissent les traverser. Pour faire cette pêche, les pêcheurs rassemblent quatre bateaux, un qui porte le filet est monté par quatre ou cinq hommes, & ils ne sont sur les autres que deux à trois; ceux-ci ont à une de leur extrémité un farillon ou un réchaud: on fait dans ce réchaud un feu clair, de pin gras & fort sec.

On pratique ordinairement cette pêche depuis le mois d'avril jusqu'à celui de juillet, seulement lorsqu'il n'y a point de lune, & que les nuits sont obscures. Les bateaux qui portent le feu, sortent au commencement de la nuit, & vont se placer sur les fonds où ils croient trouver plus de poissons à une ou deux lieues de la côte, & se tiennent à deux portées de fusil les uns des autres.

Les *anchois* s'approchent des bateaux qui portent le feu, & quand les pêcheurs s'apperçoivent qu'il s'en est rassemblé un nombre, ils en avertissent par un signal le bateau qui porte le filet, qui est resté à une petite distance des autres; il s'en approche, & en mettant le filet à l'eau, il entoure le mieux qu'il lui est possible le bateau, qui lui a fait le signal & qui porte le feu, afin d'envelopper les poissons qui sont assemblés auprès de lui; ainsi le bateau qui porte le feu se trouve entouré par le filet: quand l'enceinte du filet est formée, le bateau qui porte le feu plonge son réchaud dans l'eau pour éteindre le feu; alors les poissons, sardines ou *anchois*, étant effarouchés, se jettent dans le filet & se maillent. Pour les effaroucher encore plus, & les engager à donner dans le filet, ceux qui sont dans le bateau du fastier battent l'eau, & après un certain tems ceux qui sont dans le bateau de la rissole ou du filet le retirent dans leur bateau avec le poisson qui s'y est maillé ou broqué; & aussi-tôt qu'ils ont pris le poisson, ils se rendent à un autre bateau fastier pour faire une pareille manœuvre qu'ils continuent tant que l'obscurité de la nuit dure. Mais comme les sardines & les *anchois*, ainsi que les harengs, se portent tantôt d'un côté & tantôt d'un autre, il arrive que certains bateaux font une bonne pêche, pendant que d'autres ne prennent presque rien.

On fait encore la pêche des *anchois* avec la rissole qu'on tient sédentaire; pour cela les pêcheurs qui portent la rissole, ne viennent point chercher le poisson qui a été rassemblé par le fastier; mais les bateaux qui portent les fastiers conduisent le poisson au filet qu'on a tendu.

On commence par leur arracher la tête & les intestins, parce que ces parties sont amères; pendant que les uns sont occupés à habiller ainsi les poissons, d'autres préparent du sel rouge, qu'on regarde comme nécessaire pour cette salaison; pour cela, on met dans un baril qui contient, si l'on veut 200 livres de sel, deux livres d'ochre rouge ou de bol, l'un ou l'autre réduits en poudre fine. On prend les poissons à qui on a ôté la tête, qu'on a lavés dans de l'eau douce ou de mer, qu'on a mis égoutter dans des corbeilles, &, après leur avoir donné ces préparations, on les arrange dans des barils de différentes grandeurs, les *alitant*, comme l'on dit, en les rangeant le dos en en-haut avec du sel qu'on répand entre chaque lit, commençant & finissant par une couche de sel rouge.

La chaleur fait fermenter la saumure qui s'est formée de l'humeur du poisson, dans laquelle est dissous le sel rouge qu'on a mis entre les lits de poisson; cette fermentation est nécessaire pour bien en confire la chair: lorsque la saumure sort par le trou qu'on a fait au fond, on n'y en ajoute point de nouvelle; mais quand elle diminue, on a soin de houiller les barils de temps en temps, c'est-à-dire, de les remplir avec de la saumure, qu'on verse sur le fond & qui y est retenue par la partie des douves qui excède le jable.

Il faut avoir grande attention de boucher avec une cheville le trou qu'on a fait au fond, quand il y a apparence de pluie. Avec ces précautions, les barils sont en état d'être mis dans les magasins; mais il convient de les en tirer de tems en temps pour les exposer de nouveau au soleil, & les houiller s'il en est besoin.

Les meilleurs salaisons se font à Fréjus, à Cannes, à Saint-Tropez, & autres lieux du département d'Antibes: quoique la pêche de ce poisson n'y dure que depuis le mois d'avril jusqu'à celui de juillet, il s'y en fait un grand commerce; presque tout se transporte à Beaucaire.

En Provence, on arrose le poisson de temps en temps avec une saumure qu'on fait sur le feu, & dans laquelle on fait fondre avec le sel de petits *anchois* & un peu de rougebrun, qui ne sert, dit-on, qu'à leur donner un coup-d'œil avantageux.

On fait aussi d'abondantes pêches d'*anchois* sur les côtes d'Espagne, au royaume de Grenade, de Galice en Catalogne, & en Italie à la côte de Gênes; de la Gorgogne; dans le royaume de Naples, en Sicile; à Messine, sur les côtes de l'état Ecclésiastique; en Corse; dans l'état de Venise, enfin en Hollande.

La pêche de ce poisson se fait à l'embouchure de l'Escaut sur les côtes de Zélande, vers le mois de mai. On fait avec des roseaux des espèces d'entonnoirs, à l'extrémité desquels on ajuste un filet à manche qu'on assujettit fixe au moyen d'une corde qui part de la pointe de la manche, & qu'on amarre à un pieu qui est planté à une distance plus ou moins grande du filet; cette opération se fait de mer basse, & quand la marée s'est retirée, le filet se remplit d'*anchois*; on se hâte de les en tirer & de les transporter au lieu où on les prépare. Pour cela on leur ôte la tête & les entrailles; on les met dans des mannes, & on les lave dans de l'eau douce ou salée; quand ils ont égoutté leur eau, on les met dans une futaille avec du sel; lorsqu'il est fondu & que les *anchois* en sont bien pénétrés, on verse la saumure, & on met les poissons en second lit; on rejette encore la saumure qui se forme, & on sale les *anchois* pour une troisième fois; c'est dans cette saumure qu'on les conserve une année & plus, en les tenant dans un lieu frais; il convient même de n'en faire usage au plutôt, que trois mois après leur préparation.

Les *anchois* doivent, pour mériter la préférence dans les cuisines, être petits, nouveaux, blancs dessus, vermeils en-dedans, & avoir le dos rond. Ceux qui sont plats, ou trop gros, en comparaison de la taille ordinaire de ces poissons, ne sont que des sardines. On observera de plus si la sauce qui doit se trouver dans les barils, est de bon goût, & si elle ne sent point l'évent.

Les *anchois* frais peuvent se manger frits ou rôtis; mais ils sont meilleurs & d'un plus grand usage, salés. Comme ils n'ont point d'autres arrêtes que l'épine du dos qui est mince & déliée, elle ne blesse point, & n'empêche pas qu'on ne les mange entiers.

Cette excellente sauce que les grecs & les latins nommoient *garum*, & à laquelle ils donnoient l'épithète de *très-précieuse*, n'étoit autre chose que des *anchois* confits, fondus, & liquéfiés dans leur saumure, après en avoir ôté la queue, les nageoires & les arrêtes. Cela se faisoit ordinairement en exposant au soleil le vaisseau qui les contenoit; ou bien quand ils en vouloient avoir plus promtement, ils mettoient dans un plat des *anchois* sans les laver, avec du vinaigre & du persil, & exposoient ensuite le plat sur la braise bien allumée, remuoient le tout jusqu'à ce que les *anchois* fussent fondus; & ils nommoient cette sauce *acetogarum*. On se servoit du *garum* & de l'*acetogarum* pour assaisonner d'autres poissons, & quelquefois même la viande.

La chair des *anchois*, ou cette sauce que l'on en fait, excite l'appétit, aide la digestion, atténue les humeurs crasses, & fortifie l'estomac.

ANDOLIUM, préparation qu'on donne en Flandre à la morue qui se pêche à la côte.

ANGE, poisson de mer cartilagineux & plat. Il y en a de cinq pieds de longueur. Son corps est étroit; sa peau est dure & assez rude pour polir le bois & l'ivoire. La bouche de ce poisson est armée d'un très-grand nombre de petites dents, fort pointues & fort serrées. La partie supérieure du palais est garnie de même de dents: il a des aiguillons autour des yeux & d'autres sur le milieu du dos. Ce poisson se cache ordinairement dans le sable, & se nourrit de petits poissons. Sa chair est bonne, mais peu délicate.

ANGON, instrument qui sert à tirer les crustacées d'entre les rochers. C'est un morceau de fer barbelé par les bords qu'on emmanche au bout d'un bâton.

ANGUILLE, poisson de rivière, de la forme d'un serpent, & dont la peau est si glissante qu'on ne sauroit la serrer dans la main; comme les ouies de ce poisson sont petites & recouvertes d'une peau, il peut vivre assez longtemps hors de l'eau, mais il s'étouffe dans l'eau trouble.

L'*anguille* est le seul poisson d'eau douce qui entre dans la mer; il n'habite ordinairement que le fond des eaux; s'il s'élève, ce n'est qu'à l'approche de l'orage.

On est assez porté à croire qu'il n'y a qu'une espèce d'*anguilles*, & que les diversités qu'on observe entr'elles en grandeur & en couleur, ne dépendent que de la diversité des climats & des nourritures.

L'*anguille* du Gange a jusqu'à trente pieds de longueur; mais on dit qu'on ne peut en nourrir ni dans le Danube, ni dans les rivières qui se jettent dans ce fleuve: & qu'elles meurent en y entrant.

L'*anguille* sort quelquefois d'un étang pour

passer dans un autre, ou pour aller chercher de petits limaçons cachés sous l'herbe, & dont elle fait sa nourriture.

On s'est partagé long-temps sur la génération de l'*anguille* : la difficulté de découvrir les parties génératives de ces poissons a donné lieu à beaucoup d'erreurs. Mais il est démontré aujourd'hui que les *anguilles* sont en même-temps vivipares & ovipares : elles tirent leur origine d'œufs ; ces œufs éclosent dans le corps de la mère, & les petits naissent tout vivans.

L'*anguille* de Cayenne a quelque rapport avec la torpille : on ne sauroit la toucher sans ressentir un mouvement forcé & involontaire.

On appelle *anguille* de sable un petit poisson de la longueur du doigt, dont le dos est blanc & le ventre argenté : ce poisson est commun en Angleterre. Soit pour éviter les grands poissons, soit par un instinct de la nature, il quitte quelquefois l'eau pour se cacher dans le sable ; c'est-là qu'on le saisit avec des bâtons faits en forme de pincettes.

En général l'*anguille* est un mêts très-agréable ; mais sa chair est difficile à digérer, & contraire aux estomacs délicats ; elle est plus saine quand elle est rôtie, parce qu'elle est dégagée de son phlegme visqueux. On pêche de diverses manières ce poisson.

Pêche des anguilles *à la nasse.*

La nasse est un filet connu qu'on tend à la décharge d'une vanne de moulin ; ou bien on fait une haie dans une rivière peu profonde avec des claies qu'on arrête avec des pieux. On met les claies en triangle, & dans le fond on laisse un espace pour faire couler l'eau de la largeur de l'embouchure de la nasse : cela fait, on enfonce la nasse dans l'eau ; on l'attache à la haie dans l'endroit de l'ouverture, & on fait ensorte que l'eau passe par dessus. Ces préparatifs se font le soir ; le lendemain matin on revient, & toutes les *anguilles* qui ont suivi le courant de l'eau se trouvent prises.

Pêche des anguilles *à la ligne dormante.*

Prenez plusieurs hameçons d'acier, longs d'un pouce, & réunis chacun à une boucle : attachez à chaque hameçon des ablettes ou plutôt de petites lamproies : quand tous ces arrangemens sont faits, vous prenez une longue corde, vous l'étendez au bord de l'eau, & vous y liez toutes les ficelles de manière qu'il y ait près de deux pieds d'intervalle entr'elles ; après cela vous attachez un des bouts à un piquet, vous munissez l'autre d'une pierre & vous jettez le dernier aussi loin qu'il vous est possible : il faut faire en sorte que cette ligne soit tendue dans un lieu dégagé de bois & d'herbes, & quand elle a été la nuit dans la rivière, elle se trouve le lendemain chargée de poissons.

On attache aussi quelquefois à ces hameçons de gros vers de terre : les *anguilles* qui en sont friandes y accourent, & dévorent leur proie ; leur voracité fait remuer le cordeau, & alors on le tire à soi avec son poisson.

Pêche des anguilles *à la main.*

Il suffit de tenir une composition faite avec huit dragmes de scolopendre de mer, autant de squilles & une dragme de jugioline, mêlées ensemble ; on prétend que c'est un secret infaillible pour les attirer & les prendre à la main.

Pêche des anguilles *à la fouane.*

La fouane est un instrument particulier à cette pêche : on se promene le long de la rivière, & on fiche l'instrument au fond de l'eau, en remuant de côté & d'autre, comme pour faire sortir le poisson : si la fouane est maniée par une main industrieuse, & qu'il y ait des *anguilles* aux lieux où on la fait agir, elles se prennent entre les branches, & on en tire quelquefois deux ou trois d'un seul coup : on doit cette méthode au solitaire inventif.

Le secret suivant n'est sans doute qu'une imitation de la pêche à la fouanne. On prend du sarment dont on fait une javelle que l'on noue par les deux bouts ; on la jette ensuite au fond de l'eau avec une grosse pierre ou un pieu auquel on l'attache & on ne la retire que la nuit suivante : on y trouve souvent des *anguilles* entrelacées : ce poisson se trouve pris par les dents qu'il n'a pu retirer du sarment après l'avoir mordu.

ANGUILLE DE MER, excellent poisson de mer, qui a beaucoup de rapport avec l'*anguille* de rivière. On en pêche beaucoup dans la basse Bretagne. Il est plus connu sous le nom de congre.

ANON ou EGREFIN. Ce poisson est communément de la grandeur d'un pied. Il a le dos brun tirant au bleu, & cette partie est bordée par une raie longitudinale, qui est noire ; les pêcheurs joignant à cela les taches, ont comparé

paré cette espèce de croix à celle qu'on approche sur le dos & les côtés des ânes, ce qui les a engagés à nommer ce poisson *ânon*.

L'extrémité des ailerons, sur-tout de celui de la queue, est d'une couleur plus brune que le reste.

La membrane branchiale excède l'opercule en-dessous vers la gorge, & a six ou sept rayons ou côtes.

La vésicule du fiel est petite, placée le long de l'estomac qui est long, & au-dessous on apperçoit beaucoup d'appendices vermiculaires.

Les nervures des ailerons & des nageoires sont assez fortes & sensibles du côté où elles sont plus longues; mais ensuite elles deviennent plus courtes, & sont si fines qu'il n'est pas possible de les compter.

L'*ânon* ou *egrefin* se trouve rarement dans la Manche; il est plus commun dans la mer d'Allemagne où l'on en prend toute l'année de médiocre grosseur; cependant il en paroît quelquefois l'été de petits bancs dans la Manche, mais ils ne sont pas gros & sont peu estimés; on fait plus de cas de ceux qu'on voit à Dunkerque, depuis novembre jusqu'en février, où on les prend soit avec des filets, soit avec des haims.

Les pêcheurs basques disent qu'il n'est pas fort abondant sur les côtes de Saint-Pierre, de Miquelon & de Port-à-Choix; mais qu'à l'Ile Royale il y en a de grands comme des morues.

Comme ce poisson se nourrit de petits crabes, on le trouve fréquemment dans les roches; sa voracité fait qu'il mord avidement à l'hameçon, ce qui désespère les pêcheurs, qui aimeroient beaucoup mieux prendre de la morue fraiche. Ce poisson chasse le hareng, & quand il s'en est nourri pendant quelque temps, il est gras & très-bon.

Les chiens & les flétans lui font la guerre, & le forcent à se retirer dans des anses où l'on peut en prendre une grande quantité.

Quand les pêcheurs de morue manquent de capelans & de harengs, ils amorcent leurs haims avec de petits *égrefins*.

Quand on prend de grands *égrefins* sur les bancs, on les sale comme la morue; mais ils sont beaucoup moins estimés, leur chair devenant très-dure en se desséchant; aussi ne se vendent-ils qu'avec le rebut.

Les petits qu'on prend dans la Manche avec le hareng, se mettent dans les mêmes paniers, & se vendent sans distinction.

On les apprête aussi dans les cuisines comme le merlan; quelques-uns le trouvent très-bon, & l'estiment le meilleur poisson de son genre; d'autres donnent la préférence au merlan, & peut-être cette variété de sentimens vient-elle des différentes nourritures qu'ils ont rencontrées.

APHIE, poisson de mer de la grosseur du petit doigt & d'une couleur blanchâtre. On le nomme *nonnata* sur la côte de Gênes: les poissons de cette espèce se rassemblent en très-grande quantité dans l'écume de la mer, & ils s'entrelâcent fortement les uns avec les autres.

APPAT. On nomme ainsi toute substance dont les poissons sont friands, & qu'on employe pour les attirer dans un filet ou dans un lieu. On en garnit les haims.

APPAT DE FOND. On nomme ainsi des appâts qui tombent au fond de l'eau & qui attirent le poisson dans un endroit.

APPELET. On appelle piéce d'*appelet* une corde garnie de lignes ou empiles & d'hains. En joignant au bout les unes des autres plusieurs pièces d'*appelets* on forme une tessure.

APPÉTITS, harengs préparés en demi apprêt, peu salés & fumés, qui sont plus estimés que les harengs saurs.

AQUERESSES, ouvrières qui garnissent les hains d'appâts; elles sont aussi chargées de réparer les lignes & les empiles qui sont rompues & de mettre les hains à la place de ceux qui sont perdus.

ARAIGNÉE DE MER, petit poisson qu'on nomme encore *bodereau* ou *bois de roc*. C'est un poisson de trois à quatre pouces de longueur, qu'on trouve assez fréquemment dans les ports de la Manche, sur-tout pendant les mois de juin & juillet; il est absolument semblable à la vive, sa tête paroit seulement un peu plus grosse par comparaison à la petitesse de son corps. Ces poissons font un très-bon manger; la piqure de leur aiguillon occasione, comme celle de la vive, de grandes douleurs.

ARBRE A ENIVRER LES POISSONS. Cet arbre tire son nom de l'effet singulier qu'il produit; il croît aux Antilles & égale en grandeur le poirier; ses feuilles sont assez semblables à celles des pois communs, mais plus épaisses; son bois est jaune & dur. On prend l'écorce des racines de cet arbre, on la pile, on la réduit comme du tan, on la met dans des sacs : quand on veut pêcher on met les sacs dans l'eau & on les agite ; toutes les particules d'écorce qui s'en détachent se répandent, & le poisson qui avale continuellement de l'eau pour en tirer sa nourriture & pour en extraire de l'air, est enivré par ces corpuscules ; il bondit sur les eaux, nage sur le dos, de côté & de travers, & vient se jetter sur le rivage en cherchant à fuir cette mer empoisonnée ; on prend alors facilement quantité de gros & de menu poisson & même des tortues.

ARRAIN-GORRIA. Le poisson que les basques nomment ainsi, est de mer. Il y a de ces poissons qui ont un pied & demi de longueur, & de plus petits qui n'ont que cinq pouces. Ce poisson demi-plat a les opercules des ouies de couleur nacrée ; le dessus de la tête & du corps de couleur changeante ; de sorte qu'en le considérant en différens sens, on y apperçoit du rouge, du bleu & des reflets de nacre, qui çà & là tirent à l'or ou à l'argent. Le dessous du ventre est blanc avec des reflets argentés : sa gueule est petite, garnie de petites dents ; ses yeux sont grands. Il a sur le dos un grand aileron qui régne depuis l'à-plomb de l'articulation des nageoires branchiales, jusques près l'origine de l'aileron de la queue ; les douze premiers rayons du côté de la tête sont épineux, les autres sont flexibles ; l'aileron de derrière de l'anus n'a que 10 à 12 lignes d'étendue à son attache au corps : il n'y a que les trois premiers rayons du côté de l'anus qui soient piquans. L'aileron de la queue est fendu, & les deux parties sont assez écartées l'une de l'autre ; on apperçoit une teinte rouge, sur-tout vers les bords : il a une nageoire derrière chaque ouie, & deux petites sous le ventre, dont le premier rayon est piquant. Ce poisson n'est pas fort abondant sur les côtes des basques. C'est le même poisson qu'on nomme *brême de mer* sur les côtes de haute-Normandie.

ARGENTINE, petit poisson, du genre des saumons & des truites, qui se pêche sur les côtes de Languedoc.

ARONDELLE, corde garnie de lignes latérales, qui porte des haims, & qu'on fixe sur le sable par de petits piquets.

AVALOIRE, digue établie sur une rivière pour prendre des saumons.

AUBUSSEAU. On pêche en Poitou & en Aunis ce petit poisson, qui a 3 à 4 pouces de longueur. Ses écailles ou sa peau sont argentées, excepté au dos où il y a une bande d'environ trois lignes de largeur d'un bleu clair & brillant qui régne dans toute la longueur du poisson. La mâchoire inférieure qui excède la supérieure, forme un crochet qui se recourbe en en haut. Ce poisson est assez bon à manger quand il est frit.

De la pêche des aubusseaux.

Tous ces petits poissons se prennent en Poitou & en Aunis, avec un filet qu'on tend en courtine sur les vases. Pour tendre le filet & prendre le poisson, les pêcheurs se portent sur les vases avec un petit bateau ou une espèce de traîneau qui glisse sur la vase ; avec ces petits traîneaux qu'ils nomment *acons*, ils s'éloignent quelquefois de la côte de plus d'une lieue ; & lorsque leur pêche est abondante, ils marinent de ces petits poissons.

AVEN, sorte de pêche connue en Languedoc, & qui tient en quelque sorte le milieu entre toutes les différentes façons de pêcher. Voici comme on pratique cette pêche dans les étangs salés des environs de Cette. Un pêcheur se met pendant la nuit dans un très petit bateau qu'il conduit avec deux avirons ; il prend avec lui plusieurs roseaux, auxquels sont attachés des lignes faites d'un fil de chanvre délié, c'est ce qu'ils nomment *aven*. A l'extrémité de ces lignes sont empilés de petits haims qu'ils amorcent de chevrettes ou de pattes de crustacées : le pêcheur, assis dans le bateau, passe sous chacune de ses cuisses une ou deux des cannes ajustées comme nous venons de le dire, & il conduit tout doucement son bateau, en ramant de façon qu'il n'agite l'eau que le moins qu'il est possible : c'est en cela que consiste principalement l'adresse des pêcheurs. Il a encore l'habitude de s'appercevoir lorsqu'un poisson a saisi un appât, à l'impression que le roseau fait à la cuisse qui porte dessus ; & afin d'éviter que quelque poisson ne lui dérobe sa proie, il le retire promptement dans son bateau : cette pêche qui, suivant l'exposé que nous venons de faire, paroît n'être qu'un amusement, ne laisse pas d'être avantageuse.

AUMÉES ou *hamaux*, nappes à grandes mailles, faisant partie des traimaux.

AUSSIERE, corde faite avec plusieurs faisceaux de fils commis ensemble, & roulés les uns sur les autres. On appelle aussi en Provence *aussière* une bordure de filets qu'on attache au bout des filets déliés.

AXOLOTI ; poisson fort singulier qui mériteroit d'être mieux connu, si ce qu'en racontent certains voyageurs est vrai. On trouve ce poisson dans le lac du Mexique. Il a, disent-ils, quatre pieds comme le lézard, point d'écailles, une matrice comme la femme, & le flux menstruel. Sa chair a le goût de l'anguille.

B.

BABILLARD, espèce de poisson de la Méditerrannée, peu différent de la petite sole, & qui fait toujours du bruit : ce qui l'a fait nommer en latin *linguicula & multiloquax.*

BACHE TRAINANTE, filet en manche qu'on traîne sur les sables dans des endroits où il y a peu d'eau, pour prendre de la menuise ou du frai.

BACHOTE, espèce de baquet qu'on emplit d'eau & qui sert à transporter à dos de cheval, une petite quantité de poissons d'eau douce en vie.

BAGRE, sorte de poisson de rivière, barbu & armé d'aiguillons, qu'on trouve dans les fleuves du Brésil; on donne encore le nom de *bagre* à un poisson dont la mer de Siam est remplie. Il ressemble à nos rougets. Ce poisson se laisse facilement prendre avec la ligne, & l'on dit qu'il jette un cri ou plutôt un son produit par l'air exprimé de ses ouies.

BALAOU, espèce d'anguille des Indes occidentales. Ce poisson long & menu se trouve abondamment à la Martinique. Il a le bec alongé dont l'extrémité d'un très-beau rouge est solide & dure comme le bec d'un oiseau. Le corps de ce poisson est transparent. Une bande ou raie d'un bleue verdâtre régne depuis l'ouie jusqu'à la queue. Ses écailles sont fines & très-délicates. Sa chair est ferme, & d'un bon goût. On le pêche au flambeau avec un rets autour d'un cercle.

BALEINE. C'est le plus grand de tous les animaux connus.

La *baleine* semble un colosse organisé; son sang est très-chaud : elle respire comme les animaux terrestres, par le moyen des poumons, & voilà pourquoi elle ne peut rester sous l'eau : elle est vivipare, & son lait sert à nourrir ses petits : elle a sur la tête une ou deux ouvertures, nommées *évents*, qui lui servent à rejetter l'eau qu'elle a avalée en trop grande abondance.

Cet animal a des nageoires d'une structure & d'une force proportionnée à sa masse. Les nageoires des vrais poissons sont composées d'arrêtes jointes les unes aux autres par des membranes fort minces. Les *baleines* ont à leur place des os articulés, figurés comme ceux de la main & des doigts de l'homme, & qui sont mis en mouvement par des muscles vigoureux. La *baleine* a en outre une queue large & épaisse, couchée horisontalement sur l'eau pour diriger sa course, & modérer sa descente, afin que l'énorme poids de son corps ne se brise pas contre les rochers quand elle veut plonger.

La *baleine* s'abaisse dans les eaux ou s'élève à son gré. Du fond de sa gueule part un gros intestin d'une telle largeur qu'un homme y passeroit tout entier : cet intestin est un grand magasin d'air qu'elle porte avec elle ; par ce moyen elle se rend plus légère ou plus pesante, selon qu'elle l'ouvre ou qu'elle le comprime pour augmenter ou pour diminuer la quantité d'air qu'il renferme.

La couche énorme de graisse qui enveloppe les *baleines*, allége beaucoup la masse de leurs corps. D'ailleurs cette enveloppe de graisse tient l'eau à une distance convenable du sang ; & par-là le poisson conserve sa chaleur naturelle.

On a vu des *baleines* qui avoient jusqu'à cent cinquante, ou même deux cens pieds de long; quelques voyageurs prétendent même qu'il en existe dans les mers de la Chine qui ont encore beaucoup plus de longueur.

Les premières *baleines* que l'on a pêchées dans le Nord étoient plus grandes que celles que l'on pêche maintenant, sans doute parce qu'elles étoient plus vieilles. Ces animaux dorment volontiers sur la surface des eaux, quand la mer est calme : on ignore la durée de leur vie.

Le mâle de la *baleine* a une verge de six pieds de long, elle est renfermée en dedans du corps & cachée comme dans un fourreau ; l'accouplement des *baleines* se fait de façon que le mâle & la femelle se laissent tomber perpendiculairement sur leur queue. Ils s'approchent en se tenant suspendus dans l'eau, & se serrent l'un contre l'autre avec leurs nageoires qui font l'office de bras.

La mère porte son fruit neuf ou dix mois ; son petit à sa naissance a plus de dix pieds de longueur, & est pour le moins de la grosseur d'un taureau. La *baleine* en a un soin particulier ; elle l'emporte par-tout avec elle lorsqu'on la poursuit, le serre étroitement avec les nageoires, & ne l'abandonne pas, même quand elle se sent blessée. Quand elle se plonge au fond de l'eau, elle pourroit rester plus d'une demi-heure sans revenir prendre l'air, mais elle remonte beaucoup plutôt, parce qu'elle sent que son petit ne peut rester si long-temps sous l'eau sans respirer.

Les petits têtent pendant un an ; ils sont alors extrêmement gras, & donnent cinquante tonneaux de graisse : quand ils ont deux ans, ils n'en donnent plus que vingt-huit : après ce temps on ne sçait leur âge que par la longueur de leurs barbes.

La *baleine*, malgré l'énormité de sa taille, ne se nourrit que d'insectes & de menus poissons, tels que les merlans & les anchois, & malgré cela elle engraisse beaucoup plus que les autres animaux.

Il n'est pas rare de voir sur son corps des plantes, des coquillages, ou autres animaux testacés qui s'y sont attachés.

Anderson décrit jusqu'à quinze espèces de *baleines*. Il y en a qui n'ont point de dents, & qui n'ont que des barbes, d'autres n'ont que des dents : on les divise en *baleines à tuyaux* & *baleines à narines*, ou bien en *baleines à dos uni* & *baleines à dos raboteux* . au reste voici les principales espèces.

Baleine de Groënland.

Sa tête est fort massive, elle fait un tiers de la pesanteur totale du corps de l'animal, & on prétend qu'elle parvient jusqu'à la longueur de soixante & dix pieds.

Cette *baleine* ne se trouve que dans les abymes inaccessibles du Spitzberg : lorsqu'elle est couchée sur le côté, elle donne des coups de queue terribles, capables de submerger un navire. C'est un spectacle formidable de voir la rapidité avec laquelle ce colosse fend les flots à l'aide de sa queue qui lui sert de rame.

La peau de ce poisson est de l'épaisseur d'un doigt & recouvre immédiatement la graisse qui a huit ou dix pouces d'épaisseur : la mâchoire d'en haut est garnie des deux côtés de fortes barbes qui s'ajustent obliquement dans celles d'en bas comme dans un fourreau ; ces barbes sont garnies du côté de leur tranchant de plusieurs appendices qui servent en partie à empêcher les lèvres & la langue d'être coupées par les barbes, & en partie à prendre & à contenir comme dans un filet les insectes que ce poisson attire pour sa nourriture, qu'il écrase entre les feuilles de ses barbes ; il y a quelques-unes de ces barbes qui ont plus de huit pieds de longueur.

La langue de ce poisson n'est presque qu'un gros morceau de graisse dont on peut remplir plusieurs tonneaux : ses yeux ne sont pas plus grands que ceux d'un bœuf, & contre l'économie animale des autres poissons, ils sont revêtus de sourcils & de paupières.

La *baleine du Groënland* se tient volontiers cachée sous les glaces ; mais comme elle ne sauroit vivre long temps sans respirer, elle choisit des quartiers de glaces qui sont de temps en temps traversées par la lumière, & elle la romp par intervalles pour jouir d'un nouvel air.

Narwal.

On l'appelle aussi *licorne de mer*, & elle se trouve encore dans les mers du Groënland ; elle ressemble par sa forme allongée à l'esturgeon : & sa longueur est tout au plus de quarante pieds.

Elle ressemble à la *baleine* que nous venons de caractériser, en ce qu'elle est vivipare, qu'elle choisit les mêmes alimens & qu'elle a aussi deux trous sur la tête, par où elle rejette l'eau qu'elle a avalée.

Ce qui la distingue, c'est une tête armée d'une dent en spirale qui a plus de sept pieds. Cette dent est formée de fibres plus déliées que celles de l'ivoire, elle a aussi plus de pesanteur & de solidité.

Cette dent lui sert à rompre les glaces quand elle veut venir sur la surface de la mer pour y respirer ; elle est redoutable aux navires où elle peut faire tout d'un coup une voie d'eau. On trouve une grande quantité de ces dents sur les côtes d'Irlande & du détroit de Davis.

La licorne qui n'a qu'une dent, ne peut rien mâcher de dur ; elle est obligée de s'en tenir à sucer des insectes de mer : on en a cependant vu que la nature avoit armé de deux dents.

Le *narwal* n'est pas confiné dans les mers du nord ; on en trouve quelquefois dans la mer des Indes & autour de l'Afrique & de l'Amérique ; mais ce sont probablement des espèces différentes.

Le *narwal* est l'ennemi de la *baleine* du Groënland, & lui livre quelquefois des combats.

Cachalot.

Le *cachalot* est une petite *baleine* armée de dents : il y en a de deux sortes ; les uns sont verdâtres, & ont un crâne dur & osseux par-dessus le cerveau : les autres sont gris sur le dos, & leur cerveau n'est recouvert que d'une forte membrane.

Ce poisson habite ordinairement vers le Cap-Nord. Un capitaine de vaisseau assure avoir vu arriver un jour du côté du Groënland une grande troupe de pareils poissons, à la tête de laquelle il y en avoit un de cent pieds de long, qui paroissoit être leur roi : à l'aspect du vaisseau, le dernier fit un bruit terrible en soufflant l'eau, & à ce signal toute la troupe se sauva avec précipitation.

Ces espèces de *baleines* sont plus agiles que la vraie *baleine* du Groënland, & plus sauvages, aussi leur pêche est-elle beaucoup plus difficile.

La tête du *cachalot* est énorme à proportion de son corps. Elle contient dans sa vaste capacité une quantité étonnante de ce blanc de baleine, dont on a fait un médicament utile au genre humain, & sur-tout nécessaire dans un climat aussi rude que celui du nord, où les maux de poitrine sont si fréquents.

C'est dans le cervelet qu'on trouve cette huile qui a la clarté & la blancheur du lait : on en tire quelquefois jusqu'à sept ou huit tonneaux.

C'est dans l'autre partie du cerveau que se trouve le sperme de *baleine*. Il est distribué comme le miel dans une ruche par petites cellules ; on en tire souvent jusqu'à onze petits tonneaux ; il passe par un gros vaisseau, qui s'étend le long de l'épine du dos jusqu'à la queue ; ainsi ce sperme n'est autre chose que la moëlle de l'épine.

Le *cachalot* encore plus que les autres *baleines*, a pour ennemi mortel un insecte de six à sept pouces de long, qu'on nomme pou de *baleine*. Cet insecte est armé d'une coquille à six pans dont les deux extrémités forment une ouverture par où il passe ses bras, avec de longs poils qui lui servent à piquer la *baleine*, & à se nourrir de sa graisse. Il se loge vers le membre génital, & sous les nageoires.

Epée de mer de Groënland.

C'est une petite *baleine* qui n'a que dix ou douze pieds de long, & qui est d'une agilité étonnante. Ses deux mâchoires sont armées de petites dents pointues ; elle porte sur le bas du dos une espèce d'épée, d'où lui est venu son nom ; cette épée a trois ou quatre pieds de haut, & ressemble plutôt à un pieu pointu qu'à un sabre. Le poisson s'en sert pour s'arrêter dans sa course & pour en arrêter la rapidité.

L'épée de Groënland est comme le narwal, un des ennemis de la *baleine* : il va avec d'autres l'attaquer de tout côté ; ils lui arrachent avec leurs dents des lanières entières, jusqu'à ce que la *baleine*, étant échauffée, ouvre sa gueule, & en fasse sortir sa langue : ces poissons s'élancent aussi-tôt sur cette nouvelle proie, & s'étant introduits dans la gueule de leur ennemie, ils lui arrachent toute la langue. Voilà pourquoi des marins ont quelquefois trouvé sur le rivage des *baleines* mortes qui n'avoient point de langues.

Espadon ou poisson à scie.

L'espadon est encore rangé au nombre des ennemis de la *baleine*, quoiqu'il en soit une espèce particulière : sa tête est armée d'une défense osseuse, longue, plate & pyramidale ; on lui a donné souvent le nom de *poisson à scie*, d'*épée de mer*, de *héron de mer*, & de *poisson empereur* : il est plus connu sous le nom d'*espadon*.

L'espadon porte au devant de la tête une espèce d'épée ou de scie dentelée des deux côtés ; cette scie est longue d'une aune, recouverte d'une peau dure, & armée de piquans en forme de dents, plats & tranchans.

Quoique l'espadon n'ait que neuf ou dix pieds de longueur, il se rend formidable à la *baleine* ; il la poursuit sans relâche : la *baleine* qui n'a que sa queue pour défense, tâche d'en frapper son ennemi : si elle l'atrappe, elle l'écrase d'un seul coup ; mais l'espadon plus agile évite ordinairement le coup mortel : à l'instant il bondit en l'air, retombe sur la *baleine*, & tâche non de la percer, mais de la scier avec les dents dont sa scie est armée : la mer est bientôt teinte du sang qui sort des blessures de la *baleine*.

Marsouin.

Il n'a pas plus de huit pieds de long, sa tête a la forme d'un museau de cochon ; sa gueule est garnie par le haut & par le bas de petites dents pointues : sa queue est horisontale & taillée en faucille.

Il y a plusieurs sortes de marsouins ; l'une porte le nom de *poursille*, se trouve dans toutes les mers, & est bonne à manger : une autre s'appelle moine de mer, parce qu'elle est revêtue d'une espèce de coqueluchon.

Ce poisson est difficile à atrapper à cause de son agilité : on le prend quelquefois sur les côtes, quand sa gourmandise le porte à poursuivre un banc de harengs : le marsouin est une des principales nourritures des islandois.

Dauphin.

On met le dauphin au rang des *baleines* ; il

ressemble beaucoup au marsouin : ses deux mâchoires sont armées de petites dents pointues, dont les deux rangs s'enchassent les uns dans les autres ; il a cinq ou six pieds de long ; il nage & poursuit sa proie avec tant de vîtesse qu'on le nomme *flèche de mer* : sa chair ressemble à celle du bœuf, mais elle est de mauvaise odeur & de difficile digestion.

Ce poisson vit ordinairement vingt-cinq à trente ans ; il paroît dans toutes les mers : les grecs disent qu'il fait des émigrations, qu'il va de la Méditerranée vers le septentrion, qu'il reste quelque temps au Pont-Euxin, & qu'il revient ensuite d'où il est parti : le dauphin poursuit le poisson volant & s'en nourrit.

L'antiquité a toujours supposé dans le dauphin un grand amour pour l'homme : du moins il ne cherche point à lui faire de mal, & l'on dit même que dans certains ports de mer, il se méle avec les nageurs, & semble jouer avec eux.

Pêche de la baleine.

De toutes les pêches qui se font sur l'Océan, la plus périlleuse & la plus lucrative est celle de la *baleine*. Les basques sont les premiers qui l'ayent entreprise : ce sont eux qui ont enhardi aux différens détails de cette pêche, les peuples maritimes de l'Europe. Les hollandois toujours habiles à profiter des découvertes étrangères & à les perfectionner par les leurs, se sont formés à cette pêche qui est devenue avec le temps un des objets les plus importans de leur commerce ; ils y employent trois à quatre cens navires, & plus de trois mille matelots ; & ce peuple industrieux est le seul qui fournisse à l'Europe l'huile & le savon de *baleine*.

La première pêche de la *baleine* s'est faite sur les côtes du Groënland & vers le Spitzberg ; les vaisseaux y arrivoient au mois de juillet, & en partoient à la fin d'août : cependant dans cette saison même on trouve quelquefois dans ces mers des morceaux de glace, de l'épaisseur de soixante-dix ou quatre-vingt brasses. Ces montagnes de glace sont si mobiles, que dans des temps orageux, elles suivent la course d'un vaisseau comme si elles étoient entrées dans le même sillon ; & il y en a de si grosses, que leur superficie au-dessus de l'eau, surpasse l'extrémité des mâts les plus élevés : le danger d'une telle navigation a diminué l'ardeur de la pêche sur les côtes du Groënland.

C'est dans le détroit de Davis que se trouve en abondance la *baleine* dont les hollandois font l'objet de leur commerce : on la pêche dans le mois de février & de mars ; après ce temps, elle se retire vers les côtes occidentales de l'Amérique. Les *baleines* qu'on trouve dans le détroit de Davis, ont soixante-dix pieds de long ; elles sont très-difficiles à harponer, parce qu'elles plongent & reviennent alternativement sur l'eau ; elles sont aussi maintenant plus rares dans ces parages, parce qu'il y a plus d'un siècle & demi qu'elles y sont attaquées par les hollandois, & d'autres nations rivales.

On charge de vivres pour neuf mois les vaisseaux qui partent pour la pêche de la *baleine* ; ils les vont poursuivre jusques sur les côtes de l'Amérique ; & cette pêche dure jusqu'à la fin du mois d'août. Les pêcheurs les plus timides & les moins expérimentés se contentent de faire la pêche vers l'île de Finlande ; mais les *baleines* qu'on y trouve sont de très petite taille.

Avant de voir comment les peuples policés font cette pêche formidable, voyons comment s'y prennent les sauvages : c'est ici où l'on voit les forces de la simple nature joûter contre toute l'industrie des Européens.

Quand les sauvages de l'Amérique apperçoivent une *baleine*, ils se jettent à la nage, vont droit à elle, & se jettent adroitement sur son cou, en évitant ses nageoires & sa queue.

Lorsque la *baleine* a lancé son premier jet-d'eau, le sauvage prévient le second, en mettant un tampon de bois qu'il enfonce à grands coups de massue dans un des naseaux de la *baleine* : celle-ci se plonge aussi-tôt, & entraîne avec elle le sauvage, qui la tient fortement embrassée ; la *baleine* qui a besoin de respirer remonte sur l'eau, & donne le temps au sauvage de lui enfoncer un second tampon dans l'autre naseau, ce qui l'oblige de se replonger dans le fond de la mer, où elle étouffe, faute de pouvoir faire évacuation de ses eaux pour respirer.

Nos Européens ont moins de courage que les sauvages, mais ils ont plus d'adresse. Dès qu'un bâtiment est arrivé dans le lieu où doivent passer les *baleines*, un matelot placé au haut de la hune en vedette, avertit dès qu'il voit une *baleine*. Les chaloupes partent à l'instant. Le plus hardi & le plus vigoureux des pêcheurs, armé d'un harpon de cinq ou six pieds de long, se place sur le devant de la chaloupe & épie le moment de le lancer à propos.

La *baleine* à l'ouie extrêmement fine ; comme ce poisson multiplie très-peu, la nature le dédommage de son peu de fécondité, en l'avertissant à temps des piéges continuels que lui tendent les habitans de la terre & les monstres de la mer ; on n'apperçoit au-dehors aucun vestige d'oreilles ; mais on découvre sous l'épiderme, derrière l'œil, un conduit par lequel le son circule jusqu'au tympan : c'est par ce conduit que les marins introduisent leurs crochets ; il faut donc beaucoup d'adresse aux pêcheurs pour frapper une *baleine* sans qu'elle se dérobe au coup qu'on lui prépare : cependant on lance souvent le harpon avec adresse, & la *baleine* blessée, se débat, donne des coups terribles avec sa queue & ses nageoires, & quelquefois tue le harponeur, & renverse la chaloupe.

Lorsque le harpon a bien pris, on file à l'instant la corde à laquelle il tient, & la chaloupe suit. Quand la *baleine* revient sur l'eau pour respirer, on tâche d'achever de la tuer, en évitant avec soin les coups mortels de sa queue & de ses nageoires. Le bâtiment toujours à la voile suit de près, afin d'être à portée de mettre à bord la *baleine* harponée. Lorsqu'elle est morte, on l'attache aux côtés du bâtiment, avec des chaînes de fer. Aussi-tôt les charpentiers se mettent dessus avec des bottes qui ont des crampons de fer aux semelles dans la crainte de glisser ; ils enlèvent le lard de la *baleine* suspendue, & on le porte à l'instant dans le bâtiment, où on le fait fondre.

Les hollandois qui craignent l'accident du feu dans leurs vaisseaux, transportent les bariques de graisse dans leur pays pour la faire fondre. Pour les basques, ils sont plus hardis ; aussi leur profit est triple de celui des hollandois.

Quand on a enlevé la graisse, on retire les barbes ou fanons qui sont cachés dans la gueule. L'huile sert à brûler à la lampe, à la composition du savon, à la preparation des laines, au mélange des couleurs de la peinture, & à la fabrique d'un mastic précieux aux sculpteurs & aux architectes. Les fanons de la *baleine* servent à faire des busques, des parasols, des corps, & mille autres ouvrages.

BALISES, signaux qu'on met sur les écueils, auprès des attirages, pour qu'on puisse les éviter. Les pêcheurs appelent aussi *balises* une bouée qui indique où est établi un filet par fond, pour le retrouver plus aisément.

BALISTE, sorte de poisson, dont le caractère est d'avoir le corps comprimé, couvert d'écailles soudées, la tête très-petite & pareille à celle d'un cochon ; huit dents à chaque mâchoire ; l'ouverture des ouïes latérale, linéaire.

BALLE (traîner la). On nomme ainsi une pêche qui se fait avec une ligne garnie dans sa longueur de petites baguettes dites *balnettes*, à l'extrémité desquelles sont empilés des haims ; & cette ligne est terminée par une balle ou petit boulet qui la fait caler.

BAMBELE, poisson du genre des carpes, qui n'a que six ou sept doigts de longueur. Il est remarquable par une caroncule jaune, rougeâtre, qui se trouve à la jointure de ses nageoires ; par une ligne brune, qui va obliquement de la tête à la queue ; & par l'iris de ses yeux, qui est de couleur d'or safrané. On trouve ce poisson particulièrement dans le lac de Zurich.

BANC DE POISSONS se dit d'une multitude de poissons qui vont par troupes ; ce qui est propre aux poissons de passage.

BANC D'HUITRES, de moules, ou d'autres coquillages, est une multitude de ces crustacées, qui forment des lits quelquefois fort étendus, & qui ont plusieurs pieds d'épaisseur.

BANDINGUES, lignes qu'on attache à la tête d'un filet qu'on tend à la basse eau, & qu'on enfouit dans le sable par l'autre bout, pour faire une espèce d'étai qui empêche le filet de se renverser quand la mer se retire.

BANNETON, est une espèce de coffre fermant à clef, que les pêcheurs construisent sur les rivières pour y pouvoir garder leur poisson. Il est percé dans l'eau & sert de réservoir. On dit aussi *bascule* ou *boutique*.

BAR. Le poisson connu sous ce nom aux Sables d'Olonne, se nomme *loubine* à Noirmoutier, *loup* à Tréguier, à Lannion & en beaucoup d'autres endroits ; en Provence *dréligny*, & dans la Gironde *brigne*. Quoi qu'il en soit de ces différentes dénominations, c'est un poisson très-estimé quand il est un peu gros & qu'il a été pêché sur un bon fond : malheureusement, à cause de la délicatesse de sa chair, il se corrompt promptement. Il est bon de prévenir qu'il ne faut pas confondre ce poisson, qu'on nomme *loup marin* en plusieurs endroits, parce qu'il est vorace, avec un amphibie auquel on donne le même nom. Pour la forme du corps, ce poisson peut être comparé aux saumons ; quelquefois on en a pris qui pesoient plus de trente livres ; & l'on assure que sur les côtes de Picardie & de Caux, on en prend qu'on nomme *hauts-bars*, qui ont deux ou trois pieds de longueur sur huit à dix pouces de circonférence. On en trouve assez abondamment sur les Sables de Concarneau, d'Audierne, de Dournenez, du Conquet, de Châteaulain, &c.

Ces poissons nagent volontiers à la surface de l'eau, & se plaisent à l'embouchure des rivières, dans lesquelles même il y en a qui remontent.

Le bar n'est pas un poisson de passage, néanmoins la vraie saison de le pêcher est dans les mois d'août, septembre & octobre, quand ils se rassemblent par troupes dans les anses où il se rend quelque ruisseau d'eau douce ; en ce cas, on en enveloppe quelquefois un nombre avec des filets d'enceinte. On en trouve dans les parcs, les filets tournans, & l'on en prend entre les roches avec des filets traversans ou avec la saine à la traîne : pour cela on fixe un bout du filet à terre, & on traîne l'autre avec un bâteau : les mailles de ces filets ont deux pouces d'ouverture en quarré ; la tête est garnie de flottes de liége, & il n'y a point ou peu de lest au pied, le poids du filet suffisant pour le faire caler ; & comme on ne se propose que de prendre des poissons qui nagent entre deux eaux, on ne cherche point que le filet porte sur le fond. On tend ces filets d'enceinte ou étentes, lorsque la mer commence à perdre ; & quand l'eau est tout-à-fait basse, on trouve le filet à sec avec les poissons qui se sont maillés, & ceux qui se sont embarrassés dans les replis des filets. On dit que le bar ne mord point aux haims ; néanmoins on en prend avec les haims quand on les amorce avec des vers de mer ou de terre, même avec les crabes qu'on nomme *poltrons*. Ce poisson a beaucoup d'arêtes ; sa chair passe pour être plus délicate même que celle du mulet : ainsi il est fort bon quand on l'a pêché sur un bon fond de sable.

BARBEAU. Ce poisson est commun dans plusieurs rivières. Il respire l'eau & la rejette avec beaucoup de force, de sorte qu'il la fait bouillonner, peut-être parce que l'ouverture de ses ouies est petite, ce qui fait probablement qu'il vit quatre ou cinq heures hors de l'eau. On en prend qui ont depuis un pied jusqu'à deux pieds & demi de longueur.

Sa tête est assez longue ; elle est applatie en-dessus, de couleur olivâtre, peu charnue ; les côtés sont dorés ; en général elle est taillée en coin fort mousse. Les yeux sont saillans, pas fort grands, un peu ovales ; la prunelle est noire ; l'iris nacré avec des reflets couleur d'or : on remarque au crâne une bosse au-dessus des orbites, & une au-dessus de l'ouverture des narines. La mâchoire supérieure excède assez considérablement l'inférieure ; le museau est cartilagineux & fort charnu ; la mâchoire supérieure est accompagnée latéralement de deux filets cartilagineux pointus, sur lesquels, principalement au jeune poisson, est un vaisseau sanguin qui la fait paroître teinte de rouge. Deux autres barbillons pareils sont placés aux angles que forment les mâchoires lorsqu'il ouvre la gueule.

Les lèvres sont épaisses, sur-tout celle de la mâchoire supérieure qui est contournée ; le poisson la prolonge à volonté de quelques lignes en avant. L'ouverture de la gueule est elliptique : on ne sent point de dents à l'intérieur, mais vers le bas des branches, on sent de chaque côté comme une mâchoire intérieure, ou un os très-dur, garni de dents, dont quatre sont larges, aiguës & très-blanches ; on n'apperçoit point de langue. L'ouverture des ouies n'est pas grande, & les bords des opercules forment une courbe assez régulière.

La chair des *barbeaux* est très-blanche, délicate & de bon goût, principalement celle qui recouvre les grosses arêtes qui forment la capacité de l'abdomen : à cette partie elle est plus ferme que vers la queue, où il y a beaucoup d'arêtes fines & incommodes. La laite, dans certaines saisons, est grosse, plus rouge que blanche, & bonne à manger. A l'égard des œufs, on les jette, parce qu'on assure qu'ils causent des tranchées, des vomissemens & des diarrhées.

Les pêcheurs disent que les *barbeaux* se nourrissent de petits poissons, & qu'ils se jettent avidement sur la viande lorsqu'ils en trouvent. Il en est d'eux comme de presque tous les autres ; ceux qu'on pêche dans les eaux vives & sur les fonds de roche, sont beaucoup meilleurs que ceux qu'on prend sur des fonds vaseux & dans les eaux dormantes.

La saison où le *barbeau* a la chair la plus ferme & de meilleur goût, est depuis le mois de septembre jusqu'à celui de mai ; alors il a peu de laite & d'œufs. Il n'y a point de pêche particulière pour ce poisson ; on en prend pêle-mêle avec d'autres dans toutes sortes de filets ; seulement, comme il est vorace, il mord volontiers à l'hameçon, & on l'attire dans des filets avec des appâts.

BARBOTTE, petit poisson de lac & de rivière, ainsi nommé parce qu'il se plaît à barbotter dans l'eau trouble. Il a le bec & la queue pointus, avec un barbillon qui pend de la mâchoire basse ; il a des nageoires le long du ventre & du dos ; son foie est fort grand, relativement à son corps. En général, sa chair est assez peu estimée, & on ne le sert que sur des tables peu délicates.

BASSOUIN, cordage qui répond d'un bout à la ralingue du filet, & de l'autre au halin.

BASTUDE, ou BATTUDE, espèce de filet ou de manet, dont on se sert en Provence pour pêcher dans les étangs salés, au bord de la Méditerranée.

BATELAGE, *faire le batelage*. C'est aller chercher avec des canots ou des chaloupes le poisson qui a été pris à la mer, pour le porter en vente, & fournir à ceux qui sont à la mer les appelets ou les filets nécessaires afin de continuer la pêche.

BATTE,

BATTE. On mesure la longueur des poissons *entre œil & batte*, ce qui se prend depuis le coin de l'œil jusqu'à l'angle de la fourchette de la queue.

BAUFFE, grosse corde, le long de laquelle sont distribuées nombre de lignes garnies d'haims. C'est aussi ce qu'on appelle *maitresse corde*. La *bauffe* sédentaire sur les sables au bord de la mer, est ou enfouie dans le sable, ou retenue par de grosses cablières.

BÉCARD, nom qu'on donne à des saumons qui ont la mâchoire d'en bas plus longue que celle d'en-haut, & recourbée vers le haut. Il y a aussi des truites *bécardes*. *Voyez* SAUMONS & TRUITES.

BÉCUNE, espèce de brochet de mer qui a quelquefois vingt pieds de longueur. Ce poisson vorace & hardi se trouve dans la rivière des Gallions & aux îles françoises de l'Amérique. Sa mâchoire est armée de deux rangs de dents longues & si tranchantes qu'il mutile & déchire les plus forts animaux. Les sauvages redoutent ce poisson beaucoup plus que le requin. On pêche la véritable *becune* sur la Côte-d'or, en Guinée, avec de grands filets, dans les mois d'octobre & de novembre.

La chair de ce poisson est ferme, blanche, d'un goût approchant de celui du brochet. Mais il faut en manger avec précaution, parce qu'elle devient un poison, lorsque la *bécune* a avalé des pommes de Mancenilier ou des Galères; ce qu'on reconnoît à l'amertume de son foie & à la noirceur de ses dents.

BELÉE. *Pêcher à la belée* ou entre deux eaux, c'est établir une corde qui porte les haims entre deux eaux, au moyen du lest & des lignes.

BERNARD L'HERMITE, animal crustacé qui ressemble beaucoup à l'écrevisse, mais dont la partie postérieure n'est point recouverte d'écailles; on lui donne le nom de *bernard-l'hermite*, parce qu'il vit solitaire dans sa cellule; on le nomme aussi *soldat*, parce qu'il est dans sa coquille comme un soldat dans sa guérite.

La nature a donné à cet animal la singulière propriété de changer de coquille quand il lui plaît. Quelquefois il se loge dans les zoophytes qui ont des cavités propres à le recevoir. Il choisit ordinairement des corps étrangers, où les parties molles de son corps ne courent aucun risque de se blesser, & assez légers pour qu'il puisse se déplacer à son gré avec sa loge.

C'est par le moyen de ses grosses pattes qu'il se cramponne sur le sable, & qu'en repliant son corps, il fait avancer sa coquille; elles lui servent aussi à saisir les insectes & les petits poissons dont il se nourrit.

Cet animal se trouve dans la boue sur le bord de la mer; mais il y en a aussi de terrestres qui se nourrissent de feuilles, & qui n'ont de marin que la coquille. Lorsqu'on prend ce crustacée, il jette un petit cri, & saisit avec sa serre le chasseur imprudent; on ne sauroit lui faire lâcher prise qu'en chauffant sa coquille.

En Amérique, il y a de ces animaux qui ont jusqu'à quatre pouces de longueur; les sauvages les mangent impunément, mais on les croit pernicieux aux européens.

Quand les sauvages pêchent un certain nombre de ces crustacées, ils les enfilent, & les exposent au soleil pour en faire fondre la graisse, qui se convertit en une huile pleine de vertu contre les rhumatismes.

La coquille fournit aussi un peu d'eau claire, qui est un remède souverain contre les pustules qu'excite sur la peau le lait venimeux du Mancenilier.

BEUG, petits filets dont se servent les hollandois pour prendre des morues; ils les hâlent à la rame avec de petits bateaux.

BEZOGO. Ce poisson a souvent plus d'un pied de longueur; ses yeux sont grands, couverts d'une membrane clignonante; la circonference de l'iris est argentée, mais auprès de la prunelle il y a un cercle rouge. La couleur de ce poisson est changeante, ayant des reflets bleus & noirs. C'est un mélange de gris-cendré, de rouge, & de blanc-argentin. Le crâne fait une petite éminence au-dessus des orbites, & au-dessous on apperçoit l'ouverture des narines qui sont doubles; sa gueule est petite; ses dents sont courtes, aiguës, disposées en plusieurs rangées sur l'une & l'autre mâchoire; l'aileron du dos occupe les trois cinquièmes de la longueur totale du poisson; il commence & se termine à des distances égales de la tête & de la queue: cet aileron est composé de vingt-cinq rayons, dont douze sont pointus. Les nageoires branchiales ont leur articulation près les opercules des ouies; elles s'étendent au-delà de la moitié de la longueur du corps, & elles sont formées de dix-sept rayons tous rameux. Les nageoires de dessous le ventre n'ont chacune que six rayons, dont le premier est piquant; à l'aileron de derrière l'anus, il n'y a que les trois premiers rayons qui le soient, l'aileron de la queue est fourchu, & tous les rayons qui le forment sont rameux. Il y a de chaque côté, au-dessus des nageoires branchiales, une tache noire qui a une forme à peu près ronde : ces nageoires, ainsi que l'aileron de la queue, sont rouges.

Ce poisson fournit aux habitans de Biarritz une de leurs principales pêches ; sa saison est l'hiver : les circonstances les plus favorables sont le froid & le vent du nord. On les prend à la ligne jusqu'à six lieues au large : en mars, ces poissons s'écartent encore plus de la côte, & l'on cesse d'en faire la pêche. Ce poisson est estimé ; les français en transportent assez loin de la mer, où on le consomme frais. Les espagnols en confisent pour les conserver plus long-temps : ils nomment cette préparation *escabecher*.

BICHETTE ; filet qui ne diffère du haveneau que parce que le filet, au lieu d'être monté sur deux perches droites, l'est sur deux perches courbes.

BILLOTTÉE. On dit vendre le poisson d'un étang *à la billottée*, quand on le vend par lots, ou en bloc ; ce qui ne se fait que pour la blanchaille, ou le petit poisson.

BIPTÉRYGIEN, poisson qui n'a que deux ailerons sur le dos.

BIRE, *bure* ou *bouteille*, sorte de nasse, que les pêcheurs de la Seine mettent au bout de leurs diguiaux. Ces *bires* sont terminées par une petite nasse qui est sur le côté, & qu'on nomme *cornion*.

BITORD, menue corde faite de deux fils commis ensemble. Le *luzin* est un fil retors sans être commis, au lieu que le *bitord* l'est. C'est en quoi consiste la différence de ces deux espèces de cordages.

BIVALVES, coquilles qui ont deux battans ou valves, & s'ouvrent comme une boîte.

BLANC, se dit du hareng salé, & prêt à être mis en caque.

BLANCHAILLE, ou *blanquet*. On comprend sous ce nom différentes espèces de petits poissons blancs, qu'on emploie ordinairement pour appât.

BLAQUETS ou BLANCHES de haute-Normandie. Le terme de *blanche* ou *blanchaille*, indique quelquefois un amas de petits poissons, & dans ce sens, ce terme est synonyme à celui de *menise* ou de *meslis* qu'on emploie ailleurs ; mais il y a sur les côtes de haute-Normandie de petits poissons qu'on appelle expressément *blaquets* ou *blanches*, & on en distingue deux espèces, savoir, la franche-blanche & la bâtarde.

Le petit poisson que les normands appellent *franc-blaquet* ou *franche-blanche*, est du genre des harengs. Il a sous le ventre des aspérités comme l'alose, la feinte, le hareng, &c. sa tête, ne diffère en rien de celle du hareng ; la mâchoire inférieure, excède beaucoup la supérieure ; les ailerons & les nageoires sont en même nombre, & placés comme aux harengs ; la queue est fourchue, mais les deux parties sont égales, au lieu qu'aux harengs, la partie d'en-bas excède un peu celle d'en-haut : ce poisson ressemble à la sardine en ce qu'il est, proportionnellement à sa grandeur, plus large que le hareng, ayant du bout du museau à la naissance de l'aileron de la queue, quatre fois sa largeur.

Dans les mois de juin & de juillet, il est gros & de bon goût ; c'est aussi alors qu'on en trouve dans les parcs en plus grande quantité, il est plein d'œufs & de laite en novembre & en décembre.

Quand la saison de la franche-blanquette se passe, il paroît une autre sorte de blanche, que les pêcheurs nomment *célan* ou *célan-gardon*, qui ne diffère de la *blanche*, dont nous venons de parler, que parce que sa chair est beaucoup plus sèche. Les pêcheurs assurent que le franc-blaquet de Normandie, est le même poisson que celui qu'on appelle *œillet* à Honfleur, & *flion* ou *fiffon* en Picardie.

LE FAUX-BLAQUET est à peu près de la même longueur que le franc-blaquet ; mais il est plus menu, puisque cinq fois sa largeur font sa longueur prise depuis le bout du museau jusqu'à la naissance de l'aileron de la queue ; ainsi ce petit poisson ressemble encore plus aux harengs que le *franc-blaquet*. La forme de sa tête est absolument la même. Les bords de ses mâchoires sont bruns ; la mâchoire inférieure excède plus encore la supérieure que celle du franc-blaquet.

BOGA, poisson que l'on pêche à Saint-Jean de Luz.

Ce poisson a 9 pouces & demi du bout du museau au bout de l'aileron de la queue, qui est coupé comme celui de la sardine. Sa bouche est petite & garnie de petites dents. L'œil est vif & plus grand, ses écailles sont plus épaisses, le dessus du corps est brun ; mais en le regardant par le profil, on apperçoit des raies jaunes sur un fond vert-clair. Quoiqu'il ait la tête un peu applatie, elle ne l'est cependant pas autant que celle de la sardine. La couleur de dessous le ventre est d'un blanc sale : il a une petite nageoire derrière chaque ouie, deux sous le ventre; un aileron sur le dos garni de vingt-six rayons. En outre, il a un petit aileron sous le ventre qui prend de l'anus jusqu'à la queue, à 12 lignes près; le corps est plus gros que celui d'une grosse sardine, principalement du côté de la tête.

Ce poisson commence à paroître vers le 25 juillet, & disparoît à la fin de septembre. Ils entrent en rivière au commencement du montant de la marée, & retournent à la mer à la pleine mer. C'est à l'entrée de la rivière qu'ils se tiennent, où ils ne viennent que lorsque la mer est belle: alors les pêcheurs en prennent jusqu'à deux quintaux d'un seul coup de saine; il est toujours à peu près de la même grosseur. Les pêcheurs ont observé qu'ils n'entrent point en rivière la nuit; qu'ils en prennent très-peu, & qu'ils sont beaucoup plus petits au rivage de la mer. Ils rapportent que ce poisson est tout de couleur d'or lorsqu'il sort de l'eau, & qu'il change de couleur en mourant. On n'en prend point du tout à l'hameçon; ils ne viennent point sur l'eau; & lorsque l'eau est claire, on les apperçoit au fond où ils se tiennent tous rassemblés. Les pêcheurs les vendent frais, & à bon marché: ils disent que ce poisson est gras, & se corrompt aisément, ce qui fait qu'ils se contentent d'un coup de saine, pour peu qu'il soit considérable; & souvent ont-ils de la peine à se défaire de ce que leur produit ce coup de filet; bien des personnes en sont dégoutées, à raison du ver qu'ils disent qu'il a dans sa bouche. On prend aussi beaucoup de ce poisson en Provence.

BOGUE. Il y a des bogues très-petites qu'on nomme *ravelle*; on les vend en Languedoc avec la menuise, sous le nom de *ravaille*. Ces poissons, proportionnellement à leur longueur, paroissent un peu plus larges & plus courts que la vraie *bogue*; leur dos est bleu-changeant, mêlé de rouge; l'aileron de la queue tire sur le rouge. Rondelet parle d'une autre *bogue* qu'il dit être fort rare; elle a dix-neuf pouces de longueur; elle ressemble entièrement, pour la forme du corps, la grandeur des yeux, le nombre & la position des ailerons, ainsi que des nageoires & même le goût, à la bogue; mais elle n'a point d'écailles.

BOITTE, *terme de pêche*. C'est ainsi que les pêcheurs de morue nomment l'appât qu'ils mettent à leurs hameçons. Les françois du Cap-Breton se servent du hareng & du maquereau, dont la morue est friande, & qui est commun sur ces côtes.

BONDE, est une longue pièce de charpente équarrie par un bout, & faite en forme de cône tronqué, que l'on pose dans un trou de la rigole pratiquée à l'endroit le plus creux d'un étang, pour pouvoir le vuider à fond quand on le veut pêcher. Cette *bonde* est soutenue par un chassis de charpente avec un chapeau.

BONITE, poisson fort commun dans la mer Atlantique; il ressemble au maquereau pour la couleur & pour le goût, mais il en diffère par la grandeur qui est de deux à trois pieds. Son corps est épais, charnu, & couvert d'une petite écaille très-serrée. Il a quatre raies jaunâtres le long du corps. Son œil est grand & vif. Ces poissons vont en troupe en pleine mer. On les prend à la fouine, au trident, & de diverses autres manières. Quelquefois on attache une ligne à la vergue d'un vaisseau lorsqu'il vogue, & on l'amorce avec deux plumes de pigeon blanc, l'on voit les *bonites* s'élancer sur ces plumes qu'ils prennent pour un poisson volant, & ils se prennent ainsi à l'hameçon.

BONITON, poisson de mer qui ressemble au thon par la forme du corps, par les nageoires, & par la queue. Il a le ventre gros & argenté, le dos bleu & luisant, la queue mince & faite en forme de croissant. Sa machoire est armée de fortes dents. Ce poisson remonte les rivières, & y passe l'été. Il se nourrit de poissons; sa chair a de la délicatesse & du goût.

BORDELIERE, poisson qui a rapport à la carpe, au moins par sa façon de vivre; l'aileron du dos n'est pas aussi grand que celui de la carpe, & son museau est plus pointu. Il a plus de rapport avec la brême de rivière; mais la *bordelière* n'est jamais aussi grande que la brême. En général, ses écailles sont moins grandes & plus brunes; l'aileron du dos est noirâtre; celui de derrière l'anus, ainsi que celui de la queue, tirent au rouge comme à la perche de rivière.

Sa tête est petite; son museau pointu: il n'a ni dents ni langue; son palais est charnu comme celui de la carpe; ses mâchoires sont dures, & il a un os au milieu du palais, & deux autres au-dessous, qui, par leur rencontre avec celui du palais, brisent les alimens. L'œil est de médiocre grandeur, peu élevé sur la tête, la prunelle est noire & l'iris blanc. Le corps, assez semblable à celui de la brême, est bombé du côté du dos, & encore plus sous le ventre: il a quatre ouies de chaque côté; sa chair est blanche, moins estimée que celle de la brême. La dénomination de *bordélière*, lui vient de ce qu'il se tient au bord des eaux. On en trouve dans les lacs de Savoie, dans les étangs de la Bresse, dans le Rhône & la Saône: il n'est pas bien commun, & l'on n'en fait point de pêche particulière. Il s'en trouve pêle-mêle avec les autres poissons blancs.

BORDIGUE, (*pêche*). C'est ainsi qu'on appelle un espace retranché de roseaux & de cannes, vers les bords de la mer, pour arrêter le poisson. Les *bordigues* se font ordinairement sur les canaux qui vont de la mer aux étangs salés, & elles arrêtent le poisson dans le passage de l'une à l'autre.

BOUCHOTS. Ce sont des parcs ouverts du côté de la côte, qui sont formés de deux grandes ailes de pierre, de pieux ou de clayonnage, disposés en triangle, qui se réunissent en pointe, & sont terminés par une nasse ou filet en manche qu'on nomme *bourgin*. Il ressemble beaucoup aux gords des rivières. Dans le Poitou, on en met quelquefois trois au dessus les uns des autres; celui qui est le plus près de la côte, se nomme *bouchot* de la côte ou de terre; celui qui est plus bas, *bouchot* de parmi; & le plus bas *bouchot* de la mer.

BOUÉE, corps légers qui servent à indiquer en quel endroit l'ancre est mouillée. En ce cas la *bouée* est amarée à un cordage qu'on nomme orin ou drome, qui tient à la tête de l'ancre. Il y a des *bouées* qui sont faites comme des barils vuides, d'autres sont formées par des morceaux de liége liés les uns aux autres.

BOUFFI. On appelle *hareng bouffi* une espèce de hareng-soret.

BOUGONS (harengs). Ce sont ceux qui ont perdu la tête ou la queue.

BOUILLE, (*pêche de rivière*) espèce de rable de bois à long manche, dont les pêcheurs se servent pour remuer la vase & en faire sortir le poisson.

BOULLEURS, ce sont des hommes qui battent l'eau, & fourgonnent dans les herbiers, les crônes ou les sourives, pour engager le poisson à donner dans les filets.

BOULLIÈCHE ou *trahines*. On nomme ainsi dans la Mediterranée de très-grandes saines.

BOULLIER, BOUILLIÈRE, BOULLICHE. C'est un filet formé comme l'aissangue de deux bras qui aboutissent à une manche. Il diffère de l'aissangue par les mailles qu'on nomme deux doigts, pousal, quinze-vingt, brassade.

BOURAGNE, BOURACHE, BOURAGUE, PANIER, CAGE, CLAIE, CAZIER tous noms synonymes qui signifient une nasse d'osier faite comme les souricières de fil d'archal.

BOURDIGUE. Ce sont de grands gords qu'on fait dans les canaux qui communiquent des étangs à la mer, au moyen desquels on prend le poisson qui veut retourner à la mer.

BOURDON, ou CANON. On nomme ainsi un bâton qu'on ajuste au bout des saines pour tenir le filet tendu.

BOURSET, corps flottant qui sert à tirer un des bouts du filet de la dreige.

BOUSSARDS ou à la bourse. On donne ce nom à des harengs qui ont frayé nouvellement, & qui ne sont pas rémis de la maladie du frai.

BOUTARGUE, œufs de poissons préparés, qui proviennent de la pêche des bourdigues.

BOUT-DE-QUIEVRE, est une espèce de grand haveneau, mais dont les perches qui le croisent sont terminées par des cornes de chèvre, ce qui fait qu'on peut le pousser lentement sur la grève. Il y a un haveneau qui au lieu de ces cornes, a deux planches qui font le même effet.

BOUTEUX, sorte de grande truble, dont la monture est tranchée quarrément d'un côté; elle a un grand manche avec lequel on la pousse devant soi comme les jardiniers font de leurs ratissoires. Quelques-uns font le filet des *bouteux* comme un verveux, & ils l'appellent *bouteux à queue de verveux*.

BOUVIERE, petit poisson qu'on pêche dans la Seine, la Marne qui ressemble à une carpe. Je ne sais pourquoi on le nomme aussi *peteuse*: mais la dénomination de *bouvière*, vient de ce qu'il se plaît dans la boue; quelques-uns le confondent mal-à-propos avec le véron.

Les plus grandes n'ont guère que 2 pouces & demi de longueur; elles sont assez larges, par proportion à leur longueur: elles ont un aileron sur le dos, un derrière l'anus; l'aileron de la queue fourchu; deux nageoires derrière les ouïes, & deux sous le ventre.

BOURREAU, espèce de grondin qu'on appelle ainsi, parce qu'étant hérissé d'épines, il est dangereux de le manier.

Le *bourreau* est un poisson à arrêtes, à écailles, & dont le corps approche de la forme des poissons ronds, au moins depuis la tête jusqu'à l'anus; car le reste jusqu'à la queue diminue graduellement de grosseur, & est un peu applati sur les côtés ; il a comme les autres grondins, une grosse tête chargée de plusieurs aiguillons, entre lesquels il y en a de très-forts.

BRAIES. On donne ce nom à des gords qu'on forme au bord de la mer avec des pieux ou des clayonnages.

BRAILLE (pêche), pelles de bois dont on se sert dans la salaison des harengs.

BRAILLER, c'est remuer le poisson avec la braille lorsqu'il est salé, afin qu'il prenne mieux la salure. On ne *braille* que quand on sale à terre. Quand on encaque d'abord le poisson, on le tient dans des paniers plats, & on le saupoudre à chaque rangée ou lit qu'on en fait dans la caque, observant quelquefois de le tourner & retourner dans les paniers avant que de l'encaquer.

BRASSER, terme de pêcheur, c'est agiter & troubler l'eau avec la bouloire, pour faire sortir le poisson & le conduire dans les filets.

BRANCHIES, organes des poissons qui leur tiennent lieu de poumons ou d'organes de la respiration, & sont formés de parties dures & de parties molles. On les nomme improprement *ouies* ou *guignes*.

BRASSADE. C'est un filet dont les mailles ont quatre lignes d'ouverture, & qu'on emploie à la manche ou au cou du bouillier.

BREHAIGNE, se dit de tout animal qui ne conçoit point & particulièrement des poissons qui n'ont ni laite ni œufs.

BRELOT. C'est un poisson demi-plat, de la famille des sparus : le corps est plus large que celui du sarguet ; sa tête est assez grosse & courte ; sa gueule n'est pas grande : on apperçoit sur le devant trois dents assez considérables ; ses yeux sont grands : l'aileron qui occupe presque toute la longueur du poisson, n'est pas fort large, & les rayons sont inclinés vers la queue. L'aileron du ventre, commençant derrière l'anus & finissant à la même distance de l'aileron de la queue, est beaucoup moins long que celui du dos ; au reste, il lui ressemble à beaucoup d'égards. Le *brelot* a derrière chaque ouie une nageoire large & moins longue que celle de dessous la gorge. L'aileron de la queue est assez large & fendu ; ses ouies sont d'un blanc argenté, marquées en quelques endroits de taches d'un rouge très-vif.

Suivant cette courte description, le *brelot* d'Aunis a plusieurs points de ressemblance avec le sarguet ou sargo de Provence ; mais on estime qu'il fait un meilleur manger.

Le peuple le nomme *casse-burgos*, parce qu'il brise les coquillages pour se nourrir de poisson qu'ils renferment. Il se jette avec avidité sur les appâts, & on en prend beaucoup aux haims, dans les nasses & avec des filets à manche.

BREME ou BRAME. Plusieurs mettent ce poisson au nombre des carpes ; mais il paroît que la *brême* se rapproche beaucoup plus du gardon, principalement de la rosse : elle est plus grosse ; car on en prend qui pèsent jusqu'à 5 ou 6 livres : elle est aussi proportionnellement plus large & moins épaisse, la tête est plus petite ; néanmoins son museau est presque gros comme celui de la rosse. Les *brêmes* de l'Elbe, excèdent rarement le poids de 3 livres : on dit qu'il y en a dans les lacs d'Auvergne, qui ont plus de 3 pieds de longueur sur 2 de largeur : les *brêmes* de rivière ne sont jamais aussi grosses que celles des lacs.

Les pêcheurs prétendent qu'à la fin de mai elles déposent leurs œufs dans les herbiers, puis elles se retirent dans les eaux les plus profondes où elles vivent d'insectes, d'herbe & de limon ; suivant eux, elles croissent lentement. Ce poisson se trouve dans les lacs & les rivières qui ont peu de courant : il est assez grand & large ; il a la tête petite par proportion à son corps ; son dos est convexe & tranchant ; son corps est applati sur les côtés ; il est couvert de grandes écailles comme la carpe ; le dos est d'un bleu foncé ; les côtés & le ventre sont blancs, sur-tout aux jeunes, que peut-être quelques-uns nomment *brêmes gardonnées* ; les grosses ont des reflets dorés, & au ventre des barres rougeâtres.

La chair de la *brême* est blanche & délicate ; quelques-uns la disent molle & dégoutante ; cela peut être quand on l'a pêchée dans des eaux vaseuses ; mais il est certain que ce poisson est fort bon, quand on le prend dans une eau vive, & lorsqu'il est de médiocre grosseur ; car les petits sont remplis d'arêtes, & les gros n'ont pas la chair délicate. Un poisson choisi comme nous venons de le dire, étant cuit sur le gril est assez ferme & d'une saveur agréable, sur-tout la chair du dos, & si l'on trouve que son goût soit un peu fade, on peut y suppléer par l'assaisonnement. On a cru appercevoir dans la gueule une langue rouge, mollette & épaisse ; mais comme elle étoit adhérente au palais, ce peut être ce qu'on appelle la *langue* à la carpe, qu'on regarde comme un mets délicat, mais qui n'est pas une vraie langue.

Quelques-uns ont avancé qu'il y avoit des *brêmes* œuvées, d'autres laitées ; d'autres les ont regardées comme n'ayant point de sexe, & enfin d'autres les prétendent hermaphrodites. Cette assertion paroît bien singulière ; mais ce qu'il y a de sûr, c'est qu'on en a pêché dans la Loire, qui toutes sont laitées ou œuvées. Comme les marchands de poissons ont coutume d'appeller *bréhaignes*, les poissons qui n'ont ni laite ni œufs, peut-être auroit-on confondu ce terme avec celui de *brême*, & dit mal à propos que la *brême* n'a ni laite ni œufs. Les carpes qu'on nomme *bréhaigne*, ne sont point des mulets, mais des poissons qui dans certaines circonstances sont dépourvus de laite & d'œufs.

On ne fait point de pêche particulière de la *brême*; on la prend avec la saine, le tramail, dans des verveux, & pêle-mêle avec d'autres espèces de poissons, mais plus fréquemment le printems que dans les autres saisons. On voit dans des auteurs, qu'en Suisse le lac de Gryffensée situé entre ceux de Zurich & de Pfeffiken, fournit une espèce particulière de *brême*, nommée *ftein-brachsmen*, plus grasse & plus délicate que les autres, & que dans le tems du frai elle devient plus blanche, avec des piquans entre les écailles; mais alors on leur trouve moins de finesse dans le goût : ces circonstances conviennent à beaucoup d'autres poissons ; dans le tems du frai, les écailles des carpes sont rudes, & leur chair mollasse. La *brême* s'apprête comme les goujons & les gardons; mais quand ces poissons sont gros, on les fait cuire sur le gril, & on les sert avec une sauce blanche & des capres.

Il y a des pêcheurs qui veulent établir une autre espèce de *brême*, qu'ils nomment *gardonnée* : ils disent qu'elle est généralement moins grande que la *brême* ordinaire, puisque les plus grosses ne pèsent qu'une livre; ils ajoutent que leurs écailles sont brillantes comme celles des gardons, ce qui fait qu'ils les appellent *gardonnées*. On remarque que les *brêmes* changent de couleur en vieillissant, que les jeunes ont leurs écailles très-brillantes, & que les grosses ont la tête & le dos rembrunis, qu'elles ont sur le corps des bandes tirant au rouge : il y a lieu de croire que les *brêmes* dites *gardonnées* sont de jeunes *brêmes*, qui s'étant trouvées dans une eau vive, sont grasses & ont leurs écailles brillantes ; car on sait que la nature des eaux influe beaucoup sur la couleur du poisson.

BRICOLLE. On appelle ainsi le long des rivières une ligne attachée à un pieu qui porte à son autre bout un ou plusieurs haims amorcés.

BRIDER un filet. Un des inconvéniens des mailles en losange, c'est de changer beaucoup de forme, suivant qu'on tire le filet dans un sens ou dans un autre, & on y remédie en le bordant ou en le bridant.

BROCHET. On a donné le nom de *brochet* à un poisson de nos rivières, probablement parce qu'étant fort long, & son museau paroissant pointu quand on le regarde de côté, on l'a comparé à une brochette.

Le *brochet* est un poisson d'eau douce qu'on prend dans les lacs, les étangs & les rivières.

La chair de ce poisson est blanche, ferme, se divise par feuillets, & est de bon goût, quand ils ont vécu dans une eau vive où ils ont trouvé abondamment de la nourriture. Et ce qui prouve combien les *brochets* sont voraces, c'est qu'on en a vu avaler d'autres brochetons du tiers de leur grosseur.

On a des preuves que les *brochets* vivent très-long-temps, & quand ils sont à portée de prendre de la nourriture en abondance, ils deviennent fort gros. On en a vu qui pesaient trente livres.

Le *brochet* n'est pas un poisson de compagnie; il se rassemble cependant quelquefois en assez grande quantité, sur-tout dans les mois de mars & d'avril, saison où il jette plus particulièrement ses œufs : mais comme ce poisson est très-vorace, il court volontiers aux appâts qu'on lui présente, de sorte qu'on en prend très-aisément aux haims, qu'on choisit plus ou moins forts, suivant la grosseur des poissons : il y a des pêcheurs qui donnent la préférence aux haims à double croc, mais comme les *brochets* ont la gueule très-garnie de dents, ils couperoient l'empile si elle étoit de fil ou de crin : c'est pourquoi on fait les empiles avec du fil de laiton fin & recuit. On a de quoi choisir pour les appâts; car les *brochets* donnent volontiers sur tous ceux qu'on leur présente, petits poissons, grenouilles, &c.

La voracité de ce poisson fait aussi qu'on en prend dans les verveux, les guideaux & d'autres filets à manche, en y mettant de petits poissons qui les y attirent. On en prend aussi pêle-mêle avec d'autres poissons à la saine ou au tramail, dans les petites rivières avec un épervier qu'on traîne, & devant lequel on a barré la rivière avec un tramail : enfin on en prend de petits dans des nasses, & on en harponne de gros.

Chasse du brochet.

On expose dans un jour serein un miroir au soleil, & on en fait aller la réflexion dans l'endroit de la rivière où on sçait qu'il y a beaucoup de *brochets* : le poisson paroît bientôt entre deux eaux, attiré par la réflexion de la lumière; & on prend cette occasion pour le tuer à coup de fusil : dès qu'il est mort il paroît sur l'eau.

Pêche du brochet *aux hameçons.*

Il suffit de tendre deux hameçons à la fois & de les choisir un peu forts, afin qu'ils puissent résister aux secousses du *brochet* : l'appât qu'on y met ordinairement est composé de goujons ou de grenouilles.

Pêche du brochet *au collet de crin.*

Cette pêche singulière est rapportée par quelques auteurs. Vous prenez une perche d'un bois léger, qui ait environ neuf pieds de longueur; vous attachez au bout de cette perche un collet de crin de cheval en six doubles, & vous l'ouvrez le long de la perche, & non en travers.

Si le temps est serein & que l'eau soit limpide, promenez-vous le long de la rivière; vous verrez alors le poisson dormant, & vous en approcherez en silence pour ne point l'éveiller, jusqu'à ce que vous soyez à portée de le toucher avec votre perche.

Quand votre artifice vous a réussi, passez adroitement au *brochet* le collet & son nœud coulant, & enlevez le tout d'un coup hors de l'eau.

Ce qu'il y a de particulier à cette pêche, c'est que le *brochet* ne s'échappe point, quoiqu'on le touche, il ne s'enfuit que lorsqu'il entend du bruit : ainsi lorsque vous pêchez de cette manière, s'il arrivoit que votre poisson endormi ne fût pas bien tourné, touchez-le doucement du bout de la perche, & il se placera à votre gré sans s'épouvanter.

Cette pêche se fait depuis le mois de février jusqu'au mois d'août.

Pêche du brochet *aux bricolles.*

Au milieu de la ficelle qui tient l'hameçon, on doit attacher un morceau de liége percé par le milieu; ce liége se met à trois ou quatre pieds proche de l'appât plus ou moins, selon la profondeur de l'eau; il sert à tenir l'appât entre deux eaux quand on a jetté la ligne : au lieu de liége on met quelquefois un morceau de jonc plié en quatre ou cinq doubles; le poisson qui y est accoutumé s'en effarouche moins.

Quand on tend les bricolles dans une eau courante, on attache une pierre à deux ou trois pieds au-dessus de la ficelle, afin d'empêcher la ligne d'être emportée par le courant.

Le tout ainsi disposé, on met pour appât à l'hameçon un carpeau ou des perches; dans ce dernier cas, on doit leur couper l'aileron de dessus le dos, parce que ses piquans empêchent le *brochet* de mordre l'appât.

Quand la rivière est peu considérable, on jette la ligne, le liége & le poisson, le plus loin qu'on peut; mais si elle est navigable, on se met dans un bateau & on conduit ses *bricolles* au milieu de l'eau.

L'heure véritable pour tendre la bricolle, est à trois ou quatre heures après midi dans l'été, au lieu qu'en hiver, on n'y va qu'à trois heures : on laisse son hameçon pendant la nuit, & le lendemain on retire le fruit de sa pêche.

Pêche du brochet *à la ligne volante.*

Prenez une longue perche de douze ou quinze pieds de long, & un peu plus grosse que le pouce; attachez-y au milieu une ficelle, & l'entortillez tout autour jusqu'au bout : ce qui en restera, doit être environ de trois toises. A l'extrémité de la ficelle doit être l'hameçon; on y joint du poisson pour servir d'appât, & on l'arrange de manière que le bout du chaînon passe par-dessous l'ouie, & qu'il sorte par la gueule jusqu'à ce que la pointe du crochet de l'hameçon entre un peu dans le corps par-dessus l'écaille.

Pour faire que l'appât enfonce dans l'eau, on met à deux pieds de distance un morceau de plomb de la grosseur d'une noix qu'on attache à la ficelle.

Ensuite votre perche à la main, vous jettez votre ligne avec force, vous vous promenez sur le bord du rivage, & vous agitez de tems en tems votre ligne pour faire remuer votre poisson comme s'il étoit vivant.

On ne doit pas se hâter de tirer la ligne, dès que le *brochet* touche l'amorce; il faut lui laisser le temps de l'avaler, pour jouir en sûreté de sa proie.

Quelques personnes se servent pour appât de grenouilles, au lieu de poisson : ce divertissement peut se prendre à toute heure, il est cependant plus avantageux de faire cette pêche le soir, quelque tems avant que le soleil se couche, ou le matin, deux heures après son lever.

Pêche du brochet *à la turlotte.*

La turlotte est une espèce de ligne volante; on peut faire cette pêche en se promenant sur le bord de l'eau, sans être obligé d'attendre que le poisson vienne s'accrocher à l'amorce qu'on lui tend.

On prend un hameçon, & un bout de fil d'archal jaune, de la grosseur d'une fine épingle, qu'on plie en deux & qu'on tortille de manière qu'on en fasse un petit chaînon, au bout duquel on laisse un petit anneau. Pour les deux extrémités du fil d'archal qui reste du chaînon, on les attache à la queue de l'hameçon avec de la soie.

On fait ensuite un cornet d'un gros carton,

ou si l'on veut de terre de potier, dont le dedans n'ait que la largeur d'un tuyau de grosse plume, & de la longueur du petit doigt : on passe au travers du cornet l'hameçon attaché au fil d'archal, & on fait en sorte que toute la queue de l'hameçon, depuis l'endroit qui est vis-à-vis le crochet, & environ la longueur d'un travers de doigt du chaînon, soit caché dans le cornet : on remplit le cornet de plomb fondu, en tenant l'hameçon par le bout du chaînon, afin que ce qui doit être enchâssé se trouve au milieu, & enveloppé également par tout.

On arondit après, les deux extrémités du plomb, & on se munit d'un fer de la longueur de quatre pouces, fait de manière qu'on puisse faire entrer dans la queue le bout d'un bâton de la longueur d'une canne, & qu'il y ait au bout un petit anneau, par lequel on puisse faire passer la ficelle.

Après la fabrique de cette ligne, on prend un goujon; on lui passe le chaînon dans la gueule & dans le corps, par l'anneau qui doit ressortir au dos du poisson : on fait en sorte qu'il avale tout ce qui est couvert de plomb, & on l'attache avec du fil en trois endroits : savoir, au-dessus des ouies, au milieu du corps & au-dessus de la queue.

L'amorce ainsi disposée, on passe par l'anneau de fer le bout de la ficelle dont il faut avoir dix ou douze brasses entortillées autour d'un morceau de bois, & on l'attache à l'anneau du chaînon qui paroît d'un côté une ligne ordinaire, & de l'autre une ligne à *brochet*.

Quand on veut pêcher, on tient de la main droite le bâton, & de la main gauche le paquet de ficelle, autant qu'il suffit pour jetter l'amorce dans la rivière : on laisse aller cette amorce à fond, & on les fait sautiller en retirant la ligne par petits sauts. Quand le *brochet* s'élancera sur l'amorce, on lui fournira de la ficelle jusqu'à ce qu'il soit arrêté; il ne s'éloigne ordinairement que de sept à huit pieds de l'endroit où il a pris l'appât : on lui donne le temps d'avaler le goujon, & on le sonde doucement en retirant la ligne : quand on sent de la résistance, on fait faire un petit saut à la ligne & on la retire pour enferrer le *brochet*; dès que le poisson est sur le bord, on le jette hors de l'eau.

BROQUER; ce mot se prend en plusieurs acceptions, & se dit des poissons qu'on attache aux haims pour servir d'appât. On dit aussi que les poissons se *broquent* ou se maillent dans les manets lorsqu'étant engagés dans une maille par la tête, ils sont retenus par les ouies de sorte qu'ils ne peuvent s'échapper.

BRUMÉE, se dit de la morue sur laquelle on voit une petite poussière roussâtre ou brune.

BUMBOS, espèce de crocodile qui marche en troupe & dont la Gambra en Afrique est remplie. Cet animal est très-vorace & les nègres usent de la plus grande précaution pour s'en garantir eux & leurs troupeaux, quand ils sont obligés de traverser la rivière.

C.

CABELIAU ou CABLIAU, eſpèce de petite morue. *Voyez* MORUE.

CABLEAU ou PETIT CABLE. Les pêcheurs emploient ſouvent ce terme pour ſignifier une corde qui ſert à amarrer quelque choſe.

CABOCHE, poiſſon fort commun dans la grande rivière de Siam. Les hollandois en font de groſſes proviſions, & le font ſécher au ſoleil pour le tranſporter à Batavia. Ce poiſſon eſt long d'un pied & demi, & gros de dix à douze pouces. Il a la tête un peu platte & preſque quarrée. On en diſtingue de deux eſpèces. L'un eſt gris & cendré; l'autre eſt noir & le plus eſtimé.

CABOT, poiſſon de la famille des mulets. C'eſt mal-à-propos qu'on confond aſſez ſouvent ces deux poiſſons. Le mulet a la tête alongée & le muſeau aſſez menu; le *cabot* l'a plus groſſe, plus large & plus courte qu'aucune autre eſpèce de muge. Le terme de *cabot* eſt principalement en uſage à Narbonne & en Provence. Il a la gueule aſſez grande, les lèvres peu épaiſſes, point de dents, les yeux grands; il ſe plaît à l'embouchure des rivières, & il entre dans les étangs ſalés pour y dépoſer ſes œufs. On fait beaucoup plus de cas de ceux qu'on prend aux Martigues & à l'étang de Thau, que de ceux qu'on pêche auprès de Marſeille. On prétend que le *cabot* ne remonte point dans l'eau douce. On prépare auſſi leurs œufs pour faire de la boutargue; mais elle n'eſt pas tout-à-fait auſſi eſtimée que celle qu'on fait avec les œufs des mulets.

CABLIÈRE. Les pêcheurs nomment ainſi une pierre percée, qui leur ſert à tenir leurs cordes & leurs filets aſſujettis au fond de la mer ou ſur le ſable. On dit *pêcher à la petite cablière*, quand on attache au bout d'une ligne ſimple une petite pierre qu'on enfouit dans le ſable, & *pêcher à la groſſe cablière*, quand on attache de groſſes pierres aux deux extrémités d'une groſſe corde qui eſt chargée d'empiles.

CACHALOT, eſpèce de baleine. *Voyez* BALEINE.

CACHE ou CHASSE. C'eſt un filet tendu ſur des piquets en forme de pâlis. On en met à l'embouchure des parcs, pour déterminer le poiſſon à y entrer.

CAGNOT BLEU, grand poiſſon cartilagineux, qu'on nomme auſſi *chien de mer*. Son dos eſt d'un bleu obſcur & ſon ventre blanc. Sa tête eſt terminée en pointe. Il a dans la gueule, à la partie d'en-bas, deux rangs de dents pointues, larges vers le côté, une langue épaiſſe. Ce poiſſon eſt hardi, cruel & vorace. Sa chair eſt dure & de mauvaiſe odeur, mais très-nourriſſante.

CAILLEU, petit poiſſon fort recherché & eſtimé dans les iſles du Vent de l'Amérique; il reſſemble en petit à la ſardine de France; ſa chair blanche & délicate en rappelle un peu le goût, ſur-tout quand on la ſaupoudre d'un peu de ſel, ou qu'on l'imprégne de ſaumure. On mange ce poiſſon frit ou grillé; cette dernière façon eſt préférable. On le ſert pour lors tout habillé, afin qu'il conſerve plus long-temps ſa chaleur, & qu'un ſuc oléagineux, qu'il a de commun avec la ſardine, ne ſe perde point. Adroitement & du bout des doigts, on le dépouille; on ſuce le dedans de ſon enveloppe, qu'on dit être le meilleur, & on ſauce le corps dans une eau de piment préparée avec de la ſaumure.

Les *cailleux*, de même que les crabes, ſont une vraie manne pour nos négres & les gens domiciliés dans nos bourgs. Quand les uns ou les autres en manquent, ils courent riſque de mourir de faim. Auſſi à chaque fois que les crabes ſortent de leurs forts inacceſſibles, pour remonter vers les habitations, ce qui arrive dans les pluies qui ſuccédent aux grandes ſécheresſes; on voit de toutes parts les négres accourir à leur recherche; & de même auſſi-tôt qu'il paroît un lit de *cailleux* pourchaſſés par la carangue ou quelqu'autre poiſſon vorace, les négres, par centaines, bordent le rivage, l'œil fixe, une jambe en arrière, & prêts à lancer leurs éperviers, qu'ils ont l'adreſſe de faire eux-mêmes, ou avec du fil bien fort, qu'ils achettent, ou du coton qu'ils plantent & filent exprès. Les mailles en ſont petites, quarrées & fort rapprochées; des balles de plomb règnent tout autour des bords de ces filets, qu'on jette étendus dans l'eau, & dont l'ouverture ſe ferme quand on les retire, le ſeul poids des balles ſuffiſant pour cela ; à chaque coup d'épervier, ils emportent des milliers de *cailleux*. Il ne faut rien moins qu'une pêche aussi abondante pour faire subsister plusieurs milliers d'hommes, qui périroient, peut-être, faute de ce secours.

Les négres pêcheurs gardent pour eux & leur famille ce qu'il leur en faut ; ils vendent le reste avantageusement. Cette pêche est un des objets les plus considérables de leur pécule. Ils vendent ces poissons à la mesure, & se servent pour les débiter de deux sortes de *coues*, calebasses, l'une plus grande, & l'autre plus petite. La première peut contenir 150 *cailleux*, elle vaut un escalin ou 15 sols monnoie d'Espagne & des isles, ce qui revient à 10 sols argent tournois : la seconde qui n'en contient qu'environ 75, vaut aussi moitié moins.

Le temps le plus propre à la pêche du *cailleu*, est depuis l'Ascension jusqu'aux Avents. On en prend le reste de l'année, mais en moindre quantité.

Le *cailleu* dépose ses œufs au milieu du varech ou des algues marines. Les petits qui en sortent y trouvent, en naissant, une nourriture abondante. Ce poisson multiplie beaucoup. Il nage en troupe, & se fait remarquer la nuit par la lueur qu'il répand.

CAILLEU TASSART. Cette seconde espèce a le plus communément 7 à 8 pouces de longueur sur 16 à 17 lignes de largeur : ce qui fait paroître sa taille très-alongée. Sa tête est courte, son œil petit. Sa mâchoire inférieure est plus longue que la supérieure. La chair est blanche & moins agréable au goût que celle du franc *cailleu*. On la préfère à celle de la sardine des Antilles, & jamais on n'a oui dire qu'elle ait incommodé.

On le pêche le plus communément à la saine. Il habite sous nos mangliers, dans les endroits où les eaux salées sont croupissantes. Il aime la vase, l'ombrage, & le varech ; il y fraie ; il s'y nourrit. On le prend rarement un peu en avant à la mer.

CAGE, CLAIE, CASIER, sorte de nasse. On donne aussi ce nom à une barrière ou grillage de bois, qu'on fait à la bonde d'un étang, pour empêcher que le poisson s'échappe quand on ouvre la bonde.

CALDERON, espèce de baleine de la classe des souffleurs, c'est-à-dire, que ce grand cétacée a une ouverture par où il lance l'eau surabondante dont il est incommodé. Cet animal est inférieur à la baleine pour la grosseur, & il a le corps plus court. On en a vu deux à Paris du temps de François I. Le *calderon* a la peau, la graisse, la chair, la langue, les poumons comme dans la baleine.

CALEN, grand carreau qu'on établit à l'avant d'un petit bateau, & qu'on relève au moyen d'un contrepoids.

CALMAR ; poisson singulier dont la tête est entre le ventre & les pieds, & qu'on a mis quelque temps au rang des poissons volans.

Le nom de *calmar* lui a été donné à cause du rapport qu'il a par sa figure avec une écritoire, ou parce qu'il peut fournir une espèce d'encre à écrire. Il s'acouple comme la *séche*, & a plusieurs rapports de configuration avec elle, par les pieds, la langue & la tête ; sa chair est cependant bien plus molle. Cet animal a huit filets assez courts, une espèce de bec fort dur, & des nageoires qui servent aussi, disent quelques naturalistes à voler. Il vit de petits poissons, d'écrevisses & de langoustes de mer.

Il y a de jeunes *calmars* qui différent des premiers par le volume de leur corps & par la pointe infiniment aiguë de leurs nageoires : les loups de mer les recherchent volontiers pour en faire leur proie : mais les *calmars* se dérobent à leur poursuite par un artifice ingénieux : ils jettent une liqueur noire contenue dans deux canaux qui sont situés sous leur ventre : cette liqueur trouble l'eau, & voile leur fuite, le poisson s'élance alors dans l'air, & échappe à la poursuite de son ennemi mortel.

Le *calmar* se trouve abondamment sur les côtes du Portugal : on le pêche quoi qu'il ne soit pas regardé comme un bon poisson. Celui qu'on pêchoit autrefois dans le golphe d'Ambracie, étoit fort estimé des romains.

CAME ; espèce de coquillage bivalve, dont on fait quelque commerce : il y en a de plusieurs sortes : les uns sont des ovales réguliers, les autres sont irréguliers. L'animal qui les habite ouvre & ferme sa coquille à son gré ; il vit enfoncé dans le sable & dans la fange, & y pénétre d'autant plus que ses trachées ont plus de longueur.

Les *cames* se trouvent sur le rivage dans la fange ou sur la mousse. Quand la mer est tranquille, & que le plus léger zéphyr ride la surface de l'onde, le poisson des *cames* baisse une de ses coquilles & élève l'autre : ainsi l'une lui sert de voile & l'autre de navire : quand ces nouveaux nautonniers appercoivent un navire qui s'approche, ou quelque poisson qui veut les dévorer, ils referment leurs coquilles, &

la petite flotte disparoît en un moment au sein des eaux.

CANARD, espèce de filet de cinquante brasses de longueur & de huit pans de large, soutenu par des roseaux. La pêche où on emploie ce filet, dure pendant le mois de juillet, août & septembre.

CANCRES. Ce sont des animaux crustacées dont il y a plusieurs espèces. Quelques auteurs ont rangé improprement avec les *cancres*, la *langouste*, le *homard*, la *squille*, l'*écrevisse d'eau douce*, les *crabes* & *tourlouroux*.

Les *cancres*, proprements dits, se divisent selon les lieux qu'ils habitent le plus communément, on appelle ceux qui vivent autour des rochers, *saxatiles*; ceux qui vivent dans la boue *limosi*, ceux qu'on trouve dans le sable *aresino*, ceux qui se plaisent dans l'algue, *algoti*. Une autre division est de les distinguer en *cancres de mer*, & en *cancres de rivière*.

Les *cancres* ont le corps rond & different en cela des écrevisses de mer, & des langoustes qui ont le corps long, & des crabes qui l'ont évasé. Il y en a de différentes grandeurs & couleurs: tous ont dix bras, en comptant les deux bras fourchus, tantôt longs, tantôt courts; leur queue est repliée par-dessous. La tête, le corps, le ventre diffèrent suivant la diversité de l'espèce. Leur écaille ou croûte leur tient lieu d'os; c'est d'elle que les muscles tirent leur origine, ainsi que leurs insertions; ils sont privés de sang, & tiennent de la nature des ovipares & des vivipares.

Le *cancre commun* tient le milieu entre le cancre des rivières & le cancre de mer. Il a les bras fourchus & courts; les pieds longs finissant en pointe, deux petites cornes au front. Il vit longtemps hors de l'eau. Sa chair est fort nourrissante.

CANCRE DE RIVIERE ou D'EAU DOUCE. Il ressemble entièrement au *cancre* de mer; mais la coquille est plus tendre, plus légère, les pieds, les bras fourchus, plus gros & plus longs, à proportion de sa grosseur. La chair en est douce & bonne: on les fait mourir dans du lait pour les rendre plus délicats. Ce *cancre*, avec le temps, se dépouille de sa coquille. On pêche beaucoup de ces *cancres* en Grèce, en Candie, en Italie, en Sicile, en Egypte dans le Nil.

CANNE ou CANNETTE. On dit pêcher à la canne, quand au bout d'une canne ou d'une perche déliée, on attache une ligne à l'extrémité de laquelle est empilé un haim.

CANONNIERE, ouverture qu'on pratique au fond des écluses ou parcs de pierres, pour laisser échapper l'eau.

CANTHENO. Le poisson qu'on nomme en Provence, en Languedoc & en Espagne *cantheno* ou *cantharus*, *tanado* ou *tanna* à Gênes, est assez semblable à la brême : ainsi il doit être compris dans la famille des *sparus*. Le nombre, la position & la forme des ailerons, ainsi que des nageoires, est comme au sparaillon, & on peut le comparer encore plus exactement à notre brême de mer, dont il ne diffère presque que par sa couleur qui approche de celle du tan, au lieu que celle de la brême est très-brillante.

CANUS. Ce poisson a quelque ressemblance avec la mendole; il est de roche, saxatile & littoral. On lui donne plusieurs noms différens, souvent seulement celui de *rochau* qui équivaut à saxatile; mais les pêcheurs du Languedoc qui passent pour être les plus instruits, le nomment *canus*. On le nomme *canudo* à Marseille. Son dos est rouge, le reste de son corps est jaune-pâle, tirant à la couleur de la cire : il est moins large que la daurade : la plupart des rayons de l'aileron du dos sont durs & piquans, ceux de l'aileron de derrière l'anus sont souples; l'aileron de la queue est coupé quarrément: sa gueule est petite, les mâchoires sont garnies de dents qui s'engrenent les unes dans les autres. Sa longueur ordinaire est d'un pied; sa chair est tendre & friable, point visqueuse, & elle a un goût agreable.

CAPELAN. Ce poisson a six à sept pouces de longueur. Il est proportionnellement à sa grandeur plus large que le merlan de la Manche; sa forme approche plus de celle de la Gode; il a un barbillon au menton. On apperçoit auprès des yeux deux narines de chaque côté qui sont assez ouvertes. Ses yeux sont grands, leur iris est argenté, ils sont couverts d'une membrane transparente. La bouche est assez grande, elle est garnie de petites dents ou aspérités jusques dans la gorge. La couleur du dos est un roux clair, le ventre d'un blanc sale & argenté, l'un & l'autre brillants; ses écailles sont si petites, que plusieurs auteurs ont décidé qu'il n'en avoit point. Le dos est garni de trois ailerons; il y a sous le ventre, derrière l'anus, deux ailerons; l'aileron de la queue qui brunit par le bout, est un peu en croissant, & formé de vingt-huit rayons. Chacune des nageoires de derrière les ouies a treize rayons; on n'en compte que six aux nageoires de dessous la gorge. La chair de ce petit poisson est tendre, délicate & de bon goût.

On pêche ce poisson de bien des façons différentes; mais en Provence, on en prend beaucoup avec le bregin & le gangui.

Il est bon de prévenir que ce poisson qu'on nomme *capelan* dans la Méditerranée est très-différent du *capelan* qu'on emploie dans l'Amérique septentrionale pour amorcer les haims pour la pêche de la morue.

CAPELAN de terre neuve. La longueur de ce poisson est à peu près de six pouces ; sa tête diminue beaucoup de grosseur en approchant du museau ; elle a depuis cet endroit jusques derrière les opercules des ouies, deux neuviemes de la longueur totale du poisson. L'anus est aux deux tiers de cette longueur, du côté de l'extrémité du museau.

La forme du corps de ce poisson est singulière. Le dos ou la partie supérieure est bombée ; on apperçoit au milieu un enfoncement bordé de deux petites éminences qui s'étendent de toute la longueur du poisson ; la partie bombée est bordée par deux cordonnets qui sont très-saillants ; les hélices sont formées par des écailles alongées & pointues. Les pêcheurs assurent que ces poissons ont dans l'eau des couleurs très-éclatantes, qui contribuent à attirer les morues.

On pêche ce petit poisson dans des anses, où il se rassemble quelquefois en assez grande quantité pour en prendre avec des manets ; mais pour l'ordinaire avec des saines qu'on tire sur le sable. Il en paroît quelquefois des bancs si considérables près de la surface de l'eau, qu'on les pêche en pleine eau avec deux bateaux. On en prend aussi avec des tramaux. Lorsque ces poissons se portent à la superficie, il y a des oiseaux qui plongent assez avant pour leur donner la chasse. Ces poissons sont très-bons à manger frais ; quelquefois cependant, mais fort rarement, on en sale quelques barils. Lorsque la pêche est abondante, on en sale aussi en saumure & à mi-sel, pour employer en appâts lorsqu'on en manque de frais.

CAPITAINE, sorte de poisson dont l'écaille forme une espèce de hausse-col.

CAPOULIÈRE, nappe de filet d'ausse à larges mailles qu'on met à l'entrée des bourdigues pour empêcher le poisson de s'échapper ; & qu'on abat pour laisser passer les bateaux quand il s'en présente.

CAQUER. C'est mettre le hareng dans des caques ou barils lorsqu'il est salé.

CAQUER le poisson, c'est lui ouvrir la gorge & lui arracher les ouies.

CAQUES, barils dans lesquels on met le hareng blanc salé.

CAQUEUSE, femme qui avec un petit couteau qu'on nomme *caqueux* ôte les ouies & une partie des entrailles au poisson qu'on doit saler en blanc.

CARANGUE, poisson blanc & plat, long de trois à quatre pieds. Il a un pied de largeur par le ventre, & quatre ou cinq pouces d'épaisseur ; la bouche grande, armée de fortes dents ; ses yeux sont rouges & grands. Il a deux grandes nageoires au défaut du cou ; les nageoires du dos sont inégales ; celles des ouies sont pointues. Il a la queue large. Ce poisson commun à la Martinique donne beaucoup d'exercice aux pêcheurs par les sauts, & par les efforts qu'il fait pour se dégager, soit de l'hameçon, soit de la saine. Sa chair est blanche, grasse, tendre, savoureuse, nourrissante & saine. Le *carangue* entre la nuit dans les rivières.

CARCASSE, on nomme ainsi de grandes glines ou corbeilles couvertes, dans lesquelles on met les grands poissons qu'on a pêchés. Ce sont sur-tout les pêcheurs-parquiers qui en font usage.

CARPE. Ses écailles sont grandes & fortes ; il y en a de bien des couleurs différentes ; les unes sont brunes, d'autres verdâtres, d'autres dorées, d'autres rouges, d'autres presque blanches ; enfin d'autres qu'on appelle à miroir, parce qu'elles sont en quelque façon panachées.

La *carpe* se nourrit du frai d'autres poissons, d'insectes & de quantité de substances animales ou végétales, qu'elle rencontre en suçant la vase, ce qui a fait croire qu'elle se nourrissoit de vase ; mais il est certain qu'elle est avide de beaucoup d'autres alimens. Tout le monde a vu les *carpes* saisir avec avidité les morceaux de pain qu'on jette dans des endroits où il y en a, & les pêcheurs aux haims en prennent avec des appâts de différentes espèces ; ainsi il n'est pas douteux que les *carpes* cherchent à se nourrir d'autre chose que de la vase. Il est vrai néanmoins qu'elles la sucent, & s'y forment des routes.

Quand les *carpes* sont maigres, leur tête paroît fort grosse par comparaison au corps, & elle a cela de commun avec quantité d'autres poissons. Les petites sont très-désagréables à manger, parce qu'elles sont remplies d'arrêtes ; mais celles qui sont d'une bonne grosseur & grasses, sont fort charnues ; leur chair est ferme, néanmoins délicate & de bon goût, quand on a pêché les *carpes* dans une eau vive ; mais elles contractent dans les fonds vaseux un goût très-désagréable ; c'est pourquoi on fait beaucoup plus de cas de celles qu'on prend dans les rivières, que de celles d'étang. On estime beaucoup celles du Rhin ; & il y a auprès de Montreuil-sur-mer, un étang d'eau douce & vive, dont les *carpes* sont tellement en réputation, que celles qui pesent 12 à 15 livres se vendent jusqu'à deux louis.

On fait aisément perdre le goût de vase à la chair des *carpes*, en les tenant seulement une huitaine de jours dans l'eau vive pour les dégorger.

Les *carpes* vivent bien long-tems; il y en avoit dans les fossés du château de Pontchartrain, qui y étoient beaucoup avant la mort de Louis XIV. L'on en a fait pêcher une pour connoître quelle étoit la qualité de sa chair, & elle ne s'est pas trouvée bonne. Il y a des *carpes* qu'on nomme *saumonnées*, parce qu'elles ont la chair rouge; on ne sait si c'est une espèce particulière, mais elles sont fort bonnes.

De quelque façon qu'on se propose de faire la pêche des *carpes*, il est bon de s'assurer s'il y en a dans l'endroit où l'on veut s'établir, & aussi de les engager à s'y rassembler; pour cela on leur présente des appâts de fond, qu'on met dans un endroit net d'herbes, & où le fond soit de sable; ou s'il étoit vaseux, on met sur une table une couche de glaise de trois pouces d'épaisseur, soit pour que la table soit assez chargée pour tomber au fond de l'eau, ou pour que le poisson ne soit pas effarouché par la table. On met sur cette glaise les appâts qui doivent attirer le poisson, & on conserve sur le rivage une corde qui répond à la table pour la tirer à terre, quand il faut renouveller les appâts, ou pour s'assurer s'ils ont été enlevés par les *carpes*, ce qui indique s'il y en a un peu abondamment.

Ces appâts, qu'on nomme *de fond*, peuvent être de bien des espèces différentes; mais assez ordinairement ce sont de grosses fêves qu'on fait cuire à demi. Quand on s'est assuré qu'il y a dans un endroit assez abondamment de ce poisson, & qu'on les a engagés à s'y rendre, on a tout lieu d'espérer qu'on y fera une bonne pêche.

On emploie quelquefois la saine & le tramail.

Les *carpes* supportent mieux le transport en vie, que beaucoup d'autres poissons. La *carpe* est un des poissons qui réussit le mieux dans les étangs.

La *carpe* est très-rusée, & évite avec adresse les piéges qu'on lui tend; tantôt elle s'élance en l'air, & saute par-dessus le filet; tantôt à son approche elle plonge la tête dans la fange, & laisse glisser le filet sur sa queue qui se plie à sa volonté; elle reste ainsi tranquille, jusqu'à ce que le danger soit passé.

Pêche de la carpe *à la ligne.*

On prend des hameçons d'acier & des lignes de soie verte, de la grosseur d'une quatrième corde de violon: on les attache à des gaules d'un bois pliant qu'on ente dans un sureau; & on met à cette ligne un morceau de liége éloigné de l'hameçon & de l'appât, au moins d'un pied: car sans cela la *carpe* verroit l'hameçon, & ne mordroit pas.

Voici les principaux appâts dont on fait usage dans la pêche des *carpes*.

On prend du marc de chenevis environ une livre, deux onces de momie, autant de saindoux, d'huile de héron & de miel; une livre & demie de pain blanc rassis, & quatre grains de musc: on mêle le tout ensemble, on en fait une espèce de pâte qu'on coupe par morceaux, & ces pillules servent pour garnir l'hameçon.

Voici une autre recette: prenez de la chair de héron mâle ou femelle, mettez-la dans une bouteille, enterrez-la dans du fumier chaud, & laissez l'y reposer quinze jours ou trois semaines, jusqu'à ce qu'elle se change en huile: tirez alors cette bouteille & tenez-la bouchée de crainte que sa liqueur ne s'évapore: quand vous voudrez pêcher, prenez de la mie de pain & du chenevis, pilez le tout ensemble, imbibez le de votre huile, & faites-en un corps que vous partagerez ensuite en petites pastilles.

Il y a des pêcheurs qui n'appâtent leurs hameçons qu'avec des vers de terre, ou des féves cuites, ou un vieux chapeau gras coupé en petits morceaux. Une des méthodes les plus sûres est d'amorcer son hameçon à l'ordinaire, & de le frotter souvent avec une composition faite avec deux grains de musc, quatre gouttes d'huile d'aspic & autant de momie & de camphre.

Quand les *carpes* se sentent prises & qu'elles sont fort grosses, les secousses extraordinaires qu'elles donnent peuvent briser la ligne: voici comment on remédie à cet inconvénient; on fait sa ligne de cinq à six toises plus grande qu'à l'ordinaire, on l'entortille autour de la gaule, & on ne laisse que ce qu'il en faut pour pêcher d'abord: quand le poisson est pris, & qu'il fait effort pour se dégager, on ne lutte point contre lui, mais on détortille peu-à-peu la ligne, & on lui laisse la liberté de se promener: il ne tarde gueres alors à se noyer.

Si la *carpe* est si monstrueuse, qu'on n'espère rien de cette derniere ruse: on aura recours à une autre un peu compliquée. On donne à la ligne six toises de longueur de plus qu'à l'ordinaire, on la tourne plusieurs fois autour du bâton,

& on l'arrête à l'extrémité qui regarde l'hameçon : on prend ensuite un petit bâton long de quatre pouces, & fendu par les deux bouts, & on le place au bout du bâton où la ligne est arrêtée par un morceau de baleine : on fait entrer le cordon de la ligne dans une des fentes du petit bâton, & on le devide au milieu, de manière qu'il n'en reste que ce qu'il en faut pour pêcher à la ligne commune : enfin on fait entrer le même cordon dans l'autre fente du bâton, on met l'appât, & on pêche : ce qui sera plié sur le petit bâton ne se défera point, que lorsque la *carpe* sera prise & qu'elle fera des efforts pour se dégager.

Pêche de la carpe *à la truble.*

La *truble* est une espèce de filet très-connu & à qui on donne au moins deux pieds de profondeur. On l'emploie avec la ligne : mais les précautions sont différentes.

On choisit pour cette pêche, un endroit uni, sans pierres, & dégagé d'herbes : on a soin sur-tout que le lieu soit accessible aux *carpes*, & que les bords n'en soient pas escarpés : on a soin quatre ou cinq jours de suite de l'appâter soir & matin avec des féves cuites, dont voici la préparation.

On prend le quart d'un boisseau de féves & on les fait tremper dans l'eau sept ou huit heures, on les met dans un pot neuf vernissé en dedans avec de l'eau de rivière, & on les fait bouillir jusqu'à ce qu'elles soient à moitié cuites : on y mêle ensuite trois ou quatre onces de miel, deux ou trois grains de musc, & la grosseur de deux féves d'aloës citrin en poudre ; & on achève de faire cuire la composition.

On choisit les plus grosses féves pour mettre à l'hameçon, de manière qu'il soit caché en entier, excepté la pointe.

Le pêcheur doit avoir sa *truble* auprès de soi quand il jette sa ligne ; & lorsqu'il voit approcher la *carpe*, il met le pied sur la ligne, & plonge le filet dans l'eau, le glisse sous la *carpe*, le lève & y trouve le poisson renfermé.

Pêche des carpes *au tramail le long des crônes.*

Les *crônes* sont des cavernes où le poisson se retire quand il entend du bruit.

Il faut connoître parfaitement une rivière pour savoir où sont les meilleurs *crônes* : quand on en soupçonne un, il faut le sonder ; car il s'y trouve quelquefois des obstacles à la tenture du filet, tels que des arbres renversés.

On enferme le *crône* par un ou plusieurs *tramails* : ces filets se tendent par le moyen de plusieurs perches de saule ou d'autres bois, pourvu qu'il ne soit pas blanc ; car le poisson, à sa vue, prendroit l'allarme. Ces perches doivent être grosses comme le bras, pointues par le gros bout, bien droites & d'une longueur proportionnée à la profondeur de l'eau.

On pique ces perches dans l'eau, le long des bords de la rivière, à six pieds l'une de l'autre, en observant sur-tout que pas une ne se trouve à l'entrée des *crônes*, ce qui effrayeroit le poisson. Après les avoir plantées avec force, on les arrête par le haut avec une corde attachée à un arbre, s'il s'en trouve, ou à un piquet qu'on plantera : ces perches doivent être percées à fleur d'eau d'un trou, de la grosseur du petit doigt, qui servira à mettre une cheville de bois verd, & longue d'un demi-pied. A chaque bout des chevilles sera une coche, pour y attacher une ficelle un peu forte, longue d'un pied ou environ : ces ficelles & ces chevilles servent à tenir attachée une corde qui traverse les perches.

Après tous ces préparatifs, le pêcheur prend ses *tramails* ; il les déploie & les tend à fleur d'eau sur le bord de la rivière, de manière que le plomb touche au-dessus des *crônes*, afin de les enfermer.

On doit remarquer que les chevilles dont on a parlé, doivent jouer dans leurs trous, afin qu'en tirant la corde qui les retient, elles en sortent aisément, & donnent la liberté au filet de s'étendre pour fermer le passage des *crônes* : effet qui doit arriver lorsque la corde où est attaché le plomb du filet, tombe tout d'un coup. On doit aussi faire attention que les perches soient préparées huit jours auparavant, afin que le poisson s'accoutume à les voir.

Quand le filet est tendu, on porte le bout de la grande corde qui traverse les perches, & qui tient aux chevilles, à l'autre bord de la rivière, & on l'attache à un piquet. On cherche ensuite une place nette d'herbes, afin que la *carpe* puisse voir l'appât qu'on lui jette, & cette place doit être éloignée des *crônes* de cent ou deux cents pas. C'est sur les cinq ou six heures du soir, pendant sept ou huit jours qu'on doit appâter les *carpes* avec des féves préparées comme nous l'avons déjà dit.

La veille du jour que les pêcheurs doivent tendre leurs filets, au lieu de jetter simplement l'appât composé, ils ne feront pas mal d'y insérer, avant de le tirer du feu, la grosseur de deux féves de poudre d'aloës citrin, qu'ils laisseront bouillir : cette drogue fait vuider le poisson, & le rend affamé pendant deux ou trois jours ; ce qui l'oblige de sortir de bonne heure des *crônes*.

Le moment propre pour cette pêche est sur les trois heures après midi; pour y réussir, on doit être plusieurs de compagnie; l'un se tient sur le bord où le filet n'est point tendu, pour y tenir la corde qui est attachée, tandis que les autres vont, sans faire de bruit, au-dessus de l'endroit appâté pour y frapper l'eau avec des perches, & fouiller le long des bords pour obliger le poisson de se retirer dans son asyle.

Un des pêcheurs donne le signal convenu; aussi-tôt l'un tire le *tramail*, & les autres frappent la rivière : la corde où les plombs sont attachés, tombe alors au fond de l'eau, & le filet ferme l'entrée des *crônes*. Le poisson qui veut se sauver dans sa retraite, donne dans le piége, & on sait ensuite l'en tirer. On trouve quelquefois dans le *tramail* d'autres poissons que la *carpe*, & la pêche n'en est pas pour cela moins lucrative.

Pêche de la carpe *au tramail dans les rivières sans crônes.*

Il y a des rivières sans crônes, & d'ailleurs si garnies de grandes herbes, de petits rochers & d'arbres renversés, que la pêche semble impraticable. Pour obvier à cet inconvénient, il faut nettoyer une place de trente à quarante pas, & l'appâter avec des fêves cuites avec l'aloës: le premier jour où l'on met cet appât, on plante sur le bord plusieurs perches éloignées l'une de l'autre de six pieds, qui aient toutes les qualités que nous avons exigées dans celles qui servent à la pêche précédente. Lorsque le travers de l'eau est ainsi bordé de filets, on en fait autant au-dessous, suivant l'étendue de la place nettoyée; ces perches doivent être comme dans l'article précédent percées à fleur d'eau & garnies de chevilles.

Quand tout est préparé, on va sur les sept heures du soir jetter le reste des fêves dans le milieu de la place nettoyée; & dès qu'il est nuit, quatre personnes s'avancent en silence & se placent vis-à-vis, deux d'un côté & deux d'un autre, observant surtout de ne point approcher du *tramail*, au moins de douze pieds, avant que le signal soit donné par celui qui doit faire jouer le filet.

Quand les quatre personnes sont bien disposées, le maître pêcheur prend les deux bouts des cordeaux des chevilles qui sont attachées à un des piquets, & en courant les tire de force; cet effort arrache toutes les chevilles, le filet s'étend, & enferme tout le poisson qui sera accouru pour manger l'appât.

Dès que la corde est tirée, le signal se donne, & les quatre associés courent aussi-tôt, chacun avec une perche, & ajustent le bout du filet proche le bord, afin que rien ne puisse passer, & que les cordes soient sur chaque ligne qui se trouve au bas de chaque filet. Par ce moyen, le poisson reste enfermé entre les deux *tramaux*, comme dans une cage.

Il reste encore le moyen de le saisir, & voici comme on s'y prend. Deux hommes prennent chacun un bout d'un des filets, & l'approchent peu-à-peu de l'autre, pendant que les autres, avec des perches, foulent le fond de l'eau & le long du rivage, pour que le *tramail* ne passe point par-dessus le poisson, & pour l'obliger à fuir vers l'autre filet. On continue cet exercice jusqu'à ce que les deux filets soient proches l'un de l'autre, & que le poisson s'y trouve renfermé comme entre deux nappes pliées en double. Ensuite on retire le tout hors de l'eau. Cette pêche ne peut se faire utilement que dans un endroit où l'eau soit calme & tranquille; un courant rapide empêcheroit les filets de s'étendre & de se tenir en état sur les chevilles.

Pêche des carpes *avec une chaloupe submergée.*

On prend une vieille chaloupe qu'on remplit de branchages & de bois d'ancienne palissade, & on la fait descendre au fond de l'eau où elle doit rester trois mois sans qu'on y touche. L'eau doit être assez profonde pour que le poisson puisse entrer dans cette chaloupe sans être vu : la *carpe* ordinairement choisit un tel endroit pour y faire son asyle. Quand le jour de la pêche est arrivé, on prend deux autres bateaux auxquels on attache, avec des cordes, la vieille chaloupe : on la retire du fond de l'eau & on la conduit sur un des bords de la rivière où l'eau soit si peu profonde, qu'on puisse vuider la chaloupe, sans y laisser entrer l'eau de la rivière. On ôte ensuite tout le bois qu'on y a rassemblé, & on prend les *carpes* qui sont au fond : on prétend qu'on peut par cette industrie, pêcher à la fois jusqu'à cent *carpes*, toutes grosses; les petites n'y entrent jamais. Cette pêche se fait dans un étang aussi-bien que dans une rivière.

Bombardement des carpes.

Après avoir épuisé toutes sortes d'artifices pour la pêche des *carpes*, on a recours à l'artillerie, & cet élément destructeur qu'on a employé contre le genre humain, devient fatal au sein des eaux à ses timides habitans.

On choisit un endroit de rivière ou d'étang où l'eau forme une espèce de bassin, dégarni de joncs & de racines d'arbre, qui pourroient nuire aux filets. On prend un petit bateau, & par son moyen, on entoure le bassin de filets, dont le plomb touche le fond à l'ordinaire, & dont le dessus se soutienne sur l'eau par le secours des morceaux de liége qui y sont attachés. On prend ensuite quinze ou vingt bombes ou pétards ordinaires, auxquelles on attache des pierres, afin de les faire couler à fond; on les allume, & on les jette dans les bassins promptement les unes après les autres. Leurs éclats troublent l'eau si étrangement que la *carpe* s'épouvante; mais contrainte de chercher un air plus pur; elle monte & donne dans le filet où les pêcheurs la saisissent. Par cet artifice on peut prendre d'un seul coup de filet jusqu'à soixante *carpes*. Toute sorte de temps n'est pas favorable pour cette pêche, & on y réussit beaucoup mieux quand le ciel est serein, que quand il est orageux.

CARPEAU DE LYON. Le *carpeau*, qu'on ne doit pas confondre avec le carpionne qui se pêche dans le lac de Garde, est un poisson conformé extérieurement comme la carpe, quant à ses parties essentielles, telles que les écailles, la bouche, les appendices, les ailerons, les nageoires, la forme de la queue, &c. S'il y a entre ces deux sortes de poissons quelques différences, elles sont peu caractéristiques; la plus remarquable est l'applatissement du ventre dans le *carpeau*. Quant aux parties intérieures & l'organisation générale, tout est égal & disposé de même dans l'un & dans l'autre, excepté que de quelque grosseur que soit le *carpeau*, on ne trouve jamais ni œufs ni laites dans l'abdomen, & qu'il n'a point comme la carpe une troisième ouverture destinée à la sortie de ces matières nécessaires pour la multiplication de l'espèce; & leur absence, vu la place qu'elles occupent dans tous les poissons, ne peut que donner lieu à ce resserrement sensible dans le ventre dont on vient de parler.

Le *carpeau* est une carpe vraisemblablement mâle, privée en naissant de parties de la génération, ou né avec quelques défauts dans ces parties qui les disposent à devenir nulles & à disparoître. Ce sera une espèce de castration naturelle qui produit les mêmes effets que l'artificielle; & delà viennent la grosseur prématurée, l'embonpoint & la succulence qui distinguent le *carpeau*.

Il faut remarquer que le *carpeau*, reconnu pour une monstruosité naturelle, ne se trouve pas par-tout où la carpe abonde, ni même dans la Seine & le Rhin où elle se plaît & s'engraisse facilement; peut-être en est-il de ce poisson comme de plusieurs animaux & végétaux à qui la nature semble avoir assigné certains lieux de préférence, hors desquels ils ne peuvent prospérer. Toujours est-il certain que cette variété est particulière à la Saône & au Rhône. On en pêche en plus petite quantité & de moindre grosseur & qualité dans ce fleuve, à cause sans doute de la vivacité & de la rapidité de ses eaux, tandis que celles de la Saône qui sont lentes & savonneuses lui conviennent beaucoup mieux. Elle en fournit en grand nombre, principalement après les pluies & les grandes inondations. Mais la plus grande quantité lui vient des étangs qui sont très-fréquens dans les provinces de Bresse & de Dombes. De grandes pluies les remplissent quelquefois subitement, leurs eaux s'élèvent au-dessus des chaussées, les rompent, passent d'un étang dans un autre, & vont s'écouler dans le lit des petites rivières qui se jettent dans la Saône. En cet instant, on entend tous les villages voisins sonner le tocsin, pour avertir d'ouvrir les bondes & de faire écouler les eaux, sans perdre le poisson : néanmoins il en échappe beaucoup qui passent dans cette rivière; en peu de jours tous ces poissons y perdent ce goût de vase propre aux poissons d'étangs : les *carpeaux* en particulier y acquièrent très-vîte une excellente qualité.

Cependant la plupart de ceux qui se consomment à Lyon viennent des étangs de la Bresse, & en sont tirés directement. On les transporte la nuit sur des charrettes, avec les autres poissons, renfermés dans des tonneaux remplis d'eau que l'on renouvelle de temps en temps; mais souvent le poisson souffre de ce transport : les carpes y perdent leurs laites & leurs œufs, quelquefois même il en meurt. Si l'étang que l'on pêche est à portée de la Saône, on charie ces tonneaux sur son rivage, on embarque le poisson dans des bateaux percés qui le conduisent jusqu'à Lyon; arrivé à la ville, on le garde encore un certain temps pour le faire dégorger dans de semblables bateaux. Les eaux du Rhône ne conviennent point à cet usage : le poisson y meurt ou y maigrit en peu de temps. Celles de la Saône font perdre aux *carpeaux* leur goût de marais en partie, sans diminuer leur poids : mais quelques soins que l'on prenne, le *carpeau* pêché dans un étang est toujours inférieur à celui de la Saône, même à celui qui s'y est dégorgé en liberté pendant quelques jours. La chair du *carpeau* du Rhône est ordinairement assez dure & peu chargée de graisse, différant en cela du brochet qui dans ce fleuve prend une qualité supérieure.

On a trouvé quelquefois des *carpeaux* dans des étangs de la plaine du Dauphiné. On dit que le lac de Genêve n'en fournit point, & que celui de Nantua en a quelques-uns. Il en vient aussi du lac du Bourget en Savoie; mais les meilleurs, les plus forts, les plus gras & les plus succulens, sont ceux qui se pêchent dans la Seille, petite rivière qui a son embouchure dans la Saône entre Mâcon & Tournus; son lit est étroit & profond & son cours assez lent : les *carpeaux* y remontent volontiers après de fortes pluies. Les pêcheurs de la Saône les prennent comme la carpe, à l'hameçon, à l'épervier & plus ordinairement à la saine. Ils nomment *pagniaux*, ceux qui ne pèsent qu'une livre. Les *carpeaux* ordinaires pèsent depuis

puis une livre jusqu'à cinq. Les gros sont de huit à dix livres; les plus forts vont à quinze, mais cela est rare. En général c'est un poisson peu commun & très-recherché. Les plus gros sont les plus délicats, leur chair fond à la bouche, elle a le goût de la carpe, mais il est infiniment plus fin; le court-bouillon est la manière de les apprêter la plus en usage.

CARPION, excellent poisson, qu'il ne faut pas confondre avec la carpe. Le *carpion* ressemble à la truite par le nombre & la position des aîlerons & des nageoires : il a sur le dos le petit appendice cartilagineux qui caractérise la famille des saumons: il ressemble encore aux truites par les écailles, qui sont petites, par sa couleur qui est brune sur le dos, & argentée sur les côtés, chargée de mouchetures noires, rousses ou d'autres couleurs; il a des dents au bord des mâchoires, au palais & sur la langue; ainsi c'est une truite qui a communément un pied de longueur; son corps est plus large que les autres espèces de truites; sa tête paroît menue, ce qui est commun aux poissons qui sont gras, & dont le corps est gros : son dos est un peu arqué; sa forme approche de celle du barbeau.

Le *carpion* se trouve dans le Danube & en plusieurs endroits, principalement dans le lac de Garde. Il y a une saison où l'on en prend plus que dans les autres. Quand les pêcheurs en ont pris abondamment, ils en conservent en vie dans les réservoirs de bois, qu'ils construisent au bord de l'eau; & lorsqu'ils s'apperçoivent qu'ils maigrissent, ils en font cuire, & les assaisonnent avec du vinaigre, du sel & des épices; au moyen de quoi ils transportent fort loin ce poisson, qu'ils estiment beaucoup.

CARREAU, CARRELET, CARRÉ, CALEN, VENTURON, ÉCHIQUIER, HUMIER. C'est une nappe quarrée qu'on tend sur deux portions de cerceau, qui croisent, & qu'on attache au bout d'une perche; on le tend sur le fond; & quand on apperçoit quelques poissons dessus, on le relève promptement.

CARRELET, petit poisson plat de l'espèce de la *plie*, mais moins grand. La chair du *carrelet* est assez estimée : on pêche ce poisson dans les petites rivières & dans les étangs. Il suffit, dit-on, d'avancer dans l'eau les pieds sur le sable: on se retire ensuite de cet endroit; on y revient, & on trouve le poisson sur les traces de ses pieds.

CARROSSE. Il y a de petits bas parcs dont le dessus est couvert par un filet, c'est ce qu'on appelle *carosse* ou *parcs couverts*.

CASTAGNOLE, poisson, qui se trouve sur les côtes de Provence. Il a beaucoup de rapport avec la daurade. Il a environ dix-huit pouces de longueur totale, & sa largeur est à peu près de six pouces. Les mâchoires supérieures & inférieures sont bordées de plusieurs rangs de dents pointues. A cinq pouces six lignes de l'extrémité de la mâchoire supérieure commence le grand aileron du dos. L'aileron de la queue est fort échancré. Les nageoires derrière les ouies sont très-grandes, & se terminent en pointe. Les nageoires de dessous la gorge, sont plus petites. Les écailles sont peu adhérentes à la peau.

CATAPHRACTE, poisson qui a quelque rapport avec le doucet. Le corps de ce poisson est hexagone; entre chaque face, il y a une raie en relief; mais il y en a entr'autres quatre qui sont formées de boutons très-gros; savoir, deux qui avoisinent le dos; & deux près du ventre; aux autres raies, ces boutons sont beaucoup plus petits. L'aileron de derrière l'anus, commence à deux pouces trois lignes du museau; sa largeur à l'attache au corps est de cinq à six lignes. Ce poisson est de nulle valeur; à peine les pauvres gens daignent-ils en manger; aussi n'en fait-on point de pêche expresse; mais on en trouve dans les parcs.

CATENIERE ou CATONIERE, haut de chaîne qui porte quantité de crocs que les pêcheurs traînent au fond de la mer, pour trouver leurs filets ou leurs appelets, quand ils leur ont échappé.

CAUCHE, nom qu'on donne sur la Loire à des anses où se tiennent les aloses pendant la chaleur du jour.

CAUDRETTE, CHAUDRETTE, CAUDELETTE, CHAUDIERE, SAVONCEAU. Ces noms adoptés dans différents ports, désignent des trubles qui n'ont point de manche, & sont suspendus comme le plateau d'une balance; on les relève avec une petite fourche de bois.

CAVIAR, ou CAVIAT, œufs d'esturgeon qu'on sale, & qu'on prépare en Russie.

CAYMAN, crocodile d'Amérique qui a jusqu'à vingt pieds de long. Son corps est couvert d'écailles fort dures. Cet amphibie repand une odeur de musc très-pénétrante.

Les indiens de l'Orénoque ont l'audace de lutter contre ce terrible animal. Ils lui tendent un piége appellé tolette. Ce piége consiste en un morceau de bois dur & pointu, qu'on enveloppe d'un poisson, ou d'un morceau de chair.

La tolette est attachée à une forte courroie, qu'on lie bien ferme à terre. L'hameçon flotte sur l'eau. Le cayman l'engloutit, impatient d'avaler la proie qu'il voit devant lui. Mais il s'engorge tellement que les deux pointes du bâton lui entrent dans les deux mâchoires, & qu'il ne peut ni ouvrir, ni fermer la gueule. Le pêcheur attend que le bois soit suffisamment enfoncé de part & d'autre, par les efforts que le cayman fait pour s'en délivrer, & le tire ensuite à terre par le secours de ses camarades. On emploie le même moyen pour le retirer à sec, sans qu'il soit besoin de viande, ni d'aucune autre amorce, & c'est-là un divertissement qui mérite d'être vu.

Un indien prend la tolette par le milieu, & agace le *cayman*, qui se chauffe au soleil, la gueule ouverte d'un aune. Cet animal ne voit pas plutôt venir l'indien, qu'il court pour le dévorer. L'indien, à une distance convenable, fait un pas de côté, & le *cayman* passe outre. Cet animal ayant les vertèbres de l'épine si roides & si inflexibles, qu'il est obligé de décrire un grand cercle pour rejoindre son ennemi; l'indien l'attend de pied ferme jusqu'à deux ou trois fois, & même plus, l'évitant toujours avec la même adresse. A la fin, il délie la corde, empoigne fortement le bâton, & attend le *cayman* sans bouger de sa place. Celui-ci se jette sur lui en fureur, & alors l'indien, avec une intrépidité étonnante, lui plonge le pieu en travers, & tout le bras dans la gueule, assuré qu'en la fermant, les deux pointes de la tolette lui entreront dans les mâchoires. Dans cet état il devient furieux, & attaque les assistans qui l'irritent comme un taureau, & se divertissent à le voir s'élancer inutilement sur l'un & sur l'autre. Les indiens de Campêche se procurent le même divertissement; mais les habitans des Philippines sont infiniment plus adroits qu'eux; aussi leurs *caymans* sont-ils plus agiles & plus légers que ceux de l'Amérique. Les otomachos & les guamos les attaquent avec encore plus d'audace. Deux indiens prennent une forte courroie, au bout de laquelle est un nœud coulant. Quand le *cayman* est au soleil, ils s'en approchent sans bruit, lui jettent le lac autour du museau. Le *cayman* s'élance aussitôt dans l'eau, emporte l'indien & va jusqu'au fond; mais quand il y arrive, il a déjà la trompe & le cou serré de plusieurs nœuds. Alors l'indien sort de l'eau sans le moindre effroi & aide son compagnon à tirer le *cayman* à terre, & à le tuer.

CAZIER ou CASIAR, nasse à-peu-près semblable aux bouraches, avec laquelle on prend dans le quartier de Saint-Malo des poissons à croûte.

CÉLAN, poisson de mer connu sous ce nom dans quelques provinces de France.

CELERIN ou CELAN; poisson qui a beaucoup de rapport avec la sardine & le hareng, & que l'on confond souvent ensemble. On trouve effectivement beaucoup de points de ressemblance entre le *célerin* & une grosse sardine, telle que la forme & la position des ailerons & des nageoires : la tête de l'un & de l'autre poisson se ressemble beaucoup, leur gueule est grande, la mâchoire inférieure un peu plus longue que la supérieure; on n'apperçoit point de dents à l'une ni à l'autre, l'œil du *célerin* ne diffère point de celui du hareng ni de la sardine, & il est comme recouvert par une membrane; les écailles du *célan* sont grandes & minces, & les aspérités de dessous le ventre sont plus sensibles qu'aux harengs, & à-peu-près comme à la feinte.

A l'égard de la couleur, le dos de ces poissons tire au vert, les côtés sont blancs & argentés; les opercules des ouies sont très-brillantes : voilà bien des points de ressemblance. Mais le *célerin* a le corps proportionellement plus court & plus gros, son dos est plus charnu que celui du hareng; le dessous du ventre du hareng a plus la forme d'un coin, & les écailles du *célerin* sont plus grandes.

Si l'on compare le *célerin* avec la sardine, on reconnoît que le *célerin* est plus arrondi que la sardine qui, proportionellement à sa grandeur, a le corps plus applati, & l'aileron de la queue est échancré encore plus inégalement qu'au hareng. Enfin les pêcheurs anglais & les bretons qui prennent de grosses sardines & des *célerins* pêle-mêle avec les harengs, savent distinguer ces poissons; d'où il suit que les différences sont assez considérables pour être apperçues par les connoisseurs : joignons à cela que la délicatesse de la chair de la sardine & même du hareng, met en état de les distinguer du *célerin*, par ceux qui ne les connoitroient pas à la seule inspection.

Nos pêcheurs ne font point de pêche particulière pour prendre les *célerins* : quelques-uns, à la vérité, précédent les harengs; mais il en reste encore beaucoup lorsque les harengs paroissent; c'est pourquoi on en prend dans les mêmes filets; on en trouve aussi dans les pêcheries de la côte & dans les parcs; beaucoup se consomment frais à portée des ports où on les prend, & les pêcheurs aux haims s'en servent à Yarmouth pour amorcer ; & quand ce poisson donne abondamment à la côte, on en sale en barils comme les anchois, après leur avoir coupé la tête & la queue; néanmoins on ne les estime point autant pour manger : les pêcheurs aux haims les préfèrent au point qu'ils les achetent le double des harengs salés.

On assure qu'on pêche des *célerins* aux côtes de l'Epire & d'Albanie, qu'on en sale & qu'on en saurit comme nous faisons les harengs; puis on les transporte dans la mer Adriatique.

On pêche dans les lacs de Savoie des poissons qu'on nomme *célerins*, parce qu'ils ressemblent beaucoup aux *célerins* de mer; leurs écailles sont menues, luisantes & peu adhérentes. Ils sont très-gras, on les prend au printemps, & on sale les plus petits, parce qu'ils se conservent mieux, ayant moins d'huile que les gros.

CÉTACÉES. On nomme ainsi les grands poissons tels que la baleine qui ont des poumons, qui sont vivipares, & dont plusieurs allaitent leurs petits.

Les *cétacées* ont le corps nud & alongé, des nageoires charnues. Ils ont comme les quadrupedes les mamelles placées au bas du ventre, deux ventricules au cœur & respirent par les poumons. Ils leur ressemblent encore par la structure & l'usage de toutes les parties intérieures.

CHABOT ou TÊTE D'ANE, petit poisson de riviere. Sa tête est grosse & plate, son corps va toujours en diminuant. On le trouve dans les courans rapides, où il se cache ordinairement entre les cailloux, ou dans le sable. Ce poisson a quatre à cinq pouces de long; il n'a point d'écailles : son dos est jaunâtre, & marqué de trois à quatre bandes transversales. L'iris de son œil semble être de couleur d'or. Le trait de ses aîlerons a la rapidité d'une flêche. L'hiver est la saison la plus favorable pour prendre ce poisson : on le pêche à la nasse, & même à la fouane, quand l'eau est transparente & peu profonde.

CHABUISSEAU, nom que les pêcheurs du Poitou & d'Aunis, donnent à un petit poisson de deux ou trois pouces de long, dont les écailles sont petites & blanches, qui a depuis les ouies jusqu'à la queue, une bande de deux à trois lignes de largeur, d'un bleu clair & luisant. Il a un petit aileron sur le dos, un ou deux derrière l'anus; l'aileron de la queue fendu, deux nageoires sous la gorge, une derrière chaque ouie, & la tête petite.

CHALUS ou CHALUT, c'est un filet en chausse, sans aîles, ou une drague qu'on traîne. Il y en a qui sont montés sur des especes de caîne aux de bois.

CHAMPIGNON MARIN, poisson rouge qui n'a point de sang, & qu'on trouve dans plusieurs îles, sur-tout dans celle de Cayenne.

CHANDELIERS. On nomme ainsi sur les barques & les chaloupes des especes de fourches de bois ou de fer sur lesquelles on met les avirons les gaffes ou les vergues quand elles sont abattues.

CHANTAGE ou huage. On appelle une pêche *chantage* ou *huage*, quand on fait du bruit pour engager le poisson à donner dans le filet.

CHAPEAU, sorte de truble dont on se sert à Calais pour prendre des chevrettes qu'on y nomme *grenades*.

CHAPERON, couverture de paille qu'on met sur les paniers de poisson.

CHAPPE. On nomme ainsi en Provence une espèce de lisière qu'on met autour des filets pour les fortifier. Les mailles de *chappe* ont quinze lignes en quarré.

CHARRUE, filet en manche, d'usage en Basse-Bretagne, semblable au chalus.

CHASSE-MARÉE, marchands qui transportent promptement la marée, ou à dos de cheval, ou dans des fourgons, aux endroits où s'en fait la vente.

CHAT, petit grapin dont se servent les pêcheurs pour retirer du fond de la mer leur tessure, quand elle leur a échappé.

CHAT-MARIN, poisson singulier qu'on pêche sur la côte du Pérou. Il a sur les deux côtés de la tête des espèces de filandres ou barbes assez semblables à celles du chat. Aux isles sous le vent on trouve quelquefois des *chats-marins*; mais on n'ose point en manger, parce qu'on craint le poison des pommes du mancelinier, dont ces animaux se nourrissent quelquefois. Il n'en est pas de même sur les côtes d'Afrique où la chair des *chats-marins* est trouvée de bon goût & fort saine.

CHATOUILLE, espèce de petite lamproie qu'on emploie pour appât.

CHAUSSE ou MANCHE du bregin : elle diffère de celle de l'eyssaugue en ce qu'elle est plus large, & les mailles du cul-de-sac sont si petites que ce filet semble être une toile claire.

CHEVANCE ou CHEVESNE. Ce poisson qu'on appelle *meunier* parce qu'il se tient auprès des moulins, est un poisson blanc de rivière, qu'on nomme en quelques endroits *vilain*, parce que, dit-on, il se plaît dans la fange : on lui donne encore différens noms qui dérivent de ce qu'il a une tête assez grosse, tels que testard, sans compter les noms de patois que les pêcheurs adoptent. Les uns lui trouvant quelque ressemblance avec le barbeau, le nomment *barbotteau*. Quoi qu'il en soit, la chevanne est un poisson rond à arrêtes & à écailles, qui a un seul aileron sur le dos, deux nageoires au bord des ouies, deux sous le ventre, un aileron près de l'anus; sa tête est grosse, son museau camus; il a quatre ouies de chaque côté; sa gueule est sans dents, son palais est charnu & garni de quelques os; il fraie en mai sur le gravier dans des endroits où il n'y a pas une grande épaisseur d'eau.

Ce poisson est charnu; sa chair est blanche & délicate, même un peu molle; en général on en fait peu de cas.

On trouve ce poisson dans les rivières entre les bancs de sable, principalement dans les mois de mars, avril & mai. On les prend dans des nasses ou d'autres filets où on les attire avec du sang caillé, comme cela se pratique pour les ables.

CHEVRETTE ou SALICOQUE. Petit crustacée de mer plus menu que la squille. Il est armé d'une grande corne au front, une partie de sa queue se relève, & finit par quatre espèces d'ailes moins larges qu'à la squille. Sa chair est douce & tendre; on mange les chevrettes bouillies avec le vinaigre. Elles se trouvent en quantité sur les côtes de Saintonge, de Bretagne & ailleurs &c. Leur croûte est noire; mais étant cuites, elles rougissent comme les écrévisses.

CHEVRON, MANIGUETTE, MENUE GUILDRE ou GILDRE, termes qui son: synonymes, & désignent parmi les pêcheurs toutes sortes de petits poissons, ou le frai en général. Les réglemens en ont défendu la pêche qui se faisoit avee deux sortes d'instrumens. Le premier est une espèce de verveux roulant, composé d'un demi-cercle arrêté par une traverse, & garni d'un sac de grosse toile ou de serpillière, formé en pointe, de la longueur de deux brasses ou environ. Le manche de cet instrument qui est fourchu, est arrêté aux deux côtés du cercle. Les pêcheurs qui s'en servent le tirent derrière eux, au rebours de ceux qui se servent du bouteux ou bout-de-quièvre, qui se pousse en-devant. Le *chevron* se traîne à un pied d'eau au plus sur les vases & les bas-fonds. L'autre instrument avec lequel on faisoit la même pêche, est la basele, espèce de guideau.

CHIEN DE MER, on donne ce nom à beaucoup d'espèces d'animaux de mer, dont les plus grands sont mis au nombre des cétacées les plus forts. En général le *chien de mer* est un cruel animal, l'ennemi de tous les vrais poissons auxquels il fait la chasse à force ouverte. Il souffle horriblement. Le *chien de mer* est de la classe des animaux à nageoires cartilagineuses.

Le *chien de mer*, connu sur les côtes de Provence & de Languedoc, est *l'aguillat*. Son corps est long, sans écailles & cendré; sa peau est rude; son dos qui est d'une couleur brune cendrée est garni de deux aiguillons découverts, pointus & forts où tiennent six nageoires. Son ventre est blanchâtre & moins rude que le reste du corps. Sa tête se termine en pointe; ses yeux sont grands; sa gueule est en dessous faite en demi-lune & toujours ouverte. Elle est armée sur les côtés de deux rangs de fortes dents; il a deux trous au lieu de narines, des ouies découvertes aux côtés, comme dans les poissons longs & cartilagineux, deux nageoires près des ouies & deux autres près de l'anus. Son corps finit par une queue fourchue. La chair de ce vivipare de la Méditerranée est dure & peu estimée. Le peau de *chien de mer* a le grain fort dur; mais moins poli que celui du chagrin. On en fait usage pour polir les ouvrages en bois, ou pour servir de couverture à des boîtes.

CHIN-CHOURES, filet dont les espagnols se servent pour la pêche des sardines; c'est le même que le sardinaye de Provence.

CHUTE. On entend par la *chute* d'un filet sa hauteur lorsqu'il est tendu.

CIVELLE, sorte de petit poisson que l'on pêche dans la Loire, depuis la ville d'Angers jusqu'à la mer, & qu'on croit être un frai d'anguille, à cause qu'il en approche beaucoup. Ceux qui prétendent le contraire, disent que ces poissons ne viennent jamais plus grands; ils ne sont pas plus gros ni plus long que des aiguilles ordinaire à coudre : il s'en pêche une très-grande quantité, qui se consomme par les pauvres gens & les riverains. Ils en forment des boules qu'ils nomment *pain de civelle*.

On fait cette pêche en mars; elle dure deux à trois mois; on ne se sert que de sacs, tamis ou cribles, avec lesquels hommes, femmes & enfans prennent les *civelles*, en écumant la superficie de l'eau : ainsi c'est la même pêche que celle des pêcheurs bas-normands de la rivière de l'Orne. On la fait la nuit; les pêcheurs ne se servent point de lanterne : s'il arrive que les débordemens des eaux aient rendu les eaux troubles, on pêche de jour sur la Loire.

CLAIE, BOURAQUE, PANNIER, NASSE

& CASSIER, termes synonymes de pêche. *Voyez* NASSE.

CLEF, DOUBLE CLEF & DEMI-CLEF, sorte de nœud qui sert à attacher les hains aux empiles, les cailloux aux cordes & les cordes aux piquets.

CLOSETS ou CAHOSSETS, Ce sont de petits hauts parcs formés d'un filet en manets & tendus sur des perches. Un bout de filet tendu droit forme une chasse, & l'autre bout formant un crochet fait le corps du parc.

CLOYERE, petit panier dans lequel on met un assortiment de poisson pour la provision d'une maison.

COIFFE, filet à grandes mailles & évasé, qu'on met à l'embouchure d'un filet en manche, pour déterminer le poisson à y entrer.

COLAS ou CORBEAU. Il y a plusieurs poissons qui sont noirs ou d'un bleu foncé, ou d'autres couleurs très-rembrunies, qu'on nomme pour cette raison *corbeaux* ou *colas*.

Le poisson dont il est ici question, a deux pieds de longueur & plus. Sa plus grande largeur est à-peu-près le tiers de sa longueur; il est un peu comprimé sur les côtés & oblong, ayant à-peu-près la forme des poissons ronds. Sa gueule est grande; la mâchoire inférieure est garnie d'un grand nombre de petites dents très-fines; à la mâchoire d'en-haut les dents sont en moindre quantité, mais beaucoup plus fortes & recourbées vers l'intérieur de la gueule; les bords de la mâchoire supérieure ont en avant quelques crocs très-forts aussi recourbés dedans. La langue est épaisse & charnue; les narines sont simples & alongées, les yeux sont saillans, assez grands; la prunelle est noire, & l'iris nacré, les opercules des ouies couverts de quantité de fort petites écailles; les lignes latérales sont assez près du dos, elles sont accompagnées de plusieurs raies, dont les plus élevées sont blanches, & les plus basses d'un jaune assez clair; il y a entr'autres un bande large de couleur citrine. Les écailles sont petites, elles sont teintes de bleu, de gris & de noir, sur-tout vers le dos, avec quelques taches à-peu-près rondes, de couleur jaune.

COLINS. La pêche de ces petits poissons en Norwége, près de Valdrehone, entre Berghen & Drontheim, se fait à 4, 5 ou 6 lieues des côtes, sur des bancs qui sont en très petit nombre, & qui n'ont pas plus de 50, 60 & 70 brasses de longueur, sur 30 ou 40 de largeur; ils ne sont recouverts que de 5, 7, 9 brasses d'eau, quoique la mer qui les environne en ait plus de 40 ou 50 de profondeur; en sorte que ces bans sont dans la mer comme des dunes ou des montagnes isolées.

La providence semble les avoir placés dans ces endroits pour servir de retraite à une innombrable quantité de jeunes *colins*, qui garnissent ces dunes depuis le pied jusqu'au sommet, & qui trop jeunes apparemment pour se risquer dans les abymes profonds de la mer, y trouvent un abri contre la voracité de plusieurs espèces de poissons, dont ces mers sont remplies, & vraisemblablement la nourriture qui leur convient.

Ces poissons ont rarement plus d'un pied & demi ou deux pieds de long; ils séjournent sur ces bancs pendant toute l'année; & malgré la quantité immense qu'on en prend journellement, on ne s'apperçoit pas que leur nombre diminue. Tous sont vuides de laites & d'œufs; il est probable que quand ces poissons deviennent plus âgés, ils vont s'établir dans des endroits qui leur conviennent mieux, ou pour leur nourriture, ou pour satisfaire à d'autres besoins, & qu'ils sont remplacés par d'autres jeunes poissons de la même espèce.

C'est depuis la Saint-Jean jusqu'à la Saint-Michel, qu'on en fait une pêche plus abondante; pendant toute cette saison, ils se nourrissent d'un très-petit hareng, qu'on nomme *brisling*, & d'une sorte d'insecte nommé *rouge-otte*, qui se trouve en si grande quantité sur les bancs, que la mer en paroît rouge, & qu'en puisant avec la main on les prend par milliers; alors les *colins* sont gras, charnus, ont de gros foies qui fournissent beaucoup d'huile, qu'on estime assez, ce qui rend cette pêche très lucrative.

Le filet dont on se sert pour cette pêche, a, tout monté, 16 brasses en quarré; les mailles ont un pouce & quelques lignes d'ouverture; il est fait avec du fil un peu plus gros que le fil à voile ordinaire.

Ce filet est monté tout autour sur une corde de la grosseur du doigt, & de deux côtés seulement; il est en outre bordé d'une autre corde plus grosse, qui dépasse les quatre coins du filet d'environ 3 brasses. Lorsqu'on le monte, on serre les mailles sur la ralingue, pour que le filet fasse un fond au milieu d'environ une brasse & demie de profondeur. Ce filet, qu'on nomme en Norwége *nott* ou *nett*, n'est point garni de flottes, ni lesté; le poids du fil, qui est assez gros, & celui des cordes qui le bordent, suffisent pour le faire caler. Il faut pour faire cette pêche quatre bateaux ou yolles, que les norwégiens nomment *fieurring*, & chacun doit être monté de trois hommes.

Il y a souvent dans la bonne saison 2 & 300

bateaux qui pêchent journellement sur ces bancs, & sur un banc il ne peut s'établir tout au plus que deux à trois filets ensemble ; ceux-là sont suivis par d'autres, qui le sont à leur tour par ceux qui reviennent pour recommencer leurs pêches ; ils s'empressent à force de rames de s'emparer du poste.

En été, où il n'y a point de nuits dans le pays, cette pêche se fait continuellement ; en automne, qu'il commence à y avoir de la nuit, les pêcheurs restent tranquillement mouillés auprès de leur bouée pendant deux ou trois heures, en attendant le commencement du jour ; mais, en hiver, ils se rendent à terre tous les soirs, & partent le lendemain trois heures avant le jour, pour y être rendus lorsqu'il commence à paroître.

Tous les *colins* se sèchent au vent, & leur préparation ne diffère en rien de celle du stockfish de la qualité du rondfish.

On donne à ce poisson, en Norwége, divers noms, suivant la grandeur où il est parvenu ; depuis 3 pouces jusqu'à 6, ils le nomment *morte ;* depuis 6 jusqu'à 13 & 14, ils l'appellent *pâle.* Passé cette grandeur, ce sont de *petites seyes*, jusqu'à ce qu'il soit laité & œuvé. Alors on le regarde comme des *seyes parfaites.* Quand ils ont acquis toute leur grandeur, ce sont de *grandes seyes.*

COLLERET, petite saine ou sainette, que deux hommes traînent au bord de la mer ou des étangs, ou par les étangs des petites rivières. Il y a de grands collerets qu'on traîne avec des chevaux ou avec des vireveaux.

COMMENDE ou EILLÈRE. C'est en général un bout de corde qui sert à retenir un corps dans une situation fixe & convenable.

CONCOMBRE MARIN, espèce d'animal de mer gros & long comme le petit doigt, privé de sang & orné de tubercules. Il ressemble assez par la forme à un petit concombre. Sa couleur est un blanc sale, & il a une odeur saline.

CONDORTES, faisceaux de cannes disposés pour la construction des bourdigues.

CONGRE ou ANGUILLE DE MER. On en connoît de deux espèces, l'un est blanc & se pêche en haute mer ; l'autre est noir & se pêche sur les bords du rivage. Le *congre* ressemble beaucoup à l'anguille d'eau douce. Sa peau est de différentes couleurs : la tête verte, le corps brun mêlé de bleu, & le ventre jaunâtre. Ce poisson est fort alongé & quelquefois gros comme la cuisse d'un homme. Sa chair est coriace.

La pêche du *congre* est assez considérable : elle se fait dans les grands bateaux qui ne sont alors montés que de quatre hommes : elle commence ordinairement vers la Saint-Jean, & dure jusqu'après la Saint-Michel. Pendant les trois premiers mois de l'été, les vents d'Ouest y sont fort contraires, parce qu'ils empêchent les pêcheurs de sortir des ports & petites baies qui sont le long de la côte de l'amirauté de Quimper en Bretagne, où se fait la pêche que nous allons décrire.

Les *congres* se prennent entre les roches ; chaque matelot a trois lignes ; elles sont longues de cent cinquante brasses chacune, & de la grosseur des lignes des pêcheurs de Terre-neuve : elles sont chargées par le bout d'un plomb du poids de dix livres pour les faire caler : depuis le plomb jusqu'à cinquante brasses, il y a vingt-cinq à trente piles d'une brasse de long, éloignés chacun d'une brasse & demie, garnies d'un claveau, amorcé d'un morceau de la chair du premier poisson qu'ils prennent quand ils commencent leur pêche, soit seche, orphie, maquereau, &c.

Il faut, pour la faire avec succès, une mer basse & sans agitation, & que le bateau soit à l'ancre. Les pêcheurs d'Audierne, après leur pêche finie, reviennent de temps à autre à la maison : au lieu que ceux de l'île des Saints, qui partent de chez eux le lundi, n'y reviennent ordinairement que le samedi. Le nombre des équipages d'un bateau pour faire cette pêche n'est point limité : ils sont tantôt plus, tantôt moins, & le plus souvent jusqu'à sept à huit hommes.

Quand ils font leur pêche, ils relèvent leurs lignes de deux heures en deux heures, pour en ôter le poisson qui s'y trouve arrêté.

Les pêcheurs sont à la part ; le maître & le bateau ont chacun une part & demie, & les autres matelots de l'équipage chacun une part seulement.

Ceux qui achettent des *congres* pour les faire sécher, les ouvrent par le ventre depuis la tête jusques au bout de la queue : on leur laisse la tête, on ne les sale point : on fait des taillades dans les chairs qui sont épaisses, pour faciliter à l'air le moyen de les dessécher plus aisément : on passe un bâton d'une extrémité du corps du poisson à l'autre pour le tenir ouvert, & on le pend à l'air. Quand ils sont bien secs, on en fait des paquets de deux cent livres pesant, qu'on envoie à leur destination, ils passent ordinairement à Bourdeaux pour le temps de la foire. Ce poisson sec décheoit considérablement de poids dans la garde & dans le transport.

COQUILLAGE, ver testacé dont le corps

est mou, sans articulation sensible, & recouvert en tout ou en partie d'une envelope de substance dure, de nature crétacée que l'on nomme *coquille* à laquelle l'animal est attaché par un ou plusieurs muscles. C'est elle qui le garantit du choc des corps étrangers & il s'y retire au moindre danger.

Toutes les *coquilles* ne sont pas de la même espèce. Elles se divisent, suivant Argenville, en *coquilles* de mer, *coquilles* d'eau douce & *coquilles* de terre : Les *coquillages* de terre sont morts ou vivants; les vivans sont univalves, c'est-à-dire, d'une seule pièce, les morts sont en *fossiles*. Les *coquillages* fluviatiles sont *bivalves*, c'est-à-dire, composés de deux pièces à-peu-près égales, ou bien *univalves* : ceux de la mer sont ou *univalves* ou *bivalves* ou *multivalves* ; on entend par *coquilles multivalves* celles qui sont formées par l'assemblage de plusieurs *coquilles* ordinairement inégales.

Les trois classes de *coquilles univalves*, *bivalves* & *multivalves* renferment donc tout le systême des *coquillages* : cette division en renferme une autre qui va mettre sous les yeux du lecteur le tableau de toutes les familles de cette production de la nature.

Les *coquillages univalves* comprennent quinze familles.

Les *buccins* : on les nomme aussi *trompes*.

Les *cornets* ou *volutes*.

Les *cylindres* ou *rhombes*.

Les *lépas*.

Les *limaçons à bouche applatie*.

Les *limaçons à bouche demi-ronde*.

Les *limaçons à bouche ronde*.

Les *murex* ou *rochers*.

Les *nautiles*.

L'*oreille de mer*.

Les *porcelaines*.

Les *pourpres*.

Les *tonnes*.

Les *vermisseaux* ou *coquilles à tuyaux*.

Les *vis*.

Les *coquillages bivalves* fournissent six familles.

Les *cames*.

Les *cœurs* ou *boucardites*.

Les *huîtres*.

Les *moules*.

Les *peignes* ou *petoncles*.

Les *solens* ou *couteliers*.

Les *coquillages multivalves* renferment aussi six familles.

Les *conques anatiferes*.

Les *glands*.

L'*oscabrion*.

Les *oursins*.

Les *pholades*.

Les *pousse-pieds*.

Parmi les animaux renfermés dans les *coquilles*, les uns ont une tête, des yeux, des ouies, un corps, & les autres manquent de quelques-unes de ces parties ; quelques *coquillages* ont le corps contourné & moulé dans leurs *coquilles*, d'autres l'ont plat & formé à l'ordinaire ; quelque négligés que ces *coquillages* semblent être par la nature, on peut toujours admirer les merveilles de leur organisation.

Mais rien ne frappe davantage les naturalistes dans le spectacle des *coquillages*, que les singularités de leur sexe : il y en a aussi qui réunissent les deux sexes.

On distingue trois espèces d'hermaphrodites dans les *coquillages* : 1°. Celui dont on n'apperçoit pas les parties de la génération, & qui produit son semblable sans accouplement ; tels sont les *conques*. 2°. Celui qui réunissant en lui les deux espèces des parties sexuelles, ne peut se suffire à lui-même, mais a besoin du concours de deux individus qui se fécondent réciproquement ; l'un servant de mâle à l'autre pendant qu'il fait à son égard les fonctions de femelle ; cet hermaphrodisme se voit dans les limaçons terrestres. 3°. Celui qui possédant les deux espèces de parties génitales a besoin de la jonction de deux individus, mais qui ne peuvent se féconder en même-temps, à cause de l'éloignement de leurs organes ; l'avantage que cette espèce d'hermaphrodite a sur les limaçons dont le sexe est partagé, c'est de pouvoir féconder comme mâle un second individu, & d'être fécondé en même-temps comme femelle par un troisième ; il ne manqueroit plus à ces *coquillages*, pour réunir toutes les espèces d'hermaphrodismes, que de pouvoir se féconder eux-mêmes, & d'être en même-temps le père & la mère du même animal.

Voici la mécanique de la formation des *coquilles*. Le corps de l'animal est couvert d'un grand nombre de tuyaux remplis de pores, dans lesquels s'élève la liqueur dont il se nourrit; cette liqueur visqueuse s'étend sur la surface du corps de l'animal & s'y épaissit; de-là se forme une croûte solide qui compose la première couche de la *coquille*; les autres couches s'appliquent ensuite à la première, par le secours de la transpiration.

Entre les *coquillages*, les uns sont carnassiers tels que les pourpres, ils sçavent percer les *coquillages* & manger de petits poissons; d'autres se nourrissent des eaux herbacées qu'ils pompent, & même de petits insectes; il y en a qui restent ensevelis dans le limon. Il y en a aussi qui s'élèvent pour respirer sur la surface de l'eau; le plus grand nombre, tel que les huîtres, reste collé au lieu de sa naissance, & sçait extraire sa nourriture du fluide ou de la matière qui l'environne; il est probable que ces gros poissons à *coquilles* qu'on nomme *ceti*, sont immobiles au fond des mers, & leur pésanteur qui va souvent jusqu'à deux cens liv., est une preuve de leur stabilité.

Il y a des *coquillages*, comme les homars & les écrévisses de mer, qui se cramponnent avec force contre des rochers pour résister à la violence des vagues, & qui s'en détachent sans peine; on peut juger de la force de ces animaux sur celle du *coquillage*, qu'on appelle *l'œil-de-bouc*; & qui malgré sa petitesse, quand il se trouve placé dans une position verticale, ne sçauroit en être détaché par un poids de trente livres.

C'est du *coquillage* nommé *murex* que les anciens tyriens tiroient cette pourpre estimée dont ils faisoient une marque de dignité pour leurs souverains & un ornement pour leurs dieux. Le buccin servoit aux romains de trompette dans leurs expéditions militaires. Dans les républiques grecques les *coquilles* servoient aux citoyens pour donner leurs suffrages, & c'est sur une *coquille* que le juste Aristide écrivit lui-même l'arrêt qui le condamnoit à l'ostracisme: les anciens suppléoient par le *byssus* à l'usage de la soie, & cette méthode est renouvellée de nos jours chez les corses qui ont aussi hérité de la valeur des premiers républicains: ceux mêmes des *coquillages* qui sont inutiles pour le commerce servoient autrefois d'aliment: les contemporains du docte Varron avoient déja un secret pour engraisser les *coquillages* & les rendre plus délicats.

Les modernes ne le cédent point aux anciens pour l'usage qu'ils font des *coquillages*. Celui qu'on nomme *pucelage* sert de monnoie en Guinée, au Sénégal, à Bengale, aux isles du Cap-Verd & dans quelques Philippines; les Canadiens en font des ceintures & des colliers; il y a des indiens qui s'en couvrent les parties naturelles, & les égyptiennes font des colliers & des brasselets d'autres *coquillages*; les grecs modernes les brisent, les mélangent avec du citron, & en composent un fard dont ils se frottent le corps; les turcs & levantins garnissent de *cauris* les harnois de leurs chevaux, & en couvrent des vases avec une telle adresse qu'ils semblent formés d'une seule pièce. Dans l'isle de Sainte-Marthe on les emploie à orner les nattes de palme qui couvrent les murailles. Des ouvriers ont l'art de tirer du *burgau* une belle nacre dont on fait des ouvrages incrustés d'or. Les cames servent à faire des bagues sculptées. Les huîtres produisent des perles qui balancent souvent par leur éclat celui du diamant. Des personnes industrieuses forment en Bretagne des bouquets de fleurs avec des *coquilles*, & l'art avec lequel on mélange celles qui sont diversement colorées, fait souvent illusion. Les nautiles servent dans quelques pays à faire des coupes. Les anglois se servent de *coquilles* pour blanchir la cire, ils les emploient aussi, de même que les cultivateurs de Sicile & de Sardaigne, à fertiliser les terres; en France on calcine quelquefois les écailles d'huîtres pour faire de la chaux & pour blanchir des toiles. Les sauvages dans leurs danses, forment avec les *coquilles* des espèces de lyres qui ne sont pas destituées d'harmonie; dans la Chine on les pile ou les enfouit dans la terre & on les fait servir dans la composition de la porcelaine: enfin, il y en a, tels que les huîtres, les moules & les lepas, qu'on regarde comme des alimens délicieux, & qui trouvent place sur nos tables les plus délicates, soit pour exciter l'appetit, soit pour le satisfaire.

De la pêche des coquilles en général.

Les manières de se procurer des *coquilles* sont très-multipliées, on en ramasse sur les bords des mers, mais principalement dans le temps des équinoxes, parce que la mer laissant par son flux, & son reflux une plage plus vaste, on profite de ce moment.

Il ne faut pas croire que les *coquilles* que l'on trouve dans un pays en soient originaires, toutes ne sont pas fixées à demeure comme la famille des huîtres & des moules, & plusieurs de ces animaux sont aussi curieux de voyager; d'ailleurs les tempêtes en rejettent sur des côtes très-éloignées de leur pays natal.

La manière la plus sûre de se procurer de belles *coquilles* est celle dont on se sert dans l'Inde. On les fait pêcher par des nègres plongeurs, au fait de cette manœuvre. On leur descend un panier rempli de pierres, qu'ils ôtent à mesure qu'ils le remplissent de *coquilles*. Pour la pêche des *huîtres* & autres *coquilles* qui s'attachent aux rochers & aux arbres, on les arme d'un fer pointu qui leur sert en même-temps à les détacher & à sa ſe défendre contre les poiſſons dangereux. Dans d'autres climats, les plongeurs ſont munis d'une ſerpette ou eſpèce de faucille avec laquelle coupant les principales attaches qui retiennent les *coquilles*, ils en retirent une quantité, attachées les unes aux autres par une matière viſqueuſe & collante. Sur nos côtes, on drague les *coquilles*, ce qui endommage ſouvent leurs robes.

Ce n'eſt que l'induſtrie des hommes qui a ſu débarraſſer les *coquilles* de ce tartre marin, & autres molécules hétérogènes qui nous cachent la beauté & la vivacité de leurs couleurs.

COR ou DURDO CORBEAU. On donne en Languedoc, ces différens noms à un poiſſon de mer à écailles, qui a quelque reſſemblance avec la dorade; il a quelquefois plus d'un pied & demi de longueur. Sa tête, au ſortir de l'eau, eſt de couleur changeante noire, avec quelques reflets d'or; ſes écailles ſont grandes & larges tirant au noir; ſes yeux ſont grands, les nageoires de derrière les ouïes ſont grandes & larges, celles de deſſous le ventre le ſont encore plus; elles ſont noires. Le grand aileron du dos eſt fort large & compoſé de forts rayons; il paroît former deux ailerons; mais en y prêtant attention, on voit que la membrane qui joint le rayon eſt continue: l'aileron de derrière l'anus eſt petit, mais formé de rayons longs, forts & piquans. Ces poiſſons vont par troupe, & hantent les bords de la mer; c'eſt pourquoi on les prend avec le bouciier. Les grands ne ſont pas un auſſi bon manger que ceux de moyenne taille.

CORAIL, ſingulière & précieuſe ſubſtance de mer, dont la pêche eſt un objet de commerce. La ſtructure ordinaire du *corail* eſt celle d'un arbriſſeau dépouillé de feuilles. Les naturaliſtes s'accordent à regarder le *corail* comme une production d'inſectes, & un raſſemblement de petites cellules formées par des polypes.

Le *corail* n'a point de racines: on le trouve collé ſur la ſurface des os de baleine, ſur des bouteilles, ſous des rochers, & toujours il eſt la tête en bas; ſa groſſeur eſt d'un pouce, & ſa plus grande hauteur d'un pied: le *corail* roſe eſt le plus commun; on le trouve dans la Méditerranée; il y en a de blanc dans la mer Baltique: on en trouve auſſi du noir, du bleu & du vert.

Le *corail* eſt la première & ſûrement la plus belle des plantes marines: cependant il n'eſt guères plus d'uſage en Europe où tout eſt aſſujetti à l'empire de la mode.

On recherche encore les grandes branches de *corail* pour les vendre aux perſonnes qui font des collections de curioſités naturelles, ou pour en faire des ornemens eſtimés dans l'Inde & en Arabie. Les mahométans de cette dernière contrée, comptent le nombre de leurs prières ſur un chapelet de *corail*: ils y attachent une vertu ſanctifiante qui purifie les pénitens, & enrichit encore plus ſouvent les dervis.

Pêche du corail.

Elle ſe fait ordinairement dans la Méditerranée, le long des côtes de Barbarie, depuis le commencement d'avril juſqu'à la fin de juillet. Les pêcheurs attachent deux chevrons en croix, & les appeſantiſſent avec un boulet, pour les faire tomber à fond; ils entortillent négligemment du chanvre de la groſſeur d'un pouce, & ils en entourent les chevrons, qui ont auſſi à chaque bout un filet en manière de bourſe: ils attachent ce bois à deux cordes, dont l'une tient à la proue & l'autre à la pouppe de la barque; enſuite ils le laiſſent aller à tâtons au courant & au fond de l'eau, afin que la machine s'accroche ſous les avances des rochers; par ce moyen le chanvre s'entortille autour des branches de *corail*. On emploie cinq ou ſix perſonnes pour tirer les chevrons & pour arracher le *corail*, qui reſte attaché à la filaſſe, ou qui tombe dans la bourſe; s'il tombe dans la mer, il ſe trouve des plongeurs tout prêts à l'aller repêcher.

CORBEILLE. C'eſt en effet une *corbeille* d'oſier revêtue de cuir de cheval, dont les anglais ſe ſervent aſſez adroitement pour la pêche.

CORCERONS. Ce ſont de petits morceaux de liége qu'on attache aux empiles, pour que les hains ſe détachent du fond. Ce mot eſt ſynonyme de *flottes*.

CORDES. Pêcher aux *cordes*, eſt pêcher avec une longue *corde*, à laquelle on attache, de diſtance en diſtance, des lignes ou empiles garnies d'hains: c'eſt ce que dans la Méditerranée on appelle *palangre*. Lorſqu'elles ſont chargées de plomb ou de cailloux, on dit *corde par fond*; quand elles ſont ſoutenues par des flottes de liége, on dit *cordes flottantes*: la principale *corde* s'appelle *maîtreſſe corde*, ou *bauffe*, dans l'Océan; dans la Méditerranée, *maître de palangre*. Les pêches aux groſſes *cordes* diffèrent de celles aux lignes, parce que les *cordes* ſont plus groſſes, & ordinairement plus longues.

CORDIER. Un pêcheur *cordier* eſt celui qui pêche avec des cordes garnies d'hains. On l'appelle dans la Méditerranée, *palangrier*.

CORESSE. On appelle ainſi à Dunkerque les magaſins où on fait les harengs ſaurets.

CORNÉS (harengs). Ce terme ſe dit des harengs prêts à frayer, dont la chair eſt molle, la laite petite, & qui deviennent coriaces dans le ſel.

CORNION, partie de la bire, ou bure, ou nasse qu'on ajuste à l'extrémité des diguiaux.

COUFFE de palangre. On nomme ainsi, en Provence, un panier fait avec de l'auffe, & rempli de pierres, au bord duquel on attache des piles qui portent des hains, & qu'on descend au fond de la mer. On le retire au moyen d'une ligne qui y est attachée.

COULETTE, sorte de truble dont la monture est comme celle d'une raquette : on s'en sert dans la Garonne pour prendre plusieurs sortes de poissons. C'est un grand lanet.

COUPLE. Ce mot se prend en différens sens : pêcher au *couple*, c'est attacher au milieu d'un fil de fer un peu courbe un petit poids, & aux deux bouts deux piles garnies chacune d'un hain. On amarre ce fil de fer par le milieu à une longue ligne que les pêcheurs tiennent dans la barque qui va à la voile.

COURADE, nom qu'on donne à une espèce de sardine qui se pêche au Croisic, en Bretagne.

COURANTILLE, sorte de thonnaire ou filet à prendre des thons, qu'on abandonne à lui-même, & qui dérive au gré du courant.

COURTINE. On nomme ainsi des espèces de gords ou bouchots, dont l'enceinte est formée par des filets tendus sur des piquets. On nomme *courtines vagabondes* ou *variantes*, celles qu'on change souvent de place.

COYAU, CORLASSEAU, ou GARDE-COTE DU CROISIC, poisson du genre des sparus. On distingue aisément le mâle de la femelle.

Le *coyau* femelle est moins gros que le mâle; sa couleur tire plus au blanc, avec çà & là des nuages bruns : au reste ces deux poissons se ressemblent par la forme de leur corps. Les écailles des *coyaux* mâles ont la même couleur que celles de la tanche, & la forme de leur corps ressemble tellement à celle de la tanche de rivière, que quelques-uns l'appellent *tanche de mer*. Il est vrai que l'aileron du dos de la tanche d'eau douce a peu d'étendue, qu'il est flexible, au lieu que celui du *coyau* est grand & épineux : mais cette même différence existe entre la brême de mer & celle de rivière, ainsi qu'entre la carpe de mer & celle de rivière. Il fraie dans l'algue, où ses œufs éclosent, & sont à l'abri des tempêtes.

Le *coyau* est constamment tout l'été le long des rochers caché dans le goëmon, d'où il sort quand on lui présente des appâts, sur lesquels il se jette avec avidité; ce qui déplaît beaucoup aux pêcheurs, parce que ce poisson qui est peu estimé, empêche d'autres plus recherchés de se prendre aux hameçons. C'est une partie de plaisir pour les femmes du Croisic, d'aller à la pêche de ce poisson; ce qu'elles appellent *aller aux courlassaux de lune*. Pour cela, le soir au clair de la lune, elles vont de basse-mer entre les rochers; & sans autre industrie que de les prendre à la main, elles en attrapent beaucoup : c'est pour elles un plaisir qu'elles prennent plutôt pour s'amuser dans la belle saison, que pour l'intérêt. Ce poisson étant peu estimé, on ne le prend point au large.

CRABE, animal du genre des crustacées, espèce d'amphibie, d'une forme oblongue, ou à corps large & évasé, dont on distingue plusieurs espèces. Il y a les *crabes* de mer, ceux d'eau douce, ceux de terre. En général, les *crabes* ont la queue composée de tables, rabattue en dessous, & appliquée sur le ventre. La tête n'est point séparée du corps. Ils ont dix jambes, cinq de chaque côté y compris les bras. Le *crabe* fait usage des serres noires, qui sont au bout de ses bras avec la même dextérité que le quadrupède se sert de ses pieds de devant. On nomme ses *serres. forces, pinces, mordans, tenailles*. Les pêcheurs sont obligés, avant de porter ces animaux au marché, de leur lier étroitement les bras dans un sac : sans cette précaution, ils s'entretueroient & se couperoient les jambes.

Le *crabe* a beaucoup de conformité avec le cancre. Cet animal est fort hideux. Son corps est recouvert d'une croûte dure, souvent noirâtre & plombée. Ses yeux noirs sont éloignés l'un de l'autre, & l'animal les fait sortir en déhors ou rentrer dans leur orbite. On trouve toujours les *crabes* par bandes; ils habitent les bords des rochers. Ils se nourrissent de vers, de mouches, de sangsues, de grenouilles. La chair de ces crustacées est de difficile digestion. On les fait cuire comme l'écrevisse. Il y a des *crabes* d'une grandeur démesurée en Amérique. Les *crabes* de terre ou de montagne sont peu gros.

La pêche du *crabe* de mer ou d'eau douce, est difficile, à cause de la force de ses pinces.

CRABE, poisson de la famille des zeus, qui n'a aucun rapport avec les crustacées connus sous ce nom : nous ferons seulement remarquer que, quand on parle d'un de ces poissons, on dit *la crabe*, au lieu qu'on dit *le crabe* lorsqu'il s'agit des crustacées.

Les pêcheurs de Biarritz vont avec des haims chercher ces poissons jusqu'à six lieues au large, tirant au nord-ouest, où ils en prennent avec d'autres poissons. Quoique ces poissons ne soient pas de passage, le temps de leur pêche est depuis le mois de juillet jusqu'au commencement de l'hiver, soit parce que dans cette saison ils se rendent avec d'autres poissons sur les isles, où ils trouvent de petits poissons qui les y attirent, soit principalement parce que dans les autres saisons les pêcheurs sont occupés à faire d'autres pêches qui leur sont plus avantageuses. Les *crabes* étant prises sur de bons fonds & en bonne saison, sont assez estimées; leur chair est un peu sèche, mais point coriace; on en fait du bouillon pour les malades.

CRAPAUD DE MER, DIABLE DE MER, CHABOISSEAU, poissons de la famille des scorpions, qui ne ressemblent au *crapaud* de terre que par la grandeur de sa gueule, par la position de ses yeux, & un peu par la peau de dessous le ventre. On dit que quand il est effrayé, il gonfle son corps comme le *crapaud* de terre; il ressemble encore moins au poisson qu'on nomme *grenouille pêcheuse*; & effectivement, les dénominations de *chaboisseau* ou de *crapaud de mer*, qui lui sont données par les pêcheurs, ont été adoptées par plusieurs auteurs. Ce poisson n'a point d'écailles; sa couleur dominante est verdâtre, chargée de taches brunes; le péritoine qui enveloppe les intestins, semble être teint de verd-de gris; les ouies ne paroissent point détachées comme à la plupart des poissons; mais on a apperçu auprès & au-dessous des ouies, de petites ouvertures qu'on soupçonne pouvoir en tenir lieu; il a sur les côtés & sur la tête de vigoureuses épines qui, quand on tire le poisson hors de l'eau, se couchent, & ne paroissent plus.

Ce poisson étant très-succulent, il est difficile de le dessécher; & à mesure qu'il perd de sa substance, la forme de son corps se défigure beaucoup. En général, on fait très-peu de cas du *chaboisseau*, dont la chair est molle & de mauvais goût; d'ailleurs il y a peu de poissons qui se corrompent aussi promptement.

Crapaud de mer *qu'on prend sur les côtes de haute-Normandie.*

Ce poisson, dont on ne fait aucun cas, se prend dans les parcs ou entre les rochers, au bord de la mer; il a la tête grosse & plate, le regard fier & méchant, ce qui l'a fait appeller *diable.* Il gonfle tellement les membranes qui réunissent ses mâchoires, que dans certaines circonstances, il fait paroître une gueule d'une grandeur énorme par comparaison à sa taille. La couleur de son corps est olivâtre avec quelques nuages un peu plus bruns, qui ne sont sensibles que quand le poisson est nouvellement tiré de l'eau; les raies latérales sont formées par de petits traits qui se suivent; en passant le doigt dessus, on sent qu'ils sont un peu piquans, sur-tout vers la tête, car ils sont à peine sensibles du côté de la queue; au sortir de l'eau, le ventre est argenté avec des reflets de différentes couleurs; la tête est large & applatie en dessus; le crâne est fort dur, les mâchoires sont garnies de dents fines & courtes; les yeux sont grands, fort élevés sur la tête; la prunelle est d'un beau noir, l'iris verdâtre: entre le museau & les yeux, il y a deux petites cornes pointues, & deux autres de grandeur inégale entre les yeux & le bord des opercules, qui forment des angles saillans & piquans.

Crapaud de mer *du Croisic, qui paroît être le saillot de Torbay sur les côtes d'Angleterre.*

Il n'y a point de port où il n'y ait un ou plusieurs poissons qu'on nomme *crapaud ou diable de mer*: ce qui n'est pas surprenant, puisque les pêcheurs donnent ce nom à tous les poissons qui ont une figure hideuse. On pêche au Croisic un poisson plus gros que le précédent, qui a une tête monstrueuse & prodigieusement armée d'aiguillons: les pêcheurs de Dieppe en ont pris à Torbay où ils vont quelquefois faire la pêche avec les folles, & ils le nomment *saillot*, ou, comme au Croisic *diable de mer.* Il y a beaucoup de ressemblance entre ce poisson & le *crapaud de mer*, qu'on prend sur les côtes de la haute-Normandie: néanmoins les pêcheurs de ce département pensent que le *saillot* de Torbay & le diable de Dieppe, sont deux espèces différentes de poissons.

CRAQUELOTS, harengs peu salés & peu fumés.

CRAQUELOTIÈRE, femme qui prépare les harengs bouffis, qu'on nomme *craquelots*, ou *appétis.*

CROCHET, instrument de fer ajusté au bout d'une perche, pour détacher les coquillages des rochers, & tirer les crustacées & quelques poissons d'entre les roches. On traîne sur le sable un double crochet pour faire saillir les vers & les poissons qui se sont enfouis.

CROCODILE, animal amphibie qui a quelques rapports avec le lézard; mais il est d'une taille plus énorme & d'une voracité sans exemple; il a quelquefois plus de vingt-cinq pieds de long: celui qui habite le Nil est fort avide de chair humaine.

Sa gueule est armée de dents nombreuses, longues, pointues, rangées comme celles d'un peigne. Celles de la machoire supérieure s'emboîtent dans les intervalles de celles d'en bas.

Dans quelques climats on mange de la chair de *crocodile* : dans l'île de Boutan on les apprivoise, on les engraisse, & on les tue pour en faire un mets estimé. Cet animal se trouve dans la Guinée, dans le Sénégal, & même dans le fleuve des Amazones, & sur la côte des Esclaves.

Dans le siècle dernier on porta à la ménagerie de Versailles, un *crocodile* vivant, de quatre pieds de longueur; quoique cet animal ne puisse vivre que dans les pays chauds, celui-ci vécut près d'un mois sans manger.

Il n'y a point d'animal plus redoutable dans l'eau que le *crocodile* : sa gueule, son dos, ses griffes & sa queue sont également terribles : c'est avec de telles armes qu'il attaque, renverse & déchire sa proie. Malgré un danger aussi éminent, les nègres osent lutter contre ce fléau des rivières; ils tâchent de le surprendre dans un endroit où il ne puisse se soutenir sans nager, & ils vont hardiment à lui avec un cuir de boeuf entortillé au bras gauche, & un dard dans la main droite; ils lui mettent la bras garni de cuir dans la gueule pour la tenir ouverte, & comme sa langue est fort petite, sa gueule se remplit d'eau, & le monstre se noye : pour hâter sa mort, ils lui crèvent les yeux à coups de dards.

On tend au travers des rivières de Siam, trois ou quatre rangs de filets, & on les place de distance en distance; le *crocodile* épuise ses forces au premier & au second; ensuite les pêcheurs siamois accourent dans leurs bateaux, & le percent sous le ventre; car sa peau ailleurs est une cuirasse impénétrable aux traits & aux balles; quand l'animal est affoibli par la perte de son sang, ils lui serrent fortement la gueule, attachent avec la même corde sa tête à sa queue, & lient ses pattes sur le dos. C'est après avoir pris toutes ces précautions qu'ils l'amènent à terre.

CRUSTACÉES. On nomme ainsi les animaux aquatiques qui sont couverts d'une enveloppe osseuse plus ou moins dure. Les *crustacées* n'ont point de sang, ni d'os : on leur distingue une tête, un estomac, un ventre & des intestins. On divise les *crustacées* en trois genres, dont le premier comprend ceux qui ont le corps alongé, tels que les écrevisses, les langoustes, les homars, les squilles. Le second renferme ceux dont le corps est large & évasé, tels que les crabes; & le troisième, ceux dont le corps est arondi en forme de cœur, tels sont les cancres.

Les *crustacées* habitent les étangs marins, l'embouchure des rivières, les lieux limoneux & les fentes des rochers. Ils vivent de bourbe, d'ordure & de chair. Leur chair est plus ou moins agréable au goût, mais difficile à digérer.

D.

DARD ou VANDOISE, petit poiſſon de rivière de la longueur d'un hareng, qui s'élance dans l'eau avec la rapidité d'un dard d'où lui eſt venu ſon nom. Il eſt de l'eſpèce des poiſſons blancs. Il eſt long de neuf doigts. Il a le corps large & le muſeau pointu. Il eſt couvert d'écailles moyennes & de petites lignes. Sa couleur eſt compoſée de brun, de vert & de jaune. Sa chair eſt molle, mais bonne, agréable au goût & fort ſaine.

DAUPHIN, cétacée de l'eſpèce des baleines. *Voyez* BALEINE.

DÉGORGER. C'eſt faire perdre aux carpes ou autres poiſſons leur goût de vaſe en les tenant quelques jours dans l'eau vive.

DEMI-FOLLE, filet qui ne diffère des folles, que parce qu'il a moins d'étendue & que les mailles en ſont moins ouvertes.

DEMOISELLE. On donne à Cette le nom de *demoiſelle* à un joli petit poiſſon couleur de roſe, qui paroît appartenir à la famille des *tœnia*.

A Antibes, la *demoiſelle* eſt un petit poiſſon qui n'eſt guère plus long que le doigt, & aſſez menu : ſa tête eſt petite, ſon muſeau un peu pointu; ſes écailles ſont de diverſes couleurs, le dos violet, les côtés bleus, le ventre blanc tirant un peu au jaune; les lignes latérales qui ſont dorées, ne font pas un trait uniforme, mais de petits zigzags; au reſte l'aileron du dos eſt très-long & formé en partie de rayons piquans, celui de derrière l'anus eſt ſouple & moins étendu; l'aileron de la queue eſt coupé quarrément : les nageoires ſont ſituées derrière les ouies & ſous la gorge comme aux tourdes : les yeux ſont petits & ronds. L'anus eſt ſitué à-peu-près au milieu de la longueur du corps; l'aileron qui le ſuit, s'étend juſques tout près de celui de la queue. On dit qu'ils courent après ceux qui ſe baignent, qu'ils les mordent; & comme ces poiſſons vont en grande compagnie, ils les incommodent fort, ſe raſſemblant autour d'eux comme des guêpes. Rondelet dit qu'en ſe baignant à Antibes, il en avoit été aſſailli & fort incommodé. Ceux qu'on pêche autour des rochers éloignés du rivage, ſont beaucoup meilleurs que ceux qu'on prend auprès de la côte.

DENTALE, ou DENTÉ. Comme ce poiſſon tire ſon nom & ſon caractère ſpécifique de pluſieurs dents canines aſſez fortes qu'il a au-devant des mâchoires, tant ſupérieure qu'inférieure, il s'en eſt ſuivi qu'on a donné le nom de *denté* à différens poiſſons, uniquement parce qu'ils avoient de fortes dents.

Au reſte, le *denté* reſſemble à la dorade, par la forme de ſon corps, le nombre & la poſition tant des ailerons que des nageoires; ſes yeux ſont plus grands, & on en pêche de très-gros, car il n'eſt pas rare d'en prendre qui pèſent depuis dix livres, juſqu'à vingt livres. Les écailles du *denté* ſont aſſez grandes & de différentes couleurs; néanmoins le rouge eſt obſcurci par le noir qui domine, & forme ſur les côtés des lignes aſſez droites. On ne le connoît pas dans l'Océan; il eſt plus commun en Provence qu'en Languedoc. Il ſe tient ordinairement dans les rochers près le bord de la mer, ou quand il ne fait pas chaud, dans le goëmon, à huit & dix braſſes de profondeur. Il eſt ſi vorace que quelquefois, lorſque les pêcheurs tirent une ligne où s'étoit attaché un poiſſon, s'il ſe trouve à portée un *denté*, il ſe jette ſur le poiſſon, l'avale avec l'haim, rompt la ligne & s'échappe : alors les pêcheurs ne manquent guère de remettre à la mer un autre haim amorcé d'un poiſſon, & qui eſt encapelé à une forte ligne : alors le *denté* ſe trouve ſouvent la dupe de ſa voracité. On eſtime ce poiſſon à Narbonne, où on le nomme *dentillac*. Belon dit que les albanois qui en prennent beaucoup au printemps, en confiſent dans des barils qu'ils vont vendre à Ancone : ces poiſſons ainſi préparés, peuvent ſe conſerver trois ou quatre mois.

DERBIO, poiſſon de haute mer dont les nageoires ſont épineuſes; ſa couleur eſt blanche, mêlée d'un bleu tantôt plus, tantôt moins foncé : il a le corps long de quatre pieds & le ventre plat; ſes écailles ſont petites, & ſes mâchoires ſont garnies d'aiguillons; ſa chair eſt graſſe & de bon goût.

DEUX DOIGTS. Les filets du boullier dit de *deux doigts* ont leurs mailles d'un pouce & demi en quarré.

DIABLE DE MER, monſtre de la mer d'Afrique qui a quatre pieds de long & un pied d'épaiſſeur; ce poiſſon ſe trouve pris quelquefois dans les filets des pêcheurs : mais on ne le garde pas long-temps, car il eſt féroce pendant ſa vie, & venimeux après ſa mort : deux petites cornes noires & pointues qu'il a ſur la tête lui ont fait donner le nom de *diable*.

Il y a un autre *diable de mer* à une ſeule corne moins venimeux, mais preſqu'auſſi hideux que le premier : dans la colère, il ſouffle tellement qu'il paroît rond comme une boule ; ſa queue eſt faite en forme de rame, il a une nageoire ſur le dos, & une autre ſous le ventre.

On donne encore le nom bizarre de *diable de mer* à la macreuſe, dont le plumage eſt noir, & à un poiſſon cartilagineux, connu ſous le nom de pêcheur marin.

Enfin, on voit ſur la Côte d'Or & ſur celle d'Ivoire, une eſpèce de raie, longue de vingt-cinq pieds, & large de dix-huit ſur trois d'épaiſſeur, qui a auſſi le nom de *diable de mer* : ſa queue ſemble un fouet armé d'une pointe ; ſa peau eſt auſſi rude que celle du requin : ſa chair eſt de mauvais goût; ce poiſſon a de plus quatre yeux & ſix cornes.

DIGON, morceau de fer barbelé ou terminé par un demi-dard ajuſté au bout d'une perche, & dont on ſe ſert pour piquer & prendre le poiſſon.

DIGOT ou AIGUILLETTE, petit inſtrument qui ſert à tirer du ſable les manches de couteau, eſpèce de poiſſon.

DIGUIAUX, grands filets en forme de manches, terminés par une naſſe nommée *bire* ou *bure* que les pêcheurs de la Seine établiſſent entre les arches des ponts.

DOGLINGE, eſpèce de baleine qu'on ne trouve qu'auprès des îles de Feroë; elle a cela de particulier que ſa chair eſt de très-mauvais goût, & que ſon lard communique à la tranſpiration des perſonnes qui en mangent une odeur fétide qu'on ne peut ſupporter; auſſi les pêcheurs font peu de cas de cette baleine.

DOMICILIÉS. Nous nommons *poiſſons domiciliés* ceux qui ſe trouvent toute l'année ſur les mêmes côtes, tels que les ſoles, les limandes &c.

DONZELLE, beau poiſſon de rocher qu'on trouve dans la Méditerranée : ſon corps eſt oblong & ſeulement de la groſſeur du pouce ; ſon dos paroît revêtu de toutes les couleurs de l'arc-en-ciel : ſes écailles ſont fort fines, ſes nageoires épineuſes, ſes yeux petits, ſes dents blanches, aiguës & crochues. Il a deux nageoires au dos & au ventre. Il nage en troupes ; on en voit beaucoup à Gênes & à Antibes; ils viennent, dit-on, mordre les perſonnes qui ſe baignent dans la mer. On pêche la *donzelle* à la ligne. Sa chair eſt tendre & courte. *Voyez* DEMOISELLE, poiſſon de la même famille.

DORADE, poiſſon de l'Amérique, qui tire ſon nom d'une raie couleur d'or qui s'étend de la tête à la queue.

La *dorade* eſt un des plus beaux & des meilleurs poiſſons de la mer. Sa peau, que les voyageurs diſent être ſans écailles, eſt douce au toucher; les plus riches couleurs, l'or, l'azur, le vert le plus brillant y ſont en quelque façon prodiguées; malheureuſement ces couleurs s'affoibliſſent lorſque ces poiſſons ſont malades ; & peu de temps après qu'ils ſont morts, elles ne ſubſiſtent plus.

Les *dorades* nagent avec une grande viteſſe; elles font continuellement la guerre à différens petits poiſſons dont elles ſe nourriſſent, particulièrement à une eſpèce de poiſſon volant dont elles ſont ſingulièrement friandes ; elles s'élancent même au-deſſus de la ſurface de l'eau, pour les ſaiſir avant qu'ils y entrent : c'eſt pourquoi on prend les *dorades* avec des haims qu'on a amorcés avec ce poiſſon volant; même comme elles en ſont très-avides, il ſuffit de garnir l'haim avec un leurre qui imite ce poiſſon ; alors on fait ſautiller l'haim au-deſſus de la ſurface de l'eau, & les *dorades* s'élancent pour l'attraper. Celles qui vont par bandes, ſe trouvent fréquemment en nombre à la ſuite des vaiſſeaux.

La *dorade* a la tête fort groſſe ; ſon corps qui eſt un peu comprimé ſur les côtés, va en diminuant uniformément de groſſeur, depuis la tête juſqu'à la naiſſance de l'aileron de la queue ; le dos eſt garni d'un grand aileron dont les rayons vont toujours en diminuant de longueur juſqu'à ſon extrémité près l'aileron de la queue ; il y a ſous le ventre derrière l'anus un aileron moins conſidérable, qui ſe termine comme le grand aileron, près celui de la queue, qui eſt très-fendu ; enfin il a quatre nageoires, deux derrière les ouies, & deux ſous la gorge.

On prend des *dorades* en pleine mer en couvrant d'un peu de toile blanche un hameçon auquel on a attaché deux plumes de poule en croix, & qu'on laisse trainer à l'arrière d'un vaisseau.

Le poisson volant dont la *dorade* cherche à se nourrir, a la tête un peu approchante de celle de la *dorade*; la partie la plus grosse de son corps est auprès de la tête, le reste va toujours en diminuant de grosseur jusqu'à la naissance de l'aileron de la queue : ainsi sa forme est à peu près conique, & approchant de celle de la *dorade* d'Amérique; il a, comme celle-ci, un grand aileron sur le dos, un derrière l'anus, deux petites nageoires sous le ventre, & non pas sous la gorge. L'aileron de la queue est divisé inégalement; les nageoires de derrière les opercules des ouies sont très-grandes, & capables de s'étendre beaucoup pour former des espèces d'ailes avec lesquelles il se soutient en l'air. Les écailles de ces poissons volans, sont minces & grandes; elles sont brunes sur le dos & argentées sur le reste du corps. Ce poisson est fort délicat, & bon à manger.

On pêche sur les côtes du Languedoc & ailleurs une autre espèce de *dorade*. Ce poisson est demi-plat quoiqu'il soit assez charnu. La couleur de ses écailles varie en différens endroits de son corps; le dos est d'un bleu vif & éclatant au sortir de l'eau; ce bleu devient foncé, & s'obscurcit quand le poisson est mort. On apperçoit sur les côtés comme des reflets d'argent bruni; le ventre est blanc-mat; il régne le long du corps de chaque côté une raie ou un trait fort mince d'un noir tirant sur le bleu, un peu courbe, & en outre quelque traits bruns qui s'étendent de toute la longueur du poisson, & qui sont à peu-près parallèles à son dos; de plus, une tache brune tirant au roux de forme irrégulière, au-dessus de l'articulation des nageoires, vis-à-vis la partie noire des opercules. On dit qu'au sortir de l'eau, cette tache est quelquefois d'un rouge éclatant; ordinairement elle n'est pas d'une forme régulière. La tête de ces *dorades* est de moyenne grosseur; leur museau est très-obtus, les yeux sont assez grands, la prunelle noire; l'iris est jaune, tirant sur la couleur d'or; il y a au-dessus des yeux un trait en arc ou une espèce de sourcil qui semble de l'or bruni, ce qui a contribué à faire nommer ce poisson *dorade*; ce trait commence au-dessus de l'œil, il continue en descendant, & suit un peu au dessous de l'œil en faisant le tour de l'orbite du côté du corps.

Aux jeunes *dorades*, les dents de devant, sur-tout celles de la mâchoire supérieure, sont un peu alongées; peu-à-peu elles deviennent grosses & obtuses; alors l'intérieur de la gueule est comme pavé de dents molaires, convexes & polies en-dessus, ce qui est sur-tout sensible dans les très-grosses *dorades*. Les orfévres montent de ces grosses dents en forme de bague, & les vendent pour être des crapaudines; à Malthe, ils mettent un peu d'eau-forte au milieu de la surface de ces dents pour y faire une tache brune, & ils les vendent pour des yeux de serpent, leur attribuant de grandes vertus; mais c'est une supercherie, les vraies crapaudines étant fossiles. Les pêcheurs prétendent, que pour trouver les coquillages qui se sont enfouis dans le sable, les *dorades* agitent fortement leur queue, & que quand les coquillages sont découverts, elles les saisissent, les brisent avec leurs dents, avalent la chair, & rejettent les fragmens des coquilles. Comme elles recherchent beaucoup les moules, on reconnoît l'endroit où elles sont, au bruit qu'elles font en cassant les coquilles, & les broyant sous leurs grosses dents.

Notre *dorade* n'est pas un poisson aussi exquis que la *dorade* d'Amérique, néanmoins sa chair est délicate & de bon goût, mais un peu sèche; ce qui n'empêche pas que ce ne soit un fort bon poisson, quand elle n'a pas contracté un goût de vase dans les mauvais fonds. On préfère celles de la Méditerranée à celles qu'on pêche dans l'Océan. En Provence, ainsi qu'en Languedoc où elles sont plus abondantes, on estime particuliérement celles du Martigues, celles de l'étang de Latte près le cap de Cette, & celles des étangs d'Hières; elles sont grasses, leur foie est gros, leurs entrailles sont appétissantes, & l'on en pêche assez abondamment pour en fournir les environs jusqu'à Toulon.

Sur les côtes de l'Océan, on en trouve quelquefois dans les parcs qu'on tend à la basse-eau; & quand la mer est retirée, on les prend à la main. Dans la Méditerranée, on en trouve dans les bourdigues; on en pêche l'hiver avec le bregin : on sait que c'est une grande saine qui a une manche au milieu; on la traîne avec des gondoles qu'on nomme en Provence *spioni*; ces barques sont montées de dix à douze hommes. On en prend aussi avec les verveux, ainsi qu'avec le filet formé de trois nappes, qu'on nomme *trémail*. On en prend encore avec des haims, qu'on amorce avec la chair des coquillages nommés *pétoncles*, ou des *crustacées*, *écrevisses*, *chevrettes*, *crabes*, &c.

DORÉE. Ce poisson, qu'on nomme encore *poule de mer*, *poisson de Saint-Pierre*, *gal*, *jau*, *coq de mer*, *truette* à Marseille, *orille* ou *rose* au cap Breton, &c., est demi-plat; il a comme le *sparus* une nageoire derrière chaque ouïe, deux longues & étroites sous la gorge, & deux ailerons sur le dos.

On assure qu'il y a des *dorées* qui ont près d'un

pied & demi de longueur. Quand on considère ce poisson dans une position verticale, comme lorsqu'il nage, la forme de son corps approche assez d'un ovale qui s'appointit un peu par les deux extrémités de son grand diamètre. En examinant ce poisson, abstraction faite des ailerons, on voit qu'à plusieurs égards il ressemble assez à la *dorade* de nos côtes; néanmoins, c'est fort mal-à-propos que dans plusieurs de nos ports on l'appelle *dorade*; il ne faut pas confondre ces deux espèces de poissons.

Le corps de ce poisson est couvert d'écailles si petites, qu'il faut gratter avec l'ongle pour les détacher. Quelques-uns se sont persuadés que ce poisson n'en avoit point; effectivement leur peau ressemble assez aux papilles nerveuses de la langue des animaux; le dos est brun, tirant au rouge; cette couleur s'éclaircit sur les côtés & encore plus sous le ventre. Au sortir de l'eau, on apperçoit sur toutes ces couleurs des reflets bronzés tirant à l'or, avec des taches blanches distribuées sans ordre; car il est bon d'être prévenu que les couleurs varient beaucoup dans les poissons de cette espèce; mais en général, elles font un bel effet au sortir de l'eau.

Les *dorées* sont des poissons de haute-mer; on n'en fait point de pêche expresse; on en prend souvent de grosses à la pêche aux cordes, confondues avec les merlans. Quelques-uns se prennent à la *fouane*, quand il s'en trouve à la surface de l'eau; on en trouve de moins grosses dans les parcs, ainsi que dans le filet de la dreige ou les folles; les grosses sont devenues fort rares sur la côte de Normandie. Ce poisson est assez commun en Bretagne, depuis la pointe de Pennemarc jusqu'à la baie de Brest.

La *dorée* est un excellent poisson; sa chair se lève par écailles, elle est délicate & de bon goût; de sorte que dans les mois de janvier, février & mars, on la préfère aux turbots. Elle est encore meilleure quand on la fait dégorger dans l'eau douce.

DORMANT. Les pêcheurs disent qu'ils pêchent avec des *lignes dormantes*, quand ils en mettent un nombre au bord de l'eau, & qu'ils vont de temps en temps visiter celles où le poisson a mordu.

Les pêcheurs de l'embouchure de la Seine appellent *rets dormans* des rets tendus comme les folles.

DOUCET ou SOURIS DE MER. Ce poisson considéré en gros paroît avoir quelque rapport avec le grondin; mais, en comparant ces poissons, on découvre des différences très-sensibles; effectivement, le *doucet* a, comme le grondin, de grands yeux fort élevés sur la tête, deux nageoires derrière les ouies, deux sous la gorge, deux ailerons sur le dos, & un sous le ventre derrière l'anus; mais toutes ces parties ont des formes très-différentes dans chacun des poissons que nous venons de nommer.

Il est probable que le nom de *doucet* a été donné au poisson qui nous occupe dans cet article, à cause qu'il n'a point d'écailles, & que sa peau est très-douce, mouchetée de taches incarnates. Quelques-uns l'ont nommé *souris de mer*, apparemment parce qu'ils ont cru trouver dans la forme de sa tête, quelque ressemblance avec celle de la souris; & ce nom a été particulièrement adopté sur les côtes de la Haute-Normandie.

En général, le *doucet* a le corps effilé; il est bien rare d'en prendre qui aient un pied de long. Sa peau dénuée d'écailles peut être comparée à celle de l'anguille ou des loches; elle est ornée des couleurs les plus brillantes & les mieux distribuées; il y en a qui sont d'une grande beauté; cette peau n'est presque point visqueuse; soit qu'on dessèche ce poisson, soit qu'on le mette dans l'eau-de-vie, les couleurs disparoissent, & elles varient beaucoup dans les différens individus; car il y en a dont le dos est brun, le ventre blanc, & ces deux couleurs sont tranchées assez nettement sur les côtés par la raie latérale. Sa tête, quoique d'une forme assez singulière, a quelque rapport avec celle du grondin; elle est peu bombée au-dessus, & fort large.

On prétend que, dans le genre des *doucets*, il y a des individus mâles & d'autres femelles, qu'il est aisé de distinguer les uns des autres. Les pêcheurs conservent aux femelles la dénomination de *doucets*, & ils nomment les mâles *chiqueux*.

Les femelles ont ordinairement le corps bleuâtre, chargé de marques rouges; au lieu que les mâles ont le corps varié de très-belles couleurs.

La chair de la femelle passe pour être bien meilleure que celle du mâle; mais si ces poissons en général ne sont pas fort recherchés, c'est que, comme on est obligé de leur retrancher la tête, & que le corps est fort menu, il reste très-peu de chose à manger; c'est pour cette raison qu'on n'en fait point de pêches expresses, & qu'on n'a que ceux qui se trouvent dans le filet de la dreige, ou attachés

attachés aux hameçons, dans la saison du carême.

DRACONCULE, poisson épineux de la méditerranée, nommé aussi *poisson lézard* à cause de sa ressemblance avec le lézard de terre. Il a la tête aplatie; plus large que le corps, & armée de deux pointes sur le derrière; il rejette l'eau par deux ouvertures. Ses nageoires sont longues & de couleur d'or mêlé d'argent; sa peau est fine & marquetée de taches variées; son ventre est large, plat & blanc; sa chair est blanche & semblable pour le goût à celle des petits goujons; la dernière nageoire du dos a cinq pointes faites comme cinq épis d'orge.

DRAGON DE MER. Poisson à nageoires épineuses, qu'on trouve également dans l'Océan & dans la Méditerranée : il a quelquefois jusqu'à une coudée de long; on voit en lui huit nageoires, des aiguillons aux orbites des yeux, & un autre fort & pointu sur la tête : ce poisson est la *vive* des François.

Le *dragon de mer* pour la façon de vivre, a quelques rapports avec le scorpion : sa chair est tendre, ferme, de bon goût, & facile à digérer; la pêche s'en fait dans les mois de juin & de juillet : quand il se sent pris, il se débat avec force, & tâche ensuite de se cacher sous la bourbe: c'est particuliérement en Hollande qu'on trouve le *dragon de mer* : le peuple dans ce pays regarde comme un poison une humeur qui sort des arrêtes tranchantes de la première nageoire de son dos : quoi qu'il en soit de cette assertion, il est indubitable que la piqûre de ses aiguillons est dangereuse, & qu'on ne manie ce poisson qu'avec précaution : ces aiguillons sont la seule défense du *dragon de mer* contre les pêcheurs, & ils sont d'autant plus redoutables qu'ils conservent après la mort du poisson une partie de leur venin : l'esprit-de-vin est un bon antidote contre ses piqûres meurtrières.

DRAGUE, espèce de filet à manche dont on fait un grand usage pour les pêches qui se font à la traine. Les *dragues* n'ont point d'ailes; les halins sont immédiatement attachés à la chausse.

On varie de différentes manières l'ajustement de ce filet, ce qui a fait donner des noms particuliers aux pêches qu'on pratique avec la *drague* : à quoi il faut ajouter la variété des noms qui viennent du jargon des pêcheurs, qui est différent dans chaque port.

Ces noms sont, *drague*, *chausse*, *cauche*, *chalut*, *sac de* drague, *bache traînante*, *coureaux*, *carte*, *corret*, *dranguelle* ou *drangelle*. On se sert encore d'autres termes dont nous éviterons de faire usage, parce qu'ils conviennent à des pêches très-différentes, tels que *traversiers*, *picots-à-poche*, *grande sauterelle* ou *grenadiers à la mer*, *draige*, &c.

En général les différences qu'on peut remarquer dans les diverses façons de pêcher à la *drague*, consistent dans l'étendue & la forme des manches, ainsi que dans celle des embouchures, & dans les moyens qu'on emploie pour les tenir ouvertes, de sorte qu'elles soient propres à gratter ou *draguer* plus ou moins le fond. Les unes sont traînées à pied & à bras; d'autres le sont par un ou deux bateaux.

Dans la baie de Bourgneuf, & près des îles de Bouin & de Noirmoutier, les pêcheurs vont avec des bateaux non pontés, du port de huit à dix tonneaux, à une lieue au large.

La *drague* a cinq brasses de longueur, sur quatre d'embouchure. Ses mailles ont un pouce & demi en quarré. On y prend des raies, des solles, des merlans, des turbots.

A la Hougue, on prend nombre de petits poissons plats, & quelques grands, avec une *drague* de fer qui laboure les fonds, détruit le frai, & gâte même la rade, où mouillent souvent des barques & de petits navires qui y relâchent.

A Olonne, les petits pêcheurs ont des *dragues* de deux brasses de largeur sur quatre de longueur, dont les mailles ont un pouce & demi en quarré, avec lesquelles ils prennent des solles, des raies, des plies, des turbots, des merlans, des vives, des congres, sardes, barauds, merlus, chiens de mer, &c. Cette pêche se fait souvent à deux ou trois lieues au large, hors des fonds de roches.

DRAINETTE, DRIVONETTE, DROUILLETTE, filet dont on se sert à la dérive pour prendre plusieurs sortes de petits poissons ronds : c'est un manet.

DRANGUELLE, sorte de drague, ou chausse simple qu'on traîne sur le fond au moyen d'un petit bateau : il y a des *dranguelles* claires, & d'autres épaisses.

DREIGE, pêche considérable qu'on fait dans l'Océan, avec un grand tramail qu'on traîne avec un bateau nommé *nef*, & un ajustement que la marée porte au loin, pour traîner un des bouts du filet : on le nomme le *bourset*. On donne aussi ce nom en Bretagne à une manche qui eſt tenue ouverte par un chaſſis de bois ou de fer, & dont le bas eſt chargé de plomb & de fer; c'eſt une vraie *dreige*.

DROME. On emploie ce terme dans quelques ports, pour ſignifier le cordage, qu'ailleurs on nomme *orin*, & qui ſert à tenir la bouée arrêtée ſur les filets des pêcheurs.

DROUILLET, petit filet monté ſur des perches, qu'on préſente à l'oppoſite du cours de la marée, pour prendre de petits poiſſons, particulièrement le haranguet, qui eſt fort différent du hareng.

E.

ÉCAILLE ou GRANDE ÉCAILLE. On donne ce nom à un poisson de l'Amérique, long de deux pieds, dont le dos est assez rond, le ventre gros & la queue fort large. Il est couvert d'écailles argentées, larges de plus d'un pouce. La chair de l'*écaille* est fort blanche, ferme, grasse, délicate, & d'un bon goût. On pêche ce poisson au fond des ports & dans les étangs qui communiquent à la mer.

ÉCHARDE, ÉPINOCHE ou ÉPINARDE, sorte de petit poisson qui se trouve au bord des rivières, dans les ruisseaux & dans les fontaines.

Il est évident que les dénominations d'*écharde*, d'*épinoche*, d'*épinarde*, & l'épithète d'*aculeatus*, viennent des ardillons dont ce poisson est hérissé sur le dos & sous le ventre : c'est un très-petit poisson de rivière. Il est bien rare d'en trouver qui aient deux pouces six lignes de longueur, la plupart n'ont qu'un pouce & demi.

On ne pêche guères ce poisson exprès : on en prend beaucoup en pêchant des ables & des éperlans, & communément on le néglige, à moins qu'on ne l'emploie pour appât. Les épines dont il est hérissé sur le dos, & le fiel qu'il a, le font rejetter des cuisines.

ÉCLAIRE, ouverture pratiquée à la table à habiller la morue verte, pour faire tomber le poisson dans la cale du vaisseau.

ÉCLUSE. Les pêcheurs parquiers nomment ainsi les parcs de pierre.

ÉCREVISSE, poisson crustacé d'un genre différent des *cancres* & des *crabes*, & qui a la queue & le corps fort alongés ; il y en a de deux sortes, les *écrevisses* de mer & celles de rivière. La génération des *écrevisses* a de tout temps fort embarrassé les naturalistes ; car leurs organes sont formés de manière qu'il est presqu'impossible de concevoir un accouplement dans ces animaux : le grand nombre suppose que le mâle ne féconde les œufs pondus par sa femelle qu'en les arrosant de sa semence. Les *écrevisses* muent dans le printemps, & se dépouillent non-seulement de leur enveloppe, mais encore de leur estomac ; c'est alors qu'on trouve les pierres appellées improprement *yeux d'écrevisse*. C'est dans les grands fleuves du côté d'Astracan, qu'on trouve les plus grandes ; les pêcheurs n'y prennent guères ces poissons qu'à cause de leurs pierres ; pour les tirer de leur estomac, ils écrasent les *écrevisses* avec un pilon de bois, mettent le tout dans l'eau, & trouvent les pierres au fond du baquet ; ou bien ils mettent ces poissons en tas, les laissent pourrir, & au moyen de l'eau en séparent ces pierres : on estime dans la médecine ces *yeux d'écrevisse*.

L'historien de l'académie des Sciences remarque que les *écrevisses* ont une horreur si grande pour les porcs, que s'il en passe quelqu'un auprès d'elles, cela suffit pour les faire mourir. Aussi, dans le Brandebourg où la pêche en est abondante, les voituriers qui les transportent sont obligés de faire sentinelle la nuit pour empêcher qu'il ne passe de porcs sous leur charrette ; car, s'il s'en glissoit un seul, il ne s'en trouveroit pas, dit-on, une en vie le lendemain.

Des écrevisses *de mer.*

Il y en a de plusieurs espèces ; les principales sont le *hommard* & la *langouste*.

Le *hommard* est une grosse *écrevisse* qui a deux mordans plus longs & plus larges que la main, & beaucoup plus forts que ceux des *crabes* ; il y en a quelquefois qui ont trois pieds de longueur, ils ont dix pieds en comprenant leurs deux bras faits en forme de tenaille, & leur queue est couverte de cinq anneaux crustacés. Ces poissons sont fort communs aux Antilles. Les insulaires les prennent la nuit à la clarté de la lune ou d'un flambeau, & ils les enfilent avec une fourche de fer, ou les coupent en deux.

La *langouste* diffère du *hommard* en ce qu'elle a deux pieds de chaque côté sans pinces plates, elle vit dans les lieux pierreux ; pendant l'hiver, elle se retire sur le bord des rivières ; elle se bat avec ses cornes avec d'autres *langoustes*, & on la pêche comme le *hommard*.

On remarque, au sujet des *écrevisses* de mer comme celles de rivière, que si elles perdent une de leurs jambes, il leur en renaît un autre à la même place, mais plus petite.

Des écrevisses *de rivière.*

Elles sont beaucoup plus petites que les *écrevisses de mer* : mais le suc qu'on en tire a bien plus de délicatesse ; l'*écrevisse de rivière* a devant la tête quatre petites cornes, ses bras sont fourchus, dentelés & articulés en cinq parties, elle s'en sert pour pincer & pour blesser ; sa bouche est garnie de dents comme celle du cancre & de la langouste : sa queue lui sert à nager, & même à marcher sur terre, mais seulement à reculons ; elle se nourrit de poissons morts & d'ordures.

Il y a en Amérique & au Sénégal des *écrevisses* fort estimées ; il n'en est pas de même de celles des molucques : on prétend qu'elles font périr la personne qui a eu l'imprudence d'en manger.

Les *écrevisses* de la Côte d'or sont de couleur de pourpre ; elles font des trous en terre à la manière des taupes : leur chair est très-estimée à cause de sa délicatesse.

Pêches simples des écrevisses *de rivière.*

1°. On se met dans l'eau, & avec le bras on furete dans les endroits où se logent les *écrevisses* : cette pêche est dangereuse, parce qu'au lieu de poissons on prend quelquefois des serpens.

2°. On tue un vieux chat ou un vieux lièvre, qu'on laisse pourrir huit jours dans le fumier : on le lie ensuite avec une corde & on le jette dans l'eau : le lendemain on retire son cadavre couvert d'*écrevisses*. On ajoute une précaution pour empêcher les *écrevisses* de s'échapper quand on retire l'appât : c'est de mettre le chat ou le lièvre au milieu d'un fagot d'épine ou de bois tortu : la pêche est alors plus sûre & plus lucrative.

3°. Une morue salée fait le même effet que le chat ou le vieux lièvre : quand on enlève sa proie, il faut avoir soin de passer au-dessous un panier qui reçoive les *écrevisses* qui se laissent couler au fond de l'eau. Le sel est si fort du goût de ces animaux, que quelques pêcheurs se contentent de laisser tremper dans l'eau de vieux sacs qui ont servi à le renfermer, & ils prennent avec cet appât un grand nombre d'*écrevisses*.

4°. On prend un quarteron d'*écrevisses*, on les met dans un pot neuf bien luté & on les laisse pulvériser au four : on prend ensuite de cette poudre ; on en fait de la pâte en la mélangeant avec de la mie de pain ; on jette ces pastilles dans un ruisseau, & on prétend qu'au bout de trois semaines on y trouve des *écrevisses*.

Méthode ordinaire pour la pêche des écrevisses *de rivière.*

Ayez une douzaine de petites perches, longues de cinq pieds, & grosses comme le pouce ; fendez-les par le petit bout, & mettez-y pour appât une grenouille ou de la chair corrompue : prenez ensuite ces perches par le gros bout & portez l'autre à l'entrée des trous, où vous soupçonnez que se retirent les *écrevisses*. S'il y en a réellement, elles sortiront pour s'attacher à votre appât : si vous vous en appercevez, vous prendrez une petite truble ou un panier attaché au bout d'une perche, & vous la glisserez dessous les *écrevisses* sans les toucher ; vous leverez en même-temps votre appât & le poisson ne le quittera que pour tomber dans le filet.

Il faut observer que c'est dans les sources d'eaux vives qu'on trouve les *écrevisses* en abondance, & que pendant le jour elles se retirent ordinairement dans les trous, sous les racines d'arbre ou entre les gros cailloux : c'est aussi l'asyle d'une espèce de serpent.

Pêche des écrevisses *de rivière au batardeau.*

Cette pêche demande le concours de plusieurs personnes de bonne volonté : on fait provision de bêches & de pioches, & avec cet attirail, on va dans l'endroit de la fontaine où l'on soupçonne le plus d'*écrevisses*.

On plante des piquets suivant la largeur du ruisseau, & quand il y en a un nombre suffisant, on met de travers une grosse perche pour soutenir le fil de l'eau : on coupe ensuite des gazons & on les met contre les pieux pour fermer le passage à l'eau & l'obliger à prendre son cours ailleurs.

Le batardeau n'est donc qu'une légère digue qui met à sec une partie du lit du ruisseau : l'*écrevisse* qui se sent enlever son élément, sort de sa retraite, & vous n'avez que la peine de choisir les plus dignes de paroître sur votre table : outre les *écrevisses* on prend quelquefois de cette façon des anguilles.

Pêcherettes des tatars pour prendre les écrevisses *en hiver lorsque les eaux sont gelées.*

Les tatars font, dit Pallas, avec de l'osier des plateaux ronds. Ils attachent au milieu une pierre assez pesante pour fixer le plateau au fonds de l'eau, & à ce même milieu un morceau de viande.

Après avoir fait à la glace des trous assez grands pour passer leur plateau qui a environ un pied de diamètre : ils le descendent au fond de l'eau au moyen de deux cordelettes ou ficelles en osier attachées à ses bords ; enfin de temps en temps ils les retirent pour prendre les *écrevisses* qui s'y trouvent.

EISSAUGUE ou AISSAUGUE. C'est un filet approchant de la saine, au milieu duquel il y a un sac de filet, ce qui est assez d'usage en Provence. Ainsi ce filet est composé de deux ailes ou bras de filet & d'une manche qui est au milieu. Après avoir fait parcourir au filet une grande enceinte, on le tire à terre pour prendre le poisson.

EMBALLAGE du poisson. On prend bien des précautions pour emballer le poisson dans des paniers, lorsqu'on veut le transporter, ou, comme on dit, *le chasser au loin* : on emballe dans des paniers qu'on nomme *deux au cheval*, quand deux paniers en font la charge ; *trois au cheval*, quand il en faut trois ; & de même *quatre au cheval*. Il y en a de plus petits, qu'on nomme *cloyères*. Enfin, on enveloppe quelquefois de beaux poissons simplement dans de la paille ; c'est ce qu'on nomme *torquette* ou *torchette*. On couvre les paniers avec de la paille longue, qu'on nomme *glu*, & on forme ce qu'on nomme *le chaperon*.

EMBECQUER. C'est mettre un appât friand à la pointe d'un haim. Quelques-uns disent *abecquer* & *abaiter*.

EMISOLE, espèce de chien de mer dont les machoires ne sont point garnies de dents ; mais seulement âpres & rudes. Pour les ouies, la figure & les nageoires, &c. il ressemble assez au chien de mer appellé *aguillat*. L'*émisole* n'a cependant point d'aiguillons ; il a des trous au devant de la bouche à la place des narines, & d'autres plus petits derrière les yeux ; sa queue est composée de trois nageoires.

EMPILER les haims, c'est les attacher à une empile ; & comme il y a des haims de différente forme & grandeur, on a aussi des empiles grosses & menues, de simples & de doubles, de rondes & de cadenettées. Il y en a de métal & de crin.

EMPILES ou PILES, ce sont des lignes déliées, ordinairement doubles, auxquelles on attache un haim, & qui s'ajustent aux lignes ou cannes. On les appelle, dans la Méditerranée, *bresseaux*.

ENLARMER un filet, c'est le border d'une espèce de lisière de grandes mailles faites de fil fort ; ou pour fortifier le filet, ou pour former des anneaux, comme ceux d'un rideau.

ENSABLER. C'est tendre sur un fond de sable des filets au pied desquels on ne met point de lest.

EPAULARD ou DORQUE, c'est une espèce de dauphin ; mais vingt fois plus gros, & qui sert utilement le pêcheur de la baleine, en ce qu'il la mord, la fait mugir horriblement & la fait fuir sur les côtes. L'épaulard est armé de quatre dents très-tranchantes & très-grandes.

EPÉE DE MER DE GROENLAND, espèce de baleine. *Voyez* BALEINE.

EPERLAN. On prend à l'embouchure de la Seine des *éperlans* de différente grandeur. Les uns n'ont que trois ou quatre pouces de longueur totale ; d'autres ont cinq ou six pouces. On dit qu'on en prend, mais très-rarement, qui ont jusqu'à neuf ou dix pouces.

Ces petits poissons ayant laite & œufs, paroissent être parvenus à leur grandeur.

Leurs écailles sont argentées, ayant des reflets & des couleurs variées comme la nacre de perle. Le dos, qui est aussi de couleur changeante, est d'un bleu verdâtre, mêlé d'un peu de brun. On prétend que le nom d'*éperlan* lui vient de ce qu'il a les couleurs des perles orientales. Les côtés sont plus purement argentés, & au-dessous de la gorge & du ventre ils sont blanc mat. Ces écailles sont assez grandes, fort minces, très-peu adhérentes à la peau, & quand on les a ôtées, la peau qui est dessous paroît encore argentée, avec des couleurs changeantes, à peu près comme s'ils avoient leurs écailles. La tête, qui a environ quinze lignes depuis le bout du museau jusques derrière l'opercule des ouies, forme, quand la gueule est fermée, un coin qui n'est pas fort obtus, ayant en petit une forme très-approchante de celle des saumons : elle est applatie & relevée de quelques bosses. Le museau est arondi, marqué d'une tache brune : la gueule n'est pas grande : quand les mâchoires sont rapprochées, la fente paroît s'incliner un peu vers le bas, & la mâchoire d'en-bas est un peu plus longue que la supérieure ; l'une & l'autre sont garnies de dents fines & fort pointues : la langue est épaisse ; elle paroît comme double, & semble chargée d'aspérités. Les yeux sont assez grands, eu égard à la taille du poisson : ils sont ronds, fort élevés sur la tête, & point saillans.

Il a une ligne latérale qui est argentée & droite, partageant l'épaisseur verticale du poisson à peu près en deux parties égales.

L'*éperlan* est un fort bon poisson ; comme il n'a point de fiel, on ne le vide point, & on peut le manger en entier sans être incommodé des arêtes : on lui trouve une odeur agréable, que l'on compare à celle de la violette.

EPERLAN (franc.) Les petits poissons qu'on

nomme mal-à-propos *éperlans* à l'embouchure de la Loire, ressemblent un peu à une sardine de moyenne grosseur : néanmoins ils sont plus effilés & plus arrondis ; leurs écailles sont blanches, argentées, brillantes ; sur le dos sont des points noirs régulièrement distribués ; la tête est alongée, de même couleur que le dos ; elle est tellement transparente, qu'en l'opposant au jour on entrevoit la charpente cartilagineuse qui la forme ; les yeux sont ronds, l'iris couleur de perle, & la prunelle noire : la gueule est grande proportionnellement à la taille du poisson ; la mâchoire inférieure est un peu plus longue que la supérieure, l'une & l'autre sont armées de dents ; le palais jusqu'au gosier est garni d'aspérités, la langue même est rude ; on apperçoit sur le museau les ouvertures des narines qui sont doubles. Au reste, ces faux *éperlans* ont, comme les grados, deux ailerons sur le dos, un sous le ventre derrière l'anus, l'aileron de la queue fourchu, deux nageoires derrière les ouies, & deux sous la gorge, toutes formées par des rayons souples, & la plupart rameux. Ces poissons entrent au printems dans la Loire, & c'est alors qu'on en prend un peu abondamment.

La chair est délicate & d'assez bon goût ; mais nullement comparable à celle du vrai *éperlan* qu'on prend à l'embouchure de la Seine.

EPERVIER, filet en forme de cloche dont les bords sont plombés, il y a une ligne ou corde à la pointe du cône ; quand on voit du poisson au fond de l'eau, on jette ce filet étendu & on le couvre.

EPINETTE, sorte d'haim qui se fait avec des épines d'arbres. La pêche qui se fait avec ces sortes d'hains s'appelle pêche à l'*épinette*.

EPINOCHE, petit poisson. *Voyez* ECHARDE.

ERLA, petit poisson que les basques nomment *erla* lorsqu'il est petit & *bouchougna* lorsqu'il a quinze à dix-huit pouces de longueur. Ce petit poisson a beaucoup de rapport avec le sarguet par la forme de son corps & de ses nageoires ; l'un & l'autre ont une tache noire près l'aileron de la queue, & des bandes circulaires brunes qui s'étendent du dos vers le ventre ; mais l'*erla* a de plus des marques noires de forme irrégulière entre l'extrêmité des ouies & l'articulation des nageoires branchiales. L'*erla* est un poisson de mer qui remonte volontiers dans les rivières.

ESCLIPOT, caisse dans laquelle on laisse tomber la morue tranchée & habillée.

ESNARDS, lignes qu'on attache à la tête d'un filet, & qui tiennent à une grosse flotte de liége, pour soutenir un filet entre deux eaux.

ESPADON ou POISSON A SCIE, espèce de baleine. *Voyez* BALEINE.

ESPADOT, c'est un morceau de fer ajusté au bout d'un bâton & qui forme un crochet ; il sert à prendre au fond des écluses, dans les endroits où il reste de l'eau, les poissons qui y sont restés. Cette pêche se fait ordinairement aux flambeaux.

ESPION, filet peu différent du sardinau des provençaux dont se servent les catalans pour la pêche des sardines.

ESTURGEON, gros poisson de mer qui remonte les rivières, & dont les nageoires sont soutenues par des cartilages : tant qu'il reste dans l'Océan ou dans la Méditerranée, il est mince & fluet, & n'acquiert pas ce goût fin & délicat, qui le fait estimer des gourmets : il devient d'une taille énorme quand il remonte certaines rivières, telles que le Nil, le Don, le Danube, le Pô, & la Loire : on en presenta un à François I, qui avoit dix-huit pieds de long : on en pêche dans l'Elbe qui pesent jusqu'à deux cens livres.

Les marques caractéristiques du genre des *esturgeons* sont d'avoir un trou de chaque côté de la tête ; une bouche située au-dessous en forme de tuyau & sans dents, un corps oblong muni ordinairement de sept nageoires.

L'*esturgeon* ordinaire & dont on fait tant de cas a le corps long, mais en même temps d'une forme pentagone ou à cinq angles qui sont formés par autant de rangs d'écailles. Les écailles de chaque rang ont toutes en général à leur sommet une épine courte, forte, recourbée en arrière. Sa tête est de médiocre grosseur, hérissée aussi de petites pointes ou de petits tubercules ; ses yeux sont petits ; son museau est long, large, finissant en pointe. La bouche est dépourvue de dents, faite comme une sorte de tuyau qui peut s'avancer jusqu'à un certain point, & puis se retirer. Il fait sa principale nourriture d'insectes de mer. La queue de ce poisson est fourchue.

La pêche de l'*esturgeon* se fait dans le printemps & dans l'été au Pont-Euxin & sur les bords de la Garonne : l'*esturgeon* ne se pêche point à l'hameçon, mais au filet, parce que ce poisson se nourrit plutôt en suçant qu'en dévorant ; quand les pêcheurs sentent qu'il y en a quelques-uns de pris, il les retirent, & les attachent à des bateaux en leur passant des cordes qui traversent leur gueule & leurs ouies :

on a aussi le soin de leur attacher la queue avec la tête en forme de demi-cercle ; & il est nécessaire de prendre cette précaution contre leur force prodigieuse ; car dès qu'un *esturgeon* se trouve appuyé, il renverse d'un coup de queue l'homme le plus robuste, & brise les perches les plus fortes : comme l'*esturgeon* se rencontre dans les mêmes endroits que le saumon, on le nomme quelquefois, le *conducteur des saumons.*

On appelle caviars les œufs de l'*esturgeon*, & on en fait un grand commerce, sur-tout avec les moscovites qui s'en nourrissent pendant leurs trois carêmes.

On appelle aussi *grand esturgeon*, l'*Ichtyocolle* si célèbre par la colle de poisson.

ÉTALIER est pris pour deux pêches fort différentes : quelquefois c'est un établissement de pieux & de perches, qu'on fait au bord de la mer pour tendre des filets de guideaux : les uns s'appellent *hauts*, & les autres *bas étaliers* suivant leur grandeur.

ÉTALIÈRES se dit d'un filet tendu circulairement sur des perches.

ÉTANG. Les *étangs* sont des pièces d'eau qui diffèrent des réservoirs & des viviers, en ce que le poisson y grossit, & s'y multiplie sans qu'on soit obligé de le nourrir ; il doit y trouver sa subsistance. On ne peut guère mettre au nombre des *étangs*, des trous ou des mares très-profondes, qui ne tarissent jamais. Cependant, si l'on y jette dix à douze carpes œuvées, avec trois ou quatre laitées, on pourra se procurer plusieurs milliers de feuille ou d'alvin, pourvu qu'il n'y ait ni brochet ni perches, & qu'on n'y envoie pas les bestiaux laver & boire.

On conçoit que les *étangs* doivent être placés dans un endroit bas, large & spacieux, où l'eau se rende de toutes parts. Il y en a qui sont traversés par une petite rivière qui est quelquefois assez abondante pour faire tourner un moulin à la décharge. Les poissons se plaisent singulièrement bien dans ces étangs, & ils y sont excellens. On peut en dire autant de ceux où il se rend un petit ruisseau qui est trop peu considérable pour faire tourner un moulin.

Comme il est très-important, pour pêcher l'*étang*, que toute l'eau s'écoule par ce qu'on appelle *la bonde*, on fera dans toute la longueur de l'*étang* un fossé, avec des embranchemens qui s'étendront sur les côtés à droite & à gauche, aboutissant à celui du milieu, pour que toutes les eaux s'y rendent quand on videra l'*étang*, lorsqu'on voudra le pêcher.

La chaussée est une élévation de terre, qu'on fait à la tête de l'*étang* pour y retenir l'eau ; de sorte qu'à cet endroit, qui doit être le plus profond de l'*étang*, il faut qu'il y ait au moins dix ou douze pieds d'épaisseur d'eau ; car s'il n'y en avoit que quatre à cinq pieds, le poisson souffriroit lorsque l'eau diminue par les sécheresses de l'été, & aussi en hiver s'il survenoit de fortes gelées avant que l'eau fût revenue dans l'*étang*.

Il est certain qu'on feroit une excellente chaussée en élevant du côté de l'*étang* un bon mur de terrasse avec de la pierre dure & de bon mortier, qu'on épauleroit par derrière avec des terres grasses. Mais dans les endroits où il y a beaucoup de glaise & de sable gras, on ne trouve pas ordinairement des pierres ; & quand on en trouveroit, la dépense d'un mur bien construit seroit considérable.

Pour faire une chaussée en terre, les curures d'*étangs* & les terres des marais ne valent rien ; non plus que du sable pur, ou des terres remplies de pierres : la terre franche est la meilleure. L'argille ou un sable fort gras, c'est-à-dire du sable qui étant allié de glaise peut prendre du corps, sont très-bons.

Il faut avoir soin que l'épaisseur de la chaussée soit proportionnée à sa hauteur. Quand elle ne doit point fournir de chemin, on lui donne par en haut six pieds de largeur (neuf à dix seroient mieux) ; & comme il faut qu'elle ait de chaque côté au moins un pied de retraite par toise de hauteur, si elle a douze pieds de hauteur & six ou huit pieds de largeur en haut, on lui donnera dix à douze pieds de largeur par le bas. Si au contraire elle est destinée à servir de chemin, elle aura vingt-huit à trente pieds de largeur par en haut, & davantage par en bas, proportionellement au fruit qu'elle doit avoir.

Pour la construire en terre aussi solidement qu'il est possible, on forme des espèces de paremens de muraille avec des gazons épais, mettant l'herbe en dehors. Ceux où il y a du petit jonc sont bons, cependant il ne faut pas les lever dans un endroit marécageux ; on les place de suite & par lits, comme les pierres de paremens d'un mur ; on remplit l'entre-deux de ces paremens de gazons, dans toute la largeur de la chaussée, avec de la terre qui ne doit pas être détrempée comme du mortier, mais qui doit être assez humide pour se pétrir & faire corps quand on la pilonnera avec la dame ou la batte.

Il est à propos, pour pêcher les *étangs*, qu'il y ait auprès de la bonde, où il doit y avoir le plus d'eau, un endroit encore plus profond que le reste, dans lequel, quand on pêche, tout le poisson de l'*étang* doit se rendre à mesure que l'eau s'écoule. On creuse donc auprès de la bonde une étendue de terrein qui doit avoir deux ou trois pieds de profondeur de plus que le reste ; & cet endroit qu'on nomme la poële, doit avoir au moins autant de pieds sur chaque face, que l'*étang* a d'arpens. Si l'*étang* est de cent arpens, la poële aura cent pieds de longueur sur une pareille largeur. Comme cet endroit où l'eau est profonde fournit une retraite au poisson, lorsqu'il gèle, & par les grandes chaleurs, il est bon de lui donner plus d'étendue qu'il n'est nécessaire pour la pêche de l'*étang*.

En construisant la chaussée de l'*étang* pour retenir l'eau, il faut ménager au milieu un endroit qu'on puisse ouvrir pour laisser écouler l'eau, lorsqu'on veut pêcher l'*étang*. On pourroit y pratiquer une vanne, ou une pelle semblable à celles qu'on met aux chaussées des moulins. Mais, comme cet ajustement perd toujours un peu d'eau, parce que les planches qui touchent à l'eau seulement d'un côté, se déjettent & se coffinent en différens sens, on préfère donc d'y mettre une bonde, dont nous allons donner la description.

La bonde est formée d'une auge, qui est assujettie sur un patin de charpente, d'un pilon, dont la queue traverse l'entretoise & le chapeau. Ces pièces sont assemblées avec des jumelles, qui répondent par le bout d'en bas au patin, & par celui d'en haut au chapeau, & elles sont fermement assujetties au patin par des liens.

L'auge est faite d'un gros corps d'arbre de chêne bien sain, franc d'aubier, sans roulures, gélivures, ni cadranures au cœur. Cette pièce doit nécessairement être fort grosse, pour que les joues qui bordent l'auge, aient au moins trois pouces d'épaisseur, & qu'à la tête qui est dans l'*étang* il reste quatre à cinq pouces de bois autour du trou qui reçoit le pilon.

Comme le pilon fait l'effort d'un coin en entrant dans le trou de la bonde, il fera bon, pour empêcher que cette tête ne se fende, de fortifier cette partie par deux étriers de fer. La partie de l'auge qui traverse la chaussée, doit être recouverte, non pas par des planches de long, mais avec ce qu'on nomme des *pelotons*. Ce sont des bouts de membrures de chêne très-sain, de trois pouces d'épaisseur, & que l'on clouera sur les joues de l'auge. Il est essentiel que ces pelotons n'aient point d'aubier, & ils doivent être joints bien exactement les uns aux autres à plat joint, sans rainures ni recouvrement.

La tête du pilon doit être faite de cœur de chêne de la meilleure qualité ; & afin qu'elle soit moins sujette à se fendre, on la fait avec du bois qui a passé deux ou trois ans dans l'eau.

Quand la tête du pilon est bien ajustée dans le trou, on y met une queue de bois de chêne, qui y est arrêtée avec des chevilles de fer. Cette queue traverse l'entretoise & le chapeau. On fait en haut des trous, dans lesquels on passe audessus du chapeau une cheville de fer, lorsqu'on veut tenir la bonde ouverte ; & quand elle est fermée, on passe la cheville dans un trou sous le chapeau, mettant un cadenas dans un œil qui est au bout de la cheville de fer, pour empêcher qu'on ne lève le pilon, lorsqu'on veut que la bonde reste fermée.

Les jumelles sont deux pièces de bois quarré, qui s'élèvent verticalement, & sont assemblées par en bas dans le solin, qui fait partie du patin, & par en haut dans le chapeau. De plus, elles sont fermement assujetties par les liens, que quelques-uns appellent *jarretières*, sur lesquelles on cloue du côté de l'*étang* des planches, qui forment la cage. On les perce de trous pour que l'eau s'écoule, & que le poisson ne passe pas dans la bonde : ainsi il faut que les trous soient assez petits pour que l'alvin ne puisse pas les traverser. On doit avoir l'attention de mettre les meilleures planches en haut, parce que celles qui sont toujours couvertes d'eau, durent beaucoup plus long-temps que celles qui sont tantôt dans l'eau, tantôt à l'air.

Cependant on est obligé, presque toutes les fois qu'on pêche, de lever les planches de la cage pour donner de l'écoulement à l'eau, parce que les joncs, la vase & les herbes s'amassent sur ces planches ; & que ces immondices étant soutenues par le refoulement de l'eau, ne peuvent s'enlever en totalité, ou même en majeure partie ; mais avant que de lever ces planches, on enfonce avec un maillet, derrière la chaussée de l'*étang*, à quelques toises par-delà le trou de la bonde, de petits pieux, entre lesquels on entrelace des osiers, pour empêcher le poisson qui pourroit passer, d'aller plus loin. Ce clayonnage ou rouettis n'empêche pas que l'on ne mette encore devant la bonde, & en dedans de l'*étang* une truble pour retenir le poisson qui voudroit s'échapper.

La bonde étant faite ainsi que nous venons de l'expliquer, il faut la mettre, à-peu-près au milieu de la longueur de la chaussée, ou, ce qui est presque la même chose, au milieu de la poële, & l'établir de façon que le dessus de la tête de l'auge soit placé un pied plus bas que le fond de la poële ; & l'autre extrémité de l'auge qui excède la chaussée du côté de la fosse, doit être de cinq à six pouces plus bas, pour qu'au moyen de cette pente l'eau coule rapidement dans toute la longueur de l'auge.

Avant de commencer à élever la chaussée, ayant creusé suffisamment l'endroit où l'on doit établir

établir la bonde, on y fera un lit de six pouces d'épaisseur de glaise bien corroyée. On placera dessus les pièces qui forment le patin, les enfonçant un peu dans cette glaise; de sorte que l'auge qui doit être dessus, se trouve par la tête, qui est du côté de l'*étang*, d'un pied plus bas que le fond de la poële. On mettra en place les jumelles, l'entretoise, le chapeau, les liens; puis on remplira de glaise bien corroyée l'épaisseur des pièces de bois qui forment le patin, qu'on couvrira de deux pouces de glaise; & l'on placera sur cette couche de glaise bien battue l'auge, lui donnant la pente de six pouces, que nous avons dit être nécessaire. On mettra en place la queue du pilon & le pilon, pour s'assurer s'il se rencontre bien avec le trou de la tête de l'auge.

Dans les endroits où la pierre est rare, on garnit de planches la place où doit être le corroi. Cette construction est assez bonne, parce que les bois qui sont dans l'eau, ainsi que dans la glaise humide, durent fort longtemps.

Il y a peu d'*étangs* qui ne soient exposés à avoir trop d'eau en certains temps, soit à cause des débordemens des rivières qui y aboutissent, soit par la grande quantité d'eau que fournissent quelquefois les sources, soit par les eaux de pluie qui découlent trop abondamment des côteaux: ce qui pourroit gonfler tellement l'eau de l'*étang*, qu'elle se répandroit par-dessus la chaussée, ou qu'elle se déchargeroit dans un endroit bas qui se rencontreroit à quelque partie de la circonférence de l'*étang*.

Ces déchargeoirs naturels sont très-avantageux, lorsqu'ils ne laissent échapper l'eau que quand l'étang est entièrement plein; mais pour que le poisson ne sorte pas de l'étang avec l'eau, il faut établir en ces endroits des grilles de bois, ou encore mieux de fer, dont les barreaux soient assez serrés pour que le poisson ne passe pas au travers.

On est souvent obligé de placer des déchargeoirs dans les chaussées même, pour profiter de la fosse qui facilite l'écoulement de l'eau; mais quand on pourra les établir ailleurs, il sera bon de le faire pour ménager la chaussée. A quelque endroit qu'on les place, il faut qu'ils soient précédés d'une grille qui retienne le poisson dans l'*étang*.

De l'empoissonnement des étangs.

Quand un *étang* est mis en bon état, il faut le laisser se remplir d'eau, alors il s'agira de l'empoissonner. Les poissons estimés, & qu'on appelle *marchands*, sont la carpe, le brochet, la perche, la tanche, la truite. On peut y ajouter le gardon & l'anguille. On ne s'avise pas d'empoissonner un *étang* avec du gardon qu'on met au nombre des blanchailles, & qui se transporte difficilement; mais comme il multiplie beaucoup, on en trouve toujours quantité dans les *étangs*. Sa principale utilité est de nourrir les poissons voraces, le brochet, la perche & la truite.

La tanche se plait par-tout, mais particulièrement dans les *étangs* limoneux. Ce poisson peuple beaucoup, & se transporte aisément en vie.

La perche est un excellent poisson, qui se vend très-bien. Il est vrai qu'il est vorace, mais pas à beaucoup près redoutable comme le brochet.

La truite est un excellent poisson, qui est plutôt de rivière que d'*étang*. Elle subsiste néanmoins dans les *étangs* où l'eau est vive, mais elle n'y multiplie pas.

Les anguilles sont un fort bon poisson qui est vorace, mais comme il n'attaque que la menuise, il ne fait du tort que dans les *étangs* où l'on fait de l'alvin.

Les écrevisses d'*étang* ne sont pas à beaucoup près si bonnes que celles qu'on pêche dans les eaux vives & courantes. Comme elles mangent du fraî, elles font tort aux alvinières.

Les grenouilles multiplient beaucoup, & on en trouve par-tout. Quoiqu'on en expose dans les marchés, elles ne font pas un objet de commerce.

Le brochet est avantageux pour la vente, & quoiqu'il soit plus difficile à transporter par terre que la carpe & la tanche, les marchands s'en chargent volontiers, d'autant qu'il se transporte aisément par eau dans des bascules. Mais c'est un poisson très-vorace, qui coûte au propriétaire de l'*étang* plus qu'il n'en retire; car un brochet d'un écu ne parvient à cette grosseur qu'après avoir mangé pour quarante & cinquante francs de poisson.

Il est bon de faire son possible pour qu'il n'y ait point de brochets dans les *étangs* qu'on destine à avoir de l'alvin. Mais cela n'est pas aisé: car quand il y a une fois eu du brochet dans un *étang*, on ne peut l'en purger qu'en le laissant plusieurs années à sec.

Pour ce qui est des grands *étangs*, il n'y faut point mettre de brochets avec l'alvin; mais si l'alvin est fort, on peut y jetter de très-petits brochetons. En général, quand les carpes sont beaucoup plus grosses que les brochets, on prétend que ce poisson qui les chasse sans pouvoir en manger, leur fait du bien, par l'exercice qu'il leur fait prendre; & dans les *étangs* qui ne sont pas destinés à produire de l'alvin, on regarde comme un avantage que le brochet détruise la menuise. On prétend que le brochet a pris en six ans toute sa grosseur où il peut parvenir : qu'ensuite il devient aveugle, & ne fait que dépérir.

Il paroît que les *étangs* sont particulièrement destinés pour la carpe; elle y prospère singulièrement bien, elle est aisée à transporter par terre & par eau, & la vente en est assurée : c'est pourquoi les marchands s'en chargent volontiers.

On estime qu'on peut mettre dix-huit à vingt milliers d'alvin de carpe dans un *étang* qui a cent arpens d'eau, dix à onze milliers dans celui de cinquante arpens, augmentant ou diminuant cette quantité suivant la force de l'alvin, l'étendue de l'*étang*, & la nature du fonds; car il y en a qui sont bien plus propres à nourrir beaucoup de poissons que d'autres.

Les meilleures carpes pour peupler ne doivent être ni trop grosses ni trop petites; on les choisit à-peu-près de dix à onze pouces : elles doivent être rondes, & avoir le ventre plein, observant qu'il ne faut au plus qu'un quart de mâles de ce qu'on met de femelles, c'est-à-dire, que pour cent femelles, il faut au plus vingt-cinq mâles : & dans un *étang* de huit arpens, il ne faut mettre que cent femelles, qui jetteront chacune plus d'un millier d'œufs.

Dans le mois d'avril & d'août, qui est à-peu-près la saison du frai pour les carpes, il faut bien garder les *étangs*; car le poisson alors engourdi, & presqu'à sec dans l'herbe, se laisse prendre à la main. Il faut aussi empêcher que les bestiaux n'aillent boire à l'*étang*, ils feroient avec leurs pieds une énorme destruction de frai. Les cochons sur-tout sont fort à craindre, parce qu'ils mangent le frai avec avidité.

Quand un *étang* est en bon fonds, & qu'il a été peuplé de bon alvin, on peut le pêcher trois ans après qu'il a été alviné, c'est-à-dire, lorsque l'alvin a resté trois étés dans l'*étang*.

Dans un bon *étang* qui a été peuplé avec de l'alvin très-fort, les carpes se trouvent quelquefois assez grosses au bout de deux ans, pour être vendues.

De la pêche des étangs.

Quand on veut pêcher un *étang*, on lève le pilon de la bonde pour laisser écouler l'eau peu à-peu. Il faut néanmoins l'ouvrir assez pour que l'eau baisse dans l'*étang*; car dans ceux où il se rend des sources considérables, on n'avanceroit rien, si l'eau qu'on laisse couler par la bonde, n'étoit pas en plus grande quantité que celle que les sources fournissent. Mais si l'on tiroit l'eau trop vîte, le poisson n'ayant pas le temps de se débarrasser des herbes, resteroit à sec, & seroit perdu. Il arriveroit encore que celui qui seroit sous des îles flottantes, y resteroit pris comme sous une trappe; au lieu qu'en laissant l'eau s'écouler lentement, le poisson qui sent que l'eau lui manque, cherche des endroits où elle est plus profonde; peu-à-peu il gagne le fossé du milieu, & se rend dans la poële qui est auprès de la bonde. C'est pourquoi l'eau est quelquefois six semaines ou deux mois à s'écouler. Enfin, lorsqu'il n'y a plus d'eau que dans la poële, il s'est rassemblé une quantité prodigieuse de poissons en cet endroit, où on les prend avec de petites sainettes ou des trubles. C'est alors qu'il faut garder l'étang jour & nuit; car un voleur auroit bientôt fait une pêche fort abondante avec un épervier.

Pendant que l'eau s'écoule, on forme des parcs de claies, ou avec des planches, à un endroit où il reste de l'eau; & le matin à la fraîcheur, quand on pêche la poële, des hommes accoutumés à juger par habitude de l'espèce & de la grosseur des poissons, les mettent promptement, chacun suivant leur espèce & leur grosseur, dans différens compartimens, les anguilles à part, la menuise dans d'autres parcs, dans un autre la blanchaille; les brochets qui se vendent à la pièce, dans un parc séparé; ceux qui se vendent comme carpes, dans un autre. Il en est de même des perches. Pour ce qui est des carpes, quand on a séparé les grosses, qui se vendent à la pièce, on distribue les autres suivant leur longueur. Celles de douze, celles de onze, celles de dix, celles de huit pouces sont séparées, & au moyen de ce triage, on est en etat de les vendre au marchand qui se charge du transport. Ou bien, comme cela se pratique souvent, les conventions étant faites entre le propriétaire de l'étang & le marchand, celui-ci préside à la pêche de la poële, & fait sur-le-champ charger le poisson sur ses voitures, & l'enlève.

Il y a des étangs vaseux, où l'on ne peut pas former une bonne poële : en ce cas, on ne pêche pas dans l'étang; mais on fait dans la fosse, à la décharge de l'étang, avec des planches, de la maçonnerie ou des gazons, ce qu'on nomme un *tombereau*. C'est une enceinte, dans laquelle ayant ôté la cage de la bonde & levé le pilon, on laisse passer le poisson avec l'eau, & c'est dans cet endroit qu'on le pêche.

Quand les *étangs* sont bien pleins, les gelées ne

font pas périr le poisson. Il est de l'instinct du poisson, lorsqu'il sent l'eau froide, de se retirer dans les endroits où il y a plus d'eau, & de se bourber. Ainsi, quand il n'y auroit dans la poële que cinq pieds d'eau, comme il est bien rare que dans les forts hivers la glace ait deux pieds d'épaisseur, il resteroit suffisamment d'eau sous la glace pour que le poisson y subsistât.

Il se forme dans les *étangs* des touffes de joncs ou de roseaux, qu'on nomme *jonchères*. Elles grossissent journellement, & forment des îles qui ont quelquefois assez de consistance pour qu'on puisse marcher dessus. Ce sont des retraites assurées pour les rats d'eau qui détruisent les petits poissons, & pour les loutres qui attaquent les plus gros, & font une destruction énorme; sans parler des hérons, des canards, &c., qui profitent de ces retraites pour faire leur pêche. Le moyen de parer à cet inconvénient qui est considérable, est de détruire avec un bateau & des crocs ces touffes d'herbe, avant qu'elles aient pris une certaine consistance; & comme elles ne manqueraient pas de reprendre racine, il faut les transporter hors de l'*étang*.

Il arrive que quand on a pêché tard, l'*étang* ne se remplissant pas, on est obligé de le laisser à sec. Il en est de même si l'on manque d'alvin, & encore quand il y a des réparations considérables à faire à la chaussée, à la poële, à la bonde, ou aux déchargeoirs. Dans tous ces cas, on est obligé de laisse l'*étang* à sec; mais indépendamment de ces cas forcés, on fera bien de le tenir à sec pendant un, deux ou trois ans, tous les neuf à douze ans, pour raffermir le fonds, détruire les roseaux & les grands joncs. Lorsqu'on empoissonnera l'*étang* ainsi reposé, on prendra à la première pêche peu de blanchaille; mais la carpe y prospérera tellement, qu'au bout de deux ans elle sera aussi forte qu'elle l'auroit été à la troisième année. Outre ce dédommagement, on ne perdra pas entièrement son revenu pendant le temps de repos; l'*étang* tenu à sec produira de bon foin, & en labourant les parties qui peuvent l'être, on pourra y semer de menus grains, qui y réussiront au mieux; car le séjour de l'eau aura rendu ces fonds très-fertiles. De plus, par ces labours réitérés, on détruira les plantes aquatiques qui endommagent les *étangs*, & on formera un terrein neuf où le poisson trouvera en abondance de quoi se nourrir. Enfin, une dépense considérable, mais qui est quelquefois inévitable, est de curer les *étangs* qui se sont remplis.

ETANGS SALÉS. Ce sont ceux où la mer communique; on dresse sur son rivage des espaces environnés de roseaux & de cannes sur des canaux qui communiquent de la mer aux *étangs*, & dans le passage desquels on prend le poisson. On appelle *bordigues* ces sortes d'espaces; on les tient fermés depuis le premier mars jusqu'au premier juillet, parce que c'est le temps du frai.

ETIQUETTE. Les pêcheurs verrotiers nomment ainsi un couteau emmanché de bois, qui n'a point de tranchant, & dont la lame est barbelée: cet instrument sert à détacher les coquillages des rochers, & à tirer du sable les vers & les hamilles.

ÉTOILE DE MER, insecte marin qu'on pêche en Islande & sur les côtes de la Méditerranée: il y en a qui ont quatre ou cinq rayons, d'autres en ont treize: on en a même trouvé dans les Indes, qui en avoient jusqu'à trente-sept: aussi on appelle ces derniers, *soleils de mer*, ces rayons dans la plupart sont garnis d'épine, ce qui empêche de les manier impunément.

L'espèce la plus ordinaire des *étoiles de mer* n'a que cinq rayons: toutes ont au centre du corps une ouverture sphérique que les naturalistes regardent comme la bouche de l'animal, & autour de laquelle sont cinq dents ou fourchettes osseuses dont les *étoiles* font usage pour tenir les coquillages qui leur servent d'alimens. Chaque rayon de l'*étoile* est garni à sa surface inférieure d'un grand nombre de jambes.

Les *étoiles de mer* sont sujettes à perdre un ou deux de leurs rayons, & à les réparer comme fait l'écrevisse de ses jambes; l'odeur de leur chair a quelque rapport avec celle de l'oursin, & leur goût à celui des crustacées.

Parmi les diverses espèces d'*étoiles*, il y en a une d'une structure très-singulière: ses rayons se subdivisent en plusieurs branches, & celles-là en d'autres ramifications; les dernières sont aussi fines que des cheveux: tous ces rameaux sont courbés en dedans, se plient, prennent la proie, & la portent à la bouche.

Il y en a une autre dont les rayons sont aussi fragiles que la queue du lézard, & qui en portent le nom; le moindre choc que leur font essuyer les flots contre les pierres leur font perdre leurs rayons; mais il en renaît d'autres à la place.

On voit beaucoup d'*étoiles marines* aux Antilles: ces animaux se promènent dans le calme; mais aussi-tôt qu'ils prévoient l'orage, ils se cramponnent avec leurs pattes contre les rochers, & toute la violence des flots ne sauroit les en détacher.

ETRIQUER, passer les doigts entre les harengs qui ſont aux ainettes, pour empêcher qu'ils ne ſe touchent.

ÉVENTAIL ou POISSON EN ÉVENTAIL. Ce poiſſon a des nageoires fort longues ſur le dos, qui ſe recourbent vers la tête, & forment en quelque ſorte la figure d'un éventail. On remarque ſur ſa tête deux proéminences en manière de cornes ; il eſt armé ſur le dos & au bas du ventre d'un grand nombre d'aiguillons qui ſe joignent par une membrane. Il a ſur le dos trois taches rouges & quarrées : le reſte du corps eſt d'un bleu aſſez clair. Les indiens le font deſſecher & fumer pour le manger. Ce poiſſon eſt rare en Europe.

ÉVERTZEN, c'eſt un poiſſon des Indes qui ſemble être de la famille des brêmes de mer. Sa couleur eſt noirâtre : il a ſur le dos ſix aiguillons qui tiennent à ſes nageoires, & des taches blanches : on en voit auſſi à la queue & aux nageoires. Tout le corps eſt tiqueté de marques de différentes couleurs. Il n'y a qu'une ſaiſon où ce poiſſon eſt délicat & bon à manger. On le pêche à Amboine, & dans les autres lieux maritimes des Indes.

F

FAUX. On donne ce nom à plusieurs pêches, mais entr'autres à une dans laquelle on se sert d'un grand filet à manche, monté sur deux quenouilles, & dans laquelle deux hommes se mettant à l'eau présentent ce filet au courant : il y a une autre pêche dite *à la faux*, qui se fait avec l'hameçon.

FEINTIER, filet qui ne differe de l'alosier, que parce que ses mailles sont un peu moins grandes & moins ouvertes.

FÉTICHE, poisson qui se pêche en Afrique, à l'embouchure du Niger. Ce poisson d'une rare beauté tire son nom du respect religieux que les nègres d'Afrique lui rendent. Sa peau est brune sur le dos, & brillante près de l'estomac ; son museau est droit, & terminé par une espèce de corne dure & pointue de trois pouces de longueur. Ses yeux sont grands & vifs. Il a quatre ouvertures longues aux deux côtés du corps proche des ouies.

FEU. Il y a plusieurs manières de *pêcher au feu* ; la plus simple est de se partager ; les uns avec des torches allumées paroissent sur les bords de la rivière, les autres entrent dans l'eau ; le poisson curieux nage à la lueur des torches ; il vient autour des jambes des pêcheurs, & on le prend aisément. On peut aussi appâter un endroit de la rivière avec une composition qui enivre le poisson ; il nage alors sur la surface de l'eau, & on profite de son ivresse pour le saisir.

Quelquefois on réunit le *feu* & le filet pour faire tomber le poisson dans des piéges : en voici la méthode. On choisit un endroit de la rivière qui ait environ cinquante pas d'espace en quarré, & dégarni de bois, de racines, d'herbages, & on l'appâte trois ou quatre jours de suite à environ deux toises du bord de la rivière où le filet doit être tendu. Le jour de la pêche on met la saine en tas à cinquante pas du bord, & on l'arrange de manière, qu'en tirant les deux bouts des ficelles, on puisse l'étendre sans embarras : on doit remarquer que ces deux bouts de ficelle doivent être attachés à deux piquets, dont l'un sera sur le bord de l'eau.

Quand la nuit s'approche, on met le *feu* à un petit bucher, qui doit être placé entre les deux piquets : pendant ce tems-là, deux pêcheurs vont prendre chacun le bout des cordes, & un troisième couché, le ventre contre terre, proche du bucher, jette des feves aux poissons pour les amuser.

Quand on suppose qu'il y en a un grand nombre occupé à l'appât, le troisième pêcheur donne un coup de filet ; aussi-tôt on tire de concert les deux cordes pour étendre le filet ; & on l'amène à terre avec le poisson qu'il renferme.

FIATOLE. Le *fiatole*, suivant Rondelet, ne differe de la saupe que parce que les traits jaunes & dorés qui sont sur le corps du poisson, ne s'étendent pas de toute sa longueur.

Belon qui insiste un peu plus sur ce poisson, dit qu'il n'est pas connu dans l'Océan ; qu'il est demi-plat ; que les rayons de ses ailerons sont flexibles ; qu'il est un des plus beaux poissons de la mer, par la variété de ses couleurs, où brillent l'or, l'argent & l'azur ; l'aileron de derriere l'anus est presqu'aussi grand que celui du dos. Sa chair est molle, mais très-bonne à manger. Les Vénitiens nomment ce poisson *lisette*.

FILETS. Les *filets* qu'on emploie dans nos mers sont faits généralement avec de bon fil retors, du meilleur brin de chanvre ou de lin. Cependant on fait en Provence quelques gros filets avec de l'auffe, & les Groenlandois avec des barbes de baleine, ou des nerfs de daim. Lionel-Wafer dit aussi que les Indiens de l'Isthme de l'Amérique pêchent avec de grands *filets* d'écorce de mahot. Mais il ne s'agit ici que de ce qui se pratique le plus communément.

Les *filets* les plus simples sont des *rets* ou de simples nappes, mais qui different assez considérablement entre elles. Les unes, ayant les mailles fort petites, retiennent le poiſſon à-peu-près comme le feroit une toile claire; d'autres qui ſont deſtinées à prendre ſpécialement une eſpèce de poiſſon, doivent avoir leurs mailles tellement proportionnées à la groſſeur ordinaire de cette eſpèce de poiſſon, que la tête qui eſt plus menue que le corps, entre dans les mailles pendant que le corps n'y peut paſſer; alors le poiſſon qui a engagé ſa tête dans une maille ne peut la franchir, à cauſe de la groſſeur de ſon corps; & il ne lui eſt pas poſſible de ſe dégager en reculant, parce que les fils du rets s'engagent dans ſes ouies. Si les mailles de ces *filets* ſont trop petites, les poiſſons rebrouſſent chemin, avant que d'avoir engagé leur tête juſqu'au delà des ouies; & ſi elles étoient trop larges, les poiſſons les franchiroient & paſſeroient au travers.

Il y a des *filets* plus compoſés, qu'on nomme *tremails* ou *tramaux*, parce qu'ils ſont formés de trois nappes ou rets poſés les uns ſur les autres; ce qui forme trois mailles qui ſe recouvrent.

On appelle *hamaux* ou *aumés* des rets formés de gros fils très forts, & les mailles en ſont grandes.

Il y a d'autres rets qu'on nomme *nappe*, *toile*, ou *flue*. Ils ſont faits avec du fil très-délié, ce qui n'eſt ſujet à aucun inconvénient, parce que la flue eſt ſoutenue par les fils des hamaux qui ſont très-forts.

Les pièces de flue ont les mailles beaucoup plus ſerrées que les hamaux, puiſqu'au lieu de quatre mailles de chûte, elles en ont quarante-deux. Il eſt vrai que la flue doit avoir un peu plus d'étendue que les hamaux, pour qu'elle ſoit toujours flottante entre deux: on en appercevra la raiſon, ſi l'on fait attention que quand on ſe ſert de ce *filet*, les poiſſons ne s'y maillent point comme quand emploie les manets; ceux qui donnent dans la flue lui ſont faire une bourſe entre les grandes mailles des hamaux; en ſe débattant ils tombent dans cette bourſe, ils s'enveloppent du *filet*, & ne peuvent s'échapper. L'avantage de ce *filet* eſt qu'il s'y prend des poiſſons de groſſeurs fort différentes, & qu'ils ſont également arrêtés de quelque côté qu'ils donnent dans le *filet*.

Outre les deux eſpèces de *filets* dont on vient de parler, qui ſont en nappe, il y en a qui forment un ſac conique: on leur donne ſur les rivières pluſieurs noms, entre autres, celui de *verveux*. Ceux qui ſervent à la mer les appellent *ſecs* ou *caches*, *queues*, *manches*, &c. Ces *filets*, à la forme près, ſont maillés comme les *ſaines*.

Il y a bien des ſortes de *filets* dans ces trois genres, dont nous parlerons dans divers articles de ce dictionnaire.

Les *filets* faits en mailles quarrées ſont meilleurs pour l'uſage que ceux qui ſont à loſanges; ces eſpèces de *filets* ſont d'ordinaire plus longs que larges, & compoſent les aumés d'un hallier, les pantières & les traineaux.

Les *filets* à bouclettes ſont moins utiles, on les fait de mailles à loſanges, & on met des bouclettes à toutes les mailles ſupérieures: ces bouclettes ſont de fer & de cuivre, & doivent être aſſez grandes pour y paſſer le petit doigt, ou une corde de moyenne groſſeur.

Le meilleur moyen de conſerver un *filet* eſt de le faire teindre; non-ſeulement il dure alors davantage, mais il épouvante moins le poiſſon.

Il y a trois ſortes de teintures qu'on peut employer pour colorer les *filets*. La première & la plus commune eſt celle de la feuille morte, on la fait avec du tan, dont les tanneurs accommodent leurs cuirs, ou bien avec de la peau de noyer: voici la compoſition de cette dernière teinture. On prend l'écorce de quelques racines de noyer, on la coupe par morceaux de la grandeur de deux doigts: ſur deux boiſſeaux de cette écorce, on met deux ſeaux d'eau, & on fait bouillir le tout enſemble l'eſpace d'une heure: on place enſuite les *filets* au fond du vaiſſeau, en rapportant par-deſſus tous les morceaux d'écorce, & on les laiſſe tremper vingt-quatre heures dans cette teinture; on les retire, enſuite on les tord, & on finit par les étendre, afin de les ſécher.

La ſeconde teinture eſt d'un jaune ſale; elle ſe fait avec l'herbe qu'on nomme *chelidoine*: on la prend à poignée, on en frotte le *filet* partout, comme ſi on le ſavonnoit, & quand il eſt ſec, il eſt de la couleur de l'orange.

La dernière couleur en uſage eſt le vert; elle ſe fait avec du bled vert, haché & pilé en bouillie, dont on frotte le *filet* par-tout; enſuite on laiſſe l'un & l'autre pêle-mêle tremper l'eſpace de vingt-quatre heures.

La teinture ne ſuffit pas pour conſerver des *filets*: il faut encore d'autres précautions; quand ils ſont mouillés, il faut ſe hâter de les étendre à l'air pour les faire ſécher: il faut éviter auſſi de les laiſſer dans les chaleurs de l'été au fond de l'eau une nuit entière : l'air les attendrit alors, & les dispose à se rompre aisément ; il n'en est pas de même des saisons fraîches où on peut les laisser deux nuits dans l'eau impunément.

Il ne faut jamais manquer de laver les *filets* qu'on destine pour la pêche, quand on les retire de l'eau, sur-tout quand ils y ont passé la nuit : ils y amassent une espèce de crasse qui les ronge peu-à-peu.

Les *filets* doivent être suspendus en l'air, au milieu d'un bois, & non proche d'un mur, pour éviter le coup de dents de la souris : il faut aussi se hâter de les rhabiller, dès qu'il manque la moindre maille : un peu d'attention prolonge singulièrement leur durée.

Pour la *fabrication des filets*, voyez le tome II des arts & métiers, page 760, & les planches gravées tome II des gravures ; consultez aussi les *planches de la pêche*, & l'explication qui les précède. Enfin voyez dans ce dictionnaire l'article *pêches*.

FINCELLE, ralingue qui porte la tête d'un filet.

FLAMBEAU ou FLAMBO. Ce poisson est ainsi nommé parce qu'il est de couleur de feu. On l'appelle aussi *ruban*, parce qu'il est d'une forme longue & étroite ; sa tête est platte, composée de plusieurs os. Ses yeux sont grands & ronds. Près des ouies, il a une nageoire de chaque côté ; & sur le dos il a depuis la tête jusqu'à la queue des filets qui sont comme des perles ; il est si mince qu'il est presque diaphane. Sa chair est blanche & a le goût de la sole.

FLÈCHE DE MER, dauphin de cinq à six pieds de longueur, qui nage & poursuit sa proie avec une vîtesse singulière.

FLETAN, poisson de la forme d'une limande, qu'on trouve sur les côtes de l'Océan. Sa taille & sa conformation lui donnent un air monstrueux : sa bouche tortue est armée d'un double rang de dents courbées & pointues ; sa langue est hérissée au fond du palais de petits aiguillons ; ses ouies ont aussi des piquans, & par-dessus trois enceintes d'oreilles. Ce poisson destitué d'une vessie propre à contenir l'air, ne peut s'élever qu'avec peine sur l'eau, & nage difficilement. Il a en revanche devant les yeux une espèce de voile qui le garantit contre les aspérités du sable, lorsque la crainte d'être agité par les flots l'oblige à s'y enterrer pendant la tempête. Ce poisson dans la mer d'Allemagne pese environ cent vingt livres ; celui qu'on prend aux environs de l'Islande, pese jusqu'à quatre quintaux.

Le *flétan* est commun en Hollande : sa chair est de bon goût, mais indigeste. On prépare dans la Basse-Saxe avec les nageoires de ce poisson un aliment propre pour les estomacs robustes, qu'on nomme *raf* ou *rekel*. Ce sont les Norvégiens qui font le meilleur *raf* : ils pêchent le *flétan* pendant la nuit, & immédiatement après la pêche du *cabéliau*. Ce travail dure jusqu'à la fin de juin. Les françois qui font des expéditions pour la pêche de la morue, préparent aussi du *raf* avec les nageoires des *flétans* de Terre-Neuve.

FLETZ ou FLETELET, ou FLET, poisson plat, commun sur les deux rivages de la Manche : il est couvert de petites écailles noires, marbrées de rouge ; il ressemble pour la forme au carrelet, & pour le goût à la limande. Le *fletz* ne se trouve point dans la Méditerranée, mais il remonte quelquefois les rivières qui se jettent dans l'Océan.

FLOTTANT. Les pêcheurs disent qu'ils pêchent *à cordes flottantes* ou *à filets flottans*, quand ils attachent auprès de l'haim un morceau de liége qui les fait flotter près de la surface de l'eau. On fait quelquefois flotter la corde avec des vessies pleines d'air.

FLOTTES ou FLOTTERONS. Ce sont des morceaux de liége ou de bois léger, qu'on ajuste aux cordes ou à la tête des filets, quand on ne veut pas qu'ils portent sur le fond.

FLUTE, poisson des Indes qui a la forme d'une petite anguille. Il fait des siflemens aigus qui s'entendent au loin. Les insulaires d'Amboine estiment sa chair & s'en nourrissent.

FOIN, duvet blanc ou brun qu'on trouve sous l'enveloppe crustacée des écrevisses.

FOLIO, nom qu'on donne en Italie à un poisson de mer plat, qui ressemble à la sole. Il a la langue déliée & les dents serrées les unes entre les autres ; ses écailles sont âpres, grandes & en losange. Il a depuis la tête jusqu'à la queue, par le milieu du corps, une ligne menue comme une corde de luth. Quelquefois ce trait est assez large. La chair de ce poisson n'est pas d'un goût agréable, parce qu'il se nourrit d'algue.

FOLLÉE, bourse que les pêcheurs laissent faire au filet en le tendant sur des perches.

FOLLES. On nomme ainsi un filet à larges mailles, qu'on tend de façon qu'il fasse des plis, tant dans le sens vertical, que dans le sens horisontal : il est lesté & légérement flotté. On le tend toujours par fond. Il sert à prendre des poissons plats, particuliérement des raies : c'est pourquoi, en quelques endroits on les nomme *rieux*. On tend les folles en *ravoir*. Les demi-*folles* different des *folles*, en ce que les mailles sont moins ouvertes : elles servent à prendre des soles, des carrelets, & autres poissons du même genre. On nomme quelquefois ces filets *grandes pentieres* ou *bretellieres*, parce qu'on y prend de petits chiens qu'on nomme *bret* ou *bretelles*. On appelle *folles tramaillées*, des tramaux tendus comme les folles.

FOND, nom que les pêcheurs donnent à une espèce de garenne à poisson. Elle se fait pour l'ordinaire dans les rivières sablonneuses, & dans les endroits les plus découverts.

Le lieu choisi pour placer le *fond*, doit avoir au moins quatre pieds de profondeur quand les eaux sont basses : on y jette quantité de pierres, éloignées les unes des autres, de manière qu'il s'y trouve autant d'espaces pleins que de vuides ; ensuite on place sur ces pierres une espèce de porte, faite avec des planches de bateau, longue d'environ douze ou quinze pieds, & large de huit ou neuf ; & on fait au bord de cette porte deux ou trois trous, afin de pouvoir la lever avec un crochet de fer, quand on veut pêcher le *fond*.

Quand la porte est posée sur les pierres, on la charge de sable & de cailloux, pour empêcher que l'eau ne l'entraîne & pour la dérober à la vue de ceux qui voudroient se servir de ce réservoir. Cette précaution contribue aussi à y entretenir la fraîcheur, & par conséquent à attirer le poisson, qui dans les grandes chaleurs se réfugie dans cet asyle.

Pêche du fond.

Avant de pêcher ce réservoir, on approche avec un petit bateau, & on remue tout autour avec une perche. Si l'on voit l'eau bouillonner, c'est une preuve que l'on y trouvera du poisson.

Quand on est sûr de sa proie, on s'avance avec une perche, un ou deux bouteirs, & un tramail assez grand pour environner un espace de sept à huit pieds de distance autour du *fond* ; on tend ensuite le filet, & on en joint les deux bouts, afin qu'il forme une espèce d'enceinte.

Après ces préparatifs, on prend un gros pieu bien uni, long à proportion de la profondeur de l'eau où l'on veut pêcher, & ferré par l'extrémité inférieure, afin qu'il entre mieux dans le sable, & on le pique contre la porte.

Bientôt après on accroche la porte, on la lève toute droite contre le pieu, on passe une corde dans un de ses trous, & on la lie bien fortement au haut du pieu. On arrête ensuite le bateau, on prend le boutoir pour fouler le fond de l'eau, & on contraint le poisson de se jetter dans le filet. Dès qu'on le sent on lève le tramail, & la pêche est faite.

FONTAINES DE MER. Poissons testacés, dont les coquilles ressemblent à une éponge, & se tiennent si fortement attachées aux rochers, que les vents ni les vagues ne peuvent les en séparer. En ouvrant une de ces coquilles, on apperçoit une substance charnue, sans vie apparente & sans mouvement ; mais quand on la touche, on voit sortir de trois ou quatre trous de petits filets d'eau, qui s'arrêtent dès que l'on cesse de la toucher, & qui recommencent à couler toutes les fois qu'on y met le doigt, jusqu'à ce que la liqueur en soit épuisée. Les Hottentots mangent ces coquillages.

FORGERON. Poisson ainsi nommé parce qu'on trouve, dit-on, dans sa tête les figures des instrumens d'un forgeron. C'est un gros & large poisson de mer qu'on découvre près des rochers. Sa tête est applatie, osseuse, anguleuse, de couleur obscure, parsemée de taches purpurines. Sa gueule est large & béante, mais sans dents. Ses yeux sont grands, d'un jaune doré ; son dos est brun & marqué au milieu d'une tache noire ; ses écailles sont très-petites. Il est armé des deux côtés d'os aussi tranchans que des lames de couteaux. Il se nourrit de poissons. Sa chair est bonne, tendre & facile à digérer.

FOUANE. Instrument propre à percer les poissons pour les prendre. Il y en a de bien des formes : les unes sont une broche terminée par un dard, d'autres une lame barbelée ; d'autres sont formées de deux, trois ou un plus grand nombre de lames ; quelquefois ce n'est qu'une fourche. Cet instrument étant ajusté au bout d'une perche, on en perce les poissons qu'on apperçoit au fond de l'eau, ou on les enfonce dans la vase aux endroits où l'on juge qu'il y a des poissons.

FOURQUETTE. Les provençaux nomment ainsi

ainsi une croix de fer ou de cuivre ; qui porte des lignes & des haims, & qui est attachée à une longue ligne pour la descendre au fond de la mer, & la retirer quelque tems après. On nomme aussi *fourquette* ou *fourchette*, une petite fourche de bois, à laquelle on entrelace la ligne des bricolles, pour que le poisson qui a mordu à l'hameçon ne rompe pas la ligne.

FRAI ou FRAIE, se dit également des œufs de poisson & des poissons nouvellement éclos. Le tems où les poissons jettent leurs œufs s'appelle la *saison de la fraie.*

FRÉLATER, c'est passer le hareng paqué d'une futaille dans une autre.

FRIGAUD, hareng préparé dans des barils en sauce.

FUNIN, cordage fait de bon chanvre & de médiocre grosseur, ce qui le fait appeller quelquefois *franc-funin.*

G.

GAAR, poiſſon qu'on trouve en Amérique & dans les Indes Orientales : c'eſt ſur-tout celui de l'île de Tabago, à qui les eſpagnols ont donné ce nom. Le *gaar* eſt une eſpèce d'*anguille*, dont la queue eſt tranchante : ce poiſſon s'en ſert pour bleſſer, en nageant, ceux qui lui ſervent d'alimens.

GABOT. Ce poiſſon a ordinairement un pied & demi de long : il eſt preſqu'amphibie, car il reſte auſſi long-temps ſur terre que dans la mer ; les phyſiciens expliquent cette ſingularité par le peu d'air qu'il eſt obligé de reſpirer.

Le *gabot* eſt commun ſur les terres de l'Océan ; celui qu'on pêche auprès de Marſeille eſt crêté, & a la figure du goujon : il peut reſter trois ou quatre jours hors de l'eau, & ſe nourrit de cames & d'orties de mer.

On prend le *gabot* ſous les rochers. Les pêcheurs avant le flux de la mer vont remuer les pierres pour en ſaiſir & garnir les hameçons dont ils ſe ſervent pour la pêche des congres & des chiens de mer : quelquefois ils trouvent ce poiſſon endormi, mais ils ne le prennent pas impunément avec la main, parce que ſes dents ſont très-aiguës.

GAFFE, morceau de fer qui porte une pointe & un crochet, ſoudé à une douille, dans laquelle on ajuſte une longue perche. Cet inſtrument eſt d'un grand uſage pour tirer à terre les poiſſons. Les petits ſe nomment *gaffeaux* : en quelques endroits on les nomme *halle-crocq* & *gauchon*.

GAI (hareng). Hareng dans lequel on ne trouve ni laite, ni œufs.

GAINES, nom qu'on donne à Genève aux petites truites.

GALANGA, poiſſon de mer cartilagineux qui a quelque reſſemblance avec la grenouille de marais, & dont le corps eſt très petit par rapport à la tête & à la queue : le *galanga* a deux ailes au milieu du corps, ſa chair eſt molle, de mauvaiſe odeur, & de mauvais goût; c'eſt cependant un aliment populaire.

Quand ce poiſſon eſt caché dans le ſable ou dans l'eau trouble, il lève ſes barbillons pour attirer les goujons qui les regardent comme une proie de leur compétence ; mais dès qu'ils touchent cet appât, le *galanga* les dévore.

Cet animal eſt connu ſous pluſieurs autres noms ; on l'appelle *baudroi*, *grenouille pêcheuſe*, *pêcheur marin* & *diable de mer* : un jeu d'enfans lui a valu ce dernier titre ; quand on veut épouvanter quelque perſonne, on ôte les entrailles du *galanga*, & on paſſe une bougie allumée dans le corps, ſa figure monſtrueuſe lui donne alors l'air d'un ſpectre.

GALERE, poiſſon ſingulier dont le corps eſt compoſé de cartilages & couvert d'une peau diaphane. Il paroît ſur la ſurface de la mer comme un amas d'écume tranſparente : il flotte ſur l'eau au gré du vent & des lames, qui le jettent ſouvent ſur le rivage, où il demeure échoué juſqu'à ce qu'un autre flot le rapporte dans ſon élément. Ce poiſſon a huit jambes, dont quatre lui ſervent de nageoires, & quatre d'ailes ; ce ſont ces eſpèces de rames & de voiles, qui lui ont valu le nom de *galère*.

C'eſt dans les mers de l'Amérique qu'on trouve les *galères* en abondance ; on regarde leur apparition vers les côtes comme le préſage d'une tempête prochaine.

On dit encore que l'attouchement de ce poiſſon eſt très vénimeux ; & que la douleur que produit ce venin, croît à meſure que le ſoleil monte ſur l'horizon, & diminue à meſure qu'il deſcend, enſorte qu'elle ceſſe entièrement un inſtant après ſon coucher.

GALLINETTE. On donne ce nom en Provence à un poiſſon du genre des rougets-grondins. Il a près de quinze pouces de longueur totale, deux pouces de largeur verticale à l'aplomb de l'articulation des nageoires branchiales; deux pouces à l'aplomb de l'anus, & neuf lignes près l'articulation de l'aileron de la queue, qui eſt coupé quarrément, & formé par douze rayons rameux. Les nageoires de derrière les ouies ſont fort grandes dans toutes leurs dimenſions : les rayons ſont rameux, & le plus long a quatre pouces de longueur : il y en a douze qui s'épanouiſſent comme les bâtons d'un éventail : quand ils ſont ainſi ouverts, les nageoires ont trois pouces de largeur; & l'on croit que, comparant ces grandes nageoires qui font un bel effet, aux ailes d'une poule, on a donné à ce poiſſon le nom de *galline* ou *gallinette*, poiſſon qu'il ne faut pas confondre avec la dorée, qu'on appelle *poule* ou *coq de mer*.

GANCETTES, mailles de trois pouces en quarré.

GANGUY. C'eſt ordinairement un filet plus petit que le bregin, & qui a les mailles très-ſerrées : le grand *ganguy* eſt un vrai bregin. Ce qu'on nomme *ganguy des carambots* & *ganguy des ourſins*, ſont des dragues qui traînent au fond de la mer. Celui qu'on appelle *à la voile*, reſſemble aſſez à la tartanne.

GARDON, poiſſon d'eau douce qu'on met au rang des poiſſons blancs. On croit qu'on le nomme *gardon*, parce qu'il vit plus long-temps que beaucoup d'autres poiſſons dans un vaſe plein d'eau. Ce poiſſon a le corps large, le dos bleu, voûté; la tête verdâtre, les côtés argentés & brillans, le ventre blanc mat. La chair en eſt blanche & délicate; mais elle n'a pas beaucoup de goût : néanmoins elle eſt aſſez bonne quand on apprête ce poiſſon au ſortir de l'eau, & lorſqu'il a été pêché dans une eau très-vive. On en prend quelquefois qui ont près de douze pouces de longueur : ceux-là ſont les plus eſtimés, parce que leurs arrêtes ſont moins incommodes que celles des petits.

Ce poiſſon dans l'eau eſt fort vif : c'eſt pourquoi, quand on parle d'un homme qui eſt en bonne ſanté, on dit qu'il eſt frai & vif comme un *gardon*.

GARENNE A POISSON. C'eſt une eſpèce de réſervoir qu'on fait dans les rivières ou étangs dont l'eau n'eſt pas profonde & dont le lit eſt uni. La *garenne* ſe place au milieu de l'eau ou ſur le bord. L'endroit où elle eſt établie doit avoir au moins vingt-cinq ou trente pieds en quarré, afin qu'on puiſſe y étendre en rond un tramail.

Quand l'enceinte eſt marquée, on prend vingt ou trente fagots de branchages tortus, longs de ſix à ſept pieds, de la groſſeur du corps & liés par les deux extrémités; on en met un certain nombre en rang dans le fond de l'eau, en les éloignant les uns des autres d'environ un pied : on en place d'autres en travers ſur les premiers, & on continue ainſi juſqu'à ce que ce tas de fagots monte à demi-pied de la ſurface de l'eau. On charge enſuite de pierres & d'herbes cette faſcine pour la tenir en état; & ſi le courant étoit trop violent, on l'appuieroit de pieux de bois ferrés par un bout. On doit obſerver que les fagots de ces *garennes* ſoient rangés de manière qu'il s'y trouve autant de plein que de vuide, afin que le poiſſon puiſſe s'y retirer. On doit auſſi conſtruire le réſervoir environ quinze jours avant la pêche afin d'accoutumer le poiſſon à cette retraite. Au bout de cet intervalle, on va pêcher aux environs de la *garenne* afin d'obliger le poiſſon à s'y retirer; on bat l'eau autour du réſervoir. Enſuite, à deux toiſes du piége, on tend un tramail bien garni de plomb par le bas & de liége par le haut, de manière qu'on enferme entièrement le réſervoir. Alors on ſe ſert de crochets pour tirer tous les fagots hors de l'eau : on fouille avec une perche au fond de la *garenne* pendant environ une demi-heure, & on termine cette manœuvre en enlevant le filet où le poiſſon ſe trouve renfermé. Comme il y a beaucoup de rapport entre cette pêche & celle du fond, voyez ce dernier article.

GASTA, poiſſon qui ſe pêche à Saint-Jean-de-Luz, & qui a les caractères de la ſardine.

GAU ou MEULETTE, nom que les pêcheurs donnent à l'eſtomac de la morue.

GIALDERS, cabanes qui ſont ſeulement garnies de lattes pour que l'air les traverſe. Les pêcheurs du Nord y ſuſpendent le poiſſon qu'ils veulent deſſécher.

GIRELLA, poiſſon ſaxatile, plus connu ſous le nom de DONZELLE. *Voyez* ce mot.

GLAUCUS. On a donné ce nom à trois ſortes de poiſſons qui ont quelques rapports entre eux.

Le vrai *glaucus* ſe pêche ſur les bords de la Méditérannée. Il a les dents pointues : ſa couleur eſt un blanc mêlé de bleu; un trait tortueux part depuis le haut de ſes ouies juſqu'au milieu du corps, & devient enſuite droit juſqu'à la queue. Sa chair eſt graſſe, ferme, & de bon goût.

On donne le nom de *glaucus* au DERBIO, poiſſon de haute mer. *Voyez* ce mot.

On appelle auſſi *glaucus* la *liche* des languedociens. Ce poiſſon a ſur le dos la même ligne que le vrai *glaucus*, & de plus ſept aiguillons.

GLINE, panier couvert dans lequel les pêcheurs mettent le poiſſon qu'ils ont pris.

GLU, paille longue qui ſert à emballer le poiſſon.

GOBERGE. Ce poiſſon à écailles eſt du genre des morues. Il a trois aileron ſur le dos. Sa bouche n'eſt pas grande ; ſes dents ſont petites ; ſes yeux grands; ſon foie eſt gros & rend beaucoup d'huile; ſa chair eſt plus ferme que celle du merlan, & plus délicate que celle de la morue franche.

Les pêcheurs baſques, qui le nomment *goberia*, diſent qu'il y a des parages de l'Amérique ſeptentrionale où l'on en prend beaucoup, pendant que dans d'autres il n'y en a preſque pas. Quand ils en prennent, ils les préparent comme la morue franche; mais au retour les *goberges* ſont miſes au rebut, & ne ſe vendent que la moitié de la morue franche.

GORDS, pêche qui s'établit dans le lit des rivières & au bord de la mer. Ce ſont de grands entonnoirs qu'on forme avec des filets ou des pieux qui ſe touchent les uns les autres, & dont la pointe aboutit à l'entrée d'un verveux ou d'un guideau pour y conduire le poiſſon.

GORET. Poiſſon du genre des ſparus. Ses écailles ſont grandes & fort adhérentes à la peau; ſa tête eſt fort bombée au-deſſus des yeux, elle diminue beaucoup vers le muſeau qui ſe termine en pointe. L'aileron du dos eſt formé de rayons, les uns épineux, les autres flexibles : celui de derrière l'anus eſt précédé d'un rayon dur & très-piquant ; les nageoires ventrales ſont auſſi accompagnées d'un rayon très-piquant, & les branchiales ſont rayonnées. On en diſtingue de deux eſpèces ; les uns qu'on nomme *barrés*, ſont de couleur griſe mêlée de bleu, de blanc & de jaune ; les autres qu'on nomme *dorés*, ont pluſieurs teintes jaunes ſur le corps. Les barrés ſe diſtinguent des dorés par quelques taches rouges très-viſibles ſur le dos, & à peine ſenſibles à d'autres parties du corps; tandis qu'au *goret barré*, ces taches ſont d'un gris foncé, avec des raies bleu-céleſte.

Les uns & les autres ont de grandes gueules bordées de lèvres épaiſſes, blanchâtres & charnues ; leur langue, leur palais ſont d'un très-beau rouge écarlate, ce qui fait que quelques-uns les appellent *gueules rouges*. Les mâchoires ſont garnies de petites dents ; leurs narines ſont doubles ; les yeux ſont bleuâtres & bordés d'un jaune citron aux *gorets* barrés, & aux dorés d'une couleur d'or bordée de rouge; les nageoires de derrière les ouies ſont d'un blanc ſale, celles de deſſous la gorge ſont d'un gris jaunâtre; le ventre eſt blanc, ainſi que l'aileron de derrière l'anus : on apperçoit ſur l'aileron de la queue, du jaune, du bleu, du gris; & aux dorés, quelques traits jaunes. Leur chair eſt blanche, molaſſe, & exige beaucoup d'aſſaiſonnement. Ces poiſſons ſe nourriſſent de menuiſe, de varech & de limon. On les prend communément dans des naſſes ou avec des ſaines.

GOUJON DE RIVIERE. Ce poiſſon ſe trouve très-fréquemment au bord des grandes & petites rivières. Il eſt fort petit, puiſqu'il en faut douze pour faire une livre. C'eſt un poiſſon à écailles & à arrêtes ; ſa tête eſt fort alongée ; l'œil eſt aſſez grand, & élevé ſur la tête; entre l'œil & le bout du muſeau, on voit l'ouverture des narines; la gueule eſt de médiocre grandeur; la mâchoire ſupérieure eſt un peu plus longue que l'inférieure; il y a de chaque côté un petit barbillon, & point de dents. On ne prend point le *goujon* à l'hameçon parce qu'il ne donne point à l'appât. On le pêche à la naſſe ou avec le verveux dont les mailles ſont très-étroites.

GOUJON DE MER. On pêche à l'embouchure de la Charente, où l'eau eſt toujours ſaumâtre, des *goujons* qui ne diffèrent de ceux qu'on prend au haut de cette rivière où l'eau eſt toujours douce, que par la couleur des ailerons & nageoires qui ſont beaucoup plus rouges aux *goujons* qu'on prend dans l'eau ſalée ou au moins ſaumâtre, qu'à ceux qui ſe tiennent dans l'eau douce.

GOULET. On appelle ainſi une eſpèce d'entonnoir qu'on met à l'entrée des filets en manche & des naſſes, pour que le poiſſon qui y eſt entré librement n'en puiſſe pas ſortir.

GOULU DE MER, poiſſon antropophage du cap de Bonne-Eſpérance. Il a quelquefois juſqu'à ſeize pieds de long ; les voyageurs diſent que ce poiſſon peut avaler un homme tout entier; il a trois rangs de dents crochues à chaque mâchoire ; ſa peau eſt rude, dure & ſans écailles.

Il y a une autre eſpèce de *goulu de mer* plus large que le premier, mais moins long ; il a ſix rangs de dents crénelées, & ſa queue ſe termine en demi-lune.

Pêche du goulu de mer.

Ce ſont les vaiſſeaux qui s'approchent de la ligne qui prennent des précautions contre ce poiſſon deſtructeur. Ils prennent un gros croc de fer, attaché à une forte chaîne dont l'extrêmité eſt liée à une corde d'une longueur conſidérable. L'amorce dont ils ſe ſervent eſt une groſſe pièce de bœuf. Dès que les matelots découvrent ce poiſſon, ils jettent l'hameçon : le *goulu* amorcé ſuit cet appât, & s'élançant deſſus tout d'un coup, il l'engloutit avec beaucoup d'avidité. Quelques matelots le tirent à bord, tandis que d'autres ſont tout prêts avec des haches pour le tuer au moment qu'il arrive ſur le tillac. Sans cette précaution, il renverſeroit tout par les mouvemens furieux de ſa tête & de ſa queue.

Il y a une grande imprudence aux matelots de

se jetter à la nage dans un endroit où l'on soupçonne qu'il y a des *goulus*.

GRADOS, petit poisson qu'on prend à la hougue avec les lançons lorsqu'on les pêche avec le savre. Ce filet est à proprement parler l'aissaugue de la Méditerranée. On le traîne comme une saine; & quand il ne gratte point le fond, on ne prend que des lançons & des grados. Quand on tire ce filet à terre, & que les aîles sont tendues sur le rivage, on bat l'eau avec des perches pour effaroucher le poisson & l'engager à entrer dans la manche. Les pêcheurs se servent de ce poisson pour amorcer leurs haims, sur-tout lorsqu'ils se proposent de prendre des raies & des turbots; néanmoins ils assurent qu'étant frits, ils sont assez bons à manger.

GRADOS DE NORMANDIE ou ÉPERLAN BATARD, petit poisson qui n'a jamais plus de quatre à cinq pouces de longeur. On le nomme *éperlan*, parce qu'il ressemble effectivement au vrai éperlan par sa couleur & la forme de sa queue; mais il est plus court, moins rond, & il a deux ailerons sur le dos, au lieu que le vrai éperlan n'en a qu'un; c'est dans les mois de septembre & octobre qu'ils paroissent en plus grande quantité; ils ne s'ensablent point comme le font quantité de petits poissons: sa tête a quelque ressemblance avec celle du hareng; ses écailles sont très-minces & petites, ce qui fait que son corps paroît demi-transparent; ses mâchoires sont à peu près égales, néanmoins celle d'en-bas est la plus longue; l'œil est assez grand proportionnellement à la grosseur du poisson; le dessus de la tête & le haut du dos sont marqués de traits bruns, à peine visibles; les mâchoires sont garnies de très-petites dents, ou plutôt d'aspérités.

GRAISSIN, espèce d'écume qu'on apperçoit à la surface de l'eau dans les endroits où les poissons se rassemblent pour frayer.

GRANDE GUEULE. Les voyageurs donnent ce nom à un poisson demi-plat, qui, par la forme de son corps, approche de la sarde; mais l'ouverture de sa gueulle est fort grande; sa tête est grosse; la couleur de son corps tire au rouge; sa chair est blanche & délicate, & aussi agréable que celle des meilleurs merlans: il faut les aller chercher à quinze ou vingt brasses de profondeur. C'est un poisson d'Amérique, connu seulement par ce qu'en disent les voyageurs.

GRAVEL-LAST-SPRING. Il y a, suivant Walton, un petit poisson qui ressemble au tocan, que les anglais nomment *gravel-last-spring*. On prend ce poisson dans la Wye avec des haims amorcés de fourmis aîlées, auxquelles ils mordent avec beaucoup d'avidité. Ceci pourroit faire soupçonner qu'ils sont du genre des truites plutôt que des saumons. Boulker dit qu'on trouve de la laite dans les mâles, & point d'œufs dans les femelles, ce qui paroît prouver que ce sont de jeunes poissons qui ne sont point encore en état de produire leur espèce.

GRAVETTES, vers qui servent d'appât aux pêcheurs de la Hougue pour prendre le merlan.

GRELINS, les cordes en *grelins* sont faites avec plusieurs aussières commises les unes avec les autres. C'est pourquoi elles sont commises deux fois.

GRENIER (sardines salées en). Sardines qu'on sale en tas, à peu près comme on sale la morue.

GRENOUILLE, espèce d'amphibie fort connu. Il y en a de plusieurs sortes, la *grenouille brune terrestre*, la *grenouille verte*, & la *grenouille aquatique*.

La première s'acouple avant les autres; elle est en amour dès que la glace commence à se fondre: elle vit d'ordinaire hors de l'eau, mais dans les nuits fraîches, elle va dans la fange des eaux dormantes.

La *grenouille verte* se nomme aussi *raine* ou *grenouille d'arbre*: c'est la plus petite de toutes les espèces. Elle ne nage presque pas. En été, elle vit d'ordinaire sur les arbres, & s'y nourrit d'insectes; mais en hiver elle va se cacher dans la fange des marais. Cet animal saute avec une adresse merveilleuse; il lui suffit de toucher à une feuille pour grimper plus loin. Ce n'est qu'à quatre ans qu'elle devient propre à la propagation. On assure que son croassement qui commence au printemps, annonce l'approche de la pluie. Dans le temps du frai des *grenouilles*, ce croassement est si fort, que dans le silence de la nuit, on peut l'entendre à une lieue & demie de distance, & il ressemble au cri d'une meute de chiens.

La *grenouille aquatique* est un animal très-vivace, qui ne vit guères que dans l'eau; cependant en été elle profite d'un beau soleil pour paroître sur le bord, mais au moindre bruit, elle replonge. Cette *grenouille* croît pendant dix ans, & peut vivre jusqu'à seize; elle s'acouple au mois de juin, & c'est la meilleure espèce à manger. Cet animal est très-vorace; il se nourrit d'insectes, de lézards, de jeunes souris, de petits oiseaux, & même de canards nouvellement éclos.

Il y a des *grenouilles*, qui seize jours après l'acouplement, produisent jusqu'à douze œufs, & n'emploient qu'une minute pour les rendre.

Quand ce sont des *grenouilles terrestres*, vers le

quatrième mois de leur naissance, elles passent sur la terre pour y faire chasse aux insectes, elles se cachent sous des buissons ou sous des pierres pour éviter le grand jour; mais s'il arrive de la pluie, elles sortent de toutes parts de leurs retraites, comme pour partager la sérénité de l'air; le peuple qui n'est point fait à cette apparition imprévue, s'imagine alors qu'il pleut des *grenouilles*.

La *grenouille* se nourrit d'insectes, de reptiles & d'araignées; mais son aliment le plus précieux est un petit limaçon, qui est le fléau des plus belles plantes; ce qu'il y a de singulier, c'est que quelque proche que la *grenouille* soit de sa proie, elle ne la saisit point, si elle ne la voit remuer; quand l'insecte fait le plus léger mouvement, son ennemie s'élance sur elle, en faisant des sauts de demi-pied, & la saisit adroitement avec sa langue.

Je n'ai encore parlé que des *grenouilles* de nos contrées, il y en a d'étrangères qui méritent notre attention. Celles de Virginie sont agréablement variées; celle de la Caroline se nourrit de vers luisans, & toutes deux présagent par leur croassement un jour pur & serein.

Il y a en Amérique une *grenouille mugissante*, dont le croassement est épouvantable; celle de Cayenne est bleue; elle est connue par sa méchanceté.

La *grenouille* d'Afrique habite les joncs marins & les buissons, & se nourrit de serpens saxatiles.

Les plus belles *grenouilles* du monde se trouvent à la Martinique, elles habitent les bois. Leur chair est tendre & délicate; il y en a d'un pied de long: on en voit, qui semblables à la *grenouille* de nos vergers, pissent à chaque saut qu'elles font; les négres font la chasse de ces animaux la nuit, & y emploient des flambeaux; ils se contentent d'imiter le croassement des *grenouilles*, qui ne manquent pas de répondre & d'accourir à la lumière.

Pêches des Grenouilles.

On peut prendre ces animaux à la ligne, à cause de leur prodigieuse voracité: & toutes sortes d'appâts peuvent garnir l'hameçon: on y attache indifféremment des vers, des mouches, des papillons, des scarabées, des hannetons, des entrailles de *grenouilles*, un morceau de drap rouge, ou un peloton de laine, teinte de couleur de chair: cette pêche doit se faire en silence.

Voici un secret excellent pour faire venir les *grenouilles* dans l'endroit où vous voulez les pêcher. Mettez-en une vivante dans un verre à boire, sur le bord d'un étang, & chargez le verre d'une pierre assez lourde pour que l'animal ne sorte point. Dès que les autres entendront croasser la *grenouille* captive, elles accourront pour la délivrer, & alors on les saisit avec un filet formé de deux cerceaux en croix qu'on nomme *trúble*.

La pêche de cet animal la plus amusante, aussi bien que celle qui s'exerce le plus à la campagne, est celle du feu: voici quel en est l'artifice.

On choisit une nuit obscure; deux pêcheurs se dépouillent, se mettent dans l'eau, & prennent chacun un sac qu'ils placent entre leurs jambes pour serrer les *grenouilles* qui seront à leur portée. Pendant ce temps-là, d'autres prennent des torches de paille & les allument pour obliger ces animaux à courir à la lueur de ce feu qu'ils prennent pour le soleil: cette lumière sert aussi aux pêcheurs pour connoître leur proie.

GRENOUILLE POISSON. Des voyageurs prétendent, sur la foi de quelques américains, qu'il y a des *grenouilles* qui se changent en poisson: c'est le contraire dans nos climats, les œufs de ces animaux produisent d'abord des poissons qui se métamorphosent ensuite en *grenouilles*.

Cet animal se trouve particulièrement sur la côte de Surinam; on regarde sa chair comme un mets délicat, & on lui trouve le goût de la Lamproie.

GRONDIN-TESTARD ou BECARD. La tête de ce poisson est courte & arondie. On apperçoit sur le crâne au-dessus des yeux, un petit applatissement; les nageoires branchiales sont fort longues; elles sont d'un rouge orangé, chargé de mouchetures d'un rouge plus foncé; les petites nageoires de dessous la gorge, ainsi que les barbillons, sont aussi marquées d'un rouge vif. Pour ce qui est du corps, il diffère peu de celui des vrais-rougets-grondins; seulement à l'aileron du dos, la partie qui est du côté de la tête est grande proportionnellement à celle qui s'étend du côté de la queue. Sa chair approche assez de celle des vrais rougets-grondins; on le pêche de même.

GRONEAU ou GRONDEUR. On donne ce nom à un poisson de la Méditerranée qui grogne comme le porc, & qui a quelques rapports avec le rouget. On le trouve aussi aux Antilles. Les insulaires font la pêche de ce poisson dont ils trouvent la chair délicate & de bon goût.

GROS-VENTRE. C'est le nom qu'on donne

à plusieurs poissons ronds, que l'on trouve dans l'isle de Cayenne, & dont l'usage est assez dangereux. Ils sont même regardés comme des poisons. Le *gros-ventre* est couvert de taches ou rubans de couleur brune & jaune.

GROSYEUX ou CALET. Les pêcheurs de Cette appellent *grosyeux* le poisson dont il s'agit, & les pêcheurs catalans le nomment *calet;* c'est un fort beau poisson : son corps est alongé & charnu; sa tête est grosse; ses yeux sont très-grands & très-brillans; l'iris est argenté avec un cercle orangé; les opercules sont aussi argentés, principalement auprès des yeux. La gueule est assez grande; & ce qu'il y a de remarquable, est la couleur singulière qu'elle a intérieurement; elle est d'un rouge de vermillon très-vif. Le dessus de la tête est de couleur pourpre, avec des reflets jaunes, couleur d'or, bleus ou verts. Le dos est pourpre au-dessus de la ligne latérale; on y apperçoit de grandes écailles argentées qui paroissent encadrées dans un réseau pourpre, ce qui fait un très-bel effet. Les lignes latérales sont fort rouges; cette couleur s'éclaircit peu à peu, & les côtés deviennent blanc-argentés, ainsi que le dessous du corps. On apperçoit auprès des ouies une grande tache noire tirant au vert, traversée par les lignes latérales avec d'autres taches brunes sur les côtés. Les nageoires, ainsi que l'aileron de derrière l'anus, & celui de l'anus & celui de la queue sont rouges. Ce poisson se tient dans les grands fonds, & ne s'approche du rivage que quand il veut déposer ses œufs. Sa chair est agréable au goût.

GUAFFINUM ou GUANIMU, gros cancre du Brésil, fort bon à manger. Sa gueule est si large que le pied d'un homme peut entrer dedans. Il se tient dans des trous auprès du rivage. Quand il tonne, il fait un tel bruit qu'il semble vouloir surpasser celui du tonnerre.

GUIGNES, nom que les pêcheurs donnent aux ouies des poissons.

GUELDRE, GUILDILLE, GUILIDIVE, ou *guild*: appât qu'on fait avec des poissons du premier âge, de petites chevrettes, ou de la chair de quelques poissons cuits.

GUIDEAUX, filets en manche, dont l'embouchure qui est large, se présente à un courant qui la traverse. On tend ces *guideaux* en traîne contre un courant : il y en a de plusieurs grandeurs, qui s'établissent de différentes manières.

H.

HABILLER, se dit du poisson qu'on apprête pour le saler en lui ôtant la guigne & les ouies.

HAIN, ou HAIM. C'est un crochet fait ordinairement de métal avec lequel on saisit le poisson. Il y en a de petits, d'autres fort grands. Les uns n'ont qu'un crochet, d'autres en ont deux; on en fait avec des épines & même avec des os.

HALIN, corde ou aussière qu'on amarre au bout des filets pour les trainer.

HALINS ou BRAS, cordes qu'on ajuste aux extrémités des filets pour les trainer.

HAMAUX, nappes de tramaux à large maille.

HAMEÇON. C'est un haim garni de son appât. Ce mot signifie aussi l'haim ou le crochet qui arrête le poisson.

HAQUE (à la). On appelle de ce nom les harengs préparés & salés, pour fournir d'amorces aux pêcheurs aux haims.

HARACHE, poisson qu'on pêche sur les côtes de Marseille & qui a beaucoup de ressem blance avec le hareng & la sardine.

HARENG, en latin *harengus*, en anglois & en allemand *hering*, en italien *haringa* : poisson de la famille des aloses.

Le *hareng* est un poisson délicat, que la moindre violence fait périr; toutes les fois qu'on le tire de l'eau, même lorsqu'il paroît n'avoir reçu aucune atteinte, il pousse un petit cri & meurt sur le champ; il ne revient plus à la vie, lors même qu'on le rejette incontinent dans son élément naturel; ce qui a donné lieu au proverbe, *aussi mort qu'un hareng.*

On ne peut trop deviner de quoi il se nourrit; il paroît se soutenir par l'usage de quelque substance très-abondante & répandue par-tout dans l'eau de la mer, mais que sa ténuité dérobe à l'observation. Si l'aliment de ce poisson ne se rencontroit pas par-tout, il arrive par bandes si nombreuses, que les dernières souffriroient de la disette de vivres & deviendroient nécessairement chétives; or, selon le dire des pêcheurs, ce dépérissement n'a jamais lieu. L'estomac des *harengs* ne contient, qu'une certaine quantité d'une matière visqueuse, excepté aux approches du frai; alors, on y rencontre quelquefois de petits poissons; ils sont plus pleins de sang que dans toute autre saison; ils ne prennent l'amorce que dans cet état; encore le font-ils bien rarement.

S'il se trouve dans la mer une bande considérable de *harengs*, l'odorat avertit de leur présence; ils nagent, tantôt fort près de la surface, tantôt à une grande profondeur. Quelquefois ils paroissent prendre plaisir à monter à la surface de l'eau : ils en sortent un instant leurs têtes & s'y replongent sur le champ. Ce mouvement produit un petit bruit, pareil à celui de quelques larges gouttes de pluie qui tomberoient dans l'eau. C'est ce que les habitans des côtes qu'ils fréquentent appellent *le jeu des harengs.* Les soirées calmes sont le temps le plus favorable à ces observations; & l'on prétend qu'alors ces poissons n'entrent pas volontiers dans les filets; aussi croit-on que la pêche de la nuit ne sera pas bonne.

Le *hareng* a, comme l'alose, un petit aileron sur le dos vers la moitié de sa longueur, un autre sous le ventre derrière l'anus, une nageoire derrière chaque ouie; enfin deux sous le ventre : les rayons de ces ailerons & nageoires sont mous, flexibles & point piquans; il n'a que 8 à 10 pouces de longueur, rarement 12, sur 2 pouces ou 2 pouces & un quart de largeur verticale. C'est un petit poisson de passage & de mer, mais qui ne remonte point dans l'eau douce comme les aloses : l'eau de mer, mêlée d'un peu d'eau douce, ne leur déplaît cependant pas, puisqu'ils se tiennent volontiers à quelque distance de l'embouchure des rivières; si l'on en rencontre quelquefois dans le lit même des rivières, où l'eau est douce, c'est parce qu'ils ont été forcés de s'y réfugier étant tourmentés par les gros temps ou poursuivis par des poissons voraces.

Ils

Ils sont donc, comme les aloses & les saumons, des poissons de passage, qui partent régulièrement tous les ans au printemps du fond du nord par bancs ou flots considérables. Anderson les fait marcher en ordre de bataille, & former en certains endroits des divisions qui se portent toujours en bon ordre, tantôt vers la droite, d'autres fois vers la gauche, & il leur assigne des points de ralliement : quoique les routes tracées par Anderson, ne soient point dénuées de vraisemblance, nous nous contenterons de dire pour le présent, qu'en considérant les endroits où l'on en fait la pêche, ils nous arrivent par la mer d'Allemagne, suivent les côtes d'Ecosse, font quelque séjour dans la mer d'Angleterre, & entrent dans le canal de la Manche, où étant resserrés on en fait une pêche considérable; beaucoup y fraient & disparoissent ensuite, apparemment pour retourner au nord, suivant quelques-uns, par les côtes d'Irlande, après avoir fourni une nourriture abondante à différens peuples. Il paroît que ces poissons font ces grandes routes toujours en voyageant, sans se fixer en un endroit pour y faire un séjour considérable.

Les hollandois, les anglois & les françois, font la pêche des *harengs* : les hollandois, ainsi que quelques anglois & françois, vont au-devant de ces poissons jusqu'aux îles Orcades & à la hauteur d'Hitland; la plupart des anglais, & quelques hollandois, ainsi que les françois, attendent qu'ils soient parvenus aux côtes nord d'Angleterre & d'Ecosse; les pêcheurs hauts normands font principalement cette pêche dans la Manche; enfin les bretons en prennent dans leur province.

On donne différens noms aux mêmes *harengs* suivant les lieux où ils ont été pêchés, les différentes saisons où on les prend, & les préparations qu'on leur donne. Ceux qu'on prend dans les mers du nord, vers les Orcades, se nomment *harengs pecs*, non pas à cause de la partie de l'Océan où on les a pêchés, mais pour la manière dont ils ont été préparés. Ce mot est hollandois, *peckle-haring*, qui ne signifie autre chose que *harengs salés*. On nomme *de yarmouth* ceux qu'on prend dans les mers d'Angleterre, & *harengs du canal* ceux qu'on pêche dans la Manche. Ces distinctions, qui peuvent être utiles dans le commerce à cause de la différente qualité de ces poissons, ne présentent aux yeux d'un naturaliste qu'un même poisson, pris dans différens parages.

Il y a des saisons où les *harengs* sont remplis d'œufs & de laite; on les nomme *harengs pleins* & ce sont les plus estimés : presque tous ceux qu'on prend dans la Manche, depuis le commencement de la pêche, jusqu'aux derniers jours d'octobre, sont de ce genre; & les *harengs* pleins, de quelqu'endroit qu'ils viennent, sont réputés les meilleurs, soit pour manger frais, soit pour saler en blanc, ou pour fumer. Dans d'autres saisons, les *harengs* sont presque tous vuides de laite & d'œufs; on les nomme *gais* : quelques-uns pensent qu'on leur donne ce nom, parce qu'étant menus & alongés, on a été engagé à les comparer à une gaine; d'autres veulent que ce soit parce qu'alors ils sont vifs & presque dans un mouvement continuel. En général, on les estime beaucoup moins que les pleins; cependant ceux qui ont frayé nouvellement, & qui ne sont pas remis de la maladie du frai, qu'on nomme *bouffards* ou *à la bourse*, sont les plus mauvais : ils sont maigres, & le peu de chair qu'ils ont, n'a ni bon goût ni délicatesse; au contraire, quand ils ont eu le temps de se rétablir de cette maladie, & qu'ils ont pris chair, ils sont très-bons à manger frais, & quoiqu'ils soient vuides, comme ils sont en chair & point trop gras, ils souffrent l'habillage & s'affermissent dans le sel. Quelques-uns prétendent que ce sont ces *harengs* rétablis qu'on doit nommer *marchais*, comme qui diroit qu'ils sont devenus bons & marchands.

Comme les hollandois donnent tous les jours à chaque matelot de leur équipage douze *harengs*, qu'ils salent pour leur compte, ils choisissent toujours les plus beaux, & ce sont ces *harengs* qu'on nomme de choix de triage ou de l'équipage, & quelques-uns les appellent marchais. Nous ne dissimulerons pas qu'à la côte de Caux, on donne ce nom à tous les *harengs* gais qui restent à nos côtes après que les grands flots sont partis, pour retourner au nord.

On prend aux côtes de France, principalement hors de la Manche, quelques *harengs*, qu'on nomme *halbourg*; ils paroissent dans une autre saison que les grands flots de *harengs* : il s'en trouve souvent dans les manets qu'on tend pour prendre des maquereaux. Ces *harengs*, qu'on ne prend pas en grand nombre, sont presque toujours vuides d'œufs & de laite, néanmoins tous gras & gros, même plus larges que les autres *harengs* : on en prend quelques-uns qui ont jusqu'à 12 pouces de longueur; en général leur couleur est plus brune que celle des *harengs* pleins, & même que des gais. Comme ils sont très-gras, ils ne sont pas propres à saler; mais quoiqu'ils n'aient pas un goût aussi relevé que les autres *harengs*, ils sont bons à manger frais : malheureusement (à cause de leur graisse & de la délicatesse de leur chair) on ne peut les conserver plus d'un jour ou deux; ainsi on est obligé de les consommer sur les lieux, ou à une petite distance de l'endroit où on les a pêchés, & pour cette raison on les vend bon marché.

Les pêcheurs de Dieppe pensent que les *harengs* halbourgs sont des *harengs* gais qui viennent des côtes d'Angleterre, où ils ont été se rétablir de la maladie du frai, & où ils se sont engraissés à cause de la bonne nourriture qu'ils y ont trouvée. D'autres veulent que les *harengs* halbourgs soient ceux qui quittent leur compagnie, & qui viennent directement du Nord dans nos mers, où ils arrivent plutôt que les autres, & sont pour cette raison fort gras, comme ceux qu'on prend au Nord. Au reste, comme ce poisson est plus long & plus large que nos beaux *harengs*, comme sa chair a moins de goût, comme ses couleurs sont plus brunes, comme on ne lui trouve ni laite ni œufs dans le corps lorsque les autres sont pleins, & qu'ils nous arrivent dans une autre saison que les *harengs*, on n'ose assurer que ce soient de vrais *harengs*, d'autant qu'en comparant à côté l'un de l'autre ces poissons, on apperçoit d'autres marques distinctives.

Les pêcheurs trouvent dans leurs filets & leurs pêcheries un autre poisson confondu avec les *harengs* pleins; ils les nomment *grands gais* ou *harengues*; ils ont communément 12 à 14 pouces de longueur; & quoique plus grands que les *harengs*, ils ne sont pas beaucoup plus gros; leurs écailles sont fort grandes, & forment une espèce de losange; leur chair n'est pas d'un beau blanc; néanmoins on la trouve plus appétissante que celle des halbourgs, qui est trop grasse. La plupart n'ont ni laite ni œufs, ce qui fait croire que ce sont de jeunes poissons d'une autre espèce.

Il y a des pêcheurs qui mettent mal-à-propos au nombre des *harengs* les roblots ou sansonnets qu'ils prennent dans les mêmes filets & dans la même saison que les *harengs*; mais c'est une erreur grossière. Ces poissons sont de vrais maquereaux, d'un genre bien different des *harengs*. A l'égard des célans ou célerins, des sardines, des anchois, &c., ce ne sont pas des *harengs*, mais des poissons de leur genre.

Les marchands regardent en quelque façon comme des espèces différentes de poisson les *harengs* frais, les *harengs* blancs, les sauris qu'on nomme communément *saurs* ou *saurets*, les *harengs* braillés ou demi-salés, les bouffis ou demi-sauris, les *harengs* d'une, deux ou trois nuits, enfin les *harengs* de triage. Il est clair que tous ces différens noms indiquent le même poisson différemment préparé; cependant il est dit dans des mémoires, qu'on pêche en telle saison des *harengs* frais, & dans telle autre des *harengs* salés; ce qui signifie seulement que les *harengs* qu'on prend en telle saison se consomment frais, & qu'on sale ceux qu'on prend dans telle autre saison.

Comme il est très important de saler les *harengs* aussi-tôt qu'ils sont pêchés, on exige des pêcheurs qu'ils livrent dans le jour ceux qui ont été pris la nuit précédente; c'est ce qu'on appelle *harengs d'une nuit*; ceux *de deux nuits* sont encore reçus; mais on n'estime pas ceux *de trois nuits*, & pour cette raison les pêcheurs sont obligés de mettre à part les poissons qu'ils prennent chaque nuit, pour qu'on puisse distinguer les *harengs* qu'on nomme *d'une nuit*, *de deux* ou *trois nuits*; ordinairement on saurit ceux-ci; mais de quelque façon qu'on les prépare, ils sont moins bons que les autres.

Les *harengs* frais sont ceux que les chasse-marées transportent aux endroits où ils savent en avoir le débit. Mais comme ils ne peuvent se conserver au plus que huit jours, bons à être mangés frais, on en sale de différentes façons. Les *harengs* braillés sont ceux qu'on sale grossièrement, en les remuant ou brouillant dans une baille avec du sel; ils ne sont qu'à demi-salés & ne se conservent que quelques jours. Ceux qu'on nomme *en vrac* sont mis dans des tonnes avec du sel, pour qu'ils s'en pénètrent, & qu'ils rendent leur eau; ils ne peuvent pas rester long-temps en cet état; on les en tire pour les paquer avec soin dans des barrils. Les *harengs* blancs sont salés avec soin, & bien arranges dans des quarts ou barils qui ferment exactement; ils se conservent long-temps, & peuvent être transportés au loin par terre & par mer.

Toute la différence entre la préparation des *harengs* blancs & les saurs ou saurets, ne consiste qu'en ce que les premiers sont mis dans une forte saumure pendant 12 ou 15 heures, après quoi on les encaque tout de suite, au lieu que les seconds y restent le double de tems, & sont fumés ensuite, ce qui les desséche & leur fait changer de couleur; mais ils se conservent aussi beaucoup plus long-tems que les autres. On appelle encore *harengs en vrac* ceux qui ne sont salés qu'en partie, & que l'on met dans les barils sans les arranger, & *harengs eaqués* ceux qui ont reçu toutes les façons, c'est-à-dire, qui ont été salés entièrement, arrangés, & foulés dans les barils.

On fume ou saurit des *harengs* de différentes façons.

Ceux qu'on nomme *bouffis* sont peu salés & peu fumés; on les nomme en quelques endroits *appetits* ou *craquelots*: ils sont agréables à manger quand ils ont été bien préparés; mais ils ne se conservent bons que quinze jours. Les autres *harengs* fumés, qu'on nomme *saurs*, *saurets* ou *sauris*, sont salés & fumés avec beaucoup plus de soin; quoiqu'ils perdent de leur qualité en les gardant, ils sont encore mangeables en carême. Tout ce que nous venons de dire jusqu'à présent regarde incontestablement la même espèce de poisson; nous n'osons pas en dire autant des *harengs* qu'on nomme *halbourgs*, pour les raisons que nous avons rapportées plus haut; mais sûrement les grands gais ne sont pas de vrais *harengs*.

Ces poissons entrent quelquefois en si grande quantité dans la Manche, qu'ils ressemblent aux flots d'une mer agitée; c'est ce que les pêcheurs nomment *des lits* ou *bouillons de harengs*: quand les filets donnent dans ces bouillons, il arrive quelquefois qu'ils sont tellement chargés de poissons qu'ils rompent & coulent bas. Les pêcheurs prétendent que les *harengs* se rassemblent ainsi pour frayer; néanmoins on rencontre de ces bancs formés de *harengs* gais qui se sont déjà déchargés de leurs œufs. Ils vont toujours de compagnie; ainsi il est assez naturel de penser, qu'un banc considérable qui s'engage dans la Manche, doit y être plus serré qu'en pleine mer, parce que la Manche a moins d'étendue; cependant on ne nie pas que la circonstance de la fraie ne contribue à les rassembler.

On assure que, dans les endroits où il se rassemble beaucoup de poissons pour frayer, on apperçoit à la surface de l'eau une espèce d'écume; que les pêcheurs nomment le *graissin*; on le voit, dit-on, dans la Manche, principalement vers les bords, rarement au milieu, & encore plus rarement à Yarmouth.

Il paroît certain que dans la Manche beaucoup de *harengs* commencent à frayer vers le 25 novembre, quoique, en certaines années, il s'en trouve encore de pleins en février. Suivant plusieurs pêcheurs, les œufs éclosent peu de temps après qu'ils ont été jettés par les femelles; & ils disent que dans les beaux tems d'hiver on apperçoit sur la côte & le long du rivage, une multitude de poissons presqu'imperceptibles.

Voici une esquisse de la configuration du *hareng*.

La tête des *harengs* est comprimée par les côtés; & quand les mâchoires sont rapprochées l'une de l'autre, le museau paroît pointu. La gueule est néanmoins assez grande, & la mâchoire inférieure est plus longue que la supérieure, qui est accompagnée d'un feuillet cartilagineux très-mince qui, se couchant sur les côtés du museau, ne paroît presque pas quand la gueule est fermée; cependant elle empêche d'appercevoir toute l'étendue de l'ouverture de la gueule; mais quand les mâchoires s'écartent, ce feuillet donne au museau une singulière forme. L'os du front est un peu applati, ce qui contribue à faire paroître le museau pointu.

Les yeux sont assez grands, vifs, ronds, élevés vers le sommet de la tête; la prunelle est bleu-foncé, tirant au noir; l'iris est blanc & argenté quand le poisson sort de l'eau; mais ensuite il rougit; ce qui indique qu'il n'est pas très-frais.

Il y a quatre branchies de chaque côté, & l'ouverture des ouies est très-dilatée. Les opercules ne sont point couvertes d'écailles; mais d'une membrane mince, lisse, brillante & argentée; quelquefois on y apperçoit des taches rouges ou violettes qui ont beaucoup d'éclat; ces opercules sont formées de plusieurs feuillets cartilagineux, minces & flexibles, recouverts par la membrane dont nous venons de parler.

Les mâchoires qui n'ont point de lèvres, sont bordées de dents courtes & déliées qui s'inclinent vers le gosier, ce qu'on sent en passant le doigt dessus, & elles sont plus sensibles à la pointe des mâchoires que vers le fond de la gueule, où les aspérités sont peu considérables.

L'origine de la langue ou racine se divise en deux parties, entre lesquelles est l'œsophage; à cet endroit, elle est épaisse & unie avec la mâchoire de dessous par un ligament. La langue s'étrécit en-devant; cette partie, qui forme une pointe mousse, est mobile. Le dessus de la langue, ainsi que le palais, sont garnis d'aspérités. Le bout du museau est noirâtre, de même que l'intérieur de la gueule: quelques-uns l'ont beaucoup plus noire que d'autres, & pour cette raison on les nomme *noir-bec*.

Le dos, & principalement le ventre, font des courbes en sens contraire plus ou moins considérables, suivant que les poissons sont plus ou moins gras, plus ou moins remplis d'œufs, de laite ou d'alimens. A quelques *harengs* gais, fort maigres, le dos est tout droit, même un peu courbé vers le bas, & le ventre n'est pas à beaucoup près aussi saillant qu'aux autres.

Les écailles se recouvrent les unes les autres comme les ardoises sur un toît, elles sont assez grandes, fort minces, les unes rondes, les autres ovales, d'autres angulaires, sur-tout auprès des articulations des ailerons & des nageoires, ainsi qu'à la partie tranchante du ventre: elles sont si exactement appliquées les unes sur les autres, que soit qu'on passe le doigt de la tête vers la queue, ou de la queue vers la tête, on ne sent rien qui l'arrête, excepté à la partie tranchante du ventre, depuis les nageoires ventrales jusqu'au gosier. Les écailles se détachent très-aisément de la peau, qui est épaisse, argentée & mouchetée; au sortir de l'eau, elles sont brillantes, & chatoient ou réfléchissent différentes couleurs, comme la nacre de perle.

Le dos est bleu ou verdâtre très-brillant; mais quand il y a du tems que le *hareng* est pêché, ces couleurs se ternissent, & l'argenté des côtés perd de son éclat; au reste on n'apperçoit point de taches comme au saumon & aux truites; quelquefois seulement on en voit, auprès des opercules, de dorées qui sont fort brillantes. Les raies que la plupart des poissons ont sur les côtés, sont à peine sensibles aux *harengs*. Ces raies latérales qui s'étendent depuis le derrière des ouies jusqu'à l'aileron de la queue, sont plus aisées à appercevoir aux *harengs* nouvellement pêchés, qu'aux autres : elles semblent formées par de petits points noirs, qui se remarquent plus difficilement quand les *harengs* ont perdu leurs écailles, parce que la peau de ce poisson est parsemée de petits points, assez semblables à ceux qui désignent les raies latérales sur ceux qui ont leurs écailles, d'autant que ces marques de la peau s'étendent suivant la longueur du poisson. Quand le *hareng* commence à se dessécher, les raies latérales paroissent en creux comme formées par un trait de burin.

A l'égard des petites dents ou de l'espèce de petite scie, qu'on sent en passant le doigt à la partie tranchante du ventre de ces poissons, depuis les nageoires ventrales jusqu'à celles des ouies, cette partie est fortifiée par des écailles plus dures que les autres, & ces écailles ayant une forme triangulaire, & étant couchées les unes sur les autres, l'angle en est un peu saillant, & incliné vers la queue du poisson, ce qui forme les petites dents qu'on sent en passant le doigt dans un sens & point dans l'autre.

Quand ce poisson est nouvellement pêché, charnu & plein, sa chair est blanche, délicate & de très-bon goût, principalement celle des laités.

Pêche du hareng.

La pêche du *hareng* mérite une attention particulière, non-seulement parce que c'est de toutes les pêches de saison, celle qui se pratique la première, mais encore parce qu'elle est des plus abondantes; effectivement elle se fait en une infinité d'endroits, qu'elle fournit d'un excellent poisson frais, qui étant salé, forme une branche de commerce plus considérable même que celle de la morue; aussi les hollandois la nomment *la grande pêche*, pendant que celle de la baleine est dite *la petite*. Elle a été régardée comme si importante par Charles-Quint & Philippe II, qu'ils ont publié plusieurs ordonnances pour en régler la police; & dans les états de Hollande, elle est confiée à un comité qui porte le titre de *collége de la grande pêche*.

La pêche du *hareng*, & les différentes préparations qu'on lui donne, occupent un grand nombre de citoyens de tout âge & de tout sexe, & elle forme de bons matelots; de sorte que quand on examine sérieusement combien cette pêche est avantageuse aux états qui s'en occupent, & les richesses immenses qu'elle a procurées à plusieurs nations, on ne peut s'empêcher de convenir qu'elle mérite une singulière protection de la part du gouvernement.

On peut juger de l'importance de cette pêche par ce qu'elle rapporte aux seuls hollandois. Ils y emploient ordinairement environ 1000 bâtimens & 20000 personnes chaque année. On prétend qu'ils pêchent & débitent plus de 300 mille tonnes de *harengs*, qui, à 200 florins la tonne, font 60 millions de florins, dont il faut rabattre 23 millions pour les frais de la pêche & de l'apprêt. Voilà donc un bénefice annuel de 37 millions de florins. Il ne sera pas hors de propos d'observer ici que, comme cette pêche se fait principalement le long des côtes septentrionales de la Grande-Bretagne, on a lieu d'être surpris qu'une nation aussi appliquée au commerce que l'angloise, l'ait abandonnée pendant si long-tems à une nation étrangère & rivale. Ce n'est que depuis peu d'années que le gouvernement anglais l'a prise en considération, & que le parlement a fixé une prime pour l'encourager.

On pense assez généralement que ce sont les hollandois qui ont commencé à faire des pêches considérables de *harengs*, & qu'ils la pratiquoient dès le douzième siècle. On prétend encore que c'est un nommé Guillaume Beukeligns ou Buckelsz natif de Bierwlet dans la Flandre hollandoise, qui imagina de saler les *harengs*, & de les mettre en quarts pour les conserver & pouvoir les transporter dans les pays les plus éloignés. La méthode dont il fut l'inventeur, a été jugée si essentielle, & les hollandois se sont tellement appliqués depuis lors à la perfectionner, qu'aucune nation n'y réussit aujourd'hui aussi bien qu'eux par les précautions particulières qu'ils y emploient; aussi leur *hareng* est-il plus constamment le plus estimé. Il mourut, dit-on, en 1397, & l'on prétend que l'empereur Charles V étant dans les Pays-Bas, alla avec la reine de Hongrie visiter le tombeau de cet homme, qui avoit été plus utile à son pays, par les richesses énormes qu'il avoit procurées à la Hollande, que s'il avoit conquis une grande province.

Cependant il y en a qui prétendent que les Hollandois ont été précédés par les basques, qui, suivant eux, ont imaginé les premiers d'aller chercher ce poisson vers le nord ; & d'autres ajoutent que la pêche & la salaison du *hareng*, se faisoient par les dieppois dès le douzième siècle. On s'abstiendra de discuter ces différens sentimens qui influent peu sur l'objet d'utilité qui doit fixer notre attention ; prenant les choses dans l'état où elles sont, on peut dire, à l'égard de ce qui regarde notre continent, que les anglais, les hollandais, & les français, s'occupent de la pêche du *hareng* : peu d'anglais & de français, vont au nord ; les hollandois sont en quelque façon seuls en possession de cette pêche. Quoique les trois nations que nous venons de nommer, fassent la pêche à Yarmouth, elle est particuliérement pratiquée par les anglais, qui ont le poisson à leur côte : les hauts normands prennent le *hareng* dans la Manche, & les bretons dans leur province.

Les françois qui pêchent dans la Manche, emploient pour le *hareng* tous les bâtimens qui sont d'usage sur la côte pendant toute l'année, tant pour les pêches aux cordes qu'aux filets.

On prend accidentellement des *harengs* dans les étentes, les parcs, & autres filets qu'on tend à la basse-eau ; à l'égard des parcs fermés, comme il n'est question que d'arrêter les *harengs*, il suffit que les mailles soient assez petites pour qu'ils ne puissent passer au travers, puisque sitôt qu'ils sont arrêtés, ne pouvant sortir du parc, on les prend à la basse-mer, dans son enceinte, avec des trubles ou d'autres petits filets.

La pêche qu'on nomme *marseique* à Fescamp, parce que, dit-on, on la pratique dans le mois de mars, saison où les *harengs* sont souvent abondans à cette côte, se fait près de terre, à des endroits où il n'y a pas une grande épaisseur d'eau avec un filet lesté & flotté, dont les mailles ont 11 à 12 lignes d'ouverture en quarré, quand on se propose de prendre des *harengs* pleins, & 10 à 11 quand il s'agit de prendre des *harengs* gais, ce qui est très-ordinaire en cette saison.

La pêche de la Manche s'étend depuis le Pas-de-Calais jusqu'à l'embouchure de la Seine ; ainsi elle se fait par les pêcheurs de Boulogne, de Cayeux, du Treport, du Bourg-d'Ault, de Dieppe, &c. à quoi il faut ajouter ceux des ports d'Angleterre qui bordent la Manche : elle dure depuis la mi-octobre jusqu'à la fin de décembre.

Les pêcheurs se rendent au lieu de la pêche à force de rames, si leurs bateaux sont petits, & s'ils s'établissent près de la côte ; mais autant qu'ils le peuvent, ils vont à la voile, sur-tout quand ils emploient de grand bâtimens, ou lorsqu'ils ont à se porter au large ; dans ces cas néanmoins ils sont obligés de s'aider de rames, lorsque les vents sont contraires & pas assez forts pour les empêcher de sortir. Quand le bâtiment est rendu au poste qu'il doit occuper, on le met côté en travers au vent, & on le démâte d'abord de son grand mât. Tout étant ainsi disposé, on tire le halin & les filets des soutes où on les avoit pliés.

Pour tirer les filets de leur soute, on commence par lever les écoutilles par feuillets. On a soin de mettre deux rouleaux, un sur le vibord, & l'autre au bord de la soute, du côté qu'on tire le filet, pour qu'il ne s'accroche point, & qu'on puisse le tirer aisément de la soute sans l'endommager ; dans la même vue, on garnit d'une vieille voile les endroits du bâtiment où nécessairement le filet doit porter ; des matelots se distribuent, les uns de la soute, les autres sur le pont, pour parer les filets & les remettre à deux contre-maîtres, qui sont ou à califourchon, ou le ventre appuyé sur le franc-bord, vis-à-vis la soute où sont les filets ; ils les saisissent, un par la ficelle des liéges, l'autre par le pied, & étant ainsi étendus, ils les mettent à la mer sans confusion.

Quand toute la tissure a été mise à l'eau, ne retenant dans le bateau qu'un bout du halin, les pêcheurs laissent leur bateau dériver conjointement avec la tissure. Cette pêche ne se fait que la nuit, & pour éviter les abordages, les pêcheurs sont obligés d'avoir un ou deux fanaux allumés & un peu élevés au-dessus du pont ; souvent on en place un sur le gibet ; cette lumière a encore l'avantage d'attirer le poisson, & pour cette même raison, les lumières qui viennent de terre sont fort contraires à la pêche. On met ordinairement le filet à l'eau vers les 8 heures du soir ; néanmoins l'heure varie suivant la saison & la marée ; souvent on le laisse dériver pendant toute une marée : alors les matelots se reposent, il n'en reste qu'un pour faire le guet ; néanmoins quand on juge que beaucoup de poissons ont donné dans le filet ; on en retire, au bout de quelques heures, une pièce ou deux, pour examiner si l'on en a pris beaucoup ; si effectivement on le trouve bien garni, on se met en devoir de retirer la tissure ; mais s'il y en a peu, on remet à l'eau les pièces du filet qu'on en avoit tirées, & on continue la dérive jusqu'à la fin de la marée, à moins qu'il ne survienne du gros tems, ou que le jour ne commence à paroître, ou que le tems ne presse pour appareiller, afin de se rendre au port ; car, dans ces circonstances, on est obligé de relever promptement le filet.

Quand l'équipage est assez fort, on tire à bras le halin à bord ; mais ordinairement on le fait passer par les écubiers, & on le pare au cabestan que des hommes virent : il y a des matelots qui saisissent les bassouins & les bandingues, à mesure qu'elles paroissent, pour les détacher du halin, & les mettre à bord, ainsi que les barils ;

pour cela, ils se servent souvent d'un gaffot pour les attraper ; d'autres matelots lovent le halin dans sa soute.

En même tems deux matelots, ce sont ordinairement des contre-maîtres, saisissent le filet, l'un par la ficelle des lièges, l'autre par le pied du filet qu'ils tirent à bord, & l'embarquent par le milieu du bateau, ayant derrière eux des matelots, les uns qui leur aident à haler le filet, d'autres qui démaillent le poisson, & d'autres qui plient & lovent le filet dans la soute d'où on l'a tiré. En secouant le filet sur le pont, tous les poissons qui ne sont pas bien broqués tombent ; on en démaille les autres ; mais il en tomberoit à la mer qui seroient perdus, s'il n'y avoit pas un homme, qui, ayant les pieds sur la précinte, & étant retenu par une corde qui passe sous ses aisselles, tend un manet pour les recevoir ; cet homme, qui est ordinairement le maître, présente donc sous le filet un manet pour recevoir les *harengs* qui se détachent, & quelquefois il en attrape, dans une marée, de quoi remplir un ou deux barils. Quand le filet est très-rempli de poissons, il est fort lourd, & ceux qui sont chargés de le tirer à bord fatiguent beaucoup ; dans ce cas, ils se font aider par des matelots, qui saisissent le filet avec de petits crocs.

Aussi-tôt que les pêcheurs ont relevé leurs filets, ils appareillent pour essayer de gagner promptement leur port ; car il est avantageux de transporter le poisson à terre le plutôt possible. Celui qui est nouvellement tiré de l'eau, se vend toujours plus cher que celui qu'on a conservé deux jours ; & celui qui est plus anciennement pêché, est presque toujours rebuté. Les petits bateaux qui pêchent près de la côte, ont à cet égard un grand avantage sur les autres, puisqu'ils peuvent livrer leur poisson le jour qui suit la nuit où il a été pêché, ce qu'on appelle le *poisson d'une nuit*. C'est parce qu'ils peuvent livrer promptement leur poisson, qu'ils ont coutume de le jetter dans la cale ou soute, par des ouvertures qui sont au pont ; mais ceux qui vont pêcher loin de leurs ports ou près les côtes d'Angleterre, se gardent bien de les jetter ainsi dans la cale, où ils s'altèrent promptement ; ils les mettent dans des parquets sur le pont. Lorsque la pêche donne bien, au lieu de revenir à terre comme font les pêcheurs dont nous venons de parler, ils versent leur poisson dans de petits bateaux qui, à force de rames, ou autrement, gagnent le port le plus promptement qu'ils peuvent, ce qui met les pêcheurs en état de continuer leur métier ; mais s'il arrive que cette ressource leur manque, les bâtimens d'une force un peu considérable s'étant approvisionnés de sel & de quarts, salent leur poisson à demi, ou le braillent, comme nous allons le dire en parlant de la salaison des *harengs* : moyennant ces précautions, ils peuvent conserver leur poisson quelques jours sans qu'il s'altère. Ces pêcheurs ont encore recours à ce moyen, quand les vents contraires ne leur permettent pas de gagner le port ; quelquefois même ils en salent en vrac.

Dans presque tous les ports où il se fait une pêche un peu considérable de *harengs*, à l'arrivée des barques on sonne une cloche pour l'annoncer à ceux qui veulent en acheter. Les marchandes en détail de *hareng* frais, & les chasses-marée qui en transportent dans l'intérieur des terres, ont la préférence sur les saleurs, & après avoir pris la permission du magistrat, ils l'achetent à bord du bâteau, & à son arrivée afin de l'avoir plus promptement ; aussi les paient-ils un peu plus cher que les saleurs, & dans la primeur ce sont ces marchands de poisson frais qui achètent presque tout.

Les chasses-marée achetoient autrefois leur poisson au mille ; mais maintenant c'est à la mesure. Aussi-tôt que le poisson leur est livré, & qu'ils ont acquitté les droits, ils le font transporter à leur frais, au lieu où ils veulent le mettre en paniers ; ils le jettent d'abord dans de grandes bailles ou des cuviers remplis d'eau de puits : il y a souvent dans les ports un puits dont l'eau passe pour être préférable aux autres.

On lave soigneusement les *harengs* dans cette eau, puis on les arrange, en les pressant bien les uns contre les autres, dans des paniers dont le fond & les côtés sont garnis de paille longue, les mettant par lits jusqu'à ce que le panier soit entièrement rempli ; puis ils en entassent au-dessus des bords du panier, la tête en-bas, pour en former une espèce de dôme qu'on couvre de paille bien foulée sur les bords du panier, & arrêtée bien fermement avec de la ficelle. On arrange ensuite les uns auprès des autres tous les paniers dans des voitures faites exprès, dont le fond est formé par des enlacemens de cordages, afin de diminuer la force des cahots ; ils ont des paniers de différentes grandeurs suivant le lieu où ils se proposent de vendre leur poisson : les voitures qui viennent à Paris, en chargent ordinairement huit ou neuf mille ; celles qui partent de Boulogne, sont environ soixante heures en route. Les marchands font des avances aux voituriers, & leur paient l'excédent à leur retour. Au commencement de la harengaison, lorsque les *harengs* sont rares & chers, on en distribue dans les différentes provinces à dos de cheval.

Mais cette vente du *hareng* aux chasses-marée, est bien moins importante que celle qu'on fait aux saleurs.

Préparations des harengs.

Pour toutes les préparations qu'on donne aux

harengs dans la vue de les conserver, & de les mettre en état d'être transportés fort loin, on emploie toujours du sel; mais il y en a de différentes qualités, & tous ne sont pas également propres à faire de bonnes salaisons.

Les sels dont les françois font usage, sont ceux de Poitou, de Saintonge, de Bretagne & de Normandie. Tout le monde convient que la qualité de ceux qu'on nomme *de brouage*, est supérieure à celle des autres. On les fait dans les marais salans de Brouage, de Marans, de l'île de Ré & autres lieux de la côte de Saintonge & de Poitou.

Quand ces sels sont anciens, qu'ils se sont bien égoutés, qu'ils sont devenus doux, ils ne font point ouvrir le poisson, ils n'en racornissent point la chair, ils lui laissent tout son bon goût, sans lui communiquer d'âcreté; en un mot, quand on emploie une juste proportion de sel, on est certain de faire de bonnes salaisons.

Quelques-uns emploient encore pour saler les *harengs*, du sel de retour des campagnes, qu'on a embarqué pour la pêche de la morue.

Les étrangers nos voisins emploient pour leurs salaisons des sels blancs d'Espagne & de Portugal.

Les *harengs* salés se mettent dans des barils pour les conserver & en faciliter le transport; & comme ils se vendent assez ordinairement dans les barils, il faut, pour la fidélité du commerce, que ces barils soient de jauge.

A Dieppe, on distingue en général deux espèces de futailles pour les *harengs*, savoir, les barils caques, & les barils romains; les premiers se divisent en demis, en quarts & en huitièmes; les autres dits *romains*, ne se divisent qu'en demis & rarement en quarts.

Les barils caques servent à mettre le *hareng* blanc salé; ils doivent être bien étanches; on les fait quelquefois de chêne, le plus souvent de hêtre. Ces barils sont sujets à la police, tant pour la condition du tonnelage, que pour la jauge.

Les barils romains étant destinés à être remplis de *harengs* saurs, il n'est point nécessaire qu'ils soient aussi parfaitement étanches que ceux qu'on destine pour le *hareng* blanc; & comme ils ne sont point sujets à visite, les tonneliers peuvent faire les douves de toutes sortes de bois. Les habitans du nord paquent leurs *harengs* dans des futailles de sapin: on prétend que ce bois communique au poisson une odeur désagréable; c'est pourquoi ceux qui font des chargemens de *harengs* dans le nord, tirent le poisson des futailles de sapin, & le paquent dans des barils de chêne ou de hêtre, si c'est pour le *hareng* blanc, ou de tout autre bois qui n'ait point d'odeur, si c'est pour des *harengs* saurs.

Les françois, les hollandois & les anglois préparent des *harengs*, les uns qu'on nomme *salés en blanc*, & les autres *sauris*, quelques-uns à la façon des anchois; mais les françois & les hollandois en saurissent peu, en comparaison de ce qu'ils salent en blanc: les anglois, au contraire, saurissent la plus grande partie des *harengs* qu'ils pêchent à Yarmouth: ils les nomment *pichling*.

Les différentes préparations qu'on donne aux *harengs* sont donc de les brailler, de les saler en vrac, de les saler en blanc, & de les paquer, d'en faire du *hareng* bouffi, de les saurir, de les préparer à la façon du Meklenbourg; enfin d'en faire qu'on nomme *à la haque*, dont les pêcheurs cordiers se servent pour amorcer leurs haims. Il n'est point question ici des préparations que les chasses-marée donnent aux *harengs* qu'ils se proposent de transporter frais dans les différentes provinces: nous avons dit qu'elles se réduisoient à les laver & à les arranger dans des paniers. Je remarquerai seulement qu'il pourroit être avantageux pour la conservation des *harengs* qu'on vend frais, de leur ôter les ouies & les entrailles qui se corrompent plus promptement: mais les chasses-marée disent qu'ils ne seroient plus marchands. Nous allons suivre les unes après les autres les différentes préparations que leur donnent les saleurs.

Quand les pêcheurs ne peuvent pas livrer leur poisson dans les vingt-quatre heures du temps qu'il a été pêché, ils lui donnent une demi-salaison, qu'on appelle *brailler;* il est important qu'elle soit faite presqu'aussi-tôt que le poisson est tiré de l'eau. On braille aussi dans les ports le poisson qu'on se propose de saler en blanc ou de saurir: quand on braille à la mer, cette préparation est en quelque façon provisoire, & met seulement le poisson en état d'être conservé deux ou trois jours sans se gâter, ce qui est ordinairement suffisant pour gagner le port. Cette opération se fait de différentes manières. A la mer, comme elle doit toujours être faite promptement, on n'habille point les *harengs*, c'est-à-dire, qu'on ne leur ôte point les ouies ni les entrailles; c'est bien à tort, car ces *harengs* ne sont propres qu'à être bouffis ou sauris. Quelques-uns, pour brailler, mettent une petite quantité de *harengs* dans une baille: ils répandent dessus du sel à la main: sur cette couche de sel, ils en mettent une de *harengs*, puis du sel, & ils braillent, brouillent ou remuent le *hareng* dans le sel, soit avec les mains, soit avec une spatule.

D'autres mettent une petite quantité de *harengs* dans une espèce de casserole de cuivre avec du ſel, & enſuite brouillent le tout pour que le ſel s'attache de toute part au poiſſon. Quand les *harengs* ſont rares, les chaſſes-marée tranſportent de ces *harengs* braillés en différens endroits où ils les vendent comme frais : mais communément les pêcheurs les renverſent dans une braille pour qu'ils prennent le ſel, & ils ſe preſſent de gagner le port pour les livrer aux ſaleurs le plus promptement qu'il leur eſt poſſible : au reſte les *harengs* braillés doivent ſe livrer à la meſure, comme ceux qui ſont frais. Quelquefois les ſaleurs verſent confuſément ces *harengs* braillés dans une tonne qu'on enfonce après avoir mis entre les *harengs* un peu de ſel; c'eſt ce qu'on appelle *paquer en vrac :* quand ces *harengs* ont été caqués & qu'on a mis ſuffiſamment de ſel, ils peuvent ſe conſerver long-temps.

Il y a une autre façon de brailler à la mer qu'on nomme *en bac* ou *en grenier ;* pour cela, quand le *hareng* a été brouillé avec le ſel, comme nous l'avons dit, on le jette avec ſon ſel dans un jardinet de la matotte, qu'on a eu ſoin de garnir d'une voile pour retenir le ſel & empêcher qu'il ne ſe rende à la pompe. A meſure qu'on le dépoſe dans le jardinet, on répand par-deſſus un peu de ſel : cette méthode qu'on appelle *brailler en bac*, n'eſt pas, à beaucoup près, auſſi bonne que de le mettre en vrac, dans des tonnes; ce *hareng* ne peut être bon qu'à bouffir : mais on n'a pas toujours des tonnes à la mer, ni le temps de caquer le poiſſon, non plus que de le brailler avec plus de ſoin, & par cette préparation on peut le conſerver aſſez bien pendant quelques jours, pour en faire enſuite des *harengs* bouffis.

Chez les ſaleurs, où l'on a plus d'emplacement, & où l'on peut prendre le temps néceſſaire, l'opération de brailler ne ſe fait qu'après que les *harengs* ont été lavés, moulés, caqués & habillés : en cet état, comme on le verra dans la ſuite, on les porte aux ſaleurs qui les braillent, mais pour cela ils ſuivent différentes méthodes.

Dans pluſieurs ports, on ſe ſert d'un cuvier ou grande baignoire dans laquelle on verſe une hottée de *harengs :* ſur-le-champ une perſonne prépoſée au braillage, ſaupoudre deſſus une légère couche de ſel, ce qu'elle répete toutes les fois qu'on verſe une hottée de *harengs* dans le cuvier, juſqu'à ce qu'il ſoit rempli : on ne le remue pas, & on le laiſſe prendre un degré de ſel convenable, avant de paſſer à une autre opération.

Dans d'autres ports, à meſure que les femmes ont habillé le poiſſon, elles le jettent dans un bac ou une auge qui forme comme une large gouttière de huit pieds de longueur, treize pouces de largeur au bas & dix-huit pouces au haut, & dont un bout eſt ouvert : ce bac eſt poſé ſur deux chantiers qui l'élèvent de deux pieds au-deſſus du terrein ; le bout qui eſt ouvert eſt un peu plus bas que l'autre, pour que le poiſſon coule plus aiſément, quand, étant braillé, on veut le tirer de l'auge ou bac. A meſure qu'on le met dans le bac, des femmes répandent du ſel deſſus, & elles le braſſent ou le remuent avec une pelle, juſqu'à ce que toute la ſuperficie du poiſſon ſoit à-peu-près également garnie de ſel : on emploie environ cent cinquante livres de ſel pour brailler un laſt ou dix à douze milliers de *harengs :* lorſque les poiſſons ſont également garnis de ſel, on les fait couler avec une pelle dans un panier qu'on met dans un baquet deſtiné à recevoir le ſel qui tombe des *harengs* pour qu'il ne ſoit pas perdu : puis on paque en vrac les *harengs* braillés.

Les *harengs* qu'on livre frais aux ſaleurs, ainſi que ceux qui ont été braillés à la mer, ſe traitent de la même manière, à moins que ceux qu'on a braillés à la mer n'aient été habillés, ce qui eſt très-avantageux : car le *hareng* braillé qu'on caquerait enſuite, ſeroit beaucoup inférieur à celui qu'on auroit caqué & ſalé frais. Le *hareng* braillé & enſuite caqué, fait toujours une mauvaiſe ſalaiſon ; comme il a pris d'abord peu de ſel, il eſt mou, & en cet état en paſſant dans les mains des caqueuſes, il eſt ſujet à ſe peigner.

A meſure que les *harengs* frais arrivent chez les ſaleurs, on les verſe dans des cuves pleines d'eau, qui ſont quelquefois aſſez grandes pour contenir pluſieurs laſts de *harengs*. Les femmes chargées de ce travail, s'arrangent autour de ces cuves pour leur donner la préparation qu'on nomme *caquer ;* pour cela elles prennent chaque *hareng* l'un après l'autre, avec la main gauche près de la tête ; puis le preſſant entre les doigts de la main droite, qu'elles font couler de la tête à la queue, elles en détachent tous les corps étrangers qui pourroient les ſalir, & emportent une partie des écailles ; c'eſt ce qu'on appelle *mouller ;* enſuite, tenant toujours le *hareng* de la main gauche, elles ſoulèvent avec deux doigts de la droite, l'opercule des ouies, elles paſſent le doigt index par-deſſous, & ſaiſiſſant avec le doigt ces guignes des deux côtés, elles les arrachent, & avec elles l'eſtomac & l'inteſtin qui répond à l'anus, en ſorte qu'il ne reſte dans le corps que les œufs & la laite : c'eſt ce qu'on appelle *caquer*. Les caqueuſes font ordinairement une légère inciſion à la gorge, avec un petit couteau qu'on nomme *caqueux*. Il faut prendre garde dans cette opération de détacher la tête ; car ces poiſſons mutilés ſeroient mis au rebut. A meſure que les *harengs* ont reçu cette préparation, on les met dans des mannes, ſéparant les laités des œuvés, pour les porter ainſi triés au ſaleur qui les braille : elles mettent aussi à part les *harengs* de rebut, dont nous avons parlé.

Communément ce triage se fait par les paqueuses, excepté quand on vuide les tonnes de *harengs* salés en vrac & caqués à la mer pour les mettre en barils, lorsque le saleur juge que ces *harengs* ont pris assez de sel. Les caqueuses ramassent toutes les issues qu'elles sont obligées de porter à la mer.

Les saleurs commencent, à l'égard des *harengs* frais que leur fournissent les caqueuses, par les brailler dans le sel, ainsi que nous l'avons expliqué plus haut : on est dispensé de cette opération pour ceux qu'on a braillés à la mer, lorsque ceux-ci ont été caqués ou vuidés de leurs ouies & de leurs intestins, qui sont les parties les plus sujettes à se corrompre : les pêcheurs le savent bien, & quand ils en ont le temps ils les caquent à bord, sur-tout ceux qu'ils se proposent de saler en vrac pour les conserver plus long-temps.

Les saleurs dans les ports arrangent grossièrement les *harengs* braillés dans des tonnes ou de grands barils : ils les emplissent comble sans les fouler, & les laissent s'affaisser d'eux-mêmes dans ces barils pendant quelques heures : ensuite les tonneliers y mettent les fonds : ce sont ces *harengs* qu'on appelle *salés en vrac.* On les laisse ainsi renfermés dans ces barils pendant quinze jours ou trois semaines, pour leur donner le temps de prendre le sel, & de s'en pénétrer; cette préparation différe peu de ce qui se fait à la mer. Pendant ce temps le *hareng* s'affaisse, il rend son eau; il se forme une saumure qui surnage le poisson & il faut empêcher qu'elle ne coule, car le poisson qui resteroit à sec se gâteroit.

Quand le saleur juge que les *harengs* ont suffisamment pris sel, il les tire des tonnes en vrac, soit qu'ils aient été faits à la mer ou dans le port pour les paquer en baril, ce qui les met en état d'entrer dans le commerce : telle est cette dernière opération. On défonce les tonnes ou barils en vrac, & on renverse le poisson dans une cuve où les femmes les lavent avec leur propre saumure ; dans les ports où le sel est commun, quelques-unes les lavent dans une saumure nouvelle : méthode qui semble préférable, parce que la vieille saumure étant déjà chargée du sang & de la lymphe du *hareng*, elle a plus de disposition à se corrompre que la nouvelle : mais qu'on se serve de l'une ou de l'autre saumure, on doit les bien nétoyer de la terre & des saletés qui peuvent s'y être attachées, ensuite on les tire de la saumure avec des pelles percées, ou formées par un filet de corde tendu sur un chassis de fer, & on les met s'égoutter dans des corbeilles à claire-voie : quand ils sont suffisamment égouttés, les mêmes femmes les prennent un à un pour les arranger ou les paquer dans des barils de différentes jauges, quarts, demi-quarts ou huitièmes, &c. elles les pressent le plus qu'elles peuvent les uns contre les autres, mettant toujours le ventre en-haut.

Comme le ventre est la partie la plus saillante des *harengs*, il faut quand un lit est fini, qu'on n'apperçoive ni les têtes ni les queues, & qu'on ne voie que les ventres. On fait dans cette opération un nouveau triage, & les paqueuses mettent au rebut les *harengs* piqués, séchés ou éventrés, en un mot ceux qui ne sont point marchands ou qui ont quelque défaut. Quelques-uns font ensuite un second triage des plus beaux *harengs* tous laités; ce sont des *harengs* de choix qu'on paque en petits barils : le reste sont les *harengs* marchands : d'autres pour ne point appauvrir les *harengs* marchands, ne font point de choix.

On remplit ainsi les barils jusqu'au haut du jable : ensuite le tonnelier lâche les cercles du haut qu'on nomme *le colet* ou le sommier, & ayant mis sur le poisson un faux fond, ils montent dessus pour le fouler, ou comme l'on dit, les *sauter :* quand les paqueuses ont la main forte & qu'elles savent bien arranger les *harengs*, il suffit de les sauter une fois; mais lorsqu'elles sont foibles, on les saute deux ou trois fois, mettant de nouveaux lits de *harengs* à mesure que les autres s'enfoncent : car il est si important que les *harengs* soient bien pressés les uns contre les autres dans les barils, que quelquefois on les entasse avec un verrin ou un cric ; cette condition est sur-tout regardée comme importante quand on paque des *harengs* gais.

Enfin les tonneliers enfoncent les barils, & resserrent les cercles, ce qui comprime encore beaucoup les *harengs :* alors on relie les barils en plein, ou on les double pour nous servir de l'expression des ports. Les habiles tonneliers parviennent à faire en sorte que le fond pose immédiatement sur le poisson, sans qu'il s'en trouve d'engagés entre le fond & le jable. Suivant l'ordonnance dix-huit barils en vrac doivent faire douze barils bien paqués, & un baril bien paqué doit peser deux cents quatre-vingts à trois cents livres.

Quand nous disons qu'au paquage on doit faire tenir dix-huit barils en vrac dans douze paqués, ce n'est qu'un à-peu-près, car il y a des barils en vrac qui contiennent plus de *harengs* que d'autres; ceux qu'on emplit à terre en contiennent presque toujours plus que ceux qu'on emplit à la mer : douze barils bien paqués peuvent contenir à-peu-près dix mille *harengs*, ce qui fait un last.

On n'emploie point ordinairement de sel au paquage, néanmoins quand on doit transporter par mer ces quarts dans des pays chauds, on saupoudre un peu de gros sel entre les lits de *harengs*. Dans quelques ports on arrange les barils paqués & enfoncés les uns auprès des autres le bondon en-haut, & on y verse à plusieurs reprises par le bondon, de la saumure dans laquelle on les a lavés, après qu'on l'a laissée pendant vingt-quatre heures dans de grandes tonnes se clarifier par précipitation : quand on a versé cette saumure dans les barils on les bondonne, & ils sont en état d'être vendus.

On remarquera à cette occasion, 1°. qu'on préfère l'ancienne saumure clarifiée à la nouvelle; ce qui pourroit faire penser qu'il vaut mieux laver les poissons en vrac dans leur saumure que dans une nouvelle; 2°. qu'il y a des saleurs qui condamnent l'usage de verser de la saumure par la bonde : cette opération, disent-ils, feroit perdre au poisson une partie de la saumure qu'il auroit prise.

Comme dans certaines années, les côtes de Hollande ne fournissent que peu de harengs, les hollandois qui en font un très-gros commerce, ont pris l'habitude d'aller chercher ce poisson à la hauteur de Schetland, au nord d'Ecosse, ou à Yarmouth; & ces poissons ne pouvant être livrés frais aux saleurs, les pêcheurs les salent en vrac, & quelquefois le paquent dans leurs bâtimens; c'est en cet état qu'ils les livrent en Hollande.

Quand les corves ou autres bâtimens hollandois reviennent de l'une ou de l'autre de ces pêches, ils entrent dans les canaux qui traversent presque toutes les villes de Hollande. Ainsi chaque marchand fait préparer son poisson devant sa maison, dont le bas sert ordinairement de magasin; quand le temps le permet, on paque le hareng au bord du canal; sinon cette opération se fait dans le magasin; mais toujours aussi-tôt que les pêcheurs ont fait leurs livraisons du poisson frais ou salé. On renverse le poisson, comme en France, dans des cuviers; on caque ceux qui sont frais, on les trie, & on les alite de même; toute la différence consiste en ce qu'en France ce travail est fait par des femmes, & en Hollande par des hommes, qui, étant plus forts, les paquent plus pressés les uns contre les autres & plus également.

Naturellement les meilleurs harengs saurs doivent être ceux d'Angleterre, parce qu'ils sont tous d'Yarmourth, & pour cette raison de la meilleure qualité; de plus, ils sont de la nuit, parce qu'on les livre à la côte aussi-tôt qu'ils ont été pêchés, & qu'aucuns ne sont salés à bord des bâtimens : au contraire, les harengs saurs qu'on prépare en France, ne sont point d'Yarmouth, parce que ceux que les François pêchent dans ces parages, sont tous salés en vrac dans les bateaux, & ensuite préparés en blanc; on ne saurit guère que ceux qui ont été pris à la côte, entre lesquels les uns sont d'une nuit, d'autres de deux, même quelques-uns de trois; les uns sont pleins, & les autres sont gais : ces circonstances font des différences considérables dans la qualité des harangs saurs, comme dans celle de ceux qu'on prépare en blanc; cependant communément ceux de la Manche sont plus de vente, & ont un coup-d'œil plus avantageux que ceux d'Angleterre, ce qu'on attribue à ce que ceux de France sont fumés avec du bois de hêtre bien sec; mais ils souffrent moins le transport, & ne supportent pas aussi bien les chaleurs que ceux d'Angleterre : la couleur brune de ces harengs, & la propriété qu'ils ont de se mieux conserver, ne dépendroient-elles pas de ce qu'ils auroient été plus fumés & plus desséchés que ceux de France; peut-être aussi de ce qu'ils sont plus gras ?

On prépare à Dieppe, des harengs demi-sauris qu'on nomme *craquelots*, *appétis* ou *bouffis*. Pour ce qui est des Hollandois, quand les harengs ne donnent pas à leurs côtes, ce qui arrive en certaines années, ils salent en blanc tous les harengs qu'ils vont chercher, tant au nord qu'à Yarmourth; & ne saurissent que ceux qu'ils prennent près de leurs côtes, & qu'ils n'ont pas vendus frais.

On sait en général, que pour saurir le hareng, on ne le caque point, mais on le braille, ou on lui fait prendre un peu de sel; ensuite on l'embroche dans des baguettes qu'on appelle *ainettes*, & on le suspend dans des espèces de tuyaux de cheminée, dans lesquels on les tient plus ou moins de temps à une chaleur douce, & à une fumée très-épaisse : en un mot, ces harengs sont un peu salés, puis fumés.

Pour cet effet, on a de grandes cuves, semblables à celles dont on se sert pour caquer les harengs qu'on sale en blanc. Les femmes qui préparent les harengs *bouffis*, en ont de différentes grandeurs, & même des baquets, pour y mettre les harengs qu'on va visiter avant de les passer aux baguettes.

On a aussi des paniers treillés ou à jour, pour y mettre égouter le hareng, comme on fait celui que l'on paque, & de plus différentes sortes de mannes & mannettes, pour porter le hareng aux roussables, & livrer aux marchands les harengs bouffis.

Les ainettes sont des baguettes de coudrier ou de saule, grosses comme le doigt, appointies par un bout, plus ou moins longues, suivant qu'il y a plus ou moins d'espace entre les bâtis de menuiserie où on les arrange, qu'on nomme *chanlattes*, ou dans les ports *écanlattes*; des femmes enfilent des harengs dans ces baguettes pour les mettre aux roussables; on achete ces baguettes par bottes de cinq cents ou de mille, & on en fait sa provision dans le mois d'août ou de septembre.

Outre les barils romains dont on a parlé, qui servent pour paquer les harengs qu'on envoie au loin, on a des corbeilles d'osier blanc & serrées pour y arranger les harengs saurs ou bouffis, comme dans les barils, lorsqu'on n'a pas à les transportor loin; les plus grands ont vingt-trois à vingt-quatre pouces de haut; ils sont un peu ovales, le grand diamètre de leur ouverture est à peu près de vingt pouces; on y arrange les harengs le plus serré qu'il est possible sans les sauter; ils en tiennent à peu près un mille.

On a encore différentes sortes de paniers pour mettre dans des voitures ou sur des chevaux, comme ceux qui servent au transport de la marée fraîche; il y en a qui contiennent cinq cents harengs, d'autres deux cents ou 250; un cheval n'en porte que trois des premiers, & six des autres. On doit enfin, pour fumer les harengs, avoir une provision de bois d'aune bien sec; on se sert aussi de copeaux de chêne ou de hêtre.

On a des étuves de différentes grandeurs, les unes sont au rez-de-chaussée, d'autres au haut de la maison, chacun profitant du lieu dont il peut disposer; il y en a aussi de petites & de grandes; c'est quelquefois un petit bâtiment de dix pieds en quarré sur douze de hauteur, couvert en tuiles posées à mortier & bien crépies; on laisse sur chaque face du toit quinze ou vingt œils de bœuf formés par des faîtières renversées qu'on nomme des *bavettes*, pour laisser échapper la fumée.

On nomme *saurisseur* celui qui préside à toutes les opérations, particulièrement à la conduite du feu; car il faut un homme expérimenté pour conduire le feu convenablement; il n'a point de repos, & ne dort que par intervalle, devant entretenir le feu jour & nuit, toujours égal & proportionné à la qualité des harengs; plus ils sont gras, plus il faut que le feu dure, & cependant l'entretenir doux, de crainte que le poisson ne s'échauffe, & le cesser à propos; car quand il est sec, il y a à craindre de le brûler.

Les *inquerresses* mettent les harengs aux baguettes en les piquant par les joues, de sorte que les pointes sortent par la gueule; elles les donnent au pendeur: quand le saurin ou *saurisseur* juge que le poisson est assez fumé, il ordonne au dépendeur de le retirer.

Le saureur est un maître tonnelier qui visite les ainettes à mesure qu'on les dépend pour ôter tous les poissons défectueux qu'il met au rebut: au sortir des mains du saureur ils passent au compteur, qui les compte à l'ainette.

Enfin les harengs visités & comptés, sont portés à l'empipeur qui les paque dans les barils romains, séparément ceux qui sont d'une nuit & pleins, & ceux qui sont de plusieurs nuits ou vuides; les uns & les autres sont marchands suivant leur qualité: on les arrange en rose, c'est-à-dire, qu'on met les têtes autour du baril, & la queue vers le centre: enfin d'autres tonnelliers enfoncent les barils, & quelquefois les sautent.

Le saurin ou saurisseur, le saureur, le compteur, le pendeur, le dépendeur, & l'empipeur, ont chacun ordinairement six harengs de triage par roussable, les autres ouvriers en ont trois; ces harengs sont nommés *saurin de bouche*, & sont fort recherchés.

L'espèce & la qualité du hareng que l'on saurit en France, est la même qu'on prépare en blanc; seulement on est plus attentif à ne préparer en blanc que les poissons d'une ou de deux nuits, au lieu qu'on saurit quelquefois ceux de trois nuits, quoique les harengs d'une nuit qu'on saurit, soient beaucoup meilleurs que ceux de trois nuits.

Le hareng qu'on veut saurir, se vend à la mesure & à l'encan, comme celui qu'on se propose de préparer en blanc; le marchand saurisseur le fait apporter chez lui comme on fait le hareng qui doit être salé en blanc. On ne le caque point comme on fait le hareng blanc, mais on le braille; pour cela en l'emportant du bateau, on le met dans un magasin sur le plancher, qui doit être bien uni; deux hommes en remuent environ un cent à la fois avec des pelles de bois, pendant qu'un autre jette du sel dessus; & quand il y en a suffisamment pour que la superficie du poisson en soit couverte, on les pousse dans un coin les uns sur les autres, ce qu'on répete jusqu'à ce que toute la fourniture soit braillée, & on les laisse prendre sel pendant vingt-quatre heures, ensuite on les met dans des corbeilles à deux anses & à claire-voie, pour les plonger dans l'eau douce jusqu'à ce qu'il n'y reste plus de sel; ensuite on les met aux ainettes pour les pendre dans la coresse.

Voici une autre façon de brailler les *harengs* qu'on veut saurir. A mesure qu'ils arrivent on les verse dans une cuve, & avec une pelle on les saupoudre de sel neuf: on les remue dans le sel pour qu'ils en soient également couverts de tous côtés; en un mot, on les braille comme on l'a dit plus haut; quand les pêcheurs les livrent braillés, c'est autant de fait & une avance pour le saurisseur.

Pour les laver, on les met dans des paniers à claire-voie, dont le fond s'élève en-dedans comme celui d'une bouteille; on plonge à plusieurs reprises ces paniers dans une cuve qui est remplie d'eau, ce qu'on répète jusqu'à ce que le sel soit fondu; à mesure qu'ils sont lavés & égouttés, on les ainette, c'est-à-dire que des femmes les enfilent par la tête avec les baguettes; on fait entrer la baguette par la joue, & on la fait sortir par la gueule. Il faut que les harengs ne se touchent point les uns les autres, afin que l'air chaud & la fumée les frappent dans toutes leurs parties; cependant une ainette qu'on suppose de trois pieds quelques pouces de longueur, est chargée de vingt à vingt-deux *harengs*, & souvent on met douze ainettes vis-à-vis l'une de l'autre dans la roussable. A mesure que les ainettes sont chargées, on les présente les unes après les autres, à des hommes qui sont sur les chanlattes; ils se les passent de main en main jusqu'à celui qui est le plus élevé; car c'est par le haut qu'on commence à garnir les chanlattes.

A mesure que les ainettes sont mises en place, le pendeur passe les doigts entre les *harengs*, ce qu'on appelle *étriquer*, afin de s'assurer que les *harengs* ne se touchent pas; car tous ceux qui sont touchés, sont mis au rebut lorsqu'on dépend.

Quand les *harengs* sont égouttés, on allume donc ce qu'on appelle *le premier feu*, qu'on continue jour & nuit sans interruption pendant quatorze ou quinze jours, le visitant de deux heures en deux heures pour fournir du bois ou l'attiser; car il faut entretenir une chaleur égale: on le change aussi de place dans toute l'étendue du foyer, l'approchant quelquefois sur le devant de la cheminée, & d'autres fois le portant vers le fond. Quand la roussable est établie dans une salle assez grande, le devant de la cheminée est fermé par une cloison, & l'on ménage au-devant de la cheminée un passage pour y entrer & faire la pente.

Après avoir ainsi entretenu le feu pendant quatorze ou quinze jours, quelquefois vingt, plus ou moins, suivant que le saurisseur le juge convenable, on cesse les feux, & on laisse, comme l'on dit, reposer la roussable pendant trois jours, pour que les *harengs* se ressuyent, s'égouttent & rendent leur huile, ce que les ouvriers appellent *pisser* ou *mettre le hareng à la pisse*; effectivement il devient humide, & il en coule quelques gouttes d'huile. C'est alors un spectacle assez singulier lorsqu'on entre la nuit dans une coresse où les feux sont éteints; car non-seulement tous les poissons sont lumineux, mais même toutes les gouttes qui en découlent semblent être des gouttes de feu.

Lorsque la pisse est finie, on rallume les feux comme la première fois, & prenant les mêmes précautions, on les entretient pendant cinq à six jours, quelquefois sept à huit, & lorsqu'on voit le poisson bien sec, on éteint les feux, & on vuide la coresse, en tirant les ainettes des chanlattes, ce que font les dépendeurs, en se donnant les ainettes deux à deux; sur-le-champ on les porte sur une table qui est dans la roussable pour les visiter, les tirer, & quelquefois les compter.

Le *trieur* met à part ceux qui sont gais, piqués ou trop desséchés; ce qui forme le rebut qu'on vend à meilleur marché que le reste à des hotteronniers ou de petits chasse-marées, qui les portent aux endroits où ils savent en trouver le débit; le reste est marchand, & se met dans des barils qui contiennent à peu près un mille, ou dans des demis ou quarts de barils. On voit que l'opération de saurir les *harengs* exige une attention particulière; aussi est-elle confiée à des hommes expérimentés & qui répondent du succès.

Le feu doit se faire avec du bois qui rende beaucoup de chaleur, qui fasse beaucoup de fumée & peu de flamme; on emploie cependant différentes sortes de bois; dans quelques ports c'est du bois de chêne, ailleurs c'est du hêtre, d'autres estiment celui d'aune; on a soin d'entretenir toujours la porte fermée; on conduit le feu par degré: c'est pourquoi on commence par en allumer un au milieu de la place; vingt-quatre heures après, on en allume deux autres; puis quand la coresse est grande, encore deux autres. Le saurisseur doit éviter de trop chauffer son poisson; c'est pourquoi il tâte fréquemment les *harengs*, & s'il les trouve trop chauds, il ralentit le feu, & modère son opération; mais pour procurer aux *harengs* un parfait desséchement, on fait à la fin un feu vif, & on ferme l'entrée de la roussable avec une grosse toile.

L'opération de saurir à Yarmouth est, à très-peu de choses près, la même que celle que nous venons de décrire: seulement comme les Anglois saurissent presque tout le poisson qu'ils prennent au nord de leurs îles, qui y est en très-grande quantité, & qu'ils en préparent peu en blanc, la plupart de leurs établissemens pour saurir sont plus grands que ceux qu'on voit en France.

On reproche aux *harengs* d'Angleterre d'être d'une couleur plus obscure & moins dorée que ceux de France; mais ce n'est pas un défaut réel, puisque cette couleur dépend de ce qu'ils sont plus gras, & que pour cette raison il faut les tenir plus long-tems à la roussable pour les mettre en état de se conserver; d'ailleurs il y en a qui prétendent que quand les Anglois brûlent dans leurs rouſſables du bois de hêtre, leur *hareng* eſt moins brun que quand on emploie du bois de chêne; & il ne faut pas croire, comme quelques-uns le prétendent, qu'ils chauffent leurs rouſſables avec du charbon de pierre; il eſt certain que les *harengs* d'Yarmouth ſont de la meilleure qualité, & que les Anglois qui les prennent tout près de leur côte, les préparent auſſi-tôt qu'ils ſont ſortis de l'eau.

Les *harengs* ſont dits *baiſés*, quand étant pendus aux ainettes, ils n'ont point été étriqués avec aſſez de ſoin, & que ſe touchant, ils ſe ſont collés enſemble en ſe ſéchant; en ce cas, la peau de l'un ou de l'autre s'enlève quand on les ſépare, & alors ils ne ſont point marchands. Les *harengs échaudés*, ſont ceux qui ont été pouſſés d'un feu trop vif dans la rouſſable, il eſt arrivé quelquefois que par l'ignorance ou la négligence du ſaurin, tout le poiſſon qui étoit dans une rouſſable a été perdu.

Les *harengs* qu'on nomme *brûlés*, ont le même défaut que les échaudés, mais à un degré plus conſidérable. Enfin on appelle *harengs de mauvaiſe eau*, ceux qui étant bouſſards ou malades, n'ont pu ſe bien ſaumurer ni ſe fumer parfaitement. Tous les *harengs* qui ont quelques-uns de ces défauts, ne ſont point compris dans les barils qui ſont marqués pour être d'une nuit; les moins défectueux paſſent dans les barils de deux nuits, ou bien ces rebuts qu'on nomme quelquefois *ſaurins*, ſont vendus à bon marché à de petits marayeurs.

Lorſque les *harengs* de primeur ne ſont pas communs, ce ſont les chaſſe-marées qui les achètent pour les tranſporter frais dans différentes provinces; mais quand ce poiſſon eſt aſſez abondant pour que ſon prix en ſoit diminué, on en prépare en demi-apprêt ou craquelots; & quand cette préparation a été bien faite & à des poiſſons de bonne qualité, ils ſont recherchés d'autant plus qu'ils précèdent les *harengs* ſaurs, & qu'ils ſont plus délicats, ce qui les fait nommer des *appétis*; il eſt vrai qu'ils ne ſe conſervent pas long-tems, c'eſt pourquoi ils ſont achetés & vendus par les chaſſe-marées.

On prépare communément en bouffi, les *harengs* de pluſieurs nuits que les pêcheurs rapportent frais de la mer, & ceux qu'ils y ont braillés, comme nous l'avons expliqué. Les *harengs* qui fourniſſent le plus ces ſortes de petites rouſſables, ſont les gais, lorſqu'ils donnent abondamment à la côte; on les nomme *bouffis*, parce que le feu aſſez vif qu'on leur fait ſupporter, les gonfle; les chaſſe-marées en tranſportent aſſez conſidérablement à Paris comme la marée fraîche, ou par charrette ou à dos de cheval.

L'uſage eſt de ſaler les *harengs* qu'on veut bouffir dans la ſauce qui provient des *harengs* blancs qu'on a mis en cuve pour les paquer. Il n'y a que des femmes qui ſoient employées à cette préparation, on les nomme *craquelotieres*; on leur livre les *harengs* en compte, elles les préparent & les rendent de même en compte moyennant une ſomme qu'on leur donne par millier.

A meſure qu'on livre les *harengs* aux craquelotieres, elles le renverſent dans de grandes cuves, ou on les y met en pleine ſauce ſans les preſſer les uns contre les autres; pluſieurs ſont ſuffiſamment ſalés quand ils y ont reſté vingt-quatre heures: à l'égard des gais, comme ils rendent plus de ſang que les pleins, on les y laiſſe pluſieurs jours, & il n'y a point à craindre qu'ils y prennent trop de ſel; en les tirant de ces cuves, les femmes les enfilent dans des ainettes comme les *harengs* qu'on veut ſaurir; elles les pendent dans de petites rouſſables qui peuvent en contenir cinq à ſix mille. Ordinairement on ne laiſſe point égoutter ces *harengs*; la dernière ainette eſt à peine placée qu'on allume le feu; mais on place d'abord la moitié de la pente, on y met le feu pendant ſix heures pour le ſécher; enſuite on achève de placer le poiſſon, & on continue le feu clair pendant neuf heures: on ne chauſſe ces rouſſables qu'avec du bois d'aune, & pour les quinze premiers jours on n'emploie que des copeaux ſecs qu'on achète chez ceux qui travaillent ce bois; alors comme le poiſſon n'a point rendu ſon eau, il ſe gonfle & devient bouffi.

Vers la fin de la ſaiſon lorſque les *harengs* ſont de mauvaiſe qualité, les pêcheurs qui ſe propoſent de faire après la harengaiſon la pêche aux haims, en préparent pour amorcer ou acquer; c'eſt de la préparation de ces poiſſons dont nous nous propoſons de parler.

Pour faire les *harengs* à acquer ou la acque, quelques-uns les ſalent en vrac; mais d'autres pour faire les *harengs* à acquer ou à la acque, leur tranchent la tête, les ouvrent du côté du ventre dans toute leur longueur, & en tirent les inteſtins, ainſi que la laite & les œufs quand il y en a; ils grattent même avec un couteau le dedans du corps; quand on a ôté le ſang, le plus qu'il eſt poſſible, on les jette dans une cuve pleine d'eau fraîche, où on les lave en les frottant avec les doigts, ſur-tout vers l'arrête; on les tire de cette cuve pour les mettre dans une autre où il y a de nouvelle eau, où on les lave une ſeconde fois; lorſqu'ils ſont ainſi bien lavés, on les prend à poignée, & on les met dans un panier où on les laiſſe s'égoutter juſqu'au lendemain; enſuite on ſaupoudre du ſel dans le fond d'une autre cuve; on met environ un cent de ces *harengs* égouttés dans un panier, & tandis que deux femmes les secouent, une autre saupoudre à la main du sel dessus, jusqu'à ce que le *hareng* en soit garni de tous côtés; alors elles le renversent sur la couche de sel qui est dans la cuve, l'unissant de tems en tems avec la main; quand la cuve est ainsi remplie jusqu'à quatre pouces près de son bord, on la couvre: en cet état, le poisson peut se conserver pour amorcer les haims; mais on ne le mange pas.

On dit qu'on apportoit autrefois à Paris, une espèce de *hareng* préparé dans une sauce, & qu'on nommoit *frigaud*, qu'on en envoyoit de Flandres en petits barils; ils étoient cuits dans une espèce de court-bouillon.

Hareng Halbourg, espèce de *hareng* fort gros qui se pêche assez communément avec le maquereau dans les manets, au mois de juin & de juillet.

HARENGADE. On nomme ainsi en Provence des harengs ou des sardines salés en blanc.

HARENGAISON. On appelle ainsi la saison où les harengs donnent sur la côte.

HARPE ou LYRE, poisson de moyenne grandeur, qui porte à la tête deux cornes disposées en forme de lyre. Il est de couleur rouge; il n'a point de dents. Il vit de plantes mêlées avec l'écume de mer. Sa chair est extrêmement coriace. On le pêche aux environs d'Antibes.

HARPON, espèce de dard mis au bout d'un manche de bois, qui se lance sur le poisson, comme on lançoit autrefois le javelot, & au moyen d'une ligne déliée, on suit le poisson qui a été piqué.

HARVIAU, anse de corde qui sert à attacher le grand filet en chausse, qu'on emploie pour les pêcheries établies aux arches des ponts sur les grandes rivières.

HAVENEAU ou HAVENET, est un filet tendu sur deux perches qui se croisent comme une paire de ciseaux: on ne le pousse point devant soi, mais on le présente au courant. On pêche avec ce filet à pied, & dans de petits bateaux. Les petits *haveneaux* de Vannes diffèrent peu des boudeux de Normandie.

HAUTIN ou OUTIN, poisson qui a la figure d'une truite. Il a la bouche longue, menue, pointue, molle & noire; il n'a point de dents. La mâchoire supérieure surpasse beaucoup l'inférieure. On trouve communément ce poisson en Flandre, en Hollande, & sur les bords de la mer Caspienne. Sa graisse est nourrissante: les marchands le dessèchent, le salent, & en font un assez grand commerce.

On dit que les pêcheurs du Nil se gardent bien de toucher au *hautin* qui est dans ce fleuve, à cause de leur grande vénération pour lui.

HAYE, grande espèce de requin. *Voyez* ce mot.

HAY-TSING, poisson de la Chine extrêmement laid. Il est sans os & sans arrêtes; il meurt au sortir de l'eau; mais on le conserve dans du sel. Les chinois en mangent à presque tous leurs repas.

HIPPOCAMPE ou CHEVAL MARIN, petit poisson marin qui ne vaut rien à manger. On le trouve dans beaucoup de ports de mer. Il est long de six pouces, & gros comme le doigt; il a la tête & le cou à-peu-près faits comme ceux du cheval: son bec est long & creux comme un flageolet. Il a deux yeux ronds, & deux artères sur les cils, qui paroissent comme des cheveux lorsqu'il est en mer. Son front est sans poils; mais le devant de la tête & le dessus du cou sont couverts d'espèces de filets. Il porte une espèce de nageoire sur le dos. Son ventre est blanchâtre, gros & enflé: sa queue est quarrée, & quelquefois recourbée comme un crochet. Il a tout le corps couvert de petits cercles cartilagineux & pointus, d'où sortent de petits aiguillons. Sa peau est de couleur brune, avec quelques taches blanches. Quand ce poisson est desséché, on lui fait prendre la figure d'une S, & c'est sous cette forme qu'on le place dans les cabinets des naturalistes.

HIPPOPOTAME ou CHEVAL DE RIVIÈRE. C'est un animal amphibie à quatre pieds, qui habite plus dans l'eau que sur la terre; il tient extérieurement du cheval & du bœuf. Il a quatre doigts ongulés à chaque pied, & à chaque mâchoire quatre dents incisives. Ses dents molaires, au nombre de trente-deux, sont comme de l'ivoire, & d'une forme quarrée. Ses dents canines sont saillantes & arquées comme les défenses du sanglier. Cet animal a treize pieds de long depuis la tête jusqu'à la queue. Sa tête a deux pieds & demi de large, & trois pieds de long. L'ouverture de sa bouche a un pied: son museau est gros & charnu. Il a les yeux petits & à fleur de tête, les oreilles minces & longues; ses pieds sont très-gros, & fendus en trois. Sa queue, grosse à l'origine, se termine tout-à-coup en pointe. Sa peau est très-épaisse, dure, & d'une couleur obscure, unie & luisante. Il a une moustache semblable à celles des lions & des chats. Son cri est une sorte de hennissement.

Les européens qui vont à la chasse ou à la pêche

de l'*hippopotame*, tâchent de lui casser les jambes avec des balles ramées, & quand il est une fois à terre, ils en sont en quelque sorte les maîtres; mais dans l'eau, l'*hippopotame* se tourne & s'élance sur le bâtiment où il voit ses ennemis. Il fait sortir des étincelles de feu en frappant ses dents avec fureur.

Les pêcheurs redoutent cet animal qui ne ménage pas leurs filets ni leurs poissons. Le requin & le crocodile n'osent l'attaquer.

La chair de l'*hippopotame* est très-estimée au Cap de Bonne-Espérance: c'est un manger délicieux pour les habitans, pour les nègres, & les portugais depuis le Niger jusqu'au Nil. Cette chair est grasse & tendre; elle a un goût de sauvageon.

HIRONDELLE DE MER ou RONDOLE, poisson du genre de ceux qui ont les nageoires épineuses. On lui a donné le nom d'*hirondelle* à cause de sa ressemblance avec cet oiseau. Sa tête est osseuse, dure, quarrée & âpre. Le derrière de la tête, & les couvercles des ouies sont armés d'aiguillons. Il a deux petites boulettes perlées à chaque coin de la bouche. Ses yeux sont grands, ronds & rougeâtres. Il est couvert d'écailles très-dures. Ce poisson est rond & blanc sous le ventre: ses nageoires sont très-grandes, & semées de petites étoiles ou taches de diverses couleurs, comme les aîles des papillons; il s'en sert pour voler au-dessus des eaux: il a encore au dos deux autres aîles semblables. L'intérieur de sa bouche est rouge & luisant. Sa queue est faite comme celle des *hirondelles*.

La chair de ce poisson est dure & sèche; elle nourrit beaucoup, mais elle est difficile à digérer.

HORISON DU SOIR, pêche qui se fait au soir, commençant quand le soleil est couché, jusqu'à ce que sa lumière disparoisse entièrement. C'est aussi ce qu'on appelle le *crépuscule*.

HOUPERON, poisson de l'Amérique, très-fort & très-dangereux, qui attaque les plus gros poissons, & les hommes qui vont se baigner.

HOURITE, poisson des îles de l'Afrique, dont on fait une grande consommation à Madagascar. Ce poisson a des taches bleues, & ressemble beaucoup à un éperlan.

HOYÉ. On appelle poisson *hoyé*, celui qui a été meurtri & fatigué dans le filet, ou attaqué par des poissons voraces. Il se corrompt aisément, & il faut le consommer sur le lieu de la pêche.

HUITRE. C'est un genre de coquillage marin bivalve, que tout le monde connoît. Ses deux battans sont composés de plusieurs feuilles ou écailles. L'écaille de l'*huitre* est épaisse, robuste, pesante, quelquefois d'une grandeur considérable, d'une figure presque ronde, ordinairement raboteuse & inégale. Ses battans sont lisses & argentés en dedans, dont l'un est plus ou moins creux, & l'autre applati.

On a représenté l'*huitre* comme un animal privé de sens, comme un être qui pourroit s'appeller le dernier des animaux, par son imperfection. Mais Dicquemare, qui a étudié l'*huitre*, reconnoît qu'elle change de place, qu'elle varie ses manœuvres selon les cas, qu'elle se défend par des moyens compliqués. Elle répare ses pertes. On peut lui faire changer ses habitudes. Les *huitres* récemment tirées des lieux que la mer n'abandonne jamais, ouvrent leur coquille, perdent leur eau, & meurent en peu de jours. Mais celles qui, ayant été tirées des mêmes lieux, sont jettées dans des réservoirs, où la mer les abandonne quelquefois, où le soleil darde ses rayons, où le froid les incommode, où la main de l'homme les inquiette, s'accoutument à se tenir fermées quand on les laisse hors de l'eau, & vivent beaucoup plus long-temps.

L'*huitre* lance l'eau le plus souvent par la partie de ses coquilles opposée à leur charnière, mais aussi par tous les autres points de leur ouverture. Ce moyen est un de ceux qu'elle emploie pour éloigner les plus foibles de ses ennemis, qui attendent qu'elle entrouvre sa coquille pour y entrer; elle se recule aussi dans la direction de sa longueur, d'un côté ou de l'autre. Une *huitre* qui n'a pas été attachée, peut s'attacher par quelque bord que ce soit de l'une de ses coquilles, & ce bord deviendra le milieu si l'*huitre* est jeune.

On distingue dans les ports deux sortes d'*huitres*; les fécondes, & celles qui ne le sont pas: une petite frange noire qui entoure les premières est la marque de leur bon goût.

L'*huitre* a pour ennemis les crabes, les étoiles marines, la grenouille-pêcheuse, les pétoncles & les moules. Lorsque l'*huitre* entrouvre son écaille pour respirer, le crabe a, dit-on, l'adresse d'y jetter une petite pierre qui l'empêche de se refermer, alors il s'élance sur le poisson & le dévore.

Les meilleures *huitres* sont les plus fraiches; elles doivent être d'une grandeur médiocre, tendres, humides & délicates: celles qu'on prend à l'embouchure des rivières sont les plus estimées; car elles aiment l'eau douce, & s'y engraissent extraordinairement. On prétend que les *huitres* d'Angleterre sont préférables à toutes celles de l'Europe.

Pêche des huitres.

Il y a une police pour la pêche des *huitres*. C'est au mois de mai qu'il est permis de s'y exercer. Si l'on détache alors des *huitres* qui ne soient pas encore formées, on doit les mettre en dépôt dans un détroit de mer, où elles s'engraissent & prennent leur maturité. La fécondité de l'*huitre* est prodigieuse, il ne faut que vingt-quatre heures à un œuf d'*huitre*, pour se revêtir de ses coquilles. On diminue considérablement, & en peu de temps, les rochers dont on les sépare, cependant l'année suivante on en retrouve au même endroit autant qu'il y en avoit auparavant.

On estime particulièrement les *huitres* vertes : pour les obtenir, il faut renfermer les *huitres* blanches le long des bords de la mer, dans des fosses profondes de trois pieds, qui ne sont inondées que par les marées hautes, à la pleine lune & à la nouvelle ; & on y laisse des espèces d'écluses par où l'eau reflue jusqu'à ce qu'elle soit abaissée de moitié. Ces fosses verdissent, & dans trois ou quatre jours les *huitres* qui y sont renfermées commencent à prendre une nuance verte ; mais on a soin de les y laisser séjourner environ six semaines. On fait un grand commerce d'*huitres* sur les côtes de Normandie & de Bretagne.

Au reste chaque côte du monde habité fournit des *huitres* dont les écailles sont de couleurs différentes, & qui ont aussi des goûts différens. Il y a des *huitres* en Espagne, de couleur rousse ou rouge ; d'autres, en Illyrie, de couleur brune, & dont la chair est noire. Dans la mer Rouge, il y en a de couleur d'iris ; & en d'autres parages, la chair & l'écaille sont noires.

HURIO ou HUSIO. C'est un grand poisson qui se trouve dans le Danube. Il est sans écailles, & presqu'entièrement cartilagineux. Il s'en trouve qui pèsent jusqu'à quatre cents livres. On en tire de la colle de poisson.

HYDRE, serpent aquatique de l'Inde, qui se trouve dans les lacs, dans les marais & rivières. Il vit sur la terre & dans l'eau ; il ressemble au petit aspic terrestre, mais il n'a pas la tête si large. Sa morsure est mortelle.

HYDRE D'EAU. Les voyageurs hollandois donnent ce nom à un poisson de la Zone-Torride, qui se trouve ordinairement aux environs de la ligne. Il est long de quatre à cinq pieds : sa gueule est grande, ses dents sont très-aiguës. On le pêche avec un gros hameçon de l'épaisseur du doigt, où l'on attache pour appât un morceau de chair.

Ce poisson est très-dangereux pour les nageurs qu'il entraîne au fond de l'eau pour les dévorer. On dit que sa chair est bonne à manger.

I.

JABÉBIRETTE, espèce de raie du Brésil : elle a la queue longue ; la couleur de dessus est d'un cendré brun ; celle de dessous est blanche. Sa chair est assez bonne. Les cayennois appellent le *jabebirette*, raie bouclée.

JACARA ou JACARÉ. C'est le nom qu'on donne au Brésil, à une espèce de crocodile ou de cayman, nommé *akaré*, à Cayenne. Il répand au loin une odeur de musc qui avertit les voyageurs d'éviter sa rencontre très-dangereuse. Toutes les rivières qui dégorgent dans celle d'Oyapoc, sont infectées de cet animal épouvantable.

JARET, petit poisson qui confine avec la mendole. On distingue à Toulon deux espèces de *jaret*, savoir, le bleu qui est le mâle, & le brun qui est la femelle : le bleu a sur un fond brun vers le dos & blanc au ventre, des raies ou hachures irrégulières, les unes bleues, les autres vert-de-mer, qui s'étendent suivant sa longueur jusques sur l'aileron de la queue, & en outre une tache noire sur chacun des côtés, vers le milieu de la longueur du corps. La couleur du brun fait que la tache noire est moins sensible. Le *jaret* brun n'a aucune marque de bleu ni de vert ; mais à la place de ces couleurs, on apperçoit, ainsi que sur l'aileron de la queue, une légère teinte d'un rouge très-clair sur un fond gris foncé au dos, & blanc en approchant du ventre. Comme on trouve de la laite dans les bleus, & des œufs dans les bruns, on estime que ceux-ci sont femelles, & les autres mâles. On fait peu de cas de ces petits poissons, quoique leur goût n'ait rien de déplaisant. En quelques endroits on les appelle *jars*.

IDOLE DES MAURES, nom que les hollandois ont donné à un poisson que les maures ont en si grande vénération, que quand ils en prennent dans leurs filets, ils le rejettent à la mer. Ce poisson a une espèce de dard sur le dos ; il a le grouin d'un cochon, & des dents dans la gueule. On dit que sa chair est bonne à manger & délicate.

IGNARUCU, animal amphibie qui se trouve au Brésil, & communément dans les rivières de Saint-François, & de Paraqua. Cet animal a la forme d'un crocodile. Il vit dans l'eau & sur terre ; il peut même grimper sur les arbres. Sa couleur est noirâtre. Son corps est uni & tacheté comme la peau d'un serpent. L'ouverture de sa gueule est fort grande ; ses dents sont petites & menues ; ses ongles sont étroits & arqués. On dit que ses œufs sont d'un fort bon goût, & que sa chair est douce & délicate. L'*ignarucu* peut vivre quinze ou vingt jours sans manger.

IMPOSTEUR, nom que les indiens donnent à un poisson qui ressemble à la carpe par la forme de sa tête. Sa langue, faite en forme de dard, s'allonge à la volonté de l'animal, qui la fait sortir pour attraper les petits poissons ; il en avale, dit-on, jusqu'à douze à la fois, ensuite il nage tranquillement la bouche fermée, en attendant un nouveau besoin. Les indiens font un grand cas de ce poisson, dont ils trouvent la chair délicieuse.

INQUERESSE, ouvrière qui met les harengs aux ainettes, pour les porter au roussable.

JONCHE, gance de corde qui sert à joindre plusieurs pièces de filet, l'un au bout de l'autre.

JOUFLU, poisson des Indes peu long qui a environ cinq pouces de largeur. Il a la mâchoire fort épaisse. Sa couleur est jaune, mêlée de taches blanches argentées. Sa chair est assez agréable à manger.

JUIF, poisson de l'île de May en Afrique. Il a la bouche double. Celle d'en haut ne lui sert point à avaler ; mais elle est remplie de petits canaux qui pompent l'air. Ses nageoires ressemblent à celles de la morue. On dit sa chair excellente.

K.

KACHO ou KETA, poiſſon de la Peninſule de Kamtſchatka. Il a la tête longue & plate ; le muſeau recourbé ; & les dents ſemblables à celles du ſerpent appellé *cros de chien* ; ſa queue eſt un peu fourchue ; il a le dos noir ; les flancs & le ventre blancs ; la peau ſans taches ; la chair blanche. Ce poiſſon eſt très-abondant, & fournit un bon aliment aux kamaſchadales.

KAKONGO, poiſſon de la forme d'un Saumon, lequel ſe trouve dans les rivières de Congo & d'Angola en Afrique. Sa chair eſt griſâtre, très-graſſe, & d'un goût délicat. On dit que les pêcheurs ſont obligés de porter ce poiſſon au roi du pays.

KAOUANE. C'eſt la plus grande tortue de mer. Elle ſe défend de la patte & de la queue. Elle eſt connue aux Antilles & à Cayenne ſous les noms de *canuaneros* & *juruca*.

KAVAUCHE, eſpèce de carpe commune en Allemagne, que les tartares font ſécher pendant l'été pour s'en nourrir l'hiver.

KOBBERA-GUION, amphibie de l'iſle de Ceylan, qui a environ ſix pieds de longueur. Il habite les eaux & le plus ſouvent la terre ; il ſe nourrit de poiſſons & de quadrupédes. Cet animal a une langue bleue & fourchue qu'il allonge en forme d'aiguillon. Il pique, il mord, il ſiffle ; il fouette les chiens qui l'approchent avec ſa queue, laquelle reſſemble à un long fouet.

KOL, grand filet que les hollandais traînent à la remorque ſous voile, pour prendre des morues.

KORKOFEDO, poiſſon de la Côte-d'Or en Afrique, dont les dimenſions ſont égales en longueur & largeur. Sa queue eſt faite en croiſſant ; il a peu d'arrêtes ; ſa chair qui eſt très-blanche devient rouge & excellente par la cuiſſon. Les négres font une pêche abondante de ce poiſſon dans le mois de décembre. Ils le prennent avec un hameçon fort crochu, auquel on attache une pièce de canne à ſucre, à l'extrémité d'une ligne de huit braſſes de longueur. Les pêcheurs ſe paſſent l'autre bout de la ligne autour du cou, & dès qu'il ſentent une petite ſecouſſe, ils ramènent auſſi-tôt le poiſſon & l'amorce dans leur canot.

KOUXEURY, poiſſon du lac de Cayenne très-connu dans ce pays. Les indiens du fond de la Guyane ſe ſervent de l'os qui forme le palais de ce poiſſon, au lieu de lime pour polir les arcs, les boutons & autres ouvrages en bois.

KRAKE, ſorte d'ancre ou de cablière, dont ſe ſervent les norwegiens, lorſqu'ils vont à la pêche du ſaumon.

KYANG-CHU. C'eſt le marſouin de la rivière Yang-Tſé-Yang en Chine. Ces marſouins ſont plus petits que ceux de l'Océan ; mais ils nagent en troupes au long des rivières & y font les mêmes évolutions. On en mange beaucoup dans le pays.

KYN-YU, c'eſt le poiſſon d'or de la Chine qui eſt une eſpèce de *dorade*.

L.

LABBERDAN, nom que les hollandois donnent au *cabéliau*, espèce de morue qu'ils préparent & qu'ils salent sur leurs vaisseaux. Ce *labberdan* sert de nourriture aux matelots dans les voyages de long cours.

LACHE, poisson qui ressemble à une petite alose qu'on prend assez abondamment à Agde.

LADOG, espèce de hareng qu'on pêche en Moscovie dans le lac de Ladoga.

LAMENTIN, animal singulier, qui n'est ni quadrupède, ni tout-à-fait poisson : il fait peut-être la nuance entre les habitans de la terre & ceux de la mer.

Le *lamentin* a deux pieds fort courts, & une grosse queue qui s'élargit en éventail ; sa tête est plus considérable que celle du bœuf ; il n'a point d'écailles, mais un cuir fort épais qui l'enveloppe de tout côté : sa longueur est quelquefois de plus de vingt pieds ; malgré sa taille énorme, il nage facilement, ne fait aucun bruit dans l'eau, & se plonge au moindre bruit qu'il entend.

On prétend qu'il y a des *lamentins* si gros, qu'on en tire près de six cents livres de viande bonne à manger : il se nourrit d'une herbe qui croît au fond de la mer, & la broute comme le bœuf fait celle de nos prairies ; il va deux fois par jour s'abreuver dans l'eau douce des rivières, & quand il est rassasié il s'endort le muffle à demi-élevé hors de l'eau.

On prétend que cet animal paroît souvent à terre ; mais ce fait paroît bien difficile à croire, parce que la configuration de son corps l'empêche également de ramper & de marcher.

Il y a une grande quantité de *lamentins* dans les lacs de l'Orenoque : ces animaux y deviennent monstrueux ; il y en a qui pesent jusqu'à huit cents livres. On assure qu'à l'approche d'une forte pluie, ils bondissent hors de l'eau à une hauteur très-considérable.

Cette espèce d'amphibie n'est pas confinée cependant aux mers, aux lacs, & aux fleuves du Nouveau Monde, il paroît qu'il en existe sur les côtes & dans les rivières de l'Afrique ; puisque des naturalistes en ont rencontrés au Sénégal & dans la rivière de Gambie : on le trouve tantôt dans l'eau salée, & tantôt dans l'eau douce ; mais jamais dans la haute mer : il se trouve avec la tortue, & se nourrit comme elle. On dit qu'il peut s'apprivoiser, & qu'il devient fort aisément ami de l'homme.

Le *lamentin* est vivipare, & s'accouple à la manière de l'homme : c'est un animal timide, & c'est le caractère de tous les poissons que la nature a faits sans défense.

On trouve le long de cet amphibie une couche de lard de quatre ou cinq pouces d'épaisseur, qui se fond aisément, & qui a le goût du meilleur beurre.

Sa chair est un aliment employé communément par les habitans de la Guadeloupe, de la Martinique, & d'autres îles voisines : on en apporte tous les ans de Terre-Ferme plusieurs navires chargés.

Il y a aussi sur la tête du *lamentin* quatre espèces de pierres blanches, auxquelles les sauvages attribuent de grandes vertus.

Pêche du lamentin.

On attend que le *lamentin* paroisse endormi, le muffle à moitié hors de l'eau ; on tâche de s'en approcher avec un canot, & dès qu'on est à portée de le harponner, un des pêcheurs lui jette son harpon de toute sa force, & laisse ensuite filer le cordeau qui y est attaché ; dès que l'animal se sent frappé il s'enfuit, & emporte avec lui le croc & le cordeau, à l'extrémité duquel on a soin d'attacher un gros morceau de liége pour servir de renseignement : le canot suit le *lamentin*, & quand on est à portée on le darde une seconde fois, afin d'accélérer la perte de son sang. Quand on s'apperçoit qu'il commence à s'affoiblir, on reprend l'extrémité du cordeau, & on le roule jusqu'à ce qu'il n'en reste plus que quelques brasses, & à l'aide de la vague, on tire l'animal vers le bord, ou bien on achève de le tuer dans l'eau à coups de lance. Il est si pesant, qu'il faut une voiture attelée au moins de deux bœufs pour le transporter. Sa chair est excellente quand elle eſt fraîche, elle a le goût du meilleur bœuf, & dans la ſuite elle prend le goût du thon. Cette pêche n'eſt pas aſſez connue, elle pourroit faire un objet de commerce comme celles du hareng & de la morue.

LAMIE, grande eſpèce de chien de mèr.

LAMPRESSE, nappe de filet dont les mailles n'ont qu'un pouce & demi d'ouverture. Il eſt du genre des demi-folles.

LAMPROIE, poiſſon de mer & de rivière, long, gluant & cartilagineux, qui a quelques rapports pour la configuration avec l'anguille : il a la tête ovale, une grande gueule, & une ſuite de dents très-aiguës ; la couleur de ſon corps eſt d'un jaune tirant ſur le vert ; il a quatre nageoires à la poitrine, & deux autres vers l'extrémité de la queue : ſon corps eſt couvert, au lieu d'écailles, d'une humeur viſqueuſe qui s'échappe au travers de la peau. Ce poiſſon nage très-bien au-deſſus de l'eau, & on prétend même qu'on l'étoufferoit aiſément, ſi on le tenoit par force ſous l'eau.

La *lamproie* vit d'eau & de fange ; elle ſuce auſſi les pierres, les rochers, & la ſurface intérieure des vaſes où on l'enferme : elle entre au printems dans les rivières pour y dépoſer ſes œufs, & s'en retourne enſuite dans la mer ; c'eſt alors qu'on va à ſa pêche. Sa chair eſt molle, & aſſez eſtimée pour le goût ; le mâle vaut beaucoup mieux que la femelle.

On prétend que la chair de la *lamproie* eſt fort échauffante.

L'humeur gluante qui s'échappe du corps de ce poiſſon, fait qu'il s'attache quelquefois avec tant de force aux navires, qu'il ſemble impoſſible de l'en arracher. Voilà l'origine du nom de *ſangſue de mer* qu'on lui a donné.

La *lamproie* a pour ennemis mortels des inſectes qui s'attachent à ſes yeux, ſuçent leur humeur & les aveuglent.

On diſtingue diverſes eſpèces de *lamproies*.

1°. La *lamproie de mer*. C'eſt la plus grande de toutes ; on en trouve qui peſent juſqu'à trois livres : elles remontent les rivières, & redeſcendent dans la mer avec les ſaumons.

2°. La *petite lamproie d'eau douce*. Elle eſt longue & étroite ; ſon dos eſt brun & rouge, & ſon ventre eſt blanc. On eſtime ſa chair, ſoit qu'elle ſoit fraîche, ſoit qu'elle ſoit fumée.

3°. La *lamproie d'eau douce de Suède*. C'eſt la plus petite de toutes les *lamproies* ; elle eſt à peine de la groſſeur d'un ver, & ſa longueur eſt d'un pied & demi.

4°. La *lamproie torpille*. Elle ſe trouve dans la rivière des Amazones ; on ne ſauroit la toucher ſans reſſentir dans la main un engourdiſſement douloureux, quelquefois même on en eſt renverſé.

Pêche de la lamproie.

La manière la plus commode de pêcher la *lamproie*, eſt de ſe ſervir de la naſſe, filet connu qu'on peut tendre à la décharge d'une vanne de moulin.

Il y a des perſonnes exercées qui prennent ce poiſſon à la main, en jettant dans les endroits où il ſe trouve, une compoſition faite avec de la chair d'eſturgeon, huit dragmes de graine de rue ſauvage, & autant de graiſſe de veau mêlée enſemble, bien pilées, & réduites en petites boulettes de la groſſeur d'un pois : cette amorce les étourdit & les enivre.

LANCERONS, nom que les pêcheurs donnent aux brochets de moyenne grandeur.

LANGOUSTE, ou *ſauterelle de mer*. C'eſt un cruſtacé couvert d'une croûte peu dure. Il a deux longues antennes garnies d'aiguillons à leur bâſe, & deux antennules au-deſſous, plus déliées & plus courtes. Son corcelet eſt plein de crêtes dures. Sa queue eſt liſſe, forte & compoſée de cinq tables, & terminée par cinq nageoires. Cette queue fait l'office de rame.

Les *langouſtes* vivent dans les lieux pierreux. Elles ſont communes dans la Méditerranée ; pendant l'hiver, elles cherchent l'embouchure des rivières.

LANGOUSTIÈRE, filet à mailles très-larges, qui ſert à prendre des langouſtes.

LANGUE DE CARPE. On appelle ainſi le palais de la carpe, qui eſt un mets charnu & délicat.

LANETS. C'eſt un petit truble dont on ſe ſert pour prendre des chevrettes dans les algues. Il eſt ordinairement monté comme une raquette, & ſon manche eſt ſouvent fort court.

LANSON, petit poiſſon de mer dont les morues ſont friandes, & qui ſert d'appât pour les pêcher. *Voyez* à l'article *morue*.

LARDE, poiſſon qui ſe pêche au Havre, & qui reſſemble à l'*umbre* d'Auvergne.

LAVARET, poiſſon de la famille des ſaumons.

Le *lavaret* eſt bien plus rare, plus eſtimé & plus délicat que le petit umbre ; il s'en trouve dans le nord, en Suiſſe, dans le lac d'Aiguebelle, dans celui de Genève, & en France dans celui du Bourget. Il ſe corrompt très-aiſément, ce qui fait qu'on n'en tranſporte guère à Lyon, d'autant qu'on le pêche dans le mois d'août & de ſeptembre, lorſqu'il fait fort chaud : c'eſt un poiſſon de paſſage, comme le *ferra* de Genève, qu'on regarde comme une variété du *lavaret* : il eſt communément plus gros que l'umbre fluviatile ; néanmoins les plus gros ne paſſent pas deux livres.

LENTILLAC, nom que les languedociens donnent à une eſpèce de chien de mer ou de *veau-marin*.

LÉPAS, genre de coquillages univalves, ou qui n'ont qu'une coquille, & ſont attachés au rocher qui leur ſert d'une valve.

LEST, poids dont on charge le pied du filet pour le faire caler ou pour empêcher que les gros poiſſons ſoulevant le filet, ne s'échappent : on le fait ordinairement de plomb ou de cailloux, ou de groſſes pierres qu'on nomme *cablières*, quelquefois avec un gros cordage.

LEUGEON, filet dont les mailles ont deux pouces d'ouverture, que les pêcheurs de la Tête-de-Buch tendent ſédentaires & en pleine eau.

LEVIÈRE, groſſe corde qui poſe ſur un treuil, & ſert à relever le filet qu'on tend aux arches des ponts, lorſqu'on veut les faire ſécher.

LEURRE, appâts factices qu'on met aux haims pour attirer le poiſſon. C'eſt quelquefois une eſpèce de poiſſon fait avec de l'étain fondu ; d'autres fois un morceau de liége couvert d'une peau de poiſſon, des chenilles, des papillons, &c. imités avec différentes ſubſtances ; ou de petites anguilles d'étain pour prendre des vives avec la fouane.

LIBOURET, pêche qui ſe fait avec une ligne qu'on enfile dans un trou qui eſt au bout d'un morceau de bois, qui, à ſon autre extrémité, porte pluſieurs piles garnies d'haims. Cette ligne eſt terminée par un poids. Le morceau de bois du *libouret* ſe nomme *avalette*.

LICHE, poiſſon de haute mer à nageoires épineuſes, qui a ſept aiguillons ſur le dos, & dont la chair eſt graſſe & de bon goût. C'eſt une eſpèce de *glaucus*.

LICORNE DE MER, eſpèce de baleine du Groënland, connue ſous le nom de Narwal. *Voyez* à l'article *baleine*.

LIEU. Le poiſſon connu ſous ce nom en Bretagne s'appelle *merlu-verdin* au Havre, *gelin* à Feſcamp, *lute* à Caen, *merlu* en Picardie, *lévénégate* chez les Bas-Bretons, *colin* à Granville, *abadiva* chez les Baſques.

Il n'eſt pas douteux que ce poiſſon eſt de la famille des morues, puiſqu'il eſt rond, qu'il a des arrêtes, trois ailerons ſur le dos, deux ſous le ventre, une nageoire derrière chaque ouie, deux ſous la gorge, toutes circonſtances qui caractériſent les morues ; mais il diffère de la morue franche, principalement en ce que l'aileron de la queue du *lieu* eſt un peu fendue, au lieu que celui de la morue franche eſt coupé quarrément ; de plus, le corps du *lieu* eſt plus large que celui de la morue, relativement à ſa longueur. Sa tête eſt terminée plus en pointe ; ſes yeux ſont fort grands, la mâchoire d'en bas eſt plus longue que celle d'en haut, & elle n'a point de barbillon.

Pour ſe former une idée de la bouche de ce poiſſon, il faut imaginer que la mâchoire ſupérieure eſt formée par les bords de l'os de la tête, & la mâchoire inférieure qui eſt mobile, eſt formée à l'ordinaire par deux os qui ſe réuniſſent à la ſymphyſe du menton. Or les mâchoires ſupérieure & inférieure ſont bordées par une membrane mince qui eſt elle-même bordée par un bourelet cartilagineux, qui eſt recouvert par une membrane, & le tout forme à la volonté du poiſſon une bourſe comme celle de la morue ; mais la portion de la membrane qui appartient à la mâchoire inférieure, eſt tendre & n'eſt pas garnie de dents ; elles ſont placées ſur les os qui forment la mâchoire inférieure. La portion du cartilage qui appartient à la mâchoire ſupérieure, eſt dure, & comme oſſeuſe, elle s'élargit à la réunion des mâchoires.

Ce poiſſon a de chaque côté quatre branchies, attachées d'un bout à des os du haut du palais, & de l'autre auprès de l'articulation de la mâchoire inférieure. Les extrémités des quatre branchies du même côté ſont comme articulées les unes avec les autres ; & par une de leurs extrémités, elles répondent aux branchies du côté oppoſé.

La première branchie a vingt-cinq appendices, durs, pointus, déliés & rangés comme les dents d'un peigne.

Du côté où cette première branchie touche la seconde, elle est garnie de dix-neuf tubercules hérissés d'aspérités. La seconde & troisième branchies ont chacune deux rangées de ces tubercules ; la quatrième n'en a qu'une.

L'anus est placé à-peu-près dans le milieu de l'espace compris entre l'extrémité de la mâchoire inférieure, & la naissance de l'aileron de la queue.

Le corps du *lieu* est un peu plus plat, ou plus comprimé sur les côtés que celui de la morue.

Quelques-uns prétendent que les écailles de ce poisson sont plus grandes que celles de la morue. Pour moi, dit du Hamel, elles m'ont paru assez petites, arrondies ou ovales, & adhérentes à une peau fort mince. M. le Roi estime que le petit diamètre de l'ovale est à-peu-près d'une ligne ; le pureau ou la partie découverte est plus ou moins brune suivant le lieu où elles sont placées ; la partie couverte par les autres est blanche & transparente.

Ce poisson est blanc sous le ventre, & devient de plus en plus brun jusques sur le dos, qui, au sortir de l'eau, paroît d'un vert obscur ; lorsqu'on le garde quelque temps, cette couleur brunit, & devient plus foncée.

Pêche du Lieu.

Le lieu n'est pas véritablement de passage ; on en prend toute l'année sur les côtes de Bretagne, de toute grandeur. Quelquefois ils vont de compagnie ; mais souvent ils sont seuls, ou confondus avec d'autres espèces de poissons. Si l'on en prend une plus grande quantité en été qu'en hiver, c'est, à ce que l'on prétend, parce qu'ils sont attirés par les sardines, qu'ils aiment beaucoup ; cependant on interrompt la pêche du *lieu* pour faire celle des sardines.

Dans les endroits où l'on ne fait pas une pêche expresse de ce poisson, on en trouve dans les guideaux, verveux ou nasses, & dans les parcs ; on en prend avec des filets flottés & lestés, ou avec des filets à manche que l'on traîne, & les petits se prennent aux filets qu'on tend à la côte sur palots, ou dans les grands fonds quand la rigueur du froid les y fait retirer. On tend des tramaux, des demi-folles, cibaudières, ou retz à colins, flottés & pierrés par fonds & sédentaires, autant qu'on le peut, par le travers des anses ; si ce sont des tramaux, les mailles de la flue ont six à huit lignes d'ouverture, & les hamaux ont quatre à cinq pouces en quarré. On met au bout de ces filets une cablière ou petite ancre avec des haubans à deux ou trois brasses les uns des autres, & on choisit, autant qu'on le peut, des fonds de roche couverte de varec. Quelquefois encore on prend de petits *lieux* dans les manets, lorsqu'on pêche des maquereaux à la dérive. Enfin, on en prend à Oléron dans des courtines, & dans des casiers. On prend encore des *lieux* avec des haims, les petits avec les tessures que les normands tendent pour prendre des maquereaux, & qu'ils nomment *gravettes* ; dans le quartier de Brest, principalement dans le chenal du Conquet & du Mingan, on en prend toute l'année avec des haims & des tramaux ; on en prend qui ont depuis quatorze jusqu'à vingt-quatre pouces de longueur, & quatre à cinq pouces de largeur ; on amorce les haims avec des lançons.

Toutes ces pêches peuvent être regardées comme accidentelles, puisqu'on ne les fait pas expressément pour prendre des *lieux* ; mais on en fait d'expresses à Audierne, à l'isle des Saints & autres lieux circonvoisins. Elle commence après Pâques, & ne finit qu'à la Saint-Jean, qu'on la cesse pour en faire d'autres.

On emploie pour cela de petits bateaux de trois à quatre tonneaux, dans lesquels se mettent six ou huit hommes, appareillés d'une ou deux voiles quarrées ; car cette pêche se fait en fillant à la voile. Les lignes dont on se sert, sont un diminutif de celles qui servent pour la morue ; elles ne portent qu'un haim de la grosseur de ceux qu'on emploie dans le Nord pour la pêche de la morue. On les amorce avec une sardine, & souvent avec un morceau de peau d'anguille long de trois à quatre travers de doigt. Comme le bateau qui est sous voile, fille assez vîte, & comme les pêcheurs donnent continuellement des secousses à leurs haims, les *lieux* qui sont voraces, prennent l'appât pour un poisson qui fuit ; ils se jettent dessus, & se prennent à l'haim ; quand on a hâlé le poisson à bord, on retire l'haim, qui souvent est garni de son appât ; de sorte qu'il sert quelquefois assez long-temps.

Sur plusieurs de nos côtes, on confond le colin avec le *lieu*, & effectivement ces poissons se ressemblent à tant d'égards qu'on est tenté de regarder le colin comme une variété du *lieu*. C'est pourquoi nous nous contenterons de marquer les points distinctifs qu'on apperçoit entre ces deux poissons.

Le colin est commun au Nord de l'Angleterre, & assez rare sur nos côtes.

Le colin ressemble au *lieu* par ses yeux qui sont grands, par la forme de sa tête, par le nombre & la position des ailerons & des nageoires, par sa mâchoire inférieure qui est plus longue que la supérieure, par l'aileron de la queue qui est un peu fourchu, parce qu'il n'a point de barbillon au menton, par la position de l'anus. Tous ces caractères & plusieurs autres que je supprime conviennent autant au *lieu* qu'au colin. Voici ceux qui établissent quelque différence entre ces deux poissons. Aux *lieux*, les raies latérales font une grande courbure vers l'anus pour se rendre derrière les ouies. Au colin cette raie qui est blanche & assez large, est presque droite, ce qui peut dépendre de ce qu'il a le ventre moins gros.

La couleur du colin n'est pas claire comme celle du *lieu*; elle est, sur-tout au dos & à la tête, d'un jaune obscur, tirant sur le noir, ce qui le fait nommer *cole* ou *colin*, terme qui, suivant l'idiôme anglois, veut dire *charbonné*; mais la chair du colin ayant la même consistance que celle du *lieu*, on peut dire que ces deux poissons diffèrent bien peu l'un de l'autre.

On prend au Nord beaucoup de grands *lieux* & des colins; quand la morue donne abondamment, on n'en fait aucun cas; mais quand on trouve peu de morues, on sale les *lieux* & les colins, & alors il faut être connoisseur pour les distinguer des morues franches. Néanmoins à leur vente en France, les trieurs ne s'y trompent pas, ils les mettent avec le rebut, & on les vend moitié moins que les vraies morues.

Autant qu'on le peut, on vend ces poissons frais; mais quand la pêche est abondante, on en sale & on en sèche, presque comme la morue.

On leur tranche la tête, on les fend par le dos dans toute leur longueur pour les vuider; on les met au sel pendant deux fois vingt-quatre heures; ensuite on les lave dans l'eau de mer, & enfin on les étend sur la grève pour les faire sécher au soleil. Des marchands viennent les acheter des pêcheurs, ils en forment des paquets de deux quintaux. On peut bien en préparer dans ces cantons de la Bretagne quatre, cinq ou six cents quintaux, qu'on envoie à la foire de Bordeaux. On en consomme aussi en France, qu'on vend pour de la morue sèche à ceux qui ne s'y connoissent pas. Cependant il y a bien de la différence; car les *lieux* qu'on sale dans l'Amérique Septentrionale, sont vendus, comme rebut, moitié moins que la morue franche ou le cabillaud.

LIÈVRE MARIN, poisson de mer commun dans l'Océan Britannique & dans la mer de Bothnie; il est rond, fort épais, & d'une figure difforme; il a sur chaque côté trois rangs de nageoires recourbées & autant sur le dos; celles du ventre se tiennent par les extrémités, & forment comme une seule nageoire circulaire: ce poisson s'en sert pour s'attacher au fond de la mer & contre les rochers, & pour résister à la violence des flots: on mange le *lièvre marin* en Angleterre.

On donne aussi ce nom à un poisson des côtes du Languedoc, dont le museau est fait comme celui du *lièvre terrestre*, & qui habite dans la fange; il n'est pas si bon à manger que le premier que nous avons décrit, cependant le peuple s'en nourrit.

LIGNE. Les pêcheurs emploient ce mot en plusieurs sens différens. *Ligne d'amarrage*, qui sert à attacher différens corps; *ligne de pêche, fine ou simple*, celle qu'on fait avec de la soie ou du crin, à l'extrémité de laquelle on attache un haim amorçé, & qu'on tient à la main pour tirer à bord le poisson qui a mordu: on pêche de cette façon des morues, des cabillauds, des thons & beaucoup d'autres poissons. Les *lignes* de crin ne valent pas celles de soie, *lignes dormantes & par fond*, celles qui sont garnies dans leur longueur d'empiles d'haims & de lest, qu'on tend au fond de la mer avec de petits bateaux: il y en a qui ont beaucoup d'étendue; *lignes sédentaires & flottantes*, qui sont attachées à des corps fixes, ou dont les haims sont attachés à des corps flottans.

Les *lignes* ordinaires pour la pêche sont ou de crin ou d'un cordonnet de soie; comme le poisson est méfiant, il ne faut pas que les *lignes* soient trop grosses, & il est bon de les teindre de couleur d'herbe verte, ou fanée. Pour teindre les crins blancs d'une légere couleur verte, il faut mettre dans une chopine de bière une demi-livre de suie, une petite quantité de jus de feuilles de noyer, & un peu d'alun. Lorsque cette liqueur a bien bouilli, & qu'elle est refroidie, on y met tremper ses *lignes* de crin, & on les y laisse plus ou moins, suivant le degré de vert qu'on desire leur donner. Lorsqu'on veut teindre les *lignes* d'un vert foncé, on met dans une pinte de petite bière une demi-livre d'alun, & on y fait bouillir doucement son crin pendant une demi-heure; on le retire, on le laisse sécher. Cette première préparation le dispose à recevoir la couleur; on met ensuite dans deux pintes d'eau deux poignées de fleurs de souci, on fait bouillir la liqueur pendant une demi-heure; lorsqu'il s'y forme une écume jaune, on y ajoute une demi-livre de couperose concassée, & le crin aluné qu'on veut teindre. On ôte le pot du feu, on y laisse le crin trois ou quatre heures, & il est d'un beau verd. Plus on ajoute de couperose, plus le vert est foncé, mais on doit préférer le vert pâle. Quelques personnes poussent l'attention jusqu'à vouloir que le crin soit jaune, dans la saison où

les herbes des eaux douces se fanent & se dessèchent : pour lui donner cette couleur, on augmente la dose du souci, & l'on diminue considérablement celle de la couperose.

LIGNETTE ou BRUMET, ligne menue & fort déliée qui sert pour la pêche à la canne.

LIMANDE. C'est un poisson de mer, plat, peu large, dont les nageoires sont molles ; il est du même genre que la sole, le carrelet & la plie. Cette espèce de poisson nage à plat. La limande a des taches jaunes aux nageoires qui environnent le corps, & une ligne tortue au milieu du corps. Sa chair est blanche, molle & humide, un peu gluante : on pêche beaucoup de ce poisson sur les côtes de Bretagne soit à la ligne, soit aux filets.

LIME. On appelle ainsi des endroits où la surface de l'eau est unie & comme en repos ; il s'y rassemble ordinairement beaucoup de sardines.

LINGARD, morue longue qu'on apporte salée de l'Amérique.

LINGOADA, nom que les Portugais donnent à un poisson de mer du Brésil. Ce poisson a deux yeux d'un même côté, & n'en a point de l'autre. Il a la figure d'une sole. Ses dents sont fort aiguës.

LINGUE ou GRANDE MORUE BARBUE ou MORUE LONGUE ; en plusieurs endroits JULIENNE. Il y a plusieurs sortes de *lingues*, particulièrement le grand & le petit ; c'est du premier dont nous allons nous occuper ; nous dirons ensuite quelque chose du petit.

Le *lingue* a le corps presque cylindrique & fort alongé ; il y en a qui ont quatre à cinq pieds de longueur, sa largeur fait environ la septième ou huitième partie de sa longueur totale.

Ses écailles sont petites, minces & fort adhérentes à la peau.

Sa couleur au dos est très-souvent gris cendré, plus claire qu'à la morue franche ; quelquefois cependant la couleur du dos paroît vert d'olive, ou d'un verd plus clair moucheté de brun ; & à tous le ventre est blanchatre.

Les lignes latérales sont blanches & assez droites.

La tête est assez large & applatie en dessus ; ce qui fait paroître le museau pointu quand on le regarde de côté. Au reste, la longueur de la tête est environ la cinquième partie de celle de tout le corps.

Ses ouies sont charnues ; le crâne forme au-dessus de la tête une arrête qui est comprise entre deux larges sillons, au-delà desquels est une éminence assez pointue qui termine les côtés de la tête en cet endroit.

Les yeux sont grands & couverts d'une membrane qui ne paroît pas fort transparente ; leur iris est jaune, couleur d'or, à cause de l'applatissement de la tête ; les yeux paroissent placés comme horisontalement en dessus.

Les narines sont entre les yeux & l'extrémité du museau.

La mâchoire supérieure excède un peu celle d'en bas, au-devant de laquelle est un barbillon cartilagineux, qui a environ un pouce de longueur, & se termine en pointe.

Dans la bouche, au-dessus du barbillon ou de la simphyse du menton, la mâchoire ne paroît pas garnie de dents ; mais un peu au-delà il y en a qui sont fines, très-pointues & fixes dans la mâchoire, ensuite plus avant on n'en trouve que de petites. Toutes celles de la mâchoire supérieure sont très-courtes, très-déliées & immobiles ; elles sont disposées en nombre & sans ordre sur une bande large de deux à trois lignes. On trouve encore au palais environ cinq dents crochues, fortes, longues, un peu écartées les unes des autres, dont une partie sont fixes, & les autres mobiles ; elles sont rangées sur deux lignes qui en se rapprochant par une de leurs extrémités forment un angle. Entre ces crochets, il y a de petites dents fines, courtes & très-pressées les unes contre les autres.

La langue est blanchâtre, douce, mollette, pas fort épaisse, plus longue que large, & terminée en avant par une pointe mousse ; elle devient très-blanche à la cuisson, alors elle fait un manger délicat, mais qui a peu de goût.

A chaque côté de la tête, sous les opercules des ouies, sont quatre branchies formées par des côtes cartilagineuses, garnies de lames fines & molles qui font comme une frange, rangées sur deux lignes ; à une, les lames sont plus courtes qu'à l'autre. Le dessous des côtes cartilagineuses est garni de protubérances dures, & plus avant vers le crâne sont des dents fixes & crochues entre lesquelles sont quantité d'aspérités, à l'autre extrémité des côtes cartilagineuses, il y a aussi des dents, entre lesquelles il y en a d'assez longues & fixes qui s'inclinent vers le gosier.

Le *lingue* a deux ailerons sur le dos ; celui qui est

est assez près de la tête, est formé par quatorze à quinze rayons assez gros, mais souples ; l'autre qui lui est presque contigu, & qui s'étend jusque fort près de la queue, est formé par environ soixante-dix rayons, qui augmentent un peu de longueur vers son extrémité postérieure. Ainsi l'aileron paroît un peu plus élevé à cet endroit qu'ailleurs.

Derrière l'anus est un aileron qui s'étend jusqu'à celui de la queue, & est composé d'à-peu-près cinquante-huit rayons.

Il y a derrière chaque ouie une nageoire formée de dix-neuf rayons.

Sous la gorge sont deux nageoires de six rayons seulement, dont les trois de devant se divisent, & présentent trois filets qui excédent la membrane qui unit les autres ; le premier de ces filets est plus court que le second, le troisième est le plus long.

L'aileron de la queue est médiocrement large ; il paroît, quand il est étendu, arrondi, & formant comme une palette.

Tous les ailerons sont bordés de blanc, & en quelques endroits chargés de taches brunes.

Les sentimens sont partagés sur la qualité de la chair du *lingue* ; elle est fort blanche. Schoneveld, ainsi que d'autres auteurs, la trouvent plus délicate que celle du cabéliau, soit qu'on la mange fraîche, salée ou séchée. Ajoutons que suivant Anderson, c'est avec ce poisson qu'on fait dans le nord le meilleur rondfish & le meilleur klippfish ; enfin en Danemarck & en Angleterre, les *lingues* sont plus estimés que les autres poissons qu'on prépare de même.

Les schetlandois préférent pour leur usage la chair des grands *lingues* frais à celle des cabéliaux.

Cependant plusieurs prétendent que les gros *lingues* sont coriaces, & les regardent comme un des moindres poissons que l'on sale.

Dans les ports de Flandres, on fait peu de cas des *lingues* frais, on trouve leur chair séche & coriace, même spongieuse, & on assure qu'elle se corrompt promptement.

Nous croyons qu'on peut attribuer ces différents sentimens à la différence des saisons où l'on pêche les *lingues* ; car Leuwenhoeck dit que les poissons du genre des Asellus, sont de bonne qualité dans les temps qu'on nomme *leur saison*, & que dans d'autres ils sont mollasses & insipides : c'est peut-être pour cette raison que les *lingues* qu'on prend en Amérique pendant les chaleurs sont peu charnus, & deviennent durs, secs & coriaces dans le sel, bien différents des mêmes poissons qui ont été pêchés pendant le froid, & principalement en Schetland & en Norwège. Nous pensons encore que la nature du sol & de leur nourriture influe beaucoup sur la qualité de leur chair. De-là vient probablement que la plûpart des *lingues* de Terre-Neuve qu'on prépare en verd, sont mis au triage avec le rebut, au lieu que ceux qu'on prépare aussi en verd à Schetland, sont mis sans distinction avec le poisson marchand, d'autant que la chair en est fort blanche, & que fournissant de grandes pièces, ils deviennent plus utiles aux détailleurs.

On prend ce poisson au déboucher de la Manche, au nord de l'Angleterre, sur le Doggers' banck ; les pêcheurs Dunkerquois qui vont au nord des isles britanniques, depuis le mois de février jusqu'en mai, en prennent pêle-mêle avec des cabéliaux & des égrefins. Ceux qui vont à la pêche de la morue dans l'Amérique septentrionale, ne prennent quelquefois dans les mêmes parages que des *lingues*, & d'autres fois que des morues, suivant qu'ils tombent sur des bancs de ces différents poissons.

On prend encore beaucoup de *lingues* dans le nord de l'Europe, en Islande, Schetland, Groenland, & sur-tout du côté de Spitzberg.

Ce poisson, naturellement vorace, se jette sur les haims amorcés de hareng, de sardine, &c. On en prend donc avec les haims ; mais on en trouve aussi dans les filets qu'on tend sur nos côtes sédentaires & par fond, tels que les folles, tramaux, &c. & dans les anses avec des saines qui ont soixante brasses de longueur sur une ou deux de chûte.

Le petit *lingue* ou *merlu barbu*, a la tête peu allongée ; son œil est grand & vif, il est placé assez haut sur la tête, & peu éloigné de l'extrémité du museau ; sa bouche prend une assez grande ouverture, elle est garnie de dents qui, à la grandeur près, ressemblent à celles du *lingue* ; ses lèvres sont assez épaisses ; la mâchoire inférieure excède un peu la supérieure, & est garnie à son extrémité, d'un barbillon assez long.

Les écailles, tant du corps que de dessus les ouies, sont petites & minces, de couleur cendrée, tirant un peu au vert, & elles deviennent blanchâtres sous le ventre.

Il a sur le dos deux ailerons qui se touchent par leur base ; le premier semble n'avoir que six ou au plus dix rayons. Lorsqu'il est redressé, il forme à-peu-près un triangle équilatéral, & à son sommet il est marqué d'une grande tache noire. Les extrémités des rayons excèdent les membranes qui les lient les uns aux autres, & cela se remarque sur tous les ailerons.

Le second aileron du dos est fort long; d'abord les rayons sont inclinés vers l'arrière, ceux qui suivent sont plus redressés, & ceux qui sont le plus vers la queue s'inclinent un peu. Ce grand aileron est formé par quarante ou cinquante rayons; le bord de l'aileron, sur-tout en approchant de la queue, est noir.

Les lignes latérales prennent naissance derrière les ouies, & forment une courbure considérable pour gagner le milieu du poisson vers les deux tiers de sa longueur; puis elle suit une ligne droite jusqu'à l'aileron de la queue.

L'anus est placé aux deux cinquièmes de la longueur totale du poisson.

Quand l'aileron de la queue est étendu, il a une forme arrondie, & il est lavé de noir; on y compte environ douze rayons, presque tous fourchus; les nageoires de derrière les ouies sont assez larges & arrondies; elles se prolongent jusqu'à l'aplomb de l'anus.

Au lieu des nageoires de dessous la gorge, on voit de chaque côté, fort près de l'angle inférieur des ouies, deux barbillons très-longs composés chacun de deux filets qui paroissent sortir d'une gaîne commune, se séparent à environ la moitié de leur longueur, & forment deux barbes dont la longeur est à-peu-près des deux cinquièmes de celle du poisson; mais il y a toujours un de ces filets plus court que l'autre.

Ce poisson a rarement plus d'un pied de longueur; il a le ventre moins renflé que la plupart des poissons de sa famille; cependant par la forme de son corps qui a assez de largeur, il paroît être charnu.

La consistance de sa chair approche de celle du merlan.

On trouve dans son estomac, comme dans celui des *lingues*, de petits crabes, & différentes espèces de petits poissons.

LION MARIN. C'est un animal amphibie & vivipare qui se trouve vers le Cap de Bonne-Espérance, dans l'île de Juan Fernandez, & dans le détroit de Magellan. Le *lion marin* peut avoir depuis douze jusqu'à dix-huit pieds de long, & depuis dix jusqu'à quinze de circonférence. Sa peau est fort épaisse & couverte d'un poil court, de couleur tannée claire ou jaune; la queue & les autres nageoires qui lui servent de pieds, quand il est à terre, sont noirâtres; les extrémités des nageoires ne ressemblent pas mal à des doigts palmés jusqu'à la moitié, & sont garnies d'ongles. Sa tête a une ressemblance grossière avec celle du lion terrestre. Ses yeux sont gros & effrayans, ses oreilles courtes, il a une barbe épaisse & hérissée; des dents canines très-fortes, une langue ou masse de graisse qui pèse jusqu'à cinquante livres.

On tire jusqu'à quatre cents pintes d'huile de la graisse du *lion marin*; cet animal est très sanguin. Il passe tout l'été dans la mer, & tout l'hiver sur la terre. Il se nourrit d'herbes. Cet animal quoique très-vigoureux redoute les hommes, il est même susceptible d'être apprivoisé. Sa chasse ou sa pêche est facile, parce qu'il est incapable de se défendre & de s'enfuir. On peut l'approcher & le harponner en ayant soin de se garantir de ses dents.

LIPARIS. Belon dit que ce poisson se trouve dans un lac de Macédoine, vulgairement nommé *covios* : cet auteur ajoute qu'il ressemble à la sardelle, à cela près qu'il est plus large, moins épais & plus court; il est très-gras, & fond en partie quand on le fait cuire sur le gril.

La tête du *liparis* ressemble à celle du hareng; ses mâchoires sont garnies d'aspérités. Les nageoires & les ailerons ressemblent & sont placés comme aux sardines; il a aussi des dents de scie ou des aspérités sous le ventre. Les écailles ne tiennent guère à la peau, qui est argentée : le goût de ce poisson est plus agréable que celui du hareng. On en sale pour les conserver, & on les enfile avec un brin de jonc pour les vendre par douzaine, parce qu'ils sont petits. C'est au printemps qu'on en fait la pêche, & c'est aussi dans cette saison qu'ils sont le plus gras; il s'en fait alors un commerce considérable.

On prend avec les *liparis* des poissons un peu plus gros, qui leur ressemblent beaucoup; on les nomme *lestia*; ils ne sont pas aussi estimés. Ces poissons vont par troupes : les pêcheurs font du bruit avec des coquilles, des tessons de pots, même des instrumens de métal, dans la vue de les attirer; ensuite ils essayent de les envelopper avec un grand filet, & ils se portent dans l'enceinte avec de petits bateaux pour battre l'eau & les engager à donner dans le filet, qu'ils tirent ensuite sur le rivage.

LIPS, poisson du genre des morues, connu sous ce nom en Islande.

LIS ou DREIGE, filet composé de soixante

& dix rangs de mailles de neuf ourdres au pan, ou d'un pouce en quarré.

LOCHE, petit poisson dont on distingue plusieurs espèces savoir la *loche d'étang*, celle de *rivière*, & celle de *mer*.

La *loche d'étang* a la figure & la couleur du goujon. Elle est plus courte, plus grosse, moins délicate & moins saine que la *loche* de rivière.

On donne à la *loche de rivière* le nom de *franche*. Elle a la peau lisse, sans aiguillons, & sa chair quoique gluante est plus tendre & plus saine que celle des autres. Sa couleur est jaunâtre tiqueteé de noir; on pêche une grande quantité de ce poisson dans la rivière de Mare en Languedoc & dans toutes les rivières à eaux vives.

Il y a encore une autre espèce de *loche* de riviere qui a des barbillons qui lui pendent du bout des mâchoires.

La *loche de mer* est de la grosseur du petit doigt. Elle se pêche principalement sur la côte de Gênes. C'est une espèce d'aphie. *Voyez* ce mot.

On pêche ces poissons à la ligne & aux filets. On met pour appât des grillons, des vers, des grains de raisin.

LODDER, nom que les norwégiens donnent à une espèce de hareng qui ressemble beaucoup à nos éperlans. Les habitans de la Norwège & du Groenland en font des pêches considérables en mai & en juin. Ils les font sécher sur les rochers pour l'hiver.

LONTEQUE ou LONTEK, poisson commun au Croisic en Bretagne. Il a quatre pouces de long, & huit lignes de large. On n'en mange point, parce qu'il est hérissé d'arrêtes; mais comme il a beaucoup de goût, on en fait de bons coulis.

LOQUÉS (harengs). Ce sont ceux qui ont été mordus ou blessés par des chiens de mer, ou des poissons voraces.

LOTE, poisson à nageoires molles & épineuses, qui se trouve dans les lacs & les rivières de France, particulièrement dans l'Isère & la Saone.

Ce poisson a le corps long, arrondi, épais & glissant comme la lamproie. Il est couvert de petites écailles de différentes couleurs, tirant sur le roux & sur le brun. Les côtés sont demi cerclés. Sa queue est faite en forme d'épée. Sa langue est rude par le bout. Il a onze dents petites & menues, droites & inégales en grandeur. Ses mâchoires sont couvertes de grandes lèvres enflées. Ses yeux sont ronds. Il a quatre ouies de chaque côté, dont le haut & le bas sont assez ouverts. La nageoire de l'anus & celle du dos n'en font qu'une: celles de la poitrine sont flexibles, & d'un rouge jaune: celles du ventre sont blanches. La longueur ordinaire de la tête est d'un pied.

La chair de ce poisson est bonne & délicate; mais on ne mange point les œufs de la *lote*, ni ceux du brochet & du barbeau, parce qu'ils purgent avec violence.

LOUP. On donne ce nom à plusieurs sortes de filets.

LOUP MARIN, amphibie qui a beaucoup de rapport avec le phoque par son poil ras & touffu, par la configuration de son corps, par sa manière de marcher, de ronfler & de gronder, & par la facilité avec laquelle on le fait mouvoir en le frappant sur les naseaux.

La chair du *loup marin* est de mauvais goût, & se fond presque toute en huile; cependant les indiens de Chiloë en font sécher la chair pour s'en nourrir. Les *loups marins* du Nord ont la taille d'un gros mâtin; ceux du Pérou ont deux pieds de long: on les pêche assez aisément, & les américains emploient leur peau à faire des ballons pleins d'air qui leur servent de canots. On a donné le nom de *loup marin* au lubin. *Voyez* ce dernier mot.

Enfin on a appellé *loup marin* un poisson à nageoires molles & sans écailles, qui est d'une grande voracité: sa tête est grande & serrée en forme de poignard, & ses dents paroissent aussi fortes que celles d'un chat de six mois. On pêche ce poisson en Angleterre, dans le duché d'Yorck & dans le Northumberland.

LOUTRE MARINE ou CASTOR DE MER. Suivant Steller, cet animal a le poil du castor ordinaire; il est de la grosseur du chat de mer, & a la figure du veau marin, & la tête faite comme celle de l'ours. Cet animal est assez doux; il paroît être une espèce de phoque.

LOUVE. On donne ce nom aux verveux, principalement à ceux qui ont plusieurs ouvertures à chaque bout. Ceux qui sont garnis d'ailes, sont appellés *rafles*.

LUBIN, excellent poisson qu'on trouve dans la mer, dans les étangs salés, & à l'embouchure de nos rivières; il a toujours la gueule ouverte, & sa voracité fait qu'il donne aisément dans les piéges qu'on lui tend.

Cet animal a quelque ressemblance par le corps au saumon: les petites dents dont sa mâchoire est fournie, font qu'il ne peut dévorer beaucoup de poissons; il se nourrit aussi de petits crustacés, & même d'algue : malgré son avidité, il ne prend point ces petites chevrettes qui ont une corne sur la tête, parce qu'elle lui piqueroit le palais.

La chair du *lubin* nourrit peu; il y en a dans l'île de Cayenne, dont le goût est exquis. Lorsque les pêcheurs veulent saisir ce poisson, il a l'adresse d'enfoncer sa queue dans le gravier, afin que le filet coule par-dessus son corps.

LUNE DE MER ou ROND DE MER. C'est un poisson plat, d'une forme presque orbiculaire; il a dix-huit à vingt pouces depuis la tête jusqu'à la queue, douze pouces de largeur, & deux ou trois d'épaisseur. Il seroit presque oval sans sa queue. Sa peau est d'un blanc argenté & reluisante. Sa gueule est petite & garnie de deux rangées de dents. Il a le front large & ridé; les yeux ronds, grands & fort rouges. Ses deux nageoires sont grandes, & commencent à côté des ouies. Sa chair est blanche, ferme, grasse, nourrissante & de bon goût.

LUZIN, menu cordage formé de deux fils simplement retors, & non pas commis comme le bitord.

M.

MACHORAN, poiſſon ſingulier qu'on pêche ſur la côte du Pérou près d'Arica. Il eſt long d'un pied & demi, & large de quatre pouces. Il a des écailles brunes preſqu'imperceptibles. Sa peau eſt fine, & ſa chair eſt blanche; ſon ventre eſt plat, ſa tête aſſez groſſe. Il a proche la tête une arrête taillée en forme de ſcie dont les dents ſont inclinées du côté du corps. Cette arrête a la même longueur & les mêmes mouvemens que ſes nageoires. Lorſque ce poiſſon ſe ſent attaqué, il dreſſe ſes arrêtes, & tâche de faire à ſon ennemi des piqûres qu'on dit venimeuſes. Ce poiſſon a ſur les deux côtés de ſa tête des eſpèces de barbes ſemblables à celles du barbillon & du chat. Le *machoran* eſt encore fort commun aux îles Saint-Vincent, du Cap Vert, de France, de Bourbon & à la côte d'Or.

MADRAGUE, on donne en général ce nom à de très-grandes pêcheries qu'on établit dans la Méditerranée. On peut les regarder comme des parcs immenſes établis en pleine eau, circonſcrits par une vaſte enceinte de filets qui s'étendent juſqu'à la côte, & dans leſquels les pêcheurs forcent les poiſſons de ſe réfugier.

La fameuſe pêcherie des côtes de Provence où l'on prend le thon, ſe nomme particulièrement *Madrague*. Les préparatifs conſidérables qu'elle exige, & l'appareil impoſant qu'elle offre en ſpectacle entraînent de fortes dépenſes qui ſont bientôt compenſées par les profits qu'elle procure. C'eſt dans les beaux jours des mois d'août & de ſeptembre que cette pêche a lieu. Elle attire un concours prodigieux de perſonnes des deux ſexes qui viennent jouir de cette pêche abondante & preſque miraculeuſe; car il n'eſt pas rare de pêcher deux mille thons en un jour, & d'en prendre qui pèſent juſqu'à 120 livres & plus. La *madrague* fut la plus brillante comme la plus ſingulière des fêtes que Marſeille donna en 1702 aux petits-fils de Louis XIV. En effet, qu'on ſe figure tous les environs de la côte couverts de barques ornées où les ris, les jeux & les chants de la gaîté provençale contribuent autant au ſuccès de la pêche en effrayant le poiſſon, qu'ils donnent d'amuſemens aux ſpectateurs joyeux.

Quant aux détails de la pêche, *voyez* l'article THON.

MAIGRE ou POISSON ROYAL. Les anglais du Cap-Corſe regardent le *maigre* comme le poiſſon le plus délicat de la Côte-d'Or; on dit qu'ils donnent le nom de *ſeffer* aux petits, réſervant pour les gros le nom de *maigre*. Il paroît donc que notre *maigre* eſt le *peis-rey* ou le *poiſſon royal* de Languedoc.

On pêche à Narbonne un gros poiſſon qu'on nomme *dains*, & qui, d'après les notices qu'on a pu ſe procurer eſt notre *maigre*, non-ſeulement à cauſe de ſa groſſe taille, mais encore parce qu'on le regarde comme un fort bon poiſſon. Ce poiſſon eſt d'une force extraordinaire, car ſouvent quand il eſt en vie dans une barque il renverſe d'un coup de queue un matelot. Pour prévenir cet accident, & éviter qu'il ne déchire les filets, les pêcheurs les aſſomment avant de les tirer à bord. Ces poiſſons peuvent à leur volonté coucher tous les rayons des ailerons vers l'arrière, où ils ſe logent dans une gouttière, de ſorte qu'on ne les apperçoit preſque plus: il faut pour reconnoître leur forme, les relever avec une pointe. La chair du *maigre* eſt blanche, tendre, délicate. Ce poiſſon eſt eſtimé; la hure eſt ſur-tout regardée comme un excellent manger. Les *maigres* ſont de paſſage: & de plus il eſt rare qu'ils reſtent un temps un peu conſidérable dans un même parage.

On en prend peu dans le mois d'avril: c'eſt dans les mois de mai, juin & juillet qu'ils viennent par bandes, & c'eſt dans cette ſaiſon qu'on en fait la pêche dans le Pertuis entre l'île de Rhé & la rivière de Saint-Benoît, où on va les chercher ſous l'eau juſqu'à dix & douze braſſes. On aſſure qu'il reſte de ces poiſſons juſqu'à la fin d'août, mais qu'alors on y en prend peu, parce qu'étant effarouchés, à ce qu'on prétend, par les pêcheurs ils ſe ſéparent, & n'étant plus raſſemblés il eſt fort difficile de les rencontrer: car quand ces poiſſons ſont raſſemblés en troupe, ils avertiſſent du lieu où il faut les aller chercher par un mugiſſement plus fort que celui des grondins, & qui ſe fait entendre d'aſſez loin. Il eſt arrivé que trois pêcheurs dans une barque étant guidés par ce bruit, ont pris vingt *maigres* d'un ſeul coup de filet; mais cela eſt fort rare ſur-tout depuis pluſieurs années que ces poiſſons ont abandonné les côtes d'Aunis pour aller peupler la mer de Biscaye, éloignée d'une centaine de lieues des côtes du Poitou.

On en prend d'assez gros à Barcelone & en Catalogne avec l'espèce de trémail qui sert pour les bastudes. On dit qu'on ne prend à Marennes que de petits *maigres* qu'on y nomme *maigreaux*, & que les pêcheurs de Saint-Palais, amirauté de Marennes, se servent pour les prendre d'une chaloupe & d'une espèce de folle ou de manet dont les mailles ont une ouverture proportionnée à la grosseur du poisson, pour qu'une partie se maillent. Ces filets ont trente ou quarante brasses de longueur sur trois de chûte, & sont lestés & flottés; ils sont faits de bons gros fils retors. Les pêcheurs prennent des bordées sous voile ou à la rame, prêtant la plus grande attention pour entendre le bruit que font les poissons qui, suivant eux, est assez considérable pour être entendu lors même que les poissons sont à vingt brasses sous l'eau; guidés par ce bruit, ils tendent leurs filets, faisant en sorte de croiser la marée. Le bout forain du filet auquel est attaché une bouée, est entraîné par le courant de l'eau; & ils dirigent sur cette bouée la marche du bateau, dans lequel ils conservent une manœuvre attachée au bout du filet opposé à la bouée. Aussi-tôt qu'ils s'apperçoivent qu'un poisson a donné dans le filet, ils le relèvent, & assomment le poisson au sortir de l'eau.

On voit dans un mémoire de Royan, que les pêcheurs s'étant portés au large dans leur chaloupe mettent de temps en temps l'oreille sur les bords de la chaloupe pour essayer d'entendre le chant des *maigres*, & ils prétendent que l'arrivée de ce poisson annonce celle des sardines. Les *maigres* sont rares sur les côtes de Normandie & de Picardie : il n'arrive guère qu'on y en voie rassemblés en troupe.

Comme il n'est pas possible de détailler toutes les différentes méthodes que suivent les pêcheurs pour prendre ce poisson dans les différens parages, on se bornera à rapporter ce que pratiquent ceux d'Olonne; ils prennent des *maigres* depuis le mois de mai jusqu'en octobre, avec des filets dont les mailles ont quatre pouces d'ouverture en quarré. Une chaloupe du port de quatre tonneaux, armée de huit hommes d'équipage se porte à deux lieues au large avec environ six cents quarante brasses de ces filets : ils les tendent sédentaires sur vingt-deux brasses d'eau, & ils les relèvent tous les deux jours. Ils n'emploient aucun appât pour attirer le poisson : mais ils comptent produire cet effet avec un sifflet qui, suivant eux, a, à l'égard de ces poissons, le même succès que les appaux pour les cailles. Les nuits obscures & calmes sont les plus avantageuses pour cette pêche. En plusieurs endroits on pêche les *maigres* avec les saines à la traîne : les uns & les autres portent leurs poissons aux marchés les plus voisins.

MAILLADE ou TRÉMAILLADE. C'est ainsi qu'on appelle sur la Méditerranée les filets que dans l'Océan on nomme *trameaux*.

MALACOMONOPTÉRYGIENS, nom qu'on donne aux poissons qui n'ont qu'un seul aileron mou sur le dos.

MALACOPTÉRYGIENS. On appelle ainsi les poissons dont les ailerons & nageoires sont souples, plians & point piquans.

MALARMAT. Belon a cru appercevoir dans la forme du *malarmat* celle du poisson que les anciens ont nommé *lyra*, parce qu'on avoit cru lui trouver quelque rapport avec la lyre, instrument de musique.

Ce poisson est presque blanc sous le ventre; son corps est d'un beau rouge, mais cette couleur se dissipe peu de temps après qu'il a été tiré de l'eau. Quoi qu'il en soit, cette couleur rouge, sa grandeur, la position de ses yeux, celle des nageoires de derrière les ouies & de dessous la gorge, ont engagé les auteurs à le mettre au nombre des rougets-grondins : il a de plus, ainsi que les poissons de cette famille, des barbillons à l'articulation des nageoires branchiales : mais au lieu que tous les rougets-grondins en ont constamment trois de chaque côté, le *malarmat* n'en a que deux.

Le corps du *malarmat* va assez régulièrement en diminuant depuis les ouies jusqu'à la queue; mais au lieu d'être rond comme aux grondins, son corps est à huit pans : chaque face est bordée de raies saillantes formées par des crochets piquans qui font partie des écailles : aux grondins les écailles sont si petites & si minces, qu'on seroit tenté de croire qu'il n'en ont point, bien différentes de celles du *malarmat*, qui sont fortes, épaisses & dures. Ce poisson est fort rare & presqu'inconnu sur les côtes de l'Océan & dans le canal de la Manche : mais il est commun aux côtes d'Espagne & de Provence, où l'on en prend dans les grands fonds, principalement avec le filet de la tartane. Comme ce poisson est fort vif, & se meut avec beaucoup de facilité, il lui arrive souvent d'endommager son enveloppe écailleuse, & particulièrement ses cornes.

MALESTRAN, sardines qu'on met en saumure dans une grande baille, pour les paquer ensuite dans des barils.

MANCHE, filet en forme de tuyau conique,

large à l'entrée, & qui s'étrécit jusqu'à son extrémité qu'on ferme de différentes manières.

MANET, filet en nappe simple, dont les mailles sont proportionnées à la grosseur des poissons qu'on se propose de prendre; ainsi elles sont plus serrées pour les sardines que pour les harengs, & pour les harengs que pour les maquereaux. Ceux pour prendre les mulets ont les ailes encore plus larges : car il faut que la tête du poisson entre dans la maille, & qu'il soit retenu par les ouies. Les *manets* se tendent en ravoir : on en garnit des parcs, on en tend en pleine eau, pierrés & flottés.

MANIGUIERE, pêcherie formée de filets tendus sur des pieux qui aboutissent à des manches où entrent les anguilles.

MANIOLLE, grande truble dont on se sert dans l'Adour près Bayonne, dans un petit bateau, pour prendre de petits poissons; on s'en sert aussi dans le port de Brest pour prendre des merlans bâtards. Quelquefois la *maniolle* n'a pas de manche, & est suspendue à un cordage.

MANNE DES POISSONS, papillon dont les poissons sont fort friands & qui sert à faire des appâts.

MAQUEREAU ou AURIOL ou HORREAU, poisson fort connu & fort recherché. Il est long d'environ un pied; son corps est rond, charnu, épais, sans écailles. Il a le museau pointu ainsi que la queue. L'ouverture de sa bouche est assez grande. La mâchoire de dessous entre dans celle de dessus & se ferme comme une boîte. Ses dents sont fort petites. Ses yeux sont grands & dorés. La peau de son dos dans l'eau est d'une couleur jaune de soufre : quand le poisson est mort elle est verte, bleuâtre & argentine au ventre & sur les côtés. Son dos est marqué de plusieurs traits noirs en travers. Proche l'anus il a une petite nageoire, sur le dos une pareille & plusieurs autres plus petites encore d'espace en espace. Il a une autre nageoire au commencement du dos, deux autres aux ouies & deux au-dessous. Les *maquereaux* de l'Océan sont plus grands que ceux de la Méditerranée. La chair de ce poisson est grasse, compacte, sans arrêtes, de bon suc, & nourrissante.

Les *maquereaux* sont de l'espèce de poissons qui font annuellement la grande route, & semblent, ainsi que les harengs, s'offrir à la plupart des peuples de l'Europe.

La pêche de ce poisson se fait ordinairement la nuit, elle est plus abondante que pendant le jour.

Le *maquereau* des Indes a des couleurs vives, une ligne autour du ventre & une autre qui lui prend depuis la tête jusqu'aux yeux. On lit dans les *transactions philosophiques*, que le *maquereau* jette un éclat étincelant dans l'eau, & que si on y met un assaisonnement de sel & d'herbes odoriférantes, l'eau devient plus brillante, & semble refletter de la lumière & du feu lorsqu'on l'agite; mais quand le poisson se corrompt, ce phosphore s'éteint & disparoît.

MARCHAIS, on donne ce nom aux harengs rétablis de la maladie qu'ils éprouvent dans le temps de la fraie.

MARSAIQUE, filet qu'on tend par fond & sédentaire sur le bord de la mer.

MARSOUIN, espèce de baleine dont la tête a la forme d'un museau de cochon & la queue est taillée en faucille. *Voyez* à l'article BALEINE.

MARTEAU, cet animal vorace est une espèce de chien de mer. Sa tête platte & difforme s'étend des deux côtés comme celle d'un marteau. Ses yeux, placés aux deux extrémités, sont ronds, grands, rouges, étincelans & menaçans. Sa large gueule est armée de plusieurs rangées de dents fort tranchantes. Son corps est rond & se termine par une grosse queue. Sa peau est très-épaisse, sans écailles, marquée de taches, dure & rude comme celle du requin; mais d'un grain plus fin. Ses nageoires sont grandes, fortes, cartilagineuses. Ce monstre marin s'élance sur sa proie avec rapidité. Cependant malgré sa vitesse & sa force, les nègres osent l'attaquer, & le tuent avec beaucoup d'adresse. On voit des *marteaux* de la grandeur des cétacées. Il n'est pas rare d'en prendre dans la Méditerranée. Sa chair est dure & d'un mauvais goût.

MAXON. Ce poisson est une espèce de *muge*. Sa chair est gluante; ses lèvres & le bord de ses ouies sont rougeâtres. On le pêche en Provence, & sur la côte de Gênes.

MÉEAREL. Ce poisson a le corps brun, marqué de taches faites en formes de losanges. Il mue comme le serpent, la partie antérieure du corps est mince; celle de derrière est du double plus épaisse. Son museau est long & presque toujours entrouvert; ses dents sont très-pointues. Cette espèce de poisson se retire entre les rochers où il s'engraisse. Il est très-bon à manger. On dit que ceux qui le tuent éprouvent aussi.tôt un sentiment de stupeur & d'assoupissement, mais qui ne dure pas.

MELANDRE, MELANDRIN, ou PETIT SARGO NOIR. Le *melandre* qu'on prend dans la Méditerranée, est un petit poisson noir, vilain

& sale, qui ressemble assez par la forme au sargo, mais qui est plus petit, & proportionnellement à sa taille plus épais. Il est de couleur violette autour de la tête. Son corps tire au noir; au lieu que le sargo a l'aileron de la queue fourchu, celui-ci l'a coupée quarrément.

MELETTE, poisson de la Côte-d'or en Afrique & de la Suède, dont on distingue deux espèces, l'une grande & l'autre petite. La chair de la petite espèce est très-grasse & agréable, soit marinée comme le thon, soit desséchée comme les harengs rouges de Hambourg. Les hollandois en font des provisions.

MELETTE, autre poisson assez commun dans la Méditerranée, plus petit que la sardine à qui il ressemble beaucoup; cependant, proportionnellement à sa longueur, il est plus large.

Quand il y a quelque temps que ce poisson a été tiré de l'eau, son dos est brun; cette couleur qui s'étend de toute la longueur du poisson, tranche net sur le reste du corps, qui a une couleur d'argent si vive, qu'on croiroit que ce seroit de l'argent bruni; la peau est aussi argentée, & les écailles qui s'en détachent aisément sont petites, elles ont quelques reflets colorés, qu'on peut comparer à la nacre; la mâchoire inferieure est plus longue que la supérieure. La largeur verticale du poisson vis-à-vis des yeux est de cinq lignes; vis-à-vis le derrière de l'opercule des ouies, de six lignes; à la naissance de l'aileron du dos, de sept lignes & demie; & à la naissance de l'aileron de la queue, de trois lignes & demie. Elle a de petites dents sous le ventre comme les sardines; la chair de ce petit poisson est blanche, très-délicate, de bon goût, pas néanmoins aussi relevée que celle des sardines. Sa chair est huileuse; elle ne supporte pas le sel, & se corrompt aisément.

On pêche ces petits poissons au bord de la mer & dans les étangs salés, dans la même saison que les sardines, c'est-à-dire, principalement dans les mois d'août & de septembre; quelquefois on en prend beaucoup à la Saint-Michel, lorsque les pluies ont troublé les eaux; car cette circonstance paroît avantageuse pour les prendre.

MENDOLE, petit poisson de mer écailleux, marqué à chaque côté d'une tache presque ronde, noire, ou azurée, ou jaune. Il est blanc en hiver & dans le printemps; mais en été il est quelquefois varié par tout le corps de beaucoup de couleurs différentes. Il y en a de petits ou gros comme le doigt, & d'autres comme des harengs. Ce poisson a le museau pointu, les yeux petits, la prunelle noire, l'iris rouge, la tête plate, les dents menues. La chair du *mendole* est agréable & de bon suc. On la conserve souvent dans la saumure.

MENISE ou MENUISE, MESLIS BLANCHE, BLANCHAILLE, NORRIN, ALVIN, APHIE, SAUMONELLE, tous noms que l'on donne à un amas de petits poissons de différentes espèces, qui se trouvent dans les filets quand on traîne des saines fort épaisses, ou qu'on tend dans des courans des filets à manche dont les mailles sont petites. Ailleurs on les nomme *œillets*, parce que les pêcheurs aux haims qui s'en servent pour amorcer, les broquent par les yeux.

MERLAN, poisson estimé & fort commun sur la plupart des côtes de l'Océan. Le *merlan* a depuis six ou huit pouces de longueur jusqu'à quinze ou dix-huit. Il est rare d'en prendre de vingt à vingt-quatre pouces. Depuis le bout du museau jusqu'à l'extrémité de l'aileron de la queue, il a quatre fois la longueur de la tête. Il est un peu applati, principalement depuis l'anus jusqu'aux ouies, & à cet endroit il est presque moitié moins épais que large; mais depuis l'anus jusqu'à la queue, son corps est moins applati, & devient menu.

Ce poisson a tous les caractères des morues, puisqu'il est rond, à arrêtes & à écailles; il a trois ailerons sur le dos, deux sous le ventre derrière l'anus, quatre nageoires, une derrière chaque ouie & deux sous la gorge.

Quand le premier aileron du dos est relevé, il forme à-peu-près un triangle latéral, & est composé de dix ou douze rayons; le second, qui est fort détaché du premier, forme un triangle, dont deux des côtés sont beaucoup plus longs que le troisième, qui est du côté de la tête. On y compte à-peu-près vingt rayons; le troisième aileron, qui est moins élevé que les deux autres, paroît avoir un plus grand nombre de rayons. A l'égard des deux ailerons du ventre, celui qui est le plus près de l'anus est fort long, & formé d'une vingtaine de rayons. Celui qui est plus vers la queue, est le plus petit de tous, & assez souvent il est marqué de taches brunes.

Les nageoires de derrière les ouies sont grises & formées de dix-neuf rayons: communément à l'articulation de cette nageoire, il y a une tache brune ou noire.

La couleur d'un *merlan* bien frais & de bonne taille, est en général d'un blanc brillant; mais vers le dos il a une teinte olivâtre plus ou moins claire, ou tirant tantôt sur le bleu & tantôt sur le roux, avec des reflets comme de cuivre jaune clair. Son ventre est blanc, mais pas bien net, étant argenté par endroits. Ceci n'est pas applicable

applicable à tous les *merlans ;* car suivant les fonds où on les pêche, ils ont des couleurs assez différentes les uns des autres. Ce sont peut-être ces petites différences de couleur qui font qu'à Brest on distingue les *merlans* blancs des roux.

Les écailles sont petites, minces, arrondies, & elles sont attachées a une peau fine.

On apperçoit de chaque côté une ligne qui part du haut des ouies, descend en faisant une courbe plus ou moins grande jusques vers l'aplomb de l'anus, & ensuite se prolonge droit jusqu'à la naissance de l'aileron de la queue, divisant en deux la hauteur du poisson.

La tête & le corps sont un peu comprimés sur les côtés; le devant de la tête s'affaisse quand la bouche est fermée; alors elle a la forme d'un coin: il n'a point de barbillon au menton.

On apperçoit, comme aux autres poissons du même genre, deux trous entre l'extrémité du museau & les yeux.

La mâchoire supérieure excède un peu l'inférieure, comme dans la morue fraîche. A l'intérieur de cette mâchoire sont quantité de petites dents; à la partie intérieure du palais, on trouve deux os rudes, & plus bas il y en a encore un qui est pareillement chargé d'aspérités. L'œil peu animé est grand & couvert, comme dans les autres poissons de son genre, d'une membrane mince & transparente.

A Dunkerque, le *merlan* est un des principaux objets de pêche pendant les mois de décembre, janvier & février; on en prend cependant à la ligne pendant toute l'année, & avec des filets depuis le mois de mars jusqu'en septembre; mais il n'est pas toujours également bon. Celui qu'on prend dans la saison du hareng est gras, & a la chair ferme; il commence à avoir des œufs & de la laite vers la fin d'octobre, ce qui augmente jusqu'au mois de février; vers la fin de ce mois, il devient maigre & alongé. Sa chair est molle, & diminue à la cuisson. Quand la saison du frai est passée, on en prend de petits qui sont assez bons, & la vraie saison recommence en octobre jusqu'en février.

Les dieppois font la pêche du *merlan* avec ce qu'ils appellent leurs *petites cordes ;* chaque pièce de ces petites cordes a soixante-quatre brasses de longueur, & est lestée de quatre ou cinq cailloux qui pèsent chacun une livre. On attache communément de brasse en brasse une empile d'une brasse de longueur qui porte un haim amorcé d'un pitot ou d'un morceau de hareng. Quelques-uns multiplient les haims, en sorte qu'ils en mettent quelquefois cent cinquante dans la longueur de soixante-quatre brasses; mais alors il faut faire les empiles moins longues. C'est assez l'usage des pêcheurs de Saint-Valery & de Fescamp. Chaque bateau qui va à la pêche des *merlans*, met à la mer une trentaine de ces pièces de petites cordes qui sont garnies de quatre mille cinq cents haims.

Comme les *merlans* se tiennent volontiers au fond de l'eau, les pêcheurs de Haute-Normandie, particulièrement aux environs du Havre, pêchent avec ce qu'ils nomment le *libouret* ou la *balle*. Quelques-uns amorcent avec des crabes; le hareng est préférable, & un suffit pour amorcer huit ou dix de ces petits haims; mais, dans la bonne saison, le *merlan* mord à toute sorte d'appâts.

Sur la côte de Caen, à Amelles, Langrunne, S.-Aubin, &c., on pêche de gros *merlans* depuis la Toussaints jusqu'à Pâques, & même toute l'année, avec ce qu'ils appellent des *apels* ou *apelêts*, qui diffèrent peu des petites cordes de la Manche. Les hameçons sont de brasse en brasse; on les relève toutes les deux ou trois heures.

Les pêcheurs de la Hogue prennent pour maîtresse corde de leurs tessures, de plus grosses cordes que les pêcheurs de la Haute-Normandie, & ils amorcent avec des vers qu'ils nomment *gravette*.

Il y a de plus quelques pêcheries aux environs de la Hogue, dans lesquelles il se trouve des *merlans* avec les autres poissons: mais en général la pêche du *merlan* n'est pas fort abondante sur cette côte.

Les pêcheurs de l'Isle-Dieu vont chercher les *merlans* à deux ou trois lieues au large, se mettant un maître, deux matelots & un mousse dans des bateaux de trois à quatre tonneaux: ils pêchent avec des lignes amorcées avec de petits poissons.

Les pêcheurs du Bas-Poitou pêchent des *merlans* dans les baies de Bourgneuf, de Bouin & de Noirmoutier, avec des espèces de dreiges longues de cinq brasses, hautes de quatre, & dont les mailles ont un pouce & demi d'ouverture en quarré. Ils se mettent dans des bateaux de huit à dix tonneaux qui ne sont point pontés. Leur équipage ne consiste qu'en un maître & un matelot, qui ont chacun un tiers du produit de la pêche; le propriétaire du bateau ayant l'autre tiers.

Les plus gros *merlans* qu'on prend sur les côtes d'Olonne ont dix-huit à vingt pouces de longueur; mais les plus communs ont un pied. Ce poisson se tient sur les fonds rouges, au large des rochers, depuis le mois de novembre jusqu'en septembre ; alors il se porte sur les fonds de roche jusqu'au mois de novembre : ce qui oblige de les prendre à la ligne, & c'est la saison où ce poisson est le meilleur & le plus abondant.

On a remarqué que quand il fait un peu de gelée blanche, le *merlan* mord plus volontiers aux haims qu'on amorce avec des vers. Le reste de l'année, on le pêche plus avec des dreiges qu'avec les haims.

Les pêcheurs d'Oleron, pendant le mois de mars, avril & mai, prennent les *merlans* avec les courtines. En novembre & dans les mois suivans jusqu'en mars, il s'en trouve dans les écluses.

Les gascons, vis-à-vis la pointe de Buch, prennent des *merlans* à la pêche du peugne.

Il se trouve aussi des *merlans* dans les manets qu'on tend pour prendre les maquereaux & les harengs. Quoique ce poisson soit fort délicat, il souffre très-bien le transport ; & pour peu que l'air soit frais & sec, on en mange de très-bon à Paris.

MERLIN, menu cordage formé de trois fils commis ensemble : il est meilleur que le bitord & que le luzin.

MERLU ou MERLUCHE, poisson de la famille des morues. On en prend de fort grands, sur-tout dans l'Océan : mais on en prend un bien plus grand nombre de petits.

Ce poisson a la tête assez large, mais applatie, & qui finit un peu en pointe.

L'ouverture de la bouche est grande : la mâchoire d'en-bas est un peu plus longue que celle d'en-haut, elle n'a point de barbillon. Elles sont l'une & l'autre garnies de dents, dont un rang qui sont rangées comme celles d'un peigne, sont immobiles, & ensuite un rang de dents mobiles : les unes & les autres sont un peu crochues. Au haut du palais est un cartilage en croissant garni de dents, dont celles du bord sont immobiles, & celles du milieu mobiles.

Les yeux sont grands, l'iris est jaune couleur d'or : cet organe est couvert d'une membrane transparente.

Ce poisson a deux ailerons sur le dos : un petit, qui a trois pouces de large à son attache au corps, est formé de neuf ou dix rayons : le plus long rayon a deux pouces dix lignes de longueur, les autres vont en diminuant, de sorte que celui du côté est très-court.

Le second aileron commence au-dessus de l'anus, & se prolonge fort près de la naissance de l'aileron de la queue : il est formé d'environ trente-huit rayons à-peu-près égaux jusqu'au vingt cinquième : la longueur du plus long est de deux pouces.

L'aileron du ventre commence derrière l'anus, il est placé exactement au-dessous du grand aileron du dos : il a le même nombre de rayons, & lui est semblable, avec cette seule différence que le premier rayon est un peu moins long que ceux qui le suivent.

Les rayons des ailerons dont nous venons de parler, sont liés par une membrane très-mince qui se déchire aisément, ce qui peut induire en erreur sur le nombre des ailerons tant du dos que du ventre.

Les écailles de ce poisson sont petites & minces, d'une couleur cendrée du côté du dos & de la tête, & sont blanchâtres en approchant du ventre, ayant des reflets argentins : mais ces couleurs changent peu de temps après que le poisson est mort.

On dit que sur les côtes de Narbonne, ces poissons ont le dos gris-de-souris, & la tête ainsi que les nageoires plus brunes, mais que le ventre est blanc sale.

La ligne latérale part de l'angle supérieur des opercules des ouies, & va presqu'en ligne droite aboutir au milieu de la queue.

La chair du *merlu* est fort tendre, même quelquefois mollasse & comme pâteuse ; néanmoins, quand on prend ce poisson en bonne saison sur les fonds de roche & de gravier, & qu'il est frais, sa chair est de bon goût. Il n'en est pas de même quand on le pêche sur les fonds de vase, & lorsqu'il a été gardé un peu long-temps : malheureusement, il ne se trouve pas fréquemment sur les fonds durs, ce qui fait que ce poisson n'est pas généralement estimé ; néanmoins les basques, les catalans & les espagnols en font cas lorsqu'il est frais : mais il s'en faut bien que ce goût soit général. Peut-être les fonds près les côtes d'Espagne sont-ils plus favorables que d'autres à la qualité de ce poisson.

Quoiqu'on prenne des *merlus* toute l'année, ils sont plus abondans & meilleurs depuis la mi-avril jusqu'au mois de juillet, que dans le reste de l'année, & il est probable que dans certaines saisons ils se retirent dans les grands fonds.

Comme ce poisson est très vorace, on en prend avec des haims qu'on amorce avec des sardines, des lançons, d'autres petits poissons ou avec des vers, même avec quelques espèces de poissons du genre des seiches. Dans le département de Brest, la pêche des *merlus* se fait avec des bateaux du port de deux jusqu'à cinq tonneaux montés par cinq ou sept hommes; leur grément ordinaire est de deux mâts & deux voiles quarrées; ils pêchent avec des haims, & tous les pêcheurs sont à la part.

La plus grande pêche du *merlu* se fait en Bretagne, à Audierne, Penmarck & à l'île des Saints. On y emploie de grands bateaux, dont l'équipage est de neuf à dix hommes; ils pêchent ordinairement pendant la nuit à trois ou quatre lieues au large, les uns avec des haims, comme la morue, les autres avec des tramaux.

Ces bateaux sont les mêmes que ceux qui servent pour la pêche des sardines, construits comme les biscayennes.

Pendant la pêche, deux hommes nagent continuellement, & se relèvent toutes les heures. Si le bateau restoit immobile, ils ne prendroient presque rien. Les lignes sont un fil de caret, à l'extrémité duquel est un plomb & un haim amorcé comme nous l'avons dit, & ils vont chercher leur poisson jusqu'à trente brasses de profondeur.

Les olonnois vont à deux ou trois lieues en mer faire cette pêche avec leurs dragues, dont les mailles du filet ont un pouce & demi d'ouverture en quarré; leur saison est depuis le mois de novembre jusqu'à celui de mai.

En Provence, on prend les *merlus* avec le boulier, la tartanne ou le filet qu'on nomme *bastude*, ou encore avec le palangrier.

On vend ce poisson frais le plus que l'on peut; c'est pourquoi on en transporte dans les bourgs & villages qui ne sont point au bord de la mer. Mais quand la pêche de ce poisson donne abondamment en Bretagne, on en fait sécher & on en sale, comme les lieux, qu'on transporte à Bordeaux, à la Rochelle & ailleurs.

On sale le *merlu* à peu-près comme la morue; on tranche la tête, on l'ouvre ensuite depuis le col jusqu'à l'anus, on le vuide & on nétoie bien le ventre; on ôte l'arrête jusqu'à l'anus, ou bien pour le préparer à plat, on l'ouvre d'un bout à l'autre, & on emporte presque toute l'arrête.

De quelque façon que le poisson ait été tranché, on le sale; pour cela, on en fait un tas têtes contre queues, & on met beaucoup de gros sel entre tous les lits de poisson. Quand il a resté une ou deux fois vingt-quatre heures dans le sel, on défait les tas, & on lave les poissons dans de l'eau de mer. A mesure qu'ils sont bien lavés, on reforme de nouveaux tas, pour que le poisson s'égoutte de l'eau du lavage pendant trois ou quatre jours: ensuite on l'étend sur le galet ou sur des pierres pour le faire sécher au soleil; mais on a soin de le retourner toutes les quatre ou cinq heures, jusqu'à ce qu'il soit bien sec, ce qui dure ordinairement huit jours; alors on le serre dans des magasins secs, jusqu'à ce que des marchands viennent l'acheter. Ainsi ce poisson est préparé à-peu-près comme la morue séche de Terre-Neuve, & c'est ce qu'on doit véritablement nommer de la *merluche*, qui, quand elle est bien préparée, approche un peu de la bonté de la morue séche. Les pêcheurs terre-neuvriers en préparent, sur-tout quand la morue ne donne pas abondamment: mais au retour cette *merluche* est vendue avec le rebut.

Cette salaison ne décheoit point dans les magasins: au contraire, lorsque le poisson a été bien séché, il y augmente de poids. On le vend par paquets du poids environ de 200 livres.

MÉROU, poisson qu'on pourroit regarder comme une perche de mer. Ce poisson qu'on pêche auprès de Bayonne à la ligne & au filet, a le corps presque demi plat; sa tête est comprimée en-dessus; ses yeux sont grands, ainsi que sa gueule; la mâchoire inférieure se relève vers la supérieure; ses dents sont petites, terminées en pointes, recourbées vers le dedans de la gueule, & placées sans ordre; le palais est garni de petites dents distribuées par trois bandes distinctes; il y en a aussi au fond de la gueule: les opercules des ouies sont formées par quatre plaques osseuses. Sur le dos est un grand aileron qui a vingt-trois rayons, dont onze sont pointus. Les nageoires branchiales sont placées au bord des opercules, & fort bas; leurs rayons sont rameux. Les nageoires du ventre, ont chacune six rayons, dont le premier est gros & pointu. L'aileron de derrière l'anus a treize rayons, dont trois sont pointus; l'aileron de la queue est coupé quarrément, & composé de seize rayons rameux. La tête & le dos jusqu'à la ligne latérale, sont de couleur brune qui s'éclaircit en approchant du ventre, qui est blanc & argenté; au bord des opercules des ouies, on apperçoit des taches blanches & argentées. On prend de ces poissons qui ont plus de vingt-trois pouces de longueur sur sept pouces & demi de largeur verticale; il est estimé un des meilleurs poissons de cette côte.

MEULENARD ou MEUNIER. C'est un petit poisson qu'on pêche à Dunkerque, dans la rade, même dans le port. Ce poisson est fort blanc, ce qui le fait nommer *meûnier* ou *meulenaert* en flamand. Comme il est très-délicat, on ne peut le transporter, mais il est très-estimé dans les ports de mer & aux environs: on le pêche avec des haims, & les petites cordes la plupart tendues sur palots. Comme il se corrompt très-promptement, à mesure qu'on le détache des haims, on le met dans des seaux remplis d'eau de mer, pour le vendre en vie.

MEULETTE, nom que des pêcheurs donnent à l'estomac des morues.

MEUSE, (morue de) gros-cabillaud très-délicat & très-estimé, qui se pêche à l'embouchure de la Meuse.

MILAN-MARIN, poisson de-mer volant à nageoires épineuses. Il a la tête large, quarrée, osseuse, serrée entre les deux yeux, le corps rond & long, d'un pied & demi; il est couvert d'écailles fort dures, âpres & disposées depuis la tête jusqu'à la queue en lignes parallèles: le dos est de couleur noirâtre. Ses ailes ne sont autre chose que des nageoires qu'il approche des ouïes, & qui s'étendent jusqu'à sa queue: il en a deux de chaque côté. La couleur en est olivâtre; mais les bords sont ornés de taches rondes, bleuâtres, tirant sur le blanc. Par le moyen de ses ailes à rayons, ce poisson s'élève au-dessus de l'eau comme un jet de pierre, & il peut voler ainsi par élans; tant que ses ailes sont humides; dès qu'elles sèchent, il retombe. Par-là, il évite souvent de devenir la proie des dorades ses ennemies qui le poursuivent.

Il y en a une autre espèce qui est armée de deux grandes & fortes épines qui lui servent de défenses. Le palais de ce poisson a l'éclat d'un charbon enflammé.

MILLE-CANTONS, nom que l'on donne à de très-petites perches, qui n'ont pas encore fait leur accroissement, & qui se prennent au mois de juillet dans le lac de Genêve & dans celui de Neuchâtel ou d'Yverdon. C'est un mets fort délicat. C'est ce qu'on nomme de la *monté* à Caen, de la *sotteville* à Rouen.

MIROIR, sorte de pêche qui se fait avec un miroir, dans lequel, pour attirer le poisson, on reçoit la lumière de la lune, comme on fait celle du soleil pour prendre les alouettes. Les chinois, au lieu de miroir, se servent d'une planche blanchie, & couverte d'un vernis poli.

MOINE, nom qu'on donne à quelques poissons des Indes dont la chair est bonne à manger, & qu'on a coutume de faire sécher au soleil & de saler, pour les conserver.

MOLE, poisson de mer saxatile, d'une couleur rougeâtre, ressemblant à une tanche d'eau douce par devant & à une sole par derrière, parce que cette partie est mince, platte & environnée d'aiguillons. Au printems, il est de différentes couleurs; dans un autre temps, il est blanc. Le bout de sa tête est noir & rougeâtre, le derrière du corps est noir, & le reste est de la couleur de la tanche. Les deux nageoires qui sont aux ouïes, sont rouges & plus grandes que les autres. Il n'a point de lèvres, ses dents sont petites, les yeux grands & dorés. Au bout de la mâchoire inférieure & vers le ventre, il a quatre barbillons qui lui servent de nageoires. Sa chair est bonne à manger.

MONCHICOUBA, poisson qui se prend à la côte de S. Jean de Luz, très-approchant de la picarelle; c'est un poisson demi-plat de onze pouces de longueur du bout du museau au bout de l'aileron de la queue, qui est fourchu. Il a quatre pouces de largeur au milieu du corps, dont le dessus est bleu argenté, & le dessous du ventre blanc argenté; la bouche est petite, avec des dents machelières sur les côtés, & un peu plus pointues sur le devant. Les yeux sont de grandeur ordinaire, le dessus du dos est rond; il porte un aileron qui va de la tête à la queue, & dont les onze premiers rayons sont épineux, les autres mous. Il y a une nageoire longue & étroite près des ouies, & une tache noire assez grande au bord des ouies, à la partie qui va vers le dos. Il a sous la gorge deux petites nageoires dont le premier rayon est épineux: derrière l'anus, il y a un petit aileron, dont les trois premiers rayons sont épineux; les écailles sont petites.

MONOPTERYGIENS, nom qu'on donne aux poissons qui n'ont qu'un aileron sur le dos.

MONTAISON, saison où les truites quittent l'eau salée pour passer dans l'eau douce où elles doivent frayer.

MORGUE ou GORGE. On appelle ainsi l'embouchure de la chausse du bregin & de l'eyssaugue: c'est aussi l'entrée de la manche des filets qui en ont, particulièrement de celle du filet de la tartanne.

MORMÉ. Ce poisson a du rapport avec la dorade; néanmoins il est encore plus applati. Les rayons qui forment l'aileron du dos sont durs du côté de la tête, & flexibles du côté de la queue: presque tous ceux de l'aileron de derrière l'anus sont flexibles: la tête est en grande partie couverte de petites écailles: l'aileron de la queue est fourchu, mais son corps, sa tête & son museau sont plus allongés qu'à la dorade; la gueule qui est de grandeur moyenne, est garnie de petites dents. Ses écailles sont argentées. Ce poisson s'enfonce dans le sable & la vase, & échappe ainsi aux filets que traînent les pêcheurs.

MORSE, animal qui tient du quadrupède & du cétacé, qu'on connoît aussi sous le nom de *vache marine*, & qui habite également les mers du Nord & celles du Midi.

Le *morse* a environ douze pieds depuis le museau jusqu'à la naissance de la queue; cet animal a comme l'éléphant deux grandes défenses d'ivoire qui sortent de la mâchoire supérieure; il a des bras & des jambes, mais il ne sauroit en faire usage, parce qu'ils sont enfermés sous sa peau, on ne voit à l'extérieur que les pieds & les mains : il habite avec le phoque, dont il a les mœurs, se tient comme lui dans l'eau, va à terre & monte sur les glaçons. Les *morses* dans les grandes chaleurs de l'été, se rendent quelquefois à terre par troupes de cent cinquante & de deux cens, il y restent plusieurs jours jusqu'à ce que la faim les ramène à la mer : ces animaux soufflent de l'eau comme les baleines, & leurs yeux dans les chaleurs semblent partager la flamme du soleil. On va à leur chasse pour le profit qu'on tire de leurs dents & de leur graisse. Il faut que le nombre des *morses* ait été autrefois bien prodigieux, puisqu'en 1704 un bâtiment anglois en trouva plus de mille couchés les uns auprès des autres; qu'en 1706, d'autres anglois en tuèrent huit cents en six heures, & que quatre ans après, un seul homme réussit à en tuer quarante avec une lance.

L'espèce des *morses* étoit autrefois beaucoup plus répandue qu'elle ne l'est aujourd'hui; on les trouvoit dans les mers des Zones tempérées, dans le golfe de Canada, & sur les côtes de l'Acadie : on ne les trouve plus maintenant que dans les mers arctiques. Cet animal cependant peut vivre dans les climats tempérés : on en a vu en Angleterre, qui se traînoient sur la terre & qu'on ne mettoit dans l'eau qu'un court espace de temps par jour, il étoit de la grandeur d'un veau, & lorsqu'il étoit couché, il respiroit fortement par les narines & avoit la mine d'un quadrupède robuste & furieux : on le nourrissoit avec du miel & de la bouillie d'avoine, & il suivoit son maître quand il lui présentoit à manger.

On assure que les *morses* ne s'accouplent pas à la manière des quadrupèdes, mais à rebours : la femelle ne produit qu'un petit qui à sa naissance, est déjà de la grosseur d'un cochon d'un an : ces animaux se nourrissent des coquillages qui sont attachés au fond de la mer, & se servent de leurs défenses pour les arracher : ils mangent aussi des harengs & d'autres petits poissons.

Il y a dans la mer d'Afrique & des Indes Orientales, une espèce de *morse*, à qui on donne le nom de *dragon*.

De la pêche du morse.

Cette pêche se fait ordinairement sur les glaces du Spitzberg : quand on a joint cet animal on lui jette un harpon, on l'entraîne dans l'eau vers le timon de la chaloupe, & on le tue en la perçant avec une lance. Le *morse* est aussi difficile à suivre à force de rames, que la baleine : comme sa peau est extrêmement dure & épaisse, on l'atteint souvent jusqu'à trois fois avec une lance bien affilée, sans pouvoir la percer : aussi les pêcheurs ont soin de frapper cet animal dans un endroit où la peau soit bien tendue, & ils ont soin de retirer aussi-tôt la lance, car souvent le *morse* la prend dans sa gueule & s'en sert pour blesser ses assaillans; il a une force prodigieuse dans l'eau, ce qui prouveroit que la terre n'est pas tout-à-fait son élément.

De la chasse du morse.

On préfere la chasse des *morses* à leur pêche, parce qu'elle est bien moins dangereuse : on choisit le temps de la basse mer pour les aborder; on marche alors de front vers ces animaux, pour leur couper la retraite : quand on en a tué quelques-uns, on fait une barrière de leurs cadavres, & on laisse quelques gens à l'affût pour assommer ceux qui restent.

Quand ces animaux sont blessés, ils deviennent furieux, frappent de côté & d'autre avec leurs dents, brisent les armes des chasseurs, & dans le désespoir où ils se trouvent réduits, mettent leurs têtes entre leurs pattes & se laissent ainsi rouler dans l'eau. Si le hasard ou le besoin en a rassemblé un grand nombre, ils se secourent les uns les autres, vont à la mer, entourent les chaloupes & cherchent à les renverser. Le *morse* est souvent attaqué par l'ours du Groënland qui semble le tyran des mers du Nord.

MORUE. Quoique l'usage n'ait pas encore fait de ce nom un terme vraiment générique, qui réunisse les caractères communs à des poissons d'un même genre, & pour éviter d'employer les termes des naturalistes, qui ne sont point connus dans le commerce : enfin dans la vue d'être plus généralement entendus nous comprendrons, sous la dénomination françoise de *morue*, plusieurs poissons qu'on a jugé devoir se rapporter à un même genre, quoiqu'on leur ait donné des noms particuliers, tels que la *morue* franche ou le cabillaud, le lieu ou colin, le merlan, la gode ou le tacaud, & autres poissons, dont les naturalistes ont fait une famille sous les dénominations d'*asellus*, ou de *gadus* ou de *mohrua*, ou de *molua*. L'aigrefin est aussi un petit poisson de la famille des *morues*.

Les naturalistes étant, comme on voit, peu d'accord sur la dénomination des poissons, on ne doit pas exiger plus d'exactitude de la part des pêcheurs ni des marchands, qui sont dans l'usage de donner différents noms au même poisson, non-seulement relativement au langage particulier de chaque province, flamand, picard, normand, breton, gascon, &c; mais encore suivant les lieux où ils ont été pêchés, ou la manière dont ils ont été préparés. En effet, on verra dans la suite, que le poisson qu'on nomme en Hollande & sur la côte de Flandre *cabillaud*, chez les Basques *bacaillau*, dans l'intérieur de la république *morue*, sur quelques côtes *molue*, est par-tout le même. Ces différentes dénominations viennent de la différence des langues ou patois. A l'égard des préparations, quand on mange ce poisson tel qu'il sort de l'eau, on le nomme *morue* ou *cabillaud frais*; quand il a été salé & point séché, c'est de la *morue verte* : s'il a été salé & séché, c'est de la *morue sèche* : s'il a été séché sans avoir été salé, c'est du *stockfisch* ou *morue* en bâton. Et encore, suivant des circonstances différentes dans leur préparation, les unes sont dites en *grenier*, les autres en *barils* ou *au sec*, ou en *saumure*, les unes *blanches*, d'autres *picées* ou *charbonnées*, &c; & c'est toujours le même poisson.

On conçoit que le même poisson se peut trouver dans différentes mers; ainsi de ce qu'il a été pêché dans tel ou tel parage, où on lui donne différens noms, il n'en faut pas conclure que ce soit un poisson d'une autre espèce. J'en dis autant de ceux qui, pour être plus jeunes ou plus âgés, sont de différentes grandeurs.

Il seroit encore moins raisonnable de regarder comme des poissons différens ceux qui auroient reçu diverses préparations. Il peut être utile d'admettre ces dénominations dans le commerce, parce que les mêmes poissons sont souvent propres à des usages particuliers, relativement aux préparations qu'on leur donne; mais il ne faut pas les introduire dans l'histoire naturelle. Enfin, pour employer une expression françoise, nous adoptons le terme *morue* pour les poissons qui ont les caractères que nous allons rapporter.

Tous les poissons de cette famille doivent être ronds, écailleux, & avoir des arrêtes, plusieurs ailerons sur le dos, & sous le ventre derrière l'anus, dont presque tous les rayons sont souples & flexibles; en outre deux nageoires, une derrière chaque ouie, & deux sous la gorge ou la poitrine : quelques-uns ont un barbillon au menton, d'autres n'en ont point.

Les *morues*, comme tous les autres animaux, prennent leur accroissement peu-à-peu, c'est pourquoi on en prend de toutes les grandeurs, depuis 3 pieds & plus de longueur, jusqu'à celle d'un petit merlan.

Les morues sont couvertes de fort petites écailles, peu sensibles même sous la dent; elles sont très adhérentes à une peau épaisse, grasse & fort délicate quand elle est cuite, lors même que le poisson a été salé.

La couleur ordinaire de ce poisson sur le dos & les côtés est olivâtre, rembrunie à mesure qu'elle approche du dos, elle est chargée de taches, tantôt gris-de-fer, & tantôt jaunes de couleur de rouille de fer. Ces couleurs s'éclaircissent à mesure qu'on approche du ventre qui est blanchâtre. Pour bien juger de ces couleurs, il faut que le poisson soit nouvellement tiré de l'eau, & en quelque façon encore en vie. De plus, la grandeur & la couluer des *morues* varie beaucoup suivant bien des circonstances. L'âge du poisson est une des principales causes de ces variétés: il faut ajouter le climat, la saison, la nature du fond, vaseux ou sableux, ou couvert d'algue, enfin le sexe; car les pêcheurs disent qu'il y a de la différence entre les mâles & les femelles; ils assurent aussi que les *morues* qu'on pêche sur le Dogger's bank, ont la peau du dos d'un gris moins foncé que celles qu'on pêche en Islande; & en les ouvrant, on trouve leur péritoine blanc, ce qu'on attribue à ce qu'elles se tiennent sur un fond de sable : elles sont ordinairement grandes.

On assure que les *morues* qu'on pêche en Islande sur des fonds de roche couverts d'herbe, ont le dos d'un gris plus brun, & leur péritoine presque noir; ainsi elles ne diffèrent de celles du grand-banc de Terre-Neuve, que parce qu'elles sont d'un olivâtre plus brun. En général, celles qu'on pêche sur les rochers nuds, ou sur le sable sont roussâtres; & celles qu'on pêche dans les grands fonds, & qui se tiennent souvent entre deux eaux, sont communément noirâtres. Il est bon de savoir que quoique la plupart des *morues* qu'on pêche sur le grand-banc soient d'un gris clair, on ne laisse pas d'y en prendre des unes & des autres; ce qui fait soupçonner qu'il s'y en rend de différens parages, puisque le fond qui est de sable a beaucoup d'étendue. Cependant il paroît qu'elles ont en général la peau du dos plus mouchetée que les *morues* du Dogger's bank, de Schetland & d'Islande; c'est peut-être ces différences qui auront engagé à distinguer les *morues*, en morues noires, morues jaunes, *morues* verdâtres, &c.; car on en prend quelquefois sur nos côtes qui ont le dos presque noir. Les pêcheurs qui ont pratiqué leur métier sur le grand banc, à la côte d'Islande, à Schetland, & sur le Dogger's bank, estiment que toutes les *morues* sont de même espèce, & que les différences qu'on remarque dans leur couleur, dans leur longueur & épaisseur, ne proviennent que de la nature des fonds où elles ont séjourné, & de l'abondance ou de la disette de nourriture qu'elles y ont trouvé, peut-être même de la qualité des aliments dont elles se sont nourries.

A l'égard du goût, on prétend que la *morue* fraîche de Terre-neuve, est plus délicate que celle du Nord, soit que cela dépende de la température de l'air, ou de la bonne nourriture qu'elles y trouvent. On remarque, par exemple, que les *morues* d'Irlande & du Dogger's bank sont plus grasses & plus épaisses que celles d'Islande; sur-tout quand elles ont été pêchées après la harengaison, parce qu'elles ont vécu de hareng, de maquereau, de sardine, &c., qui leur ont fourni une excellente nourriture & en abondance.

Les pêcheurs traitent donc toutes ces différences de pures variétés, attendu que toutes ces *morues* leur paroissent avoir une même conformation & une même consistance de chair; ils les regardent comme ne faisant qu'une seule espèce. Il y en a seulement une que quelques pêcheurs soupçonnent être différente de celles dont nous venons de parler; elle paroît ordinairement, dit-on, du 15 juillet au 15 septembre, à l'est de l'Isle d'Islande. Elle nage toujours entre deux eaux, & les pêcheurs prétendent qu'elle ne se tient jamais sur le fond. Il est probable que ces *morues* ne différent point des autres, & qu'elles viennent par bancs de la grande mer, peut-être des côtes de Norwège, étant attirées par le hareng, dont elles font une grande consommation. Ainsi, si ces observations des pêcheurs sont exactes, on peut regarder ces morues comme des poissons de passage. Cependant tout ce que nous venons de dire sur l'identité des *morues*, ne doit s'appliquer qu'à la *morue* franche, *asellus vulgaris major*; car nous parlerons dans la suite des différentes espèces de poissons qu'on doit rapporter au genre commun de *morue*.

On apperçoit sur les deux côtés des *morues* une raie blanche, de deux lignes de largeur, qui s'étend à-peu-près depuis l'angle supérieur du derrière des ouies jusqu'à l'aileron de la queue; sur la partie renflée du ventre, elle forme une courbe en descendant, puis elle devient droite jusqu'à la queue. Le des des *morues* est garni de trois ailerons. Le premier aileron est le plus élevé, & formé à-peu-près par quatorze rayons qui, comme à tous les autres poissons, sont liés par une membrane. Les deux autres sont formés chacun par dix-neuf rayons. Le premier rayon de chaque aileron, c'est-à-dire, celui qui est le plus du côté de la tête, est plus long que tous les autres qui vont en diminuant, de sorte que chaque aileron est terminé vers l'arrière par un rayon très-court; ce qui donne aux ailerons, quand ils sont redressés, une forme à peu près triangulaire.

Le premier aileron, du côté de la tête, qui commence à-peu-près à l'aplomb de l'opercule des ouies, est à son attache au dos ou à sa base, d'environ quatre pouces de largeur: à une ligne ou deux de l'endroit où se termine cet aileron, commence celui du milieu, qui à son attache au corps, a environ six pouces & demi ou sept pouces de large; il est moins élevé & plus alongé que les deux autres: le dernier aileron le suit immédiatement, s'étendant presque jusqu'au commencement de l'aileron de la queue, & il se termine du côté de la queue par une espèce d'échancrure; il a à l'endroit où il s'attache au poisson environ quatre pouces de largeur. L'étendue des plus longs rayons de ces ailerons, est d'environ quatre à cinq pouces. L'aileron du milieu forme moins le triangle que les autres, parce que ses rayons sont moins redressés: enfin, ceux des ailerons tant du dos, dont nous venons de parler, que du ventre, sont mous & point piquants.

L'aileron de la queue est peu ou point échancré. Les rayons du milieu ont environ trois pouces de longueur; il y a à-peu-près cinq pouces de distance d'un angle à l'autre: mais le premier rayon de chaque côté, est plus dur que les autres. Comme les rayons de ces ailerons sont sujets à se séparer par l'effort qu'ils souffrent pendant ou après la pêche, l'extrémité de l'aileron de la queue paroît ordinairement frangée.

L'anus de la *morue* est placé exactement entre l'œil & le milieu de l'aileron de la queue.

Entre l'anus & la naissance de l'aileron de la queue, il y a deux ailerons qui ressemblent assez aux ailerons du dos. L'aileron le plus voisin de l'anus, à-peu-près à son attache au ventre, a quatre pouces & demi de largeur, & son plus long rayon environ cette même longueur.

Il y a derrière chaque opercule, environ au tiers de l'épaisseur du poisson; une nageoire, qui, à son articulation, a un pouce & demi de largeur; la longueur de son plus long rayon est de cinq pouces.

Il y a encore sous la gorge deux nageoires, qui ont à leur articulation environ deux lignes & demie de largeur; & les plus longs rayons ont trois pouces de longueur.

Ce poisson a une fort grande bouche. Il est bon de faire remarquer, que ce qu'on vend pour des langues de *morue*, & qu'on regarde comme un mets délicat, est formé, non-seulement par la langue, mais encore par toute la partie charnue comprise entre les deux branches ou os, qui forment la mâchoire inférieure.

Les mâchoires sont garnies de plusieurs rangées de dents. Un de ces rangs est formé par des dents pointues qui sont plus grandes que les autres. Une partie de ces dents est assujettie fermement dans leurs alvéoles, & d'autres sont mobiles ou plutôt branlantes, se renversant vers le dedans de la bouche. Outre ces dents, il y en a de petites qui garnissent la voûte du palais, & les premières branchies jusqu'à l'orifice de l'estomac.

Les guignes ou branchies qui forment la voûte du palais, sont toutes garnies de dents; les unes pointues, les autres larges & applaties, comme des mâchelières.

L'estomac des *morues* est fort grand, sur-tout quand il est rempli de poissons : les pêcheurs l'appellent *gau*, ailleurs *meulettes*. Il est très-vaste, puisqu'on y trouve quelquefois cinq ou six petites *morues* : mais il est singulier que la voracité de ces poissons les engage à avaler des corps durs sur lesquels la faculté digestive ne peut avoir aucune action.

On sait que les *morues* avalent des leures de plomb qui représentent à-peu-près la forme d'un poisson. On a trouvé dans l'estomac de quelques-unes du fer, des tessons de pots cassés, des morceaux de verre, &c.

L'espèce nommée *morue-franche* ou *cabillaud*, se multiplie à un tel point, qu'elle fournit la principale nourriture à plusieurs peuples du Nord, une partie du Danemarck, de la Norwege, de la Suède, de l'Islande, du Groenland, des isles Orcades, de Schetland ou Hitland, presque toute la Moscovie, & beaucoup d'autres pays où le poisson sec fait un objet principal de la nourriture; ce qui n'empêche pas qu'on n'en transporte beaucoup dans quantité de pays où l'on recherche la *morue*, quoiqu'on n'y manque pas d'autres aliments, même d'excellents poissons frais, comme dans le Levant & dans tous les ports de la Méditerranée & de la Baltique, où l'on pêche peu ou point de *morue* franche.

Malgré cette énorme consommation de ce poisson, on verra qu'il s'en trouve une grande quantité dans le Nord, sur les côtes de Norwège, dans les états du roi de Danemarck, en Islande, à Schetland, & dans toute l'Amérique Septentrionale.

Outre que la pêche de ce poisson fournit, comme nous l'avons dit, une branche considérable de commerce, elle a encore l'avantage de former d'excellents matelots. Les équipages des bâtimens qui font cette pêche, ayant fréquemment à lutter contre des mers orageuses, ils apprennent leur métier; & quoiqu'ils aient à supporter des travaux fort rudes, il en périt beaucoup moins que dans les navigations douces des isles du Vent.

1°. *Des pêches qui se pratiquent assez près des côtes de France, de Hollande, d'Angleterre, d'Ecosse & d'Irlande, pour que les* morues *puissent être mangées fraiches.*

Les *morues*, dont on peut admettre la source dans le nord, se distribuent dans une grande partie de l'Océan. Il y a peu d'endroits dans cette grande mer où l'on ne prenne quelques *morues*; mais dans plusieurs elles y paroissent en si petite quantité, qu'on ne daigne pas y établir des pêches uniquement pour cet objet; pendant que dans d'autres elles s'y montrent dans la plus grande abondance.

Il est bon d'être prévenu que quoique les *morues* soient des poissons du nord, elles se retirent dans les grands fonds lorsqu'il fait très-froid, & qu'elles paroissent sur les bancs près des côtes & dans les golfes, lorsque l'air est adouci; néanmoins des bancs ou bouillons de poissons dont elles se nourrissent les engagent à paroître plutôt ou plutard dans certains endroits où les pêcheurs vont les chercher, non-seulement parce qu'elles s'y rassemblent en grand nombre, mais encore parce que la pêche y est plus facile que dans les grands fonds.

L'incertitude de l'arrivée de ces poissons sur les bancs donne à ceux qui en sont voisins un grand avantage sur ceux qui en sont éloignés, puisqu'ils peuvent, sans s'exposer à de longues traversées, aller examiner si ces endroits sont meublés de *morues*, afin d'y venir ensuite en nombre pour y faire leur pêche.

Quoique les *morues* ne soient pas fort communes sur nos côtes, on ne laisse pas d'y en prendre quelques-unes, soit dans les parcs, soit avec des cordes garnies d'haims qu'on tend pour prendre d'autres poissons, soit dans les folles qu'on tend par fond, ou d'autres filets, quoiqu'on n'ait point en vue la pêche de la *morue*. Il n'est pas ordinaire de prendre de grosses *morues* par ces sortes de pêches; mais on en prend assez communément dans la Manche de jeunes qui ne sont pas plus grosses que des merlans, & que les chasses-marée confondent dans leurs paniers avec ce poisson.

On

On prend plus communément de grosses *morues* ou cabillauds, à l'ouverture de la Manche ou à l'entrée de la mer d'Allemagne; on tend pour cela de grosses cordes par fond, garnies d'haims.

Ces *morues* se consomment fraiches dans les villes voisines de la mer; on en chasse même à Paris lorsque l'air est frais; elles s'y vendent sous le nom de *cabillaud*, parce que communément elles viennent des ports de Flandre où les *morues* se nomment ainsi. Cette pêche aux grosses cordes se pratique assez communément par les pêcheurs de Ghivede, village de l'amirauté de Dunkerque, qui est situé à l'ouverture de la mer d'Allemagne.

La *morue* qui se pêche à l'embouchure de la Meuse, & qu'on nomme dans le commerce *morue de Meuse*, est un gros cabillaud, puisqu'on en prend qui pesent jusqu'à vingt livres: il est très-délicat & plus estimé que celui du grand Banc & de l'Islande; aussi se vend-il plus cher: une partie se consomme frais; les hollandois salent le reste en barils. Comme cette *morue* peut être mangée fraichement salée, cette circonstance contribue beaucoup au mérite qu'on lui accorde.

Les écossois font l'été la pêche des *morues* ou cabillauds, le long de leurs côtes, avec des haims, dans de petites chaloupes, qui reviennent tous les soirs à terre & rapportent leur poisson; mais ils font des pêches plus considérables sur des rifs & bancs qui sont au nord de l'Ecosse: la plupart de ces *morues* se consomment fraiches.

Quand les pêcheurs s'écartent à douze ou quinze lieues au large de Boukeners, & qu'ils appréhendent que leur poisson ne se gâte, ils le salent à demi; ce peu de sel raffermit la chair, & lui donne un goût relevé qui la rend plus agréable que celle qui est fraiche.

Ordinairement les écossois quittent vers la mi-juin la pêche du nord de l'Ecosse, pour aller plus au nord, ou pêcher ou s'accommoder des poissons que les naturels du pays ont pêché & préparé, & ils viennent à leur retour s'établir sur le Dogger's bank.

La partie du royaume d'Irlande la plus abondante en *morue*, est à l'ouest, aux environs de la baie Dingle; elle se fait depuis la S.-Michel jusqu'au mois de mai.

On pêchoit des *morues* en Irlande dans la Shure, rivière de Waterford, depuis le mois de juin jusqu'a celui de novembre. On y prend, dit-on, les *morues* dans des parcs ouverts qui présentent leur embouchure à la marée montante. Ces parcs sont terminés par une manche où elles entrent. Pour les y prendre avant que la marée soit entièrement retirée, on construit auprès de la manche un échafaud qui a huit pieds en quarré; il est formé de forts pieux qui sont à un pied les uns des autres & assez longs pour que l'échafaud ne soit point recouvert par la haute mer. Cet échafaud sert à relever la manche pour prendre le poisson, avant que la mer soit retirée. On voit de ces parcs établis dans la baye de la rivière, & même, à ce qu'on assure, jusqu'à Waterford, qui est à une lieue de la mer, où apparemment la marée remonte & où l'eau est salée.

On pêche aussi des *morues* sur plusieurs bancs & rifs qui sont hors la Manche dans la mer d'Allemagne. On se bornera à parler de celle qui se fait sur le Dogger's bank ou banc des chiens, qui a environ cinquante lieues d'étendue, & qui est situé entre la côte occidentale d'Angleterre, & celle des Provinces-Unies à l'orient. Comme ce banc est considérable, je crois qu'il convient de le choisir pour faire comprendre ce qui se peut pratiquer sur les autres.

Il est probable que le nom qu'on a donné à ce banc, vient de ce qu'on y trouve quelquefois une prodigieuse quantité de chiens de mer, qui s'y rendent par bancs ou bouillons, comme les autres poissons de passage.

Puisque les pêcheurs de toutes ces nations peuvent faire par-tout leur métier en pleine mer, pourvu qu'ils restent dans leur bâtiment, il suit de là qu'il leur est permis d'aller pêcher sur le Dogger's bank; mais comme ce banc est assez près de la Hollande, les pêcheurs de cette nation le fréquentent plus que tout autre; ils ont des vaisseaux de soixante à quatre-vingts tonneaux, & d'autres beaucoup plus petits qui y font deux ou trois voyages par an; quelques-uns même y continuent leur pêche sans interruption pendant cinq ou six mois; en ce cas ils chargent les poissons qu'ils ont pris sur de petits bâtimens qui les transportent en différens ports de Hollande: d'autres quittent cette pêche en septembre, pour aller à celle du hareng à Yermuth, & reviennent ensuite reprendre leur pêche sur le Dogger's bank, ne rentrant chez eux que quand ils y sont forcés par le mauvais temps, quand les vivres leur manquent, ou encore lorsqu'ils ont fait leur cargaison.

Quoique ce banc soit à environ cinquante lieues des côtes de Hollande, il ne laissent pas d'y transporter quelquefois des cabillauds en vie, au moyen des barques à vivier.

La *morue* qu'on pêche sur le Dogger's bank, est la même que celle du grand banc de Terre-Neuve, & si elle est plus blanche lorsqu'elle est salée, cette différence dépend de sa préparation, elle a toujours l'avantage d'être très-fraîche, nouvellement salée; & de primer beaucoup celle de Terre-Neuve.

On trouve sur le Dogger's bank des endroits où il n'y a que douze à quatorze brasses d'eau, ce qui y rend la pêche bien commode; cependant on y rencontre peu de poisson, les *morues* se plaisant dans des endroits où il y a soixante jusqu'à quatre-vingt brasses d'eau : alors la pêche est fatigante; mais c'est dans ces endroits qu'on prend les plus beaux poissons.

2°. *Pêche de la* morue *dans l'Amérique septentrionale.*

On fait la pêche de la *morue* dans l'Amérique septentrionale en bien des endroits, comme en Acadie, dans la baye de Canada, sur le Banc vert, les battures de l'île de Sable, &c; mais comme c'est sur le grand banc de Terre-Neuve qu'on fait la plus grande pêche du poisson qu'on prépare en vert, nous insisterons principalement sur la pêche qui se fait sur ce banc.

Quoique les côtes de l'Acadie soient en général long-temps occupées par les glaces, l'extrémité occidentale s'en dégarnit assez tôt pour que la *morue* commence à donner au cap de Sable dès le mois de mars; puis remontant lentement du côté du nord le long de la côte, ces poissons se rendent vers les premiers jours de mai sur les bancs de l'île de Sable. On prétend même qu'on peut pêcher durant l'hiver en quelques endroits de la côte de l'Acadie, lorsque les havres & les baies de l'île de Terre-Neuve sont glacés; mais alors la mer est très-dangereuse dans tous ces parages, où on a vu plusieurs fois des navires pris par les glaces. Quand on tombe dans des brumes qui chargent de givre les cordages, on ne peut manœuvrer; & il n'y a guère que ceux qui ont leurs habitations à portée de ces parages, qui puissent profiter des circonstances favorables pour pratiquer cette pêche. Souvent dans le mois d'avril, la *morue* commence à frayer dans les baies de l'Amérique septentrionale; alors elle ne fait que passer sur le banc de Terre-Neuve, & pour cette raison la pêche y est très-incertaine. La saison du frai continue quelquefois en Amérique jusqu'en juin. Indépendamment de cette marche des *morues* : elles sont attirées par des poissons dont elles sont très-friandes. C'est pourquoi on peut commencer la pêche des *morues* au cap Breton & vers l'Acadie dans les premiers jours de mai, parce que c'est la saison de l'arrivée des harengs dans ces parages, où ils restent jusqu'à la fin de septembre.

Ce qui se trouve encore de glace en quelques endroits aux mois de mai, juin & même juillet, n'interrompt pas ordinairement la pêche, attendu que ces terres sont plus ouest que l'île de Terre-Neuve; quelquefois cependant on est forcé de ne rien faire jusqu'en juin. Et quoiqu'assez souvent on puisse prendre des *morues* dès le mois d'Avril sur la côte sud de l'île de Terre-Neuve, où sont Plaisance, S. Pierre, &c, pour l'ordinaire on n'y commence la pêche que vers le 20 de mai.

Absolument parlant, il seroit possible de faire la pêche dès le mois d'avril dans les baies du golfe S.-Laurent, qui baigne à l'ouest l'île de Terre-Neuve; mais il est prudent de ne pas le tenter : on y courroit trop de risques, tant de la part des vents, qu'à cause des glaces dont on pourroit être surpris : c'est pour ces raisons que les pêcheurs n'entrent dans la grande baie qui fait partie du golfe, que vers le 15 de juin; cependant on peut y arriver plutôt & plus sûrement par le cap Breton; mais assez souvent ce seroit inutilement, la *morue* ne s'y portant en abondance que vers le 20 juin, qu'elle y est attirée par les harengs. A peu près dans le même temps les glaces permettent de pêcher à la bande de l'est de l'île de Terre-Neuve, qui est ce qu'on appelle le *petit nord*, d'autant que les harengs s'y montrent souvent dès les premiers jours de juin. Les capelans, autre poisson dont les *morues* s'accommodent très-bien, paroissent souvent vers la fin de juin; & ils y restent jusqu'au mois d'août. A peu près dans ce temps-là ils se retirent, & les *morues* qui les suivent disparoissent.

On voit, par ce que nous venons de dire, que les *morues* n'ont point une marche réglée. Nous devons ajouter qu'elles affectent tantôt un lieu & tantôt un autre; de sorte qu'aux endroits où assez souvent elles ont donné abondamment plusieurs années de suite, il survient une année où l'on n'y en rencontre que peu; quelquefois même, après avoir commencé la pêche avec succès dans un canton, il faut l'abandonner, parce qu'on n'y prend plus rien. Cependant étant prévenu de ces différences accidentelles, on peut dire en général : 1°. que vers le 15 de juin ou un peu plus tard, les *morues*, sur-tout les jeunes, quittent les grands fonds pour aller à la poursuite des capelans; elles s'approchent alors de la surface de l'eau, sur les bancs, ou assez près des côtes. 2°. C'est dans le mois de juillet, que la pêche en est la plus abondante sur le grand banc. 3°. Ce poisson y est plus rare dans le mois d'août, saison où il ne trouve plus de capelans ni de harengs, & où paroissent ordinairement les chiens de mer qui font fuir toutes les espèces de poissons. 4°. On recommence à prendre des *morues* sur les bancs dans le mois de septembre quand les vents permettent de pêcher. 5°. En octobre les bords des bancs de cette île fournissent beaucoup de *morues*; mais les glaces commencent déjà à être abondantes : cependant on continue quelquefois la pêche à l'île Royale, & aux côtes de l'ouest, jusqu'à la fin de ce mois; mais vers le milieu de septembre les ports & les baies sont très-souvent couverts de glace.

Ceux qui sont à portée du grand banc peuvent y faire la pêche toute l'année, comme les hollandois sur le Dogger's bank. Les nantois peuvent primer les normands en partant en février pour rapporter du poisson de primeur : quand la pêche est heureuse, leur campagne est ordinairement de cinq à six mois; mais certaines années il leur en faut dix. Les grandvillois, les malouins, les rochelois, ceux de la Tremblade, &c. y emploient moins de temps à proportion de celui qu'ils gagnent soit par la proximité du lieu de la pêche, soit à cause de la commodité qu'ils ont de prendre leur sel dans leur voisinage; ainsi ordinairement leur retour prévient celui des normands.

Quoi qu'il en soit, les ports de France où l'on arme pour la pêche de la *morue* verte, sont Dunkerque, Gravelines, S. Valery, Fescamp, Dieppe, le Havre, Honfleur, Cherbourg, Grandville, S. Brieuc, la Rochelle, S. Malo, Bordeaux, les Sables-d'Olonne, &c.

C'est principalement sur le grand banc de Terre-Neuve qu'on s'établit pour pêcher la *morue* qu'on prépare en vert; cependant on pratique encore cette pêche sur d'autres bancs, tels que le banc à vert, le banquereau, le banc aux orphelins, les battures de l'île de Terre-Neuve, &c. mais nous observerons que pour la *morue* qu'on veut préparer en vert, on s'établit toujours en pleine mer, & rarement à la vue des terres. On estime que le grand banc a près de deux cents lieues de longueur sur soixante de large au milieu; ses deux bouts se terminent à-peu-près en pointe, dont la plus septentrionale est environ à quarante lieues de la côte Est de l'île de Terre-Neuve.

On connoît qu'on en approche lorsque la sonde indique 70, puis 60, puis 50, 40, 30 brasses, & encore quand on apperçoit beaucoup d'oiseaux, qui s'y rendent pour se nourrir des issues des *morues* qu'on jette à la mer, ou pour attraper des capelans, quand ils s'approchent de la surface de l'eau.

Les *morues* du grand banc sont plus grosses & plus grasses que celles qu'on prend dans les mers du nord.

Le banc à vert est par le travers de l'île S. Pierre, & le banquereau entre le grand banc & le banc à vert : de dessus ces trois bancs on n'apperçoit point la terre.

Le banc des orphelins est dans le golfe S.-Laurent, à dix ou douze lieues des côtes du Canada; & comme elles sont fort élevées, on les apperçoit par les beaux temps de dessus ce banc.

Ceux qui pêchent sur les battures de l'île de Sable courent des risques quand il survient des vents qui portent à terre, & les *morues* qu'on y prend sont ordinairement maigres.

Pour cette pêche, les équipages se tiennent dans les bâtimens qui leur ont servi à se rendre sur les bancs, & ils se tiennent presque toujours à la dérive.

Le parage le plus avantageux & celui qui est le plus fréquenté, est entre le 44 & le 46me. dégré de latitude.

Quelques-uns, par aventure entrent dans la grande baie, pour pêcher sur le banc des orphelins, & sur le petit banc de Bridel, lorsqu'ils espèrent y faire une meilleure pêche que sur le grand banc, ou sur les autres qui sont hors de la baie.

Pour le succès de la pêche, en quelque lieu qu'on la fasse, il est important de choisir un bon poste; c'est pourquoi les capitaines doivent bien examiner sur la carte la position des bancs & des hauts-fonds, pour choisir ceux qui communément sont plus poissonneux; car tous les fonds ne sont pas également fréquentés par les *morues*. Il résulte de ces connoissances que certains capitaines reviennent presque toujours avec leur charge complette, pendant que d'autres ont tout au plus la moitié de leur cargaison.

S'il arrive plus fréquemment aux hollandois de faire une bonne pêche, c'est qu'ils sont laborieux, patients, & qu'ils ne se découragent point. Comme ils ont fréquemment leurs équipages à gages, ils en profitent le plus qu'ils peuvent, leurs bâtimens étant bien approvisionnés pour une campagne de six ou huit mois, ils sont continuellement occupés de leur pêche; s'ils ne trouvent point de poisson dans l'endroit où ils comptoient s'établir, ils en vont chercher un autre,

& suivant les circonstances, ils changent plusieurs fois de parages ; la grande habitude qu'ils ont de la pêche leur indiquant, au moins avec quelque vraisemblance, le lieu où ils doivent se porter : & lorsqu'à force de travail ils en ont trouvé un favorable, ils en profitent, travaillent avec toute l'activité possible, & reviennent avec une bonne cargaison : ce qui n'arrive pas aux pêcheurs impatiens, qui ne trouvant point de poisson au lieu qu'ils s'étoient proposé d'occuper, reviennent à demi-charge. Au contraire, quand les hollandois désespèrent de faire une bonne pêche de *morue*, ils essaient de parfaire leur cargaison avec du hareng ou du maquereau, s'étant approvisionnés au départ des ustensiles qui conviennent pour ces pêches.

Comme ils tiennent la mer fort long-temps, s'ils sont pris d'une tempête, ils amènent leurs vergues, ils mouillent une bonne ancre avec deux ou trois cables épissés les uns au bout des autres ; ils ferment les écoutilles, amarrent la barre du gouvernail, & attendent le beau temps, étant renfermés dans leur bâtiment.

De même quelques bâtimens françois étant partis pour pêcher du maquereau sur les côtes d'Islande, & n'y trouvant que peu de poisson, se sont hasardés d'aller pêcher de la *morue* sur le grand banc, quoiqu'ils ne fussent pas équipés pour cette pêche : & ils sont revenus au bout de quatre mois avec une assez bonne cargaison, ayant salé leurs *morues* dans les barils qui étoient destinés pour le maquereau.

En ce cas les équipages souffrent beaucoup de la rigueur du climat, n'étant point à l'abri, comme ils le sont dans les navires équipés pour la *morue* verte : & les bâtimens qui vont à la pêche du maquereau, ayant leur pont fort bas & un grand coffre, ils sont fort incommodés par les coups de mer qu'on éprouve dans ces parages ; néanmoins avec un peu plus de fatigue, ils sont parvenus à faire leur pêche avec autant de succès que ceux qui étoient appareillés pour la pêche de la *morue*.

Outre ce que nous venons de dire des positions avantageuses pour la pêche de la *morue*, les matelots regardent comme bons fonds ceux de roches pourries, de coquillages, & aussi ceux de terre grasse ; les fonds rouges sont pour l'ordinaire abondans en coquillages. Les *morues* trouvant à se nourrir sur de semblables fonds, elles s'y rassemblent en quantité, ainsi que sur les fonds gris, où il y a beaucoup d'équilles.

On ne fait point de cas des fonds de sable pur, ainsi que de ceux de roche dure & sans délits, où les *morues* sont maigres, & où l'on prétend qu'il se rassemble des zoophytes qui rendent ces poissons de mauvaise qualité.

Le temps le plus favorable pour cette pêche, comme pour toutes celles aux haims, est quand le ciel est couvert, & qu'il n'y a point de moture. Les vents forcés & la mer agitée sont absolument contraires à cette pêche ; car dans ces circonstances les secousses du vaisseau & la vivacité du sillage font que les plombs quittent le fond, & que les lignes se mêlent. Quand la tempête est forte, il est souvent arrivé de voir des vaisseaux chassés de dessus les bancs, & contraints de revenir, ayant couru des dangers & fait une fort mauvaise pêche. Au contraire, quand la saison & le temps secondent l'avantage d'être sur un bon fonds, la pêche devenant plus commode, on ne fait que jetter la ligne & la retirer aussi-tôt garnie de *morues*, qui mordent avec avidité à l'appât : & on a vu un seul matelot prendre alors jusqu'à 125 *morues* & même plus de 200 en un jour. Quand cela continue, en moins de trois mois une flûte de 200 tonneaux quitte le banc avec une cargaison de 30 ou 35 milliers de *morue*.

Le grand banc de Terre-Neuve a, comme nous l'avons dit, environ 200 lieues de longueur sur 60 de largeur vers le milieu. Les pêcheurs de *morue* se rendent à différens endroits sur ce banc, pour y chercher un poste avantageux. Il y a des pêcheurs qui connoissent bien mieux les postes que d'autres ; ce qui fait que certains capitaines reviennent avec leur chargement complet, pendant que d'autres, après avoir resté assez long-temps sur le banc, reviennent à demi-charge ; ceux-ci consomment un temps considérable à parcourir toutes les parties du banc, au lieu que les autres ne tardent pas à trouver les postes avantageux.

Cette pêche se fait ordinairement depuis le quarante-troisième degré de latitude nord, jusqu'au quarante-cinquième, à la partie qu'on appelle le *sud du banc* ; on y trouve communément ce qu'on nomme des *pompons* ou *méles*, qui ressemblent à un melon gros comme les deux poings, qui sont noirâtres, marqués de jaune.

Il est bon de savoir que la saison la plus commode pour cette pêche, est depuis la mi-avril, jusqu'à la fin de juin, parce que les vents de sud-sud-ouest qui règnent pour lors, amènent la douceur & les calmes qui engagent les *morues* qui ont frayé à quitter les baies ; elles arrivent peu-à-peu sur les bancs, où elles se trouvent rassemblées en juillet.

Les pêcheurs prétendent que les *morues* ne faisant que passer sur le banc en août, la pêche y est accidentelle, outre que dans ce temps elles ne sont pas de bonne qualité ; elles paroissent en plus grande abondance en octobre ; mais il faut les aller chercher sur les açores & les bords des bancs. Quoique toutes ces remarques des pêcheurs se trouvent assez fréquemment en défaut, les capitaines doivent les connoître, & essayer d'en tirer le meilleur parti qui leur est possible.

Les armemens pour la pêche de la *morue* verte qu'on destine à l'approvisionnement de Paris, de la Picardie & de la Champagne, se font à Dunkerque, Gravelines, Fescamp, le Tréport, Dieppe, Honfleur, Nantes & St.-Malo ; ceux qui arrivent de bonne-heure, font leur déchargement à Dieppe, d'où la *morue* nouvelle est chassée par terre à Paris ; d'autres bâtiments dont le retour est plus tardif, font leur déchargement aux ports de l'embouchure de la Seine, & le poisson est transporté par eau à la capitale ; celle qui doit être distribuée le long de la Loire & du côté de Bordeaux, se fait par des bâtimens qu'on équipe à Olonne, à Nantes, au Croisic, à la Rochelle : mais les lieux où l'on doit faire les déchargemens, changent suivant les spéculations des armateurs.

Les navires de Tréport, Fescamp, des Sables-d'Olonne & du pays d'Aunis, &c. ont souvent fait deux voyages par an, dont l'un, nommé *voyage de prime*, fournissoit une pêche plus abondante d'un tiers que celle du second voyage, dit *de tard* ; mais la *morue* de ce second voyage étoit beaucoup meilleure que l'autre, qui se faisoit en avril, mai, juin & juillet, saison où l'on prétend que les *morues* sont de moins bonne qualité. On dit même qu'anciennement quelques navires ont fait trois voyages dans une année. Mais cela n'est plus praticable, parce qu'on met quelquefois six à sept mois au voyage de prime, à cause de la rareté de la *morue*.

Quelques basques qui font venir leur sel de l'île de Ré par des barques, sont en état de partir de bonne-heure, pour se rendre directement sur le grand banc, & quand la pêche est favorable, ils peuvent faire deux voyages ; mais cela est maintenant fort rare.

Lorsque les normands ne tirent pas leur sel par des barques, outré qu'ils sont plus éloignés du grand banc, ils sont obligés d'aller tout armés prendre leur sel à Brouage ; & pour peu que la pêche ne soit pas favorable, ils ne peuvent revenir que sur la fin d'octobre. Ceux qui hâtent le plus leur armement partent en février & mars ; & d'autres ne partent qu'en avril ou mai.

Autrefois que les *morues* donnoient très-abondamment sur le grand banc, les voyages répétés avoient pendant un temps rendu la *morue* si commune, que les armateurs ne retiroient pas leurs frais, & on se vit dans le cas de défendre de faire plus de deux voyages dans une année.

Les bâtimens qu'on emploie pour la *morue*, sont depuis quarante jusqu'à cent cinquante tonneaux ; ceux-ci sont ordinairement de Honfleur ; ceux de Fescamp, de St.-Malo & de Grandville, ne passent guère cent à cent vingt tonneaux, & la plupart sont de quatre-vingt-dix : leur forme varie, suivant les ports où ils ont été construits.

Des menus ustensiles nécessaires pour la pêche de la morue verte.

Il faut avoir des barils dont les bords d'en haut soient garnis d'un bourrelet de pailles, pour que les pêcheurs qui sont dedans ne se blessent point. La plupart ont un second fond à un pied au-dessus du premier, pour élever les pêcheurs & égoutter l'eau. Sur ce fond est un coussin de paille garni de toile à voile : quelques-uns ont seulement leurs pieds dans des sabots. On verra dans la suite que ceux qui préparent leurs *morues* dans des tonnes ou barils, s'équipent un peu différemment. Les barils doivent être plus larges par le bas que par le haut, cette largeur d'en bas étant très-propre à leur donner de l'assiette ; & il convient qu'ils soient plus étroits par le haut, afin que le pêcheur qui est dedans, ayant un tablier de cuir qui déborde sur le baril, soit moins exposé à être mouillé. Le tablier de cuir a une bavette qui remonte jusque sous le menton, & qui est nécessaire ; car 50 ou 60 brasses de cordage qui sortent de la mer, répandent beaucoup d'eau : d'ailleurs ce tablier & cette bavette les garantissent du vent qui est souvent très-froid & humide dans ces parages. Au milieu du baril est une estrope de corde, dans laquelle passe un cordage qui sert à l'amarrer, afin que les mouvemens du roulis ne puissent l'ébranler. Il faut autant de ces barils qu'il y a de pêcheurs.

Cette façon d'amarrer les barils ne paroît pas assez solide aux pêcheurs de Grandville ; ils ont trois crampes de bois, qu'ils clouent sur le pont autour du baril, à distance égale ; ils font au baril vis-à-vis chaque crampe, deux petits trous près l'un de l'autre, dans lesquels ils font passer une corde, dont les deux bouts qui restent en dehors viennent s'attacher sur la crampe à l'endroit où elle est entaillée. Cela ne leur paroît point encore suffisant ; ils placent entre chaque crampe un taquet dont le dos appuie fortement contre le baril. De cette manière le baril ne peut faire aucun mouvement, quelque roulis & tangage qu'il y ait.

On ne se sert point de ces barils dans les navires de Grandville ni de St.-Malo. Le décoleur a auprès de son baril une manne d'osier, dans laquelle il met les foies. Lorsque cette manne est pleine, un mousse vient la prendre & va la vuider dans ces bariques à l'huile qui sont placées sur l'arrière du bâtiment, on le nomme *foassier*.

Il faut un gaffot, qui sert à plusieurs usages, particulièrement à saisir & tirer à bord les grosses *morues*, ou celles qui ne sont pas bien saisies par les haims; quelquefois même à mettre les *morues* élanguées à portée des étêteurs, surtout celles qui sont prises par les pêcheurs du gaillard.

L'étêteur en fait aussi usage pour prendre les *morues* qui sont autour de son baril & les amener à lui; mais pour mettre à portée des étêteurs les *morues* pêchées par les gens de l'arrière du bâtiment, il est aisé de sentir que communément le gaffot recourbé par en bas ne seroit pas fort commode, aussi se sert on ordinairement d'un autre instrument que l'on nomme *piquoir*, c'est une broche de fer d'un pied de long, pointue par un bout, & ajustée par l'autre à un manche de bois de trois pieds de long environ.

On se sert de mannes pour y mettre les langues, les foies, & pour transporter ces issues, &c.

On a une palette avec laquelle les mousses portent du sel aux saleurs & saumureurs.

On fait usage d'un petit instrument nommé *élangueur*, ou à Grandville, *diguet*; c'est un morceau de fer long de sept à huit pouces, pointu par les deux bouts. Chaque pêcheur a son élangueur piqué obliquement auprès de lui dans la lisse: quand il a retiré l'haim de la bouche du poisson, il le pique à l'élangueur par le derrière de la tête, où il reste la bouche ouverte pour lui détacher la langue.

Il y a au milieu de sa longueur un trou dans lequel passe un bout de ligne qui est amarré à la lisse pour prévenir que l'élangueur ne tombe à la mer quand le pêcheur décroche la *morue*. Lorsqu'un pêcheur quitte le travail, il met son élangueur dans un petit panier pendu à la lisse.

Les autres ustensiles sont, une espèce de couperet qu'on nomme *couteau à habiller*. Chaque habilleur doit avoir le sien.

Un couteau à deux tranchans qui sert à emporter les têtes, & qu'on nomme pour cette raison, *étêteur*.

Autre couteau nommé *nautier*, parce qu'il sert à détacher les noues.

Futailles ordinaires, dans lesquelles on met l'huile qu'on a retirée des foies.

Manette ou truble qui sert à différens usages, entr'autres à tirer à bord de très-gros poissons, qui pourroient rompre les haims ou les lignes.

Grande pelle pour jetter à la mer les issues.

Petits barils pour saler à part les langues & les noues qu'on destine à faire des présens.

Puisque le bâtiment doit être garni de tous ses agrès, il s'ensuit qu'on doit embarquer son rechange en cordages, voiles, vergues, &c.; car étant fréquemment exposés à de gros temps, il faut avoir de quoi réparer les avaries.

Voilà une énumération sommaire des principaux ustensiles nécessaires à ceux qui vont à la pêche de la *morue* verte.

Les lignes dont se servent les pêcheurs terreneuviers, ont six, huit, neuf, & quelquefois dix lignes de circonférence, & environ 75 à 90 brasses de longueur. Elles doivent être fortes, sur-tout quand on pêche dans des parages où les *morues* sont grosses. Cependant il est important qu'elles soient fines, non-seulement pour ne point effaroucher le poisson, mais encore pour que le pêcheur sente mieux quand il y en a de pris, & enfin pour qu'elles soient plus maniables & plus aisées à relever. Ainsi il faut avoir soin qu'elles soient faites de bon chanvre, bien fabriquées, point trop torses, afin d'être plus fortes, plus maniables & ne point prendre de coques; comme il faut que le plomb porte au fond de la mer, on est quelquefois obligé d'épisser bout à bout deux lignes.

On frappe au bout de ces lignes un plomb qui a quelquefois la forme d'une poire; d'autres fois celle d'un cylindre; son poids est de 5 à 5 liv. & demie, ou 6 livres, suivant la volonté des pêcheurs. En général il doit être d'autant moins lourd, que les lignes sont plus fines; & les pêcheurs fatiguent d'autant plus, que le plomb est plus pesant. Cependant il faut qu'il le soit assez pour entraîner promptement la ligne au fond, & résister aux efforts que la dérive & les courans pourroient faire pour l'emporter.

On frappe à la ligne principale dont nous venons de parler, la pile qui doit porter l'haim. Cette pile est souvent de la même grosseur que la principale ligne; & quelquefois elle est plus fine.

Cette pile ou empile a 2 ou 3 brasses de longueur, suivant que le navire est plus ou moins élevé sur l'eau. D'où il suit qu'il faut que les piles soient plus longues pour les ligneurs ou lignotiers qui sont sur le gaillard, que pour ceux qui sont sur le bel; ceux-là fatiguent davantage, ayant à tirer le plomb avant que le poisson soit hors de l'eau, attendu la longueur de la pile.

Les pêcheurs de la côte de haute Normandie, accoutumés à pêcher au libouret, frappent volontiers leur empile sur une avalette de bois, dont ils proportionnent la grosseur à celle de l'haim; mais cela ne se pratique point ordinairement.

Suivant ce que nous avons dit, le plomb est destiné à faire caler les lignes & les haims; ainsi son poids doit être proportionné à la grosseur des lignes, à celle des haims, & à la profondeur où il doit descendre. Néanmoins son poids n'est déterminé sur aucune règle fixe; il varie même suivant la volonté des pêcheurs. Mais ordinairement pour les haims du banc, le plomb est de 5 à 5 liv. & demie; pour ceux de Férol, de 3 à 4 liv. Le plomb s'attache à la ligne même; & dans les petits bâtimens on ne laisse qu'une brasse de distance entre l'haim & le plomb.

Les haims pour la pêche de la *morue* en Amérique doivent être, les uns d'un fer bien liant, les autres d'acier; ceux-ci sont préférables dans les parages où il n'y a point de roches, mais on préfère ceux de fer dans les endroits où il y a des roches, parce que les haims d'acier sont sujets à rompre lorsqu'ils s'accrochent à une pierre.

C'est un principe général qu'il faut proportionner la force des haims à la grosseur des poissons qu'on se propose de prendre, & comme c'est sur le grand banc qu'on prend les plus grandes *morues*, on les pêche avec les plus gros haims. Si les *morues* ne sont pas aussi grandes à Férol, & à Port-à-Choix, dans l'ouest de l'île de Terre-Neuve, que celles du banc, elles le sont toujours beaucoup plus que celles qu'on pêche de l'autre côté de l'île.

De plus, on se sert de grands haims quand la *morue* est abondante, & lorsqu'elle se tient près de la surface de l'eau; mais quand elle est rare, & qu'elle se tient à une grande profondeur dans l'eau, on se sert d'haims moins grands.

En général les anglois & les hollandois emploient des haims moins grands & des lignes plus déliées que les françois.

On emploie quelquefois, sur-tout au petit Nord, des haims à double croc, & ceux-là sont plus forts; mais les poissons refusent d'y mordre, quand ils ne sont pas affamés.

Plusieurs pêcheurs mettent deux haims au bout de leur ligne, les y attachant par de fines empiles, dont une répond immédiatement au-dessus du plomb, & l'autre à une brasse plus haut. En ce cas ils tiennent cette empile plus longue, pour que les deux haims portent également sur le fond.

Des appâts pour la morue.

Le choix des appâts est une chose très-importante pour faire promptement une bonne pêche. Rien n'est plus vorace que les *morues*, sur-tout celles du grand banc, peut-être à cause de l'énorme quantité qui s'y rendent. Quand elles sont affamées, elles avalent tout ce qui tombe à la mer. On a trouvé, comme on l'a dit, dans leur estomac des manigots ou mitaines, des couteaux, des pierres, & quoique gorgées de poissons, elles se jettent quelquefois sur des haims qui ne sont point garnis d'appâts; ainsi, à l'arrivée des bâtimens, il suffit de leur présenter un leurre, tel qu'un morceau d'étain ou de plomb imitant très-grossièrement la forme d'un poisson; on a seulement soin qu'il soit brillant; c'est pour cela que quelques-uns étament ceux de plomb. D'autres fois le leurre n'est autre chose qu'un morceau de drap de quelque couleur éclatante; mais souvent les *morues* refusent de mordre à ces appâts; c'est pourquoi les pêcheurs leur présentent des morceaux de viande salée ou de lard, qui, ayant souffert quelque altération, ne sont point propres à la nourriture de l'équipage, des maquereaux ou harengs salés qu'on emporte dans des barils. Les maquereaux étant plus gros que les harengs, ils ont l'avantage de pouvoir servir à amorcer plusieurs haims. Mais aussi-tôt qu'on a pris quelques *morues*, on amorce avec le cœur, ou une mâchoire sanglante: souvent même avec les entrailles ou breuilles. On sacrifie encore à cet usage les têtes ou la chair de quelques petites *morues*, mais jamais les foies, qu'on met à part pour en retirer de l'huile.

Quoique les *morues* se mangent les unes les autres, & qu'on en ait trouvé dans l'estomac de quelques grosses *morues* jusqu'à quatre petites, il y a néanmoins d'autres poissons dont les *morues* sont tout autrement friandes; tels que les grondins, les maquereaux, les harengs, sardines, capelans, toutes sortes de crustacées & de coquillages; mais la plupart de ces appâts étant rares, on se contente quelquefois, après avoir amorcé un haim avec des issues de *morues*, de l'embecquer avec un petit morceau de ces bons appâts qu'on pique à la pointe de l'haim.

Lorsqu'on peut se servir de ces appâts délicats, on emploie de petits haims d'acier, semblables à ceux dont on fait usage pour la *morue* sèche, & les *morues* donnent dessus en telle abondance, que les vaisseaux qui ne peuvent pêcher ou aquer qu'avec des issues de *morues*, sont obligés de quitter leur poste pour en aller chercher un éloigné d'un bâtiment qui amorce avec du capelan, du maquereau, ou du hareng.

Quand, en ouvrant les *morues*, on trouve dans leur corps des poissons qui ne sont point digérés, on s'en sert pour écher, & on est comme assuré qu'ils conviendront aux autres *morues*. C'est pourquoi quand les pêcheurs ont détaché les langues, ils ouvrent le ventre des *morues*, pour retirer de l'estomac les poissons qui peuvent s'y trouver.

On prend des *morues* sur nos côtes, & comme on trouve dans leur estomac différentes espèces de poissons qui sont encore reconnoissables, des crustacées, crabes, homars, chevrettes; on en peut conclure que ces poissons conviennent pour amorcer les haims.

Les pêcheurs de Picardie & de Flandre ramassent beaucoup de grenouilles dans des bailles, & ils s'en servent à prendre des *morues* dans les parages peu éloignés de leurs ports. Pour cela ils les accrochent par le travers des cuisses; & comme elles vivent assez long-temps, elles en attirent d'autant mieux le poisson.

Sur quelques côtes, celle de Boulogne est de ce genre, on prend de petites *morues* avec des haims amorcés de vers de terre, ou de harengs & de maquereaux, tant frais que salés.

Les pêcheurs basques se trouvent bien d'écher avec des anchois & des sardines.

Les pêcheurs d'Islande échent avec des moules, lorsque les harengs leur manquent; & dans ces cas les hollandois amorcent leurs haims pour la *morue* avec de fort petites lamproies d'eau douce, qu'ils tiennent dans des réservoirs pour les trouver au besoin.

On lit dans l'histoire naturelle d'Islande, que les habitans estiment beaucoup pour amorce, la viande prise sur un animal nouvellement tué, & sur-tout le cœur de quelques oiseaux dont les pêcheurs mangent la chair, assurant qu'avec cet appât on a plutôt pris vingt poissons, qu'un seul avec beaucoup d'autres. On prétend qu'il y a des poissons du genre des sèches qui fournissent de bons appâts.

On voit qu'il y a beaucoup de différentes substances qui peuvent fournir de bons appâts aux pêcheurs de *morue*. La difficulté est de s'en procurer sur le lieu de la pêche; & comme le succès dépend beaucoup de la bonté des appâts, c'est aux pêcheurs à employer toute leur industrie pour s'en pourvoir, soit en mettant à la traîne derrière leur bâtiment des cordes garnies de grand nombre de petits haims, soit en mettant à la mer, par de beaux temps, quelques chaloupes pêcher avec la saine, lorsqu'on se trouve à portée des parages où il y a des maquereaux, des harengs, des capelans, des sardines, &c.

On assure que les anglois de l'Amérique pêchent à la côte de l'île de Terre-Neuve, des poissons passagers, pour se procurer des appâts frais.

Il est certain que comme le hareng donne de bonne-heure à cette côte, ils essaient de commencer leur pêche avec cet excellent appât, prenant des arrangemens pour en avoir fréquemment de nouveaux. Et pour cela ils destinent quelques chaloupes, ou des gouëlettes, à la pêche de ces petits poissons. Comme les harengs deviennent rares vers la mi-juin, les anglois vont alors pêcher des capelans dans les baies de la côte, ce qui dure jusqu'à la fin de juillet. Après ce temps ils ont recours aux petits poissons de toute espèce qu'ils peuvent attraper, ou ils draguent des coquillages; mais cela convient plutôt à la pêche de la *morue* qu'on sèche à terre, qu'à la *morue* verte.

Comme il n'est pas toujours possible d'avoir de ces poissons frais, on en porte de nouvellement salés ou saumurés, & les *morues* ne les refusent pas, sur-tout quand on a soin de les dessaler avant d'amorcer les haims.

Quand le plomb est parvenu au fond de la mer, le pêcheur tenant la ligne entre ses doigts, pose sa main sur la lisse pour sentir quand un poisson a mordu. Derrière le pêcheur, tant du bel que de la galerie, il y a encore une lisse où ils accrochent par le derrière de la tête la *morue* qu'ils viennent de prendre, en la piquant à l'instrument nommé *élangueur*, qui est auprès de la manette où ils mettent les langues, & la *morue* reste attachée à ce petit instrument la bouche ouverte, jusqu'à ce que les pêcheurs aient détaché la langue.

Dans les navires de Grandville & de St.-Malo, il n'y a de lisse que pour les pêcheurs de l'arrière; la chaloupe en tient lieu pour ceux de l'avant. On fait une plate-forme le long du bas-bord, qui est élevée d'environ huit pouces au-dessus du pont, pour que le sang puisse s'écouler plus aisément. On place sur cette plate-forme les barils de pêche, qu'on assujettit contre le bord, étant tout près les uns des autres, & retenus par une vergue qui les embrasse tous, de sorte qu'ils ne peuvent remuer.

Manière de jetter les lignes à la mer.

Chaque pêcheur établi dans son baril, file sa ligne de 30, 40, 50 brasses, même plus, suivant la la profondeur de l'eau, la vîtesse de la dérive & la force des courans.

Les hollandois, qui pêchent au nord de l'Europe en traînant leurs lignes, la halent de temps en temps, de quelques brasses, & la laissent tout d'un coup retomber. Ils se proposent par-là d'empêcher les *morues* de venir reconnoître l'appât & de le flairer, ce qu'ils prétendent qu'elles font, quand elle reste sans agitation; & ils assurent avoir observé dans les viviers qu'ils font à fond de cale pour transporter des poissons en vie; que les *morues*, après avoir flairé la nourriture qu'on leur jette, refusent les issues de *morues*, pendant qu'elles se jettent vivement sur les harengs, les grondins, les crustacées, &c. D'ailleurs ils prétendent qu'au moyen de ces secousses, les *morues* prenant apparemment l'appât pour un poisson en vie, elles le poursuivent & le saisissent avec avidité.

La manière ordinaire des françois & des anglois, est de traîner la ligne plus ou moins vîte suivant la dérive du bâtiment. Néanmoins quelques pêcheurs expérimentés *traittent* ou *traillent* leur ligne (ce sont des termes de pêcheurs) comme nous avons dit que le font les hollandois.

Si-tôt qu'un pêcheur terre-neuvier sent qu'une *morue* a mordu à l'appât, il hale sur sa ligne, & tire le poisson à fleur d'eau; s'il est de médiocre grosseur, il l'amene à lui; mais si c'est une trop grosse pièce, son voisin la gaffe & la tire à bord: le premier la saisit par les ouies & l'accroche par la tête à l'instrument appellé *élangueur*; il l'éventre ensuite, lui tire la langue, & avec ce qu'il trouve dans l'estomac réamorce son haim, que souvent il trempe dans le sang; puis il jette le poisson dans le parc qui est derrière lui.

Préparation de la morue *à la manière de France.*

Les pêcheurs françois ont sur le pont du bâtiment une table qu'on nomme *l'étal*, à un bout de laquelle se met l'étêteur, & à l'autre l'éventreur ou habilleur. Un mousse placé à gauche de l'habilleur emporte les nauts qui tiennent à l'arrête. Aussi-tôt que la *morue* est élanguée, l'étêteur la prend pour la décoller: c'est presque toujours le maître charpentier qui est chargé de cette fonction; il est dans un baril semblable à ceux des pêcheurs; mais son tablier est fait d'un cuir plus souple, afin qu'il puisse mieux agir, & ce tablier est plus ample pour le garantir du sang & des vuidanges du poisson qu'il est chargé d'ôter aussi-tôt après qu'il l'a étêté: ses bras sont garnis de brassards de cuir; il a aussi les quatre doigts & le dessus de la main garnis & enveloppés de manigots d'étoffe; son couteau nommé *étêteur*, a deux tranchants, la lame est longue de sept à huit pouces; le manche, qui est de bois, a quatre ou cinq pouces de longueur. Cet officier prend à la fois deux poissons qu'il met sur son étal ou établi; cependant il les étête l'un après l'autre; pour cela, il fait porter à faux la tête, sur le bord de la table, pour rompre la grosse arrête.

Les pêcheurs du Bel laissent tomber leurs *morues* élanguées dans le parc aux *morues* qui est sous la lisse du dos des pêcheurs. Un garçon de bord, porte avec un piquoir les *morues* que prennent les pêcheurs de la galerie, & les jette dans une gouttière de bois pour le mettre à portée de l'étêteur, à mesure qu'il décole les *morues* qu'il a mises sur son étal, & il fait tomber les têtes dans un parc particulier qui est derrière lui à stribord: c'est ce parc que vuide tous les soirs celui qui se trouve avoir produit moins de langues que les autres.

Quand la *morue* est décollée, l'étêteur retire toutes les entrailles pour les jetter; quelquefois il conserve le cœur & la rate pour servir d'appât; mais il réserve soigneusement le foie, qu'il met dans un baril qui a une échancrure à un côté de son embouchure: on met un chantier en dessous, pour faire pencher le baril vers l'étêteur, afin qu'il puisse y jetter les foies commodément.

Quand on veut faire de la résure, rave ou rogue pour la pêche des sardines, ce qui n'est pas à négliger, on conserve à part les œufs pour les saler.

La rave ou rogue est un paquet d'œufs enveloppés d'une membrane; il y en a qui pésent une ou deux livres suivant la grandeur des *morues*, on les sale à part dans des barils. Cette rave est un excellent appât pour attirer les sardines; les pêcheurs basques la vendent aux espagnols de la côte de Biscaye depuis 60 jusqu'à 120 livres la barique pesant environ 5 quintaux.

L'étêteur ayant fait son opération, il pousse la *morue* à l'habilleur; c'est ordinairement le capitaine ou le pilote qui fait cet office, il se met pour cela dans un baril, comme les pêcheurs; il a devant lui un petit tablier de cuir; le bras gauche est dans un brassard de cuir, & la main est couverte d'une moufle ou mitaine; il tient de la main droite le couteau qu'on nomme *habilleur* ou *couteau à habiller*, qui a la forme d'un petit couperet, large & quarré par le bout; & dont la lame a environ huit pouces de longueur sur trois de largeur; le manche, proportionné à l'instrument, est plus gros que celui de l'étêteur.

La fonction de l'habilleur consiste à ouvrir la *morue* depuis la gorge jusqu'à l'anus appellé improprement *nombril*, & à ôter dans cette étendue la grosse arrête, ce qu'on nomme *désosser*, puis il fait tomber le poisson par une ouverture qui est au milieu de la table, & qu'on nomme *éclaire*, dans une espèce de tuyau quarré qui répond à l'entre-pont ou à la cale, suivant la grandeur du bâtiment.

L'habilleur jette l'arrête au petit garçon qui est à sa gauche, & qu'on qualifie de *notier* ou de *nautier*; ce mousse, avec un couteau qui n'a qu'un tranchant, détache la *naut* ou *noue* de l'arrête, & il la met dans une manne qui est à sa portée. On sale à part ces noues, avec ce qui reste de langues & autres parties des têtes, qui n'ont pas été consommées par l'équipage. Comme le mousse est près de la lisse de stribord, il jette l'arrête à la mer.

Les issues, langues & noues qu'on sale à part, tournent ordinairement au profit de l'équipage; quand ils ne sont pas salés à part dans de petits barils pour en faire des présents; car ces parties sont regardées comme un mêts délicat, sur-tout les noues, qui sont les vessies à air; on sale en grenier sous les *morues* celles qu'on ne met point en barils.

Un novice se sert d'un piquoir pour approcher de l'étêteur les *morues* que prennent les pêcheurs du bel. A l'égard des *morues* qui proviennent de la galerie, un garçon de bord, les prend avec un digon ou piquoir, & les met dans une espèce de goutière, d'où elles se rendent en glissant dans un parc qui est placé sous l'étal.

L'étal sur lequel on décolle & habille, est une table placée à stribord entre les deux gaillards; elle s'étend depuis le milieu du pont jusqu'assez près du plat-bord. S'il y a deux étêteurs, & deux habilleurs, comme c'est assez l'usage dans les grands bâtiments, un bout de l'établi est occupé par deux étêteurs, & l'autre par deux habilleurs.

Pour mettre les *morues* dans leur premier sel, on a soin de faire entrer le plus de sel qu'on peut dans le corps; on en frotte toute la peau de la *morue*, ensuite on les range dans un endroit particulier de l'entre-pont, ou de la cale, couchant les *morues* de façon que les queues aillent en baissant; on les couvre d'une couche de sel, & on met d'autres *morues* dessus & à côté des premières; elles restent ainsi en pile pour jetter leur eau & leur sang, ce qui dure vingt-quatre ou quarante-huit heures, suivant que la pêche oblige de hâter le travail, ou qu'elle permet de le faire à l'aise.

Les mousses apportent le sel au saumureur sur des palots ou palettes qui ont un manche fort court.

Quand les *morues* ont suffisamment rendu leur eau & leur sang, on les sale à demeure; pour cela on les change de place, & on les arrange en piles dans l'entre-pont ou la cale.

Pour former ces piles, on fait avec des buches & des fagots ou des branchages secs un *fardage* ou plancher, qu'on recouvre de nattes, sur lesquelles on met une couche de sel. Ces premiers lits sont faits des issues qui tournent au profit de l'équipage. On arrange ensuite les *morues* par lits, entre chacun desquels on met une couche de sel, pour qu'elles ne se touchent point; il ne faut cependant pas en mettre trop; cette surabondance de sel déprécieroit le poisson. On élève quelquefois les piles jusqu'au dessous du pont, ce qu'on appelle *barotter*; ce travail est très-fatigant.

L'office du saleur ne laisse pas d'être important; c'est souvent de son attention que dépend la bonne qualité de la *morue*: aussi choisit-on ordinairement un homme de l'équipage qui soit au fait de ce travail; & les normands ainsi que les bretons, l'engagent sous ce titre, avec une paye un peu plus forte que les lignotiers; cependant les olonnois confient ce travail à des garçons de bord.

Quoique les attentions qu'on apporte à bien saler la *morue*, soient un article important pour en avoir de bonne; néanmoins la perfection de ce poisson dépend encore de plusieurs autres circonstances. 1°. La morue, comme tous les autres poissons, est mollasse & de mauvaise qualité dans le temps du frai. 2°. Quand il règne des chaleurs considérables, on ne peut pas espérer de faire d'aussi bonne salaison que quand il fait frais. 3°. Les pêcheurs prétendent que dans certaines saisons, les *morues* se nourrissent de bourbes ou orties vagantes qui flottent à la surface de l'eau, & que cette nourriture communique une mauvaise qualité à la chair de ces poissons. Les meilleures saisons pour les salaisons de *morue* sont donc le printems & l'automne. 4°. en hiver, outre qu'on craint d'être pris par les glaces, on ne trouve que de petites *morues*, principalement sur les battures. 5°. le choix du sel est encore un article important. On pense unanimement que le sel de Brouage, anciennement fait, qui a perdu son âcreté & son amertume, est préférable aux sels blancs, & qu'il communique à la *morue* une délicatesse préférable à la blancheur que leur procurent d'autres sels.

De l'huile de morue.

La vente des *morues* est assurément le principal objet des pêches qu'on fait sur le banc de Terre-Neuve. Néanmoins on ne doit pas mépriser l'huile qu'on retire de leurs foies, d'autant qu'elle est beaucoup plus estimée que celle de baleine, & que cette vente fait un objet assez intéressant.

L'étêteur dépose les foies dans un baril qu'il a à portée de lui; on les met ensuite dans des futailles, que les pêcheurs normands appellent *charniers* ou *foassiers*. Quelques-uns les mettent d'abord dans un panier, & vont ensuite les déposer dans le charnier. On laisse de temps en temps égoutter le sang & la lymphe par des trous qu'on fait à dessein, un peu au-dessus du fond, & que l'on ferme quand on apperçoit que l'huile qui surnage commence à couler. On retire ensuite l'huile, qu'on entonne dans des barils.

L'huile de *morue* sert aux mêmes usages que celle de baleine. On en brûle dans les lampes, & les tanneurs en emploient beaucoup.

De la résure.

La résure, rogue, graine, rave, rabe, rêve, rebe; car tous ces termes patois sont synonymes; cette substance qui sert, sur les côtes de Bretagne, à pêcher la sardine, n'est souvent autre chose que des œufs de *morues* qu'on sale dans des barils.

Comme les pêcheurs normands ne font pas usage de cet appât à leurs côtes, ils jettent les œufs à la mer. A l'égard des bretons & des olonnois, ils en trouvent le débit chez eux, & pour cette raison ils ont coutume d'en saler.

Déchargement de la morue.

Quand les bâtimens de retour sont rendus aux ports de leur destination, il est question de les décharger. Pour cela on tire de la cale les *morues* par brassées, & on les porte sur l'établi ou sur une place où est le trieur juré qui doit connoître à la vue la différente qualité des *morues*, pour les séparer suivant leur degré de bonté, & en former des lots.

Quand un bâtiment chargé de *morues* est entré dans le port de Dieppe, on établit sur le pont une table qui est souvent posée sur deux barils; le trieur se met devant cette table, & il a une mesure qui lui sert à décider celles qui doivent être réputées marchandes, d'avec celles qui ne le sont pas; on les lui présente deux à deux: quand avec sa mesure il en juge une marchande, il en couche dessus une de même longueur, & il jette derrière lui sur le pont celles qui ne sont pas assez grandes.

Il y a sur le quai un matelot à qui on les porte; il les compte par deux, & quand il en a reçu un cent, il fait une entaille sur un morceau de bois, puis on les porte au magasin sur des brouettes.

Pour qu'une *morue* soit réputée marchande, il faut qu'elle ait deux pieds de longueur; s'il s'en manque seulement un pouce, on en donne deux pour une; de plus l'acquéreur peut rebuter un demi-cent de *morues* par mille, qu'on lui change pour d'autres *morues* plus grasses & plus marchandes.

Le trieur, après avoir visité les *morues* les appareille donc, & les donne par paires ou poignées à celui qui les livre, soit aux matelots qui les embarquent, quand on fait cette opération de bord à bord, soit aux brouettiers qui les reçoivent quand on les débarque à terre. C'est ordinairement le pilote qui préside à la livraison des *morues*, parce qu'à mesure qu'il en fait la livraison par mille, cent, ou à la poignée, il en prend le compte.

La poignée est composée de deux *morues* que le trieur a appareillées. Le cent contient soixante-six poignées, qui font cent trente-deux *morues*. Le mille est de dix cents, au même compte, ce qui fait mille trois cents-vingt *morues*. Les petites *morues* que les olonnois pêchent l'hiver sur les battures se vendent au millier qui est de douze cens.

Tous les pêcheurs des ports du ponent vendent leurs *morues* à ce compte; mais les bretons & les poitevins les livrent au petit compte; c'est-à-dire, au cent de dix dixaines.

La *morue* verte qui passe en Provence, s'y vend au quintal, de même que toutes les autres denrées.

Une barique de *morue* verte de la pêche des malouins est estimée à Marseille trois quintaux, poids de table.

On suit différentes pratiques dans le triage & en lotissant les *morues*, chaque port ayant la sienne.

A Nantes, la cargaison d'un navire se partage pour la vente en trois différentes sortes de poissons: les *grands*, les *moyens* & les *raguets*, qui sont les plus petits; on les vend au cent.

A la Rochelle, Bordeaux, Bayonne, S. Jean-de-Luz, on fait de même trois lots; savoir 1°. le poisson *marchand*, 2°. le *moyen*, 3°. le *rebut*.

L'usage de Normandie est peu différent de celui de Nantes, puisque les *morues* rondes s'y distinguent en *marchandes*, *triées* & *raguets*. Ces trois espèces sont réputées, chacune dans leur genre, loyales & marchandes.

A Grandville on forme quatre classes de la

morue verte ; savoir 1°. la *morue* marchande qui est formée des plus gros poissons ; 2°. la *truie* ou la *platte*, qui sont des *morues* maigres & plattes ; 3°. la *raguée* formée de *morues* de moyenne grandeur ; 4°. le *canceau*, où sont comprises les plus petites *morues* ; mais aucunes ne doivent être viciées.

On fait cette séparation au débarquement, soit pour les mettre en magasin, soit pour les livrer de bord à bord, lorsque la cargaison est vendue suivant sa qualité. Car quand elle l'est, comme ils le disent, *cap & queue*, il n'y a nulle distinction de poisson ; tous sont livrés à l'acquéreur comme ils se présentent, n'y ayant de rebut que les gâtées & pourries ; mais quand le marché est fait pour ne prendre que la *morue* marchande, les pièces sont choisies sur toute la cargaison : ce sont les plus grandes & les plus fortes de la première espèce.

La *morue triée* est choisie après la marchande ; elle se vend toujours un tiers moins que la première espèce.

Le raguet est la plus petite des trois ; & quoique cette *morue* soit la plus délicate, elle se vend moitié moins que la marchande ; & cela est juste, puisqu'elle se vend à la pièce & non pas au poids.

S'il se trouve des colins ou des lingues, ils ne passent qu'au rebut, qui, en outre, est formé de *morues* viciées & de valides. On nomme *valides*, celles qui sont encore plus petites que les raguets ; & *viciées* celles qui ont quelques défauts, soit d'essence, soit de qualité ; tels que d'être peignées, de mauvaise eau, estropiées, tachées, molle-salées, nattées, brulées, mouillées, marinées ; mais le plus grand défaut est celui de sentir la pompe & les épurins, ce qui rend toujours la *morue* noire & souvent pourrie. Expliquons ces différents termes.

Une *morue* de mauvaise eau, est celle qui étoit malade quand on l'a salée ; sa mauvaise qualité primitive a encore augmenté par la salaison.

On dit qu'une *morue* est peignée, lorsqu'ayant roulé quelque-temps sur le pont, une partie de sa peau est déchirée, principalement à la queue & aux ailerons, ensorte que les arrêtes soient découvertes. Cette *morue*, quelque bonne qu'elle soit d'ailleurs, est de rebut, ayant perdu l'œil de la vente.

Les *morues* dites estropiées, ont été mal ouvertes en les habillant, ou ont été mordues d'un requin ou d'autres poissons voraces, ou enfin ceux qui les ont tirées des piles pour les livrer au trieur, ont arraché les flanchets.

Les *morues* dites brulées, sont celles qui ont été viciées par des sels de mauvaise qualité. Ainsi ce défaut est toujours occasionné par le mauvais état du sel.

Quand la salaison est mauvaise, ou parce qu'on a trop ménagé le sel, ou parce qu'on en a employé de fort humide & nouveau, c'est ce qu'on appelle molle-salées ; ce défaut se reconnoît au maniement, & le trieur distingue aisément les *morues* qui ont ce défaut.

Quand une *morue* a été meurtrie & qu'il y est resté du sang, comme il y a des taches, on la nomme tachée ; au reste elle n'est pas entièrement gâtée ; les endroits où sont les taches sont seulement plus durs que le reste.

Quoique le défaut qu'on nomme *morue* nattée vienne d'avoir été endommagée par les nattes dont se font les premiers lits sur le plancher où on établit la pile, ces *morues* sont absolument mauvaises, & on les jette pour l'ordinaire à la mer ; elles n'entrent point dans le rebut.

Les marchands qui achètent la *morue* verte au compte ne peuvent pas être trompés, puisqu'ils les voient, les visitent, & sont en état d'en connoître la bonne ou la mauvaise qualité. Il n'en est pas de même quand on achete des salines en barils ; lors même qu'elles sont bien conditionnées, il y en a souvent de si petites qu'elles ne sont pas de vente.

Les poissonières qui détaillent les *morues* à la détrempe, peuvent aisément tromper en vendant des lingues, & autres espèces de *morues*, pour de la *morue* franche.

Quand le poisson est coupé, cette tromperie ne peut se connoître qu'à la cuisson : alors ou la *morue* se retire & devient presqu'à rien, ou bien les unes deviennent comme de la pâte molle ; d'autres sont si dures & coriaces qu'on ne peut les manger.

On voit par ce que nous venons de dire des défauts de la *morue*, que la bonne *morue* doit en être exempte ; qu'elle doit être entière, avoir toute sa peau, être blanche, ferme, nullement tachée, & n'avoir point de mauvaise odeur, qui indique de la corruption.

Préparation de la morue *à la façon de Hollande, & autres.*

Quoique la plupart des pêcheurs françois tranchent les *morues* en rond & les salent en grenier, il y en a néanmoins qui les tranchent à plat, & qui les salent en tonne ou en baril, à la façon de Hollande.

On fend le poisson dans toute sa longueur; on en détache toute l'arrête, excepté un petit bout vers la queue; on coupe le bout des ailerons & des nageoires; c'est ainsi que les *morues* sont habillées à plat, & on les remet à un mousse qui les lave dans de l'eau de mer, dont on a rempli une baille, de sorte qu'il n'y reste point de sang: c'est ce qu'on appelle *enroquer*. Quand les *morues* sont bien lavées, on les met égoutter dans des paniers.

Avant que les *morues* soient entiérement égouttées, on les paque, c'est-à-dire, qu'on les arrange dans les barils, en répandant un peu de sel dessus, ayant l'attention de mettre plus de sel dans le ventre qu'ailleurs, parce que cette partie court plus de risque de se corrompre que le reste du poisson. On laisse les *morues* dans ce premier sel deux jours; puis on les verse dans des bailles, & on les lave dans leur saumure: on les met égoutter comme la première fois; & on les repaque dans les barils d'où on les a tirées, mettant alternativement un lit de sel & un lit de *morues*; mais comme il est important que les *morues* soient bien pressées les unes contre les autres, on a un faux-fond qui est d'un moindre diamètre que la futaille, formé de trois planches assez fortes, & réunies par une barre qui les traverse: on pose ce faux-fond sur les *morues*, & de temps en temps on monte dessus pour les bien presser les unes contre les autres, ce qu'on nomme *sauter*: puis on cherche les fonds qui appartiennent à chaque baril, pour les enfoncer. On se sert pour ce second pacage de sel blanc rafiné à Etaples, ou quelquefois de sel gris. La *morue* ainsi mise en tonne est en état d'être amenée en France, où elle doit recevoir de nouvelles préparations.

Suivant ce qui a été dit, les *morues* ont été salées & paquées deux fois à la mer; il s'agit à leur arrivée de les paquer & saler une troisième fois pour les rendre marchandes, & en état d'être conservées long-temps. Ce sont des femmes qui font la plus grande partie de ces opérations, qu'on appelle *salaison à sel sec*.

Les femmes vuident dans une cuve, quarante-cinq à quarante-six barils de *morues* avec leur saumure: quand les barils manquent de saumure, on en fait de nouvelle avec du sel qu'on fait fondre dans de l'eau; car il faut qu'il y en ait assez dans la cuve pour que le poisson y trempe.

Les femmes arrangées autour de la cuve y lavent, les unes après les autres, toutes les *morues*: pour cela, tenant de la main gauche les *morues* contre les douves de la cuve, de sorte qu'elles trempent dans la saumure, elles les frottent avec un petit balai qu'elles tiennent de la main droite, ayant attention de ne point les écorcher; quand elles ont répété cette opération trois ou quatre fois, elles mettent celles qu'elles ont lavées en tas dans la cuve même où est la saumure.

Elles prennent ces *morues* ainsi lavées, & les tenant par la queue, elles les trempent quatre ou cinq fois dans une baille pleine d'eau fraiche; puis on les en retire pour les plonger de même dans une autre baille aussi remplie d'eau fraiche; & quand l'eau devient sale, on la jette, & on y en remet de nouvelle.

Lorsqu'on a ainsi lavé dans la saumure & dans deux eaux fraiches environ un baril & demi de *morue*; une femme prend l'une après l'autre les *morues* ainsi lavées, elle les visite & ôte avec un couteau tout le sang qui peut être resté dans la chair, elle coupe toutes les bavûres; en un mot, elle retranche tout ce qui pourroit préjudicier à la blancheur & à la qualité de la *morue*; elle les lave encore s'il le faut, & la *morue* est en état d'être mise à égoutter sur le théâtre.

On forme ce qu'on nomme *le théâtre* avec de fortes membrures qu'on couche sur des madriers qui servent de chantiers, & on a soin de laisser un peu de distance entre les membrures pour que l'eau qui s'égoutte des *morues* puisse s'écouler.

Au bout de huit jours que la *morue* est suffisamment égouttée, on la met dans des barils qui sont percés de plusieurs trous auprès du jable, pour que la saumure qui se forme par la fonte du sel qu'on y ajoute, s'égoutte: mais avant de les mettre en barils, on les porte aux balances pour les peser; car chaque baril doit contenir 260 livres de poisson, poids de marc, & 40 livres de sel blanc; sur quoi il est à propos de faire remarquer que 260 livres de poisson, poids de marc ou de 16 onces à la livre, équivalent à-peu-près à 300 livres, poids de Dunkerque, dont la livre n'est que de 14 onces.

On fait encore un triage des *morues* en les mettant aux balances, & on ôte les petites, les maigres, & celles qui sont molles, rousses ou viciées; cependant on ne rebute que celles qui sont fort petites; car comme ce poisson se vend à la livre, ce triage n'est pas aussi important que quand on le vend au nombre.

Les *morues* étant triées & pesées ainsi que le sel, on le porte sous le hangar pour les paquer définitivement en baril.

Les femmes qui sont chargées de mettre les *morues* en baril, commencent par mettre au fond une couple de poignées de sel; elles mettent sur la chair de la *morue* un peu de sel; elles en replient les oreilles, & en contournant un peu le poisson, elles lui font prendre la forme intérieure des barils; deux morceaux de morue font à-peu-près un lit, les femmes les recouvrent d'un peu de sel, & elles continuent à remplir le baril lit par lit alternativement de *morue* & de sel.

Elles savent très-bien répandre exactement la quantité de sel qui doit entrer dans chaque baril.

Quand le baril est à moitié plein, le tonnelier le saute; c'est-à-dire, qu'ayant mis un faux-fond sur la morue, il monte & saute dessus; quand il les a ainsi bien pressées, il ôte le faux-fond, & les femmes achevent de remplir le baril; assez souvent elles sont obligées de mettre quelques rangs de *morue* au-dessus des bords; en ce cas, on roule avec adresse & sans rien déranger ces barils le long d'un poteau, où il y a un fort cric, dont la cremaillère porte sur un faux-fond qui couvre les *morues*; il faut tourner la manivelle du cric uniformément & doucement, & finir quand les *morues* sont au niveau du jable. Aussi-tôt que le jable est découvert, on ôte le faux-fond; les femmes répandent sur la *morue* ce qui leur reste de sel des 40 livres qui doivent entrer dans chaque baril, le tonnelier met le vrai fond, serre les cercles, & en met de neufs quand il en manque.

On finit par faire entre le premier & le second cercle du jable huit trous, par lesquels on passe une ficelle qui forme une losange, & qu'on arrête avec un plomb.

Quoique la méthode des Dunkerquois diffère peu de celle que nous venons de détailler, comme de petites précautions influent quelquefois beaucoup sur la perfection de la *morue*, nous croyons devoir la rapporter; mais ce sera le plus briévement que nous pourrons.

Aussi-tôt que les *morues* ou cabillauds, car ces deux noms doivent être réputés synonymes, sont amenés par les ligneurs à bord du bâtiment, on leur coupe le cou pour les faire saigner, afin que leur chair en soit d'autant plus blanche; ensuite on les éventre presque dans toute leur longueur; puis on emporte l'arrête, n'en laissant qu'un petit bout à la queue, précisément comme quand on tranche la *morue* platte à la façon de Hollande; on met ce poisson dans une baille remplie d'eau douce, pour le laver & ôter tout le sang, en le frottant avec un petit balai; au sortir de l'eau, on les met dans un panier, où on les laisse s'égoutter un quart d'heure ou une demi-heure.

On tire ensuite le poisson de cette manne pour, comme on dit, le *paquer* ou l'arranger dans des tonnes défoncées d'un bout, mettant toujours la peau en dessous, & en saupoudrant sur chaque poisson une petite assiète de sel blanc: on emploie ordinairement pour ce premier pacage quatre tonnes de sel pour quatorze tonnes de *morues*.

Le poisson reste dans ce sel trois ou quatre jours, ce qui produit une saumure qui sert à laver le poisson qu'on tire de cette tonne, & on le repaque ou on l'arrange de nouveau dans d'autres tonnes, poudrant fort peu de sel entre les *morues*; & quand la tonne est pleine, on verse par-dessus environ une peinte de forte saumure.

A ce second pacage, on emploie une tonne de sel pour quatorze tonnes de poisson; cette quantité de quatorze tonnes forme ce qu'on appelle un *lot*.

Chaque tonne contient depuis trente jusqu'à cinquante poissons suivant leur grosseur, & elle pese plus de 300 livres.

Après le second pacage, ou lorsqu'on a changé les *morues* de tonnes, on les fait enfoncer & fermer exactement, puis on les arrime dans la cale du bâtiment.

A l'arrivée à Dunkerque, on fait défoncer toutes les tonnes, on en tire le poisson, on le lave dans une nouvelle saumure, & on fait le triage des *morues*, pour séparer celles qui sont de poids, bien conditionnées & marchandes, de petits poissons, de ceux qui sont mal tranchés, tachés ou meurtris, qu'on paque à part dans des tonnes, & qu'on vend comme poisson de rebut.

On emploie pour ce troisième pacage 20 à 25 livres de sel blanc; enfin les tonnes étant pleines, on les fait enfoncer, & on verse par la bonde une forte saumure; alors la marchandise est en état d'être vendue comme *morue* saumurée.

Pour la *morue* qu'on met à sec dans les tonnes, on suit les pratiques que nous venons de détailler, jusqu'à l'arrivée dans le port. On tire les *morues* des tonnes, on fait le triage pour séparer les poissons marchands de ceux de rebut; mais à mesure qu'on les tire des tonnes, on les lave dans des bailles, puis on les met sur des planches inclinées, queues contre queues; & après les avoir laissées s'égoutter plusieurs jours, on les paque dans des tonnes ou bariques, & on les saupoudre de sel blanc; enfin on perce de plusieurs trous le fond des tonnes, pour que la saumure qui se forme par l'humidité du poisson s'écoule; enfin, on fonce ces tonnes & barils.

Les pêcheurs de Grandville qui vont sur le grand Banc, n'accommodent des *morues* dans des quarts que pour quelques amis, jamais pour mettre dans le commerce: ils choisissent pour cela de petites *morues* de 2 à 3 livres qui étant encore jeunes, ont la chair plus délicate que les grosses; ils les renferment dans des barils sans les couper par morceaux, & les saupoudrent de sel: comme ces *morues* sont à couvert du contact de l'air, elles conservent long-temps leur fraîcheur; ils n'en preparent jamais en saumure.

En Flandres, on prépare quelques *morues* qu'on pêche à la côte, d'une façon particulière; on les dit supérieures aux *morues* fraîches, ayant une petite pointe de sel qui les rend très-agréables. C'est ce qu'on appelle l'*andolium*. On prétend que pour préparer cette *morue*, on la met toute en vie dans un vase de fer blanc proportionné à sa grandeur, & qu'on la fait mourir dans le sel en en mettant beaucoup dessus & dessous. Cette *morue* ne se garde que quinze jours au plus; mais en l'apprêtant comme la *morue* fraîche, on dit qu'elle est délicieuse. Voici le procédé des norwégiens, pour faire l'*abberdahn*. A bord des chaloupes de pêche, on tranche la tête des *morues*, & on les vuide en les éventrant jusqu'à l'anus, sans les fendre en deux pièces; ensuite on les transporte à terre, où on les saupoudre de sel du pays; puis on les nétoie dans de l'eau de la mer, ou une saumure, & on les sale de nouveau, dans des barils avec du sel d'Espagne ou de Portugal; cette *morue* n'est pas à beaucoup près aussi bonne que celle de Terre-Neuve, non-seulement à cause du sel qu'ils emploient, mais encore, parce qu'en Norwège, on tranche mal la *morue* verte; de sorte que la chair en est souvent rouge de sang; on la met en premier sel dans de grandes cuves, & après l'avoir laissée huit jours dans cette saumure, on arrange les *morues* en tas les unes sur les autres jusqu'à ce que la saumure se soit bien égouttée: ensuite on la met dans des barils avec du sel de Portugal qu'on choisit en gros grains.

Les hollandois qui vont au Nord faire la pêche de la *morue*, la préparent mieux que les norwègiens: ils tranchent la tête & l'ouvrent jusqu'à l'anus pour la vuider; & après une première salaison pour raffermir la chair, ils la rangent dans des tonneaux par lits avec de gros sel; c'est ce qu'ils nomment l'*abberdan*, qui est plus estimé que l'abberdahn que font les norwègiens, quoique ces deux préparations soient à peu-près les mêmes; mais celle des hollandois est faite avec plus de soin, de propreté, & de meilleur sel.

Les détailleurs font dessaler la *morue* verte dans de l'eau douce, & ils la coupent par tronçons; les petites en trois; & les grandes en quatre: savoir une queue, un ou deux entre-deux, suivant la grandeur des *mornes*; les flanchets & les loquettes.

La *morue* se dessale très-bien dans l'eau de mer. Les marchands la font dessaler dans des baquets remplis d'eau douce; mais pour que cette *morue* soit bonne, il faut changer plusieurs fois d'eau, sans quoi elle contracte une odeur qui se communique au poisson; c'est pourquoi on estime que la *morue* ne se dessale jamais mieux que dans l'eau courante. Une *morue* à qui on laisse trop de sel n'est pas agréable; mais celle qu'on dessale trop, perd tout son mérite.

De la pêche qu'on nomme à la Faux.

Comme cette façon de pêcher peut être pratiquée, soit qu'on pêche de la *morue* verte ou de la seche, nous croyons qu'il est à propos d'en parler. Elle se fait avec des haims les uns à deux, les autres à trois crocs; & il ne s'agit point de prendre celles qui mordent à l'hameçon; mais d'acrocher au hazard celles qui se rencontrent vis-à-vis la pointe des haims.

On sait que les *morues* vont souvent par bancs ou bouillons, étant rassemblées en grand nombre, soit qu'elles soient attirées par des poissons qu'elles chassent pour s'en nourrir, soit qu'elles essaient d'échapper à la voracité de gros poissons qui les poursuivent. Quand, pour quelque cause que ce soit, il s'en est rassemblé une multitude auprès d'une côte dans une anse ou petite baie; les pêcheurs qui manquent d'appâts, ou qui s'apperçoivent que les *morues* ne mordent point à ceux qu'on leur présente, essaient, quand il n'y a pas une grande profondeur d'eau, d'en attrapper en jettant au hazard leur hameçon à plusieurs crocs, au milieu de cette multitude de poissons. Ils jettent donc leurs haims le plus loin qu'ils peuvent, & quelquefois ils amènent à bord une ou deux *morues* qu'ils ont attrappées, tantôt par un endroit, & tantôt par un autre.

En général on doit avoir soin que la ligne ne soit pas assez longue, pour que l'haim porte sur le fond; les *morues* trompées par le leurre d'étain, courent après, & se rassemblent en nombre pour le reconnoître; à mesure que l'haim descend, les morues le suivent dans sa marche, & quand il est arrêté entre deux eaux par la ligne qui n'est pas assez longue pour que l'haim porte sur le fond, les morues étant rassemblées autour, le pêcheur tire sa ligne par une forte secousse; s'il sent qu'il ait accroché une *morue*, il la tire à bord; s'il n'a rien accroché, il lâche la ligne, & laisse descendre l'haim pour le retirer comme la première fois.

On fait cette pêche ou dans des chaloupes ou à bord du vaisseau; dans ce dernier cas, le bâtiment étant à la dérive, tous les matelots jettent une ligne. Mais quand on pêche dans une chaloupe, chaque pêcheur jette deux lignes, une à bâbord & l'autre à stribord : car pour ne point perdre de temps pendant qu'il laisse un instant un haim à l'eau pour donner le temps au poisson de se rassembler autour, il en jette un autre de l'autre bord, & sur le champ il retire l'haim qu'il a mis à l'eau le premier ; ainsi il est dans un exercice continuel, & fatigue beaucoup. Comme il jette ses haims sans interruption de droite à gauche & de gauche à droite, on a comparé ses mouvemens à ceux des faucheurs, & l'on a nommé cette façon de pêcher *à la faux*.

On conçoit que par la manœuvre que nous venons de décrire, le pêcheur n'attend point que le poisson ait mordu à un appât ; il jette au hasard son haim, & essaie d'accrocher un poisson, il n'importe pas où ; mais il ne réussit pas toujours à amener à bord les poissons qu'il a piqués ; & ceux qu'il a blessés, étant effarouchés, s'enfuient en perdant leur sang ; des *morues* le suivent pour l'avaler, de sorte que les poissons étant effrayés ou attirés ailleurs par les blessures de leurs camarades, en peu de temps la pêche devient infructueuse ; & si l'on pratique cette pêche au commencement de l'arrivée des *morues*, elles ne paroissent plus, même quand le capelan se montre ; ce qui fait que les pêcheurs prétendent qu'elle doit être défendue ; néanmoins quelques-uns soutiennent que cette pêche ne causeroit pas un grand dommage si on ne la pratiquoit qu'après la passée du capelan, parce que, disent-ils, rien n'attirant le poisson à la côte, elles y passent rapidement & en petite quantité ; & qu'alors cette pêche est une ressource pour ceux qui ont eu le malheur de prendre peu de poisson ; & l'on cite pour exemple des pêcheurs qui n'ayant presque rien pris, en pêchant suivant l'usage ordinaire, sont parvenus au moyen de la *faux*, à faire un assez bon chargement ; mais on a peine à se le persuader, quand on fait attention que cette pêche ne peut réussir que quand il y a une grande abondance de poisson ; alors on en blesse beaucoup qui meurent, & dont on ne profite pas.

Il arrive quelquefois qu'on accroche deux *morues* à un haim ; mais il est rare qu'on les amène à bord ; ordinairement une, & souvent toutes les deux se détachent, & c'est autant de poisson perdu.

Il résulte de ce qui vient d'être dit, que s'il y a beaucoup de poisson, on peut s'en tenir à la méthode ordinaire ; que s'il y en a peu, la pêche *à la faux* n'aura pas un grand succès, & qu'en général cette pêche est destructive ; cependant des pêcheurs qui ne s'occupent que du moment, & qui prennent peu d'intérêt à la conservation du poisson, prétendent qu'elle est nécessaire au petit Nord où il y a peu d'eau, & où les *morues* trouvant beaucoup de pâture mordent à l'hameçon. On pensera ce qu'on voudra de cette exception ; mais une raison pour ne point faire de réglement sur cette façon de pêcher, est la difficulté qu'il y auroit à le faire exécuter ; les pêcheurs allant à la mer, les uns le jour, les autres la nuit, le soir ou le matin, on ne pourroit les empêcher de faire la pêche *à la faux*, qu'en autorisant les inspecteurs à aller visiter les bateaux avant leur départ ; ce qui gêneroit beaucoup les pêcheurs, qu'il est important de laisser libres de partir pour leur pêche quand ils le jugent à propos ; & si les visites se faisoient à la mer, il en résulteroit des combats nocturnes très-fâcheux.

De la pêche & de la préparation de la Morue *qu'on sèche après l'avoir salée.*

Après ce qui a été dit, on voit que la *morue* verte est celle qui a été salée, & qui n'a point été séchée ; celle dont il va être question a été salée, & ensuite séchée. Il est assez d'usage en France de la nommer *merluche* ; mais ce terme convient mieux au merlu qu'on sale & qu'on séche, qu'à la *morue* ou cabillaud.

Quoique dans l'intérieur du royaume on préfère la *morue* verte à la sèche ; celle-ci forme un objet de commerce tout autrement étendu. En quantité d'endroits, on lui donne la préférence sur la verte, sur-tout quand celle-ci a perdu sa première fraîcheur ; car la morue sèche a le grand avantage de se conserver beaucoup plus long-temps sans perdre de sa qualité ; puisque lorsqu'elle est bien enmagasinée, elle est tout aussi bonne, même meilleure la seconde & la troisième année que la première ; de plus, elle supporte sans beaucoup s'altérer les chaleurs de Provence, d'Espagne, de Portugal, d'Italie & du Levant, ce que ne peut faire la *morue* verte la mieux préparée. Aussi, outre la *morue* sèche qui se consomme en France, en Hollande, en Angleterre, & en Allemagne, il s'en fait des exportations considérables pour les différents royaumes que je viens de nommer. On en porte même quelquefois un peu en Danemarck, où est, pour ainsi dire, la source des morues, parce que les hollandois, les anglois & les françois savent mieux la préparer que les pêcheurs du Nord.

Les anglois & les hollandois préparent beaucoup plus de *morue* sèche que de verte ; & on arme en France pour la *morue* sèche dans les ports de Normandie, de Bretagne, de Poitou & des Basques.

Comme c'est à terre qu'il faut préparer ce poisson, on ne fait point la pêche dans le bâtiment qui a fait la traversée, mais avec de petits bateaux

bateaux où se mettent trois matelots qui rapportent leur pêche à terre où on la prépare de la manière suivante.

Quand les *morues* ont été égouttées en pattes pendant vingt quatre heures, pour leur faire rendre l'eau de la lave, on les étend une à une sur la grève, la chair en haut ; & à l'entrée de la nuit on retourne ces *morues* pour mettre la peau en haut ; c'est ce qu'on appelle *le premier soleil* : le lendemain vers midi, on tourne ces *morues* la chair en haut ; vers le soir, si le temps est beau, on les rassemble trois à trois qu'on pose les unes sur les autres la peau en haut ; c'est *le second soleil*. Le jour suivant, on les étend de nouveau séparément sur la grève, la peau en haut jusqu'à midi, & la chair en en haut depuis midi jusqu'au soir qu'on les ramasse par petits paquets de huit *morues*, la peau en haut ; c'est ce qu'on nomme des *javelles*, & c'est *le troisième soleil*. Le quatrième jour, on répéte ce qu'on a fait le troisième ; mais vers le soir on ramasse pour la nuit les *morues* en paquets plus considérables, formés chacun d'environ un demi-quintal, mettant la peau du poisson en haut ; ces tas se nomment *moutons*. Le *cinquième soleil* se donne comme on a fait le quatrième ; mais le soir on fait les moutons plus gros, savoir à-peu-près d'un quintal, mettant toujours la peau en haut. Le *sixième soleil* est encore la répétition du cinquième, mais le soir on ramasse les *morues* par brassées, pour en former des piles de 30, 40, même 100 quintaux, suivant la quantité de *morues* que l'on a, mettant toujours la peau en haut, & disposant ces piles en égoût, ou en forme de toit, pour que l'eau n'y pénétre pas. On laisse ces piles en cet état jusqu'à ce que le temps soit beau ; mais si au bout de six, huit ou douze jours, le temps se met au beau, on étend de nouveau cette *morue* sur la grève une à une, la peau en dessous, jusqu'à midi, qu'on la retourne pour mettre la peau en haut ; & le soir on la ramasse par brassées pour refaire la pile, mettant au bas de la pile ce qui étoit en haut, & au haut ce qui étoit en bas, ayant de plus l'attention de mettre les *morues* les moins sèches au haut des piles ; c'est le *septième soleil*.

La *morue* ayant été ainsi travaillée pendant une semaine, on la laisse en pile pendant quinze jours ; ensuite, quand il fait un beau temps, on l'étend de nouveau sur la grève, comme nous l'avons dit au septième soleil. Le soir on la remet en pile, & elle a reçu un *huitième soleil*. On la laisse en pile un mois, ayant seulement le soin de couvrir les piles tous les soirs avec des voiles, ce qu'on continue jusqu'à l'embarquement. Un mois après on défait les piles pour étendre les *morues* sur la grève une à une, comme nous l'avons expliqué, & le soir on reforme les piles ; alors elles ont reçu le *neuvième soleil*. Quarante jours après on répéte cette même manœuvre, & on en reforme les piles ; elles ont reçu dix soleils, & on les laisse en cet état pendant cinquante jours qu'on recommence la même opération ; mais en formant les piles, on sépare les *morues* qui sont parfaitement sèches de celles qui se trouvent un peu humides, & qui ont encore besoin de recevoir un ou deux soleils ; ce sont ordinairement les grosses, ou celles qui n'ont pas assez reçu de sel. On ne manque pas d'étendre encore les *morues* une à une sur la grève au moment de l'embarquement.

Voilà bien des opérations qui rendent la pêche de la *morue* sèche plus fatigante que celle de la *morue* verte.

Enfin, quand on a suffisamment préparé de *morue*, on cesse la pêche, & on travaille à charger le bâtiment. On profite d'un beau temps pour étendre, encore une fois, les *morues* qui sont en meules sur la grève ou les vigneaux, afin de leur donner un degré de sécheresse qui leur est très-avantageux pour les bien conserver dans la traversée ; ensuite on les transporte aux chaloupes, ou par brassées, ou, ce qui est bien plus expéditif, sur des civières, que quelques-uns nomment *boyards*.

Quand le vaisseau est délesté, on nétoie bien la cale ; & pour que les *morues* reçoivent moins d'humidité, on forme un *fardage* avec du bois, ou encore mieux avec de gros galets qui servent de lest ; en ce cas, on charge de pierres ou galets bien nets de sable & de terre, des chaloupes qui les transportent au navire, où on les arrange bien exactement au fond de la cale, pour élever les *morues* & les tenir plus sèchement. On couvre ce plan de galets, avec des menues branches d'arbres bien sèches, de sorte que les bords verticaux du navire en soient aussi garnis ; on arrange sur le fardage, à la main, & fort exactement, toutes les *morues*, mettant tête contre tête aux trois premiers rangs, la peau en dessous, à tous les autres la peau en dessus ; & on continue de les arrimer ainsi jusqu'à ce que la pile porte contre les barrotins du pont, conservant néanmoins assez de place pour qu'on y puisse passer une voile, pour l'envelopper & empêcher, comme l'on dit, qu'elle ne *s'évente*, & l'on continue de même jusqu'à une pleine cargaison, lorsqu'on est assez heureux pour l'avoir.

On transporte les *morues* aux chaloupes sur des civières par compte ; pour cela, on charge les civières d'un nombre de *morues*, tel que huit charges fassent 104 *morues* ou un cent : un homme est chargé de prendre ce compte. On estime, qu'année commune, un vaisseau de 100 tonneaux, peut rapporter 18 à 1900 quintaux de *morue*, & les plus grands bâtimens à proportion ; cependant il eſt ſenſible que la groſſeur des *morues* & la différente façon de les apprêter peut faire varier ce poids.

De la morue *qu'on appelle* blanche, *& de celle qu'on nomme* noire, pinée, brumée *ou* charbonnée.

Toutes ces dénominations dépendent de la couleur que les *morues* prennent dans leur préparation, & forment en général deux eſpèces de *morues*, ſavoir la blanche, & celles qui ont pris une couleur en ſe deſſéchant ; car les termes de *noire*, *pinée*, *brumée* & *charbonnée*, ſont ſynonymes, ou ne diffèrent que du plus ou du moins.

La *morue* blanche eſt celle qui a reçu beaucoup de ſel & qui a été ſéchée promptement ; une partie du ſel ſe portant à la ſurface, y forme une eſpèce de crême, ou comme une pouſſière blanche d'où elle tire ſon nom.

La *morue* noire, pinée ou charbonnée, &c, eſt celle qui a reçu peu de ſel, qui a été ſéchée doucement, & qui a éprouvé, étant en pile, une petite fermentation; cette couleur affecte particulièrement les *morues* graſſes. Quoi qu'il en ſoit, cette *morue* reſſue ſa graiſſe, & cette graiſſe combinée avec le ſel ſe deſſéchant à la ſuperficie, y forme une eſpèce de pouſſière rouſſâtre, quelquefois brune, diſtribuée çà & là, ce qui en certains endroits la fait nommer *brumée*, & en d'autres *pinée*. Cependant les maîtres de grève les plus expérimentés ne peuvent pas à volonté faire de la *morue* blanche, ou de la pinée : ſoit que cette différence dépende d'une préciſion dans la quantité de ſel qu'on ne peut obſerver, ou de la qualité du ſel, ou de la graiſſe plus ou moins abondante de la *morue*, ou de l'état de l'air quand on prépare la *morue*. Il réſulte de ces différentes circonſtances, que celui qui a pris toutes les attentions pour avoir de la *morue* blanche, trouve ſon poiſſon piné au débarquement, pendant qu'un autre ne peut réuſſir à en faire de pinée, & que toute ſa *morue* eſt blanche.

Du ſtockfish, ou poiſſon deſſéché ſans ſel, & de ſes différentes eſpèces.

Le terme de ſtockfish eſt entendu dans toute la haute Allemagne, & uſité dans toutes les langues du Nord, pour ſignifier toute ſorte de poiſſons que l'on conſerve ſans ſel par le ſeul deſſéchement.

Les norwégiens & les pêcheurs voiſins de la mer Baltique deſſèchent preſque tout le poiſſon de mer qu'ils prennent, en le ſuſpendant par la queue au-deſſus de leurs fourneaux avec une corde qu'ils attachent au plancher de leurs cabanes, & ces poiſſons, qu'on pourroit nommer *fumés* ou *boucanés*, ainſi que ceux qui ſont deſſéchés par le vent, ſe nomment *ſtockfish*, ſans diſtinction des eſpèces de poiſſons qu'ils ont ainſi préparés.

Du rondfish.

On nomme *rondfish*, ou dans le commerce *ſtockfish rond*, des torſch qui étant deſſéchés, ſont longs, ronds & roides comme des bâtons.

On en prépare dans tout le Nord ; mais comme les norwégiens ont la réputation de le préparer très-bien, en adoptant le terme de *rondfish*, nous allons détailler la méthode qu'ils ſuivent.

On ne peut préparer ainſi les torſchs que depuis le commencement de janvier juſqu'à la fin d'avril ; paſſé ce tems, l'air n'eſt plus aſſez ſec pour deſſécher des poiſſons qui ſont gros, gras, & qu'on laiſſe preſque dans leur entier.

A la partie méridionale de l'Iſlande, il fait ordinairement trop chaud en mai pour deſſécher parfaitement ces poiſſons. Il n'en eſt pas de même à la partie ſeptentrionale où l'on ne peut commencer la pêche qu'à la mi-mai, à cauſe des glaces qui viennent du Groenland. Ils peuvent bien, malgré les glaces, prendre toute l'année quelques poiſſons pour leur conſommation, non pas en aſſez grande quantité pour faire du ſtockfish rond. Mais la fraîcheur de l'air de ce côté de l'île ſubſiſte aſſez long-tems pour qu'ils puiſſent en préparer, quand les glaces leur permettent de faire la pêche.

La préparation du *rondfish* eſt bien ſimple. Quand on a tranché la tête des torſchs, qu'on les a ouverts juſqu'à l'anus pour les vuider, on les lie deux à deux par la queue avec une ficelle, & on les ſuſpend à des perches qu'on diſpoſe en quarré ; ils reſtent ainſi expoſés aux injures de l'air pendant ſept ou huit ſemaines, plus ou moins, ſuivant la température de l'air : le tems le plus favorable eſt un vent de Nord froid & ſec ; le poiſſon en ſe deſſéchant ſe retire ſur lui-même & devient rond ſans qu'il ſoit néceſſaire de lui faire prendre cette forme avec les mains. Quand il eſt en cet état & bien dur, il ne court plus riſque d'être attaqué par les inſectes ; alors les norwégiens le mettent chez eux en tas comme du bois à brûler, en attendant qu'il ſe préſente des acquéreurs : c'eſt une des principales branches du commerce des hollandois en Norwége ; les hambourgeois, les anglois, les dunkerquois en tirent auſſi directement ou indirectement.

Nous avons déjà dit qu'on fait du *rondfish* en Iſlande ; mais il n'eſt pas auſſi eſtimé que celui de Norwége, soit que cela dépende de la nature du poisson ou de la sécheresse de l'air.

Du clipfish *ou* klippfish *sans sel.*

Nous avons dit que les danois préparoient les torschs en vert, en les salant dans des tonnes, à peu près comme les hollandois font leur abberdan, & qu'il les nomment *klipffish.* Les hitlandois & les schetlandois font un autre *clipfish* qui, à cela près qu'il n'est pas salé, ressemble assez aux *morues* séches que nos pécheurs préparent à Terre-Neuve.

On dit que le terme *clipfish* dans la langue des schetlandois signifie *poisson de roche*, parce que, pour le faire sécher, ils l'étendent sur des roches.

Comme les hitlandois & les schetlandois ont la réputation de bien préparer cette sorte de *clipfish*, nous allons rapporter leur méthode.

Quand ils ont coupé la tête de leurs torchs, qu'ils les ont tranchés dans presque toute leur longueur, & arraché la plus grande partie de la grosse arrête, ils arrangent leurs poissons les uns sur les autres dans de grandes caisses de bois qui peuvent contenir jusqu'à cinq cents poissons.

On remplit ces caisses, qui sont établies au bord de la mer, avec de l'eau de mer dans laquelle les poissons restent sept à huit jours; puis ils les en retirent, & les mettent en tas pour laisser égoutter l'eau qu'ils ont prise; ils les chargent même avec des pierres pour exprimer leur eau, & les applatir; au bout de quelques jours, il les étendent sur des rochers ou de grosses pierres, ou, à leur défaut, sur des vigneaux ou banquettes qu'ils construisent à pierre séche. Quand ils sont bien secs, ils les rangent en tas dans des magasins, ayant soin de les préserver de l'humidité. Cette précaution est encore nécessaire en les embarquant dans les vaisseaux; car quand ce *clipfish* a été bien préparé, il se conserve très-bien, pourvu qu'on le tienne séchement & à l'ombre.

La plus grande consommation du *klippfish* & des autres espèces de stockfish se fait dans les endroits où se font les grands armements, & dans les pays catholiques de la haute & basse Allemagne.

Du Flackfish.

Comme en Islande le vent n'est plus assez froid & assez sec dans le mois de mai, au moins dans une partie de cette île, pour dessécher parfaitement les torschs entiers, au lieu de faire du rondfish, on fait du *flackfish*, terme qui signifie *poisson fendu*; suivant Horrebows, ce mot vient de *flack*, qui veut dire étendre à plat. Pour cela, après avoir tranché la tête & ouvert le corps dans toute sa longueur du côté du ventre pour emporter les entrailles & la grosse arrête jusqu'à la troisième vertèbre au-dessous de l'anus, si le tems paroit disposé au beau, on les arrange deux à deux, chair contre chair, sur des banquettes faites à pierre séche ou sur des vigneaux d'un pied & demi de hauteur; si le tems n'est pas disposé au beau, ils forment avec leurs poissons de petits tas qu'ils nomment *cases*, mettant toujours la peau en-dessus, & ils restent en cet état jusqu'au beau tems qui est un vent sec, froid & constant, qu'il faut quelquefois attendre trois ou quatre semaines; si ces temps tardent trop long-temps, les poissons contractent quelque altération qui le font nommer, par les marchands, *casés*.

Aussi-tôt que le temps favorable est venu, les femmes défont les cases, & étendent les poissons sur les vigneaux, ayant soin de les retourner deux ou trois fois par jour, observant que la queue de l'un réponde à la gorge de l'autre; & quand il survient de la pluie, on met la peau en-dessus pour prévenir que la chair soit tachée. Il faut quelquefois quatorze à quinze jours pour le dessécher; mais lorsque le vent du Nord est un peu fort & très-sec, le desséchement se fait bien plus promptement: cependant on craint les gelées un peu fortes qui endommagent le poisson.

Quand le poisson est bien sec, on en fait de gros tas sur les vigneaux, mettant tête contre queue, & alors il ne court point risque de devenir casé, il continue même à se dessécher; ainsi il attend, sans s'endommager, que les marchands danois viennent l'enlever. Lorsqu'on le transporte aux places de commerce, on l'entasse comme des meules de foin, qu'on a l'attention de couvrir quand il pleut; car si l'on embarquoit le flackfish humide, il se gâteroit dans le transport.

Comme le poisson ainsi préparé passe pour être le plus délicat, il se vend plus cher que le rondfish. On prépare en Islande des poissons du genre des égrefins & des merlans, en flackfish; mais les marchands les estiment peu; ils ne veulent que le flackfish de torsch ou de ling, & il n'y a que la rareté de ce poisson qui les engage à en prendre d'autres espèces.

Du rothschair ou rodschier des norwégiens, ou rotskœring des danois.

Ces termes signifient, suivant l'idiôme des deux langues, poisson fendu dans toute sa longueur, qui étant sec, forme comme deux longues racines.

Ce que les norwégiens appellent *rodſchier*, diffère peu du flackfish. Ils coupent le poiſſon dans toute ſa longueur juſqu'à la queue, après avoir ôté l'arrête. Ces deux pièces tenant enſemble par la queue, on les fait ſécher en les ſuſpendant comme le rondfish. La plus grande partie eſt faite avec les petits torſchs qu'on prend près de la côte. Comme ce poiſſon eſt plus délicat que le rondfish, on le nomme *zaartsfish* de Norwège : quand ce poiſſon eſt ſec, il reſſemble à deux cordes réunies par un de leurs bouts. On en prépare un peu dans les îles de Féroë & Weſtmenoë; mais on eſtime mieux celui de Norwège. La principale conſommation de ce poiſſon ſe fait dans les couvens attachés à l'égliſe romaine.

On prépare le rodſchier dans le mois d'avril, lorſqu'on ne pourroit plus faire de rondfish.

Du Hengfish.

L'expreſſion de *hengfish* des iſlandois donne l'idée de poiſſon ſuſpendu; cependant il eſt préparé différemment du flackfish & du rodſchier : car au lieu d'ouvrir le poiſſon par le ventre, on le fend par le dos; & après l'avoir vuidé, & en avoir arraché la groſſe arrête, on fait au haut une fente de ſept à huit pouces de longueur pour pouvoir y paſſer une perche qui ſert à le ſuſpendre dans une eſpèce de cabane qu'ils nomment *hialder*; elle eſt quelquefois conſtruite avec des pierres entre leſquelles on ménage des joints ouverts pour que le vent les traverſe, ou elle eſt faite avec des poteaux de bois ſur leſquels on cloue des lattes, ce qui forme une eſpèce de cage. De quelque façon qu'elle ſoit conſtruite, elle eſt toujours couverte avec des planches, pour que les poiſſons ne reçoivent point la pluie.

Quand le poiſſon eſt tranché, vuidé & déſoſſé, on le met en tas pour qu'il fermente un peu, ce qui l'attendrit; enſuite on l'étend ſur des cailloux ou des vigneaux pour qu'il ſe deſſèche un peu. Comme les fonds de ſable fin & de vaſe ne ſont point favorables à cette opération, lorſqu'on eſt dans un endroit où il n'y a point de pierres, on couche le poiſſon ſur les arrêtes qu'on a arrangées ſur le terrein; mais la grève eſt bien préférable aux arrêtes. Quoi qu'il en ſoit, quand les dors ſont en partie deſſéchés, on les enfile avec des perches pour les étendre dans les hialder, le plus près les uns des autres qu'il eſt poſſible, & on les y laiſſe juſqu'à ce que le poiſſon ſoit bien ſec; enfin on les en retire pour les emmagaſiner comme les autres ſortes de ſtockfish.

Quoique ce poiſſon ſe deſſèche étant ſuſpendu, il ne ſe roule pas comme le rondfish. Pluſieurs habitans ont auprès de leurs maiſons des hialder dans leſquels ils ſuſpendent des dors qui ſe deſſèchent peu à peu; moyennant quoi, ils en mangent aſſez long-temps de preſque auſſi bons que s'ils étoient frais.

Quoique le *hengfish* ſe vende plus cher que le flackfish, on en fait peu, parce que ſa préparation eſt plus embarraſſante.

Les danois préparent quelques torſchs en *hengfish* pour leur uſage; & comme ils y apportent beaucoup de ſoin, ce *hengfish* eſt beaucoup meilleur que celui des iſlandois.

Quoiqu'on faſſe du *hengfish* avec des poiſſons du genre des merlans, égrefins, &c., les danois donnent toujours la préférence à celui qui eſt fait avec le torſch.

MOULE ou MOUCLE, nom qu'on donne à un genre de coquillages bivalves de mer, de rivière, & d'étang. En général, les *moules* ſont oblongues, les deux valves ſont conſtamment égales; leur forme eſt convexe, quelquefois large vers le bas, en finiſſant en pointe aux ſommets. On diſtingue 1°. *les moules*, proprement dites, dont les valves ferment exactement, & dont un des côtés eſt preſque droit, tandis que l'autre & l'extrémité inférieure, ſont arondis. 2°. Les *moules cylindriques*, dont les valves ſont fort longues à-peu-près également larges des deux bouts, & qui ſe joignent très-exactement. 3°. Les *moules triangulaires*, nommées particulièrement *pinnes marines*, dont la forme eſt applatie à-peu-près triangulaire iſocèle, & dont les valves ne ferment point exactement.

La *moule de mer* eſt un teſtacée, oblong, plus ou moins gros, d'une figure informe ou approchante d'un petit muſcle. L'animal eſt tendre, blanchâtre, un peu frangé ſur les bords, nageant dans une eau ſalée, délicat & fort bon à manger, renfermé dans une coquille à deux battans, aſſez minces, convexes, & d'un bleu noirâtre en dehors, concaves, & d'un bleu blanchâtre en dedans, ordinairement liſſes des deux côtés. On aperçoit à travers les valves de petites veines ou lignes bleues. La coquille eſt large, tranchante à ſa baſe arondie, & finiſſant en pointe au ſommet où eſt placé le ligament qui unit enſemble les deux pièces d'une aſſez ample capacité, & de figure rhomboïde. La *moule de mer* ſe trouve abondamment, & par bancs le long de nos côtes maritimes. Les *moules de mer* ſont les plus eſtimées; elles ſont en effet d'un meilleur goût, & plus ſaines que celles des rivières ou d'étang. On doit choiſir les *moules* tendres, délicates & bien nourries.

Pour augmenter la délicatesse des *moules*, les pêcheurs les jettent quelquefois dans les marais salans, & les font vivre dans une eau qui devient tous les jours moins salée par les eaux de pluie. Quand on va les pêcher, on les trouve rassemblées par paquets.

On parvient aussi à se procurer une plus grande quantité de *moules* en formant des espèces de parcs avec des pieux & des perches entrelacées, où ces coquillages s'attachent pour y déposer leur frai. Ces parcs se nomment *bouchots*. Il ne faut qu'une année pour peupler un de ces parcs, pourvu qu'on y laisse un certain nombre de *moules*.

La *moule de rivière* ou *d'étang*, est un testacée fort différent de celui de mer, on en distingue deux espèces; la première est celle dont la charnière se trouve garnie de fort grosses dents; la seconde est celle dont la charnière paroît lisse, parce que les dents en sont très-petites. Cet animal paroît presque toujours en repos dans la vase.

La *moule d'étang* est toujours plus grande que celle de rivière, mais c'est néanmoins le même ordre d'animal.

MOULER LE HARENG, c'est le presser entre les doigts pour détacher les corps étrangers, & emporter les écailles.

MUGE, nom générique qu'on donne à plusieurs poissons de mer, ou de rivière, ou d'étang, qui ne diffèrent point pour la figure, mais seulement pour le goût. Ces animaux ont la tête grosse, le museau gros & court, le corps oblong & couvert d'écailles. Ils nagent avec tant de vitesse, que les pêcheurs ont beaucoup de peine à les atteindre. Les *muges* sont de l'ordre des poissons à nageoires épineuses. Il faut en excepter le *muge-volant*, qu'on nomme *faucon de mer*, & qui est à nageoires molles.

Les pêcheurs de bousigues, dans le ressort de l'amirauté de Cette, font, pour prendre les *muges*, une pêche assez singulière, qu'ils nomment *canat* ou *sautade*. Cette pêche ne peut se pratiquer que sur les bas-fonds, où on ne trouve que deux ou trois brasses d'eau tout au plus, & dans les tems les plus calmes; ainsi il est nécessaire de choisir de beaux jours, parce qu'on ne prend guere d'autre poisson à cette pêche que celui qui vient jouer vers la surface de l'eau.

Lorsqu'on a reconnu un endroit où il se trouve une quantité suffisante de *muges*, on empile deux nappes des filets sur l'arriere de deux chaloupes ou bettes; ils y sont pliés de manière qu'ils puissent être étendus très-promptement; les deux bateaux se rapprochent l'un de l'autre, & on lie avec des cordons les bouts des deux filets; après quoi les bateaux s'éloignent à force de rames, & décrivent le plus promptement qu'il leur est possible, un cercle en jetant le filet à la mer; les roseaux qui flottent sur l'eau, retiennent sur la surface la partie du filet comprise entre les deux cordeaux, ce qui forme sur l'eau une nappe circulaire en forme de zône, tandis que le reste du filet tombe perpendiculairement, & forme une enceinte. On a soin de faire ensorte que l'enceinte soit intérieure à la zône: on conçoit aisément que les roseaux qui soutiennent la nappe doivent se rapprocher par leur extrémité intérieure, puisqu'ils deviennent les rayons d'un cercle; & les portions du filet comprises entr'eux, font alors des espèces de poches. Les poissons compris dans l'enceinte, inquiétés par les mouvemens qui résultent de cette manœuvre qu'on fait fort brusquement, cherchent à s'échapper; & comme ils ne trouvent aucune issue, ceux qui peuvent sauter sur la surface, & particulièrement les *muges*, essaient de franchir l'enceinte & tombent sur les poches que forme la portion de la nappe qui est horisontale; ils parviennent quelquefois à se dégager en sautant une seconde fois, mais pour l'ordinaire ils s'embarrassent dans les poches comprises entre les roseaux; d'ailleurs on a soin de renfermer dans l'enceinte un ou plusieurs bateaux fort légers, conduits par un ou deux hommes qui prennent les *muges* dès qu'ils les voient tomber sur la nappe. On ne laisse le filet tendu qu'un quart-d'heure tout au plus; & ce court intervalle de tems suffit quelquefois pour prendre une très-grande quantité de poissons. Cette pêche qu'on pratique surtout dans l'étang de Thau, est très-amusante & point du tout destructive; les noms de *sautade* & *canat* lui conviennent fort bien dans l'idiôme languedocien.

MUGE DE RIVIERE. Indépendamment des *muges* qui passent dans les eaux douces, les auteurs parlent d'un petit *muge* qui n'a guere plus d'un pied de longueur, qu'ils nomment *muge de rivière*, & qu'on appelle à Strasbourg *schnotfisch*. Ses écailles sont d'un vert argenté & sa chair molle, ce qui convient aux *muges* qui ont passé du tems dans les eaux douces. Ils ont l'avantage d'avoir la chair grasse & délicate, mais elle n'a pas autant de goût que celle des *muges* qu'on pêche à la mer.

MULET. Les poissons connus en Poitou & en Aunis sous la dénomination de *mulet*, sont à peu près ronds: ils vont communément par troupe; on en prend de petits qui n'ont que six pouces de longueur, & aussi de gros qui ont quelquefois plus de deux pieds: ceux-là sont les plus estimés. On en pêche peu en grande eau; c'est un poiſſon littoral qui paſſe dans les étangs, & même remonte les rivières : c'eſt pourquoi on en trouve fréquemment dans les parcs, pêcheries & étentes à la baſſe eau, ſur-tout dans les mois de mai, juin & juillet. Néanmoins il s'en rencontre accidentellement quelques-uns toute l'année, même l'hiver ; & quand les pêcheurs en apperçoivent un banc qui donne dans une anſe, ce qui arrive rarement dans cette ſaiſon, ils les enveloppent avec des filets d'enceinte, & en prennent une grande quantité. On les confond quelquefois avec le bar.

La tête du *mulet* eſt fort alongée, un peu applatie en-deſſus ; ſa gueule n'eſt pas grande, on n'apperçoit point de dents aux mâchoires, mais la langue & l'intérieur de la gueule ſont chargés d'aſpérités. Ses yeux, dont la prunelle eſt noire & l'iris argenté, ſont entourés d'un cercle blanc ; ils diffèrent de ceux des bars, en ce qu'ils ne ſont recouverts d'aucune autre membrane que de la tunique propre, mais ils ſont aſſez enfoncés dans les foſſes orbitaires ; entre les yeux & l'extrémité du muſeau, on apperçoit les ouvertures des narines.

Tout le corps du *mulet* eſt couvert d'écailles, il en a même ſur la tête juſqu'aux narines ; celles du dos & des côtés ſont aſſez grandes ; elles le ſont moins ſous le ventre : la tête eſt brune avec quelques reflets dorés ; le dos eſt bleu foncé ou gris de fer : cette couleur s'éclaircit ſur les côtés ; le ventre eſt d'un blanc argenté ; mais on voit ſur les côtés des lignes parallèles alternativement tirant au noir & au blanc, qui s'étendent de la tête juſqu'à la queue.

Les *mulets* ſe plaiſent à l'embouchure des rivières à la mer ; ils remontent dans les rivières, on en prend dans le Rhône, dans la Garonne, dans la Seine, dans la Loire, &c. Ce poiſſon eſt plus gras & meilleur quand on le prend dans les eaux douces, pourvu qu'elles ne ſoient pas vaſeuſes, que quand on le pêche à la mer : néanmoins on prétend que ceux-ci ont plus de goût.

On diſtingue à l'entrée de la Loire, deux eſpèces de *mulets*, ſavoir, le brun qui n'entre jamais dans la Loire, & le gros dont les couleurs ſont plus claires, qui y remonte fort haut : on le nomme *ſauteur*, parce qu'il s'élève quelquefois de pluſieurs pieds au-deſſus de l'eau. Ses écailles ſont couvertes d'une mucoſité ; ainſi ce pourroit être le poiſſon du Poitou, qu'on y nomme *limou*.

Pour prouver que les *mulets* remontent fort haut dans les rivières, indépendamment de ce qu'on mange de ces poiſſons qui ont été pêchés dans des eaux douces, on ajoutera que le *mulet* remonte dans la Loire au commencement du printemps, de ſorte qu'on en prend dans cette ſaiſon au Pont-de-Cé, même au-deſſus de Saumur : d'où il ſuit que ce poiſſon remonte ce fleuve plus de quarante lieues au-deſſus de ſon embouchure. Quand il s'en raſſemble dans des endroits en nombre, on en prend avec l'épervier, le carlet & la ſaine ; le *mulet* dépoſe, ainſi que les aloſes & les ſaumons, ſes œufs dans la Loire.

Le *mulet* ne mange preſque point de poiſſon ; on aſſure qu'il ne ſe nourrit que d'herbe & de vaſe : c'eſt pourquoi on en prend rarement avec les haims. Ce qui fait douter que le *mulet* ſe nourriſſe de vaſe, eſt que ſa chair eſt blanche & d'aſſez bon goût pour être ſervie ſur de bonnes tables ; on la trouve un peu moins délicate que celle du bar : auſſi a-t-elle l'avantage de ſe mieux conſerver ſans ſe gâter, ce qui fait qu'on peut tranſporter ces poiſſons aſſez loin. La chair du *mulet* eſt fort graſſe, & l'on prétend qu'elle tient le milieu entre celle du hareng & celle de l'aloſe. Ce n'eſt pas le ſeul avantage qu'on retire des *mulets* ; lorſqu'on en fait de grandes pêches, on en conſerve ſoigneuſement les œufs pour en faire un mets qu'on appelle la *poutargue* ou *boutargue* ; il eſt appétiſſant, & on le trouve très-bon lorſqu'on en a contracté l'habitude. Pour préparer ainſi les œufs, on ouvre les *mulets*, on en tire les œufs avec la membrane générale qui les enveloppe, on les couvre de ſel, & après les y avoir laiſſés quatre ou cinq heures, on les en retire, on les met en preſſe entre deux planches pour leur faire rendre leur eau ; enſuite on les lave dans une foible ſaumure, puis on les étend ſur des claies pour les faire ſécher au ſoleil pendant une quinzaine de jours, ce qui ſe fait dans les mois de juin & juillet, ſaiſon où le ſoleil a beaucoup de force ; mais pendant qu'on les tient au ſoleil, il faut avoir ſoin de les retirer tous les ſoirs pour les tenir à couvert pendant les nuits ; quelquefois on les fait ſécher à la fumée. Ce ſont ces œufs ſalés & ſéchés qu'on nomme la *boutargue* ou *poutargue*. On prépare de cette même façon des œufs de différens poiſſons du genre des muges ; mais ceux des *mulets* paſſent pour être les meilleurs. On fait beaucoup de cas de ce mets en Italie & en Provence ; & pour en faire uſage, on l'aſſaiſonne avec de l'huile & du citron.

MULIER. Ce filet, qui eſt principalement deſtiné à prendre des mulets, eſt du genre des cibaudières ou folles. A Saint-Tropez on dit *mulletière*. On le tend ſouvent ſur piquets ou en palis.

MURENE, poiſſon de haute mer, qu'on trouve cependant quelquefois vers le rivage.

est long de plus de trois pieds, semblable à l'anguille, mais plus large; l'ouverture de sa bouche est grande, sa machoire est aquiline, garnie à son extrémité de deux espèces de verrues bien fournies de dents longues, fort aiguës, courbes au-dedans de la bouche. Ses yeux sont blancs & ronds, ses ouies sont brunâtres, sa peau est lisse & tachetée de blanc. Il porte pour nageoire une pinule sur le dos, comme le congre. Il nage & avance dans la mer par tortuosités, comme font les serpens sur terre, ce qui lui est commun avec tous les poissons fort longs.

Ce poisson vit de chair. Il se tient caché pendant le froid dans les rochers, ce qui fait qu'on n'en pêche que dans certains tems.

Les pêcheurs craignent la morsure de la *murene*, parce qu'elle est venimeuse & dangereuse; ils ne la touchent lorsqu'elle est vivante qu'avec des pincettes; ils lui coupent la tête.

On ne pêche ce poisson que sur les bords cailloteux des rochers; on tire plusieurs de ces cailloux pour faire une fosse jusqu'à l'eau, ou bien on y jette un peu de sang, & à l'instant on y voit venir la *murene* qui avance sa tête entre deux rochers. Aussitôt qu'on lui présente un hameçon amorcé de chair de crabe, ou de quelqu'autre poisson, elle se jette dessus, & l'entraîne dans son trou. Il faut alors avoir l'adresse de la tirer tout d'un coup; car si on lui donnoit le tems de s'attacher par sa queue, on lui arracheroit plutôt la machoire que de la prendre. Quoique la *murene* soit hors de l'eau, on ne la fait pas mourir sans beaucoup de peine, à moins qu'on ne lui coupe le bout de la queue, ou qu'on ne l'écrase.

La chair de la *murene* est blanche, grasse, molle, d'assez bon goût, & à-peu-près nourrissante comme celle de l'anguille. Les grandes sont beaucoup meilleures que les petites.

MUSTELE, poisson dont on distingue deux espèces.

La *mustèle* vulgaire est un poisson de mer, du genre des morues, qui se nourrit de squilles & de petits poissons. Il a le corps brun, large & sans écailles, la bouche assez grande, & les dents petites. Le bout de sa mâchoire inférieure est garni d'un barbillon blanc, celle de dessus en a deux qui sont noirs. Son corps finit en pointe; une ligne droite commence aux ouies, & finit à la tête. Sa chair est molle & friable.

L'autre *mustèle* est à-peu-près pareille à la précédente. Ses nageoires qu'elle a aux ouies ressemblent beaucoup à des barbillons.

N.

NACRE DE PERLES ou MÈRE DE PERLES, nom qu'on donne à une huître des mers orientales qui produit les plus belles perles. C'est un coquillage bivalve de couleur argentée & d'une substance plus dure & plus pesante même que la perle.

Stenon prétend que la formation des perles ne se fait pas différemment que celles des coquilles : la couleur de la perle, sa rondeur ou son inégalité doivent leur origine au lymbe de l'animal, renfermé dans sa coquille. L'unique différence qui se trouve suivant ce dissertateur, entre les lames dont sont composées les perles, & celles des petites coquilles de *nacre*, c'est que ces dernières sont presque planes, & les autres courbes ou concentriques. Suivant ces principes, les perles inégales doivent être celles qui faisoient partie d'un grouppe de petites perles renfermées sous une enveloppe commune, & les perles qui paroissent jaunes à la surface, & qui le sont aussi dans tous les points de leur substance, ne doivent leur couleur qu'à l'altération des humeurs de l'animal renfermé dans la coquille de *nacre*.

Ce sentiment de Stenon paroît aussi celui des physiciens modernes; ainsi la perle n'est point formée par une lèpre ou un excrément de l'huître; elle ne doit point aussi son origine à une concrétion graveleuse produite par le suc nourricier des huitres vieilles, ou attaquées de maladies : c'est une surabondance de liqueur nacrée qui transude de l'animal, & au lieu de s'applatir & de former des couches dans le fond de la coquille, coule par gouttes ou par petits pelotons, qui se consolident.

Pour une perle que l'on trouve dans le corps de l'huître, on en trouve mille attachées à la *nacre*, où elles semblent comme autant de globules : il arrive même quelquefois que les perles distribuées indistinctement dans toutes les parties de l'huître, s'accroissent au point d'empêcher les coquilles de se fermer, & alors les huîtres périssent.

En adoptant le dernier systême sur la formation de la perle, on n'expose peut-être pas ce qui est vrai, mais seulement ce qui est vraisemblable.

Le laps du temps fait ramollir les perles. L'histoire fournit sur ce sujet un exemple bien frappant. Quand on jetta les fondemens de Saint Pierre de Rome, on trouva un caveau où avoient été déposés, onze cents dix-huit ans auparavant, les corps de deux jeunes filles de Stilicon qui avoient été promises en mariage l'une après l'autre à l'empereur Honorius. Toutes les richesses qui y étoient subsistoient en bon état, excepté les perles qu'on trouva si tendres, qu'elles s'écrasoient facilement entre les doigts.

Pêche de la perle.

C'est au Cap Comorin & sur les bords de l'île de Ceylan, qu'on pêche les perles les plus parfaites : elles sont plus grosses, plus rondes & plus blanches que par-tout ailleurs. Sur la fin du dernier siècle on y voyoit quelquefois réunies jusqu'à trois mille barques de pêcheurs; il s'en faut bien que la pêche soit aujourd'hui aussi considérable, soit parce qu'elle ne se fait que dans les plus grandes ardeurs de la canicule, soit parce qu'il y a trop de danger pour les plongeurs, soit parce que le séjour que les coquillages font sur la terre, infecte l'air au point de causer des maladies épidémiques.

Outre la pêcherie de l'île de Ceylan, il y en a une dans le golfe Persique, une autre sur la côte de l'Arabie Heureuse, une troisième sur celle du Japon; il y en a aussi plusieurs dans le golfe du Mexique, le long de la côte de la Nouvelle-Espagne.

On pêche les perles dans la Méditerranée, en Ecosse, & jusqu'en Norwege : il y en a, dit-on, dans le Nil, dans quelques rivières de la Bavière, & jusques dans des marais qui sont proches d'Ausbourg.

L'espèce des perles seroit encore plus étendue qu'on ne l'imagine communément, s'il étoit bien constaté qu'il y a d'autres coquillages que la *nacre* où l'on trouve cette substance brillante; on prétend que certaines moules du Nord & de la Lorraine, ont cette faculté : il est dit dans les Ephémérides d'Allemagne qu'on en voit dans les Petoncles bâtards; mais leur couleur, quoique fort vive, est jaunâtre.

Les

Les perles les plus estimées sont celles de l'Orient ; les plus précieuses sont grosses, parfaitement rondes, & très-polies : elles réfléchissent les objets, sont rayonnantes, & paroissent transparentes sans l'être : on les appelle *perles d'une belle eau*. Dans les climats où on les pêche, elles ne se vendent guères qu'au poids de l'or; il n'en est pas de même en Europe ; elles suivent le tarif des pierreries, & les pierreries suivent elles-mêmes le tarif de la mode.

La pêche des perles avoit rendu célèbre l'île Manar, voisine de celle de Ceylan, même avant que les portugais s'en fussent rendus les maîtres. Les européens ayant asservi les naturels du pays, ont appris de leurs esclaves la manière de tirer de la mer la substance la plus précieuse qui se forme dans son sein.

Quelques jours avant que la pêche des perles commence, les plongeurs, imitant les anciens athletes, s'oignent fréquemment le corps d'huile pour se garantir des incommodités que l'impression de l'eau pourroit leur causer. Ils usent aussi d'alimens plus nourrissans qu'à l'ordinaire pour se fortifier, & suivant l'usage du pays, ils se munissent de trois feuilles de néflier sauvage, sur lesquelles sont écrits quelques caractères qu'ils regardent comme un préservatif contre certains monstres marins : les amulettes se débitent publiquement par de vieilles femmes qui gagnent à ce commerce beaucoup d'argent. Tout étant préparé, les noms & la patrie des plongeurs ayant été enregistrés, & les traités faits avec eux rédigés par écrit, on convient du jour que se fera la pêche, & le signal en est donné de grand matin par le bruit du canon : aussi-tôt une quantité prodigieuse d'indiens arrivent au lieu du rendez-vous avec leurs femmes & leurs enfans, & le rivage est bientôt couvert d'hommes & de tentes. Les plongeurs montent dans des barques, qui peuvent contenir chacune environ 12 hommes, & gagnent la haute mer; ils mettent à leur col un grand sac fait en forme de filet, se remplissant par une forte aspiration la poitrine d'une grande quantité d'air, & à l'aide d'une corde sur laquelle ils sont assis & d'une grosse pierre qui y est attachée, ils se précipitent dans la mer. Dès qu'ils ont touché le fond, ils commencent par se débarrasser de la pierre qui a servi à accélérer leur descente, afin que leurs compagnons puissent les retirer, quand il en sera temps, dans leurs barques. Ils ouvrent ensuite leur sac, & y mettent avec précipitation la plus grande quantité de *nacres de perles* qu'ils peuvent ramasser : dès que le sac est plein, ou qu'ils sentent le danger qu'il y auroit à rester plus longtemps sous l'eau, ils jettent leur sac sur leurs épaules, & font un signal par le moyen de leur corde, afin qu'on les retire promptement. On remarque que la première fois qu'un plongeur respire après avoir été tiré du fond de la mer, il est tout-à-coup saisi d'une hémorrhagie par le nez & les oreilles : quoique ces plongeurs descendent jusqu'à soixante pieds de profondeur, ils disent que le jour y est aussi grand que sur terre en plein midi.

Il est certain qu'un plongeur a encore plus de péril à courir que le nègre qui travaille pour l'européen dans les mines du Potosi : il y en a qui s'estropient en tombant sur des rochers, d'autres qui s'évanouissent en manquant d'air, & quelques-uns qui sont dévorés par les requins.

Les barques reviennent vers le soir, & les coquillages dont elles sont chargées sont mis dans une fosse qu'on a creusée sur le rivage : c'est-là que la chair des huîtres à perles se corrompt & infecte l'air d'une manière très-dangereuse pour les pêcheurs & les spectateurs.

On les tire ensuite de la terre, on les fait sécher, & on sépare les petites perles des grosses par le moyen de crible percé de trous d'inégale grandeur : les perles de l'île de Manar sont de diverses couleurs; il y en a de blanches, de jaunes, de noires, de brunes, de vertes & de rouges : cette pêche dure vingt-un jours, & on a remarqué que les années pluvieuses étoient celles où le gain qui en revenoit étoit plus considérable.

Les anciens ont attribué à la perle une grande vertu cordiale : ils disent que dans les défaillances causées par de violentes douleurs d'estomac, une perle préparée qu'on donne au malade, en calme la douleur, fait cesser l'évanouissement.

On se sert aussi en médecine de perles menues, qu'on appelle *semence de perles* ; leur préparation consiste à les réduire sur le porphyre en une poudre impalpable : on prépare par la même méthode la *nacre* de perles qui opère le même effet que la semence. Il y a cependant des médecins de bonne foi qui conviennent que la semence de perles & la *nacre*, n'ont pas plus de vertus que les coquilles des huîtres ordinaires; les charlatans n'emploient ces premières substances que pour relever le prix de leurs médicamens.

L'usage le plus ordinaire de la perle est de l'employer en colliers & en brasselets.

Les dames autrefois mettoient dans leur fard la *nacre de perles* : les bijoutiers en font faire aujourd'hui des jettons, des manches de couteaux, des navettes & d'autres meubles semblables.

On tire parti de la charnière des huîtres *nacrées*, c'est un gros ligament que les hollandois font dessécher, & qu'ils ont l'art de tailler & de polir, de façon à imiter une plume : ce bijou qui est d'un très-beau verdâtre se vend sous le nom de plume de paon.

En général, la perle n'est qu'un meuble de luxe, mais on sait que tout ce qui sert au luxe des hommes est toujours beaucoup plus estimé que ce qui ne sert qu'à leur utilité.

NADDE, poisson rare du genre des carpes, qui a environ un pied de long, quatre pouces de large, la tête obtuse, la bouche sans dents, la queue fourchue, la couleur du dos est brune, blanche aux côtés, argentée au ventre, & rousse à la poitrine. Ses écailles sont larges, obtuses, & striées. On ne trouve ce poisson que dans les parties boréales de la Suède. Sa chair est un régal pour les habitans de la Westrobothnie.

NAGEOIRES, parties des poissons qui sont formées de plusieurs rayons mobiles joints les uns aux autres par des membranes, & qui leur servent à nager.

NANSE. Les provençaux appellent ainsi des nasses faites d'osier, & figurées comme le sont certaines souricières de fil d'archal, que dans l'Océan on nomme *bouragues*.

NAPPE *de filet*, étendue de filet simple qu'on tend à plat. On donne aussi ce nom au filet des tramaux qui est entre les deux hamaux qu'on appelle communément *flue*.

NARI-NARI, espèce de raie du Brésil. Ce poisson est charnu; il a le corps & les nageoires triangulaires; sa tête est grosse & ramassée; au milieu il y a une espèce de fosse; il a dans la bouche des os composés de plusieurs osselets qui lui servent de dents : ses yeux sont petits : le dessus du corps est rouge, bleuâtre, tiqueté de blanc; sa peau est unie. Il a proche la queue deux crochets longs de trois doigts, & faits comme les hameçons d'un pêcheur. Sa chair est fort délicate.

NARVAL, ou LICORNE DE MER, espèce de baleine. Voyez *Baleine*.

NASSE, établissement formé en Guienne au pied des Pyrénées sur les rivières pour prendre des saumons.

NASSES, ce sont des espèces de paniers faits d'ausse, de jonc ou d'osier, qui étant à claire-voie, laissent passer l'eau, & retiennent le poisson. On leur donne différentes formes & aussi différents noms, comme *nasse*, *nasson*, *nanse*, *lance*, *hire*, *boisseau*, *bouteille*, *ruche*, *panier*, *bouterolle*, *bourgne* : tous ont des goulets à leur entrée.

NASSONNES sont des nasses figurées comme une botte; elles servent à prendre des crustacées.

NATTÉE, (morue). On appelle ainsi celle qui a été endommagée par les nattes dont se font les premiers lits, sur le plancher où on établit la pile.

NAUTIER, couteau qui sert aux pêcheurs de morue pour ôter les noues.

NÈGRE. C'est une sorte de poisson de l'Amérique qui est tout noir, & qui a la figure d'une tanche.

Selon quelques voyageurs, il y a des poissons nègres en Amérique, dont la chair est saine & d'un très-bon goût; d'autres nègres pesent jusqu'à cent vingt livres, & sont si venimeux qu'ils donnent la mort à ceux qui en mangent.

NOIRE (morue), est celle qui a reçu peu de sel, qui a été séchée doucement, & qui a éprouvé étant en pile une petite fermentation.

NONNAT (du latin *non natus*), se dit de petits poissons qui sont à peine nés. C'est ce qu'on appelle ailleurs *menuise*.

NORD-CAPER, petite espèce de baleine qui se pêche sur les côtes de Norwège & d'Islande. Quand les irlandois & les pêcheurs des isles de Ferroë apperçoivent ce cétacée donner la chasse aux harengs, & les pousser sur les côtes pour en saisir un plus grand nombre à la fois, ils se jettent à l'instant dans leurs canots, & poursuivent le *nord-caper* à force de rames; ou si le vent souffle dans une direction favorable, ils versent dans la mer quantité de sang, dont ils ont fait de grandes provisions; & ils effraient tellement le monstre marin, qu'il vient échouer sur la côte en voulant éviter de nager dans ces flots de sang.

O.

OBLADE. Ce poisson est du genre des *sparus*; il ressemble même, à beaucoup d'égards, au sparaillon.

Ses yeux sont noirs & grands; ses nageoires, ses ailerons ont une couleur tirant sur le pourpre. La couleur du corps, sur-tout sur le dos, est d'un bleu foncé; ses écailles sont grandes, peu tenaces. Il a près de l'aileron de la queue une file d'écailles rondes, plus grandes que les autres, accompagnées de points noirs, formant des lignes latérales assez larges.

Ce poisson a environ neuf pouces de longueur. Sa chair est bonne quand il a été pêché dans l'eau claire.

OFFICIER, petit poisson du genre des lieux, qu'on prend à Brest, & qui a des couleurs tranchantes avec des marques brillantes & argentées.

OMBRE DE MER, poisson à nageoires épineuses, bien connu sur les côtes du Languedoc.

Ce poisson est orné de bandes transversales jaunes, obscures, & de différentes teintes. Il est de la grandeur d'une carpe; il a une verrue au menton, deux trous devant les yeux, & d'autres petits trous au bout du museau & à la mâchoire inférieure. Il n'a point de dents; ses nageoires sont noires, sa chair est blanche & délicate.

OMBRE DE RIVIÈRE. C'est une espèce de truite de couleur brunâtre; ses nageoires sont molles, sa chair est blanche, sèche & de bon goût.

ORIN. C'est une corde qui répond d'une bouée, ou à la croisée d'un ancre, ou à l'extrémité d'un filet qu'on a calé au fond de la mer, ou à une cablière.

ORPHE, ce poisson, par le nombre & la position des ailerons & des nageoires, ressemble assez au pagre.

Il a des dents aux deux mâchoires qui s'engrennent les unes dans les autres, comme à l'*hepatus*; mais il a la queue coupée quarrément: sa tête tire au rouge, son corps est rembruni: le ventre est blanc, les ailerons sont de différentes couleurs.

Belon parle d'un poisson qu'il nomme *orphus*, & qu'il dit être estimé à Rome comme un excellent poisson: suivant ce qu'il en dit, il a, comme l'*orphe* de Rondelet, des dents pointues aux deux mâchoires, l'aileron de la queue coupé quarrément; mais le museau de l'*orphe* de Rondelet est gros & camus, celui de l'*orphus* de Belon est fort allongé; les rayons des ailerons de l'*orphe* paroissent durs, & ceux de l'*orphus*, souples.

ORPHIE, poisson de la longueur d'une anguille, mais plus gros, plus charnu & plus quarré.

Sa peau est de couleur argentée, bleuâtre; sa chair est blanche, ferme, un peu sèche, mais d'un bon goût: les vertèbres de l'*orphie* deviennent vertes par la cuisson.

L'*orphie* a sur le nez un avant-bec qui est, pour l'ordinaire, d'une cinquième partie de la longueur du reste du corps.

Ce poisson est commun sur les côtes de Normandie. Sa pêche est depuis le mois de mars jusqu'en juin. Les pêcheurs se mettent, la nuit, quatre dans un bateau: l'un se place en avant avec un brandon de paille enflâmée, dont l'éclat attire les *orphies*. Les trois autres pêcheurs ont des fouanes, ou dards en forme de rateaux, avec lesquels ils piquent & prennent souvent d'un seul coup plusieurs *orphies* à la fois. On choisit pour cette pêche, une nuit obscure & un temps calme.

Les *orphies* servent en grande partie à faire des appâts pour garnir les hameçons des lignes.

OUARIAC. Ce poisson, de la forme des sparus, a la tête alongée, les narines doubles, la gueule bordée de grosses lèvres; il a les nageoires, la langue, le palais garnis d'aspérités. Ses dents sont assez grandes, ses nageoires branchiales sont longues, rayonnées, se terminant en pointe. L'aileron de la queue est fourchu & rouge. Sa couleur en général est grise, avec des nuances de blanc, de jaune & de rouge.

OVIPARE, se dit des animaux dont les petits sortent tout formés d'un œuf.

P.

PAGANELLO, espèce de goujon de mer, qu'on met au rang des poissons à nageoires épineuses.

PAGEL. On pêche ce poisson en Languedoc. Ce poisson est, pour la forme du corps, assez semblable à la dorade; il est charnu, sa tête est assez grande & comprimée sur les côtés, sa gueule petite, bordée de grosses lèvres; le devant des mâchoires est garni de petites dents pointues; sur les côtés est un double rang de dents molaires qui ne sont point arondies en dessus comme celles de la dorade, ni aussi grosses; ses yeux sont brillans, grands, l'orbite ayant environ neuf lignes de diamètre à un poisson de grandeur ordinaire; l'iris est argenté. Le *pagel* a communément treize pouces de longueur sur cinq pouces neuf lignes de largeur verticale; il pèse environ une livre & demie, les plus gros au plus cinq livres.

PAGRE, poisson de mer, & à écailles, de la famille des *sparus*, qui ressemble à plusieurs égards à la dorade par la forme de son corps, qui néanmoins est plus raccourci. Il a le museau moins obtus, ce qui fait que beaucoup l'ont confondu avec la brême de mer; sa gueule est de médiocre grandeur; les dents de devant sont pointues & pas grandes; celles du fond de la gueule, ou les molaires, sont larges & plates par-dessus. Ses yeux sont grands, la prunelle noire, & l'iris blanc, tirant un peu à la nacre; au reste il ressemble à la dorade ou à la brême de mer, par le nombre, la position & la forme des ailerons & des nageoires, même par l'aileron de la queue qui est fourchue. La couleur de ses écailles est vineuse, ou d'un rouge obscur qui tire au jaune ou à l'orangé. Ces couleurs s'éclaircissent en approchant du ventre, qui est blanc. Les pêcheurs prétendent qu'elles changent quand le froid se fait sentir, qu'alors le *pagre* devient blanc, & que ses couleurs changent aussi à mesure que ces poissons grossissent.

Les *pagres* vont par troupes. Ils craignent le froid; & Pline dit qu'après les grands hivers on en prend beaucoup qui sont aveugles. Quoi qu'il en soit, ils se tiennent l'hiver dans les grands fonds, & l'été ils s'approchent du rivage pour, suivant Oppian, paître les plantes marines; néanmoins on trouve des insectes dans leur estomac. Lorsque l'air est chaud, on en prend sur la grève & près du rivage; mais lorsqu'il fait froid, il faut les aller chercher dans les endroits où il y a une grande profondeur d'eau.

La chair du *pagre* tient un peu de celle de la dorade; elle n'est ni molle ou visqueuse, ni dure & coriace; son goût est agréable quand on le pêche dans de bons fonds & lorsqu'il est nouvellement pêché.

PALANGRE, terme provençal, qui signifie une corde garnie de lignes ou bresseaux, & d'haims ou museleaux; cette façon de pêcher se nomme dans l'Océan pêcher aux cordes.

PALÉE, poisson qui ressemble à la truite ou au saumon. Il a le même nombre d'ailerons & de nageoires; elles sont placées de même, mais ce poisson ne pèse jamais au-delà de trois livres; il est plus plat que le saumon, sa bouche est plus petite; il ne se nourrit que de vers & d'insectes. On pêche la *palée* dans les lacs de Neuchâtel & de Brienne.

PALOURDE ou PELOURDE, coquillage bivalve qu'on pêche sur les côtes du Poitou, de la Saintonge & du pays d'Aunis. On en mange aussi beaucoup à Marseille & à Toulon. La couleur de sa coquille est d'un blanc sale, tirant sur le jaunâtre; en quelques endroits, elle est large d'un pouce, & longue d'un pouce & demi. Cette coquille est ordinairement enfoncée dans un fond vaseux.

PANCHOT, poisson du genre de la sardine, qui se pêche en Espagne sur la côte de Galice. Il a la tête plus applatie que la sardine & deux aiguillons près de l'anus.

PANTENO, c'est une espèce de verveux qu'on met tout-à-fait à l'extrémité des bourdigues, pour retenir les anguilles.

PAON MARIN. C'est un poisson à nageoires épineuses. Il est orné des plus belles couleurs, vert, bleu, noir & rouge. L'aileron de sa queue s'étend en éventail. Les couleurs les plus obscures sont sur le dos.

PAQUER *les harengs*, c'est les arranger le plus pressés qu'il est possible dans des barils après les avoir salés.

PARCS, pêcheries qu'on établit au bord de la mer, en formant des enceintes au moyen desquelles on retient le poisson qui, après s'être porté à la côte, veut retourner à la mer.

Pour se former une idée générale des *parcs*, il faut se représenter une grande enceinte, dans laquelle le poisson entre à la marée montante, & où celui qui n'a point suivi le premier flot de la marée baissante, reste enfermé, & en la possession du pêcheur. Il se rencontre assez souvent au bord de la mer, sur-tout entre les rochers & derrière les bancs, des endroits où la marée monte dans les grandes vives eaux, & dans lesquels il reste de mer basse des mares ou des réservoirs d'eau, où les pêcheurs vont prendre avec des trubles, & d'autres petits filets, les poissons qui y sont restés. Ce sont là des *parcs naturels*, qui ont probablement fait naître l'idée d'en construire d'artificiels; les uns avec des pierres, & auxquels on donne volontiers le nom d'*écluses*; d'autres avec des palis ou pieux jointifs, ainsi qu'avec des clayonnages, & qu'on appelle assez souvent *bouchots*. Enfin, on fait aussi ces enceintes avec des filets; & alors on les nomme communément *courtines*, *tournées*, &c. Il y a de ces *parcs* qui restent ouverts du côté de la terre; & d'autres sont fermés de toutes parts, à l'exception d'une entrée assez étroite: nous nommerons les premiers *parcs ouverts*, & les autres, *parcs fermés*.

Parmi les uns & les autres, il y en a qui ne s'élèvent au-dessus du terrein que de deux ou trois pieds ou même moins; on les nomme *bas parcs*, & on appelle *hauts parcs* ceux dont l'enceinte s'élève de 5, 10 12, ou 18 pieds au-dessus du terrein. La plupart des *hauts parcs* sont formés avec des filets; tantôt semblables par leurs mailles, ou aux saines, ou aux manets, &c.; tantôt disposés comme les folles, ou autrement: enfin avec des tramaux. Souvent on a l'attention d'établir les *parcs* sur une plage, qui ayant une pente vers la mer, asseche à la mer basse. Mais il y en a aussi où il reste de l'eau à la basse mer: & en ce cas les pêcheurs se mettent à l'eau pour prendre le poisson avec de petits filets. Ils ne regardent pas cela comme un inconvénient, puisque quelques-uns font à dessein des fosses dans leurs *parcs* pour que le poisson s'y rassemble. Nous n'estimerions point que cette industrie fût une mauvaise pratique, si la fosse étoit assez profonde pour qu'il y restât de l'eau d'une marée à l'autre, en sorte que le frai & la menuise y pussent vivre: car à la marée suivante, cette menuise pourroit retourner dans la grande eau; ou au moins, elle seroit rafraîchie par de l'eau nouvelle. Mais ordinairement les mares se dessèchent, & la menuise y périt ainsi que le frai. Souvent même les pêcheurs ont l'indiscrétion de prendre cette menuise, pour la vendre.

L'objet qu'on se propose en tendant des *parcs*, est d'arrêter le poisson, qui s'étant porté à la côte, regagne la grande eau en suivant le retour de la marée, ou de retenir celui qui se rassemble en grand nombre, & qui se plaisant aux endroits où l'eau a peu d'épaisseur, nage parallèlement à la côte. Ces différentes circonstances doivent engager à tendre les filets ou parallèlement à la côte, ou dans une situation qui lui soit perpendiculaire, un bout étant à la côte, & le reste s'étendant vers la mer.

Toutes sortes de filets sont propres à arrêter les poissons qui s'écartent de la côte pour regagner la mer: & la situation la plus favorable, est l'embouchure des rivières, le débouché des anses & des gorges, en un mot, les endroits où l'eau coule avec rapidité. Il est bon néanmoins de ne pas s'établir entièrement dans le lit de ces courans, lorsqu'ils entraînent beaucoup d'herbes, de vase, ou de sable. Ces immondices combleroient bientôt les pêcheries qu'on y auroit établies; & formant une digue qui arrêteroit le cours de l'eau, il n'y auroit point de pieux ni de filets qui pussent y résister. Pour remédier à cet accident, les uns callent leurs filets au-dessous de la surface de l'eau, afin que les corps légers passent par-dessus, & les autres tiennent le pied de leur filet écarté du fond, pour donner un libre passage au sable & au galet; ou bien n'arrêtant point le pied du filet, il a la liberté de s'élever quand le courant est rapide. Et en général, dans les grands courans, on doit tenir les mailles fort larges, afin que l'eau fasse moins d'impression sur le filet.

Afin d'éviter les inconvéniens qui résultent de la force du courant & des recrémens, il y a des pêcheurs qui ne placent point leurs pêcheries dans le fil de l'eau; mais à côté des embouchures des rivières, dans les endroits où l'eau se répandant sur un grand espace, le courant est moins rapide, & cependant le poisson tombe dans les filets; parce qu'il se plaît dans les endroits où la force du courant diminue.

Les pêcheries & *parcs* qui sont près de terre & au voisinage de l'ouverture des grandes vallées ou des rivières, fournissent pendant l'été, de petits poissons & des vers pour les pêcheurs cordiers. Au contraire, les pêcheries qui sont placées plus devers l'eau sont meilleures pendant l'hyver; sur-tout dans les saisons du hareng, du maquereau, du merlan & des autres poissons de passage.

Quand il s'agit de grands *parcs*, on ne peut y prendre les poissons qui rangent la côte, à moins de les tendre à la suite les uns des autres; l'un portant à terre, & les autres s'étendant toujours vers la mer, ou bien en plaçant le premier sur la laisse de basse-mer des marées communes, & étendant leur chasse jusqu'à la terre; car de quelque côté que vienne le poisson, sitôt qu'il est arrêté par la chasse, ou il s'y emmaille si le filet est un manet, ou il le côtoie & entre dans le *parc*.

Un *parc* seul, qui a une grande chasse laquelle s'étend jusqu'à la laisse de haute-mer, fournit toujours plus que chacun des *parcs* qu'on place l'un derrière l'autre. Et entre ceux qui sont situés sur une même ligne, celui qui est vers l'eau produit le plus; parce que le poisson qui est barré & effarouché par les *parcs*, ne se porte pas si volontiers à la côte, & il s'entonne dans les premiers *parcs*, les plus près de la mer.

Les ouragans & les coups de vent, rompent souvent les perches, & déchirent les filets. C'est pourquoi, bien que les grandes vives-eaux & les motures rendent la pêche plus abondante, les bons pêcheurs ne tendent point, sur-tout les *parcs* qui sont vers l'eau, quand on est menacé de gros temps. Ils redoutent principalement la saison de la pêche du maquereau, parce qu'alors il survient des coups de vent impétueux qui, s'ils ne rompent pas les filets, troublent les fonds, & remplissent les pêcheries d'immondices.

Viennent ensuite les cormorans & d'autres oiseaux pêcheurs, qui se jettent assez souvent en grande abondance dans les *parcs*, où ils savent qu'ils trouveront du poisson en abondance. On essaie de les éloigner en tendant des épouvantails au haut des perches de la chasse & du corps du *parc*. Et pour que les poissons voraces fassent moins de tort, on va pêcher le poisson dans les *parcs* avant que la mer soit entièrement retirée; prenant des bottes & des sabots, qui valent mieux que des souliers pour aller dans l'eau.

PAR FOND. Pêcher *par fond*, se dit quand les haims ou les filets chargés de plomb, répondent sur le fond de la mer.

PARGNEAUX. On nomme ainsi à Lyon, les petits carpeaux d'une livre & au-dessous.

PARMI. Les pêcheurs nomment ainsi un cordage qu'ils attachent à la moitié de la hauteur du filet, & dans toute sa longueur, pour le soutenir & empêcher que les gros poissons, comme l'alose, ne le rompent.

PASSAGE (poissons de). Ce sont ceux qui ne paroissent sur les côtes que dans des saisons marquées, & ensuite disparoissent: tels sont les harengs, les sardines, &c.

PASTENAQUE ou TARERONDE, poisson de mer dont on distingue trois espèces à nageoires cartilagineuses: ce sont des espèces de raies.

La première espèce a ses nageoires étendues comme les aîles de la tourterelle. Ce poisson plat a la peau lisse; il n'a qu'un aiguillon long, pointu, dentelé comme une scie de côté & d'autre, venimeux, & placé à la queue, qui est longue & flexible. Il a le bec pointu, & les yeux au-dessus de la bouche. Sa bouche, petite & sans dents, est large en dedans. Ses mâchoires sont rudes & dures. Il nage à plat. Il n'a qu'une petite nageoire à la queue. Il vit dans les lieux fangeux, près du rivage, & se nourrit de poissons.

Le chien de mer est l'ennemi de la *pastenaque*.

Les pêcheurs du Languedoc mangent la chair qui est autour de la queue de ce poisson, quoique d'un assez mauvais goût.

La seconde espèce a la tête & les autres parties plus petites que la précédente. Sa couleur est la même. Sa queue est aussi armée d'un aiguillon, & quelquefois de deux, garnis de dents crochues. Sa chair n'est pas désagréable.

La troisième espéce, qu'on nomme aussi *aigle-poisson*, & qui porte, en Languedoc, le nom de *glorieuse*, est semblable à la première par sa manière de vivre, & par son aiguillon venimeux. Elle a la tête grande, le bec rond, court, semblable à la tête du crapaud. Ses yeux sont grands, ronds & élevés. Ses nageoires semblables aux aîles d'une chauve-souris. Sa chair est molle, humide & de mauvais goût. On pêche ce poisson dans la Méditerranée il est très-commun à Naples.

PEC, hareng qu'on pêche dans le nord à Hitland: il est très-gras, très-délicat, & on en fait de bonnes salaisons.

PÊCHE, c'est l'art de tirer du sein des eaux les richesses qu'elles renferment & particuliérement les poissons. On emploie différens moyens pour faire la chasse aux peuplades immenses qui habitent les mers, les rivières, les étangs, les ruisseaux. Ce sont ces moyens que nous allons parcourir & rapprocher ici, ayant eu pour objet d'en faire un tableau général, indépendamment des détails.

Pêche *aux hameçons.*

La *pêche* aux hameçons peut se faire sur toutes sortes de fonds, même au milieu des roches. Elle est praticable dans toutes les saisons de l'année, & presque par toute sorte de temps; car il faut que la mer soit bien grosse pour être obligé de suspendre cette *pêche.*

De plus, elle est à portée des plus petits pêcheurs, quoiqu'elle puisse s'étendre jusqu'à former une des grandes *pêches* qu'on fasse à la mer.

Ajoutons qu'elle est sans contredit celle qui contribue le moins à la destruction du poisson; elle ne bouleverse & ne gâte pas les fonds & les herbiers où les poissons déposent leur frai, & où se retirent les plus petits pour se tenir à l'abri des courants, & à couvert des gros poissons qui leur donnent la chasse; ainsi cette *pêche* ne porte aucun préjudice aux endroits qui facilitent l'empoissonnement de la mer & des rivières.

Il est certain que si l'on ne pratiquoit que cette *pêche*, on auroit toujours du poisson en abondance; aussi est-ce presque la seule façon de pêcher usitée au Mexique, où la mer est toujours très-poissonneuse; & à Cadix, c'est celle qu'on pratique principalement en été pour la *pêche* du poisson frais.

Quantité d'autres façons de pêcher blessent & meurtrissent une infinité de poissons, qui dans cet état ne peuvent être transportés aux lieux où l'on en fait la consommation. Ainsi il en résulte une destruction énorme qui ne tourne ni au profit des pêcheurs, ni à l'avantage du public.

Quand on pêche avec les hameçons, le poisson qui mord aux appâts est presque toujours assez grand pour entrer dans la vente; il est très-frais, & pour ainsi dire encore vivant, quand on le débarque, parce que souvent les hameçons ne restent que quelques heures à la mer; & la plupart des pêcheurs ne se servant que de petites barques, s'échouent fréquemment à la côte pour y décharger leur poisson, & recommencer aussi-tôt leur *pêche.* Les chasses-marée qui en sont prévenus, s'y rendent; ils chargent le poisson, & peuvent le transporter fort loin dans l'intérieur de la République.

Il n'en est pas de même de celui qui a été meurtri & fatigué par les filets; il est souvent mort & *oyé* quand on le retire de la mer; & s'il a resté long-temps dans les filets, il est presque gâté avant qu'on puisse l'exposer en vente.

Les poissons les mieux conditionnés sont donc ceux que fournit la *pêche* aux hameçons; c'est pourquoi les chasses-marée les paient beaucoup plus cher que ceux qui ont été pris aux filets.

S'il y a un reproche à faire à cette *pêche* aux hameçons, c'est qu'elle consomme une grande quantité de poissons pour les appâts. Quand on emploie à cet usage de petits poissons de toute espèce, comme il en faut quelquefois jusqu'à six pour un seul hameçon, c'est un grand préjudice pour l'empoissonnement de la côte; & attendu qu'il arrive souvent que les pêcheurs sont obligés d'en acheter de gros, ce sont des frais considérables, dont quelquefois le produit de la *pêche* ne les dédommage pas.

Mais on peut dire à l'avantage de cette *pêche*, qu'on y prend de presque toutes les espèces de poisson. Dans les eaux douces, outre les goujons, les ablettes, les éperlans de rivière, les loches, les gardons, on prend des brêmes, des barbeaux, des lottes, des anguilles, des perches, des tanches, des brochets, des carpes, des truites, des saumons, quelquefois des esturgeons.

On prend aussi à la mer toutes sortes de poissons plats, des soles, plies, barbues, limandes, carrelets, turbots, raies, &c., & de presque toutes les espèces de poissons ronds, tels que merlans, maquereaux, vives, bars, mulets, morues, quelquefois des thons, des esturgeons, des marsouins, & encore des crustacées de plusieurs genres. Ainsi, on peut dire qu'on prend avec les hameçons des poissons de tous les genres, & des espèces les plus estimées.

Il est assez ordinaire de dire indifféremment *pêcher à la ligne* ou *à l'hameçon*; cependant ces termes ne sont point synonymes; & pour prendre une juste idée de leur signification, il faut être prévenu que les marins appellent *ligne* une corde menue: c'est dans ce sens qu'ils disent *une ligne de pêche*, *une ligne de loc*, *une ligne de sonde*, *une ligne d'amarrage*, &c. Ainsi, exactement parlant, la ligne est la corde ou ficelle, à laquelle on attache le crochet qu'on a coutume d'appeller *hameçon*; & c'est pour cela qu'on dit *pêcher à la ligne*, lorsqu'on pêche avec un hameçon; prenant dans ce cas la ligne pour la partie principale de cette *pêche.* Mais, pour que cette expression fût exacte, il ne faudroit l'employer que quand on tient à la main une corde simple, au bout de laquelle est un hameçon.

Si l'on tient à la main une perche à laquelle est attachée une ligne garnie d'un hameçon, cette manière de pêcher se nomme *à la canne* ou

canette,

canette, parce que l'on compare la perche à une canne, d'autant que cette perche est souvent faite avec un roseau, qui s'appelle en latin *canna*.

Quelquefois, sans se servir de perche, on tient à la main une ligne garnie d'un hameçon; c'est ce qu'on peut appeller exactement *pêcher à la ligne*. Les pêcheurs de rivière nomment *bricolle* cette même ligne, lorsqu'elle est amarrée à un pieu dans une rivière.

Quand on attache plusieurs lignes à un corps pesant qu'on laisse tomber au fond de l'eau, cette façon de pêcher s'appelle *pêcher par fond*; & elle prend différens noms suivant qu'on dispose différemment les hameçons, ou autour d'un cerceau, ou au bord d'un panier qu'on appelle en Provence *couffe de palangre*; ou à une croix de fer que les provençaux nomment *fourquette*; ou à une baguette recourbée & chargée d'un plomb, qu'on nomme *l'archer*; ou de plusieurs autres façons qui reviennent à-peu-près à la même.

Des lignes garnies d'hameçons qui sont attachées à une pierre au bord de la mer, s'appellent *petites cablières* dans l'Océan, parce que les pierres dont on se sert pour faire caler les cordes, se nomment aussi *cablieres*.

A l'égard de la *pêche* aux grosses cablières, elle consiste en une corde qui répond à deux grosses pierres, & qui dans sa longueur est garnie de cordes menues auxquelles sont attachés les hameçons.

Quand des cordes menues garnies d'hameçons se trouvent distribuées en nombre sur une corde principale, cette corde s'appelle dans l'Océan *bauffe* ou *maitresse corde*, & dans la Méditerranée *maistre de palangre*, parce que ce qu'on nomme dans l'Océan *pêcher aux cordes*, s'appelle dans la Méditerranée *palangrer*. Dans l'Océan, on dit un *pêcheur cordier*, & dans la Méditerranée un *pêcheur palangrier*.

Assez souvent, au lieu de tendre les bauffes sur le sable avec des cablières aux bouts, on les attache sur des piquets; c'est ce qu'on nomme *tendre sur palote*.

A l'égard des lignes fines qui partent de la maitresse corde, on les nomme dans l'Océan *lignes* ou *lannes*, quelquefois *semelles*. C'est au bout de ces lignes latérales que sont attachées celles qui portent les hameçons; & celles-ci se nomment *piles* ou *empiles* dans l'Océan, & *bresseaux* dans la Méditerranée. Il est assez ordinaire d'attacher les hameçons immédiatement aux lignes qui partent de la maitresse corde; en ce cas elles tiennent lieu de piles, & en portent quelquefois le nom.

Un pièce de cordes, garnie d'empiles & d'hameçons, se nomme souvent dans l'Océan une *pièce d'appelet*, & un nombre de pièces d'appelets ajoutés bout à bout forme ce qu'on nomme une *tessure*. Cette dénomination conviendroit mieux aux filets; mais les pêcheurs cordiers se la sont appropriée. C'est par un semblable abus de dénomination que les pêcheurs-cordiers disent qu'ils *tendent leurs rets*, lorsqu'ils mettent une tessure à la mer.

On varie encore de plusieurs autres manières la disposition des cordes; d'où résultent différentes façons de pêcher, auxquelles on donne des noms particuliers, comme quand on dit *pêcher par fond* ou *à corde flottante*, qu'on nomme la *belée* ou *au libouret*, &c.

Il faut savoir que certains poissons ne quittent guères le fond de l'eau, & qu'on ne peut les prendre qu'avec une tessure étendue sur le fond. Pour cela, on la charge de corps pesans; c'est ce qu'on nomme *pêcher par fond*.

D'autres poissons se tiennent entre deux eaux, & pour les prendre on met quelques cailloux sur la maitresse corde, que l'on empêche d'aller au fond, en la soutenant de distance en distance par des lignes garnies de flottes de liége qui nagent sur l'eau. Il est sensible qu'en tenant les lignes plus ou moins longues, on fait en sorte que la tessure soit plus ou moins éloignée de la superficie. Quelquefois encore on met les flottes de liége sur la maitresse corde, & on charge les empiles de petits morceaux de plomb; c'est ce qu'on pratique dans les chaleurs de l'été, quand les poissons s'approchent de la surface de l'eau, y étant attirés par des insectes qui s'y trouvent quelquefois en grande quantité; ces *pêches* se nomment *entre deux eaux*, ou *la belée*.

Les crochets de métal qu'on attache au bout des lignes ou des piles, se nomment communément des *hameçons*; mais c'est improprement: les pêcheurs de l'Océan les appellent *haims*, & les provençaux *mousclaux*. Nos pêcheurs réservent le terme d'*hameçon* pour un haim garni de son appât. Dans ce sens, l'on peut dire exactement *pêcher à l'hameçon*, puisque, pour prendre du poisson, il faut que l'haim ait son appât.

Des appâts.

Ce qui détermine les poissons à se prenpre aux haims, est le desir de dévorer les appâes qu'on leur présente. Mais toutes sortes d'appâts ne lenr sont point indifférens; il y en a qui leur plaisent beaucoup plus que d'autres, & certains appâts conviennent particulièrement à des espèpces particulières de poissons. Nous ne nous proposons de parler présentement que des appâts considérés en général, ayant traité de ceux qui sont propres à quelques poissons, dans les articles dont ces poissons sont spécialement l'objet.

Les pêcheurs d'eau douce amorcent pendant l'été avec du fromage; quelques-uns donnent la préférence à celui qui est le plus affiné; souvent ils font usage de celui de Gruyère. Ils emploient aussi la chair de toutes sortes d'animaux, & plusieurs prétendent qu'on doit choisir celle de chat & de lapin plutôt que toute autre, & que le foie est préférable à la chair. Les vers de toute espèce font un des meilleurs appâts; on emploie entr'autres ceux qui deviennent scarabées, & ceux qui se forment dans la viande pourrie & dans les fruits; on estime beaucoup les vers de terre qu'on nomme spécialement *achées*.

On trouve entre les fibres qui sortent des racines d'iris aquatique, de petites loges dans lesquelles sont renfermés des vers blancs ou jaunes-pâles, longuets, menus, à tête rouge, les jambes distribuées le long du corps; suivant Walton, c'est un excellent appât pour plusieurs espèces de truites, pour la tanche, la brême, la carpe, &c.

Quelque espèce de vers qu'on emploie pour pêcher, il vaut toujours mieux leur avoir laissé le temps de se vuider que d'en faire usage sans cela. Dans le cas où on n'en a point qui aient été suffisamment gardés, on peut faire qu'ils se vuident promptement, en les laissant dans l'eau pendant une nuit, si ce sont des vers de pré ou de terre de jardin; & les mettant ensuite avec du fenouil dans le sac qui sert à les transporter au lieu de la *pêche*.

Quant aux vers, soit de tannée, soit du dessous des tas de fumier, on doit ne les laisser qu'une heure dans l'eau; puis les mettre dans le sac avec du fenouil pour les employer tout de suite.

Si on a le temps & la volonté de garder davantage les vers, le meilleur moyen de les conserver est de les mettre dans un pot de terre garni de mousse, qu'il faudra renouveller tous les trois ou quatre jours en été, & toutes les semaines en hiver; il faudra à ces termes retirer la mousse, la bien laver, la presser entre les mains jusqu'à ce qu'elle ait rendu son eau, & la remettre sur les vers. Quand ils commencent à devenir malades & à maigrir, sur-tout ceux de l'espèce qui vient dans la tannée ou sous les tas de fumier, on peut les rétablir en versant chaque jour environ une cuillerée de lait ou de crême, goutte à goutte sur la mousse parmi laquelle ils sont; & en ajoutant à la crême un œuf battu, qu'on fera bouillir avec elle, on réussira à les engraisser & à les conserver long-temps. Lorsque le nœud qui se rencontre environ à la moitié du ver de tannée commence à se renfler, c'est signe que le ver est malade & qu'il ne tardera pas à mourir, si on ne le secoure comme on vient de dire.

La meilleure mousse pour cet usage est le lichen qui représente exactement une corne de daim. On pourroit lui en préférer une autre espèce, blanche & mollette, qui vient dans quelques bruyères, mais qu'on trouve difficilement.

Un autre excellent moyen pour garder les vers est de bien laver un morceau de grosse toile à sacs, & l'ayant laissé sécher, le tremper dans du bouillon où a cuit du bœuf frais; le bœuf salé feroit mourir les vers. Puis, on tord cette toile sans la rendre absolument sèche; après quoi on y met les vers, & on les dépose dans un vaisseau de terre. Au bout de douze heures, on les en retire pour donner à la toile les mêmes préparations; & de même les jours suivans. On peut ainsi conserver des vers de terre en parfaite santé pendant près d'un mois.

Au reste, s'il arrive qu'on ait des vers malades, ou en quelqu'autre mauvais état, on peut essayer ce que certaines personnes avancent, que du camphre mis dans le sac où on porte à la *pêche* la mousse & les vers, leur donne une odeur forte & si attrayante, que les poissons deviennent avides des plus mauvais vers.

Quand on veut se procurer des vers de terre, on les cherche sous les pots de jardin où il y a de l'humidité; ou bien on se transporte dans un pré un peu frais, & ayant enfoncé un piquet en terre, on le remue de sorte que l'on fasse décrire un cercle au bout qui est en haut & qu'on tient dans la main; la pression qu'on occasionne à terre, engage les vers à en sortir. Pour la même raison, ils sortent quand on foule la terre avec les pieds, ou quand on la frappe avec une batte. On réussit encore à faire sortir les vers assez promptement, en répandant sur la terre soit de l'eau salée, soit une forte décoction de feuilles de noyer, principalement aux endroits où de petits trous indiquent que les vers ont coutume de sortir pendant la nuit.

Pour se procurer des vers de viande, on prend du foie de quelque quadrupède, & on le suspend avec un bâton en croix au-dessus d'un pot ou d'un baril à-demi plein d'argile sèche. A mesure que les vers grossissent dans le foie, ils tombent sur la terre, & il s'en produit de la forte successivement pendant assez long-temps.

Pour avoir des vers toute l'année, il faut prendre un chat ou un oiseau de proie qui soit mort, le laisser se gâter étant exposé aux mouches ; & quand les vers y sont bien vivans & en bonne quantité, on enfouit le tout dans la terre humide, autant à l'abri de la gelée qu'il est possible. On les en retire à mesure qu'on en a besoin. Comme ces vers se métamorphosent en mouches au mois de mars, il faut alors avoir recours à d'autres animaux pareils.

Une grande partie de ce qui vient d'être dit sur les vers, est tirée de Walton, auteur anglois, qui a fait sur la *pêche à la canne* un ouvrage très-estimé.

On fait beaucoup de cas d'un appât que l'on nomme assez souvent *chatouille*, espèce de petite lamproie, grosse seulement comme un tuyau de plume à écrire, & qui se trouve dans la vase.

Les moules de rivière tirées de leurs écailles, les limas, les sauterelles, différentes espèces de scarabées, les fourmis aîlées, plusieurs mouches & papillons, les grenouilles, les petits poissons de toutes espèces qu'on nomme *blanchaille*, même les perchettes, quand on leur a coupé l'aileron de dessus le dos, sont de bons appâts. Les poissons les plus estimés en ce genre sont la loche & le carpeau ; mais la tanche est réputée un appât fort médiocre.

Les pêcheurs prennent eux-mêmes ces appâts ; & souvent pendant que le père pêche de gros poissons, les enfans s'occupent à en prendre de petits pour faire des appâts.

On amorce aussi quelquefois avec de grosses féves, qu'on nomme à Paris *féves de marais*.

On peut dire en général que l'*assa fœtida* & les autres drogues dont l'odeur est forte, rendent plus sûr l'appât qu'on présente aux brochets & autres poissons d'eau douce.

On lit dans un mémoire d'Alicante, qu'à cette côte les pêcheurs à la canne amorcent leurs haims avec des boulettes de son pour prendre des oblades.

Walton dit que pour prendre le chabot, on fait une pâte composée de fromage bien fort, que l'on pile dans un mortier avec un peu de beurre & de safran, jusqu'à ce que le tout forme une masse de couleur citronée. Il ajoute que pour l'hiver quelques-uns préparent une pâte de fromage & de térébenthine.

Pour les grandes *pêches* à la mer, quoique les femmes & les enfans se donnent bien de la peine pour prendre des appâts, les pêcheurs ne peuvent se dispenser d'en acheter ; & c'est ordinairement pour eux un objet de dépense considérable.

Les pêcheurs de la Basse-Normandie prétendent que la chair de toutes sortes de poissons est bonne pour amorcer les haims, & ils s'en servent indistinctement, pourvu qu'elle soit fraîche. A l'égard des bretons, souvent ils coupent un petit morceau au bas du dos des poissons qu'ils ont pris, & ils s'en servent pour amorcer. Ces poissons ainsi mutilés n'en sont pas moins de vente dans les poissonneries de la province ; mais les chasses-marée qui vont dans les grandes villes, ne s'en chargent pas volontiers.

Les pêcheurs de Flandre, de Picardie & de Haute-Normandie, font plus de choix dans leurs appâts ; ils prétendent qu'il en faut de différens suivant les saisons & l'espèce de poisson qu'ils se proposent de prendre.

Ils estiment que l'appât qui mérite la préférence sur tous les autres, est le hareng frais de toutes les espèces ; & les provençaux pensent aussi avantageusement des sardines.

Ils mettent après ces appâts les *blanches*, qu'on nomme aussi *blanquettes*, *œillets*, *orillets* ou *mélis*. Tous ces termes sont synonymes, & signifient de petits poissons du premier âge & de toute espèce, qui se rencontrent au pied des parcs dans les manches, & au bas des filets quand la mer est retirée.

Les poissons que l'on emploie communément pour amorcer, sont les harengs blaquets, les sardines, les lansons, lançons ou alançons ; les éguilles ou aiguilles, qu'on nomme en Normandie *quilles*, *équilles* ou *équilettes* ; les crados ou grados, qu'on appelle *prêtres* en Normandie, & *pretra*, ou *éperlans bâtards* en Bretagne ; enfin, toutes les espèces de petits poissons ronds.

Sur le grand banc, les entrailles des *morues* qu'on a prises, servent au défaut de meilleurs appâts pour en prendre d'autres.

Enfin les vers marins qu'on trouve dans le sable & les rochers à la laisse de basse mer, les seches, les pitots ou vers à coquilles, (aussi nommés folades, pélorides ou grandes palourdes) les cornets ou calmars, divers petits crustacés la chair des poissons salés, la viande de différents animaux, fraîche ou salée : voilà en gros toutes les substances dont on fait des appâts, & qui servent à amorcer les haims.

Nous allons les reprendre plus en détail pour mieux expliquer l'usage qu'on en doit faire.

On sait que les harengs frais doivent être mis au nombre des meilleurs appâts. Quelquefois en pêchant les harengs à la fin d'avril & durant le mois de mai, on prend des celans, & des sardines qu'on nomme galices en Gascogne. Ces poissons sont des appâts presque aussi bons que les harengs mêmes.

Les pêcheurs-palangriers de Provence estiment autant pour cet usage la sardine, que les ponentois estiment le hareng.

On ne peut amorcer avec un hareng que 4 à 5 haims pour la raye, & 8 à 10 pour le merlan & les autres poissons de même grosseur.

Quand on aura l'idée des grandes *pêches* aux cordes, on concevra quelle consommation elles doivent faire de harengs. Car il est de fait que chacun des pêcheurs de la côte de Dieppe a besoin à chaque démarrage de 7 ou 800 harengs pour garnir sa tessure; & tous ces pêcheurs font plusieurs demarrages par semaine lorsque le temps y est propre.

Il faut se rappeller ce que nous avons dit plus haut, de ce qu'il en coûte aux calaisiens & dunkerquois pour leurs appâts.

Comme le hareng est un bon poisson, soit frais, soit salé, on auroit désiré d'empêcher cette consommation : mais ayant eu de bonnes preuves qu'on ne pouvoit s'en passer pour la *pêche* du poisson frais, le gouvernement s'est déterminé à ne point gêner sur cela les pêcheurs.

Vers la fin de la *pêche* du hareng, ce poisson n'étant plus bon ni à manger frais, ni à en faire des salaisons, la police a défendu d'en pêcher alors. Cependant, vû l'avantage de se procurer du poisson frais pour Paris, on a permis aux pêcheurs de la côte de Normandie de mettre à la mer quelques bateaux pour prendre telle quantité de harengs qui seroit nécessaire pour faire leur *pêche*. Il est vrai qu'autorisés par ce prétexte ils en pêchent plus qu'il ne leur en faut, & qu'ils en salent & en vendent aux chasses-marée. Mais comme le hareng est un poisson de passage, qui commence à disparoître à la fin de mars, & qui ne se trouve presque plus sur les côtes de France à la fin d'avril, il faut toujours se pourvoir d'autres appâts qui suppléent à son défaut. D'ailleurs la solle ne paroît jamais être bien friande de ce poisson.

La petite blanche ou blanquette, que nous avons dit être un amas de toutes sortes de petits poissons pris au fond des parcs & au bas des filets, dans les mois de mai, juin & juillet, est un fort bon appât, pourvu qu'elle soit bien fraîche, & qu'on en garnisse suffisament les haims proportionellement à leur grandeur; car il en faut quelquefois 8 à 10 pour un haim. On les broque par les yeux ou les ouies : & je soupçonne que c'est pour cela qu'on les a nommés œillets ou orillets, & mêlis, parce que c'est un mélange de toutes sortes de poissons.

Il est vrai que ces poissons grossissant à mesure que la saison avance, deux ou trois peuvent alors suffire pour amorcer un haim; mais on conçoit quelle énorme consommation cette *pêche* fait de petits poissons qui deviendroient gros si on les laissoit subsister; une douzaine est sacrifiée à la prise d'un poisson qui n'est quelquefois pas fort gros : tant de poissons qui devroient peupler les côtes sont sans doute une perte considérable. Au reste il faut avouer que cet appât est très-bon, & bien capable de suppléer au défaut du hareng.

Les vers marins fournissent un très-bon appât, & en quelque façon le meilleur de tous pour les solles. Mais il y en a de plusieurs espèces, & les uns sont plus estimés que les autres.

Les vers noirs, qu'on nomme francs, sont très-estimés sur la côte de Haute-Normandie & de Picardie. On assure que la solle en est singulièrement friande. Il faut qu'un de ces vers soit gros pour pouvoir amorcer deux haims. On les pêche dans le sable quand la marée s'est entièrement retirée. On connoît les endroits où sont ces vers, à des traces qu'ils forment sur le sable.

Les vers rouges, qu'on nomme bâtards ou vérotis, se tiennent dans de petits rochers qui s'étendant le long du rivage ne s'élèvent guères au-dessus du sable : on les y découvre en détachant avec un pic les pierres dont l'assemblage forme le rocher. Ces vers se trouvent dans les délits, au milieu d'une vase noire qui s'y rencontre ordinairement : ils parcourent ces délits, & laissent après eux une trace rougeâtre : les pêcheurs la suivent, & trouvent enfin le ver.

Le ver rouge ne diffère pas du ver noir seulement par la couleur; sa forme est aussi différente : le ver noir est rond, & le rouge applati. Les pêcheurs de Grandville estiment beaucoup ces vers rouges, prétendant qu'ils luisent davantage dans l'eau, & que pour cette raison ils sont mieux apperçus par le poisson.

Les vers blancs, qu'on nomme bourlottes en Bretagne, sont les moins estimés.

Les vers de terre servent pour pêcher des anguilles.

C'est depuis pâques jusqu'à la St Michel qu'on fait principalement usage de ces sortes d'appâts, qui ne détruisent pas le poisson comme fait la blanchaille. Malheureusement les vers marins sont chers & rares aux côtes vaseuses & de galets, où il n'y a ni sable, ni roches. Car, comme nous l'avons dit, les noirs se trouvent dans le sable, & les rouges dans les roches.

Les pêcheurs de St.-Valery en fournissent beaucoup aux poletais & aux pêcheurs du bourg d'Ault, parce que leurs grèves sableuses en sont abondamment pourvues. Comme les solles ne mordent aux vers que quand ils sont frais & même vivans, les enfans & les jeunes gens en apportent de St.-Valery à Dieppe dans des gamelles de bois avec de l'eau de mer, courant toujours dans le chemin, en sorte qu'ils font, à ce qu'on prétend, deux lieues par heure. La longue habitude les rend d'excellents coureurs.

Quand les pêcheurs manquent de bons appâts, ils se servent de coquillages, comme de moules, de brelins (bredins, bernicles, cuvettes, lampottes) qu'on appelle aussi yeux de bouc. On leur apporte ces coquillages vivants; ils en ôtent l'écaille, & se servent de la chair pour embecquer les haims qu'ils ont auparavant garnis de hareng salé. Mais ils ne prennent guères avec ces appâts que des merlans & des limandes. Quelquefois aussi les pêcheurs amorcent avec des brelins seuls : & alors il en faut trois ou quatre pour un haim, suivant sa grosseur. C'est communément au mois de décembre qu'on se sert de cet appât.

On amorce encore avec le pitot, qui est ordinairement assez gros pour garnir un haim; mais cet appât n'est guère estimé.

Les seches (qu'on nomme marquettes en Bretagne, sepie en Gascogne, seppie à Naples), ainsi que les cornets ou calamars, & les petites seches qu'on nomme casserons en Saintonge & Aunis, sont des appâts très-médiocres, dont néanmoins on fait usage dans les chaleurs quand les autres manquent. On ne se sert que du corps de ces poissons; & quelquefois, mais rarement, des pieds des cornets.

On ne prend guère avec ces sortes d'appâts que des rayes & un peu de merlan; de sorte que ce n'est que la disette des autres appâts qui engage à s'en servir; sur-tout de la seche, qui est le moindre de tous ceux que nous venons de nommer.

Les cornets entiers sont beaucoup meilleurs; ils conviennent à toutes sortes de poissons, excepté à ceux du genre des plats; on prétend que les morues en sont très-friandes, de sorte que si l'on en avoit beaucoup sur le Grand-Banc, on auroit bientôt fait une excellente *pêche*.

On amorce encore depuis le mois de mars jusqu'en septembre avec quelques crustacées, comme sont, 1°. les grosses chevrettes, (qu'on nomme *salicots* en Haute-Normandie, *barbeaux* ou *sanctés* en Saintonge & Aunis, *grosses crevi-ches* en Guyenne & Gascogne); 2°. la petite chevrette, appellée *crevette* & *grenade* à Dunkerque, *sauterelle de mer* en Picardie, *petite chevriche* en Guyenne, *esquine* en Gascogne, *chevron*, *maniguette* en Bretagne. On prend avec ces appâts des maquereaux & des rayes de toutes les espèces.

3°. A l'égard des chevrettes de la plus petite espèce, qu'on nomme *sauterelles* ou *caranates*, 5 à 6 suffisent à peine pour un haim; & il ne s'y prend guère que des rayes grises.

4°. On peut mettre encore au nombre des appâts que fournissent les crustacées, les crabes de toutes les espèces; sur-tout lorsqu'ils sont près de quitter leur robe (alors on les nomme *poltrons*); ou quand l'ayant quittée, leur enveloppe est encore tendre & membraneuse, état dans lequel on les nomme *craquelins* ou *craquelots*. On coupe ou l'on déchire ces crabes par morceaux pour en amorcer plusieurs haims. Le congre est le poisson qu'on prend le plus ordinairement avec ces appâts; & les pêcheurs au libouret prennent ainsi des merlans & des limandes.

Les petits pêcheurs à la côte amorcent aussi, faute d'autre chose, avec des loches de mer, quoique ce soit un très-mauvais appât.

Les voyageurs disent qu'à la côte de Guinée les naturels garnissent leurs haims avec des morceaux de canne à sucre, pour prendre le poisson qu'ils nomment *korcosado*.

On est quelques fois réduit à se servir d'appâts salés, tels que les harengs & le foie de bœuf, ayant attention qu'ils ne soient pas corrompus. En ce cas on embecque ou on garnit l'extrémité de l'haim avec un petit morceau d'un des meilleurs appâts qu'on peut se procurer. Un peu de viande fraîche, bœuf, vache, cheval, âne, chien, &c. vaut encore mieux : mais il ne faut pas que ces chairs aient contracté de mauvaise odeur; & les foies, ainsi que les poumons de ces animaux, sont préférables à leur chair.

On ne prend guère que des merlans avec ces appâts, dont l'usage est borné aux petites *pêches* qu'on fait à l'entrée des ports.

Au reste, outre le cas de disette, il y en a encore où la chair salée devient, pour ainsi dire, nécessaire : ayant remarqué, par exemple, aux côtes de Flandre, que souvent le merlan est dégoûté, en sorte qu'il refuse de mordre à différents appâts qu'on lui présente, on a réussi à l'attirer en amorçant les haims avec du foie de cochon, même salé. Cet appât réussit encore quand le froid fait retirer le poisson au fond de l'eau. En conséquence le foie de cochon frais est très-recherché par les pêcheurs-cordiers de Dunkerque & des environs : ce qui fait qu'ils l'achètent assez cher, & que les femmes vont en chercher jusqu'à 7 & 8 lieues dans les terres, & les chasses-marée en apportent de 20 à 25 lieues. Outre cela les pêcheurs un peu aisés en font des salaisons vers la St.-Michel, pour s'en servir dans les circonstances que nous avons indiquées.

Quand nous disons que les chairs dont on fait des appâts, doivent être exemptes de mauvaise odeur, nous n'entendons parler que des *pêches* dont il est ici question ; car tous les poissons ne fuient pas ces odeurs qui nous déplaisent. Indépendamment du goût que témoignent plusieurs poissons d'eau douce pour les chairs qui ont quelque dégré de corruption, les russes nous assurent que l'odeur de charogne est un appât fort attrayant pour le bélouga, le cétéra, quelques chiens marins, & autres.

Il semble qu'en général les poissons soient plus friands de ceux de leur espèce que de tout autre. Car les pêcheurs prétendent que quand on amorce avec de la blanque où il y a des poissons de toutes les espèces, on trouve ordinairement prises aux haims les mêmes espèces de poissons qui ont servi d'appât ; & il est certain que les morues se prennent à des haims amorcés avec les intestins ou autres parties des morues : il en est de même du bélouga, du loup marin & d'autres poissons.

Il pourroit cependant se faire que cette règle ne fût pas générale. Car dans les quadrupèdes il y a des animaux carnaciers qui ne mangent point la chair de leurs semblables, pendant que d'autres s'accommodent de tout : de même les oiseaux de proie ne se dévorent point les uns les autres ; au lieu que les canards mangent très-bien la chair des autres canards.

Quand on amorce avec des poissons un peu gros, il faut les couper en biais, afin de ménager l'appât, car l'haim doit en être entièrement couvert, excepté à sa pointe & à celle du barbillon : si ces pointes étoient entièrement couvertes, le poisson rejetteroit souvent l'appât, dès qu'il sentiroit que la pointe de l'haim lui chatouilleroit le gosier.

On doit encore mettre au nombre des appâts la résure, rave ou rogue, que les pêcheurs de sardines emploient pour bouetter, affaner ou affamer, c'est-à-dire, pour engager les sardines à s'élever du fond de la mer & à donner dans les filets qui dérivent à fleur d'eau. Cette résure est faite d'œufs de morues & de maquereaux qu'on sale ; ceux de morue le sont sur le banc de Terre-Neuve, ou ailleurs, & il en vient plusieurs cargaisons de Norwege. A l'égard de la résure des maquereaux, elle vient sur-tout de l'île de Bas ; & quand les maquereaux donnent abondamment à quelques côtes, des marchands en font saler. Les pêcheurs bretons font même quelquefois une espèce de résure en émiant de la chair de maquereau cuite.

Il est défendu de se servir en guise de résure pour la *pêche* des sardines, de ces petites chevrettes qu'on nomme *sauterelles de mer.* Cette prohibition est fondée sur ce qu'on détruit beaucoup de frai de poisson en pêchant les sauterelles avec des sacs, & de plus parce qu'on prétend que les sardines qui ont mangé de ces chevrettes, ne sont pas propres à être salées, & qu'elles se corrompent très-promptement.

Ce qu'on nomme en Bretagne *gueldre, guildille, guildive*, ou encore *guildre*, se fait avec des chevrettes, des cancres & de menu fretin de toute sorte de poisson, qu'on pile pour en former une pâte. Les observations de la société d'Agriculture & de commerce de Bretagne (année 1757) attestent que cet appât corrompt les sardines en moins de trois heures, & qu'il les fait tellement fermenter qu'elles s'entr'ouvrent par le ventre. Cette société insiste en outre sur le préjudice que fait au poisson de toute espèce un appât dont la composition est si destructive. Elle observe même que dans quelques endroits on prépare un appât semblable, nommé *menue*, où il n'entre que des poissons assez jeunes pour avoir seulement la grosseur d'une lentille : quoique ce dernier appât coûte fort cher, on en consomme cependant assez pour que dans les seuls environs du Port-Louis on emplisse tous les ans pour cette destination plus de 400 barils d'un si petit frai de poisson ; d'où il résulte une destruction énorme.

Quelques navigateurs mettent à leurs haims un morceau de lard, qui attire par sa blancheur les requins & d'autres gros poissons.

On a aussi des leurres & appâts factices, dont on fait usage pour prendre différents poisſons. On attire des crabes dans des naſſes avec des pierres blanches taillées en forme de poiſſons. On prend des morues avec des morceaux de plomb auxquels on donne la forme de poiſſons.

Les gros poiſſons ſe laiſſent encore tromper par un morceau de liége taillé en forme de poiſſon, qu'on couvre d'une peau de poiſſon, ou d'une toile blanche à laquelle on fait une raie bleue ſur le dos. Les baſques y ajoutent quelques plumes pour prendre des thons.

Tout le monde ſait qu'on prend des grenouilles avec un petit morceau de drap rouge. Ce morceau d'étoffe fournit un leurre excellent pour prendre des maquereaux pendant le jour. Lorſque les matelots de Calais & de Dunkerque traverſent la Manche durant la ſaiſon de ce poiſſon, ils en prennent beaucoup avec des haims leurrés de cette manière. En jettant ces haims dans le remou du vaiſſeau qui file, non-ſeulement ils prennent aſſez de maquereaux pour ſe nourrir, mais encore ſouvent pour en vendre de frais, & même en ſaler.

Les pêcheurs de Grandville ſe ſervent auſſi d'un morceau de drap rouge pour prendre du maquereau; mais ce n'eſt que faute d'autres appâts; car ils ſavent que la chair de poiſſon a un effet encore plus ſûr.

Les voyageurs diſent que dans l'île de Ternate les pêcheurs lient en paquet une mouſſe dont on ſe ſert pour calfater les coutures des bateaux ; & que mettant ce paquet au bout d'une corde aſſez longue, ils le jettent le plus loin qu'ils peuvent à la mer. Les poiſſons ſaiſiſſent ce leurre, & leurs dents s'embarraſſent dans la mouſſe, de façon que les pêcheurs qui ſont forts habiles à le retirer, ne leur laiſſent pas le temps de s'en dégager. Ceux qui parlent de cette pêche, auroient dû dire quel poiſſon l'on prend ainſi : & peut-être n'ont-ils pas remarqué qu'on met dans la mouſſe quelque appât ; car nous dirons dans la ſuite qu'on prend des écreviſſes avec un petit fagot de menues branches ou un paquet de filaſſe, dans lequel on a mis des entrailles de quelques animaux.

Les anglois font des inſectes factices, avec leſquels ils prennent différens poiſſons, particulièrement des truites.

Nous ne parlerons point des appâts dangereux qui enivrent ou tuent les poiſſons, tels que la coque du levant, la noix vomique, &c. Il ſeroit avantageux que ces moyens qui détruiſent les poiſſons, fuſſent ignorés : les ordonnances les défendent ſous des peines rigoureuſes. Heureuſement les ponentois n'en font pas uſage. Mais on s'en ſert trop fréquemment dans les étangs ſoit d'eau douce, ſoit d'eau ſalée.

Toutes les ſaiſons, tous les temps ne ſont pas également favorables à la *pêche* aux haims. Les pêcheurs des rivières l'abandonnent preſque entièrement pendant l'hiver, pour ne plus pêcher qu'aux filets. Et quand les fraicheurs de l'automne commencent à ſe faire ſentir, ils ſont obligés d'amorcer leurs haims avec des poiſſons frais ou même de vivants ; au lieu que durant l'été, les poiſſons mordant plus volontiers, les pêcheurs ſe contentent d'amorcer avec de la viande, ou même du fromage.

A la mer, ainſi que dans les rivières, la *pêche* eſt rarement abondante quand le ciel eſt clair & ſerein.

Lorſqu'il neige & qu'il fait un vent froid de nord, les poiſſons de rivière ſe retirent dans les crônes ; & ceux de mer gagnent la grande eau, où la fraicheur de l'air pénètre difficilement.

La *pêche* n'eſt preſque jamais auſſi bonne quand les eaux ſont claires & pures, que lorſqu'elles ſont troubles ; comme cela arrive quand le temps eſt diſpoſé à l'orage par les vents de ſud-eſt, ou à la mer après une petite moture. Dans ces circonſtances les poiſſons qui ſont agités, rencontrent les appâts, & ils ſe jettent deſſus. Pour ces mêmes raiſons, les temps ſombres & les petites pluies douces ſont très avantageuſes, ſur-tout pour la *pêche* en mer.

Le froid engage d'abord les petits poiſſons à quitter le rivage de la mer : bientôt les gros ſont obligés de ſe porter au large pour y trouver leur ſubſiſtance. Ces remarques indiquent aux pêcheurs où ils doivent aller chercher leurs proies, de ſorte que quand il fait froid, les petits pêcheurs ſont obligés de dérader, & de prendre des bateaux aſſez forts pour pouvoir tenir le large & pêcher dans les grands fonds.

De la pêche *à la perche ou à la canne.*

Cette *pêche* conſiſte à attacher au bout d'une perche une ligne garnie d'un haim ; & quand le poiſſon a mordu à l'appât, on le tire promptement de l'eau en ſoulevant la perche.

On donne différents noms à cette façon de pêcher. Les uns la nomment *à la perche*, parce qu'ils attachent leurs lignes à l'extrémité d'une perche légère & pliante. D'autres la nomment *à la canne*, parce qu'au lieu de perche, ils ajuſtent des roſeaux les uns au bout des autres ; & ces roſeaux ſe nomment *canna* en latin. Le terme canne peut venir encore de ce qu'on dispose quelquefois les gaules ou perches, de façon que lorsqu'on ne *pêche* pas elles forment des cannes pour la promenade.

Les pêcheurs ont coutume de faire leurs perches avec un bois léger & élastique. Pour cela ils choisissent une gaule de coudrier, de saule, de peuplier ou de sapin.

Il faut que ces perches, aient 4 à 5 pouces de circonférence au bout qu'on tient dans la main, pas tout-à-fait un pouce à l'autre extrémité. Leur longueur doit être de 10 à 12 pieds, plus ou moins, suivant l'étendue de la nappe d'eau où l'on se propose de pêcher.

On a soin qu'il ne se rencontre pas de nœuds, qui trancheroient le bois de la perche, & qu'elle soit bien droite. On a même l'attention, pour qu'elle ne se courbe pas en se desséchant, de la lier sur une forte règle de bois bien dressée à la varlope.

Voici, suivant Walton, les précautions qu'il faut prendre pour se procurer de bonnes perches. On doit couper, entre la St.-Michel & la Chandeleur, un beau brin de saule, de coudrier, ou de tremble, qui ait 9 pieds de longueur, & à peu près 4 pouces de circonférence; le coucher à plat dans un four chaud, & l'y laisser jusqu'à ce qu'il soit refroidi, le tenir ensuite dans un lieu sec pendant un mois; puis le lier bien ferme sur une forte pièce de bois quarré. Après quoi, pour le percer dans toute sa longueur, on prend un gros fil de fer de chaudronier, qu'on appointit par un bout; on fait chauffer ce bout dans un feu de charbon jusqu'à ce qu'il soit rougi au blanc, & on s'en sert pour percer la gaule en l'enfonçant dans l'axe, le tenant toujours droit, perçant tantôt par un bout, & tantôt par l'autre, jusqu'à ce que les deux trous se rencontrent. Pour augmenter ce trou on se sert de broches de fer de plus en plus grosses, qu'on fait, ainsi que le fil de métal, rougir jusqu'au blanc : mais il faut faire en sorte que le diamètre du trou aille par dégrés en diminuant, & qu'il soit plus étroit à l'extrémité menue de la perche qu'à son gros bout.

Cette première canne étant ainsi préparée, mise de grosseur par le dehors, & travaillée proprement, on la fait tremper dans l'eau pendant deux jours, puis on la transporte dans un lieu couvert, l'exposant à la fumée jusqu'à ce qu'elle soit parfaitement sèche. Cette canne doit faire environ la moitié de la longueur de la perche; & le trou dont nous venons de parler, sert à recevoir deux baguettes. Car la perche entière est formée de trois morceaux qui s'ajustent les uns au bout des autres.

Pour faire la baguette qu'on doit ajouter au bout de la canne creuse, on cueille dans la même saison que la canne un beau jet de coudrier, & on le fait sécher comme la canne; ensuite on dresse cette baguette; on la réduit à une grosseur convenable pour qu'elle entre dans le trou qu'on a fait à la canne; & en l'introduisant du côté du gros bout, elle doit entrer dans l'axe de la canne jusque vers la moitié de sa longueur.

Pour completter la perche on choisit des bourgeons ou nouvelles pousses, droites & déliées, d'épine noire, de pommier sauvage, de néflier ou de génévrier; on dépouille ces houssines de leur écorce; on les fait sécher, en ayant rassemblé un nombre en faisceau qu'on lie bien serré avec une forte ficelle, & on diminue assez de leur grosseur pour qu'elles puissent entrer dans le trou formé dans l'axe de la canne, du côté de son bout qui est le moins gros. On joint les unes au bout des autres ces trois pièces, au moyen d'écrous & de vis, de sorte que les trois morceaux ne fassent qu'une perche. De cette façon les deux alonges, quand on ne *pêche* pas, peuvent être renfermées dans la canne creuse, qui alors est en état de servir pour la promenade comme une canne ordinaire.

Ces perches sont encore meilleures quand au lieu de coudrier on se sert, pour faire la canne, de jet ou roseau des Indes : & on s'épargne bien de la peine lorsqu'on renonce à mettre les alonges dans la première canne; alors on ne perce point la canne; on met les trois parties qui doivent composer la perche, dans un sac, d'où on les tire quand on veut pêcher; & on les joint les unes au bout des autres, sans employer de vis de métal, se contentant de faire entrer l'extrémité des unes dans un trou qu'on a fait au bout de celle à laquelle elles doivent s'ajuster : ensuite on les arrête avec des goupilles, pour qu'elles ne se séparent pas lorsqu'un gros poisson tire fortement la ligne.

On fait encore des perches très-propres & très-commodes, de 3, 4 ou 6 morceaux, qui s'assemblent les uns au bout des autres à mi-bois. Pour cela on taille en flûte les deux bouts qui doivent se joindre, & on ménage à une des perches une petite dent qui entre dans une coche qui est à l'autre; il faut que ces deux parties taillées en flûte se touchent exactement dans une longueur de 4 à 5 pouces. On frotte les faces qui doivent s'appliquer l'une sur l'autre avec de la cire grasse de cordonnier, & on les lie par des révolutions d'un bon fil retors ciré ou enduit de poix grasse : lorsqu'on veut que la perche soit propre, on se sert, au lieu de fil d'un cordonnet de soie verte, frotté d'un peu de cire blanche.

Dans la vue d'avoir des perches très-propres, on peut faire le premier morceau qu'on tient dans la main, avec quelque bois des Isles, n'étant pas important que cette partie soit légère : les autres peuvent être faites avec du bambou, du cèdre, du cyprès, du micocoulier, ou d'autres bois légers & pliants, qu'on colore, si l'on veut, en les frottant avec de l'eau-forte foible, dans laquelle on a fait dissoudre de la limaille de fer, & qu'on polit ensuite avec de la prêle. Il faut mettre plusieurs couches de cet acide, & polir à chaque fois.

Lorsqu'on se propose de pêcher avec des lignes amorcées d'insectes vrais ou factices, comme il faut que les perches soient très-légères, on les fait avec des cannes ou roseaux de Provence, qu'on termine par une baguette de baleine; ou pour le mieux avec des houssines d'épine noire, de néflier, de coudrier, de genévrier, de cyprès, qu'on fait sécher, en les liant en faisceau, pour qu'elles soient toujours bien droites.

Il est évident qu'on doit proportionner la force des perches à la grosseur des poissons qu'on veut prendre. Mais quand on pêche avec des insectes, il faut sur-tout que les perches soient très-légères, afin de pouvoir faire sautiller l'haim à fleur d'eau.

Pour bien assujétir, les unes avec les autres, les pièces entaillées à mi-bois, au moyen d'un cordonnet de soie ou d'un fil retors ciré, & arrêter l'extrémité du fil; il faut, quand il ne reste plus que cinq ou six révolutions à faire, coucher le bout du fil sur la perche, mettre par-dessus le doigt étendu, & faire les six dernières révolutions en enveloppant le fil & le doigt : ces révolutions étant faites, on retire le doigt, & on serre le plus que l'on peut ces dernières révolutions les unes après les autres. On finit par tirer le bout du fil qui excède. De cette façon il est très-bien arrêté, & on le coupe avec des ciseaux tout près des révolutions du fil.

Quelques-uns forment une anse, de huit à dix brins de crins, qu'ils assujétissent au bout le plus menu des perches par des révolutions de fil ciré, semblables à celles dont nous venons de parler. Mais cette pratique n'est point généralement approuvée.

Des lignes.

Après avoir suffisamment parlé des perches ou cannes, il faut dire quelque chose des lignes qu'on attache au bout des perches, & qui portent à leur extrémité un haim.

Beaucoup de pêcheurs qui n'y prennent pas garde de fort près, font ces lignes avec un fil retors bien travaillé, formé de trois ou quatre bons fils à coudre. Quelques-uns un peu plus attentifs mettent au bout de cette ligne un empilage de crin. Mais les lignes sont meilleures & plus propres, si on les fait dans toute leur longueur avec un cordonnet de soie ou de crin.

Il y a aussi des pêcheurs qui font des empilages de crin en arrangeant les brins simplement les uns à côté des autres en manière de faisceau, sans les commettre. Mais cela ne se pratique guère que pour les *pêches* à la mer, sur-tout lorsqu'on se propose de prendre de gros poissons.

Les pêcheurs de rivière font pour leur usage des lignes avec des crins qu'ils commettent ou tordent les uns avec les autres; pour cela, ils choisissent les crins les plus longs de la queue d'un cheval. Ces crins doivent être ronds, clairs, exempts de lendes, galles & autres semblables maladies. Car un seul crin bien choisi est aussi fort que le seroient trois qui auroient les défauts que nous venons d'indiquer. Les crins blancs sont plus sujets que les noirs à avoir ces défauts. Cependant plusieurs leur donnent la préférence, prétendant qu'ils paroissent moins dans l'eau. Il faut encore faire tout son possible pour les assortir d'égale grosseur, afin qu'ils se roulent plus régulièrement les uns sur les autres, & qu'ils résistent de concert; ce qui ne seroit pas, s'ils différoient sensiblement de grosseur.

Certains pêcheurs prétendent, comme nous venons de le dire, que les crins blancs paroissent moins dans l'eau : d'autres soutiennent que les noirs n'y paroissent pas plus que les blancs. Quoi qu'il en soit, cette raison fait qu'on en teint quelquefois; & voici ce que Walton dit à ce sujet.

Pour teindre les crins des lignes, il faut prendre une chopine de bonne bierre, mesure de Paris, une demi-livre de suie, une petite quantité de jus de feuilles de noyer & un peu d'alun. On met le tout ensemble dans un pot de terre, & on le fait bouillir pendant une demi-heure; ensuite on retire le pot du feu; & quand il est refroidi, on y met le crin, qu'on laisse dans cette liqueur jusqu'à ce qu'il ait acquis une couleur verte. Plus il reste dans la teinture, plus il verdit; mais il faut éviter qu'il ne devienne trop vert.

Quelques-uns cependant desirent que le crin

soit fort vert, pour qu'il imite la couleur de l'herbe. En ce cas, il faut prendre une pinte, mesure de Paris, de petite bierre, & une demi-livre d'alun; mettre l'un & l'autre avec les crins dans un pot de terre, qu'on fera bouillir doucement pendant une demi-heure; après quoi on en retirera le crin pour le laisser sécher. On mettra ensuite deux poignées de fleurs de souci dans deux pintes d'eau, on couvrira le pot, & on le fera bouillir doucement pendant une demi-heure; il s'y formera une écume jaune, & alors on ajoutera une demi-livre de couperose concassée, avec le crin qu'on veut teindre; on entretiendra la liqueur bouillante doucement jusqu'à ce qu'elle soit réduite à moitié. Enfin on ôtera le pot du feu, & 3 à 4 heures après on en retirera le crin, que l'on trouvera bien vert. Plus on met de couperose, plus la teinture est forte; mais le vert-pâle est préférable.

Quelques-uns poussent l'attention jusqu'à vouloir que le crin soit jaune, dans la saison où les herbes des eaux douces se fannent & se dessèchent. Pour lui donner cette couleur, on augmentera la dose du souci, & l'on diminuera considérablement celle de la couperose.

On apporte des îles de l'Amérique des filamens qu'on retire d'une espèce d'aloës ou aloïdes. On appelle ces filamens *fils de pite*. Il y a de ces fils qui sont longs & très-fins. Quand ceux-là sont bien préparés, ils sont préférables aux crins, & on s'en sert principalement pour empiler les haims.

On choisit ces fils très-fins. Etant pliés par pièces, on les met dans un pot, & on verse dessus de l'écume d'un pot où l'on a fait bouillir de la viande fraîche, & non pas salée; au bout de trois ou quatre heures, on tire les pièces de pite les unes après les autres, & on les passe entre le pouce & l'index pour ôter la graisse qui pourroit y être restée adhérente. Mais on ne les essuie point autrement. Ensuite on étend chaque pièce de toute sa longueur; & quand ces fils sont secs, on en forme de petits écheveaux. Par cette préparation, ils deviennent presqu'aussi fins, aussi ronds & plus forts que les crins les mieux choisis. Pour les conserver souples, on les roule dans un morceau de vessie huilée; & avant d'en faire des lignes, il faut, ainsi que les crins, les mettre tremper dans de l'eau environ une demi-heure.

La grosseur des lignes doit être proportionnée à celle du poisson que l'on pêche; mais il est toujours avantageux qu'elles soient fines, sur-tout au bout qui tient à l'haim. C'est pourquoi ceux qui pêchent avec des insectes & des haims très-déliés, font l'empilage avec un seul crin. Mais en ce cas, il faut être bien adroit pêcheur pour ne la pas rompre. Ainsi il est mieux de faire de deux crins cette partie de la ligne.

Il est sensible qu'on ne peut pas trouver de crins assez longs pour faire une ligne, qui doit quelquefois avoir 5 ou 6 brasses de longueur. Il faut donc faire des pièces séparées qu'on noue les unes au bout des autres, pour en former une ligne suffisamment longue. Pour cela, on met deux de ces pièces de façon qu'elles entament un peu l'une sur l'autre. On les unit par un nœud, en faisant faire deux révolutions aux bouts des crins. Quand on a serré le nœud, les crins ne peuvent plus se séparer: & l'on coupe alors avec des ciseaux ce qui excède le nœud. On en réunit ainsi un nombre suffisant pour faire une ligne de la longueur qu'on désire.

Il y a des pêcheurs qui prétendent que pour la pièce qui fait le bout de la ligne du côté de l'haim, il ne faut pas commettre les crins; qu'il vaut mieux se contenter de les tendre à côté l'un de l'autre: disant qu'alors les crins paroissent moins dans l'eau, & qu'ils n'effarouchent pas les poissons. Mais l'usage le plus commun est de les tordre l'un sur l'autre, comme nous l'expliquerons dans un instant.

Les lignes doivent toujours diminuer de grosseur depuis l'extrémité de la perche jusqu'à l'haim; & pour certaines pêches, les dernieres pièces sont seulement formées par un crin, ou un fil de pite très-délié, ou même un fil simple de soie.

Pour les *pêches* ordinaires, il faut que les deux pièces les plus près de l'haim soient faites seulement de deux crins, les trois pièces au-dessus, de trois crins: on en met quatre aux trois suivantes; & ainsi 5, 6, 7, & même 8, jusqu'au bout de la ligne qui tient à la perche; de sorte que la ligne diminue uniformément de grosseur depuis la perche jusqu'à l'haim.

Quand on veut alonger une ligne, il faut que ce soit par le gros bout qui tient à la perche. Cependant lorsqu'on pêche avec des insectes, on peut ajouter une ou deux pièces fines au-dessus de celle qui porte l'haim. Car il est important que la ligne soit fine auprès de l'haim, d'autant qu'un pêcheur adroit peut avec une ligne bien faite faire tomber l'haim juste à l'endroit qu'il désire, sans former sur l'eau de petites vagues circulaires qui effaroucheroient le poisson.

Les pêcheurs qui font des lignes pour leur usage, choisissent les brins de crin les plus longs, pour que leurs pièces aient plus d'étendue, & qu'il en faille moins pour faire la longueur entière de la ligne. Ils les mettent tremper quelques heures dans de l'eau, puis en en tenant deux, quatre, ou six rassemblés en faisceau, ils les lient d'un simple nœud auprès d'un des bouts; puis les séparant un à un, deux à deux, ou trois à trois; ils placent une pointe entre ces fils, tout auprès du nœud. Ensuite tenant chaque deux ou chaque trois crins entre le pouce & le doigt index, de chaque main, ils les tordent sur eux-mêmes : ces crins ainsi tortillés étant rapprochés, ils se roulent les uns sur les autres, & forment une petite ficelle. On noue bout à bout ces petites pièces jusqu'à ce qu'il y en ait assez pour faire la longueur de la ligne. Puis on met la ligne entière tremper pendant quelques heures dans de l'eau chaude; & on la tend en la tirant par les deux bouts, pour qu'elle ne fasse point de plis, & qu'elle reste droite quand elle sera sèche.

Ceux qui font des lignes pour les vendre aux pêcheurs se servent d'une machine qui consiste en une poulie horisontale, & trois molettes traversées par une broche de fer qui porte à un de ses bouts un crochet. Cette broche, ou axe, est reçue par deux platines de cuivre, écartées l'une de l'autre d'environ un demi-pouce. Les crochets qui terminent les broches des molettes, excedent de quelque chose la platine de dessous.

On fait tourner la grande poulie par une manivelle, placée au-dessus de la platine supérieure, & cette poulie communique son mouvement aux molettes, ou par un engrenage, ou au moyen d'une courroie, comme dans les rouets des fileuses.

Pour faire le cordonnet, on prend le nombre de crins qui doivent le former; on les partage en deux ou en trois faisceaux; on lie chaque faisceau à un bout de fil retors, plié en deux, long d'environ six pouces. On passe les crochets dans la duplicature de ces fils; ensuite on réunit par en-bas, au moyen d'un nœud, les faisceaux de crin, & on les attache à un morceau de plomb, qui pèse environ deux livres, & qui est terminé par un crochet. On fait, avec un bouchon de liége, un petit toupin, qui a autant de rainures qu'il doit y avoir de faisceaux au cordon; & on place ce toupin entre les faisceaux, de façon que chaque faisceau entre dans une rainure du toupin. Quand on tourne la manivelle, les crochets tordent les faisceaux; & ceux-ci faisant effort pour se détordre, font tourner le plomb, & se roulent les uns sur les autres au-dessous du liége. Lorsqu'on juge que le cordon est suffisamment tors, on remonte le toupin : lorsqu'il est arrivé auprès des crochets, la pièce est commise, & on la termine par un nœud. Il dépend de l'adresse de l'ouvrier que tous les brins de crin soient également tendus, & que le cordonnet soit tors régulièrement dans toute sa longueur. Cette pièce étant finie, on en fait une autre; & on a soin de retrancher des brins à mesure qu'on veut qu'elles soient moins grosses.

Quand les pièces sont tressées, on les met tremper dans l'eau, & on les tend jusqu'à ce qu'elles soient sèches. Sans cette précaution, il y auroit des crins qui se retireroient plus que les autres; & la ligne en seroit affoiblie d'autant.

Il est sensible qu'on peut faire de pareils cordonnets avec de la soie & du fil. Mais on peut se dispenser de prendre cette peine, parce qu'on trouve chez les marchands, des fils retors & de petits cordonnets de soie.

La ligne étant faite, il faut l'attacher au bout de la perche. Pour cela quelques-uns font une entaille à l'extrémité de la perche, & ils y amarent un bout de ligne composé de 6 crins, qu'on double pour former une anse qui s'attache au bout de la perche par des révolutions de soie cirée. Cette anse est destinée à recevoir l'extrémité de la ligne.

Mais par cette entaille, on affoiblit le bout de la perche qui doit être menu. C'est pourquoi nous pensons que ce n'est pas à l'extrémité la plus menue, qu'il convient de l'attacher, mais à quelqu'endroit plus fort. Ensuite en la roulant en hélice autour de la perche, on lui fait ainsi gagner l'extrémité, où on l'arrête par un nœud coulant.

On trouve deux avantages à attacher ainsi la ligne : le premier est qu'on peut l'alonger ou la racourcir à volonté, en lui faisant faire plus ou moins de révolutions autour de la perche : le second est que par cette disposition de la ligne non-seulement le bout de la perche est moins exposé à se rompre, mais encore les révolutions de la ligne fortifient la partie menue de cette perche.

Il y a des pêcheurs qui veulent avoir des lignes fort longues, d'autres prétendent qu'il ne faut pas qu'elles excédent la longueur en perche, & surtout pour pêcher avec des insectes : & enfin il y en a qui, suivant différentes circonstances, tiennent les lignes tantôt plus longues, & tantôt plus courtes.

Avant d'attacher la ligne à la perche, on la fait passer dans un petit morceau de plomb. Les uns prennent tout simplement une chevrotine fendue, dans laquelle ils passent la ligne, & resserrent la fente, pour que le plomb reste à l'endroit où on l'a placé; d'autres passent la ligne dans une balle de plomb percée; & d'autres, au lieu d'une balle assez grosse, en mettent plusieurs petites qui sont arrêtées sur la ligne à un pouce les unes des autres. Tout cela est assez indifférent. Mais il faut que le plomb soit attaché à la ligne à environ six pouces au-dessus de l'haim ; & il est important que ce poids soit assez précisément ce qu'il faut pour que la ligne gagne le fond de l'eau, afin que la moindre force l'en détache ; mais il doit être plus considérable dans les eaux courantes que dans les dormantes.

Quelques pêcheurs attachent à la ligne un tuyau de plume couvert de soie cirée, & bouché par les deux bouts. Mais plus ordinairement on passe la ligne dans un morceau de liége : quelques-uns se servent tout simplement d'un bouchon de bouteille : d'autres donnent à ce liége une figure conique ; & d'autres, ce qui est un peu mieux, font ce liége sphérique. De quelque forme que soit le liége, on le perce pour recevoir la ligne. Et comme il faut le fixer à la ligne plus près ou plus loin de l'haim, suivant la profondeur de l'eau où l'on pêche, on fourre dans le même trou où passe la ligne, un petit morceau de bois appointi ; ou encore mieux un tuyau de plume, qu'on peut retirer aisément, & qui fait l'office d'un coin pour empêcher que la ligne ne coule dans le trou, afin que le liége reste à l'endroit qu'on juge convenable. Il importe que le liége n'ait que la grosseur nécessaire pour se soutenir sur l'eau : car un morceau de liége trop gros effaroucheroit le poisson. Pour les *pêches* où l'on fait sautiller l'haim à la surface de l'eau, il ne faut ni plomb, ni liége. Quand on pêche certains poissons, comme la carpe, l'haim doit traîner sur le fond : pour d'autres poissons, il faut que l'haim soit entre deux eaux ; & généralement parlant, il convient qu'il soit plus près de la surface de l'eau durant les chaleurs que par le froid. On doit régler sur ces considérations la distance qu'il faut mettre entre le liége, le plomb & l'haim.

Il ne reste plus qu'à attacher l'haim à l'extrémité de la ligne : ce qui se peut faire de différentes façons. Pour les fort petits haims qui sont terminés par un anneau, on passe deux fois le bout de la ligne dans l'anneau ; on le couche sur le corps de l'haim, auquel on le joint par plusieurs tours d'une soie cirée : ensuite on relève le bout de la ligne vers l'anneau, & on continue les révolutions du fil de soie : pour en arrêter le bout, on fait 4 ou 5 révolutions de soie sur une aiguille un peu grosse, dans l'œil de laquelle on a enfilé la soie ; on retire cette aiguille vers le crochet de l'haim, & ainsi la soie se trouve engagée dans les révolutions qu'on a faites en dernier lieu ; on serre l'une après l'autre ces révolutions ; & enfin on tire le bout de soie, qui se trouve engagé entre l'haim & les révolutions qu'on a faites sur l'aiguille. De cette façon, l'extrémité de la soie est arrêtée fort proprement & solidement.

Quand les haims sont terminés par un applatissement, & qu'ils ne sont pas très-fins, on peut les arrêter par un fort nœud.

Manière d'amorcer les haims pour la Pêche *à la ligne.*

Quand on amorce avec de petits insectes, il faut les traverser jusqu'à ce qu'ils aient passé le barbillon : quelquefois un seul enfilé suivant sa longueur suffit ; car les haims qu'on emploie pour cette *pêche* sont fort déliés. Lorsque les insectes sont bien petits, on les pique par le travers, & on en met plusieurs ensemble.

Pour *pêcher* durant la nuit, comme il faut que l'appât soit plus apparent, on pique presque toujours deux vers de terre par le travers du corps : ils s'agitent alors beaucoup, & la moindre clarté suffit pour les faire appercevoir par les poissons.

Il y a une infinité de vers qui peuvent servir d'appâts, principalement ceux qui se trouvent dans les fumiers de vache & de cochon, ou dans la tanée. En général, on estime pour la *pêche* ceux qui vivent long-temps dans l'eau. A l'égard des gros vers de fumier, on fait entrer la pointe de l'haim du côté de la queue, & on la fait sortir auprès de la tête.

Si l'on pêche dans un endroit où il y ait de gros poissons, & que pour cette raison on emploie de forts haims, il faut que le poisson qui doit servir d'appât, ait deux travers de doigt de largeur.

Lorsque l'haim a deux crochets, on fait passer la tête de l'haim dans la bouche du poisson, & on la fait sortir par-dessous une des ouies : on lie ensuite la queue du poisson sur la ligne, ayant soin que les deux crochets de l'haim soient tout près de la bouche du poisson : enfin on attache l'haim à la ligne.

L'haim à simple crochet, s'amorce de même que l'autre, excepté qu'on peut y employer de petits poissons ; & cela se pratique quand on pêche dans des endroits où il n'y en a pas de gros ; en ce cas on fait passer l'haim par la bouche, & on le fait sortir par-dessous l'ouie ; ou bien, on fait passer la queue de l'haim par-dessous l'ouie, & on le fait sortir par la bouche ; ou bien on se contente de faire entrer l'haim par la bouche, & le faire sortir par l'anus ; alors on est dispensé de lier le poisson sur la ligne : mais comme on le blesse davantage, il ne vit que 4 ou 5 heures : ce qui est un grand inconvénient : car la plupart des poissons ne mordent point aux appâts corrompus ; & même ils ne se jettent jamais avec autant d'avidité sur les poissons morts que sur ceux qui sont vivans.

Quand on a passé l'haim par les ouies, comme le poisson vit 12 à 15 heures, on en retire un grand avantage, sur-tout pour pêcher à la ligne dormante : vu que quand les poissons n'ont pas mordu le soir, il y a lieu d'espérer qu'ils mordront le lendemain matin.

Quelques pêcheurs font une petite ouverture entre la tête du poisson & le premier aileron du dos; au moyen de cette incision, ils passent un fil de métal entre la peau & l'épine du dos du poisson, & ils le font sortir un peu au-dessus de la queue; puis ayant attaché l'haim à ce fil de métal qui doit servir d'aiguille, ils retirent le fil pour que la tige de l'haim se trouve sous la peau; & de crainte que la peau du poisson ne se déchire, ils assûrent l'haim par un couple de liens de soie ou de fil : de cette maniere le poisson vit long-temps.

Walton, dans la même intention de conserver long-temps les poissons en vie, conseille de mettre entre les deux crochets d'un haim double un fil de laiton qui porte un petit morceau de plomb de forme ovale. Il veut qu'on mette ce plomb dans la bouche du poisson qui doit servir d'appât, & qu'on la couse, pour qu'il ne puisse rejetter le plomb. Le poisson qui n'est pas blessé, vit ainsi long-temps, & il nage presque comme s'il étoit libre, ce qui engage les autres poissons à mordre l'appât & l'haim.

Pour faire que le poisson fretille davantage, cet auteur conseille encore de couper une nageoire tout près des ouies, alors ne pouvant nager que d'un côté, ce poisson ne fera que pirouetter, & ce mouvement attirera les poissons.

Ce que nous venons de dire, prouve combien il est important de se ménager un réservoir ou l'on puisse conserver des petits poissons en vie, pour en avoir sous la main quand on veut pêcher.

Pour amorcer avec une *grenouille*, on peut piquer la grenouille au col, & conduire la tige de l'haim entre la peau & la chair le long de l'épine du dos : en mettant une brasse de distance entre la flotte de liége & l'haim, cette grenouille nagera librement, & elle vivra long-temps. Mais cette amorce ne convient que pour les gros poissons voraces.

Quelques-uns prétendent qu'on engage les poissons à mordre beaucoup mieux, si l'on met auprès des appâts un fort petit morceau d'*écarlatte* qu'on ait frotté d'huile de pétrole.

D'autres assurent que quand on a mis les vers, ou autres appâts vivants dans une boîte frottée de miel, les poissons y mordent plus sûrement.

On vante aussi beaucoup les appâts tirés de la chair d'un héron ou d'un chat ou d'un lapin. Il faut piler dans un mortier cette chair avec de la farine de fèves ou autres, ou y ajouter du sucre ou du miel, & en la pétrissant bien dans tous les sens, y mêler un peu de laine blanche hachée, ce qu'il en faut pour former des boules assez solides pour tenir aux haims.

Walton conseille encore de mettre sur un plateau de bois du sang de mouton jusqu'à ce qu'il soit à demi desséché; & quand il sera assez durci, le couper par morceaux d'une grandeur proportionnée à celle de l'haim, où on l'attachera pour appât. Il ajoute qu'un peu de sel empêche le sang de se noircir, & fait que l'appât n'en est que meilleur.

Walton vante de plus l'appât suivant comme convenant à toutes sortes de poissons. Il faut prendre une ou deux poignées du plus beau & du plus gros froment, le faire bouillir dans du lait jusqu'à ce que ce grain soit bien attendri : alors on le fricassera à petit feu avec du miel & un peu de safran délayé dans du lait. On se servira de ces grains pour amorcer de petits haims; & on peut en faire usage pour les appâts du fond.

On peut aussi faire de bons appâts avec des œufs de toutes sortes de poissons, pour pêcher en eau douce. On donne cependant la préférence à ceux des saumons & des grosses truites. La façon de les préparer est de les faire un peu durcir sur une tuile chaude : quand on veut s'en servir, on en coupe des morceaux d'une grosseur convenable.

Quelques-uns, au lieu de les faire durcir, comme nous venons de le dire, en mettent gros comme une noisette à un petit haim. Cet appât peut rester huit jours à un haim : quand on veut s'en servir plus long-temps, on le suspend pour qu'il se desseche; & on le trempe un peu dans l'eau pour l'attendrir, lorsqu'on veut en faire usage.

Il y en a qui, pour conserver long-temps ces œufs, mettent un lit de laine au fond d'un pot, les œufs dessus, saupoudrés d'un peu de sel, & continuent à mettre un lit de laine, une couche d'œufs & du sel, jusqu'à ce que le pot soit plein.

Nous rapportons ces différents appâts d'après Walton, auteur anglois d'une grande célébrité pour la pêche à l'hameçon.

Des Bricoles *tendues aux bords des rivières & des étangs.*

Les *bricoles* sont de longues lignes terminées par un haim amorcé; qui au lieu d'être attachées à une perche, le sont au bord de l'eau à une branche d'arbre, ou à un pieu qu'on enfonce à portée des endroits où l'on juge que le poisson fréquente.

Quand on veut tendre des *bricoles*, on évite de les placer trop près des forts herbiers, ainsi que des arbres dont les branches tombent dans l'eau. Car le poisson qui se sent piqué s'agite; & tournant de côté & d'autre, il pourroit s'y engager de telle sorte qu'on romproit la corde & l'haim plutôt que de l'en retirer; ainsi on perdroit la ligne & le poisson, sur-tout si c'étoit une anguille.

On amorce les haims pour cette *pêche* comme pour celle à la perche.

Lorsqu'on a reconnu l'endroit où l'on veut tendre, on attache un liége à la ligne, à 3 ou 4 pieds de l'haim, plus ou moins, suivant la profondeur de l'eau; & ayant ployé la ligne en entrelas, autour du pouce & du petit doigt, on la pose ainsi ployée sur le plat de la main droite, & on met par-dessus le liége & l'haim garni de son appât; puis retenant avec la main gauche le bout de la ligne opposé à l'haim, on jette de toute sa force l'haim & la ligne, pour que l'appât se trouve à l'endroit qu'on juge être le plus favorable. Alors on attache le bout de la ligne qu'on avoit retenu dans la main gauche à quelque branche d'arbre, ou à un piquet qui se rencontre au bord de l'eau.

On peut en beaucoup d'occasions se servir au lieu de liége d'un morceau de bois bien sec, ou d'un petit fagot de roseaux pliés en plusieurs doubles, & des raisons d'œconomie engagent souvent les pêcheurs à substituer ces choses communes à du liége, qui forme un objet de dépense quand on en fait un grand usage.

On tend quelquefois le long d'une rivière ou au bord d'un étang, 20 ou 30 *bricoles* semblables à celles dont nous venons de parler; & on tient les lignes de différentes longueurs, pour que les haims ne se rassemblent pas en un même endroit.

L'heure la plus convenable pour tendre les bricoles, varie suivant les différentes saisons; en été, c'est entre 3 ou 4 heures après midi; & durant l'hiver, entre 2 ou 3 heures. On les relève le lendemain matin sur les 8 à 9 heures. Car plusieurs poissons mordent aussi bien le matin que le soir.

Ce que nous venons de dire convient pour tendre les bricoles dans les eaux dormantes, ou dans celles qui ont peu de courant; mais dans les rivières un peu rapides, il faut d'autres précautions, parce que le courant rapprochant les haims le long du bord, ils se trouveroient dans un endroit où le poisson ne fréquente guères, sur-tout quand il y a peu d'eau. En ce cas, on attache à la ligne, à 7 ou 8 pieds de l'haim, une pierre grosse comme un œuf de dinde, en sorte que le liége soit entre l'haim & la pierre. Il est sensible que cette pierre qui tombe au fond de l'eau, empêche la ligne de s'approcher du bord, & que le liége qui s'élève, soutient l'haim entre deux eaux.

Au reste, on trouve un grand avantage à se servir d'un bateau pour tendre les bricoles dans les eaux courantes. Car il seroit difficile, en jettant la ligne, de placer convenablement l'appât, le liége & la pierre. On doit néanmoins compter que s'il y avoit beaucoup d'eau auprès des bords d'une rivière, on pourra très-bien placer des bricoles à portée des crônes & des herbiers : car plusieurs poissons fréquentent ces endroits. En ce cas, on ne tient pas les lignes fort longues. Mais, pour que les poissons puissent s'éloigner des herbiers quand ils se sentent piqués, il faut avoir autant de petites fourchettes de bois, qu'on a de bricoles à tendre. Il suffit que les branches de ces fourchettes aient 4 à 5 pouces de longueur, & la partie d'où elles partent, 3 à 4. On entrelace une grande partie de la ligne autour des branches de la fourchette; après la dernière révolution, on passe la ligne dans une fente qui est au bout d'une des branches; enfin, on arrête cette fourchette à quelque pieu. Quand un poisson qui se sent piqué veut s'enfuir, il fait effort sur la ligne, il la dégage de la fente : les entrelas de la ligne se défont, & le poisson pouvant faire bien du chemin, s'écarte ordinairement des crônes & des herbiers. Si cependant il s'y engageoit de sorte que l'on crût ne pouvoir pas le tirer à terre, il faudroit essayer de lever la ligne avec un batelet : & en suivant au travers des herbiers la direction de la ligne, on tâcheroit de prendre le poisson avec une fouine ou avec un trubleau.

Mais il faut avoir eu soin de bien attacher la ligne à la fourchette : & la fourchette au pieu, qu'on suppose au bord de l'eau; sans quoi on courroit risque de perdre le poisson & les bricoles.

Dans la Méditerranée, où il n'y a point de marée, quelques pêcheurs posent des bricoles au bord de la mer. Mais sur l'Océan le flux & le reflux mettent en état d'employer d'autres moyens.

Des lignes simples & dormantes attachées à la circonférence d'un cerceau.

On varie beaucoup la façon de tendre des haims & les lignes dormantes.

Les pêcheurs dans les eaux douces attachent quelquefois autour d'un cerceau un nombre de lignes ou de piles, qui portent des haims amorcés ; ils mettent sur ces lignes, à une petite distance des haims, de petits morceaux de plomb pour les faire entrer dans l'eau ; & ils attachent au cerceau des flottes de liége, pour qu'il se tienne sur l'eau. On place aussi à la circonférence de ce cercle trois cordes, qui se réunissent comme les cordons qui soutiennent un plateau de balance. Il y a encore au point de réunion une flotte de liége. Enfin, on met quelque part à la circonférence du cerceau une corde qu'on attache au bord de l'eau à un piquet, pour que le cerceau reste à la place où on l'a posé, à portée des herbiers ou des crônes, en un mot, dans les endroits où l'on sait que le poisson fréquente.

Les pêcheurs tendent leur cerceau le soir, & ils le visitent le lendemain un peu après le soleil levé. S'ils apperçoivent du poisson qui soit pris, ils approchent le cerceau du bord, en tirant la corde qui est attachée au piquet ; & avec une gaffe, ils le soulèvent par les cordes, pour le porter tout-à-fait à terre. Ils détachent ensuite le poisson, observant, selon sa grosseur, les précautions que nous avons rapportées en parlant de la *pêche* à la perche. Enfin, ils remplacent les appâts qui manquent, & ils remettent le cerceau à l'eau pour continuer leur *pêche*.

Des lignes dormantes attachées à un plomb.

Ces lignes sédentaires, au lieu d'être attachées à un corps flottant, sont amarrées à un corps pesant qui tombe au fond de l'eau.

Les pêcheurs ont un plomb qui est percé à sa pointe, ou qui a en cet endroit un anneau, auquel on attache une ligne qui porte au bout opposé au plomb une flotte de liége, ou un petit fagot de roseaux secs. Ce signal sert à trouver la corde, au moyen de laquelle on retire le plomb. Autour de ce plomb, sont des lignes de crin ou des empiles qui portent des haims, & l'on ajuste à chaque ligne un petit morceau de liége, pour que les haims n'entrent pas dans la vase. Il est bon que les lignes soient de différentes longueurs.

Le soir, deux heures avant le soleil couché, on cale le plomb au fond de l'eau ; & on le retire le lendemain, deux heures après le soleil levé.

On fait à la mer des *pêches* assez approchantes de celle dont nous venons de parler.

Sur les côtes de Bretagne, quelques pêcheurs attachent au bout d'une corde, un morceau de plomb qui a une forme alongée & un trou à chaque bout. Un de ces trous sert à attacher le plomb à l'extrémité de la ligne, qui a 20 ou 30 brasses de longueur, plus ou moins, suivant la profondeur de l'eau ; à environ une brasse au-dessus du plomb, est attachée quelquefois une pile longue à-peu-près d'une brasse ; & au trou qui est à l'autre bout du plomb, on amarre deux ou un plus grand nombre de piles, qui sont de différentes longueurs. On pêche avec ce plomb entre les roches ; & les poissons qu'on prend le plus communément, sont des congres, des crabes, des homards, & d'autres poissons saxatiles.

La ligne qu'on appelle dans la Méditerranée, *à fourquette*, est une croix de fer ou de cuivre, qu'on attache au bout d'une longue ligne ou corde, à l'extrémité de laquelle est une bouée, & aux bouts de chaque bras de la croix sont attachées nombre de piles garnies d'haims. On descend cette croix au fond de la mer. La bouée qui est au bout de la corde opposé à celui qui tient à la croix, sert à reconnoître où elle est, quand on veut la retirer de l'eau pour prendre les poissons qui ont mordu aux appâts. Ce sont ordinairement des poissons plats.

Dans le fond de la Provence, du côté de Nice, il y a des pêcheurs qui ajustent des haims & lignes au bord d'un panier, qu'ils nomment *couffe* ; ils suspendent ce panier comme un plateau de balance par trois cordes qui se réunissent à une seule, laquelle a 25 ou 30 brasses de longueur, & qui est terminée par une bouée. Ils remplissent de pierres ce panier, & le descendent à une grande profondeur en mer. Ils le retirent de temps en temps pour prendre le poisson, qui est des mêmes espèces que celles qu'on prend avec la fourquette.

On fait entre les roches, sur les côtes de Poitou, une *pêche* que l'on nomme l'*archet*, & qui est peu différente de celles dont nous venons de parler. Ces pêcheurs prennent une baleine ou un rotin, qu'ils plient en rond. La ligne dépasse la partie circulaire, & porte à son extrémité un plomb, qui pèse deux ou trois livres. A chaque bout de l'archet sont frappées une ou deux piles dont chacune porte un haim.

On attache au bout de la ligne un signal fait avec un fagot de roseaux, qui sert à la trouver quand on veut tirer de l'eau l'archet.

A la côte de Valence, depuis le mois de septembre jusqu'à janvier, on pêche les calamars avec une ligne qui est singulièrement ajustée, & qu'on nomme *potera*. Deux ou trois hommes vont avec un bateau à demi-quart de lieue en mer, se portant à un endroit où il y ait au moins 6 ou 7 brasses d'eau. Ils ont une ligne d'environ 20 brasses de longueur, au bout de laquelle est une baguette longue de 8 à 10 pouces. Ces pêcheurs enfilent dans la baguette un petit poisson qu'on nomme *bogue*, ou un leurre d'étain. Au-dessous est un morceau de plomb pour faire caler la ligne; & ils attachent à la baguette, au-dessus du poisson, des piles de différentes longueurs, où tiennent de petits haims sans appât. Les calamars qui viennent pour manger l'appât, s'embarrassent les jambes dans les haims, & aussi-tôt que le pêcheur qui tient la ligne, s'apperçoit qu'il y a quelque chose de pris, il retire la ligne, détache le calamar, & remet la ligne à l'eau. Cette *pêche* se fait la nuit.

Les *pêches* dont nous venons de parler, ne sont guères d'usage que dans les endroits où il n'y a point de marée. On ne les pratique sur les côtes de l'Océan qu'entre les roches. Les pêcheurs de ces côtes préfèrent de tendre des lignes sur les sables & les grèves, dans les endroits où ils savent que la marée montera. Ainsi au lieu de porter des lignes dans l'eau, on les tend à sec au bord de la mer; & c'est l'eau qui vient les chercher, & qui y amène le poisson.

Avant d'entrer dans le détail des différentes façons de pêcher sur les grèves ou le sable, nous ferons remarquer qu'à certaines côtes vaseuses, les pêcheurs se servent d'épines au lieu d'haims de métal; prétendant que le poids du métal les feroit entrer dans la vase, au lieu que la légèreté des épines fait que les appâts restent exposés à la vue du poisson. Nous avons déjà fait remarquer qu'un petit corceron de liége rendroit les haims de métal assez légers pour les soutenir au-dessus de la vase. La vraie saison de cueillir les épines est l'automne, lorsqu'il a fait quelques petites gelées : si on les prend plutôt, le bois n'étant pas mûr, elles sont trop molles; après les grandes gelées, elles sont sèches & cassantes. Au reste, la *pêche* aux épines, qu'on appelle *épinette*, se pratique de même que celle avec les haims de métal.

De la pêche *sur les sables & grèves.*

Les femmes & les enfans, après s'être approvisionnés d'appâts, ajustent un haim au bout d'une ligne qui a environ une brasse de longueur; & quelquefois ils mettent, à 6 pouces de cet haim, un petit corceron de liége. Ils ajoutent encore à l'autre extrémité de la ligne un caillou gros comme un œuf de dinde.

Ils amorcent les haims avec des vers marins, ou des loches, ou des crabes poltrons qu'ils déchirent en plusieurs morceaux pour en faire une moindre consommation. Les pères, les mères & enfans portent sur la grève ou le sable, un grand nombre de lignes ainsi disposées, qu'on nomme *petites cablières*, parce que les pêcheurs appellent *cablières* les pierres qu'ils emploient pour faire caler leurs cordes ou leurs filets.

A mesure qu'on apporte des lignes au bord de la mer, les femmes âgées & foibles mettent des cailloux aux haims qui en manquent; & les hommes, ainsi que les femmes robustes, font avec des louchets ou des pellots de fer, de petits trous dans le sable pour recevoir les cailloux qu'on a mis à un des bouts des lignes. Celui qui tient le louchet, les recouvre de sable, qu'il affermit avec son pied, de sorte que la ligne & l'appât restent couchés sur le sable.

On en tend ainsi une grande quantité le plus près que l'on peut de la laisse de basse mer.

A mesure que la marée monte, l'eau couvre toute la grève; quantité de poissons suivent son courant, étant attirés par une grande quantité de petits poissons & d'insectes qui se trouvent à ces endroits. Les poissons qui rencontrent les appâts qu'on leur a préparés en abondance, se jettent dessus, se prennent aux haims; & la mer étant retirée, on les trouve sur le sable.

Cette *pêche* se fait toute l'année sur les grèves & les sables fort étendus; mais elle ne se pratique point sur les vases molles.

Les demi-vives eaux sont plus favorables pour les *pêches* qu'on fait sur les grèves, que les grandes vives eaux, parce qu'alors l'eau de la marée ayant un courant fort rapide, le poisson qui est venu à la côte, n'y peut tenir : au lieu que quand les marées sont plus foibles, le poisson qui *attérit* (pour parler comme les pêcheurs), ayant monté avec le flot, séjourne quelque temps sur les grèves, & ne retourne à la grande eau qu'à la fin du jussant, ce qui lui donne le temps de mordre aux appâts.

Des cordes dormantes & sédentaires.

La principale corde se nomme, dans l'Océan, *maitresse corde*, & dans la Méditerranée, le *mestre de palangre*. Dans l'Océan, les cordes latérales se nomment *lignes* ou *lanes*; & quelquefois *piles* ou *empiles*, quand les haims y sont immédiatement attachés. Car les termes de *piles* ou *empiles*, conviennent particulièrement à la ligne qui attache l'haim, & qui est différente de la ligne qui tient à la maitresse corde. Mais les

les haims sont souvent immédiatement attachés aux lignes latérales, qui alors font l'office d'empiles, & en prennent souvent le nom. Les empiles sont doubles ou ovales, & quelquefois simples. Les lignes latérales se nomment *bresseaux* dans la Méditerranée. Une maitresse corde, garnie de lignes latérales, se nomme en quelques endroits *bauffe*, ailleurs, *appelet*, en Provence, *palangre*.

Pour certaines *pêches*, on charge la maitresse corde de cailloux, qu'on met de distance en distance. Pour d'autres *pêches*, on met sur cette corde des flottes de liége. Enfin on attache quelquefois au bout de la maitresse corde, de grosses pierres percées, qu'on nomme *cablières*.

Au lieu d'amarrer au bout de chaque ligne un caillou qu'on enfonce dans le sable, quelques pêcheurs attachent à environ une brasse les unes des autres, des lignes ou des piles sur une maitresse corde. Ils portent au bord de la mer ces bauffes avec les haims amorcés; puis avec un louchet ou pellot de fer, ils font dans le sable ou la grève un sillon seulement de trois ou quatre pouces de profondeur, dans lequel ils couchent & étendent la maitresse corde en remplissant le sillon avec le sable qu'ils en ont tiré; de sorte qu'il n'y a que les lignes & les haims amorcés qui restent couchés sur le sable.

Pour cette façon de pêcher, il en coûte aux pêcheurs la maîtresse corde, qui est ordinairement mauvaise. Mais la tente des lignes se fait plus promptement; c'est le seul avantage qu'elle ait sur la petite cablière.

D'autres pêcheurs tendent encore plus promptement leurs cordes chargées d'empiles. Au lieu d'enfouir la maitresse corde dans le sable; ils attachent à chaque bout de cette corde une grosse pierre ou cablière; ils étendent sur la grève cette corde chargée de lignes. Les cablières suffisent pour empêcher que le courant de la marée n'entraîne la corde; sur-tout quand la grève est peu inclinée.

La *pêche* appellée *arondelle* ou *harouelle*, se fait aux environs de S.-Brieux.

Cette *pêche* se fait avec une corde pas tout-à-fait grosse comme le petit doigt, & d'environ 24 brasses de longueur, à laquelle on attache de deux en deux brasses un fil à voile ou gros fil retors, qui excédant également la maitresse corde des deux côtés, produit une espèce de croix, dont les bras qui sont formés par les lignes, ont à-peu-près une brasse de longueur. A chaque extrémité de ces lignes fines, sont attachés de petits haims.

Les pêcheurs tendent ces cordes sur le sable; & au lieu de les arrêter par des cablières, ils amarrent les deux bouts de la principale corde à deux piquets qu'ils enfoncent dans le sable.

Au reste, toutes ces façons de pêcher reviennent au même. Lorsque la mer est retirée, on trouve sur le sable le poisson qui a mordu aux appâts.

Tente sur palots ou piquets.

Lorsque les pêcheurs veulent prendre les poissons ronds, qui nagent entre deux eaux, au lieu d'assujettir leur corde au fond de l'eau, ils la tendent sur des piquets ou palots. Pour cela les pêcheurs portent au bord de la mer, ou peu-à-peu sur leur dos, ou avec des chevaux, de longues cordes garnies de piles & d'haims, avec des piquets de trois, quatre ou cinq pieds de longueur; ils enfoncent à coups de maillet ou masse les piquets dans le sable ou le tuf même, entre de petites roches, seulement à la profondeur nécessaire pour qu'ils soient bien assujettis; car ils doivent s'élever de dix-huit à vingt pouces sur le sable, & quelquefois de trois à quatre pieds, suivant l'épaisseur de la nappe d'eau que la marée rapporte.

Lorsque le fond est dur, on prépare les trous avec un barreau de fer pointu, que l'on appelle *pince*. Quelquefois, pour mieux assujettir les piquets, on enfonce, à leur pied, des chevilles, ou quand les sables sont mouvans, on garnit la pointe des piquets avec de petites torches de paille ou d'herbe sèche, qu'on entortille autour de la partie pointue, & qu'on arrête avec de la ficelle; alors il faut préparer le trou dans le sable avec un louchet; & lorsqu'on a comprimé le sable au pied des palots, ils sont suffisamment assujettis.

Les piquets ou palots étant fermement assujettis dans le terrein, les pêcheurs tendent leur corde en faisant une demi-clef sur la tête des palots, de façon que les haims pendent en-bas, jusqu'à ce que la mer ait assez monté pour les faire flotter.

On fait donc cette tente, de mer basse, & on détache le poisson à mesure que la mer se retire. On se met pour cela dans l'eau jusqu'au genou, afin de prévenir que les crabes, les homards ou autres poissons voraces ne dérobent le fruit de la *pêche*. Cette précaution est sur-tout importante pour les *pêches* qu'on fait en été, parce qu'alors les crustacées s'approchent beaucoup de la terre.

Dans les fonds de roche ou de tuf dur, on fait ordinairement les piquets plus forts, on les enfonce avec une masse, & on les affermit avec des chevilles. Au moyen de ces précautions, le propriétaire jouit plusieurs années de ses palots, si on ne les vole pas. Quand on tend les cordes sur des palots élevés, on craint moins la rapine des crustacées.

Aux côtes de Valence, les pêcheurs sont obligés de tendre leurs cordes sur des piquets assez longs; 1°. parce qu'ils ne peuvent pas les tendre sur les vases; 2°. parce que les poissons qui resteroient sur les vases, seroient bientôt dévorés par les crabes, les araignées, &c.

L'été est la saison la plus favorable pour faire les *pêches* au bord de la mer, attendu qu'en hiver, lorsque l'eau devient froide, les poissons se retirent dans la grande eau. Mais aussi c'est pendant l'été que les pêcheurs redoutent le plus les poissons voraces.

Cordes qu'on nomme de pied, *dans le Boulonois.*

Ce sont des bauffes chargées de lignes semblables à celles dont nous avons parlé. On les tend sur le sable au pied des falaises. Chaque pièce a 5 ou 6 brasses de longueur, & les lignes latérales sont à une brasse les unes des autres. On enfouit la maîtresse corde dans le sable à la profondeur de trois ou quatre pouces. Comme les piles portent un petit corceron de liége, l'eau de la marée soulève les piles & les fait voltiger de côté & d'autre. Quoiqu'il soit à présumer que l'on prendroit à cette *pêche* plus de poisson dans les temps de chaleur, que par le froid, on ne la pratique point durant l'été, parce que tout le poisson qu'on auroit pris, seroit dévoré par les crabes, les araignées, les bourbes, qui dans cette saison se portent en grande quantité à la côte.

De la pêche *qu'on appelle en quelques endroits*, au doigt, *& qui se fait avec une ligne simple & sans canne.*

Il est bon de remarquer que la principale différence qu'il y a entre cette façon de pêcher & celle qu'on fait avec des perches dans un petit bateau, consiste en ce que quand la ligne est attachée à une canne, elle ne peut avoir qu'une longueur médiocre, au lieu que la ligne qu'on tient à la main, peut avoir 12, 15 ou 20 brasses de longueur.

Il y a des ports de mer, & notamment la côte de Valence, où l'on pêche avec une ligne simple sans employer de canne: pour cela deux hommes s'embarquent dans un petit bateau, la nuit au clair de la lune, tenant chacun à la main une ligne au bout de laquelle sont des haims amorcés. Ils tirent la ligne à bord quand ils sentent qu'il y a quelque chose de pris. Cette *pêche* se fait depuis le mois d'avril jusqu'à celui de septembre, lorsque la mer est calme. Ils y prennent particulièrement des oblades. Ces bateaux s'écartent peu de la côte.

On fait à la côte de Guinée, une *pêche* à-peu-près semblable. Sa principale différence consiste en ce qu'au lieu de tenir la ligne à la main, les pêcheurs en entourent leur front; au moyen de quoi ils s'apperçoivent bientôt s'il y a du poisson pris, & ils ont les deux mains libres pour s'en servir à conduire leurs bateaux.

Pêche *nommée le Rolantin, à la côte de Valence.*

Trois ou quatre hommes se mettent dans un petit bateau, & vont jusqu'à 4 lieues au large chercher 40 brasses d'eau, tenant chacun à la main une ligne de 50 brasses de longueur, au bout de laquelle sont attachés avec des empiles 3 ou 4 haims amorcés de chevrettes, avec un plomb pour faire caler la ligne. Ils font cette *pêche* toute l'année, par toutes sortes de temps, pourvu qu'ils puissent tenir la mer. Elle se fait de jour: & les poissons qu'ils prennent le plus communément sont des pajets.

De la pêche *du germon avec une ligne simple.*

On fait à l'Isle-Dieu, la *pêche* du germon avec des lignes simples de 25 à 30 brasses de longueur, & de 6 lignes de circonférence, faites de bon fil fin: au bout de cette ligne, on attache avec une empile un haim de fer étamé, presque de la même grosseur que la ligne.

On va à cette *pêche* dans des bateaux.

Pêche *de la morue avec des lignes simples.*

Quand un vaisseau est rendu au lieu où le capitaine se propose de s'établir pour la *pêche* de la morue destinée à être sechée, on mouille l'ancre dans une anse qui forme, autant qu'il est possible, un bon abri. On établit à terre l'échafaud pour la préparation du poisson; puis on arme des chaloupes, dont le nombre est proportionné à la force de l'équipage. Toutes partent le matin pour leur *pêche*, qui se fait avec une ligne simple qu'on tient à la main. Cette ligne est chargée d'un plomb; & elle porte au bout un haim amorcé.

Quelques chaloupes armées aussi de 4 ou 6 hommes, ne pêchent point: elles sont destinées à faire le *batelage*, c'est-à-dire, à prendre le poisson des chaloupes pêcheuses pour le porter à l'échafaud, & fournir des haims & des appâts aux pêcheurs qui en manquent.

La *pêche* de la morue, qu'on nomme *verte*, se

fait aussi avec des lignes simples, mais presque toujours hors la vue de terre : & les pêcheurs sont dans leur navire qu'ils ont dégréé, ne conservant qu'un petit mât & une seule voile pour se soutenir contre la lame. *Voyez* l'article MORUE.

De la pêche *à la ligne simple dans de fort petits batelets.*

Sur les marais salés de Cette en Languedoc, tandis qu'un homme entre dans un petit bateau, qu'ils nomment *barquette*, son compagnon, ou ses compagnons, s'il y en a plusieurs, tiennent à la main une ligne garnie de plusieurs haims ; ils la retirent quand ils sentent que quelque poisson a mordu.

De même à la Guadeloupe, trois hommes se mettent dans un petit canot fort court : deux nagent, le troisième gouverne, & tient en même temps une ligne qui a 40 ou 50 brasses de longueur, au bout de laquelle sont plusieurs haims empilés avec du fil d'archal. Cette *pêche* se fait depuis la pointe du jour jusqu'à dix heures du matin. Ils prennent communément des tazars, des bonites, &c.

La même *pêche* se fait encore dans la baie de Kola. Deux ou trois russes vont dans un petit bateau à la *pêche* du cabillot, avec des lignes simples de la grosseur d'un tuyau de plume à écrire, au bout de chacune desquelles est un haim garni de son appât.

Pêche *aux lignes simples avec de petits radeaux.*

Les voyageurs rapportent qu'en Chypre, les paysans voisins de la mer rassemblent des brins de fenouil bien secs, de 5 à 6 pieds de longueur, qu'ils lient les uns aux autres pour en former des espèces de petits radeaux qu'un homme seul conduit le long de la côte, ayant attaché des lignes autour de ce radeau ; & qu'ils prennent ainsi quantité de petits poissons.

Pêche *dite* au catimaran, *avec des lignes simples.*

Nous lisons dans des livres de voyages, que depuis Masulipatan jusqu'à Madras, les pêcheurs prennent des raies, des mulets & d'autres poissons, avec des lignes simples qu'ils attachent à un catimaran, qui est une espèce de radeau fait avec trois pièces de bois léger, qui sont assemblées en triangle. Deux hommes nuds les conduisent avec des pagayes. Pour peu que la mer soit grosse, les pêcheurs sont presque toujours dans l'eau.

Nos mers sont trop agitées & l'air trop froid, pour qu'on puisse s'y servir de pareils radeaux. On y supplée par de fort petits bateaux.

Autre pêche *sur des étangs.*

Quand on pêche dans un étang où il y a beaucoup de poisson, & sur-tout du brochet, on peut lorsqu'il fait du vent, attacher à une vessie remplie d'air, ou à un fagot de roseaux secs, ou à une bouée de liége, une ligne garnie d'haims amorcés. On attache de plus une ficelle, ou corde menue, à ces corps flottans ; on les met sur l'eau, le vent les porte au large avec les lignes qui y sont attachées ; & on file la corde. Quand on s'apperçoit que les poissons sont pris, ce qu'on reconnoît aux mouvemens de la vessie, ou des autres corps légers nommés ci-dessus, on tire la ficelle, & on amène les poissons à terre.

On peut encore, par forme d'amusement, attacher des haims amorcés aux pattes d'un canard ou d'une oie, qui nageant sur l'étang les présente aux poissons : & s'il se rencontre un gros brochet qui morde aux appâts, on voit un combat amusant entre l'oiseau & le poisson. Mais pour ne pas perdre l'un & l'autre, il faut avoir passé sous les aîles du canard une ficelle dont on conserve le bout à terre.

Des grandes pêches *par fond.*

Ceux qui pratiquent ces *pêches* ont leur maitresse corde de 6 à 9 lignes de circonférence, & chaque pièce porte environ 70 brasses de longueur. Elle est garnie de 5 à 6 cailloux du poids d'une livre, & de 70 lignes qui sont attachées de brasses en brasses, & qui ont une brasse de longueur.

Les pêcheurs se mettent 7 à 8 dans un bateau, chacun fournit deux ou un plus grand nombre de corbeilles ou pièces de corde garnies d'appâts. Ils se rendent au lieu de la *pêche*, à voile ou à rame ; & à mesure qu'ils ont mis à la mer une pièce, ils y en ajoutent une autre. Quand les 14 ou 16 pièces, &c. sont ainsi ajoutées bout à bout, la tessure est complette.

Comme les cordes ne sont pas toutes aussi neuves les unes que les autres, on commence par mettre à l'eau les plus usées, non-seulement parce que dans cette position elles ne fatiguent pas autant que les autres, mais encore parce que si elles venoient à rompre, on ne perdroit pas une aussi grande portion de la tessure.

Pour tendre la tessure, on commence par attacher une cablière ou *baude* (c'est le terme provençal), au bout de la pièce qui doit être mise à l'eau la première.

On prend, dans l'Océan, le temps de la mer montante pour jetter la tessure à l'eau contre le vent, afin que le bateau fillant doucement à petite voile, ou à la rame, on puisse fournir aisément de la corde, & encore pour qu'il soit plus aisé de la relever.

La corde étant chargée d'une grosse cablière & de cailloux, tombe au fond de l'eau; & quand on a filé la première pièce, on y attache une seconde pièce qui est dans un autre panier. On la met à l'eau comme la première, puis on en ajoute une troisième, une quatrième; ce qu'on continue jusqu'à ce que toutes les pièces soient mises à la mer: & on finit par attacher au bout de la dernière pièce une petite cablière & un orin qui porte une bouée, ordinairement surmontée d'un petit pavillon pour qu'on puisse l'appercevoir plus aisément.

Le temps le plus favorable pour cette *pêche* est un demi-calme.

La plupart des pêcheurs de la Méditerranée mettent une bouée sur chaque pièce pour retrouver ces pièces, quand quelqu'une vient à rompre. C'est une très-bonne précaution. Ceux qui ne la prennent pas, perdent quelquefois bien du temps à chercher leur tessure au fond de la mer avec une catenière, ou un grapin.

Ces pêcheurs à la grosse corde par fond vont quelquefois chercher le fond de la mer jusqu'à cent brasses de profondeur.

On conçoit bien qu'il faut des précautions pour mettre à la mer une aussi grande étendue de cordes chargées de lignes & d'haims, de façon que rien ne se mêle. Pour les comprendre, il faut se rappeller qu'une tessure est formée par un nombre de pièces qui sont ajoutées bout à bout. Les lignes se dispersent de côté & d'autre sur le fond.

Quand toutes les pièces qui forment une tessure sont mises à l'eau, on attache au bout, comme nous l'avons déjà dit, une petite cablière, & une corde ou orin, qu'on tient plus ou moins longue, suivant que la mer a plus ou moins de profondeur. Au bout de ce cordage est attachée une bouée qui sert à indiquer où est le bout de la tessure.

Dans la Méditerranée, & particulièrement sur les côtes d'Italie on fait avec des tartanes une *pêche* considérable.

La tessure est formée par une longue corde appellée *parasina*. C'est une palangre ou corde chargée de piles & d'haims. On commence à la jetter quand on est éloigné de la côte d'au moins 30 brasses; elle s'étend jusqu'à vingt milles en mer, & elle porte 10 à 12 mille haims. On amarre une cablière au bout de la corde qui doit être jettée la première à la mer. On attache de distance en distance des signaux de liége qui tiennent à des lignes assez longues pour ne point empêcher la corde de gagner le fond.

Pendant qu'on la tend, la tartane dérive doucement au gré du vent ou des courants. On laisse la parasina quelques heures à la mer, puis on la relève. La grande longueur de cette tessure fait qu'il faut au moins vingt-quatre heures pour la tendre & la relever.

On prend avec la parasina quantité de raies, de chiens & d'autres poissons, dont quelques-uns pèsent plus de mille livres. Pour tirer ceux-ci à bord, on les harponne avec un croc de fer qui est au bout d'une perche; & même on les assomme à mesure qu'ils sortent de l'eau.

De la pêche *aux cordes flottantes.*

On ne prend guère avec les grosses cordes tendues par fond que des poissons plats. On se sert pour prendre les poissons qui nagent entre deux eaux, ou qui s'approchent de la surface, de cordes flottantes. Ces cordes sont moins grosses que celles qui servent à pêcher par fond; & elles en diffèrent principalement en ce qu'au lieu de la cablière & des cailloux dont on charge les grosses cordes, on met de deux en deux brasses sur celle de la belée des corcerons de liége qui la font flotter quelquefois entièrement à la surface de l'eau: alors il n'y a que les lignes & les haims qui entrent dans l'eau. D'autres fois, quand les pêcheurs soupçonnent que le poisson est à deux ou trois brasses sous l'eau, ils établissent la corde à cette profondeur. Pour cela, au lieu d'amarrer les flottes de liége immédiatement sur la maitresse corde, ils les attachent à des lignes qui répondent à cette corde, qu'ils tiennent plus ou moins longues, suivant qu'ils jugent à propos que les haims soient à une plus grande, ou à une moindre profondeur dans l'eau: quelquefois ils mettent çà & là de petits cailloux, afin que les lignes qui répondent aux flottes soient tendues; mais ces cailloux doivent être assez légers pour ne point faire entrer les flottes dans l'eau. Quoi qu'il en soit, on met une grosse flotte aux deux bouts de chaque pièce de belée, & une bouée avec un signal de roseau sec aux deux extrémités de la tessure; enfin on attache une corde à l'extrémité de la tessure, & on en retient le bout dans la barque où sont les pêcheurs.

Cette tessure, ainsi que celles qui sont destinées à pêcher par fond, est composée d'un nombre de pièces qu'on met les unes au bout des autres; & toutes ensemble font une longueur de 5 à 600 brasses, & plus.

Pour mettre la tessure à la mer, les pêcheurs prennent un peu de voile; ou ils parent quelques avirons : mais quand ils ont tendu, ils carguent leurs voiles, & se laissent dériver traînant lentement la tessure pendant une ou deux heures. Lorsqu'ils veulent relever, ils emploient quelques avirons pour maintenir le bateau contre l'effort que font les matelots en tirant la tessure à bord. Du reste, on manœuvre comme quand on pêche par fond.

On prend à cette *pêche*, des merlans, des maquereaux & d'autres poissons ronds; rarement des poissons plats.

De la pêche *qu'on nomme* traîner la balle.

Pour cette *pêche*, la maitresse corde ne doit pas être tout-à-fait aussi longue que la profondeur de l'eau où l'on se propose de pêcher. On amarre à l'extrémité un boulet, ou quelque autre poids, qui doit être éloigné du fond d'environ une brasse. On attache à une brasse les unes des autres, sur toute la longueur de cette corde, de petites baguettes de houx-frelon, qu'on nomme en Normandie *vergandier*. Ces baguettes appellées *baluettes*, ont seulement 4 à 5 pouces de longueur; & c'est à leur extrémité qu'on attache des lignes fort déliées qui sont longues d'environ deux brasses.

Il est sensible que les lignes étant écartées de la corde par les baluettes, où elles sont attachées, les haims sont moins exposés à s'embarrasser les uns dans les autres.

Un des-avantages de cette façon de pêcher est qu'au lieu de faire les maitresses cordes d'une grande longueur, on met à la mer plusieurs de ces cordes, qui présentent aux poissons un assez grand nombre d'haims, quoique chacune ne soit pas fort longue.

On *pêche* ordinairement sous voile quand on se sert de la balle & d'une corde garnie de baluettes. On a seulement l'attention de proportionner la grosseur du poids à la vitesse du bateau : on l'augmente quand il vente bon frais; & on le diminue quand le vent est foible. C'est pour cette raison qu'on nomme cette *pêche trainer la balle*.

Pour mettre dehors, ou jetter à la mer les balles, trois pêcheurs sont arrangés sur le bord de leur barque, chacun ayant à côté de lui un banc de la chaloupe; ils donnent à ce banc le nom de *tire*. Ils lovent sur ce banc par petites glanes la corde qui porte les baluettes. Le matelot qui est le plus vers l'arrière, jette le premier sa balle à l'eau le plus loin qu'il peut, & toujours vers l'arrière de la barque : il y en a d'assez forts pour la jetter à 5 ou 6 brasses d'eux. Il laisse aller au gré du courant la corde & les piles qui sont garnis d'haims & d'appâts.

Le second pêcheur, placé vers le milieu de la barque, jette sa balle devant lui moins loin, & il ne file pas une aussi grande longueur de corde, pour que les haims ne se mêlent pas avec ceux de la première balle.

Le troisième pêcheur laisse aller son plomb à pic, & il file encore moins de corde que le second.

Ce n'est pas tout; on doit avoir attention que le poids du premier matelot soit moins lourd que celui du matelot qui est au milieu; & que celui de l'avant soit le plus pesant de tous : toujours pour éviter que les haims ne se mêlent les uns avec les autres.

Quand on tient en main la maitresse corde, on sent, malgré le poids de la balle, les secousses que les poissons font sur les piles lorsqu'il y en a de pris. Chaque homme tire sa corde à petites brasses, il la love sur le banc qui est à sa portée; & à mesure qu'il se présente des haims, il en détache le poisson, qu'il jette dans une corbeille. Quand la balle est à bord, on remet des appâts où il en manque, & on recommence la *pêche*.

De la pêche *au vrai libouret.*

La balle dont nous venons de parler, est une espèce de libouret : mais l'appelet qui porte particulièrement ce nom, consiste en une maitresse corde qui a 4 lignes & demie ou 5 lignes de circonférence. On attache au bout de cette corde un plomb du poids d'environ deux livres. A 4 ou 5 pouces au-dessus, on ajuste sur la corde un morceau de bois, long de 6 à 7 pouces, qu'on nomme *avalette*. Une de ses extrémités a un trou dans lequel passe librement la corde; & les deux nœuds tiennent l'avalette à une distance convenable du plomb, sans cependant empêcher qu'il ne tourne autour de la corde, laquelle dans ce cas forme un axe. A l'autre bout de l'avalette, est amarrée une ligne, qui n'a que deux lignes de circonférence : elle a environ une brasse de longueur, & elle porte les empiles qui sont fort fines, auxquelles sont attachés les haims.

L'ajustement de ces empiles varie suivant le goût des pêcheurs; car quelques-uns font la ligne assez longue pour y attacher 8 ou 9 empiles à trois pieds les unes des autres. De quelque façon qu'on les ajuste, il faut que les haims ne soient pas à égales distances du bout de l'avalette.

A l'égard des haims, ils ne sont jamais fort gros; mais ils le sont plus ou moins, suivant l'espèce de poisson qu'on se propose de prendre, comme merlans, carrelets, limandes, solles, petits grondins.

On conçoit que quand la maitresse corde est tendue par le plomb, l'avalette a la liberté de se mouvoir librement autour de cette corde; & les piles où sont attachés les haims, se dirigent sans confusion suivant le cours de l'eau. Il se peut donc prendre autant de poissons qu'il y a d'haims; parce que les piles étant de différentes longueurs, les haims ne se rencontrent point les uns vis-à-vis des autres.

Ce sont les poissons plats qui se prennent le plus ordinairement dans cette *pêche* sédentaire.

Pour mettre à la mer le libouret, trois pêcheurs se rangent sur un bord. Une partie de la maitresse corde est lovée auprès d'eux sur un banc, où elle est enroulée sur une espèce de chassis que les pêcheurs nomment *traillet*.

Ils ne jettent point le plomb à la mer, comme font ceux qui pêchent à la balle; ils mettent d'abord les piles à la mer en les posant doucement avec les mains : on met aussi tout doucement le plomb & l'avalette; & on file la corde jusqu'à ce qu'on sente que le plomb repose sur le fond.

Si l'on vouloit faire cette *pêche* du bord d'un bateau qui fût fort élevé au-dessus de l'eau, on courroit risque que la maitresse corde venant à se détordre, les lignes se mêlassent les unes avec les autres; & on ne feroit qu'une mauvaise *pêche*.

En amorçant les haims du libouret, on a soin que les appâts pendent aux haims, afin qu'ils fretillent dans l'eau : ce qui est avantageux pour attirer le poisson, sur-tout quand on fait une *pêche* sédentaire comme l'est celle-ci.

Pour relever le libouret, chaque homme tire sa maitresse corde à petite brasse; & quand l'avalette est à fleur d'eau, le matelot qui est auprès de lui, tire le plus promptement qu'il peut la ligne, les empiles & le poisson, tandis que l'autre continue à amener la maitresse corde. Quand on a mis dans une corbeille le poisson qui est pris, chaque matelot remet des appâts à son avalette, & il tend de nouveau, avec les précautions nécessaires.

De la pêche *au grand couple.*

On fait encore une *pêche* qui approche du libouret, & que les basques qui la pratiquent en grand, ont nommé le *grand couple*. Pour faire cet appelet, on attache au bout d'une ligne fine un morceau de fil d'archal, qui peut avoir une ligne de diamètre, & deux pieds ou deux pieds & demi de longueur. Ce fil est un peu courbé en arc. Son milieu est fortifié par deux petites jumelles de bois, qu'on y assujettit avec des révolutions d'un fil retors. Au milieu de l'intérieur de la courbe, on forme une petite anse ronde de corde; à laquelle s'attache un poids d'une demi-livre : & au même point dans la partie convexe, on forme une autre anse ovale qui sert à attacher la ligne qui porte le couple.

Les deux bouts de ce fil d'archal sont applatis comme l'extrémité du corps des haims, & on y attache plusieurs piles qui sont de différentes longueurs; mais les plus courtes ont presqu'une brasse.

Sur la côte de Normandie, les pêcheurs qui se servent de cet appelet, se mettent dans une chaloupe. Mais les basques, qui font plus en grand la *pêche* dont nous parlons, se mettent huit ou dix hommes dans une barque; chacun jette son couple à la mer, & le retire quand il juge qu'il y a quelque chose de pris.

Comme on tient les lignes qui répondent aux couples les unes plus longues que les autres, les haims occupent une grande étendue dans la mer, où ces lignes se développent comme un éventail, de sorte qu'il se présente toujours des haims aux poissons qui sont à différentes profondeurs dans l'eau.

Cette *pêche* se fait tantôt à l'ancre, & tantôt en portant peu de voile.

Pour prendre des vives, 15 ou 16 hommes se réunissent dans un grand bateau, & ils calent leur couple très-près du fond.

Pêches *aux filets.*

L'épervier est un filet de forme conique, ou en entonnoir. Il a une embouchure fort large, laquelle, dans les grands éperviers, porte jusqu'à 11 ou 12 brasses de circonférence; & diminuant peu-à-peu d'étendue, ce filet se termine en pointe au sommet du cône, où est attachée une corde, qu'on tient plus ou moins longue suivant l'endroit où l'on se propose de *pêcher*. Il a de chûte environ 4 à 5 brasses ; il y en a de très-grands, & d'autres fort petits.

Ce filet qui est d'un fort bon fil retors en trois, est bordé d'une corde grosse comme le doigt, qu'on garnit de bagues de plomb qui peuvent peser chacune une once. Elles sont faites quelquefois avec des balles percées, qu'on enfile dans la corde comme des grains de chapelet, & qu'on assujettit par des noeuds faits entre deux balles ; le plus souvent les bagues sont de petites plaques de plomb qu'on roule sur la corde à petits coups de marteau, comme le ferret d'un lacet. Toute cette plombée pèse environ 40 ou 50 livres. Le bord du filet excede de 12 à 18 pouces la corde plombée : mais cette partie est retroussée en dedans du cône ; & comme elle est soutenue de distance en distance par des lignes, cette portion du filet forme tout autour de l'embouchure de l'épervier des bourses dans lesquelles le poisson s'engage.

Comme on augmenteroit inutilement le travail, le prix & le poids du filet, si on en faisoit dans toute l'étendue d'un épervier les mailles aussi serrées qu'elles le doivent être en-bas, on a coutume de donner auprès de la culasse deux pouces d'ouverture aux mailles, pendant que vers l'embouchure on peut quelquefois à peine y passer le doigt, à moins qu'on ne se propose de prendre seulement de gros poissons. Au bord de la mer, les mailles ont assez communément 11 lignes en quarré.

On travaille les éperviers en rond ; & pour faire la diminution des mailles, comme nous venons de le dire, quand on a fait dix rangs de mailles ou dix ourdres en descendant à compter de la culasse ou de la levure, on forme les mailles suivantes sur un moule plus menu ; & on continue de dix en dix rangs de mailles à changer de moule pour en prendre de plus menus, jusqu'à ce qu'on soit arrivé au bas du filet. Quand on se propose de tenir les mailles d'en-bas moins serrées, on ne change de moule que de 15 en 15 rangs de mailles.

Comme il faut que le filet s'élargisse peu-à-peu à mesure qu'on approche de l'embouchure, on fait alternativement un rang de mailles sans accrues, & un autre avec des accrues formant une accrue de 6 en 6 mailles. Il est sensible que quand on fera un rang de mailles au-dessous des accrues, le nombre des mailles de ce rang sera augmenté proportionnellement au nombre des accrues qu'on aura formées, & la circonférence du filet sera plus grande qu'elle n'étoit : en continuant à former ainsi des accrues jusqu'au bas du filet, on lui procure un évasement convenable.

Ensuite on retrousse en-dedans les bords du filet, & on les attache de pied en pied, pour former des bourses au-bas, & autour de l'epervier. Enfin on doit avoir attaché avec de bon fil retors la corde plombée à la partie du filet destinée à former l'embouchure. C'est ainsi que sont faits la plupart des éperviers. Cependant il y en a de petits qu'on monte différemment.

Ces derniers éperviers sont ordinairement moins grands que les autres : & n'ayant point de bourses à l'embouchure, tout le rets se termine à la corde plombée. De plus, au lieu de lier une corde à la pointe du cône par où le filet a été commencé, on arrête cette partie du filet sur un anneau de cuivre ou de corne, épais de 6 à 9 lignes. Ainsi les 12 premières mailles qui font la levure du filet, sont fermement arrêtées sur cet anneau.

En général les éperviers sont de différentes grandeurs suivant l'étendue de la nappe d'eau où l'on se propose de *pêcher*.

Il y a deux façons de *pêcher* avec l'épervier ; l'une en le traînant, l'autre en le jettant.

Pour *pêcher* avec l'épervier en le traînant, on attache deux cordes à celles qui entoure l'embouchure du filet, & qui porte les plombs.

Deux hommes traînent le filet en hâlant sur les cordes, de manière qu'une portion du filet se tienne presque droite à la surface de l'eau. Le reste de l'embouchure du filet tombe au fond de l'eau, à cause des plombs. Cette embouchure porte sur le fond en décrivant une espèce d'ovale : la queue ou culasse du filet flotte entre deux eaux. Un homme suit les pêcheurs ; il tient la corde qui répond à la pointe du filet ; & quoiqu'il la laisse lâche, il s'apperçoit cependant s'il y a des poissons pris, par les secousses qu'ils impriment au filet, & qui se communiquent à la corde.

Lorsqu'on s'apperçoit aux secousses de la corde de la culasse, qu'il y a du poisson pris, il est à propos de relever le filet. Pour céla, le pêcheur cherche un endroit où la berge ne soit point trop élevée, où il n'y ait pas beaucoup d'herbes, en un mot qui soit commode pour tirer le filet à terre. Alors les deux pêcheurs lâchent leur corde pour que toute la circonférence du filet porte sur le fond ; un des pêcheurs prend la corde de la culasse, il la tire doucement à lui, non pas directement, mais en se portant d'une enjambée vers la droite, puis vers la gauche ; ce qu'il répete à plusieurs fois, pour faire en sorte que les plombs, qui portent sur le fond, se rapprochent les uns des autres, & ferment l'embouchure du filet.

Quand il tient la culasse même du filet, il continue à tirer le filet en se balançant encore vers la droite & vers la gauche, mais sans changer de place. Aussi-tôt qu'il apperçoit que tous les plombs sont bien réunis & qu'ils quittent le fond, il tire de toutes ses forces pour mettre promptement le filet sur l'herbe. Alors saisissant la corde qui porte les plombs, il la suit tout autour du filet, vuidant les poches ou bourses, qui sont ordinairement remplies de vases, d'herbes, de coquilles, & de très-petits poissons qu'il doit rejetter à l'eau. Mais à mesure qu'il s'en présente qui méritent d'être conservés, il les met dans un panier couvert, au fond duquel il y a de l'herbe fraîche.

Quand les rivières sont bordées d'herbiers ou de crônes ou de sourives; en un mot quand le filet ne peut pas embrasser toute la largeur de la rivière, on prend des *bouleurs*: ce sont des hommes armés de perches, qui marchent d'un côté & de l'autre du cours d'eau, immédiatement derrière ceux qui hâlent le filet; & avec leurs perches, ils battent les herbiers; ils fourgonent dans les crônes pour engager le poisson à donner dans le filet.

C'est une question de savoir lequel est le plus à propos, de traîner l'épervier contre le courant, ou en suivant le cours de l'eau. Dans l'un & l'autre cas, une partie du poisson effarouché par les pêcheurs, les bouleurs & le filet, nage devant pour l'éviter. Aussi est-ce pour arrêter ces fuyards, qu'on tend de distance en distance, comme de cent en cent toises, un tremail qui traverse la rivière: & c'est ordinairement aux approches de ce filet qu'on prend beaucoup de poisson.

Quand la *pêche* est finie, les pêcheurs portent leur filet à un endroit où l'eau soit fort claire pour le laver. Ensuite ils le pendent par la culasse, & ils en étendent les côtés, pour le faire sécher. Sans ces attentions, il seroit bien-tôt pourri.

Lorsque les bords des rivières ne sont point praticables pour traîner le filet, deux pêcheurs mettent par le travers de l'eau un petit bateau, à l'un des bords duquel ils attachent une partie de la corde plombée qui occupe la longueur du bateau: un pêcheur étant à l'avant, l'autre à l'arrière, ils conduisent avec des gaffes le bateau en le faisant toujours aller de travers au courant. Par ce moyen, on traîne le filet comme si l'on étoit à terre. Mais attendu que le bateau & les perches des pêcheurs effarouchent le poisson, une partie se retire dans les crônes, & communément on prend moins de poissons que quand ceux qui traînent sont sur les deux rives.

On voit dans d'anciens titres que des seigneurs avoient droit de pêcher *à la gourde*: nous allons donner une idée de cette façon de pêcher. Il arrive assez souvent que deux seigneuries sont séparées par une rivière, & que les deux seigneurs ont un droit pareil d'y pêcher. Mais les pêcheurs doivent chacun se tenir sur le bord qui leur appartient. Le pêcheur *A* ne pouvant point passer du côté de *B*, il attache le bord supérieur de son filet sur une perche qui traverse la rivière; & pour faire flotter cette perche, afin de soutenir le bord du filet à fleur d'eau, il attache le long de la perche des gourdes ou calebasses vuides, & à chaque bout de la perche, deux cordes, une longue & l'autre plus courte, avec lesquelles il traîne le filet le plus exactement qu'il peut au milieu de la rivière. Il n'est guères possible de l'embrasser entièrement; mais enfin on profite de ce moyen le mieux qu'il est possible.

On ne peut pêcher en traînant l'épervier, que dans des courans d'eau qui ont peu de largeur, où l'eau n'est point fort profonde, & sur les fonds où il ne se trouve pas de roches où même de pierres d'une grosseur un peu considérable. La façon de pêcher dont il s'agit présentement, peut se pratiquer dans les grandes rivières, dans les étangs, entre les roches, même à quelque distance du rivage, pourvu qu'il s'y trouve beaucoup de poisson, & que la nappe d'eau ne soit pas fort épaisse.

Pour cette *pêche*, on ne traîne point le filet, mais on le jette aux endroits auxquels on voit ou au moins on juge qu'il y a du poisson rassemblé.

Quand on a jetté l'épervier, les plombs font entrer les bords du filet au fond de l'eau, & le corps de ce filet couvre le poisson, de manière qu'il échappe bien difficilement quand on tire le filet hors de l'eau. Mais la façon de jetter convenablement ce filet n'est pas aisée, & elle ne peut être bien exécutée que par un homme grand & fort.

Celui qui veut jetter le filet commence par lier à son poignet gauche la corde qui répond à la culasse, & de la même main il empoigne tout l'épervier environ à deux pieds au-dessus de la corde plombée. Ensuite tenant cette portion du filet pendante, de sorte néanmoins que les plombs portent un peu à terre, il prend environ le tiers de la circonférence de l'embouchure du filet; & renversant le filet en entier, il jette cette partie sur son épaule gauche, se formant avec elle comme un manteau à l'espagnole. Après quoi il en empoigne de sa main droite environ un autre tiers: le reste du filet pend devant lui.

Ayant

Ayant ainsi tout disposé, & étant au bord de l'eau, il tourne son corps vers la gauche pour prendre un élan; & le rappellant avec vivacité vers la droite, il jette le plus fortement qu'il peut tout le filet à l'eau, de façon qu'en se déployant il forme une roue, la corde plombée tombe incontinent au fond de l'eau, & enferme les poissons qui se trouvent sous le corps du filet.

On relève l'épervier fort lentement, & se balançant de droite & de gauche pour rassembler les plombs; ensuite on tire tout le filet le plus vîte qu'on peut, sur-tout lorsqu'il sort de l'eau.

Il est sensible qu'on doit jetter le filet à un endroit où le fond soit uni, sans fortes herbes, sans grosses pierres ni bois: faute de cette attention l'on courroit risque de déchirer le filet & de perdre beaucoup de poisson qui s'échapperoit par les endroits où la plombée ne porteroit pas sur le fond.

Une autre attention bien importante, est que celui qui jette le filet n'ait ni boutons ni agraffes à ses habits; ils doivent être retenus par des lacets, des rubans ou des aiguillettes: car si une maille du filet s'accrochoit dans un bouton ou autre chose semblable, le pêcheur, qui a pris un élan vers l'avant, seroit infailliblement entraîné dans l'eau.

Comme on jette plusieurs fois de suite l'épervier, les pêcheurs sont nécessairement exposés à recevoir une grande quantité d'eau qui sort du filet. Pour s'en garantir, au moins en partie, la plupart ont coutume de mettre par-dessus leurs habits comme une chemise de femme, faite avec une toile très-serrée, & en outre ils attachent sur leur épaule gauche une peau de chèvre ou de mouton, le poil en-dessus.

Les éperviers que l'on jette ne sont ni aussi grands ni aussi lourds que ceux qu'on traîne. Il y a même des façons de pêcher, pour lesquelles les éperviers doivent être petits & légers.

Les pêcheurs de la Méditerranée font un usage assez fréquent de petits éperviers, qu'ils nomment *risseaux*; quand ils apperçoivent des poissons attroupés entre les roches ou dans les étangs qui communiquent à la mer.

On prend quelquefois à Agde, dans la rivière, plus de 30 aloses d'un seul coup de filet; ce qui se répète plusieurs fois dans une journée.

Dans les étangs salés, particulièrement auprès de Narbonne, on fait une *pêche* particulière avec des éperviers qui n'ont point d'emboursement, & qui ne sont pas fort chargés de plomb: durant l'été, quand les poissons remontent de la mer dans les étangs, quantité de gens portent ces petits éperviers sur l'épaule gauche & le bras droit, ils entrent dans l'eau jusqu'au genou, & quand ils apperçoivent un poisson ils le poursuivent à la course, & jettent leur filet dessus: ce qu'ils exécutent fort adroitement.

A la côte de Saint-Tropez & de Fréjus, ainsi qu'à plusieurs autres endroits de la Provence, on se sert d'éperviers ou risseaux qui ont environ deux brasses de hauteur & dix brasses de circonférence. Les pêcheurs s'en vont, étant chargés de leur filet comme nous l'avons expliqué, se promener doucement le long du rivage; quand ils appercoivent quelque troupe de poissons près de terre, ils jettent leur filet dessus, & presque tous les poissons qui se trouvent dans l'enceinte de la plombée sont pris.

Sur la Dordogne, deux ou trois pêcheurs se mettent avec un épervier dans de petits bateaux du port de deux à trois bariques, & prennent ainsi durant toute l'année, des carpes, des barbeaux, &c.

A Libourne, sur la rivière d'Isle, on prend de même des poissons blancs, des carpes, des barbeaux, des brochets; & dans les saisons convenables, des aloses & des surmulets.

A Fécamp, dans la partie la plus étroite de la rivière de Paluet, on prend des truites avec l'épervier.

Suivant quelques mémoires de la Guadeloupe, la *pêche* à l'épervier fait vivre beaucoup de pauvres familles & d'esclaves; qui outre les poissons blancs, prennent des mulets, des sardes, des sardines & de petits poissons très-délicats.

On peut dire en général que la *pêche* à l'épervier n'est pas avantageuse pour prendre les poissons qui s'enfoncent dans la vase ou le sable: cependant ces poissons effarouchés par les plombs nagent quelquefois pour s'enfuir, & souvent alors donnant dans le filet, ils sont pris.

Les pêcheurs qui s'adonnent particulièrement à cette *pêche*, mettent volontiers aux endroits où ils se proposent de pêcher, des appâts de fond dont nous avons parlé. Comme il faut dans cette occasion employer des appâts qui coûtent peu, ils les font assez souvent avec du son, des feuilles de menthe sauvage, du millet & d'autres graines germées. Au reste, on prétend que cet appât n'attire point le saumon ni l'alose.

Cette *pêche* n'est point destructive, sur-tout quand les pêcheurs ont l'attention de rejetter à l'eau les petits poissons.

De la pêche qu'on fait avec le carreau, le carrelet ou carré, le calen ou venturon, & l'échiquier ou hunier, &c.

Le filet qui sert pour cette *pêche* est une nappe simple & quarrée, laquelle a 6, 7 ou 8 pieds de côté. Elle est toujours bordée d'une corde, qui n'est pas grosse, mais qui doit être forte & bien travaillée. On fait ordinairement les mailles du milieu plus serrées que celles des bords, pour prendre des ables, ainsi que pour la menuise qui sert à amorcer les haims. On fait ces mailles du milieu très-serrées pour que les petits poissons ne passent pas au travers. Mais quand on veut prendre des poissons un peu gros, il convient de faire les mailles plus larges; car il est important pour cette *pêche* de pouvoir tirer promptement le filet hors de l'eau; & plus les mailles sont larges & le filet délié, moins on éprouve de résistance de la part de l'eau.

Autrefois on tenoit la nappe presque platte: mais comme on s'est apperçu que les poissons un peu gros qui sautoient sur cette nappe, en gagnoient assez fréquemment le bord, & retomboient à l'eau, on a fait les nappes un peu en poche; & on augmente la profondeur de cette poche quand on prévoit qu'on ne sera pas maître de tirer promptement le filet hors de l'eau.

On forme à chaque coin de la nappe, avec la corde qui la borde, un œillet pour recevoir le bout des perches courbes dont nous allons parler.

On a deux perches légères & pliantes, plus longues que la diagonale du filet; on les plie en portion de cercle, pour en passer les bouts dans les œillets qu'on a formés aux angles de la nappe. On lie ensuite ces perches courbes à l'endroit où elles se croisent; & la même corde sert aussi à attacher le carrelet à l'extrémité d'une autre perche, qui est faite d'un bois léger, & plus ou moins longue, suivant la profondeur de l'eau où l'on veut pêcher, & la distance qu'il y a depuis le bord où l'on s'établit, jusqu'à l'endroit où l'on se propose de tendre le filet.

Quelquefois encore, suivant différentes circonstances, on attache le carrelet presque immédiatement à la perche, ou bien on le suspend à une corde plus ou moins longue.

Les poissons se rassemblent ordinairement dans une anse où il y a peu de courant, où l'eau est échauffée par le soleil, ou bien dans des endroits où quelques insectes nagent, soit sur l'eau, soit dans l'eau. Appercevant donc des poissons ainsi rassemblés, on plonge le carrelet dans l'eau, de manière qu'il s'étende sur le fond. Si l'on voit des poissons qui nagent au-dessus du filet, il faut le relever promptement: car quand les poissons apperçoivent le mouvement des perches, ils veulent plonger dans le fond, & ils se précipitent ainsi sur le filet; mais aussi-tôt que le filet quitte le fond, ils sautent, font des efforts pour s'échapper, & ils s'échappent en effet si l'on ne relève pas promptement le carrelet. C'est pour cela qu'on fait ordinairement cette *pêche* dans les endroits où la nappe d'eau a peu d'épaisseur. Le poisson trouve d'autant plus de facilité à s'échapper, qu'il faut plus de temps pour faire sortir le filet de l'eau. C'est aussi pour cette raison que les pêcheurs ont différentes manières de tenir la perche du carrelet.

Comme ceux qui pêchent au bord de la mer sont fréquemment obligés d'avoir la perche fort longue, ils en appuient le gros bout contre leur pied gauche, & saisissant la perche avec les deux mains, ils ont ainsi beaucoup de force pour relever le carrelet, qui est ordinairement plus grand que ceux dont on se sert dans les rivières.

La plupart de ceux qui pêchent avec le carrelet, au bord des rivières & des étangs, tiennent le gros bout de la perche dans la main gauche, & le posent contre la cuisse; puis, saisissant la perche trois pieds plus loin avec la main droite, ils sont en force pour relever le filet.

D'autres posent la perche comme en balance sur le bras gauche, qui alors forme un point d'appui, & ils emploient la main droite pour relever le filet, en appuyant cette main sur le gros bout de la perche, pendant qu'ils élèvent le bras gauche.

Mais il paroît mieux, pour avoir plus de force, de mettre le gros bout de la perche entre les deux cuisses, de l'appuyer sur une fesse, & de tenir la perche en cet état avec les deux mains. Lorsqu'on apperçoit des poissons sur le filet qui est étendu au fond de l'eau, pour le relever promptement, on porte les mains à deux pieds plus loin; & pliant les cuisses, en même-temps qu'on fait agir les bras, on tire le carrelet très-vîte de l'eau.

On ne pratique guères cette *pêche* au bord de la mer que dans la Méditerranée, particulièrement à la côte de Gênes, pour prendre de petits poissons. Mais, dans l'Océan, quand la marée monte, les pêcheurs s'établissent à l'entrée des gorges & des basses, ou à l'embouchure des rivières; au lieu de coucher le filet à plat sur le fond, ils l'opposent au courant pour arrêter les poissons qui le suivent, sur-tout ceux du genre des plats qui s'empressent de monter avec le flot.

Cette *pêche* étant plus avantageuse quand l'eau est trouble que lorsqu'elle est claire, les pêcheurs ne peuvent pas toujours appercevoir les poissons qui donnent dans leur filet : alors ils relèvent de temps en temps le carrelet, pour en tirer le poisson.

Comme on oppose pour cette *pêche* le filet au courant, on attache le carrelet à une corde plus longue que quand on pêche dans les eaux dormantes ; & attendu qu'il faut plus de force aux pêcheurs pour relever le filet, ils saisissent la perche avec les deux mains. Aussi-tôt qu'ils ont pris les poissons qui se trouvent dans leur filet, ils le remettent à l'eau, & recommencent les mêmes manœuvres.

Quelques pêcheurs font une *pêche* à-peu-près semblable, avec de petits bateaux, soit dans les étangs, soit à la mer à portée de la côte. Ils élèvent à l'arrière du bateau un chandelier, ou un montant de bois, qui se termine au bout d'en-haut, par un enfourchement, ou qui porte une grosse boucle ou un boulon de fer ; ce qui est nécessaire, afin d'avoir un point d'appui qui leur procure de la force pour tirer de l'eau un grand carrelet qu'on nomme *calen*. On met dans l'enfourchement, ou bien on passe dans la boucle, un espar qui a 15 à 18 pieds de long. Enfin, on attache au bout de cet espar les arcs qui portent le filet, & qui sont ordinairement de fer ; ce filet a 10 à 11 pieds en quarré. Comme tout cela fait un poids considérable, on charge avec un billot de bois ou des pierres le bout de l'espar qui répond au dedans du bateau, afin de le mettre en équilibre avec le filet.

Le pêcheur fait plonger le filet dans l'eau, pendant que ses camarades rament mollement ; de temps à autre, il fait sortir le filet de l'eau, ce qui s'exécute facilement à cause du contrepoids ; & quand il y a du poisson pris, un des pêcheurs tire à lui le filet au moyen d'une corde qui tient à la bordure pour prendre plus aisément le poisson.

Dans le port de Marseille, on pêche au calen autour des bâtimens qui y sont amarrés.

Auprès de Fréjus, dans un étang qui communique à la mer par un canal, on pêche des muges & des anguilles avec le calen, que l'on y nomme aussi *venturon*.

On supprime quelquefois la perche pour pêcher dans des eaux plus profondes & avec de plus grands filets. Pour cela, on attache la croisée du filet à un cordage qui passe dans une poulie, frappée à l'extrémité d'une corne ou demi-vergue ; & quand on veut relever le carrelet, on hasle sur le cordage ; mais comme on ne peut pas tirer fort vîte le filet hors de l'eau, afin que le poisson ne s'échappe pas, on fait le filet grand & profond, en sorte qu'il forme comme une espèce de sac.

Les maîtres des gribannes d'Abbeville qui navigent dans la Somme depuis Abbeville jusqu'à Amiens, font la *pêche* au carreau, & ils la pratiquent dans les eaux salées & les eaux douces de la rivière ; les filets dont ils se servent ont une brasse & demie en quarré, & les mailles ont environ 6 lignes d'ouverture.

On fait encore dans l'amirauté de Calais la *pêche* au carreau dans de petits batelets qu'ils nomment *flambarts*, du port d'un demi-tonneau au plus ; ils ne s'écarte guères de la citadelle. Ces bateaux sont à fond plat, & ont un petit mât ou plutôt une perche de 7 à 8 pieds de longueur, qui s'incline pour que le bout excède le bateau. Au bout de cette perche est frappée une poulie qui reçoit un cordage menu qui porte le carreau. Quand on a hissé le carreau plus haut que le bord du bateau, le pêcheur l'amène à lui au moyen d'une petite ligne qui est frappée au bord du carreau.

On ne prend guères à cette *pêche* que des flets & des anguilles.

Cette *pêche*, qui commence à la fin d'avril, finit au commencement de septembre.

On voit par ce que nous venons de dire qu'il y a des carrelets qu'on tient sédentaires dans des eaux dormantes, & que, dans d'autres circonstances, le carrelet est établi sur un bateau en mouvement, ou dans un endroit où il y a un courant.

Dans le premier cas, il faut que les pêcheurs attendent qu'il s'arrête des poissons sur le filet, pour les saisir en enlevant promptement le carrelet. Dans les rivières où les pêcheurs se proposent de prendre, soit des ables, soit de petits poissons pour amorcer les haims, ils se placent à des endroits où il y a peu de courant, & ils mettent dans le courant, au-dessus de l'endroit où ils plongent le filet, des tripailles & du sang caillé dans un panier ; les petits poissons alléchés par cet appât, se rassemblent au-dessus de la nappe du carrelet ; & on en prend quelquefois un bon nombre. Mais, pour attirer les gros poissons, on prend une bonne poignée de vers de terre, qu'on nomme *achées* ou *lèches* ; après les avoir enfilés tous en travers & par le milieu du corps avec un bon fil retors, on noue l'un à l'autre les deux bouts de ce fil, & on attache ce paquet de vers à l'endroit de la croisée, en sorte que les vers soient un peu au-dessous des bords de l'échiquier. Ces vers s'agitent, & bientôt on voit un nombre de petits poissons s'attrouper pour les manger ; mais il ne faut pas encore relever le filet ; car, peu de temps après, il vient de gros poissons qui chassent les petits, &, en relevant le carrelet, on les prend.

Il y en a qui mettent l'appât de sang caillé ou autre au fond du carreau, où ils cousent un morceau de toile, qu'ils fendent pour introduire l'appât entr'elle & le filet.

Ceux qui pêchent au carrelet dans les eaux courantes, ne se servent point d'appâts. Comme ils se proposent de prendre les poissons qui suivent le cours de l'eau, ils les arrêtent au passage; & dans ce cas, au lieu de descendre la nappe sur le fond, ils la soutiennent entre deux eaux, afin qu'etant entraînée par le courant, elle prenne une position à-peu-près verticale, & que l'eau courante traversant le filet, les poissons se prennent dans le fond qui fait une poche. Mais on a trouvé plus avantageux de se servir, pour remplir cette intention, de filets autrement disposés, dont nous parlerons dans la suite.

Le terme de *truble* est en quelque façon générique : il signifie un filet en poche, dont l'embouchure est attachée à un cercle de bois ou de fer qui porte un manche. Mais il y en a de différentes grandeurs, & leur forme varie plus ou moins ; ce qui peut avoir engagé à leur donner différents noms.

En général, c'est, comme nous venons de le dire, un filet en poche, & monté sur un cercle ou sur un ovale.

Les grands trubles que quelques-uns nomment *maniolles*, sont formés d'un cercle de bois qui est traversé par une perche, laquelle en forme le manche.

On fait des trubles moins grands, dont le cercle est de fer ; en ce cas il y a à la circonférence du cercle une douille qui reçoit un manche de bois.

La plupart des trubles sont ronds. Cependant on en fait de quarrés qui sont plus commodes pour prendre le poisson qu'on a renfermé dans des huches, boutiques, bascules, &c. ; parce qu'à cause de leur forme quarrée ils s'appliquent mieux sur les planches qui forment le fond de ces sortes de réservoirs.

A l'égard du filet, on fait la poche plus ou moins grande, & les mailles de différentes ouvertures, suivant l'usage qu'on se propose d'en faire. Si c'est pour prendre des crabes & des homars dans les roches, les mailles peuvent être assez larges ; mais quand on se propose de prendre des chevrettes, il est nécessaire de tenir les mailles plus serrées.

A l'Isle de Ré, les femmes & les filles pêchent entre les roches & dans les herbiers, de grosses chevrettes avec une espèce de truble, qu'elles nomment *treuille* ou *trulot*. Cet instrument est formé d'une longue perche, au bout de laquelle est assemblée à tenon une traverse de bois, & à un pied de distance une autre traverse qui lui est parallèle. On attache un bout de filet à ces traverses, qui pour cela sont percées de trous. Les mailles n'ont que 2 ou 3 lignes d'ouverture, & sont faites avec de la ficelle. Les femmes poussent cette espèce de truble devant elles, dans les roches & le gouémon lorsque la mer est basse.

Dans l'Adour, près Bayonne, deux pêcheurs se mettent dans un petit bateau ; l'un rame, & conduit le bateau fort près du bord ; l'autre plonge dans l'eau un grand truble, qu'ils nomment *maniolle* ; il le pousse devant lui, & le relève : de cette façon, il écume tous les petits poissons qui se sont retirés au bord de l'eau.

Cette *pêche* réussit quand les eaux sont troubles & blanches, parce qu'alors les poissons s'approchent des bords, où le courant est moins rapide qu'au milieu de la rivière, & ils sont moins effarouchés par le truble. Mais il faudroit que les mailles de ce filet eussent au moins un pouce en quarré, pour ne pas prendre les poissons du premier âge.

Dans la baye & même le port de Brest, on pêche des prétrots ou éperlans bâtards, qui se tiennent autour des vaisseaux. Pour cette pêche, on se met dans une chaloupe avec des espèces de grands trubles, dont les uns, qu'on peut nommer *maniolles*, sont emmanchés d'une perche ; & d'autres, qui n'ont point de manche, se hissent au moyen d'un cordage qui passe dans une poulie frappée au mât de la chaloupe ; ils les nomment pour cette raison *huniers*.

Il y a de petits trubles qu'on nomme volontiers *lanets aux sauterelles* : au lieu d'avoir leur filet monté sur un cercle rond, ils l'ont sur un morceau de bois contourné comme celui des raquettes à jouer à la paume. Les uns ont un manche assez long, & les autres seulement une poignée. L'usage de ces lanets est pour prendre des chevrettes & des sauterelles dans les algues.

Dans la Garonne, on pêche en bateau avec un filet qu'ils nomment *coulette*, espèce de lanet, dont la monture est comme celle d'une raquette de paume, & a environ trois brasses de diamètre. Le filet forme un sac qui peut avoir quatre ou cinq brasses de profondeur. Le poisson qui y entre se fait sentir par la secousse qu'il donne au filet ; d'autant plus qu'il y a une corde attachée au fond du filet, & dont le pêcheur tient le bout. On prend avec ce filet de toutes sortes de poissons, mais rarement des saumons & des truites, & jamais des créacs.

Les provençaux nomment *salabre* deux espèces de filets, dont un ressemble au truble, excepté que la perche ne traverse point le cercle, mais y tient seulement par un endroit. Le cercle est cependant de bois ; on le fortifie, à l'endroit où s'attache le manche, avec deux petites courbes. Ce filet sert principalement à prendre de petits poissons appellés *melets*, qu'on sale pour la nourriture du peuple.

L'autre espèce qu'on nomme *salabre de fond*, n'a point de manche ; son cercle est soutenu comme un plateau d'une balance, par trois cordes qui se réunissent en une. C'est donc une espèce de caudrette, dont nous parlerons.

Je reviens au *salabre*. Les pêcheurs appercevant du poisson à une petite profondeur d'eau, passent le salabre par-dessous, au moyen de son long manche ; lorsqu'on relève le filet, le poisson se trouve pris dans la poche. Mais cette *pêche* ne réussit qu'entre les rochers, dans les canaux & auprès des piles des ponts, après que la mer a été agitée, ou lorsqu'on pêche au feu, comme on le verra ci-après.

On se sert du salabre à Narbonne pour tirer le poisson des bourdigues.

On fait encore usage d'un petit truble qu'on nomme *trubleau*, ou *troubleau*, pour prendre des écrevisses.

En plusieurs endroits les femmes se servent de tamis de crin ajustés au bout d'une perche qui y sert de manche : ces tamis font l'office du truble. Pour donner une idée de leurs usages, nous allons décrire une petite *pêche* qui se fait à l'entrée de la rivière d'Orme & en d'autres endroits, pour prendre de fort petit poisson qu'on nomme à Caen la *montée*.

Vers la pleine lune de mars & jusqu'à son déclin, la marée amène tous les ans dans la rivière d'Orme une multitude de petits poissons longs de trois à quatre pouces, & gros comme un tuyau de plume à écrire.

Leur *pêche* occupe pendant cette saison beaucoup d'hommes, de femmes & d'enfans, sur-tout dans un faubourg de Caen, nommé le Vaucelle, où la rivière se partage en deux bras. Il n'est pas douteux qu'on pourroit la faire dans toute l'étendue de la rivière depuis Caen jusqu'à la mer : mais les pêcheurs & les matelots n'en font aucun cas : il n'y a que le peuple qui se fasse un plaisir de prendre ce petit poisson.

La montée paroît tous les ans assez abondante ; cependant en plus grand nombre dans certaines années que dans d'autres.

Ceux qui s'occupent de cette *pêche*, portent chacun au bord de la rivière un seilleau, une lanterne ; & un tamis de crin ajusté, comme nous l'avons dit, au bout d'une perche qui a huit ou dix pieds de longueur.

Etant établi au bord de l'eau, la nuit ou de grand matin, on plonge le tamis dans l'eau jusqu'au tiers de son diamètre comme si on vouloit écumer l'eau que la marée fait remonter dans la rivière, & chaque fois qu'on relève le tamis, on rapporte beaucoup de petits poissons, qu'on verse dans le seilleau qui est à portée.

La quantité de personnes qui se rassemblent pour cette pêche, jointe à la lumière que répandent les lanternes, forment un spectacle assez agréable, sur-tout quand les nuits sont obscures.

Comme on ne prend ces petits poissons qu'à la marée montante, on leur a donné à Caen le nom de *montée*.

L'instrument qu'on nomme *chaudière*, *chaudrette*, *caudelette*, *savonceau*, *&c.*, tous noms adoptés dans différents ports, est, à proprement parler, un truble sans manche, qui est suspendu par des cordes, & qui a peu de fond. Il sert principalement à prendre des crabes, des homars, des langoustes, &c. On distingue de petites *chaudrettes* & de *grandes*.

Les petites chaudrettes, dont on se sert à Saint-Valeri en Caux & en plusieurs autres endroits, sont formés d'un cercle de fer qui a douze ou quinze pouces de diamètre : les mailles du filet ont quatre lignes en quarré. On met au fond, pour appât, quelques crabes attachés au filet. On suspend le filet comme le plateau d'une balance par trois cordons qui se réunissent à un, environ dix-huit pouces au-dessus du cercle. Au point de réunion est attachée une ligne qui n'a que deux pieds de longueur. A son extrémité est une flotte de liége, qui sert à soutenir les lignes, & empêcher qu'elles ne retombent sur la caudrette. Au même point, est amarrée une baguette d'environ dix-huit pouces de longueur, à laquelle on attache une ligne, qui est terminée par une flotte. Cette ligne doit être assez longue pour qu'elle gagne la surface de l'eau & qu'on apperçoive la flotte qui indique où est la caudrette. Les pêcheurs jettent ces instrumens à mer basse entre les rochers; & de temps en temps ils les retirent, en passant une fourche, sous la flotte de liége, ou à la réunion des lignes: ce qu'ils continuent tant que la basse eau le leur permet. On prend beaucoup de chevrettes à cette *pêche*, qui se pratique depuis le printemps jusqu'à l'automne.

Le cercle des grandes chaudières a jusqu'à deux pieds de diamètre. Il est garni d'un filet délié, qui fait sac, & qui est proportionné à la grandeur du cercle. On y ajuste aussi les cordes, la petite ligne, la flotte & la baguette ordinaires. Mais on couvre la caudrette avec plusieurs ficelles qui sont tendues d'un bord du cercle à l'autre, formant comme un filet à larges mailles, auxquelles on attache des appâts de poissons frais, comme orphies, crabes, &c. Deux ou trois hommes, se mettent dans un bateau avec sept ou huit caudrettes, qu'ils calent jusqu'à cinq ou six brasses de profondeur, & ils les relèvent de temps en temps pour prendre les crabes, les araignées, les homars, les langoustes qui ont mordu aux appâts; car on ne prend guère à cette *pêche* que des crustacées.

Quelquefois on s'établit pour faire cette *pêche* sur un rocher. Si les bords du rocher étoient inclinés, on ne pourroit pas faire entrer la caudrette dans l'eau; en ce cas, on établit sur le haut du rocher une perche qui se termine par une fourche. La corde, qui soutient la caudrette, est portée en dehors au moyen de cette fourche: le pêcheur hasle sur la corde pour tirer sur la caudrette hors de l'eau, & il l'approche de lui avec un crochet.

Pour que la *pêche* à la caudrette soit avantageuse, il faut que les eaux soient chaudes, parce qu'alors les crustacées s'approchent de la côte en plus grande abondance.

Ce qu'on nomme dans la Méditerranée *salabre de fond*, ressemble beaucoup à la caudrette que nous venons de décrire.

On fait au petit port de Saint-Palais, qui est dans l'amirauté de Marennes, un établissement singulier, & qui mérite d'être décrit, pour la *pêche* des salicots ou chevrettes. A portée de ce port, il y a beaucoup de rochers qui ne découvrent pas assez de basse-mer pour y faire la *pêche* des chevrettes à pied. Cependant il se retire beaucoup de belles chevrettes entre ces roches. Pour les prendre, les pêcheurs de ce petit lieu, ont imaginé de faire un échafaudage sur ces rochers, d'où ils peuvent mettre à la mer des chaudrettes, dans lesquelles ils prennent beaucoup de chevrettes.

Pour faire cet échafaud, ils plantent sur les roches quatre petits sapins qui ont seulement vingt-deux à vingt-quatre pieds de hauteur. Ces sapins piqués dans le fond d'environ deux pieds, forment un quarré. Ils les rapprochent les uns des autres, & les inclinent, afin que l'échafaudage ayant plus de pied, il en soit plus solide.

Environ à cinq pieds du haut des perches, un peu au-dessus de l'eau, ils attachent des traverses qui communiquent d'un montant à un autre; pour former une espèce de plancher, qu'on couvre de clayonnage. Deux pieds & demi ou trois pieds au-dessus de ce plancher, ils mettent encore des traverses qui s'étendent d'une perche à l'autre pour former comme un garde-fou ou un parapet, qui empêche qu'on ne tombe à la mer.

On établit de file quatre, cinq ou six de ces cages: & comme elles sont éloignées de la côte d'environ dix brasses à la pleine mer, les pêcheurs forment pour y arriver une espèce de pont, ou comme ils disent *une galerie*, qui est d'une construction bien simple: ils plantent depuis le rivage jusqu'à une des cages une file de sapins ou de perches, qu'ils enfoncent le mieux qu'ils peuvent dans le fond; ils y attachent deux rangs de traverses qui répondent du rivage jusqu'à une des cages; la file la plus basse leur sert de marche-pied; ils se tiennent avec les mains à celle qui est plus élevée, & ils parviennent ainsi de la côte aux cages.

Ils descendent du haut de ces cages avec des cordes assez menues jusqu'au fond de la mer, des espèces de caudrettes qu'ils nomment *trouillottes*, dont le filet a des mailles de quatre lignes en quarré. Communément ces trouillottes sont faites d'une croix de bois, qui soutient le filet, & qu'on charge de quelques pierres pour la faire caller. On met dans le filet des crabes déchirés par morceaux, pour servir d'appât. Cette pêche ne se fait que de haute-mer, & seulement depuis les mois de mars & d'avril jusqu'à la fin de juillet. Il n'y a guère que les femmes & les filles qui s'en occupent. Chacune calle 4 ou 5 trouillottes, & elles les relèvent de temps en temps pour prendre les chevrettes qui ont été attirées par l'appât.

Il faut du beau temps & du calme pour faire cette *pêche* avec succès. L'échafaudage étant fait assez à la légère, il est sujet à être endommagé ou détruit par les ouragans : & quoique les pêcheuses ne se servent point de bateaux, elles sont quelquefois exposées à des accidents lorsqu'elles vont relever leurs trouillottes, soit qu'un coup de vent renverse la cage où elles sont, soit que les perches qui leur servent de marche-pied viennent à rompre : & c'est beaucoup si cet établissement dure toute une saison, sans avoir besoin de réparation considérable.

L'instrument qu'on nomme en différents endroits *bouraque*, *bourache*, *bourague*, *panier*, *cage*, *claie*, *cazier*, *&c.* peut être regardé comme une sorte de nasse qui ne diffère de la *chaudrette*, qu'en ce que la bouraque est faite avec de l'osier. Elle a communément la forme de ces paniers, qu'on nomme *mues* dans les basses cours, & sous lesquels on élève la jeune volaille : avec cette différence que la bouraque a un fond de claie, que n'ont point les mues, & au-dessus une entrée en goulet formée par des osiers qui font un entonnoir dont la pointe est en dedans de la bouraque. Les osiers qui forment ce goulet, se terminent en pointe. Ainsi on peut comparer les bouraques à certaines souricières de fil de fer ; & on voit que le goulet permet aux poissons d'entrer facilement, mais qu'il s'oppose à ce qu'ils en sortent.

Il y a des bouraques de différentes grandeurs. Les grandes ont un pied & demi de hauteur sur quatre pieds de diamètre : elles ont deux, & souvent trois anses d'osier, où l'on attache des cordes qui se réunissent à une, laquelle est plus ou moins longue, suivant la profondeur de l'eau où l'on pêche. Cette corde est terminée par une flotte qui indique où est callée la bouraque lorsqu'on veut la tirer de l'eau, & on amène la corde à bord comme on fait les caudrettes avec une fourche qu'on passe sous la flotte de liége.

On attache au fond ou aux côtés des bouraques quelques cailloux, pour les faire aller au fond de l'eau ; & dans l'intérieur quelques appâts, tels que de petits crabes ou des morceaux de viande & de poisson, ou même une pierre blanche qui ait une forme un peu alongée.

Les grandes bouraques ont chacune leur ligne, & on les calle une à une. Mais quand on se sert de petites, on en attache plusieurs le long d'une corde qu'on tend en long, comme nous l'expliquerons en parlant des nasses.

On pêche aux bouraques tantôt à pied, tantôt avec de très-petits bateaux, tels que ceux qu'on appelle sur la côte de Normandie des *picoteux*.

On ne fait usage des bouraques qu'entre les rochers. Comme il s'en trouve sur les côtes de Normandie depuis Bayeux jusque par le travers de la Hague, cette sorte de *pêche* y est ordinaire.

Pour pêcher à pied, on va de basse-mer entre les rochers, dans les endroits où il reste peu ou point d'eau, placer les bouraques, & on va les relever à la marée suivante.

Si on veut placer des bouraques sur des roches qui restent couvertes, à basse-mer, de six, huit, dix brasses d'eau, deux ou trois hommes se mettent dans un petit bateau, avec un nombre de bouraques qu'ils callent jusque sur le fond : chaque bande de pêcheurs a soin de marquer les bouraques qui lui appartiennent, pour ne s'approprier que le poisson qui s'est pris dans ses bouraques.

Quand les bouraques sont placées, les pêcheurs vont à terre ; mais ils reviennent les visiter à toutes les marées, pour prendre les poissons qui, étant attirés par les appâts, sont entrés dans les bouraques par le goulet, & on les en retire au moyen d'une porte qu'on a ménagée sur les côtés.

Cette pêche est plus avantageuse après les motures, & lorsque l'air est chaud, que quand il est frais & le ciel serein. Communément on ne trouve dans les bouraques que des crustacées, tels que des homars, des langoustes, des araignées, des crabes, quelquefois aussi des congres & des anguilles.

Au retour de la *pêche*, on a coutume de mettre les crustacées dans des espèces de réservoirs formés de claies, où on les conserve en vie dans l'eau de la mer, jusqu'à ce que les pêcheurs trouvent à les vendre.

Le bouteux est à proprement parler une sorte de grand truble, puisqu'il est formé d'un filet en poche, dont l'ouverture est tenue ouverte par une monture de plusieurs morceaux de bois, & qu'il a un manche avec lequel on le manie.

La monture de ce filet est formée par une perche, de sept à huit pieds de longueur, plus ou moins, suivant la grandeur du bouteux. A son extrémité est fermement assemblée une traverse, qui forme avec la perche comme un *T*. Aux deux bouts de cette traverse sont attachées deux gaules menues & pliantes qu'on nomme *volets* ; on les plie & lie l'une à l'autre pour former par leur réunion une portion d'ellipse qui est attachée sur la perche. Les bords du filet, qui forme un sac, sont arrêtés, tant à la pièce qu'aux volets.

Les mailles du fond de ce filet ont au plus quatre à cinq lignes en quarré; mais celles des bords sont plus grandes. La profondeur de la poche est plus ou moins grande; elle est souvent de quatre ou cinq pieds : mais il faut tenir la perche d'autant plus longue, que la poche a plus de profondeur, afin que le pêcheur ne marche pas dessus. Les chausses profondes ont l'avantage de mieux retenir le poisson; mais elles sont sujettes à se tordre dans l'eau, & alors elles sont presque dans le même cas que si elles étoient fort courtes, & il est difficile d'en tirer le poisson. Quand elles ont peu de profondeur, on y prend le poisson en y fourant le bras comme le fait le pêcheur, mais lorsqu'elles sont longues, il faut en jetter une partie sur le bras gauche, & prendre le poisson avec la main droite.

Le pêcheur ayant suspendu à son côté une gline ou un sac, pour mettre le poisson qu'il prendra, il saisit l'extrémité de la perche avec ses deux mains; puis entrant dans l'eau jusqu'au dessus de la ceinture, il pose la traverse sur le fond, & il court de toutes ses forces, poussant devant lui le bouteux. Il suit de-là que la *pêche* aux bouteux ne se peut faire que sur les fonds de sable unis, & lorsque la mer est assez retirée pour que les pêcheurs puissent marcher sur le fond.

On conçoit qu'il est très-fatigant de courir étant dans l'eau jusqu'au dessus de la ceinture, & poussant devant soi un bouteux qui est quelquefois assez grand. Cependant cette *pêche* est pratiquée par des femmes & même des enfants, comme par les hommes; mais chacun prend un bouteux de grandeur proportionnée à sa force, & ordinairement les femmes quittent leurs jupons pour mettre des espèces de culottes à grands canons.

On a comparé le bouteux à une ratissoire, avec d'autant plus de raison que la traverse laboure le sable; elle en fait sortir les poissons qui s'y sont fourés; mais aussi elle écrase le frai & beaucoup de petits poissons; de plus, le poisson qui entre dans la chausse étant souvent trainé assez loin sur le sable, il est meurtri, & n'est jamais aussi sain que celui qu'on prend à la ligne ou avec les filets sédentaires.

Cette *pêche* est donc destructive, quoique, pour diminuer le dommage qu'elle cause, & ménager les petits poissons, l'ordonnance en interdise l'usage depuis le mois de mars jusqu'à celui d'août. Cependant les chaleurs de l'été sont très-favorables pour cette *pêche*.

Dans les saisons où il est permis de pêcher avec le bouteux, aussi-tôt que la mer est suffisamment retirée, chacun court chercher son bouteux; car il n'y a personne, même dans les plus nombreuses familles, qui n'ait le sien grand ou petit : & bien-tôt toute la plage se trouve couverte d'hommes, de femmes & d'enfants qui poussent leur bouteux le plus vîte qu'il leur est possible; ce qui offre un spectacle assez singulier.

Si les pêcheurs sentent les secousses d'un gros poisson qui soit entré dans la chausse, ils relèvent aussi-tôt leur filet; mais quand ils ne sentent point de secousses, ils poussent leur bouteux quelquefois assez loin sans le relever; & après cette course, ils trouvent dans le filet de petits poissons, mêlés tantôt avec du gouémon, & tantôt avec de la vase, & pour l'ordinaire en assez mauvais état; de sorte que les plus petits, qu'on rejette comme inutiles, sont trop endommagés pour subsister, & sont presque toujours perdus.

On prend à cette *pêche* non-seulement des poissons ronds qui nagent entre deux eaux, mais encore des plats, que la traverse du bouteux oblige de quitter le sable où ils s'étoient enfouis à la mer baissante. On y prend aussi quelques grosses chevrettes. La *pêche* au bouteux se pratique la nuit comme le jour.

On donne différentes formes aux bouteux. Quelques-uns, pour que la traverse soit assujétie plus solidement au bout de la perche, la terminent par une petite fourche, & chaque branche de la fourche entre dans la traverse.

Le petit bouteux, qu'on nomme volontiers *bouquetout* dans l'amirauté de Coutances, & *bukotier* dans celle de Bayeux, sert pour prendre des chevrettes, à de jeunes gens qui n'auroient pas la force de manier les grands bouteux.

On en fait encore de plus petits, qu'en certains endroits on nomme *buchots;* & quelques-uns, au lieu de chausse de filet, en ont de serpillière : ils servent à prendre de petites chevrettes ou sauterelles & du poisson au fond des parcs qui n'assèchent point dans les mortes eaux.

Quand la chausse des bouteux est fort longue, elle est sujette à se replier ou à se tordre sur elle-même : c'est ce qui a engagé quelques pêcheurs à mettre dans cette poche de petits cercles de bois, pour soutenir le filet & l'empêcher de s'affaisser sur lui-même. Ces bouteux qu'on appelle *à queue de verveux*, donnent beaucoup de facilité au poisson pour entrer dans la chausse; mais ils ne sont guère propres à être traînés

traînés sur le sable, les parties du filet qui répondent aux cerceaux étant bientôt usées par le frottement. Ces sortes de bouteux ont ordinairement un cercle qui est attaché aux extrémités de la traverse.

Dans l'amirauté de Vannes, on se sert d'un bouteux qu'on y nomme *petit havenau*. Cet instrument diffère des bouteux de Normandie en ce que le demi-cercle est quelquefois de fer, & que le bout du manche est attaché au milieu de la circonférence du demi-cercle; & pour le fortifier, il y a au bas du demi-cercle, des deux côtés, un morceau de bois long de dix-huit à vingt pouces qui s'étend du cercle au manche: les pêcheurs s'en servent comme ceux de Normandie, en les poussant devant eux sur le sable lorsqu'il est encore un peu couvert d'eau : ils prennent des chevrettes & d'autres petits poissons.

Dans l'amirauté d'Oistréhan, on fait avec de petits bouteux qu'ils nomment *boulets*, la *pêche* de ce qu'ils nomment *mignon*, qui est la même chose que le meslis ou le nonnat; la chausse a trois ou quatre pieds de longueur, & les mailles ont à peine deux lignes d'ouverture. Ceux qui s'en servent à l'embouchure de l'Orne, le poussent devant eux de marée montante, & ils écument à la superficie de l'eau tout le frai & la menuise que la marée y apporte en abondance dans les temps de chaleur.

La grenadière est une espèce de bouteux, que les flamands ont nommé ainsi, parce qu'il sert principalement à prendre des chevrettes qu'on nomme en Flandre *grenades*. C'est donc un bouteux peu différent de l'autre, que les picards nomment *buchot*.

La grenadière a comme le bouteux un manche & une traverse que les pêcheurs nomment *le seuil*, qui est taillé en biseau, & qui a jusqu'à sept ou huit pieds de longueur. Les pêcheurs y attachent un filet à mailles très-serrées. Ce filet forme une poche, dont les côtés sont attachés à deux cordes qui se tendent d'une extrémité du seuil à une petite traverse de bois, laquelle n'a qu'un ou deux pieds de longueur, & est attachée au manche parallèlement au seuil. Il n'y a point ici de cercle : & c'est ce qui établit la principale différence de cet instrument au bouteux. Les pêcheurs se mettent dans l'eau la mer baissant; ils poussent devant eux la grenadière comme le bouteux, & ils prennent les mêmes poissons.

Dans l'amirauté de Boulogne, on se sert, pour prendre des chevrettes, de petites grenadières dont la perche n'a que sept à huit pieds de longueur, & le seuil trois pieds & demi; la petite traverse est attaché au manche à deux pieds & demi ou trois pieds du bout.

On pêche encore avec une espèce de bouteux, nommé *savre* dans l'amirauté de Coutance. Il y en a de différentes grandeurs. Les uns ont six ou sept pieds de diamètre. On les monte d'un côté sur une perche qui a aussi six ou sept pieds de longueur. On attache solidement cette perche sur une autre, laquelle est longue de douze à quatorze pieds, & sert de manche : mais la perche n'est pas attachée au bout de la perche; on l'assujétit à huit ou dix pouces de son extrémité. Pour fortifier la perche qui est plus foible que la traverse des bouteux, on attache à un de ses bouts une ligne qui va faire un tour mort à l'extrémité de la perche; & on l'amarre fermement à l'autre extrémité de la traverse; enfin, au bout de la perche est attachée une corne.

Pour pêcher avec ce filet, les pêcheurs se mettent dans un batelet qu'ils conduisent aux bords de la rivière, où le poisson fréquente plus qu'au milieu; ils appuient la perche sur un morceau de bois qui porte une entaille à son extrémité, & qu'on a établi pour cela à l'avant du batelet destiné pour cette *pêche*.

Le pêcheur qui manie le savre, l'enfonce dans l'eau le plus avant qu'il lui est possible; & au bout d'un court espace de temps il le relève promptement & avec force, en pesant sur le bout de la perche qui est dans le batelet; puis il tire à lui deux lignes qui sont attachées au fond du filet; ce qui le plie en partie, & donne la facilité de retirer le poisson qui s'y trouve.

Le savre ou saveran qu'on emploie pour pêcher les lançons, est semblable à celui que nous venons de décrire : mais on s'en sert différemment, comme nous allons l'expliquer.

Les mailles du bord du filet sont ouvertes de douze à quinze lignes en quarré; le reste de la poche où se prennent les lançons est quelquefois fait d'une toile claire, & le plus souvent d'un filet délié, dont les mailles n'ont que trois ou quatre lignes d'ouverture; le fil dont on le fait est si fin, que des poissons plus forts que les lançons le romproient.

Cette *pêche* se fait à pied; & elle se pratique avec succès aux embouchures des rivières, qui ont un fond de sable. Les pêcheurs s'y mettent à l'eau jusqu'au dessus de la ceinture, tenant leur savre bien plus droit que ceux qui poussent le bouteux devant eux : la corne coule seulement sur la superficie du sable; ce qui est d'autant plus facile que sa courbure l'empêche de s'y enfoncer.

Ceux qui pêchent, vont s'établir à val de la marée montante, & ils se retirent à mesure qu'elle s'élève, foulant & émouvant le sable avec leurs pieds pour faire saillir les lançons du sable où ils se tiennent : alors les lançons entrent dans le filet, & sont pris.

Cette *pêche* commence vers la Saint-Jean, & finit avec le mois de novembre, lorsque les fraîcheurs se font sentir : elle est pratiquée par les hommes, les femmes & les filles.

On ne prend guère de lançons pendant le jour, l'éclat de la lumière les fait s'ensabler : on la fait donc ainsi seulement de nuit, à moins que le temps ne soit couvert & sombre.

La *pêche* du grand haveneau, qui est sur-tout en usage sur les côtes de Haute-Normandie, ne se pratique guère que sur les grèves plates : & pour en tirer quelque avantage, il faut s'établir dans un courant formé par le retour de la marée, ainsi qu'à l'embouchure d'une rivière où la marée entre.

Ce filet est monté sur deux perches qui ont douze à quinze pieds de longueur. Elles sont jointes l'une à l'autre, par un lien, ou, plus fréquemment & mieux, par un clou rivé, qui les traverse & leur permet un mouvement semblable à celui des lames d'une paire de ciseaux. Un peu au-dessus du point de réunion, il y a des entailles où s'emboîte une traverse qui, tenant les perches écartées l'une de l'autre d'une quantité convenable, sert aussi à conserver la même ouverture de l'angle ; ordinairement les deux extrémités des perches sont éloignées l'une de l'autre de quinze pieds.

Le fond de ce filet forme une poche qui est plus du côté de la traverse que vers l'extrémité des perches.

Le bord du filet qui est du côté de la poche, s'attache à la traverse : les deux côtés s'amarrent aux parties des perches, & le reste à une corde qui borde le filet. Ordinairement on met à cette corde un peu de plomb, mais au plus trois ou quatre onces par brasses ; car un poids plus considérable empêcheroit qu'on ne pût relever promptement le filet.

Pour se servir du grand haveneau, qu'on nomme aussi *havenet* & *havenat sédentaire*, le pêcheur le présente au courant, posant sur le fond les deux bouts des perches, ainsi que la corde qui s'étend de l'un à l'autre. Les deux extrémités postérieures des perches passent sous ses aisselles, & l'angle qu'elles forment, s'appuie contre son corps.

Le moindre poisson qui se présente & qui donne dans le filet se fait sentir au pêcheur, lequel relève aussi-tôt le haveneau pour faire tomber le poisson dans la poche qui est du côté de la traverse. L'ayant tiré de la poche, il le met dans sa gline, qui est un panier couvert, qu'il porte attaché sur son dos. Il replonge immédiatement après son filet, & continue la même *pêche* jusqu'à ce que la marée trop haute l'oblige de se retirer. Pour le faire aisément & très-promptement, parce que dans les endroits que nous venons d'indiquer comme les plus favorables à cette *pêche*, la marée monte très-vîte, il ôte la traverse, il rapproche les deux perches l'une de l'autre ; il les entoure du filet, & forme du tout un paquet, qu'il met sur son épaule pour gagner promptement le bord. Au reste, on fait cette *pêche* tant de flot que de jusan, opposant toujours le filet au cours de l'eau, & l'on y prend de toutes sortes de poissons ; mais plus fréquemment des poissons plats, qui se laissent entraîner par le courant, que des ronds qui nagent entre deux eaux.

Pour ne point faire tort à la multiplication du poisson en retenant le frai & les plus petits poissons, il faudroit que l'ouverture des mailles fût de quinze lignes en quarré : cependant quand il s'agit de prendre des chevrettes, on est obligé de se servir de filets dont les mailles soient beaucoup plus petites : & en conséquence le filet doit être petit ; parce que s'il étoit grand on auroit trop de peine à le relever ; à cause de la petitesse des mailles.

Les pêcheurs au haveneau ne peuvent pousser leur filet devant eux ; les bâtons qui entreroient dans le sable les en empêchent : ainsi ils sont obligés de se placer dans un courant qui amène le poisson dans leur filet. Quelquefois, quand ils veulent embrasser toute la largeur d'un courant qui a de l'étendue, ils se placent douze, quinze, vingt, sur une même ligne, & assez près les uns des autres pour que les filets se touchent ; opposant toujours l'embouchure de leurs filets au courant : de sorte qu'ils prennent au retour de la marée ce qui leur a échappé à la marée montante.

Quand il se rencontre quelque route que les poissons pourroient prendre pour éviter les filets, plusieurs aides se mettent dans l'eau, qu'ils frappent avec des perches pour déterminer le poisson à donner dans les haveneaux.

On se sert dans la Garonne de bateaux pour

pêcher avec le haveneau ; mais les pêcheurs se disposent différemment quand ils ont intention de prendre des chevrettes, que lorsqu'ils veulent pêcher des poissons.

Pour la *pêche* des chevrettes, qu'on fait dans les mois de juillet, août & septembre, ils prennent des filets dont les perches ou barres ont vingt pieds de longueur. Pour établir ces grands haveneaux sur de petits bateaux, qu'ils nomment *filadières*, ils amarrent bas-bord & tribord de la filadière deux espars qui soutiennent à l'arrière de la filadière une traverse de bois d'environ vingt pieds de longueur, qu'ils nomment *barioste* : elle sert à supporter les deux bras du haveneau.

Les mailles de ce filet sont assez larges d'un côté ; mais elles se rétrécissent beaucoup vers la poche.

Comme le haveneau est presque en équilibre sur la barioste, un seul homme peut faire cette *pêche* dans sa filadière. Quand donc il est rendu au lieu où il veut établir sa *pêche*, il mouille à tribord un petit grapin dont le cableau, qui est amarré à la filadière, peut avoir vingt ou vingt-cinq brasses de longueur. A dix brasses de la filadière, il frappe sur le cableau un petit grelin, qui a de même dix brasses de longueur : & cette manœuvre, qu'ils nomment *traversière*, est à bas-bord de la filadière. De cette façon, ce petit bateau est comme enfourché sur son ancre, l'étambot à la marée.

Le pêcheur élève le gros bout des barres qui est dans la filadière ; & plonge ainsi la partie dans l'eau, au plus de quatre pieds. Le courant fait entrer les chevrettes dans la poche ; elles y restent, & ne cherchent point à en sortir : c'est pourquoi le pêcheur ne relève son filet pour les prendre que deux fois ou au plus trois pendant une marée, lors même qu'il pêche de flot & de jusan.

Il est sensible que quand, après avoir pêché de flot, on veut pêcher de jusan, il faut que la filadière tourne sur ses amarres pour se mettre au courant. Mais après cette évolution, elle est afourchée par son cableau & sa traversière, comme elle l'étoit dans sa première situation.

Pour relever le filet & prendre les chevrettes, le pêcheur pèse sur la partie des barres, qui est dans la filadière : & afin de tenir son filet élevé, il tourne autour des barres un petit cordage qui est amarré au dedans de la filadière.

Le filet étant ainsi soutenu hors de l'eau, le pêcheur rassemble toutes les chevrettes dans un coin de la poche pour les ramasser avec une sebille, & les mettre dans sa gline ou dans un sac.

A cette *pêche*, les pêcheurs se mettent toujours plusieurs de front, à dix pieds les uns des autres pour se prêter la main dans le besoin ; de crainte sur-tout que quelqu'un ne s'endorme ; car la moindre chose peut faire chavirer ces petites filadières.

Quand les pêcheurs se proposent de prendre des mulets ou muges, & d'autres poissons de moyenne taille, ils emploient des filadières plus fortes que pour la *pêche* des chevrettes : & les mailles du filet étant plus grandes, il éprouve moins d'effort de la part du courant qui tend à faire plonger l'arrière du bateau, non-seulement en raison du poids du filet, mais encore à cause des amarres qui répondent au grapin.

La *pêche* des mulets dans la Garonne commence quand on finit celle des chevrettes, environ au mois de septembre ; & on la continue jusqu'à pâques, à moins qu'on ne l'interrompe pour faire la *pêche* des aloses avec de grands filets.

On fait la *pêche* des mulets, de jour & de nuit ; & un vent frais y est favorable, pourvu que la filadière puisse tenir la mer.

On ne plonge le haveneau que d'un pied dans l'eau : & comme les mulets font effort pour s'échapper ; il faut relever fréquemment le filet. Pour cela deux pêcheurs ont toujours les mains sur des barres, afin de relever aussitôt qu'ils sentent qu'un poisson a donné dans le filet.

Dans l'amirauté de la Rochelle, on se sert d'une chaloupe sans voile, qu'on afourche sur deux ancres, côté en travers à la marée. Le haveneau est placé par le travers du mât, à tribord : le surplus de la manœuvre est semblable à ce que nous venons de dire des pêcheurs de la Garonne.

On pêche encore au haveneau dans cette amirauté avec de petits bateaux à cul quarré, qu'on nomme *acons*. La grande largeur de l'arrière des acons est très-propre à fournir un point d'appui au haveneau. Trois hommes se mettent dans l'acon : un rame pour refouler la marée, & les deux autres gouvernent le filet.

On fait dans bien d'autres ports des *pêches* avec des haveneaux de différentes grandeurs, & qui ont des mailles plus ou moins larges, suivant les poissons qu'on se propose de prendre. Mais ce que nous venons de dire suffit pour donner une idée assez juste de ces *pêches*, qui diffèrent peu entr'elles, & qu'il seroit aussi inutile qu'ennuyeux de détailler.

La bichette est un haveneau qui sert à plusieurs petites *pêches* au bord de la mer. Cet instrument, est composé de deux bâtons courbés en arc : ils se croisent comme les perches des haveneaux, & y sont arrêtés par un clou rivé. Mais à cause de leur courbure les bouts qui terminent la bichette, se rapprochent ; & ceux que les pêcheurs tiennent dans leurs mains, s'écartent. Il y a, comme aux haveneaux, une traverse & une corde qui borde le bout du filet ; on la charge d'un peu de plomb. Le fond du filet fait un sac proportionellement plus profond que celui du haveneau.

On se sert de la bichette pour prendre au fond des pêcheries les petits poissons qui y restent, ainsi que dans les mares qui n'assèchent point au retour de la marée.

La savenelle, ou le saveneau, savoneau, qu'on nomme encore *colleret à main*, & en provençal *sausayron*, est un diminutif du haveneau ; excepté que le filet qui est une simple nappe d'une brasse & demie, ou au plus deux brasses de longueur, est monté sur deux perches ou quenouilles qui ne se croisent pas. Le filet est bordé d'une corde qui s'étend d'une quenouille à l'autre. La corde est garnie d'un peu de plomb.

Quand les saveneaux sont petits, les pêcheurs prennent une quenouille de chaque main, & présentent à l'eau le filet tout ouvert. Lorsqu'ils sentent qu'un poisson donne dedans, ils le plient en rapprochant précipitamment l'une de l'autre les deux quenouilles.

Quand les saveneaux sont grands, les pêcheurs se mettent deux, chacun tenant une des quenouilles.

Ce filet sert, ainsi que la bichette, à prendre le poisson qui reste au fond des parcs. De plus les femmes & les jeunes gens s'en servent pour prendre des chevrettes.

Le filet, dit *bout de quièvre*, est formé, comme le grand haveneau, de deux perches ; mais elles n'ont que six à sept pieds de longueur, & elles ne s'ouvrent que de cinq à six pieds. Cette ouverture étant fixée par la corde qui borde le filet, il n'y a point comme au havenet & à la bichette, de traverse de bois : ainsi le pêcheur est obligé de tenir continuellement son filet ouvert lorsqu'il le pousse devant lui ; car cette *pêche* n'est pas ordinairement sédentaire comme celle du grand haveneau : & c'est pour cette raison qu'on ajuste aux bouts, des cornes de chèvre, qui les empêchent d'entrer dans le terrein & les font couler dessus. Ce sont ces cornes qui ont fait appeller ce filet *bout de quièvre*, par corruption de *bout de chevre*.

La façon de s'en servir est de le pousser devant soi comme un bouteux, mais beaucoup plus lentement. Quand on le relève, on le plie en deux, en rapprochant les bâtons.

Ce filet est fort en usage du côté de Caen, & quelquefois les pêcheurs se mettent de file, hommes & femmes, au nombre d'une douzaine & plus.

Les pêcheurs du Vivier, dans l'amirauté de Saint-Malo, pêchent des poissons plats avec des haveneaux un peu différens de ceux que nous avons décrits. Ils ont deux perches de douze pieds de longueur, comme les grands haveneaux ; mais ils les glissent sur le sable, où elles ne peuvent enfoncer, parce que le bout de chaque perche est garni d'un morceau de bois plat, dont le milieu est large d'environ trois pouces, & qui fait le même effet que les cornes des bouts de quièvre. Les perches sont croisées à environ dix-huit pouces de leur gros bout, & la corde qui borde le filet par en haut peut avoir treize ou quatorze pieds de longueur ; elle n'est point plombée.

Ainsi qu'aux autres haveneaux, il y a une traverse de bois placée au-dessus du croisement des perches, & qui en limite l'ouverture. Elle a à un de ses bouts un tenon qui entre dans une mortaise pratiquée à l'une des perches, & ce morceau de bois est terminé à son autre bout par un enfourchement qui embrasse l'autre perche ; on force ce morceau de bois entre les perches pour tendre la corde qui borde le filet. Cette traverse est environ à deux pieds & demi au-dessus du clou. Le filet est amarré comme aux autres haveneaux. Le pêcheur le pousse devant lui, comme font ceux qui pêchent avec le bout de quièvre.

Aux environs de Morlaix & ailleurs, il y a des hommes & des femmes qui ont une manche, espèce de sac de toile claire assez longue, dont l'embouchure est montée sur un cercle. Deux pêcheurs se mettent à l'eau ; & en remontant le courant, ils lui présentent l'embouchure de leur chausse : ils prennent à cette *pêche*, qui est très-destructive, beaucoup de poissons du premier âge & de frai.

La *faux* est un filet qui produit à-peu-près le même effet que le haveneau, quoiqu'il soit disposé bien différemment. Dans un petit port de l'amirauté de Brest, on le nomme *guideau de pied*; parce qu'il a une manche fort longue.

Ce filet forme un sac qui a six ou huit pieds de profondeur; son embouchure est montée sur plusieurs morceaux de cerceaux qu'on joint les uns aux autres pour former une portion de cercle très-surbaissée. Une corde s'étend d'une extrémité de l'arc à l'autre; & l'ouverture du filet, qui est de dix à douze pieds, est attachée en partie aux cerceaux & en partie à la corde. La flèche de cet arc au milieu est de cinq pieds.

Pour se servir de cet instrument, deux hommes prennent la faux chacun par un bout, la marée montante ou baissante; ils présentent l'ouverture du filet au courant. Lorsqu'ils sentent qu'un poisson a donné dans le filet, ils en élèvent l'embouchure pour faire tomber le poisson dans la manche, & sur le champ ils le replongent pour attendre un autre poisson. Les mouvemens que les pêcheurs se donnent pour entrer le filet dans l'eau & l'en retirer, ont paru approcher de ceux des faucheurs; ce qui a peut-être engagé à donner le nom de *faux* à cet instrument, qui d'ailleurs, en ne considérant que son arc, a assez la courbure de la faux. Les mailles de ce filet ont ordinairement un pouce en quarré; ainsi il ne retient point les très-petits poissons.

Le filet qu'on nomme *guideau*, a la forme d'une chausse, qui fait un tuyau plus ou moins long. Il est large à son embouchure, & va toujours en diminuant jusqu'à son extrémité, qui est fermée de différentes façons.

Comme ces chausses ont quelquefois six ou sept brasses de longueur, on ne pourroit pas les retourner pour en retirer le poisson. On laisse donc ouverte l'extrémité de la chausse, & on la lie avec une corde qu'on dénoue pour secouer le poisson sur le sable; ou bien on ajuste au bout de la chausse un panier d'osier dans lequel se ramasse le poisson, d'où on le tire aisément en ouvrant une porte qui est au bout.

Dans tous les guideaux, les mailles de l'embouchure sont assez larges: elles ont au moins deux pouces d'ouverture en quarré. Leur grandeur diminue à mesure qu'on approche du fond. Elles devroient avoir à cet endroit deux pouces, pour laisser au petit poisson la liberté de s'échapper; mais souvent on les réduit à trois ou quatre lignes: ainsi elles retiennent le frai & les poissons du premier âge, qui s'y accumulent avec la vase, & sont entièrement perdus.

Tente des guideaux.

Si l'on tendoit des guideaux dans une eau dormante, comme rien ne détermineroit le poisson à entrer dans la manche, on n'y prendroit rien: c'est pourquoi on tend toujours ces filets dans un courant auquel on oppose la bouche du filet, afin d'arrêter au passage le poisson qui suit ou qui est entraîné par la force de l'eau. Il faut donc que la bouche du filet soit disposée à recevoir le courant; & l'on fait ordinairement cette embouchure fort évasée, pour qu'elle admette une plus grande masse d'eau. On conçoit qu'il est nécessaire que cette embouchure soit tenue ouverte. Pour cela, on la tend quelquefois sur un chassis d'assemblage: d'autres fois on l'attache sur des piquets qu'on a enfoncés dans le sable à la basse-mer, & auxquels on ajuste une traverse haut & bas; ce qui forme un chassis moins solide.

Dans l'amirauté de Marennes, les pêcheurs tendent l'embouchure de leurs guideaux sur des perches qui ont depuis quatre jusqu'à six brasses de hauteur; la manche est longue de quatre à cinq brasses, & elle a autant d'ouverture: ils divisent cette ouverture en quatre, & attachent à la corde qui la borde, quatre anneaux de bois dans lesquels ils enfilent les perches. Comme ils tendent quelquefois leurs guideaux dans des endroits où il y a certaine épaisseur d'eau, ils font descendre jusque sur le terrein les deux anneaux d'en-bas, au moyen d'une perche terminée par une petite fourche: & ils amarrent les deux anneaux du haut aux perches, un pied & demi ou deux pieds au-dessus de la surface de l'eau.

On prend avec les guideaux tous les poissons qui suivent le courant.

Les guideaux dits *à hauts étaliers*, & qu'on nomme en différens endroits *didaux*, *quidiats*, *tiriats*, &c, sont des chausses qui ont trois brasses & demie ou quatre brasses de longueur. Ils s'évasent à leur embouchure jusqu'à avoir sept ou huit pieds de diamètre; cette embouchure est bordée d'une corde assez forte: les mailles auprès de l'embouchure ont un pouce ou dix-huit lignes en quarré; au tiers de la longueur, elles ont seulement neuf lignes; on continue à les faire de plus en plus étroites, de sorte que dans la dernière demi-brasse, elles ont souvent moins de trois lignes. Pour tendre ces guideaux, on plante dans le terrein, vis-à-vis de quelque courant, ou de l'embouchure d'une rivière, le plus près qu'il est possible de la laisse de basse-mer, des pieux ou forts piquets, qu'on nomme *chèvres*, qui ont neuf à dix pieds de longueur. Ils sont enfoncés de deux pieds dans le terrein, & ils doivent l'excéder au moins de sept à huit pieds. On met tous ces pieux sur une même file, au nombre quelquefois de vingt-cinq ou trente: c'est ce que les pêcheurs appellent *étaliers*. Pour les affermir contre l'effort de la marée, chaque pieu est retenu par une corde qui forme un étai, frappée d'un bout à la tête des pieux, & de l'autre aux piquets qui sont enfoncés dans le terrein, à une petite distance des pieux, du côté par où l'eau vient avec rapidité. On affermit encore les deux pieux qui terminent les files de chèvres, par un étai qui est à-peu-près dans l'alignement des pieux; & cette corde se prolonge dans toute la longueur de l'étalier, étant bien tendue & attachée par une boucle à la tête de chaque pieu. Cette manœuvre affermit les pieux, elle en assujettit les têtes à des distances proportionées à la largeur de l'embouchure des guideaux. On tend à dix-huit pouces au-dessus du terrein un pareil cordage, qui assujettit les pieux par le bas.

L'embouchure des guideaux est bordée d'une corde assez forte, à laquelle on pratique des œillets pour pouvoir les attacher bien tendues à des anneaux de fer qui sont amarrés aux pieux. En tendant des guideaux au bord de la mer, les pêcheurs mettent toujours l'ouverture du côté de la terre, afin de recevoir l'eau lorsque la marée baisse. On conçoit que ces étaliers doivent être solidement établis pour résister à l'effort que l'eau fait sur une rangée de filets qui s'oppose à son cours.

L'embouchure des guideaux est fort grande, & comme ils se joignent tous les uns aux autres, ils forment par leur réunion une file de manches toujours prêtes à recevoir les poissons qui suivent le courant, gros & petits: mais on les y trouve toujours morts, quand même on les tireroit du filet peu de temps après qu'ils sont pris.

Les pêcheurs préparent leurs guideaux, de basse-mer. C'est aussi de basse-mer qu'ils vont en retirer le poisson. Pour cela, comme il n'y a point de panier au bout des guideaux, ils délient une ligne qui ferme le bout du sac, & secouent la manche sur le sable pour en faire sortir le poisson.

La *pêche* des guideaux à hauts étaliers est une des plus considérables qu'on fasse à pied sur plusieurs côtes. Elle est en usage vers le Havre, Caen, & particulièrement sur les côtes de Touque & Dive; de sorte qu'en certains endroits toute la plage est traversée de chèvres à guideaux.

Le fort de cette *pêche* est depuis le commencement d'octobre jusque vers la fin du mois de mars: on est obligé de la discontinuer quand les chaleurs se font sentir, à cause de la quantité d'orties de mer & de crustacées voraces, qui se portent à la côte.

Les pêcheurs étaliers, riverains du mont Saint-Michel, tendent des guideaux avec trois piquets, dont deux servent à tenir l'embouchure ouverte au moyen d'anneaux d'osier qui sont de chaque côté, & dans lesquels on passe les piquets; la queue du guideau est amarrée sur un troisième piquet, & ils tiennent le guideau le plus tendu qu'il leur est possible. Par ce moyen, ils ferment les mailles qui sont déjà fort étroites. On nomme ces guideaux *à petits étaliers*; mais ce nom convient encore à d'autres, dont nous allons parler.

Ceux qu'on appelle en Normandie *vaches volantes*, ou *guideaux à petits étaliers*, sont ainsi nommés, parce que les piquets sur lesquels ces filets sont tendus ne s'élèvent que de trois ou au plus quatre pieds au-dessus du terrein. On les appele aussi *volants*, parce que les pêcheurs les changent souvent de place & de disposition d'une marée à l'autre, suivant l'état des bancs de sable, qui assez fréquemment sont mouvans.

Ces piquets ne sont point retenus par des cordes, comme le sont les pieux des grands étaliers. Les chausses de ces guideaux n'ont que deux ou deux brasses & demie de longueur; au lieu que celles des grands en ont quelquefois six ou sept. Enfin, les petits étaliers se placent sur les grèves sableuses & vaseuses, ainsi que dans toutes les plages où il se forme des courans.

On a donc jugé à propos de diminuer la longueur des chausses des guideaux & d'en augmenter la largeur. Mais en les tenant larges & courtes, les poissons auroient pu s'échapper: c'est ce qui a fait imaginer un moyen très-ingénieux d'empêcher le poisson de sortir du filet, sans former aucun obstacle à leur entrée. On a rempli cette intention en plaçant un goulet avec un cerceau qui tient ouverte l'embouchure du filet.

Ce goulet est un filet figuré comme un entonnoir; dont l'ouverture du pavillon est attachée au cerceau. La pointe de ce filet est soutenue dans l'axe du filet principal par quelques fils déliés, & pour que le poisson entre aisément dans le filet par des fentes qu'on pratique à la pointe du goulet, ces fils sont tendus mollement. Il est sensible que le poisson entre sans effort dans le corps du filet par ces fentes, & que se trouvant à l'aise dans l'intérieur du filet, il ne s'avise point de chercher à s'échapper par les fentes qui lui ont permis d'entrer.

Des verveux ou verviers, qu'on nomme aussi renards, &c.

Le verveux le plus simple est un filet en forme de cloche, & un peu conique, d'une ou deux brasses de longueur, dont l'entrée porte trois ou quatre pieds de diamètre. Le corps de ce filet va un peu en se rétrécissant, & prend une forme conique. A la pointe de ce cône on fait un œillet qui sert à fixer le verveux dans l'endroit où on le tend.

Le corps du filet est soutenu par quatre, cinq, six cerceaux menus & légers, qu'on met en dedans.

Dans l'amirauté de Nantes, où l'on fait usage du verveux qu'ils nomment *loup*; pour joindre l'une à l'autre les gaulettes qui forment les cerceaux, ils en passent les bouts dans des tuyaux de sureau. Ailleurs on fait cet ajustement plus proprement avec des révolutions d'un fil retors.

Le cerceau de l'entrée est plus grand que tous les autres, dont les diamètres vont toujours en diminuant.

On ajoute presque toujours devant le principal cerceau ce qu'on nomme la *coëffe*. Cette partie qui s'évase beaucoup, est soutenue par une portion de cercle dont les extrémités sont assujetties par une corde ou une barre de bois qui s'étend de l'une à l'autre. Au moyen de cette traverse, le côté de la coëffe, qui est en bas, ayant une forme platte, il s'applique plus exactement sur le terrein.

Le verveux, non compris la coëffe, est attaché à toute la circonférence du premier cerceau: & comme le corps de ce filet est large, assez court, & soutenu en plusieurs endroits par des cerceaux, le poisson en sortiroit aisément si l'on ne mettoit pas en-dedans un goulet, dans lequel on ajoute souvent un petit cerceau, pour que l'entrée en soit plus accessible au poisson.

C'est ce goulet qui caractérise les verveux, & qui établit sa différence d'avec le guideau. Si quelques pêcheurs mettent un petit goulet à l'embouchure des guideaux, comme nous l'avons dit, c'est une perfection qui est empruntée des verveux.

On conçoit que le poisson qui s'engage dans le goulet, passe sans difficulté dans le corps du verveux par les fentes qui sont vers la pointe du goulet; il en écarte les fils, comme il fait les herbes qui se présentent à son passage. Une fois qu'il est dans le verveux, il se trouve à l'aise, & nage de tous côtés sans jamais reprendre pour en sortir, la route qu'il a suivie en y entrant. On le trouve immanquablement entre le corps du verveux & le goulet. Et comme il n'est pas gêné, on le retire sain & en vie, ce qui donne aux verveux un grand avantage sur les guideaux.

Comme les poissons nagent en tous sens dans les eaux dormantes pour chercher leur nourriture, & que rien ne les détermine à suivre plutôt une route qu'une autre, on fait des verveux qui ont plusieurs entrées, quelquefois jusqu'à quatre, pour que le poisson y entre plus facilement.

Ce verveux, qui est cylindrique, se nomme *louve* ou *verveux à tambour*. Le corps du filet, qui est d'une égale largeur dans toute son étendue, est monté sur trois ou un plus grand nombre de cerceaux. Ces cerceaux sont fermement attachés sur quatre perches. A chaque bout de ce tambour, il y a un goulet; de sorte que les poissons ont une égale facilité à entrer dans les verveux par un bout ou par l'autre.

On en fait de cubiques qui ont cinq entrées, & qu'on nomme, pour cette raison, *quinqueportes*.

Dans tous ces verveux, qui sont montés sur un bâti de bois, il faut ménager une porte pour en retirer le poisson.

Lorsqu'on pêche dans une eau dormante, il est assez indifférent de quel côté on tourne la bouche du verveux; & c'est le cas où il est avantageux de tendre des verveux à plusieurs entrées. Mais les pêcheurs ne sont point d'accord lequel est préférable d'opposer la bouche du filet à un courant, ou de la placer en sens contraire. Cette dernière situation semble être la meilleure quand le courant a peu de rapidité, parce que les poissons refoulent ordinairement le courant quand ils sont effrayés. Mais il n'en est pas de même lorsque le courant est rapide: car en ce cas il entraîne plusieurs espèces de poissons comme malgré eux.

Lorsqu'on tend les verveux au bord des rivières, l'usage le plus commun est de les placer dans des endroits où il y a peu de courant; & la plupart des pêcheurs opposent au courant le fond du verveux. Mais au bord de la mer, sur les grèves, on présente toujours la bouche du filet au courant. Quand on veut tendre ainsi les verveux, on attache une cablière à la pointe du filet, & on amarre au demi-cercle qui soutient la coëffe du filet une perche qui est pointue par le bout; après avoir jetté la pierre à l'eau, & avoir étendu le verveux sur le fond, on y fait entrer l'extrémité de la perche: le filet est alors tendu assez ferme pour résister au courant. Quelques-uns cependant attachent outre cela une pierre à chaque bout de la traverse.

Quand on oppose le fond du filet au courant de l'eau, on met une pierre à chaque bout du demi-cercle qui soutient la coëffe; & on passe la perche dans l'œillet qui est au bout du filet, pour enfoncer le bout pointu dans le fond, ainsi que le font les pêcheurs. Comme le verveux va toujours en s'évasant, le courant contribue à porter la bouche du filet vers le bas de la rivière, ce qui aide à le tendre.

Pour tendre le verveux double & cylindrique ou en tambour, que quelques-uns nomment *louve*, on le porte auprès de l'endroit où on veut le placer: c'est ordinairement dans des herbiers. On y coupe les herbes avec un croissant, pour faire une route, une coulée ou une passée, précisément de la largeur du tambour: & cette passée sera d'autant meilleure qu'elle sera plus longue. Ensuite on attache des pierres le long d'un des bâtons du tambour, afin que le filet aille au fond de l'eau. On attache de plus une corde au milieu du bâton opposé à celui qui est chargé de pierres. Si l'on place le tambour auprès du bord de l'eau, la corde doit être assez longue pour qu'on puisse s'en servir à relever le filet. Mais quand on tend le tambour avec un bateau, il faut mettre au bout de la corde une flotte de liége, ou un signal de roseaux secs, qui indique l'endroit où le tambour est calé.

Pour mettre le tambour à l'eau, on le prend avec les deux mains par les bouts, & on met sur sa tête le bâton, qui est opposé à celui qu'on a chargé de pierres. Etant à portée de la passée qu'on a faite entre les herbes, on jette le tambour à l'eau, en retenant le bout de la corde; puis, avec une perche fourchue, on place le tambour exactement au milieu de la passée, de façon que s'il y a du courant, l'eau traverse le tambour dans toute son étendue.

On peut tendre ce filet le jour & la nuit; mais si on l'a mis à l'eau deux heures avant le soleil couché, on va le relever deux heures après le soleil levé. Quand la passée est large, on ajoute au tambour des ailes & des coëffes.

Des bertoulens.

A Cette en Languedoc, les pêcheurs font un grand usage de petits verveux qui n'ont guères que vingt-huit ou trente pouces de longueur, qu'ils nomment *bertoulens* ou *bertoulettes*; probablement parce que c'est un diminutif de *bertaule*, nom qu'on donne aux verveux dans quelques provinces.

Ces pêcheurs forment de petites routes dans les herbes qui remplissent les étangs aux endroits où il y a peu d'eau; & ils placent un bertoulen à l'entrée de ces routes ou canaux. Les poissons trouvant un chemin libre dans ces canaux, ils le suivent, & entrent dans le bertoulen. On tient le filet en état avec trois bouts de roseau, que l'on pique dans le fond, & dont un assujetit la pointe, tandis que les deux autres maintiennent en état l'entrée du bertoulen. Un seul homme en tend cinquante ou soixante en différents endroits, & il peut seul suffire à cette *pêche* qu'on pratique toute l'année, & à laquelle on prend des muges, des dorades, des anguilles, &c.

Les mailles des bertoulens sont fort serrées.

Il y a deux façons d'arrêter les verveux au bord de la mer. Les uns sont retenus par des pierres; les autres par des piquets.

Pour pêcher avec le verveux au bord de la mer & entre les roches, où il reste de l'eau de basse-mer, on fixe ces filets avec des pierres; & en conséquence on les nomme *verveux pierrés*. Pour cela, on attache à la pointe du verveux une grosse pierre; on met à tous les cercles, des lignes auxquelles on attache des pierres, on amarre au milieu du demi-cercle qui soutient la coëffe, une corde à l'extrémité de laquelle est une grosse pierre, qui tient cette corde tendue. Ces amarres suffisent pour assujettir les verveux contre les courans; il n'y a que les ouragans qui les emportent quelquefois, & les jettent à la côte.

Sur certaines côtes, on les affermit encore mieux, au moyen de piquets qu'on enfonce dans le sable. On en fourre un dans l'œillet qui est à la pointe du verveux, deux vis-à-vis de chaque cerceau, un à la droite, l'autre à la gauche, & un troisième à l'avant de la coëffe. On amarre avec une ligne chaque cerceau aux pieux qui sont auprès; &, avec une ligne plus longue, le haut du demi-cercle du goulet au piquet qui est à l'avant. De cette façon, il n'y a guères de tourmente qui puisse emporter les verveux.

On ajoute quelquefois des aîles aux guideaux & aux verveux.

Quoiqu'on ait grande attention de placer les verveux dans des endroits que le poisson fréquente, auprès des herbiers & des fourives, aux lieux où il y a peu de courant, quand il fait froid, on choisit ceux qui sont exposés au soleil, & dans les grandes chaleurs, ceux où il y a de l'ombre. Malgré toutes ces attentions, il est toujours utile, pour engager les poissons à entrer dans le filet, d'y mettre entre le corps du verveux & le goulet quelques poissons vivans, surtout de la même espèce que ceux qu'on se propose de prendre, rien n'étant plus propre à engager les poissons à y entrer. On attache aussi aux cerceaux, dans l'intérieur du filet, quelques appâts, tels que des os de porc salé, du tourteau de chenevi; & on estime que pour se procurer un excellent appât, il faut faire cuire à demi à la broche un lièvre qui commence à se gâter, & l'arroser avec du miel; la chair de ce lièvre, ainsi que des rôties imbibées du jus qui en est tombé

tombé dans la lichefrite, attirent beaucoup les poissons.

Ces différens appâts conviennent à tous les filets dormans.

Quelques pêcheurs prétendent qu'il est encore bon de mettre dans le verveux des fleurs qui aient des couleurs vives. Mais ce que nous disons de ces appâts, n'exclud point les vers de terre, & les autres dont nous avons parlé en différentes occasions.

Quand on tend des verveux simples, soit dans les étangs, soit dans les herbiers où il y a beaucoup de poissons, on peut espérer une *pêche* avantageuse, au moyen des appâts dont nous venons de parler. Mais, lorsqu'il s'agit d'eaux courantes, il est tout autrement utile d'augmenter la vitesse du courant, & de déterminer le poisson à entrer dans les manches, en pratiquant des espèces de cloisons en forme d'entonnoirs, qui y aboutissent. Il est évident que si l'on tendoit un guideau ou un verveux au milieu d'un courant fort large, on ne pourroit pas espérer de faire une *pêche* avantageuse, parce que rien ne détermineroit le poisson à entrer dans le filet; sa bouche ayant peu de largeur, tout le poisson qui passeroit à droite & à gauche, seroit perdu pour le pêcheur. C'est ce qui a déterminé à faire précéder le filet par des aîles qui, formant une espèce d'entonnoir, rassemblent les poissons dans l'embouchure des chausses.

D'un autre côté, comme on a reconnu que plusieurs espèces de poissons se laissoient entraîner par la force du courant, on s'est proposé d'augmenter la vitesse de l'eau par des cloisons qui obligent une grande masse d'eau à passer par une ouverture assez étroite; c'est ce qu'on nomme des *gors*.

Avant de tendre une louve dans les herbiers, il faut couper l'herbe, pour faire au travers une passée ou une coulée. En ce cas, les herbes qui bordent la passée, forment en quelque sorte des aîles pour conduire le poisson dans la louve. Mais quand on veut placer le filet dans un endroit où il n'y a point d'herbes, & où la nappe d'eau est large, on ajuste aux deux extrémités du corps de la louve deux grandes coëffes, & outre cela des aîles qui sont des bandes du filet qu'on soutient verticalement par des piquets, & qui s'étendent depuis la coëffe du filet jusqu'aux rives de l'eau.

Lorsque ce filet, ainsi ajusté, est dans une rivière où la marée remonte, on prend le poisson qui entre avec le flot, & celui qui veut retourner à la mer lors du jusan. C'est pour cette raison que quelques-uns ont donné le nom de *rafle* à cette espèce de filet; où se trouvent arrêtés les poissons qui montent contre le courant, comme ceux qui suivent le fil de l'eau.

On a dit ci-dessus qu'on fait au bord de la mer entre les rochers, principalement aux endroits où il reste de l'eau à mer-basse, une *pêché* avec des verveux qu'on nomme *pierrés*, parce qu'ils sont assujettis avec des pierres. On ajoute, à la bouche de ce verveux, des aîles, quand on tend ces filets, soit sur des grèves, soit dans des endroits où la nappe d'eau est large. Supposé qu'on établisse le verveux dans un endroit où il reste de l'eau de basse-mer, on n'arrête point ces aîles avec des pieux; on se contente de mettre à la ralingue qui borde le bas du filet, des pierres qui le fassent porter sur le fond, & au bout une grosse cablière; puis on attache des flottes de liége à la corde qui bordent le filet par en-haut. Ces aîles, qui se tiennent à-peu-près droites, & qu'on a soin de suffisamment écarter l'une de l'autre, forment un entonnoir qui dirige le poisson vers le verveux.

On tend aussi de ces verveux sur des sables à pied sec. En ce cas, on arrête les aîles plus régulièrement, ou avec des pieux, ou en les attachant à quelque roche, ou enfin en les amarrant à de grosses cablières; dirigeant toujours la bouche du filet de façon qu'elle reçoive l'eau de quelque courant. On fait maintenant peu d'usage de cette espèce de filet.

Dans les mares & les étangs où il y a peu de courant, on emploie quelquefois des pieux & des filets pour former des palissades en zig-zag, qui couvrent toute l'étendue du terrein; & on place des guideaux ou des verveux aux angles saillans, quelquefois même aux angles rentrans. Ces grandes aîles ou palissades servent à conduire le poisson dans les filets. Il est sensible qu'on peut ajuster ces aîles en bien des façons différentes, pour les rendre convenables aux terreins sur lesquels on les tend; & souvent on a soin de diriger l'embouchure des guideaux ou des verveux en plusieurs sens, pour qu'ils reçoivent les poissons qui nagent suivant différentes directions.

Nous avons dit qu'il étoit avantageux de tendre les guideaux & les verveux dans les courans, & que cette *pêche* devenoit plus utile, à proportion que l'eau avoit plus de rapidité. Il est sensible que c'est pour arrêter au passage les poissons qui suivent le courant, qu'on y place ces filets; & on fait l'embouchure des filets fort large, pour qu'une plus grande masse d'eau en traverse la manche.

Les meûniers qui ont plus d'eau qu'il ne leur en faut pour faire tourner leur moulin, parviennent à élargir l'embouchure de leurs filets, & à augmenter la vîtesse du courant, en plantant des files de pieux qui s'entretouchent. Ces files rétrecissent le cours de l'eau, & l'obligent de traverser les manches que l'on a ajustées.

Les meûniers font aussi des ouvertures dans la chaussée qui conduit l'eau vers leur moulin, pour y ajuster un verveux. Par ces industries, qu'on peut varier de différentes manières, toute l'eau d'une petite rivière traverse les filets, où se trouvent arrêtés tous les poissons qui en suivent le cours.

Il faudroit, pour ne point altérer la qualité du poisson, employer des verveux, ou soutenir l'intérieur des guideaux ouvert avec des cerceaux. Pour ne point faire de tort à la multiplication du poisson, on devroit aussi donner deux pouces d'ouverture aux mailles, même au bout des manches; c'est ce que ne font pas les meûniers.

Il arrive assez souvent qu'il se rencontre des îles ou îlots dans les rivières navigables; alors on laisse le grand bras libre pour la navigation, & les pêcheurs font dans les petits bras ce qu'ils nomment des *gors*. Ce sont de grands entonnoirs faits avec des pieux jointifs, le bout évasé étant du côté du haut de la rivière, & ils ajustent au sommet de l'angle des guideaux ou des verveux. Il est sensible qu'au moyen de ces gors, on prend tout le poisson qui peut passer par les petits bras, & que le poisson qui se trouve engagé entre les files de pieux, est déterminé à entrer dans les manches, qu'il y est même en quelque façon forcé par la vîtesse du courant, qui est beaucoup augmentée par le rétrécissement que forment le gors.

Il y a des gors à quelques lieues au-dessus de Rouen en allant vers Paris. Mais on ne peut en placer plus bas, à cause de la marée qui remonte dans la Seine avec beaucoup de rapidité.

Les haies ou arrêts sont des files de pieux qu'on met sur le bord des rivières pour diminuer le courant de l'eau. On a donné le nom de *haïe* au remou ou tournoiement d'eau qui est occasionné par ces pieux. Les pêcheurs placent des verveux, en sorte que l'embouchure regarde d'un peu loin l'endroit où se rapprochent deux files de pieux, afin que les poissons qui vont s'y ranger pour être à l'abri du courant, entrent dans le filet. Ainsi ces verveux se placent dans la haie des gors, au lieu que ceux dont nous avons parlé, se tendent la plupart à la pointe & dans le fort du courant. C'est pourquoi les verveux qu'on met dans les haies, ne font aucun tort à la multiplication du poisson, & les poissons qui entrent dans ces filets, y restent long-temps en vie.

Quand on tend des verveux à l'embouchure des rivières où la marée monte, on place la bouche des verveux à mont ou à val, suivant le cours de l'eau.

La pointe des verveux est retenue par des piquets, & l'ouverture par des cablières qui sont aux pointes des cerceaux de la coëffe; cela suffit quand on n'oppose pas la bouche du filet au courant. Mais quand on les pose en sens contraire, il est bon de mettre des piquets au lieu des cablières.

Ce que nous venons de dire des gors sert pour en établir au bord des rivières. Mais on en tend aussi au bord de la mer, sur les grèves que la mer recouvre. Leurs palissades peuvent être formées de pieux ou palots, ou avec des clayonnages, qu'on nomme en quelques endroits des *brayes*; ou avec des filets soutenus par des piquets, & qu'on nomme volontiers *tonnelles*; toutes ces choses sont assez indifférentes, pourvu que l'ouverture du filet soit du côté de terre, & sa pointe du côté de la mer. Il faut aussi établir le gor dans un endroit d'où la marée se retire avec vitesse. C'est pourquoi l'embouchure des petites rivières est favorable, & les grandes vives eaux sont avantageuses pour cette *pêche*, ainsi que les chaleurs, parce qu'alors les poissons donnent à la côte plus abondamment. Mais il arrive quelquefois des tourmentes qui bouleversent tous ces filets.

Comme les verveux & leurs aîles ont peu de hauteur, la marée recouvre tout cet appareil; & lorsqu'elle se retire, le poisson qui n'a pas passé par dessus les aîles, est pris: ce qui arrive au plus grand nombre.

Les ailes des gors, qui sont presque réunies par un de leurs bouts, s'écartent par un côté de vingt ou trente toises.

Sur les côtes où il y a beaucoup de pierres plates, on forme les ailes des gors ou avec des murs à pierres sèches, ou avec des pierres longues & minces qu'on plante debout dans le sable; ces divers moyens reviennent au même pour l'effet.

A l'égard des tonnelles formées avec des filets, il y a des pêcheurs qui affermissent le bas des aîles avec des pierres & un petit clayonnage. Cela est défendu, parce que l'intérêt public exige qu'il reste un peu de jour au-dessous des aîles, pour laisser échapper les petits poissons.

Quand les bars & les mulets approchent du verveux, & que les aîles sont assez rapprochées l'une de l'autre, ces poissons ont l'industrie de sauter par-dessus. Il y a des pêcheurs qui, pour empêcher qu'ils ne leur échappent, tendent d'une aîle à l'autre en cet endroit un filet horisontal; c'est ce qu'on appelle *verveux avec jambe & chasse ouverte.*

Les nasses sont des espèces de paniers faits d'auff, de jonc, d'osier ou d'autres bois flexible; qui étant à claire-voie, laissent passer l'eau sans beaucoup de résistance; mais dont les baguettes sont assez serrées pour retenir le poisson. C'est pourquoi on les tient plus ou moins près les unes des autres, suivant l'espèce de poisson qu'on se propose de prendre.

Les nasses ne sont donc pas un ouvrage de Mailleur, mais de Vannier; & elles ne diffèrent essentiellement de plusieurs espèces de filets dont nous avons parlé, que par la matière dont les uns & les autres sont faits. On leur donne diverses formes, &, suivant les côtes où l'on en fait usage, on les connoît sous différens noms comme *nasse, nasson, nanse, lance, bire, bouteille, ruche, panier, bouterolle, &c.*

Presque toutes les nasses ont un ou plusieurs goulets, qui permettent aux poissons d'entrer, mais qui s'opposent à ce qu'ils sortent.

Ces goulets sont faits avec des brins déliés & souples d'auffe, de canne ou d'osier très fins & élastiques, dont les bouts ne sont point retenus par des traverses; ce qui les rend assez flexibles pour ne point former d'obstacle à l'entrée du poisson dans la nasse. Mais attendu que, par leur ressort, ils se raprochent les uns des autres aussi-tôt que le poisson est entré, & comme les extrémités de ces menues baguettes sont taillées en pointe, le poisson ne peut sortir par où il est entré. Les nasses n'étant point pliantes comme le sont les filets, on est obligé de ménager une ouverture pour en retirer le poisson: C'est quelquefois au bout opposé au goulet, & d'autres fois vers le milieu, ces ouvertures sont fermées avec une petite trappe, tant que la nasse est à l'eau: on ne l'ouvre que pour retirer le poisson.

On met presque toujours dans ces nasses des leurres ou des appâts pour déterminer les poissons à y entrer. Il est bon de suspendre les appâts au milieu des nasses, afin que les poissons soient obligés d'entrer par le goulet pour les manger.

On fait des nasses de différentes grandeurs. Les plus grandes servent à prendre de gros poissons; les moyennes sont pour des éperlans, & les petites pour des anguilles.

Les nanses des provençaux, diffèrent très peu de ce qu'on appelle bouraque dans les ports du Ponent. Elles sont d'une forme ovale applatie. Assez souvent on ne fait en osier que la charpente qu'on enveloppe avec un filet. Ces nanses, qu'on fait volontiers ovales, ont à chaque bout un goulet en entonnoir, par où le poisson entre dans la nance: au-dessus & au milieu, est un trou fermé par une porte, qu'on ouvre pour retirer le poisson qui est entré dans la nanse.

Au dessous de la nanse, sont amarrées quelques pierres pour la faire caller; & sur les côtes, sont des anses ou mains pour attacher des cordes, qui se réunissent à une seule, au bout de laquelle est un signal, destiné à faire retrouver la corde qui répond à la nanse, & qui doit servir à la retirer de l'eau.

On tend les nanses comme les bouraques entre les roches.

Les nasses qu'on tend dans l'océan entre les rochers & sur les grèves, produisent davantage dans les grandes vives-eaux que dans les mortes-eaux. Si c'est sur les grèves, les pêcheurs ont le tems de tendre leurs nasses tout près de la basse-eau, le plus avant qu'il leur est possible; & ils les relèvent au jusan qui suit. Plus donc les eaux baissent, plus les pêcheurs ont lieu d'espérer une pêche avantageuse.

Il en est de même quand on tend les nasses entre les roches: car les pêcheurs peuvent placer leurs nasses dans des fonds d'autant moins fréquentés, que la mer retire davantage. D'ailleurs les poissons terrissent en plus grand nombre dans les vives-eaux, que par les mortes-eaux.

Sur la côte de la Grenade, on pêche avec des nasses presque semblables à celle des provençaux que nous venons de décrire; elles sont ovales, ayant trente-six pouces de longueur, sur vingt-sept pouces de largeur. On les calle jusqu'à trente & quarante brasses de profondeur, & on n'y met point d'appâts.

Les meûniers mettent à leur vanne de décharge, lorsqu'ils la levent pour laisser écouler l'eau qui pourroit endommager la chaussée, un *panier de bonde*; c'est une nasse qui est un vrai guideau d'osier. Il n'y a pas de goulet, mais le poisson n'en sort pas à cause de la vitesse du courant.

On tend aussi dans les courants d'eau rapides, des nasses qu'on tient longues, & dont l'embouchure est évasée. On les fait longues, pour que le poisson n'en sorte pas; l'embouchure est évasée pour qu'elle embrasse une plus grande portion du courant; quelquefois on y ajoute des ailes de clayonnage, & on en fait des gors. Nous parlerons plus précisément de ces nasses dans la suite.

Des nasses en forme de truble, pour prendre des anguilles dans la mer.

On fait, pour prendre des anguilles à la mer, des nasses qui ne sont qu'un panier profond au moins de deux pieds ; ces nasses ont à l'embouchure un pied de diamètre, & elles se rétrécissent de sorte que leur diamètre n'est que de huit à neuf pouces par le bas. On met au fond de ce panier un assez grand morceau de foie de bœuf, pour qu'il en couvre toute l'etendue ; on forme au-dessus du foie un grillage de corde qui le retient, mais dont les mailles sont assez larges pour que le foie puisse être apperçu par les anguilles. Ce panier, qui fait ici l'office du truble, étant lesté de pierres, on y attache une corde, & on le descend dans l'eau à telle profondeur qu'on vent ; pourvu toutefois que le pêcheur puisse appercevoir les anguilles qui vont attaquer l'appât.

Les anguilles, attirées par l'odeur du foie, qui n'en est que meilleur quand il commence à se corrompre, se hâtent d'entrer dans le panier. Quand le pêcheur les apperçoit attachées à l'appât, il tire doucement la corde qui répond au panier, & il essaye de ne point effaroucher les anguilles. Mais quand le panier est arrivé à la surface de l'eau, il le tire précipitament, pour que les anguilles n'aient point le temps de se sauver. Quand il les a prises, il replonge sur le champ le panier, pour recommencer sa pêche, & le même foie lui sert long-temps.

Des paniers à peu-près semblables, mais plus petits, servent quelquefois dans les rivières pour prendre des écrevisses.

On doit proportionner la distance des osiers qui forment les nasses, à la grosseur des poissons qu'on se propose de pêcher. Mais il faut que les osiers soient bien près-à-près, sur-tout quand on a intention de prendre des anguilles ; car sitôt qu'elles peuvent introduire entre les barreaux leur queue ou leur tête, elles forcent tellement qu'elles font plier les osiers, & elles ne manquent pas de s'échapper. Pour mieux retenir ce poisson, on fait à l'embouchure des nasses un faux & un vrai goulet.

Les appâts qu'on met dans la nasse sont des limaçons, des moules ouvertes, des vers de terre, des grenouilles déchirées, du foie & de la chair de différents animaux. Comme l'anguille est très-vorace, elle tourne autour de la nasse pour trouver par où atteindre l'apât qui est suspendu au milieu ; enfin elle entre dans les goulets, & alors elle est prise. On tend aussi un grand nombre de nasses dans les herbiers, auprès des crônes & des sourives : & on les relève tous les jours, ayant soin de renouveller les appâts.

Le tems le plus favorable pour cette *pêche* est lorsqu'il fait chaud, & que le tems est disposé à l'orage.

On prend beaucoup d'éperlans avec des nasses. Malgré la petitesse de ce poisson, on n'a pas besoin que les osiers soient aussi serrés que quand on pêche des anguilles. On en attache un nombre, comme dix ou douze, par les anses à une corde qui est ordinairement faite avec de l'osier. Chaque nasse est chargée en-dessous de deux pierres, & attachée à la corde par deux petits cordages que les pêcheurs nomment *cableaux*, & qui sont longs au plus de dix-huit pouces.

Pour les relever, on saisit avec une gaffe la corde aussi près qu'on le peut d'une des cablieres qui sont aux bouts de la corde. Quand une fois on tient la corde, on relève les nasses les unes après les autres ; on en ouvre le fond, qui est fermé par une petite porte, pour prendre les éperlans qui y sont, & on les remet à l'eau par le travers de la rivière. Cette suite de nasses interrompant le cours de l'eau, les éperlans en approchent pour éviter le courant ; ils nagent autour, & y entrent.

Comme ces poissons refoulent la marée pour remonter dans l'eau douce, on met autant qu'on peut le goulet tourné du côté du bas de la rivière. Les nasses ordinaires durent une couple d'années : mais celles des éperlans ne servent qu'une saison, parce qu'on les fait avec des osiers fins & verds. On prétend que ces poissons fuient les vieilles nasses.

On pratique cette *pêche* dans la Seine au-dessus de Rouen ; & on ne le peut pas au-dessous, attendu que la marée qui s'y fait sentir avec beaucoup de violence, entraîneroit les nasses.

On fait de grandes nasses, qu'on tend avec un bateau le long des îles, aux endroits où l'eau est dormante, & où il y a des herbes. On y prend, outre les éperlans, des barbeaux, des gardons, des brêmes & quelquefois des carpes & des brochets. Ordinairement on met à ces grandes nasses un vrai & un faux goulet. Quand on pêche avec de fort grandes nasses, on est obligé de frapper une poulie au bout de la chaloupe pour haller sur l'orin, qui tient à la nasse.

La lance est un panier ou nasse d'osier de forme cylindrique. Sa longueur ordinaire est de cinq pieds ; & elle a deux pieds & demi de diamètre. Les osiers, fort artistement entrelacés, forment des losanges dont les côtés ont à-peu-près six lignes de longueur. Les deux bouts de ces paniers sont renfoncés, & terminés par un goulet d'auffe. Cette nasse ressemble beaucoup au verveux double, qu'on appelle communément *louve*.

On leste cette lance de deux grosses pierres pour la faire caller au fond de la mer, & on la retire au moyen d'une corde au bout de laquelle est une bouée ou un autre signal.

On suspend dans la lance, des sardines coupées en deux, ou d'autres poissons; on la mouille près des rochers ou sur des bancs jusqu'à quarante ou cinquante brasses de profondeur.

Le vrai tems de faire cette *pêche* est pendant les mois de février, mars & avril.

On releve la lance tous les jours, & on en tire le poisson par l'ouverture.

Les nasses ou nanses dont se servent les pêcheurs nantais pour prendre des lamproies, ont la forme d'un cône. Au bout est un goulet, qui se resserre beaucoup. On les tend dans des endroits où il y a un courant fort rapide, auquel on présente le goulet.

En Catalogne, on fait des nasses avec une espèce de jonc. On leur donne la forme d'un long entonnoir, qui a quatre ou cinq pieds de hauteur; ayant fait, avec ce jonc, des cordonnets circulaires, on les attache avec du fil, pour en former comme un rêt; & on le soutient par quatre bâtons, qu'on attache sur les côtés au bout le plus large, où est un goulet, que les catalans appellent *fas de la nance*. Au bout pointu, est une autre ouverture qu'on ferme par un petit filet; c'est par cet endroit qu'on retire le poisson qui est entré dans la nanse.

On leste la nanse avec une pierre, & on y attache une corde ou orin, qui a quelquefois trois ou quatre cent brasses de longueur: puis au bout opposé à la nanse, on amarre une bouée ou signal.

Quatre hommes se mettent dans une chaloupe, ayant chacun quatre ou cinq nanses. Quand ils sont arrivés au lieu de la *pêche*, ils mouillent les nanses; & pour engager les langoustes, les congres, les pagets, les mourenes, &c., à entrer dans les nanses, ils y mettent pour apâts des sèches & des sardines, ou fraîches ou pourries, &c.

On laisse durant plusieurs jours les nanses à la mer. Mais on va tous les jours en retirer le poisson, & chaque pêcheur prend celui qui se trouve dans les nanses qui lui appartiennent.

Sorte de pêche *à la nasse, que les espagnols nomment* Andana.

Sept à huit hommes se mettent dans un bateau, & vont à quatre lieues au large chercher soixante brasses d'eau: ils y jettent une corde au bout de laquelle est une cablière pour la faire caller jusqu'au fond; & à l'autre bout de cette même corde, est une bouée.

A cinq brasses plus bas que la surface de l'eau, on attache à cette même corde une nasse de jonc ou d'auffe. Les poissons vont badiner autour de cette nasse pour se mettre à l'ombre, ou parce qu'ils prennent la nasse pour un refuge où ils trouveront leur proie: & souvent ils entrent dans la nasse sans qu'il soit nécessaire de les y attirer par des apâts.

On prend avec cette nasse des pilotes ou pampols, des verderots, la lampuga ou hippirus, tous peissons fort estimés à Alicante.

La nasse reste à la mer pendant toute la saison de cette *pêche*, qui commence en août, & finit en octobre. Mais on les visite tous les jours pour en retirer le poisson.

Autre pêche *de la nasse, que les espagnols appellent* nanças.

Cette *pêche* ne diffère de la précédente qu'en ce qu'on met dans la nasse, des boulettes composées de sardines pourries, & de farine. On mouille ensemble une vingtaine de ces nasses, qui sont moins grandes que les précédentes. Cette *pêche* commence en juillet, & finit en septembre. On relève les nasses au point du jour, & à midi, pour prendre le poisson qui s'y trouve: ce sont des pagets, des bogues, des homars, des langoustes, des sèches, &c.

De la pêche *nommée par les espagnols* aux *ou*-morneles.

Deux hommes dans un batelet vont à demilieue au large chercher dix brasses d'eau. Ils amarrent au bout de la corde, à côté de la cablière, une petite nasse, dans laquelle ils mettent de petits poissons. Cette *pêche* commence avec le mois de novembre, & dure jusqu'en avril. On y prend principalement des congres, sur-tout quand le vent est à l'est.

Les nasses que les pêcheurs des environs de Marmande appellent *bergot*, ont à-peu-près cinq pieds de longueur, & trois pieds & demi de circonférence ; prise au milieu ; qui est la partie la plus renflée. Ils attachent de grosses pierres à ces nasses pour les faire caller, & une corde afin de les retirer commodément de l'eau. Ils mettent dans les nasses pour apâts du pain de noix, qu'ils nomment *nogas*.

De la pêche *du belouga*.

On lit dans un mémoire d'Astracan qu'avant la crue du Volga dans les endroits qui sont presque à sec, & cependant fréquentés par le belouga, les habitans font des palissades de gros pieux sur deux lignes qui se rapprochent pour former à leur point de réunion un angle où l'on amarre sous l'eau une cage de bois de neuf à dix pieds de longueur sur cinq pieds & demi de large & autant de profondeur. Ces cages peuvent être comparées à celles qu'on fait pour transporter des bêtes féroces. Aux quatre angles du dedans de la cage sont attachés des apâts qui attirent le belouga par leur odeur. Il y entre avec empressement par une ouverture qui a environ trois pieds & demi de diamètre. Quand une fois les deux tiers de la longueur de son corps y sont entrés, il ne peut plus en sortir, parce qu'il n'a pas la liberté de s'y retourner, & que ses nageoires & sa queue s'embarrassent dans les barreaux de la cage. Cependant il fait beaucoup de bruit en se débattant. Aussi-tôt les pêcheurs hissent la cage, assomment le poisson, & le tirent par un des côtés de la cage qui s'ouvre comme une porte.

Pêche *aux nasses qui se fait en différents endroits*.

Il y a peu d'endroits à portée des étangs, des rivières ou de la mer, dans lesquels on ne fasse quelques *pêches* avec les nasses.

A Gênes, on en fabrique de jonc, qu'on nomme *bertavelles*. On met du fromage en dedans pour apâts, & on en tend beaucoup à l'embouchure des rivières.

En Chypre, on fait de petites nasses assez semblables aux bouraques, qui servent à prendre de petits poissons.

A Gibraltar, les nasses qu'on nomme *nassELLES* sont faites d'un jonc qui croît dans les marais. On y met pour apât quelque morceau de poisson. On les leste de pierres, & on les calle jusqu'à trente ou quarante brasses de profondeur. On y prend des crustacées ou d'autres petits poissons.

A Marvella, sur la côte de Grenade, outre les nasses ovales, on en fait en forme de dôme, assez semblables aux bouraques, qui ont environ deux pieds de haut sur un pied & demi de diamètre. On les leste & on les calle avec une corde de spart jusqu'à quarante brasses. On les y laisse la nuit, & on les relève le matin : on ne met en-dedans aucun apât.

On attache quelquefois au bout des verveux & des guideaux de petites nasses pour recevoir le poisson.

Nous croyons devoir placer les bourdigues à la suite des nasses, parce qu'effectivement ce sont des nasses d'une grandeur immense, puisqu'il y en a de cinquante à soixante toises de longueur sur vingt-cinq à trente toises de largeur.

On n'en voit point aux environs d'Agde, ni à la Ciotat ; ni à Marseille ; mais il y en a à Cette en Languedoc, ainsi qu'au Martigue en Provence, où sont de grands étangs remplis d'eau salée qui communiquent avec la mer par des canaux. Or, dans des saisons de l'année, le poisson s'empresse de passer de la mer dans les étangs, pour y jetter son frai ; & quand les fraîcheurs commencent à se faire sentir ces mêmes poissons sortent des étangs pour gagner la mer & la grande eau. On ne s'oppose point au passage des poissons de la mer dans les étangs ; & c'est avec grande raison, puisque le poisson entre dans les étangs pour frayer & multiplier son espèce. D'ailleurs on sait que le poisson est de mauvaise qualité dans la saison du frai. Mais quand les poissons veulent retourner à la mer, on fait avec des cannes des nasses qui occupent toute la largeur du canal, dans lequel on forme encore avec des cannes de grands goulets, qui arrêtent le poisson à son retour à la mer. Voilà une idée générale des bourdigues.

Les étangs qui se trouvent au bord de la Méditerranée, sont quelquefois séparés de la mer par une digue naturelle, qui a peu de largeur, & à laquelle on ajoute quelquefois des ouvrages pour la fortifier, ou pour la rendre plus régulière. Ces digues sont traversées par une coupure qu'on nomme *grau*. Cette communication est trop courte & trop étroite pour qu'on puisse établir en-dedans une vraie bourdigue. Cependant on en profite pour prendre le poisson qui cherche à passer de l'étang à la mer. Pour cela on fait devant le grau & du côté de l'étang une enceinte qu'on coupe en différents endroits pour y placer de petits goulets de bourdigues.

Les parties qui forment l'enceinte de la maniguyère, sont faites avec des fagots de tamarisc, retenus par des pieux & des perches. On ne laisse de vuide à ces palissades que ce qu'il faut pour y former les petites bourdigues. Les poissons qui veulent sortir de l'étang pour retourner à la mer, cotoyent les palissades, puis s'engagent dans les petites bourdigues, qui les arrêtent & les empêchent de pénétrer dans la maniguyère.

On établit ces maniguyères dans les parties des étangs où il n'y a pas une grande épaisseur d'eau. On ne ménage point d'ouverture aux palissades dans la route ou le viage que pratiquent les bateaux plats qui naviguent dans les étangs : comme les branches du tamarisc sont pliantes, & qu'elles ne rompent point, les bateaux passent par-dessus, à des endroits où l'on a soin de tenir les fascines presque à fleur d'eau: quand le bateau est passé, les branches se relèvent par leur ressort, sans que la maniguyère en soit endommagée.

Il y a des maniguyères où on ménage à quelqu'endroit de la palissade une ouverture qu'on ferme de même avec une corde & un filet. D'autres maniguyères sont uniquement destinées à prendre des anguilles. Mais en général les poissons qu'on prend dans les bourdigues & les maniguyères sont des dorades, des loups, & surtout des muges, dont les œufs servent à faire la poutargue. Quand on se propose de prendre des anguilles & des sardines, on resserre les clayonnages.

Des crousilles.

L'espèce de pêcherie, qu'on nomme en Languedoc *crousille*, est une enceinte qui peut avoir cinquante ou cinquante-cinq brasses d'étendue. Elle est faite avec de gros pieux, sur lesquels on tend des filets qu'on nomme *paradières*. On forme une espèce de labyrinthe aux coins; & au fond on ajuste des guideaux ou verveux, qu'on nomme *couves* ou *louves*. Les mailles de ces manches de filets sont très-serrées, & celles des paradières ont quatorze ou quinze lignes d'ouverture en quarré.

La hauteur des paradières est d'environ cinq pieds. On tend ces pêcheries au bord des étangs salés.

On y prend des loups, des muges, des plies, & principalement des anguilles. On doit les détendre dans le même tems qu'on dépique ou déclôt les bourdigues, pour laisser aux poissons la liberté de remonter dans les étangs.

Des ravoirs ou des rets entre l'eau.

Les ravoirs sont de petites pêcheries qu'on établit aux embouchures des rivières, sur les écorces des bancs, & à la chûte des marées; en un mot, dans les endroits où il se forme des courans ou ravins, qu'on nomme sur quelques côtes, ravoirs, ainsi que les filets qu'on y tend.

Pour former ces pêcheries nommées ravoirs, on plante sur le fond, des piquets qui l'excèdent d'environ trois pieds. Ces piquets sont rangés en ligne droite, en forme de palissade; on les dirige toujours de façon qu'ils soient perpendiculaires au courant, ou parallèles à la laisse de basse mer. Assez souvent on en forme plusieurs rangées parallèles, qu'on place à une petite distance les unes des autres, pour que le second filet puisse arrêter le poisson qui aura échappé au premier, & qu'il en soit de même du troisième, à l'egard du second.

Lorsque les pêcheurs plantent leurs piquets sur des sables mouvans, ils en garnissent le bas avec des torches de paille ou d'herbes sèches; ce qui contribue à les mieux affermir.

Les filets qui garnissent les pêcheries sont de simples nappes, dont les mailles ont assez souvent deux pouces d'ouverture. On en arrête la bordure de la tête par un tour mort, à l'extrémité d'en haut de tous les piquets; & on n'arrête le pied du filet qu'au premier & au dernier piquets de chaque file: mais pour former au bas, & dans toute la longueur du filet, des espèces de bourses qui retiennent le poisson, on retrousse le pied du filet du côté d'amont, ou de l'endroit d'où vient le courant: observant qu'il s'en faille quelques pouces que le filet ne porte sur le terrein.

Cette précaution est nécessaire pour que les herbes & autres immondices que le courant entraîne passent sous le filet. Si ces substances étoient retenues par le filet, elles arrêteroient le cours de l'eau; & les piquets ne pouvant résister à cet effort, ils seroient arrachés, & le filet déchiré.

Si l'on a pris une juste idée de la disposition de ce filet, on conçoit que quand la marée monte, le courant élève le filet presqu'à la surface de l'eau, & il ne se prend aucun poisson. Mais quand la marée se retire, le filet s'appuie contre les piquets; l'eau en s'entonnant dans la portion du filet qui est retroussée, ouvre les bourses destinées à la recevoir, & elles arrêtent le poisson qui suit le cours de l'eau. Ainsi plusieurs poissons s'emmaillent, pendant que d'autres s'engagent dans les bourses.

Si-tôt que l'eau est assez retirée pour qu'on apperçoive le haut des piquets, & avant que les pêcheurs puissent aller prendre le poisson, ils vont avec des bottines relever le bas du filet, qu'ils accrochent d'espace en espace à la tête des piquets ; & ils ne retirent le poisson que quand le filet est entièrement hors de l'eau.

En repliant ainsi le filet, les pêcheurs préviennent que quelque poisson ne se démaille, & qu'il n'en sorte des bourses qu'on a formées au bas du filet ; enfin on évite que les crustacées voraces n'aillent endommager le poisson qui est arrêté par le filet.

On fait cette pêche durant toute l'année : on ne l'interrompt que dans les tems de gelée, & lorsque les rivières charrient des glaçons.

Quelquefois on joint bout à bout un assez grand nombre de pièces de filets, pour traverser toute une rivière ou l'ouverture d'une baie ; alors il faut que les piquets tiennent bon, & que les filets soient assez forts pour résister. On tient aussi les mailles plus grandes, afin que l'eau les traverse plus aisément.

Il y a des pêcheurs qui, au lieu de rêts-simples, tendent des tramaux sur leurs piquets. C'est ce qu'on nomme des *ravoirs tramaillés*.

On tend ces tramaux comme les rêts simples, ne les arrêtant aux piquets que par la tête : mais le bas n'est pas retroussé ; il porte contre le terrein, sans y être arrêté. C'est pourquoi à la marée montante, il se relève presqu'à fleur d'eau.

Lors du reflux, le filet se rabat contre les piquets, & les poissons qui ont monté avec le flot s'emmaillent au jusan. Quoique la propriété des tramaux soit de prendre les poissons, de quelque côté qu'ils donnent dans le filet, il ne se prend guère de poisson dans ceux-ci à la marée montante. Mais à la marée descendante, on y trouve emmaillés de toute sorte de poissons, & de toutes grosseurs.

On tend des ravoirs tramaillés sur les vases du Mont-Saint-Michel. Les pêcheurs vont tendre ces filets, & prendre leur poisson avec de petits bateaux plats, quarrés par derrière, qui glissent sur la vase, & qu'on nomme acons : ils se servent aussi de ces acons pour aller battre l'eau avec des perches lorsque la marée se retire ; afin d'engager le poisson à donner dans le filet.

Les pêcheurs du Poitou & des Sables d'Olonne pratiquent aussi cette *pêche* sur les vases de la côte. Leurs piquets ou palots ont 5 à 6 pieds de longueur, ils les enfoncent de deux pieds & demi ou 3 pieds dans la vase. Leurs tramaux ont environ une brasse de chûte : mais il n'y en a de tendu sur les piquets qu'environ un pied & demi ou deux pieds ; ce qui leur donne lieu de faire une vaste poche.

La grandeur des mailles varie suivant les côtes. Quelquefois les mailles des hamaux ont 7 ou 8 pouces en quarré ; & celles de la flue, 27 lignes.

Cette *pêche* se fait depuis la Saint-Michel jusqu'à la fin de l'année. Les pêcheurs vont à chaque marée prendre leur poisson ; & toutes les semaines, ils rapportent à terre leurs filets, pour les laver, les faire sécher, & les tanner.

Les filets qu'on nomme *folles*, sont des rêts simples, à larges mailles, qui de quelque façon qu'on les tende, doivent faire un grand sac & différents replis, où s'embarrassent les gros poissons.

Les filets nommés *demi-folles* diffèrent des folles, uniquement en ce que leurs mailles sont moins grandes ; ce qui fait qu'on ne prend avec les folles que des raies, des tires, des turbots & d'autres gros poissons, au lieu qu'avec les demi-folles, outre ce poisson, on en prend de plusieurs autres espèces, pourvu qu'ils soient d'une certaine grosseur.

Comme la dénomination de *folles*, vient en partie de ce que les filets qu'on nomme ainsi, doivent par leur essence faire des plis & poches dans lesquelles s'enveloppe le poisson, on a quelquefois nommé *folles tramaillées*, les ravoirs tramaillés, parce que, comme nous l'avons dit, on les tend de façon qu'ils fassent un grand sac, ou comme disent les pêcheurs une *follée*. Ces folles tramaillées, ou non, se tendent de la même manière : & le seul avantage que procure les tramaillées, c'est qu'on y prend encore plus qu'avec les demi-folles des poissons de différentes espèces.

Les folles sont établies en droite ligne, un bout à terre & l'autre à la mer ; pour que les raies & les autres poissons plats qui vont en troupe suivant la côte, se prennent de flot & de jusan.

Les piquets ne sont élevés au-dessus du terrein que de deux ou trois pieds au plus, parce que les poissons plats ne s'éloignent guère du fond : & ces piquets sont à deux ou trois brasses les uns des autres. La tête du filet est arrêtée au haut des piquets par un simple tour croisé. Les pêcheurs les tendent le plus ferme qu'il leur est possible. Les folles & les demi-folles ont environ deux brasses de chûte ; & le pied est arrêté aux piquets à un demi-pied du terrein : ainsi le filet fait un grand sac, qui se replie en-dehors ou en-dedans, suivant le cours de la marée.

Les mailles des folles ont au moins 5 pouces d'ouverture en quarré.

Le

Le tems le plus favorable pour faire la *pêche* avec les folles montées en ravoir, est durant le printemps & l'automne, parce qu'alors les raies bordent la côte par troupes; & elle seroit infructueuse pendant les chaleurs, à cause de la quantité de bourbes, d'orties de mer & de crustacées, qui, fréquentant la côte durant l'été, en chassent presque tous les poissons. Cette *pêche* seroit également désavantageuse en hiver, parce que les poissons gagnent alors la grande eau, pour chercher une température plus douce.

Les folles flottées font une très-grande *pêche*, dont nous parlerons amplement dans la suite.

Les demi-folles ne diffèrent des folles, dont nous venons de parler, que par la grandeur des mailles, qui n'ont que trois ou quatre pouces d'ouverture en quarré. On tend les demi-folles comme les ravoirs, dans les endroits où la marée tombant avec rapidité entraîne avec elle les poissons plats, qui se laissant aller au cours de l'eau, donnent dans les poches que forment ce filet.

On pratique assez fréquemment cette *pêche* sur les bancs de sable mouvants, qui se trouvent en divers endroits des côtes de Flandre, de Picardie & de Normandie. En ce cas, on entoure le pied des piquets avec de la paille. Si le terrein a plus de fermeté, on y établit les filets plus solidement en enfonçant les piquets à la profondeur de quinze à 18 pouces, préparant même le trou avec une cheville de fer: & alors on craint moins que les filets ne soient entraînés par la lame.

On prend avec les demi-folles, outre les raies & les turbots, des solles, des plies, des carrelets, &c., mais rarement des poissons ronds.

Le filet qu'on nomme *petit rieux*, ou *cibaudière*, sur quelques côtes, diffère très-peu des demi-folles; puisque c'est un filet simple dont les mailles ont quatre pouces d'ouverture en quarré: il a quatre pieds de chûte; & on le tend sur des piquets, pour prendre des solles, de gros flets, &c.

Le grand rieux, qui ressemble à la folle, se tend quelquefois sur piquets: mais communément on n'y emploie point de piquets.

Des hauts palis.

Cette façon de pêcher diffère de celles dont nous venons de parler, principalement par la nature du filet, & parce qu'on le tend sur des perches plus longues.

Comme on se propose d'y prendre des harengs & des maquereaux, dans la saison où ces poissons se portent à la côte, on emploie des filets dont la grandeur des mailles soit proportionnée à la grosseur des poissons qu'on veut qui s'y emmaillent. C'est pourquoi ces filets sont les mêmes que ceux qu'on emploie pour prendre les harengs ou les maquereaux, en pleine mer, à cela près qu'on les tend sur piquets.

On les nomme, suivant les différentes côtes, *manets*, *marsaiques*, *haranguyères*, *harangades*; & sur les côtes de Picardie, *rets à roblots*, parce que les petits maquereaux ou les sansonnets des côtes de Normandie s'y nomment *roblots*. Ces différents noms, & plusieurs autres qu'on donne à la même façon de pêcher, suivant la langue qui est en usage sur les différentes côtes, désignent des filets tendus sur des perches, & dont les mailles doivent être d'une grandeur proportionnée à la grosseur des poissons qui doivent s'y emmailler. Comme les perches s'élèvent de huit, 10, ou 12 pieds au-dessus de la surface du terrein, nous les appellerons *hauts-palis*.

Ces perches sont plantées à deux brasses les unes des autres, sur les sables, entre les roches, &c.; & les files de piquets sont toujours en droite ligne, un bout à terre, & l'autre à la mer, pour croiser la marée. C'est pourquoi on change un peu cette direction, suivant celle que l'eau prend au jusan, afin d'arrêter les poissons de passage lorsqu'ils donnent à la côte.

Chaque pièce de filet a huit ou dix brasses de longueur, sur deux ou trois brasses de chûte: car la hauteur de ces filets varie beaucoup suivant l'intention des pêcheurs. A l'égard de la longueur des tessures, elle est arbitraire.

On ne peut pas régler précisément la grandeur des mailles de ces filets, parce que les pêcheurs sont obligés de les proportionner à la grosseur la plus commune des poissons qu'ils se proposent de prendre. Un filet pour les gros maquereaux ne prendroit point de sansonnets; & réciproquement. Mais on doit exiger que le pied des filets soit éloigné du sable, au moins de trois pouces: les pêcheurs, pour ménager leurs filets, devroient même en tenir le bas à un pied au-dessus du terrein. Mais afin d'arrêter des poissons plats, ils sont souvent tentés de les entabler.

Il est permis aux pêcheurs de tendre ces filets pendant les mois d'octobre, novembre & décembre, pour prendre des harengs concurremment avec les pêcheurs parquiers; attendu que la *pêche* du hareng est permise dans cette saison. Mais les pêcheurs sont tentés de la continuer dans les mois de janvier, février, mars & avril, à cause de la grande quantité de harengs guais, qui se portent à la côte, & du débit qu'ils ont de leur poiſſon. Ce ſont ſur-tout les pêcheurs de Baſſe-Normandie qui inſiſtent ſur la prolongation de cette *pêche*, parce qu'on prétend qu'ils ne voient ces harengs à leur côte qu'au commencement de janvier. Ce n'eſt probablement pas dans la vue de prévenir la deſtruction du hareng, qu'on a défendu d'en faire la *pêche* après le mois de Décembre. Ce n'eſt pas non plus pour favoriſer la multiplication des poiſſons de toutes eſpèces, puiſqu'on ne prend dans ces filets que des harengs, de petits maquereaux, des merlans, des carangues, & jamais de poiſſons plats ni de menuiſe, quand le pied du filet ne porte point ſur le terrein. Mais on a prétendu que, paſſé le mois de décembre, le hareng n'étoit plus de bonne qualité. Il paroît que c'eſt un prétexte, & que cette défenſe a été faite pour favoriſer le commerce du hareng ſalé. Si cela eſt, on interdit la vente du poiſſon frais, pour favoriſer celle d'un poiſſon ſalé, que nous ſommes fréquemment obligés d'acheter de l'étranger. Quoi qu'il en ſoit, le beſoin que les pêcheurs-cordiers ont de harengs pour amorcer leurs haims, a fait tolérer la *pêche* du hareng juſqu'au mois de mai; faiſant néanmoins défenſe aux pêcheurs de les vendre aux mareyeurs; & à ceux-ci d'en expoſer dans les marchés. Pour contraindre même les pêcheurs de vendre leurs harengs aux cordiers, il leur eſt ordonné de mutiler les harengs dans les bateaux, en leur coupant la tête & la queue.

Des rêts traverſans, & ſur piquets.

Cette dénomination ſemble indiquer la même choſe que les ravoirs, puiſque ces différents filets ſe tendent par le travers d'une baye ou d'une rivière. Mais en quelques endroits particulièrement dans l'amirauté de Nantes, on donne à ce qu'ils appellent *rêts traverſans*, une diſpoſition toute différente des ravoirs & des autres pêcheries dont nous avons parlé.

Il eſt vrai que quand les rêts traverſans ſont tendus, ils paroiſſent peu différents des filets qu'on appelle ſur les côtes de Picardie & de Normandie, *étentes*, *étalles*, *palis*, *ravoirs*, &c. Mais ils en diffèrent eſſentiellement en ce que les filets dont nous avons traité juſqu'ici ſe tendent à la laiſſe de la baſſe-mer : ainſi ſe trouvant tendus lorſque la mer monte, ils s'oppoſent à ce que le poiſſon ſe porte à la côte juſqu'à ce que l'eau ſe ſoit aſſez élevée pour franchir le filet; & au retour de la marée, les poiſſons ronds peuvent paſſer au-deſſus du filet, tant que l'eau ne s'eſt pas aſſez retirée pour en découvrir le haut.

Dans la *pêche* dont il eſt ici queſtion, le filet eſt abaiſſé juſqu'à ce que la mer ſoit pleine : ainſi le poiſſon a une entière liberté de ſe porter à la côte. Au coup de la pleine mer, on lève & l'on tend le filet : & comme il a ſuffiſamment de chûte, il peut arrêter les poiſſons ronds qui reviennent avec la marée pour regagner la pleine mer.

La première, qui ſe pratique dans l'amirauté de Nantes, s'y nomme *rêts traverſans*. L'autre, uſitée ſur les côtes de Guyenne, y eſt nommée *pallet*.

Les pêcheurs nantais viennent de baſſe-mer, planter leurs piquets, qui ont 8, 10, ou 12 pieds de haut, ſuivant l'élévation que prend la marée, à l'endroit où ils s'établiſſent.

Les perches étant piquées où elles doivent être, on attache au bas la corde qui borde le pied du filet, & une autre corde à la bordure du haut du filet, vis-à-vis de chaque perche. On amarre l'autre bout de ces mêmes cordes au haut des perches; & on plie le filet ſur le ſable, tout du long de la file de pieux; on le charge même d'un peu de ſable, pour qu'il ne ſe relève pas à la marée montante. Les filets reſtent ainſi pliés juſqu'à la pleine mer. Mais auſſi-tôt que le juſan ſe fait ſentir, & avant que les poiſſons qui ont monté à la côte s'en retournent, les pêcheurs vont avec des bateaux, haler ſur les cordes qu'on a attachées au haut des piquets, pour relever le haut du filet, & l'étendre.

Quand on tend ces rêts traverſans dans un ravin qui a peu de largeur, on met quelques flottes de liège ſur la corde qui borde la tête du filet; & on ajuſte au haut des deux perches des extrémités des poulies dans leſquelles paſſe une manœuvre ſur laquelle on peut haler de terre : ce qui ſuffit pour tendre le filet, qui, dans ce cas, a peu de longueur. Mais communément on eſt obligé de ſe ſervir de bateaux pour tendre ces ſortes de rêts.

On pratique cette dernière *pêche* dans le Morbihan, amirauté de Vannes.

On eſt obligé de proportioner la grandeur des mailles à la groſſeur des poiſſons qu'on ſe propoſe de prendre, afin que les harengs, les maquereaux, &c. puiſſent s'emmailler. C'eſt pourquoi on en fait de différentes grandeurs, depuis 12 juſqu'à 18 lignes. On attend la baſſe-mer pour aller démailler, & prendre les poiſſons qui ont été arrêtés par le filet.

Les pêcheurs gaſcons de la Tête-de-Buch ſe mettent un certain nombre en ſociété pour faire la *pêche* qu'ils nomment du *pallet*. Ils choisissent pour leur armateur un marchand poissonnier, qui fournit les petites pinasses & les filets nécessaires pour cette *pêche*. Tout le poisson que l'on prend se remet à l'armateur, qui en fait la vente : & lorsqu'il arrête ses comptes avec les pêcheurs, il retient le tiers du produit pour ses avances. Le reste se partage également entre tous les pêcheurs, excepté une part qu'on donne encore à l'armateur pour les soins que la vente lui occasionne.

Cette *pêche* se fait depuis pâque, jusqu'à la toussaints.

Les dispositions sont à-peu-près semblables à celles de la *pêche* des nantois.

La cibaudière, qu'on nomme en quelques endroits *mulier* ou *mulotier*, est une étente sur piquets tendue comme les ravoirs, & qui ne diffère des hauts-palis que par la grandeur des mailles qui doivent arrêter des mulets. On tend ces filets sur les écorces des bancs & par le travers d'un courant, comme les ravoirs : mais, au lieu d'être tendus en droite ligne, on leur donne une forme un peu demi-circulaire.

Si en quelques endroits on appelle ces cibaudières des *muliers* ou *mulotiers*, c'est parce que l'on prend avec ces filets beaucoup de mulets.

L'ouverture des mailles de ces filets est de 17 à 18 lignes en quarré, ou plutôt de telle grandeur que les mulets s'y emmaillent. Pour arrêter les poissons plats, les pêcheurs ont coutume d'ensabler le pied de ces filets; prétendant qu'à cause de la grandeur des mailles, le frai & la menuise ne sont point arrêtés.

On tend souvent des muliers sans piquets, les ayant flottés & pierrés.

Des manets.

On nomme en général *manets* toutes sortes de filets dont les mailles doivent être calibrées ou avoir une grandeur précise relativement à chaque espèce de poisson qu'on veut prendre.

Les manets qu'on tend entre les roches se nomment pour cette raison *rêts à roc* ou *rêts entre roches*.

Ces pièces de filets sont ordinairement de 40 à 50 brasses. Leur chûte, ainsi que la longueur de la tessure, varie suivant la situation du lieu où on les tend, & la profondeur de l'eau. Les gros poissons se prennent dans les grandes mailles, au travers desquelles passent les petits : & si les mailles sont serrées, il n'y a que les petits poissons qui s'y engagent.

Pour la *pêche* dont il s'agit ici, les pêcheurs choisissent une petite anse terminée par des roches; auxquelles ils amarrent la corde qui borde la tête de leur filet, après l'avoir ajusté sur le terrein. Communément les pêcheurs font décrire à ces filets une courbe, dont la convexité est du côté de la mer.

Quand l'endroit où les pêcheurs s'établissent assèche de basse-mer, ils tendent leur filet à pied; & vont prendre le poisson après que la mer est retirée.

Le rêt est ordinairement attaché par la corde flottée de la tête, à des manœuvres qui passent dans des poulies qu'on a frappées au haut de quelque rocher escarpé. La tête du filet est garnie de flottes; & il y a au pied fort peu de lest. Comme ces filets sont destinés à prendre des mulets & des bars, leurs mailles ont environ deux pouces d'ouverture en quarré. Si on se proposoit de prendre des harengs lorsqu'ils se portent en abondance à la côte, il faudroit que les mailles fussent plus étroites.

Les deux manœuvres, qui sont attachées à la corde flottée du filet, étant passées dans les poulies qu'on a amarrées au haut des rochers escarpés, on plie, de mer basse, le filet sur le terrein, où il est chargé d'un peu de sable. Au tiers du flot, les pêcheurs halent sur les cordes qui passent dans les poulies; & ils élèvent le filet, qui demeure en cet état, jusqu'à ce que la mer soit retirée. Alors ils laissent retomber le filet, & prennent les poissons qui se sont emmaillés. On doit supposer un homme à chaque bout du filet.

On tend aussi quelquefois des manets dans des anses ou entre les bancs; & alors on les nomme *rêts à banc*, ou *ansières*. Les pêcheurs ensablent le pied; & la tête est garnie de liége & de bandingues.

Quand la marée commence à recouvrir les filets, les pêcheurs vont à l'eau, & saisissent la tête de leur filet, ils la soulèvent afin de la débarrasser s'il y avoit quelque chose qui s'opposât à l'effort que font les liéges, pour faire prendre au filet une situation verticale. Il est sensible qu'on ne peut y prendre de poisson qu'une fois à chaque marée. Outre les poissons ronds qui s'emmaillent, le pied du filet qui est ensablé, arrête les poissons plats.

La plus considérable *pêche* qu'on fasse au Cap de Gascogne, est celui du peugue. Elle se fait en pleine mer, depuis le commencement de novembre jusqu'au mois de mars, par 10 à 12 chaloupes, dans chacune desquelles il y a 12 hommes d'équipage. Ils vont au large chercher depuis 10 jusqu'à 40 brasses d'eau. Etant arrivés à l'endroit qu'ils jugent convenable, suivant les vents qui règnent, ils mouillent une ancre, & jettent à la mer leurs filets, qui y demeurent le reste du jour & la nuit suivante, pour être relevés le lendemain matin. Les pêcheurs se tiennent sur leurs filets. Mais, après avoir relevé, ils retournent dans le bassin d'Arcançon joindre de vieux pêcheurs qui les attendent dans des pinasses ou des tilloles, pour recevoir leur poisson. Ensuite ils font sécher leurs filets; & les ayant repris dans leurs chaloupes, ils retournent en mer.

Quand la *pêche* est abondante, on relève quelquefois presqu'aussi-tôt que l'on a fini de tendre. En général, les pêcheurs relèvent leurs filets au commencement de la marée montante, en prenant d'abord le bout qui est au large.

Comme ces filets sont du genre des manets, il faut en avoir de plusieurs sortes, suivant les différentes espèces de poissons. Par exemple, dans les mois de novembre & décembre, saison où l'on pêche à cette côte principalement des marsouins, des tires, & d'autres rayes, ils se servent des filets qu'ils nomment *leugeons*, *petuts*, & *filets de trois fils*. Mais ceux dont ils font usage en janvier, février & mars, sont les *estoueyres* & les *bigeareyres*, pour prendre des solles, rougets, turbots, & autres bons poissons qui donnent à la côte pendant cette saison.

Les mailles du leugeon, sont de 18 lignes en quarré. Le filet a 20 brasses de longueur, & 3 pieds de chûte.

Ceux qu'on nomme *petuts*, & *filets de trois fils*, ont leurs mailles de 24 à 26 lignes d'ouverture en quarré. Les pièces sont longues de 30 brasses, sur environ 4 pieds ou 4 pieds & demi de chûte. Mais celui dit de 3 *fils*, est effectivement fait avec 3 fils fins, retors l'un sur l'autre.

Le filet dit *bigeareyre*, a ses mailles de deux pouces d'ouverture en quarré. Les pièces de ce filet ont 40 brasses de longueur, sur 6 pieds de chûte.

Enfin les mailles du filet appelé *estoueyre*, ont 18 lignes d'ouverture. La longueur de ce filet est de 40 brasses, & sa chûte de 4 pieds & demi.

Tous ces filets sont d'un fil très-fin, retors dans la plupart.

La ralingue du bas est chargée de 10 à 14 livres de plomb, distribuées en bagues qui pèsent une once, & la ralingue de la tête porte 4 douzaines de flottes, pesant ensemble environ 4 livres.

Pour faire une tessure, on réunit jusqu'à 40 pièces de filets. On les cale en droite ligne, de sorte que le pied du filet repose sur le fond. A chaque extrémité est une pierre du poids d'environ 60 livres : & dans la longueur, à des distances égales, on en met deux autres de même poids. Chaque pièce de filet est outre cela chargée d'une petite pierre, qui peut peser 4 livres.

On amarre à chaque grosse pierre, un orin qui porte une bouée de liége, de figure conique, ayant deux pieds de hauteur, sur un pied & demi de diamètre à sa base, & que les pêcheurs nomment *bigeyre*.

Les poissons qui donnent dans le filet, s'emmaillent & se prennent par la tête & les nageoires.

Des manets tendus en forme d'enceinte.

Quoique la *pêche* dont il s'agit en cet endroit, ressemble beaucoup à quelques autres qu'on fait avec les filets nommés *saines*, nous avons cru devoir en parler ici, attendu que le filet doit avoir ses mailles calibrées de grandeur proportionnée à l'espèce de poisson que l'on pêche.

Ce filet a ordinairement une brasse ou une brasse & demie de chûte. Si l'on se propose de prendre des mulets ou des bars, les mailles ont 17 à 18 lignes en quarré. Il est flotté à la tête : on ne met au pied que fort peu de lest. De plus, on fait en sorte qu'il ne porte pas sur le fond; l'intention étant de ne prendre que les poissons ronds, qui s'emmaillent. Vu que les mulets, les colins, les bars, & d'autres poissons qui vont de compagnie, se rassemblent volontiers dans les eaux dormantes & tranquilles; comme il s'en trouve assez fréquemment à l'entrée des rivières qui se rendent à la mer par de larges embouchures; c'est à ces endroits qu'on tend les filets dont il s'agit. Lors donc que les pêcheurs ont apperçu dans l'eau des tourbillons de poissons, ce qu'ils connoissent aisément à la couleur de l'eau : après avoir amarré le bout du filet, à un rocher, à une ancre, ou à une cablière, étant avec leur filet dans le bateau, ils jettent le filet autour des places où les poissons nagent près de la superficie, & ils en enveloppent le plus qu'ils peuvent, en décrivant une ligne circulaire. Les poissons ainsi renfermés s'épouvantent, donnent dans le filet, & s'emmaillent en grande quantité.

On nomme ce filet *mulier*, dans l'amirauté de Coutances; *cibaudière flottée*, dans celle de Saint-Valery: & on lui donne d'autres noms ailleurs.

Des mêmes filets tendus en pleine-eau, & tenus sédentaires.

Il y a des pêcheurs qui, au lieu de faire l'enceinte dont nous venons de parler, se contentent de tendre un manet par le travers de la route que tiennent les poissons; & ayant amarré un bout de leur filet à une ancre ou à une grosse cablière, ils conservent l'autre bout dans leur bateau, qu'ils tiennent fixe avec un grapin.

Les poissons donnent dans le filet, en suivant leur route; une partie s'y emmaille, d'autres côtoient le filet, & ne se prennent point. C'est pourquoi le filet tendu en enceinte est plus avantageux. Cependant si on veut pratiquer cette façon de pêcher, qui peut quelquefois avoir des avantages qui lui sont propres, il faut savoir établir les filets à différentes profondeurs dans l'eau.

Des manets flottans & dérivans.

Quand les matelots sont rendus au lieu de la *pêche*, ils amènent leur voile, leur vergue, & souvent leur mât, ne conservant qu'un mâtreau à l'avant, qui porte une petite voile, quand on en a besoin.

Tout étant ainsi disposé, ils jettent leur filet à l'eau; & à fur & à mesure, ils attachent sur la ralingue les manœuvres qui portent les grosses bouées ou les barils dont nous avons parlé. Les pêcheurs conservent dans leur bateau, un halin répondant au filet, qui se placent verticalement dans l'eau, à une plus grande ou une moindre profondeur, suivant qu'on a établi les flottes plus ou moins près de la ralingue qui borde le haut du filet.

Le filet, ainsi que le bateau, flottent & dérivent au gré des courans. Quand le filet a resté à la mer 6, 8 heures, ou au plus 12 heures, suivant la longueur des nuits, on le relève. Pour cela, on tire à bord le halin, & ensuite le filet. A mesure qu'il se présente des bouées ou des barils, on les détache.

On conçoit que par cette façon de pêcher, on ne prend que des poissons qui s'emmaillent. D'où il suit qu'il faut que les mailles ne soient ni trop grandes ni trop petites; mais d'une ouverture proportionnée à la grosseur du poisson qu'on se propose de prendre.

De la pêche *dite* drouillette, drainette, drivonette, *& plus exactement, peut-être*, derivette.

On prend à cette *pêche* des orphis, des harengs, des sardines, des sansonets, & plusieurs autres poissons ronds, jamais de plats.

Le filet est un manet formé d'un fil très-délié, & point retors.

La *pêche* des orphis, qu'on fait avec ce filet, dure depuis le mois de mars jusqu'à la fin de mai. Les pêcheurs s'éloignent très-peu de la côte, & s'établissent sur trois à quatre brasses d'eau. On pêche de flot & de jusan; mais toujours la nuit. Quand les orphis se sont maillés par la tête; ces poissons se débattent & s'agitent tellement, qu'ils s'embarrassent dans le filet, au point que les pêcheurs ont souvent bien de la peine à les en retirer.

Immédiatement après cette *pêche*, on fait celle du maquereau, qui commence dans le mois de mai, & se continue jusqu'à la fin de juillet. Ce poisson, ainsi que le hareng, s'emmaille; mais il ne s'embarrasse pas dans le filet, comme les orphis.

On choisit de même le temps convenable pour la *pêche* des autres poissons. Les bateaux pour cette *pêche*, ne sont armés que de quatre hommes, & le filet, qui n'a que quatre à cinq pieds de chûte, est appareillé de façon qu'il se tienne à la surface de l'eau. Les pièces sont de quarante brasses de longueur, & la tessure a quelquefois plus de trois cens brasses.

Les pêcheurs rentrent à toutes les marées.

Il ne faut pas confondre avec cette *pêche*, celle qu'on nomme *dotillette* sur la côte de Haute-Normandie, près d'Isigny. Ces filets ont six pieds de chûte. L'ouverture des mailles est d'un pouce & demi en quarré. Huit hommes, dans une grande platte, vont à la voile établir leur *pêche* à 6 ou 7 lieues au large: & ils prennent de toutes les espèces de poissons qui sont de grosseur à s'emmailler.

Nous allons rapporter l'usage qu'on fait des manets, pour prendre des sardines dans l'océan.

Pêche *de la sardine avec les manets.*

La *pêche* des sardines commence en ces quartiers au mois de mai, & elle se continue jusqu'à la fin de septembre. Alors la sardine quitte ces parages, & se porte vers Concarneau, où l'on en pêche beaucoup à la fin de l'automne.

Au commencement de la saison des sardines, ce poisson est fort petit. Il augmente successivement de grosseur, & pour qu'il s'emmaille, on change de filets dont les mailles sont de plus en plus grandes : il y en a de six moules différens.

Celui qui a les mailles les plus serrées, & qui sert à l'arrivée des sardines, est nommé parmi les pêcheurs, *carabine*, ou plus exactement, du *premier moule*. Il a les mailles de six lignes en quarré. Le filet du *second moule* a ses mailles de sept lignes. Celles du *troisième moule* sont de huit lignes. Le filet du *quatrième moule* a les siennes de huit lignes & demie. Au *cinquième moule*, les mailles ont neuf lignes d'ouverture. Enfin celles du *sixième moule* sont de neuf lignes & demie ou dix lignes.

Une pièce de ce filet à simple nappe, qui est plombé & flotté, porte quinze brasses de longueur sur cinq de chûte. On le met à l'eau par l'arrière de la chaloupe, en sorte que le bout qu'on jette le dernier n'est éloigné de la chaloupe que d'une ou deux brasses; étant retenu à bord par un bout de funin qu'on amarre à un tolet.

Au moyen de deux avirons on tient la chaloupe debout au vent, & elle suit la direction du courant ou de la marée. Le maître étant sur l'arrière, jette en mer le plus loin qu'il peut, la rogue ou rave, mais en petite quantité. Si le maître apperçoit des sardines à stribord du filet, il jette la rogue à bâbord; & de même, si la sardine se montre à bâbord, il jette la rogue à stribord. Le poisson courant alors vers l'appât, il se maille par la tête.

Quand les liéges s'enfoncent dans l'eau, on juge qu'il y a beaucoup de sardines maillées, & l'on tire le filet à bord. Après avoir démaillé les poissons, on remet aussi-tôt le filet à l'eau. Il arrive quelquefois qu'un banc de sardines, donnant dans le filet, fasse caler les liéges, sans pour cela qu'il y en ait beaucoup de prises: c'est ordinairement quand la grandeur des mailles n'est pas proportionnée à la grosseur des sardines.

Dans l'abondance de ces poissons, les pêcheurs joignent quelquefois les unes au bout des autres, six pièces de filet, & plus; & souvent ils prennent alors jusqu'à quarante milliers de sardines d'un seul coup.

Il y a deux sortes de rogues, celle de stockfish, & celle de maquereau. La rogue de maquereau est la plus estimée; mais attendu qu'elle est beaucoup plus chère, les pêcheurs se servent plus communément de celle de stockfish : d'autant que, quand il y a abondance de sardines, une seule chaloupe en consomme près d'une barique dans un jour.

Quelquefois sur la fin de la *pêche*, il se trouve de fort petites sardines mêlées avec les grosses: elles traversent les mailles sans se prendre, & mangent la rogue : auquel cas les grosses n'appercevant point d'appât, elles ne donnent point dans le filet; ainsi la *pêche* est infructueuse.

Des sardinals ou sardinaux.

Le filet qu'on nomme, à Marseille, *sardinal*, est fait de fil de chanvre ou de lin retors & très-fin; ses mailles sont communément de dix-huit oudres au pan. Ce filet est composé de dix pièces qu'on nomme *spens* ou *espens*, & qui ont chacune seize brasses & demie de longueur sur six brasses de large. Cinq spens, mis bout à bout, font la longueur du filet, qui est de quatre-vingt-deux brasses. Quand il y a une grande profondeur d'eau, on assemble deux rangs de spens l'un au-dessus de l'autre, ce qui fait douze brasses de chûte. Toute cette tessure est bordée d'une espèce de lisière de filet fait avec de la ficelle, & qui a six mailles de largeur : ces mailles ont environ deux pouces d'ouverture en quarré. La lisière d'en haut & celle d'en bas se nomment *sardon*, & celles des côtés, qui sont faites de même, s'appellent *aussière*. C'est sur le sardon de la tête que s'attache la corde ou le bruime qui porte les liéges ou nattes. Ces nattes ont quatre pouces & demi en quarré, & sont placées à vingt-sept pouces les unes des autres.

Au bruime qui borde le pied du filet, & qui est attaché au sardon d'en bas, on met des bagues de plomb, du poids d'environ deux onces, & qui sont à neuf pouces les unes des autres. Ces filets, qui forment dans la mer comme une muraille, ne devant point faire bourse, la nappe du sardinal est attachée maille par maille aux sardons & aux aussières.

On pêche avec le sardinal, ou par fond, ou entre deux eaux. La *pêche* par fond n'est guères d'usage, & le lest de plomb étant suffisant pour faire caler le filet jusqu'au fond de la mer, on peut s'en servir pour cette *pêche* sans y rien changer. Mais quand on veut le soutenir entre deux eaux, on attache de distance en distance, comme de cinq en cinq brasses sur le bruime de la tête, plusieurs lignes qui portent à leur extrémité des liéges, bouées ou signaux, lesquels de concert avec les nattes qui sont à la tête du filet, le soutiennent à la profondeur qu'on veut, suivant qu'on tient les lignes plus ou moins longues.

On tend ce filet deux fois par jour : savoir,

le soir avant le coucher du soleil, pour le relever au commencement de la nuit, & le matin, avant que le jour paroisse. Dans ce dernier cas, on est obligé de relever dès que le soleil se montre, pour ne point porter d'obstacle aux autres pêcheurs, particulièrement à ceux qui se servent de l'aissaugue.

Au Martigue, où l'on nomme communément ce filet *sardinau*, on en fait les mailles de bien des grandeurs différentes, depuis dix-huit oudres, jusqu'à vingt-sept au pan. La hauteur ou chûte, est toujours de quatre cens mailles, quelle que soit leur grandeur. Ainsi il y a des sardinaux qui ont plus de chûte que les autres.

On nomme *bande* cinq spens ajoutés les uns au bout des autres, & on joint depuis deux bandes jusqu'à douze, pour faire la longueur d'un sardinau. On donne donc une grande longueur à ces filets, au Martigue. Mais comme on s'en sert dans des endroits où il n'y a qu'une médiocre profondeur d'eau, on ne double point, comme à Marseille, leur hauteur. On conserve un bout du filet amarré au bateau. On le cale toujours en poupe du vent. Lorsque le vent change & devient absolument contraire, on est obligé de quitter le bout du filet qui tenoit au bateau, pour prendre l'autre : & alors les pêcheurs mettent un signal au bout du filet qu'ils abandonnent, & vont s'amarrer au bout opposé.

Toutes les trois heures, les pêcheurs du martigue tirent leur filet dans le bateau pour prendre le poisson. Quand la *pêche* est abondante, ils en tirent seulement la moitié, qu'ils remettent tout de suite à l'eau ; & ils se portent à l'autre bout pour retirer le reste.

Le sardinal ne prend guères d'autre poisson que la sardine, le melet, la melette, l'anchois, & quelques autres poissons de même taille. Cependant comme les anchois sont plus longs & plus menus que la sardine, il s'en emmaille peu dans les sardinaux neufs, lorsque les mailles ont cinq lignes d'ouverture. Les mailles diminuant par le service, on prend des anchois dans les vieux filets, & cette raison engage les pêcheurs qui veulent prendre des anchois ou d'autres plus petits poissons, à tenir les mailles de leurs filets plus serrées.

Il est vrai que par cet expédient, on peut aussi arrêter de la menuise de toute espèce ; mais ce filet restant sédentaire, il ne peut faire un tort considérable à la multiplication du poisson, quand même on le tendroit par fond, ce qu'on évite pour ne point déchirer les mailles, qui sont d'un fil très-délié.

Des battudes & hautées.

Les filets dont on se sert pour faire la *pêche* qu'on nomme aux *battudes* & aux *hautées*, ont à Marseille quatre-vingt brasses de long. Les battudes ne doivent avoir que trois brasses de tombée ou de chûte ; les hautées en ont six, c'est en quoi consiste la différence de ces deux filets : ainsi les hautées sont de grandes battudes. L'un & l'autre filets ont leurs mailles d'un pouce d'ouverture en quarré. Il y en a à Saint-Tropez, dont les mailles ont quatorze lignes ; à la Ciotat, on en voit de dix & de douze lignes. Ainsi la grandeur des mailles est différente dans presque tous les ports, suivant l'espèce de poisson qu'on se propose de prendre, comme maquereaux, bogues, blagues, &c.

Le pied du filet est chargé de bagues de plomb, & la corde qui borde la tête est soutenue par des pièces de liége, de six à sept pouces en quarré.

Ces cordes qui bordent le filet, se nomment *bruimes*. Le liége ne contrebalance point la pesanteur du plomb ; en sorte que le pied du filet touche toujours le fond de la mer.

On cale les battudes ainsi que les hautées dans des fonds remplis d'algue ou de vase ; & on a soin, en jettant le filet, qu'il forme des zig-zags, ou qu'il serpente, ce qui fait qu'une partie du poisson s'emmaille, & que d'autres s'embarrassent dans les plis du filet. Ainsi les battudes font en quelque sorte l'office des folles en même temps que des manets : on peut aussi les regarder comme des filets d'enceinte, à cause des contours qu'on essaie de leur faire prendre.

A chaque bout de ces filets, est une corde ou orin, avec une bouée qui sert de signal pour les retrouver. On les cale à l'entrée de la nuit, & on va les lever le matin.

La grande battude, qu'on nomme *areignol*, au Martigue, est un filet fait de fil de chanvre retors & assez fin. Les mailles sont de neuf au pan, ou d'un pouce. Sa hauteur est de deux cens mailles. La longueur des pièces est de deux cens brasses, & les pêcheurs en joignent les unes aux autres, plus ou moins, à volonté, comme depuis deux jusqu'à dix.

Ce filet est bordé de l'espèce de lisière qu'on nomme *sardon*. La largeur de ce sardon est de quatre mailles, des sept au pan.

Quand on tend ce filet à poste ou sédentaire, on le dispose ainsi que le sardinau, en zig-zag ; & alors, de quinze en quinze brasses, aux angles que le filet doit former, on ajoute à la corde plombée qui forme le pied, & qui doit être chargée d'une livre de plomb par brasse, une bande ou cablière pesant trois à quatre livres. La tête du filet est garnie de flottes de liége, comme le sardinau, & il y a une bouée ou signal à chaque bout.

Quand un bout de la battude est attaché au bateau des pêcheurs, & qu'on la tend flottante, le pied du filet n'est lesté que de deux onces de plomb par brasse.

On prend avec la grande battude, ou l'areignol, de beaucoup d'espèces de poissons, entre-autres des maquereaux qu'on nomme *orioux*, & une autre espèce qu'on appelle *suvereau*, quelques merlans, des rougets, des rascasses, des bogues, des saupes, &c. dont plusieurs s'embarrassent dans le filet, & beaucoup s'emmaillent quand l'ouverture des mailles est proportionnée à la grosseur du poisson.

Le filet qu'on nomme, au Martigue, *petite battude*, diffère de celui dont nous venons de parler, 1°. par sa hauteur, qui n'est que de cent mailles; 2°. par l'armure.

On le tend comme les grandes battudes, ou à poste sédentaire, ou flottant.

Les battudes de Languedoc, qu'on y nomme aussi *amairades* ou *armaillades*, tiennent beaucoup des demi-folles. Il y en a de bien des grandeurs différentes. Les pièces sont de quinze brasses, & quelquefois leur chûte n'est que de trente-six pouces. Les bagues de plomb, ainsi que les flottes, sont distribuées de trois en trois pans. On tend ces filets à la mer, & dans les étangs salés. On les cale dans des endroits où il y a cinq à six brasses d'eau, & ils y restent sédentaires. En certains cantons, les pêcheurs font le tour de leurs filets en frappant sur le bord du bateau avec un gros bâton, pour effaroucher le poisson, & le faire donner dans le filet.

Quand ce filet est bien chargé de plomb, on y prend de petites folles, des rougets, des muges, &c.

On fait dans l'étang de Cette, une *pêche* à-peu-près semblable, mais dont les filets ont quelquefois jusqu'à cent soixante brasses de longueur. Comme on les change souvent de place, on met de petites cloches sur les bouées, ce qui aide à les retrouver. Quand le filet est calé, on se retire à une petite distance, & les pêcheurs nagent tout autour du filet, frappant sur le bateau avec les avirons, & faisant grand bruit. Alors ils nomment cette *pêche*, *battude frappante*, & quand ils se retirent sans faire de bruit, ils l'appellent *battude dormante*.

Des filets dits bouguières *ou* buguyères, *dans la Méditerranée.*

Ce filet est une simple nappe à petites mailles. On s'en sert à Marseille, à la Ciotat, Cassis, Antibes & autres ports. C'est, à peu de chose près, le même filet que la battude. Il a assez communément quatre-vingt brasses de longueur à Marseille, & trois ou six chûtes. Mais la maille est tantôt de douze oudres & demi au pan, ce qui revient à environ huit lignes en quarré; d'autres fois quinze oudres au pan, ce qui fait à-peu-près sept lignes. On cale ces filets aux mêmes endroits, & de la même manière que les battudes. Leurs mailles étant moins grandes, ils servent à prendre de plus petits poissons, tels que les bogues, les oblades, &c.

A Saint-Tropez, la *pêche* des bouguières commence en fevrier, & finit au plutôt en avril.

A Cassis, cette *pêche* commence en décembre, & finit en janvier. Elle se fait la nuit.

A la Ciotat, le filet qu'ils nomment *buguyère*, a dix brasses de chûte, & ses mailles ont un pouce & demi d'ouverture.

A Antibes, le filet auquel ils donnent le même nom, a cent soixante brasses de longueur sur quatre à cinq de chûte, & ses mailles ont un peu moins d'un pouce d'ouverture.

On voit que ces filets, qui portent d'autres noms que celui des battudes, n'en diffèrent pas essentiellement.

Des aiguillières ou éguillères.

Ce filet est encore peu différent des battudes & des bouguières. A Marseille, sa maille est de quinze oudres au pan, c'est-à-dire, qu'elles ont un peu moins d'un demi-pouce en quarré. Il y a des tessures de cent brasses sur six de hauteur. Les bagues de plomb qui sont d'une demi-once, sont distribuées de quatre en quatre pans, & les flottes à trois quarts de pan les unes des autres.

Outre qu'on cale ces filets comme les battudes, on s'en sert encore pour envelopper les aiguilles, lorsqu'on en apperçoit en nombre rassemblées dans un endroit. Alors le filet n'étant pas calé jusque sur le fond, parce qu'il a moins de plombée, on attache çà & là des énards, au bout desquels sont des flottes de liége, & tenant les énards

énards plus ou moins longs, on cale le filet à la profondeur qu'on juge à propos.

On amarre un bout du filet à une roche, ou à une cablière qu'on nomme *baude*, qui pèse au moins soixante livres, & en même temps un orin ou coulème, avec sa bouée ou signal, & le bateau décrivant une ligne circulaire, on essaie d'envelopper le plus d'aiguilles qu'il est possible. Puis le pêcheur rapproche le bout du filet qu'il tient dans son bateau, de celui qu'il a rendu fixe. Les aiguilles qui se trouvent ainsi enveloppées, s'effarouchent & s'emmaillent en grand nombre.

L'aiguillière du Martigue est faite avec un bon fil retors; les mailles sont de treize ou quatorze au pan, & la chûte du filet est d'environ soixante mailles. Les tessures sont quelquefois de quinze brasses, d'autres en ont soixante.

L'armure ou le gréement de l'aiguillière, consiste en deux lignettes d'un quart de pouce de circonférence, qui borde ce filet haut & bas. Celle du bas porte deux onces de plomb par brasse, séparées en deux bagues; & celle du haut, environ un quarteron de liége, divisé en six parties. Comme on veut que la nappe forme une bourse ou panse, on ne l'attache pas à la lignette de la tête, maille par maille, on fait en sorte que quand le filet est tendu, il y ait un espace de trois mailles & demie entre chaque anneau ou pinpignon.

On ne prend avec ce filet, qui est flottant, que des aiguilles, & rarement quelques muges.

L'aiguillière de Provence se nomme *sarcieta* à Alicante. Ce filet, qui occupe un quart de lieue de longueur, se tend à une demi-lieue de la côte sur six brasses d'eau. On y prend, outre les aiguilles, des bogues & d'autres petits poissons. Cette *pêche* commence en novembre, & finit en février. Elle se fait ordinairement avec quatre hommes dans un petit bateau.

De l'alignolle.

Ce filet, dont on fait usage à Fréjus, à Saint-Tropez & ailleurs, est une simple nappe, qui n'a que vingt-cinq brasses de longueur, sur trois de chûte. Il est fait d'un fil très-fin. On s'en sert depuis le mois de novembre jusqu'en avril, pour prendre de petits poissons.

Le filet, qu'on nomme à Alicante *reclara*, en diffère peu. Nous croyons qu'il est fait avec du fil plus fort. Il a quarante brasses de longueur. Deux hommes vont dans un petit bateau, à un quart de lieue en mer, par six ou sept brasses d'eau. Ils amarrent un bout de leur filet à une corde, à l'extrémité de laquelle est une baude ou cablière. Ils attachent ensuite une bouée à l'autre extrémité, & tiennent ce filet flottant près de de la surface. On prend à cette *pêche*, qui ne se fait que durant les nuits obscures, depuis le commencement de novembre jusqu'en mai, des bonites, des thons, des espadons, &c.

La rissolle ou reissolle.

La rissolle de Marseille ne diffère des filets précédens, que parce que ses mailles sont fort étroites. Ce filet étant destiné à prendre des melettes, des anchois, de petites sardines, &c. ses mailles sont de vingt-cinq oudres ou nœuds au pan; ainsi elles ont environ quatre lignes d'ouverture en quarré.

On place ordinairement ce filet à la pointe d'un rocher, en sorte qu'on puisse envelopper la compagnie de poissons qu'on a apperçue; ensuite on jette des pierres, & l'on agite l'eau, afin que les poissons effrayés par le bruit viennent s'emmailler.

Cette *pêche* se fait avec de petits bateaux, qui ont vingt-un pans de long, dans lesquels se mettent quatre hommes.

Le filet qu'on appelle *rissolle* au Martigue, ressemble à la socletière, dont nous allons parler. Mais elle est fort basse & peu étendue. On en fait usage au bord des étangs, sur les plages où il y a peu d'eau.

Des filets qu'on nomme Saines.

On comprend quelquefois sous la dénomination de *saine*, toutes les espèces de filets en nappe: & en ce cas, on les distingue en saines *tendues sur piquets*, & saines *flottées & pierrées*. De celles-ci, les unes sont sédentaires, & les autres dérivantes aux courants. Les manets se sont ainsi trouvés confondus avec les saines. On a été même jusqu'à nommer les tramaux, des *saines tramaillées*. Mais les saines, proprement dites, qui sont des filets simples, plus ou moins grands, dont les mailles n'ont point de calibre déterminé pour aucune espèce de poisson, & qui ont toujours beaucoup plus de longueur que de chûte. Comme il faut que ces filets se tiennent verticalement dans l'eau, la ralingue qui en borde la tête, est garnie de flottes de liége ou de bois: & la ralingue du pied est chargée de lest. Aux extrémités de la ralingue de la tête, sont frappées des cordes plus ou moins longues, qu'on nomme les *bras*. Ils servent à tendre ou à traîner le filet.

Toutes les *pêches* à la saine se faisant en traîne, on ne peut les pratiquer que sur des fonds unis : & elles détruisent beaucoup de frai & de menuise, parce que la ralingue du bas qui est lestée, bouleverse les fonds. Elle fait surtout une grande destruction de petits poissons, lorsque la chaleur de l'eau les attire dans les endroits où il n'y a qu'une épaisseur d'eau peu considérable. Il est certain que cette pêche est d'autant plus nuisible, que les mailles des filets sont plus serrés. Au reste, en obligeant les pêcheurs de donner aux mailles une certaine grandeur, on ne diminueroit pas beaucoup la destruction du poisson; non-seulement parce qu'en traînant le filet, les mailles se retrécissent; mais encore parce qu'il s'amasse dans la saine des immondices qui empêchent que le frai & la menuise ne traversent les mailles. Le meilleur moyen, & qui se pratique en quelques endroits, seroit qu'au lieu d'attacher le lest sur la ralingue qui borde le pied du filet, on l'attachât à des lignes de quelques pouces de longueur, qu'on distribueroit de distance en distance, sur cette ralingue. Au moyen de quoi, la ralingue seroit toujours éloignée du fond de la mer; & le frai, ainsi que la menuise, s'échapperoient avec les immondices par-dessous le filet: ce qui n'empêcheroit pas qu'une partie des poissons plats qui seroient effrayés, ne se jettassent dans le filet, où ils seroient arrêtés, sur-tout quand le fond du filet feroit une poche. Mais l'avidité des pêcheurs les engage à faire leurs mailles fort serrées, & à charger de beaucoup de lest le pied de leurs filets.

A l'égard de la grandeur des mailles, les pêcheurs la varient beaucoup. Quand ils se proposent de prendre de gros poissons, ils les tiennent assez larges; & ils y trouvent le double avantage, de moins fatiguer le filet, & d'avoir moins de peine à le traîner. Mais lorsqu'ils veulent pêcher de fort petits poissons, ils tiennent nécessairement les mailles très-serrées; & afin de pouvoir traîner leur filet, tantôt ils se rassemblent un nombre considérable, tantôt ils font leurs filets bien petits; ou encore ils donnent différentes grandeurs aux mailles d'une même saine: par exemple, ils emploient un fil très-fin pour les mailles qui sont auprès de la ralingue, où sont attachées les flottes: & en cet endroit, ils tiennent les mailles de 13 à 14 lignes d'ouverture en quarré: celles du milieu, qui sont d'un fil plus fort, sont moins grandes: enfin la partie du filet qui est vers le pied, ou auprès de la ralingue chargée de lest, & faite d'un fil encore plus fort; & à cet endroit, les mailles n'ont que 10 lignes en quarré. La longueur de ces filets varient depuis 8 brasses jusqu'à 60, même plus, & leur chûte est de 4, 5, 6 pieds & au-delà.

De la Pêche *avec la saine dans les petites rivières; & dans les courants d'eau entre les bancs, lorsqu'ils ont peu de largeur.*

Les filets dont il s'agit sont plus ou moins longs, suivant la largeur du courant qu'on essaie d'embrasser en entier. A l'égard de la hauteur ou chûte des saines, on la proportionne à-peu-près à la profondeur de l'eau. Cependant comme il est avantageux que le filet fasse une poche, il vaut mieux lui donner plus de chûte que moins; & on tient les mailles plus ou moins grandes, suivant la grosseur du poisson qu'on se propose de prendre. Mais ce n'est pas avec la précision qu'exigent les manets. Sur quoi il est bon de remarquer, qu'il s'arrête bien par les ouies quelques poissons, qui par hasard se trouvent de grosseur à entrer dans les mailles de la saine. Mais l'usage de ce filet ne consiste pas à ce que le poisson s'y emmaille: il faut le regarder comme un crible, qui laisse passer l'eau, & arrête le poisson qu'il rencontre.

On verra que la saine, par sa position, forme dans l'eau une courbe dans le sens de sa longueur. Et comme le poisson ne s'emmaille pas, on ne peut relever le filet, qu'en joignant l'une à l'autre les deux ralingues, pour renfermer le poisson dans cette duplicature. Ces circonstances servent à distinguer la saine d'avec les tramaux, les manets, & les folles. Mais il y a bien des façons de se servir de ce filet.

On peut pêcher sans bateau dans les rivières, où les courants ont peu de largeur. Pour cela, les pêcheurs s'étant partagés, moitié d'un côté, moitié de l'autre; ceux qui ont le filet de leur côté, attachent une pierre au bout de l'un des bras, & ils la jettent aux pêcheurs qui sont de l'autre bord. Quand ceux-ci ont saisi le bras qu'on leur a jetté, ils halent sur ce bras; & tirent ainsi le filet vers eux à mesure que ceux qui l'ont de leur côté, le jettent à l'eau. Quand tout le filet est établi de la sorte par le travers du courant, les pêcheurs de l'un & de l'autre bord halent chacun sur un bras pour traîner le filet.

Lorsqu'on a traîné dans une anse qui n'a pas beaucoup de profondeur, les pêcheurs de l'un & l'autre bord se réunissent au fond de l'anse, & prenant le filet par la ralingue du pied & celle de la tête, afin d'envelopper le poisson, ils tirent la saine à terre.

Dans le cas où on pêche dans une petite rivière, comme on n'en peut pas gagner le bout, de même qu'à une anse, les pêcheurs d'un bord amarrent leurs *bras* à un piquet, ceux de l'autre bord lient une pierre au bout du bras sur lequel ils ont halé, & jettent la pierre à leurs camarades. Ceux-ci remontent la rivière; & tirant le bras, ils font décrire une courbe au filet: puis ramenant ce bout à celui qu'ils ont amarré au bord de l'eau, & ayant choisi une place convenable, ils tirent le filet à terre. Après quoi ils jettent encore la pierre aux pêcheurs qui sont à l'autre bord, & recommencent leur pêche.

Quand la rivière ou le courant ont trop de largeur pour qu'on puisse jetter un bras de l'autre côté, on met le filet dans un petit bateau, où s'embarquent trois hommes, & trois autres, qui se tiennent à terre, conservent un des bras. Deux de ceux qui sont dans le bateau, rament pour traverser le courant, & le troisième jette à l'eau le filet, pli-à-pli. Quand le bateau est arrivé à l'autre bord, les six pêcheurs, trois d'un bord & trois de l'autre, halent sur les bras, & traînent le filet. Lorsqu'ils ont traîné durant un certain temps, ceux qui ont mis le filet à l'eau, remontent dans le bateau, & gardant le bras sur lequel ils ont halé, ils repassent l'eau en décrivant une ligne circulaire; puis finissent par rejoindre leurs camarades, pour tirer le filet à terre.

La *pêche* qu'on appelle *frongiata* à Raguse, & qui se fait en mer, ne diffère presque de celle que nous venons de décrire, que parce qu'ils attachent au bras qui répond au bateau, des fagots d'herbe, pour engager le poisson à donner dans le filet, au lieu de s'échapper en passant sous le bras.

La pêche qu'on nomme *escave* ou *escabe*, dans la Garonne, diffère peu des précédentes, seulement les mailles du filet sont fort serrées.

A l'égard de celle que les pêcheurs de la Dordogne appellent *tresson*; elle se fait avec des filets dont les mailles sont plus petites. C'est en cela que consiste la différence.

Nous nous bornerons à dire ici que quelques pêcheurs préfèrent de traîner un trémail au lieu d'une nappe simple: & presque tous ceux qui se servent d'une nappe simple, tendent par le travers de la rivière un trémail dormant, à l'endroit où ils se proposent de terminer leur trait. Ils arrivent dessus en traînant la saine; & le poisson qui est effrayé, tant par le filet que par les pêcheurs, se prend dans le trémail.

De la pêche au Colleret, *dans les étangs, au bord de la mer, & entre les roches.*

Dans les endroits où il y a peu d'eau, on traîne à bras & à pied un filet simple & plombé & flotté; en un mot une petite saine de 8 à 10 brasses de longueur, sur une brasse ou une brasse & demie de chûte: & quelques-uns de ces filets n'ont à leurs bouts que 3 pieds de hauteur, pendant qu'ils ont 3 à 4 brasses de chûte au milieu, afin de former dans cet endroit une espèce de poche qui retienne le poisson.

La tête du filet est garnie de flotres de liége, & le pied de bagues de plomb. Quelquefois il n'y a qu'une corde au haut & une au bas du filet, qui se rejoignent à quelque distance, & ne font plus qu'une seule corde, au bout de laquelle ils forment une bandoulière pour traîner le filet.

La grandeur des mailles varie depuis 12 lignes jusqu'à 15, suivant l'espèce de poisson qu'on se propose de prendre: en sorte, qu'assez souvent elles n'ont même que 10 lignes en quarré. Presque toujours les mailles du fond sont plus serrées que celles des extrémités.

Les pêcheurs attachent aux deux bouts du filet un bâton, dont la longueur égale la largeur que le filet a à ses extrémités. On met le gros bout du bâton, qu'ils nomment *bourdon*, en en bas; & on attache ce bâton au bout du filet.

On attache aux extrémités du bâton deux cordes qui se réunissent à une petite distance du filet; & c'est à ce point de réunion qu'on amarre les bras, qui sont quelquefois 60 ou 70 brasses de longueur. Enfin, on ajuste au gros bout de ces bâtons, qui répond à la corde plombée, un morceau de plomb, pesant 5 ou 6 livres, pour qu'il contribue avec le lest, à faire prendre au filet une position verticale.

Les pêcheurs ayant ainsi disposé leur filet au bord de l'eau, ils le portent le plus avant qu'ils peuvent dans l'eau, y entrant souvent jusqu'aux aisselles, & tenant les bâtons des bouts aussi élevés qu'ils peuvent au-dessus de la surface de l'eau. Souvent deux autres hommes leur aident en soulevant le milieu du filet: & quand il s'agit de mettre le filet à l'eau, les deux aides le saisissent par la ralingue flottée, pour qu'il prenne une position verticale.

Le filet étant à l'eau, les pêcheurs qui en tenoient les extrémités, se forment une bandoulière avec les cordes qui font les bras; & entrant dans l'eau presque jusqu'au col, ils traînent le filet dans une longueur d'environ 100 brasses, à-peu-près parallèlement au bord de l'eau. Peu-à-peu les deux pêcheurs se rapprochent l'un de l'autre, faisant décrire au filet une portion de cercle: & étant réunis, ils tirent le filet sur le sable, où ils prennent le poisson qui se trouve renfermé dans la saine, & le mettent dans leur panier.

Les pêcheurs nomment cette traînée de filet,

un *trait*. Ils continuent à faire de nouveaux traits, tant que la marée le leur permet. Car lorsqu'elle monte, elle les force de s'approcher de la côte, & les oblige enfin de se retirer plus tôt ou plus tard, suivant les parages & la force des marées. Ordinairement, on commence cette pêche deux heures avant que la marée soit tout-à-fait basse: & elle finit deux heures après que la marée a commencé de monter.

Souvent les compagnons qui ont aidé à mettre le filet à l'eau, prennent des perches pour battre l'eau, en marchant un peu à côté, mais toujours au-devant de ceux qui traînent, afin de déterminer le poisson à donner dans le filet.

Ce filet qui est fort en usage sur quantité de côtes, & particulièrement auprès d'Oleron, se nomme *colleret*, à cause de la manière dont on le traîne. Mais on conçoit qu'il ne peut pas être fort grand, parce que les hommes qui sont dans l'eau jusqu'aux aisselles, perdent presque tout leur poids, & ainsi ont très-peu de force pour le traîner. C'est pourquoi, quand le colleret est un peu grand, ils se mettent quatre pour le traîner, deux sur chaque bras.

A la côte du bas Médoc, on fait usage d'une saine qu'on nomme *traîne*, qui a 30 ou 40 brasses de longueur: sa chûte au milieu est de 3 brasses, & seulement d'une brasse & demie à ses extrémités; où est attaché un bâton, comme au colleret. Les mailles des extrémités ont un bon pouce d'ouverture en quarré; elles se retrécissent en approchant du milieu, où à peine on peut passer le doigt. Le haut du filet est garni de flottes; mais il n'y a point de plomb au bas. Un cordage d'un pouce de grosseur tient lieu de lest.

Quatre ou cinq hommes suffisent pour cette pêche: deux se mettent à l'eau pour traîner le filet; ce qui devient praticable, parce que la côte est platte: ils portent au large un des bouts du filet, pendant que les autres retiennent l'autre extrémité au bord de l'eau. Quand le filet est déployé, les uns & les autres traînent le filet de concert, & le poisson se rassemble au milieu, où les mailles sont fort petites. Ils terminent leur pêche par hâler leur filet à terre.

A l'embouchure des rivières d'Orne & de Dive, ainsi que sur les grèves d'entre ces deux rivières, on fait la pêche des *équilles*, avec un filet que les pêcheurs appellent *sainette*, comme étant un diminutif de la saine; mais la manière de s'en servir est particulière. Les mailles de ce filet sont en losange, & ont environ 3 lignes d'ouverture, montées sur des lignes assez déliées. Cette nappe est simple; elle a au plus une brasse de chûte, & six brasses de longueur: aux deux bouts sont attachées des perches ou gaulettes, qui sont longues de 7 à 8 pieds. Les hommes, femmes & enfans font cette pêche; chaque perche est tenue ferme par un pêcheur; ils marchent contre le flot sur les bancs les plus élevés, en foulant le sable avec les pieds, & brouillant l'eau avec leurs jambes qui vont contre le flot, pendant que d'autres avec de longues gaules battent l'eau. Les équilles effrayées se jettent dans le filet; celles qui sont enfouies dans le sable saillissent & donnent aussi dans le filet: aussitôt que les pêcheurs qui tiennent les perches sentent les secousses du poisson, ils soulèvent le filet par le pied, se rapprochent l'un de l'autre, & renversent le poisson dans des corbeilles ou glines, qu'ils ont sur leurs épaules. Mais cette gline, à la moitié de sa profondeur, porte un filet qui forme comme un double fond, & les mailles de ce filet sont exactement de grandeur à laisser passer les équilles, qui le traversent comme quand elles s'enfoncent dans le sable. S'il reste sur le filet du frai ou de petits poissons, les pêcheurs le rejettent à l'eau, ou plutôt, ils s'y précipitent d'eux-mêmes quand les pêcheurs se baissent pour continuer leur *pêche*: au lieu que les équilles restent au fond de la gline.

On fait de plus petits collerets pour prendre les poissons qui sont restés entre des rochers ou des islets, dans des endroits qui n'asséchent point de basse-mer. Comme ils ne différent pas de ceux dont nous venons de parler, il nous suffira de dire que ces petits collerets tiennent lieu des grands havenaux qui servent aux mêmes usages.

On se sert encore de collerets semblables, pour prendre des équilles & des hamilles ou lançons. Seulement, comme ces poissons sont souvent fort petits, on fait les mailles de ces saines très-serrées; & sachant que ces poissons s'ensablent, on charge de beaucoup de plomb le pied du filet.

Collerets traînés par des chevaux.

Il est sensible qu'en se procurant une force plus considérable, on peut augmenter l'étendue des collerets. C'est aussi ce que font des pêcheurs flamands, en faisant traîner leur filet par des chevaux; ce qui est praticable sur leurs sables, qui sont fort unis.

Ils mettent ordinairement un cheval sur chaque bras. Mais quelquefois ils y en mettent deux, ou même un plus grand nombre; & plus ils se procurent de force, plus ils augmentent la grandeur de leur filet. Au reste, cette *pêche* se fait précisément comme celle du colleret à pied. Ils finissent par tirer le filet sur le sable : & quand ils ont pris le poisson, ils recommencent un nouveau trait lorsque la marée le leur permet.

Cette *pêche* se fait ordinairement depuis le mois d'avril jusqu'à celui de septembre. Mais elle n'est praticable que par les beaux temps, & lorsque la mer est calme. Inutilement voudroit-on la pratiquer lorsque les eaux sont froides : alors les poissons se retirent dans la grande eau ; & les *pêches* qu'on fait sur le rivage sont infructueuses.

On y prend, de même qu'avec les autres collerets, toutes sortes de poissons. Comme ils ne s'emmaillent pas, il est assez indifférent de quelle grandeur soient les mailles. Mais il est essentiel d'éviter de les faire trop serrées : cette *pêche*, toujours destructive pour le frai & la menuise, le seroit alors encore plus.

Comme le filet pour la *pêche* au colleret est traîné par des hommes ou des chevaux qui se mettent dans l'eau, il s'ensuit que ces *pêches* sont impraticables aux endroits où l'eau est profonde. Pour traîner le filet de-dessus les bords, il faut que la nappe d'eau ait une médiocre largeur ; sans cela le filet ne pourroit pas l'embrasser. Ainsi, pour pêcher à la saine dans les endroits où il y a une grande profondeur d'eau, sur-tout, lorsque la nappe est fort étendue, comme cela se trouve presque toujours à l'embouchure des grandes rivières, & aux bords de la mer; dans ces circonstances, on ne peut se dispenser de se servir de bateaux : ce qui se fait de différentes manières.

De la pêche *à la saine, avec des virevaux ou treuils.*

La *pêche* dont nous venons de parler, ne peut guère être pratiquée que par des gens qui ont des fermes auprès de la mer ; le commun des pêcheurs n'ayant pas de chevaux ; & entre ceux-là, il s'en trouve qui ayant de grandes saines, ne sont pas en nombre suffisant pour les haler. En ce cas, après avoir engagé un des bras dans un treuil qu'ils ont établi sur le rivage, ils se mettent tous dans un bateau pour tendre leur filet. Puis ils amènent à terre le bras forain, & ils l'ajustent sur un autre treuil qu'ils ont solidement établi sur le rivage, auprès du premier. Ensuite, tournant avec des léviers le cylindre du treuil, ils amènent peu-à-peu leur filet à terre. Cette opération est longue ; mais elle a l'avantage de pouvoir être exécutée avec peu de monde.

D'autres pêcheurs sont encore parvenus à pêcher avec peu de monde, par un moyen bien simple. Ayant amarré un bras de leur saine à un pieu au bord du rivage, ils embarquent le filet dans un bateau ; en le pliant sur une planche ; puis ils attachent l'autre bras au bateau, & nagent au large pendant qu'un d'eux met peu-à-peu le filet à l'eau, à mesure que le bateau s'éloigne de la côte. On essaie de former comme un demi-cercle, & on décrit une ligne circulaire aussi grande que le filet & même ses bras peuvent le permettre. Les pêcheurs ramènent ensuite le bateau à l'endroit où est amarré, au bord de l'eau, un des bouts du filet. Alors les pêcheurs du bateau mettent pied à terre, & se joignant avec ceux qui se trouvent au bord de l'eau, ils tirent de concert le filet à terre, & prennent le poisson. Vers l'embouchure de la Vilaine, & en remontant dans cette rivière, on voit un homme seul, ou aidé d'un petit garçon, faire la *pêche* dont nous venons de parler. Mais en ce cas les saines sont très-petites.

Pêche *à la saine, où une partie de l'équipage hale à terre un bout du filet, pendant que le reste hale l'autre bout avec un bateau.*

Cette *pêche* se fait quand on a plus de monde, que pour la précédente : au reste, elle en diffère peu. Au lieu d'attacher un des bras à un pieu au bord de l'eau, cinq ou six hommes le tiennent ; d'autres s'embarquent dans un bateau, & tendent le filet. Quand il est mis à l'eau, ceux-ci attachent un bras du filet à l'arrière du bateau ; & formant une portion de cercle, ils nagent à-peu-près parallélement au bord de l'eau. Quand ils ont fait un certain chemin pour se rendre par le travers de ceux qui sont à terre, ceux de terre & ceux du bateau agissent de concert, halant chacun sur un bras du filet : ils traînent ainsi une longueur de deux à trois cents brasses. Puis le bateau se rapprochant peu-à-peu du rivage, & de ceux qui sont à terre, les deux bandes de pêcheurs se réunissent à un endroit où les bords soient peu escarpés. Ceux du bateau se debarquent; & tous tirent de concert le filet à terre, halant d'abord sur les bras, puis sur le filet, pour cela joignant la tête & le pied du filet, ils le doublent, & forment un sac dans lequel se ramasse le poisson.

Cette façon de relever le filet, est sans contredit la meilleure : & on la pratique autant qu'on le peut ; sans quoi il s'échapperoit beaucoup de poisson au moment que le filet sort de l'eau. Quelque précaution qu'on prenne, il y en a toujours qui se sauvent. Pour les rattraper, aux grandes *pêches*, quand le filet est prêt à sortir, deux pêcheurs se mettent à l'eau, &

traînent un colleret, derrière le fond de la grande saine : de plus, le bateau se tient derrière le colleret, battant l'eau avec ses avirons. Par cette manoeuvre, le poisson qui s'est échappé de la saine, tombe dans le colleret. On appelle cette *pêche*, à la grande saine soutenue par un colleret : on la nomme aussi en plusieurs endroits, *pêche* à la traîne. C'est la *tratta* de Senigaglia ; & encore, ce qu'on nomme *xabegas*, sur les côtes d'Espagne.

Voici comment les pêcheurs de la baye d'Arcançon font pendant toute l'année la *pêche* à la traîne, au bord de l'Océan.

Douze à quinze hommes s'associent pour faire leur métier à la part. Ils construisent eux-mêmes des cabannes du côté du bassin, & ils les adossent aux dunes de sable qui bordent la côte. Au moyen de ces cabanes ils sont toujours à portée de faire leur *pêche* avec des saines, qui ont quelquefois plus de 70 brasses de longueur, & seulement une ou deux brasses de chûte au milieu, & au plus une brasse aux deux bouts. Quand ils veulent pêcher dans le bassin & les chenaux, ils se servent de petites saines & fainettes, qui n'ont quelquefois que quatre brasses de longueur. Le pied des grandes saines est garni de plomb : mais les petites sont lestées avec des pierres percées.

Les mailles de leurs filets sont de différentes grandeurs, suivant l'espèce de poisson qu'ils se proposent de prendre ; car à la tête de buch, ils prennent des dorades, des loubines, des maigres, des solles, &c. ; & dans le bassin, des barbeaux, des aiguilles, des sèches, des congres, des sardines, des carrelets, des tires, &c.

Quand la pinasse & les filets sont préparés, le chef des pêcheurs se promène au bord de l'eau : & lorsqu'il apperçoit des poissons dans les brisants, il en avertit par un coup de sifflet. Alors les matelots qui sont à la pinasse, viennent le joindre à force de rames ; ils amarrent à terre un des bras de leur saine ; puis se portent au large, un matelot jettant à l'eau pli par pli le filet qui est rangé sur une planche. Puis en décrivant une ligne circulaire, ils gagnent le rivage, & se jettent à terre pour tirer le filet, de concert avec ceux qui sont restés à terre.

A Arles, les saines ont environ 200 brasses de longueur, sur 3 ou 4 de chûte ; & les bras sont longs de 3 à 400 brasses. La *pêche* se fait précisément comme nous venons de l'expliquer.

A Oleron, la plupart des saines n'ont que 30 à 35 brasses de longueur.

De la pêche à la saine ou à la traîne en pleine eau.

Nous avons expliqué comment on traîne le filet à pied, soit qu'on le tende sans bateau, soit qu'on emploie un bateau pour cette opération. Il nous reste à exposer comment on traîne ce même filet en pleine eau.

Les pêcheurs de la Rochelle, qui ont de forts bateaux pontés qu'on nomme *traversiers*, traînent à la voile des filets qui ont 6 ou 7 brasses en quarré, également sur les fonds de vase & sur ceux de sable. Les bras de ces filets ont 3 ou 4 pouces de circonférence, & 50 à 60 brasses de longueur ; ils sont attachés l'un à poupe & l'autre à proue, sur un des bords du bâtiment ; qu'on fait dériver par le travers. Les mailles du filet ont environ 4 pouces d'ouverture en quarré. Les pêcheurs estiment que les vents de Nord & Nord-Est leur sont favorables. Pour relever le filet, on le tire à bord par le travers du bateau. On y prend ordinairement des poissons plats.

En plusieurs endroits, notamment aux environs de Caen, on traîne les saines en pleine rade, avec deux bateaux. Le filet a communément 40 brasses de longueur sur 4 brasses de chûte.

Quand la mer est forte, 6 ou 8 hommes se mettent dans de bons bateaux : dont un a sur son bord le filet, & l'autre en retient un bras. Celui qui a le filet, le jette à l'eau à mesure que les deux bateaux s'écartent. Ou bien les deux bateaux prennent chacun une partie du filet, & le mettent à l'eau à mesure qu'ils s'éloignent l'un de l'autre. Mais pour cela il faut que la mer soit belle. Quand le filet est à la mer, chaque bateau hale sur son bras : & ils tirent le filet, de concert. Quelquefois les deux bateaux aterrent pour tirer leur filet sur le sable. Mais quand la côte n'est pas favorable, ils relèvent à bord.

Lorsque la mer est parfaitement belle & calme, il y a des pêcheurs qui prennent de petits bateaux qu'ils nomment *picoteux* ou *piloteux*, qui n'ont que 13 pieds de longueur. Deux hommes se mettent dans chaque bateau, & pêchent avec des saines moins grandes. Il est vrai qu'ils courent risque de périr quand il survient du mauvais temps : mais comme cette *pêche* leur est plus profitable, l'appas du gain les décide pour exposer leur vie.

Quand on fait les grandes *pêches* à la saine en pleine eau, il est importanr de relever le filet dans les bateaux, ensorte que les pêcheurs halant sur les bras, l'un ne tire pas le filet plus que l'autre. Pour cela, il y a des pêcheurs qui prennent une fort bonne précaution : elle consiste à mettre des signaux sur les bras, de distance en distance, comme de 4 en 4 brasses; afin que chacun retirant un pareil nombre de signaux, les deux pêcheurs soient assurés d'amener à bord une pareille longueur de cordage. En ne prenant pas cette précaution, si un pêcheur tiroit beaucoup plus de corde que l'autre, il pousseroit hors du filet une partie du poisson qui devroit rester au milieu & au fond du filet; & ce seroit autant de perdu.

Pêches *qu'on fait avec les saines, sur les côtes de l'Océan & de la Méditerranée.*

Nous allons parcourir très-sommairement l'usage qu'on fait du colleret & des saines sur plusieurs côtes, pour faire observer quelques particularités qui sont dignes d'attention. Il faut être prévenu qu'assez souvent les pêcheurs nomment *colleret* les petites saines ou sainettes, quoiqu'on ne les traîne pas entièrement : comme nous l'avons expliqué.

La rivière de Seine se trouvant fort entrecoupée d'ilets par le travers du village d'Oyssel, on ne peut y faire usage que des sainettes; qui n'ont que 15 à 20 brasses de longueur, & 2 à 3 de chûte. L'ouverture de leurs mailles est de 6 lignes.

Dans l'amirauté de Fécamp, aux endroits où la *pêche* à la côte est très-difficile, on se sert de traîneaux, sainettes, ou petits collerets, à mailles étroites, & qui n'ont que 10 à 12 brasses de longueur.

Quelques pêcheurs côtiers des environs de Dieppe se servent de plusieurs sortes de collerets : les uns ont les mailles fort larges vers les deux bouts, & plus serrées au milieu : d'autres ont vers la tête du filet, des mailles de 13 à 14 lignes, faites d'un fil très-fin; les mailles qui approchent du pied du filet, n'ont qu'environ 9 lignes : & comme cette partie du filet se traîne sur un fond dur, le fil est plus fort; & au lieu de charger de plomb le pied du filet, comme le font les collerets de Flandre, on y substitue ce que les pêcheurs nomment de la *fouillardière*, qui est un rouleau de vieux filets.

A l'Isle-Grand, dans l'amirauté de Morlaix, où les côtes sont dures & ferrées; on ne met point de plomb à la ralingue du pied; mais on y attache des lignes menues, longues de quelques pouces, au bout desquelles sont amarrées de petites pierres plattes. Ainsi le pied du filet ne porte point sur le fond, qui en auroit bientôt détruit les mailles. Au reste, la manœuvre pour se servir de ce filet, est la même que pour le grand colleret plombé. Mais comme le pied du filet ne porte pas sur le fond, on ne prend guere de poissons plats.

Dans l'amirauté de Barfleur, on pêche avec une saine, dont le fond a environ 40 brasses de longueur. Toutes ses mailles sont d'un même moule, excepté 4 ou 5 brasses de chaque bout, qui communiquent avec le *canon*, *bourdon*, ou *bâton*, auquel sont amarrées les ralingues. Les pêcheurs nomment ces dernières brasses, *hargnères*. On tient de terre un des bâtons, tandis qu'un bateau porte le filet au large, & le tend en enceinte; puis revenant à terre, y apporte l'autre canon. Quatre ou cinq hommes exécutent cette *pêche*, de la même manière que nous l'avons décrite en parlant de la grande saine soutenue du colleret.

Cette même *pêche* se fait auprès de Cherbourg, avec des filets dont les mailles sont serrées. Le fond de la saine est composé de 6 pièces, de 31 brasses chacune. Les bras sont formés chacun de quatre pièces, qui ont ensemble cent-vingt brasses. Ce sont ordinairement des femmes qui se mettent à l'eau jusqu'aux aisselles, pour soutenir le fond avec un colleret.

Dans l'amirauté de Caudebec, on pêche dans la rivière de Seine avec deux sortes de saines. L'une, qu'on nomme *saine claire*, sert à prendre sur-tout des aloses & des saumons; ses mailles ont onze à douze pouces d'ouverture. Les autres saines, dites *épaisses*, ont souvent leurs mailles de cinq à six lignes, tout au plus, d'ouverture. Elles servent à prendre des éperlans; quoique communément ces poissons se prennent avec des manets. Ces secondes saines sont pierrées par le bas. Les pêcheurs augmentent à volonté la longueur & la chûte de leurs filets, en sorte qu'ils ont quelquefois soixante brasses, & d'autres fois jusqu'à deux cens de longueur; & tantôt une brasse & demie de chûte, d'autres fois trois brasses & plus, suivant la profondeur de l'eau où ils établissent leur *pêche*. Un bout du filet reste à terre; l'autre est porté au large par un bateau : le reste s'exécute, comme nous l'avons expliqué plus haut.

Les pêcheurs de l'amirauté de Touques & Dives nomment *traînes*, des saines plombées & flottées, qui ont dix-huit brasses de long, une brasse & demie de chûte vers les extrémités, & trois brasses au milieu. Quatre pêcheurs se mettent dans deux petits bateaux qui ne tirent que douze à quinze pouces d'eau. Ils embarquent le filet;

moitié dans chaque bateau. Un homme de chaque bateau jette le filet à l'eau, tandis que l'autre nage mollement. Lorsque le filet est à l'eau, les deux bateaux le traînent chacun par un bout. Après avoir fait cette manœuvre pendant un certain temps, les deux bateaux faisant une enceinte, se réunissent pour le tirer à terre ou à bord de leurs bateaux, comme nous l'avons expliqué plus haut, rassemblant toujours le pied & la tête du filet, pour retenir le poisson. Quand on tire à terre, on traîne derrière la saine un dranet ou colleret, pour retenir le poisson qui pourroit s'échapper.

Il y a dans l'amirauté de Cherbourg, des pêcheurs qui vont tendre des saines dans quelques anses, & qui les halent à terre au moyen de petits virevaux ambulans.

La saine traînée par deux bateaux, est appellée *tournée*, dans l'amirauté de Saint-Brieux. Le filet a environ trois brasses de chûte, & trente ou quarante de longueur. Il n'y a point de plomb sur la ralingue du pied; on met seulement, de deux en deux brasses, des pierres qui pèsent une livre ou une livre & demie. Ordinairement les pêcheurs ne halent point leur filet à la côte, après avoir fait une enceinte, ils le relèvent où ils se trouvent.

Dans l'amirauté de Vannes, on se sert aussi de saines dont le pied est garni de pierres peu pesantes, qui sont à une brasse & demie les unes des autres. Ainsi ces filets endommagent peu les fonds.

Quatre chaloupes s'associent pour en faire usage; celle qui porte le filet a cinq hommes. Quand ils veulent tendre, quatre hommes de ce bateau nagent, en sorte que le cinquième puisse placer la saine en demi-cercle dans l'eau. On amarre un des bouts à l'arrière du bateau.

Pour relever le filet, ce bateau tournant suivant l'établissement du filet, deux pêcheurs se mettent à l'avant, & afin d'empêcher que le poisson qui se trouve dans l'enceinte n'en sorte, ou qu'il ne saute par-dessus les flottes de liége qui sont à fleur d'eau, deux autres bateaux entrent dans l'enceinte, & battent l'eau avec leurs avirons: le quatrième bateau, qui se tient en dehors, fait la même manœuvre.

Chaque pièce de ces filets a trente brasses de longueur, & trois de chûte. Cinq pêcheurs conviennent ordinairement de fournir chacun une pièce, ce qui forme une tessure d'environ cinquante brasses; mais comme elle doit former un sac pour retenir le poisson, elle n'a guères que quatre-vingt brasses quand elle est tendue. Cette *pêche* se fait à la mer, ou à l'embouchure des rivières, & elle se pratique toute l'année, hors la saison des sardines: encore y a-t-il des vieillards & des jeunes gens qui la font alors, n'allant pas pêcher des sardines avec les autres. On y prend des poissons ronds & des plats, en un mot, tous ceux qui s'entonnent dans le fond du filet, qu'il faut relever en le pliant en deux sur sa longueur, pour que les poissons ne s'échappent pas.

Ce qu'on appelle *grande traîne*, dans l'amirauté de Caen, a des mailles larges de trois à quatre pouces, & peut être plutôt regardé comme une folle ou demi-folle dérivante, que comme une saine.

Il n'y a point de côte où l'on ne pratique quelques-unes des *pêches* dont nous venons de parler; à Marennes, aux environs de Royan, à Honfleur, à Villerville, à Brest, aux environs de Caen, dans presque toutes les grandes rivières, les étangs, &c. Toute la différence consiste en ce que les filets sont plus ou moins grands, & qu'ils ont des mailles plus ou moins serrées. L'étendue & la profondeur de l'eau à l'endroit où l'on veut établir sa *pêche*, décident sur la grandeur du filet; & la largeur des mailles varie suivant la grosseur du poisson qu'on se propose de prendre; car, quoiqu'on n'ait pas intention qu'ils s'emmaillent, il seroit superflu & embarrassant de faire de fort petites mailles pour prendre de gros poissons. Il suffit d'annoncer ces différences; des détails circonstanciés deviendroient ennuyeux, sans être plus instructifs.

Différentes pêches *qui se font à la basse-eau, à pied, à la main, ou avec rateaux, digons, fouannes, &c. pour prendre des coquillages & des poissons qui s'ensablent, ou qui restent dans des mares lorsqu'elles n'assèchent point à la basse-mer.*

Il y a des coquillages qui s'attachent aux rochers, aux grosses pierres & galets qui découvrent de basse-mer, des crustacées & quelques espèces de poissons qui se retirent dans des trous qu'ils trouvent au pied des rochers. Quantité de coquillages & plusieurs espèces de poissons s'enfonçent dans le fond; & suivant qu'il est plus ou moins dur, il faut employer différens moyens pour les en tirer. Enfin il y en a qui, lorsque la mer se retire, échouent à sec, ou restent dans des bas-fonds qui n'assèchent point.

Plusieurs coquillages, & particulièrement les moules, s'attachent aux rochers que la mer recouvre à toutes les marées. Les pêcheurs vont à la basse-eau les détacher avec un crochet qui est ajusté au bout d'une perche plus ou moins longue,

longue, suivant l'élévation des rochers; & quand ils les ont fait tomber, les femmes les ramassent dans des paniers. Lorsque les roches sont basses & à portée de la main, les hommes, femmes & enfans les détachent avec une espèce de couteau qu'on nomme *étiquette* sur les côtes de Normandie.

Les pitauts ou folades, ainsi que quelques vers marins, se retirent dans des tufs très-durs, qui forment une espèce de marne, ou dans les fonds de roches tendres délitées, qu'on nomme assez volontiers *roches pourries*. On va dégager de ces fonds durs ces divers coquillages, qui servent à amorcer les haims. On se sert pour cela de pics ou de pioches. Comme presque toujours le trou se remplit d'eau, on le vuide avec une cuiller. On met les vers dans des gamelles pleines d'eau de mer, pour les conserver en vie, & les pitauts dans des scilleaux ou des paniers plats à anses, qui sont ordinairement supportés par trois ou quatre pieds.

Lorsque les fonds sont moins durs, les hommes & les femmes vont de basse-mer ramasser des vers marins & des hamilles, pour amorcer les haims; & cela avec l'instrument dit *étiquette*, qui, comme nous l'avons dit, est un couteau sans tranchant, mais dont les bords sont souvent barbelés.

Les vers s'annoncent par de petites mottes de terre, en forme de vermisseaux qu'ils rejettent sur le sable; & les hamilles, par des traces qu'ils font pour s'introduire dans le sable.

Lorsque la chaleur commence à se faire sentir, la mer étant basse, les femmes tranchent le sable avec leurs étiquettes, auprès de la laisse de basse-mer. Comme la lame de ce couteau est barbelée & sans tranchant, elles tirent du sable les vers & les hamilles, qui s'agitent alors comme font les anguilles, ce qui leur donne le temps de les ramasser, & de les mettre dans leur panier.

Il y en a qui, au lieu d'étiquette, se servent pour tirer les poissons du sable, d'une vieille faucille dont se servent les moissonneurs.

Quelquefois le fond, sans être endurci comme la marne, est cependant trop ferme pour être aisément entamé avec l'étiquette, ou les poissons étant enfoncés dans le sable à près d'un pied de profondeur, ne pourroient être atteints par la lame de l'étiquette : dans ce cas on se sert d'une vieille broche qu'on nomme *palot*, ou d'une fourche qui a trois ou quatre l[ongue]s dents, & en labourant le terrein on en tire des vers, des coques ou vanets, des hamilles, & même de différentes espèces de poissons plats.

Ce métier est très-fatigant, & cette *pêche* qui se continue depuis février jusqu'à pâque, est souvent infructueuse. Néanmoins ceux qui la pratiquent sur les sables des Vays, en tirent une partie de leur subsistance.

Du côté d'Estrehan, on fait la même *pêche* la nuit. Pour cela, on va de mer basse sur les sables avec une lanterne, qui sert à faire appercevoir le poisson qu'on a tiré du sable.

Quantité de poissons qu'on nomme *saxatiles*, se retirent dans les trous qui se trouvent dans les rochers, ou se fourent sous de grosses pierres. Les pêcheurs en prennent bien quelquefois à la main; mais comme plusieurs pourroient les blesser, ou qu'ils courroient risque d'être fortement pincés par les gros crabes & les homards, pour les tirer de leurs retraites ils s'arment d'un instrument qu'on nomme *angon* dans l'amirauté de Marennes, qui est une broche de fer barbelée & ajustée au bout d'une perche; ou de grands crocs semblables, mais plus forts que la lame d'une faucille, & qui ont un manche de trois ou quatre pieds de longueur : ou bien il ont un grapin, ou un crochet emmanché au bout d'une perche, dont ils se servent pour visiter les trous & en faire sortir les poissons qu'ils auroient peine à tirer sans ce secours. Ils renversent les pierres à bras, ou avec un lévier si elles sont trop grosses, & prennent les poissons qui sont dessous, ou avec la main s'ils ne sont pas trop gros, ou avec un digon, un grapin, ou la grande faucille, avec laquelle ils les tuent, s'ils sont trop dangereux. Dans ce cas, le crochet n'est quelquefois qu'un gros haim à morue, attaché au bout d'une perche; ou ils forment des digons avec le même haim redressé.

En quelques endroits, particulièrement dans l'amirauté de Marennes, on nomme *espadot* une broche de fer d'environ deux pieds & demi de long, dont le bout forme un crochet qu'on ajuste à une perche longue d'environ cinq pieds, qui augmente un peu de grosseur du côté qu'on tient à la main.

Les pêcheurs se servent de cet instrument à pied & de basse mer, pour prendre les poissons qui restent au fond des écluses, & dans les endroits qui ne sechent pas de basse-mer. Ils font cette *pêche* de jour, mais plus souvent de nuit : en ce cas, ils vont dans les endroits où il reste de l'eau, avec des brandons de roseaux ou de paille; & quand ils apperçoivent un poisson, ils l'arrêtent avec le crochet de l'espadot, & l'assomment avec le même instrument.

L'instrument qu'on nomme *fougne*, est une fourche à deux, quelquefois trois branches fort menues, barbelées, de huit ou dix pouces de long, & qui a un long manche. On s'en sert comme de l'espadot pour tirer les gros poissons qu'on apperçoit entre les rochers, dans les écluses, & les autres endroits où il reste de l'eau de basse-mer. Elle se fait de jour & de nuit. On prend à cette *pêche*, de petites raies, des soles, des trembles, des crabes, des langoustes, des homards, &c.

Dans les endroits où le sable peut s'entamer aisément, les jeunes gens prennent un crochet double, qui a une douille pour recevoir un manche de cinq ou six pieds de longueur : ils le passent entre leurs jambes pour appuyer dessus ce manche avec une de leurs cuisses, comme les enfans qui montent à cheval sur un bâton; & courant de toute leur force, ils entament & labourent le sable : des gens qui suivent ramassent les coquillages, les vers, & les poissons qui se trouvent dans le sable qui a été renversé.

On emploie aussi pour la *pêche* deux espèces de rateaux : l'un petit & tout-à-fait semblable à ceux dont les jardiniers se servent dans les potagers, est employé à ramasser entre les roches les coquillages qu'on a détachés avec l'etiquette ou les autres instrumens dont nous avons parlé. Mais on emploie, pour pêcher les poissons plats, les lançons & les vers qui s'enfouissent dans le sable, de grands rateaux, dont la tête a trois ou quatre pieds de longueur, & est garnie de douze à quinze dents de fer qui sont fortes, & ont sept, huit, ou dix pouces de longueur : le manche a sept à huit pieds de long. Vers le milieu, un peu plus cependant du côté de la tête, est ajusté un morceau de bois de deux ou trois pieds de longueur, que le pêcheur saisit de la main gauche, pendant qu'il tient de la droite le bout du manche. Ce morceau de bois, qui s'élève verticalement, lui donne la facilité d'appuyer sur le rateau, pendant qu'il le tire de la main droite : car cette *pêche* ne consiste qu'à traîner le rateau sur le sable, pour en faire saillir le poisson qui s'étoit ensablé. C'est pourquoi ces pêcheurs ne prennent que des vers, des coquillages, & des poissons plats, rarement des équilles, qui pour l'ordinaire sont trop avant dans le sable.

Le temps le plus favorable pour cette *pêche* est par les chaleurs & les grandes marées qui découvrent beaucoup. On a reproché à cette *pêche*, qui n'exige aucune dépense, de détruire beaucoup de menuise.

Ceux qui ont des herses & des bêtes de trait, expédient beaucoup plus leur *pêche* que ceux qui sont obligés de se servir de rateaux; & ils fatiguent infiniment moins.

Les herses, les unes quarrées, les autres triangulaires, endentées tantôt de bois, & pour le mieux de fer, sont les mêmes dont les laboureurs font usage pour enterrer les grains qu'ils ont semés. Cette *pêche* se fait dans le même temps que celle au rateau, & l'on y prend les mêmes poissons.

On y attèle un bœuf, ou un cheval, & on la traîne de basse-mer sur les sables. Quand ils sont couverts de quelques pouces d'eau, la *pêche* ne s'en fait que mieux. Pendant qu'un homme conduit la herse, quelques enfans ou des femmes qui la suivent, prennent à la main le poisson qui saillit du sable : ce sont des soles, de petits turbots, des barbues, des plies, des limandes, des carrelets, des anguilles, des lançons, &c. On reproche à cette *pêche*, à plus juste titre qu'au rateau, de détruire la menuise : on ne la fait que dans les chaleurs, parce que c'est alors que les poissons terrissent; & les grandes vives eaux y sont les plus propres, non-seulement parce que le courant amène plus de poissons à la côte, mais encore parce que la plage se découvre davantage.

A Aigues-mortes, on fait à pied au bord de la mer, dans des endroits où il reste peu d'eau, une *pêche* avec le rateau pour prendre les coquillages qu'on nomme *tonilles*; on emploie un grand rateau de fer qui a une douzaine de dents longues de six pouces. Aux extrémités de la tête de ce rateau sont attachés deux longs bâtons qui se croisent : derrière le rateau est ajusté un filet en forme de sac, dont les mailles sont serrées : un seul homme traîne cet instrument; le rateau détache les coquillages, & le filet les reçoit. C'est ce qu'on appelle le *tonillier*.

Le salabre est un sac de filet, de trois pieds de profondeur, qui est monté sur une armure de fer de quinze à vingt pouces de diamètre : les deux extrémités courbes répondent à une traverse droite qui est dentée comme la roue d'une grosse horloge; la partie ceintrée porte une douille qui reçoit un manche de douze à quinze pieds de longueur. On garnit ordinairement cette armure avec des paquets de vieux filets. Lorsque les pêcheurs veulent s'en servir ils laissent aller leur salabre sur le fond, à quatre ou cinq brasses de profondeur, quelquefois beaucoup plus. Ils le tiennent amarré par deux cordes, dont une est attachée au bout du manche, l'autre l'est environ au tiers de sa longueur du côté du cercle de fer. On le traîne lentement, & en roidissant une des cordes, on fait que les dents entrent plus ou moins dans le terrein qu'elles grattent, & le sac se remplit de coquillages & de sable. Cette *pêche* qui se fait en mars, ne se pratique que sur les fonds de sable, & par les temps calmes.

La *pêche* qu'on fait sur les sables & les vases à pied, se nomme *plyetter*, ou *pommeter*, ou *à la foule*.

Pour faire cette *pêche*, qu'on pourroit nommer *piétiner*, les pêcheurs qui connoissent les endroits où fréquentent les poissons qui s'ensablent, vont pieds nuds au bord de la mer, ou dans les rivières; ils marchent sur le fond, lorsque la mer étant retirée, il ne reste qu'une petite épaisseur d'eau. Quand ils sentent sous leurs pieds les poissons qui se sont enfouis dans le sable, ils les saisissent avec les mains, ou ils les percent avec le petit instrument appellé *angon*, ou une pointe de fer ajustée au bout d'une canne. On prend de cette façon des plies dans la Loire, & on la pratique dans l'amirauté de la Rochelle, à l'île de Rhé, &c. On la fait de jour & de nuit, & en ce cas c'est au feu.

La *pêche* que nous venons de décrire revient à ce que pratiquent les pêcheurs picards pour prendre des flets. A l'embouchure des rivières sabloneuses, lors même qu'il y a trois à quatre pieds d'eau, quand ils sentent le poisson, ils le piquent avec un bâton, au bout duquel il y a deux pointes de clous de deux ou trois pouces de longueur. Cette *pêche* se fait quand les flets commencent à monter dans les rivières, & elle finit lorsque les eaux deviennent très-froides.

On connoît qu'il y a des coques à un endroit, par de petits trous que ces poissons font avec ce qu'on appelle leur langue, & encore parce qu'on entend leurs coquilles, qui sont à peine couvertes de sable, craquer sous les pieds. Quand les pêcheurs jugent qu'il y a des coques en un endroit, ils piétinent le sable qui s'amollit, & permet aux dents des râteaux d'y entrer pour en retirer le coquillage; ou bien ces coquillages se portent d'eux-mêmes à la surface, où on les ramasse avec des râteaux de bois.

Le coquillage qu'on nomme *manche de couteau* ou *manchot*, est fort commun, & se trouve surtout abondant sur la côte du Cotentin. Les riverains qui en font la *pêche*, se servent d'une petite broche ou aiguille à tricoter, qui a dix-huit à vingt pouces de long; il y a au bout un petit bouton de fer, ressemblant à une olive de moyenne grosseur qui seroit coupée par le milieu de sa longueur. Ceux qui pêchent ces coquillages avec cette broche, qu'ils nomment *aiguillet* ou *digot*, ne les désablent point, comme on fait ailleurs. Ils examinent à la basse-mer les trous que font ces coquillages sur le sable; & comme les manchots sont toujours placés perpendiculairement, les pêcheurs enfoncent leur digot tout droit, le bouton ne manque guères d'entrer entre les deux valves qui ne se joignent pas exactement. Le poisson qui se sent blessé, contracte un peu ses valves, & en retirant le digot, on amène le coquillage.

Cette pêche se fait aux côtes de la Basse-Normandie, depuis le mois de mai, jusqu'à la fin d'août. Dans le mois de mai ce coquillage qui n'est jamais fort bon, est mangeable. Passé ce temps, il devient très-dur & indigeste. Les pauvres gens viennent dans la saison faire cette *pêche*, & en font une partie de leur nourriture.

Dans le Morbihan, amirauté de Vannes, & sur plusieurs autres côtes vaseuses, les pêcheurs vont de basse-mer, étant presque nus, avec un bâton à la main; ils parcourent les vases; & ayant apperçu des trous qui sont évasés comme de petits entonnoirs, ce qui indique que les anguilles se sont enfoncées dans la vase en ces endroits, il émouvent le fond par l'ébranlement de leurs corps, ce qui fait sortir les anguilles. Ils les assomment avec leur bâton, ou ils les retirent à la main, les étourdissent, & même les tuent en les frappant sur leur bâton. Cette pêche ne laisse pas d'être avantageuse, quand on la fait sur des vases fort étendues.

Des pêcheurs s'arment d'une fouanne qui a trois, cinq ou six branches, emmanchées au bout d'une perche longue de cinq à six pieds; & pour se soutenir sur les vases, ils ajustent sous chacun de leurs pieds un chanteau de fond d'une barrique. Lorsque la marée est en partie retirée, ils vont le long du rivage, & lancent de temps en temps au hasard leur fouanne qui ramène les poissons qu'ils ont piqués. C'est ordinairement des poissons plats, des congres, ou des anguilles.

La fouanne de la baie de S.-Cado, amirauté de Vannes, est un trident: elle sert à prendre des poissons plats & des ronds.

Dans le Morbihan, les fouannes pour les anguilles ont six ou sept branches, longues de quinze à seize pouces, qui se réunissent à une douille qui reçoit une hampe de dix à douze pieds de long.

A Narbonne, on se sert d'une épée pour faire la pêche des anguilles, & autres poissons qui s'envasent. Cette pêche qui se fait dans la belle saison, est assez usitée le long des étangs salés, à un pied & demi d'eau tout au plus; on pique aux endroits où l'on voit remuer dans la vase.

La *pêche* à la fouanne, fouine, fougue, ou salins, se fait aussi de basse-mer, & à pied, durant les nuits obscures avec le feu. Les pêcheurs se transportent auprès des roches, dans des écluses, & aux endroits où il reste un peu d'eau de basse-mer, tenant de la main gauche un flambeau de paille, ou de [illegible]lque bois sec; & quand ils apperçoivent un poisson, ils le dardent fort adroitement avec une fouanne qui n'a quelquefois que deux dents. On pratique cette *pêche* en plusieurs endroits, & particulièrement sur les vases dans l'amirauté de la Rochelle.

Les languedociens poursuivent quelquefois à la course les poissons qu'ils apperçoivent, & ils ont l'adresse de les percer avec une fouanne qu'ils tiennent à la main, & qu'ils nomment *meurtrière*, ou *fichoire*; car les *pêches* dont nous parlons sont nommées *fichures* sur plusieurs de nos côtes de la Méditerranée.

Dans la belle saison, la pêche de la fichure est assez usitée à Narbonne le long des étangs salés. Les vieillards & les jeunes gens portent à la main un petit fichoir à trois dents, lorsqu'ils se promènent aux bords de ces étangs, & ils le dardent avec force contre tous les poissons qu'ils apperçoivent.

A S.-Tropez, la pêche qu'ils nomment *fasquier*, se fait au feu & avec un trident. Ils prennent des lingoustes, des muges, des dorades, & d'autres poissons quelquefois très-gros.

Les pêcheurs de l'embouchure de la Somme, se mettent au nombre de quatre ou cinq dans un petit bateau qu'ils nomment *gobelette*, & se portent à quelque endroit où ils savent qu'il y a un banc de coquillages, de moules par exemple; & avec des rateaux semblables à ceux des jardiniers, qui ont de longues dents de fer avec des manches menus de trois à quatre brasses de longueur, ils ajustent à la tête un sac de filet dans lequel s'amassent les coquillages à mesure que les dents des rateaux les détachent; ainsi c'est une espèce de drague.

On pratique cette *pêche* en plusieurs endroits, particulièrement à Isigny, le long de la côte, où l'on en fait usage pour draguer des huitres.

Les pêcheurs de l'amirauté de Grand-Camp pêchent aussi des coquillages & des moules en bateau avec des rateaux.

Pour *pêcher* des huitres, deux hommes se mettent dans une petite chaloupe, avec chacun un rateau, dont la tête a environ deux pieds & demi de longueur; elle est garnie de douze dents de fer, longue de huit à dix pouces. Ces dents sont larges, émoussées par le bout, & fort crochues; à cause de leur largeur, elles sont assez près à près pour retenir les huitres. De plus, il y a sur la tête du rateau le long du manche une petite planche large de quatre pouces, pour retenir les huitres quand le pêcheur redresse le rateau. La forme des dents & cette planche tiennent lieu du sac du filet. Le manche est une perche menue & pliante, longue de dix-huit à vingt pieds; elle est souvent faite de deux morceaux; mais il faut qu'elle plie, pour que les dents du rateau raclent mieux le fond.

Dans le Morbihan, les pêcheurs vont de basse-mer sur les vases avec de petits bateaux qu'ils nomment *tignolles*, qui sont figurés comme une navette, mais dont une extrémité se termine quarrément. Ils sont formés de trois planches, & si légers qu'un seul homme les porte aisément sur son dos. Deux hommes dans une tignolle (& c'est tout ce qu'elle peut contenir) lancent dans la vase leurs fouannes au hasard; les branches qui la terminent sont au nombre de six ou sept, & ont treize à quatorze pouces de longueur; elles partent toutes d'une même douille de fer, qui reçoit un manche de dix à douze pieds de longueur, & elles s'écartent les unes des autres vers leurs extrémités. Quand le flot se fait sentir, les pêcheurs cessent leur métier. On pratique cette *pêche* principalement depuis le mois de décembre jusqu'à la fin de février.

Quelques pêcheurs se servent de fouannes en rateau, c'est-à-dire, que les dents sont rangées sur une tête de bois, comme les dents d'un rateau: mais ces dents, au nombre de huit ou dix, au lieu d'avoir une direction perpendiculaire à celle du manche, sont dans une situation qui lui est parallèle; elles sont terminées comme un fer de lance. On se sert de cette fouanne dans les rivières ainsi qu'au bord de la mer, & la façon de s'en servir est d'enfoncer les dents dans le fond, soit sable, soit vase. Comme la rangée des dents a une étendue assez considérable, elles peuvent d'autant mieux attraper les poissons. Quelques-uns trouvent plus commode de se servir de fouanne dont les broches sont attachées autour d'une douille. On prend avec cette fouanne, des anguilles, des congres, des flets, & autres poissons plats.

On pratique cette façon de pêcher dans l'amirauté d'Abbeville. On s'en sert aussi, tant à pied qu'en bateau, à Isigny, & dans les Vays.

A Agde, deux hommes se mettent dans un

petit bateau qu'ils nomment *bette*, avec un trident & une torche allumée ; car cette *pêche* ne se fait que la nuit. Un des hommes vogue ; l'autre tient le trident avec lequel il perce les poissons qu'il apperçoit à sa portée. Cette *pêche* se pratique au bord de la mer, dans les étangs, & dans les rivières.

Les pêcheurs de Vannes ne font la petite *pêche* des orphis ou anguillettes, que pour avoir de quoi amorcer les haims, quand ils se proposent de pêcher des tires ou postaux, & des congres. Au reste, la *pêche* des orphis dure tant que ce poisson, qui va par bande, donne à la côte : c'est ordinairement depuis le mois de mars jusqu'à celui de juin.

Quatre pêcheurs se mettent la nuit dans un petit bateau ; l'un d'eux, qui est placé à l'avant, tient un brandon de paille allumé, qui par son éclat attire les orphis. Les trois autres pêcheurs ont des fouannes en forme de rateau, qui ont au moins vingt dents barbelées, longues de six pouces, & fort près les unes des autres, la tête du rateau n'ayant que treize à quatorze pouces de longueur. Au milieu est une douille de fer qui reçoit un manche long de dix à douze pieds. Quand les pêcheurs voient les orphis ou anguilles attroupées, ils lancent leurs fouannes, & en prennent souvent plusieurs d'un seul coup.

Comme le bateau dérive lentement, la manœuvre n'effarouche point les orphis. Lorsqu'il ne fait point de vent, & que les nuits sont fort obscures, on en prend quelquefois mille, douze cens, quinze cens dans une nuit.

On fait la même *pêche* en plusieurs endroits, particulièrement à Belle-Isle. Assez souvent ils allument deux torches, & les poissons se portent du côté où est la lumière. C'est aussi de ce côté là qu'on lance les fouannes, & on en prend quelquefois jusqu'à dix d'un seul coup.

Voici une *pêche* qui se pratique dans l'amirauté de Poitou. Cinq hommes & un mousse se mettent dans une chaloupe ; un de l'équipage est chargé d'entretenir le pharillon ou petit phare qui est placé à l'avant. C'est une espèce de réchaud qui a un manche de fer d'un pied de long, terminé par une douille dans laquelle entre un manche de quatre pieds de longueur. On fait le feu avec des éclats de douves de vieux barils, qui ont servi à contenir du bray ou du gaudron.

Deux hommes nagent mollement, & trois lancent leurs fouannes dans les lits ou bouillons d'orphis que la clarté du pharillon attire près de la surface de l'eau ; & ces poissons s'attroupent quelquefois en si grande quantité, qu'on en prend des cinq & six d'un seul coup. Comme le bateau avance lentement, les poissons ne sont pas effarouchés, même par le lancement des fouannes. Lorsque le temps est calme, & que les nuits sont fort obscures, on en a quelquefois pris aussi par cette autre manière de pêcher, douze à quinze cens dans une nuit.

A Toulon, les pêcheurs à la fourche ont de petits bateaux de dix-neuf pieds de longueur sur cinq & demi de largeur, dans lesquels se mettent deux hommes. Ils pêchent à la fouanne ou fichoire pendant toute l'année, à la lumière, & prennent des loubines, des mulets ou mujaux, des congres, des dorades, &c.

Quand les bourdigues sont rompues, on fait une *pêche* plus amusante qu'utile, avec les petits bateaux qu'on appelle *bettes marines*. On les arme de deux ou quatre rames sans gouvernail. On élève à la poupe un morceau de bois arondi, d'environ quatre pouces de diamètre & haut de quatre pieds. Au haut de ce morceau de bois, on établit une grille de fer, ou une espèce de réchaud assez creux pour contenir les morceaux de pin gras qu'on doit y brûler.

Aussi-tôt qu'il fait nuit, on sort pour faire cette *pêche*. On allume le petit phare, qu'on nomme *phastier*. On a quelquefois le plaisir de se faire suivre par des troupes de poissons qui sont attirés par la lumière. Le pêcheur, armé d'un harpon à plusieurs branches, & qui est emmanché au bout d'une perche legère de huit pieds de long, se place à la pouppe sous le phastier, tandis que les rameurs le promènent dans les canaux des étangs de Berre & de Caronte ; & en jettant les harpons au milieu de tous ces poissons, on en prend presque toujours plusieurs à la fois. On ne prend guères à cette *pêche* que des aiguilles ; mais quand ce poisson de passage donne abondamment, un seul homme en prend quelquefois plusieurs quintaux. Cette *pêche* ne dure guères que quinze jours, les aiguilles passant ailleurs. Ce sont ordinairement les bourgeois qui s'exercent à cette *pêche* ; mais il se rassemble quelquefois plus de quarante bettes, qui ayant chacune leur feu, forment un spectacle assez agréable, qui attire la curiosité des étrangers. On allume dans le phastier des éclats de cœur de pin gras ou très-résineux.

Comme ceux qui font cette *pêche* à Antibes, se rendent à voile sur le lieu de la *pêche*, ils amènent leur mât, & le couchent vers l'avant sur un chandelier. Les pêcheurs d'Antibes prennent quelquefois avec la fouanne d'assez gros poissons, qu'ils auroient peine à tirer à bord : en ce cas, ils s'aident du grapin.

Il faut toujours attacher au milieu de la hampe

de la fouanne une ligne de plusieurs brasses de longueur, pour pouvoir la rattraper si elle échappoit au pêcheur, ou s'il la lançoit sur un gros poisson qu'il ne pourroit retenir.

On fait cette même *pêche* à S.-Tropez. On commence à pêcher le soir avant la nuit; & se portant auprès des roches, on y harponne des crabes & des homards; ensuite, quand la nuit est venue, on allume le phastier, & on prend des dorades, des loups, des muges, des soles, des rhombes ou turbots, des anguilles, des maurennes, des langoustes, des ombrines, sorte de truite, &c. Le matin, à l'aube du jour, on recommence à harponner des crustacées, comme le soir.

Pêche *dite en Catalogne*, enceza.

Cette *pêche* se fait de jour ou au feu, avec le harpon ou la fichure, qu'on nomme *fitora*. On allume à la poupe un feu de bois de pin; on va, comme pour le phastier, à la rame terre à terre, & deux hommes ont à la main une *fitora*, avec laquelle ils percent les poissons qu'ils peuvent atteindre. Quand ils sont gros, les pêcheurs s'aident d'un grapin ou croc, pour les tirer à bord; quelquefois ils emploient un lacs.

Les nègres de la Côte-d'Or allument du feu dans leur canot, qui étant percé de trois ou quatre trous sur les côtés, donne passage à la lumière, qui attire le poisson que les pêcheurs dardent avec un trident à long manche.

Pêche *à la foscina* ou *fuscina*.

A Raguse, on fait la *pêche* avec un trident nommé *foscina* ou *fuscina*, qui a une longue hampe ou manche; elle se fait le jour & la nuit. Il y a des pêcheurs si habiles, que, lorsqu'ils apperçoivent un poisson, ils ne manquent pas de l'attraper avec la foscina. Quand on pêche ainsi pendant la nuit, on allume à la poupe un morceau de sapin.

Pêche *à-peu-près semblable, que les espagnols nomment* fitora.

Le trident est nommé en espagnol *fitora*; il a ordinairement cinq pointes. A Alicante, où cette *pêche* se fait avec un seul homme dans un petit bateau, le manche de l'instrument a quatre brasses de longueur. Chaque pointe est terminée comme le fer d'une flèche. Le pêcheur est sur la proue du bateau; il jette un peu d'huile sur la surface de la mer, ce qui lui fait mieux appercevoir les poissons qui sont au fond, qu'il darde avec sa fitora. Cette *pêche* commence en mars & finit en mai. Le moment le plus favorable est le matin, par un temps calme. On la fait rarement de nuit à la lumière.

Pêche *de l'Amérique septentrionale, qu'on nomme* pêche à la rissole *ou* au feu.

Elle ne diffère de celles que nous venons de décrire, qu'en ce que celui qui doit harponner tient d'une main un bâton, au bout duquel il y a un paquet d'écorce de bouleau, qui étant allumé, fait au moins autant de lumière que les flambeaux de poing, dont on fait usage en France. L'autre pêcheur conduit le canot.

Pêche *de la Guadeloupe au feu & à la fouine*.

On assure que les pêcheurs de cette île prennent ainsi les poissons nommés *perroquets*, les uns verts, les autres jaunes, des vieilles, des crabes, & de gros homards.

De la pêche *au miroir*.

Comme c'est la lumière qui détermine les poissons à s'approcher du miroir, dont nous allons parler, il ne sera pas hors de propos d'en dire ici quelque chose. Dans les nuits calmes & obscures, on prend un morceau de bois taillé en bateau; on en garnit le dessous avec de petits morceaux de glace, semblables à ceux qu'on emploie pour amuser les alouettes. Les sèches, appercevant la lumière de la lune réfléchie par ces glaces, s'approchent, & on les saisit ordinairement avec un truble, que les provençaux nomment *salabre*.

Pêche *chinoise, qui approche de la précédente*.

Les chinois ont de longs bateaux, auxquels ils attachent des deux côtés une planche large de deux pieds, qui s'étend de l'avant à l'arrière. Cette planche est couverte d'un vernis fort blanc & fort luisant; un des côtés est de niveau avec le bord du bateau; l'autre s'incline en pente douce jusqu'à la surface de l'eau. Pendant la nuit, la lumière de la lune étant réfléchie par cette surface blanche, le poisson qui s'ébat sur l'eau, prend probablement la couleur de la planche pour l'eau même; il saute sur cette planche, & glissant dessus, il tombe dans la barque. Ceci est tiré de l'*Histoire générale des voyages*, in-4°, tome VI, pag. 221.

Pêche *des indiens au feu*.

On lit dans l'*Histoire générale des voyages*, que quand les indiens pêchent au feu, ils ont dans un canot des tisons ardens qui éclairent la surface de l'eau. Les poissons, attirés par cette lumière, s'approchent du bateau du côté où elle paroît;

& les pêcheurs étant à l'eau, nagent de l'autre côté, à l'ombre du bateau; ce qui leur donne beaucoup de facilité pour darder les poissons; mais il s'en rencontre de fort gros, qui attaquent eux-mêmes les pêcheurs, & quelquefois les dévorent.

Pêche *de nuit, qu'on pratique sur la côte du Sénégal.*

Il est dit dans l'*Histoire des voyages*, in-4°, tome II, page 179, que sur les côtes voisines du Sénégal, il y a des pêcheurs qui, durant les nuits obscures, tiennent d'une main une longue pièce de bois très-combustible, qui les éclaire, & de l'autre un dard, dont ils ne manquent guères les poissons qui s'approchent de la lumière. Lorsqu'ils en prennent de fort gros, ils les attachent à l'arrière du canot avec une ligne, & ils les remorquent à terre.

Pêche *au harpon, dite* foscina.

Sur la côte de l'état ecclésiastique, on pêche de jour, & plus souvent à la lumière, avec un harpon en forme de trident, qu'on nomme *foscina.* On l'attache au bout d'une corde qui est fort longue. On le darde tenant le manche à la main; mais quand les poissons sont gros, ils détachent le harpon du manche, & s'en vont avec lui; mais il n'est pas perdu; on le retrouve, ainsi que le poisson, au moyen de la ligne qui est attachée. On fait cette *pêche* l'été, autour des roches.

Des pêches *qui se font au harpon volant, ou qu'on jette au poisson.*

Dans les *pêches* à la fouanne, on n'abandonne presque jamais la hampe ou la perche qui sert de manche à cet instrument. On plonge la fouanne sur le poisson; & en la retirant par le manche qu'on n'abandonne point, on retire avec elle le poisson qui a été piqué. Pour les *pêches* dont nous allons parler, & qu'on peut appeller le *harponnage*, on lance le harpon, on l'abandonne entièrement, & l'on ne retient qu'une ligne, dont un bout est amarré au manche ou au fer du harpon.

Ainsi on se sert pour la *pêche* des gros poissons, & particulièrement des marsouins, de harpons dont le fer qui se dégage du manche, est retenu par une ligne que l'on file à mesure que le poisson piqué s'agite & s'éloigne.

Le harpon a deux pieds de long, y compris la pointe, la verge & la douille, dans laquelle entre la pioche qui forme le manche, & qui a cinq ou six pieds de longueur. La tête de ce harpon a la forme d'un fer de lance, ou d'un demi fer de lance, & est épaisse de quatre à cinq lignes à son échancrure. Il n'est pas nécessaire que ce harpon soit bien affilé, parce qu'on ne s'en sert guères que quand le marsouin est près du bord de la chaloupe, & il entre d'autant plus facilement, que la peau, la graisse & la chair du marsouin sont presqu'aussi tendres qu'à la baleine.

Le poisson emporte le harpon, dont le manche reste au pêcheur, ou plus souvent tombe à la mer. Mais il y a à la verge ou tige du harpon une ligne que le pêcheur file jusqu'à ce que le poisson soit affoibli. Ces harpons qui servent à la *pêche* du marsouin, sont semblables aux dards dont on fait usage pour la *pêche* de la baleine; ils sont seulement beaucoup plus petits, mais on les lance de même.

Il faut que les lignes de tous les harpons soient faites de bon chanvre, bien travaillées, & peu torses, pour qu'elles soient fortes & souples.

Voici un harpon qui est d'une construction fort ingénieuse. Il a deux pieds de longueur, y compris la pointe, la verge & la douille, dans laquelle s'emmanche une perche de cinq à six pieds de longueur; la forme de sa tête est une espèce de couteau, long d'environ huit pouces, & large à-peu-près d'un pouce & demi. Elle se termine en pointe à son extrémité, & est épaisse par le dos. Cette lame est percée au milieu de sa longueur d'un trou; & l'extrémité de la tige, qui a dix-huit à vingt-quatre pouces de longueur, se termine par un œil où entre un clou rivé, qui traverse cet œil, ainsi que le trou de la lame; ce qui permet à la lame un mouvement de charnière.

Pour se servir de ce harpon, on arrête à la tige le bas de la lame par un anneau de corde, qui glisse le long de la lame, lorsque le pêcheur a lancé le harpon dans le corps du poisson; car la résistance des chairs est suffisante pour pousser vers le bas de la tige cet anneau de corde. Alors l'effort que fait le poisson pour se dégager, s'exerçant sur l'espèce de charnière, la lame tourne sur le clou, & forme relativement à la tige comme un T. Dans cette position, le harpon forme dans les chairs du poisson une espèce de grapin dont le poisson ne peut se dégager. Au bas de la tige est une douille qui reçoit un manche, lequel n'y est point arrêté; mais il y a une ligne, dont un bout est amarré à-peu-près au tiers de la longueur de la tige. Le pêcheur retient donc le harpon, s'il est assez près du poisson pour le percer; ou s'il le lance, la hampe qui quitte le harpon flotte sur l'eau; & pour ne pas la perdre, on la retire à bord au moyen d'une ligne fine qu'on y a attachée. Le poisson piqué s'en va avec le fer du harpon ; mais on file de la ligne, autant qu'il est nécessaire pour retrouver le poisson quand il est affoibli par le sang qu'il a perdu.

Pêche *à la flèche & avec le fusil.*

Il est dit dans l'*Histoire générale des voyages*, in-4°, tome II, page 455, que les maures du Cap-Blanc prennent des poissons avec des flèches, comme nous en tuons quelquefois à coups de fusil. J'ai vu un chasseur qui en tiroit à plus d'un pied sous l'eau; mais il ne faut pas viser au poisson, parce que le rayon de lumière & le plomb éprouvent une réfraction en passant d'un milieu dans un autre, & la quantité de ces deux réfractions n'est pas aisée à déterminer.

Nous lisons encore dans l'*Histoire générale des voyages*, in-4°, tome VI, page 222, que les chinois prennent le poisson avec des flèches qui tiennent à l'arc au moyen d'un fil, autant pour empêcher qu'elles ne soient perdues, que pour attirer à eux le poisson qui en est percé.

Anderson rapporte dans l'*Histoire naturelle d'Islande*, que les groënlandois se servent pour la *pêche*, de flèches & de dards qu'ils arment de fer, quand ils en ont; au défaut de métal, ils se servent de cailloux appointis, d'os, de dents de poisson, &c., qu'ils attachent à l'extrémité de la flèche avec des lanières de cuir ou des bardes de baleines.

Pêche *qu'on fait avec des oiseaux.*

Il y a beaucoup d'oiseaux qui font la chasse aux poissons. Les uns munis de grandes jambes, de longs cols & de grands becs, font leurs *pêches* au bord des eaux; d'autres nagent, plongent, & poursuivent les poissons dans l'eau avec tant de vitesse qu'ils parviennent à les prendre à la nage : mais comme tous ces animaux ne pêchent que pour leur compte, nous ne devons point en parler; il convient de nous borner à ceux qui pêchent pour leurs maîtres.

Tel est le cormoran. Quand cet oiseau est dressé, on s'en sert pour la *pêche*, & voici comme on l'a vu pratiquer sur le canal de Fontainebleau. On leur serroit le bas du col avec une espèce de jarretière, pour les empêcher d'avaler entièrement le poisson; ensuite on les laissoit aller à l'eau, où ils chassoient le poisson nageant avec vitesse, & plongeant jusqu'au fond. Ils avaloient tout le poisson qu'ils prenoient; mais à cause de la jarretière qu'on leur avoit mise, ils ne pouvoient pas le digérer; ils en emplissoient seulement leur œsophage, qui est susceptible d'une grande dilatation. Quand ils en étoient gorgés, ils revenoient joindre leurs maîtres, qui leur faisoient dégorger le poisson sur le sable. Ils en mettoient à part quelques-uns pour eux; & voici comme ils s'y prenoient pour donner le reste aux cormorans, après leur avoir ôté la jarretière qui les empêchoit d'avaler entièrement le poisson.

Ayant une baguette à la main, ils les obligeoient de se ranger sur une ligne; puis ils leur jettoient un poisson, que le cormoran saisissoit en l'air, comme un chien saisit un morceau de pain. S'ils le prenoient par la queue ou par le milieu du corps, ils avoient l'adresse de le jetter en l'air, & de le retenir par la tête pour l'avaler. Si un cormoran vouloit s'avancer pour prendre le poisson à la main, on lui donnoit un coup de baguette; car si cet oiseau très-vorace, en voulant prendre le poisson, avoit saisi le doigt, il l'auroit beaucoup endommagé.

On dit dans l'*Histoire générale des voyages*, in-4°, tom. V, pag. 260, que les hollandois avoient eu le spectacle d'une *pêche* singulière, qui se fait avec un oiseau nommé *louwa*, un peu moins gros qu'une oie, & peu différent du corbeau. Il a le col long, le bec approchant de celui de l'aigle. Cette description diffère peu de celle du cormoran.

Les chinois se mettent dans un petit bateau de cannes de bambou, & placent l'oiseau sur le bord. Quand il apperçoit un poisson, il s'élance dessus, le poursuit à la nage, même sous l'eau; il rapporte sa proie au bateau, & la cède aux pêcheurs, qui lui font recommencer la même chasse. Mais, pour empêcher qu'il n'avale sa proie, ils lui passent le col dans un anneau de fer. Les maîtres sont quelquefois obligés d'aller au secours de l'oiseau, quand il a pris un poisson trop gros. Lorsque l'oiseau est fatigué, ou que les maîtres sont contens de la *pêche* qu'il a faite, ils lui ôtent l'anneau, & le laissent pêcher pour lui-même. Le droit de faire cette *pêche* s'achète de l'empereur, pour un an seulement.

Un oiseau bien dressé est si estimé, qu'on le vend cent cinquante florins de Hollande.

Dans le même ouvrage, au tome VI, page 221, il est encore dit, qu'il est d'usage dans plusieurs provinces d'employer pour la *pêche*, une sorte de cormoran assez semblable au corbeau, qu'on mène avec soi, comme on fait un chien pour la chasse du lièvre. Au lever du soleil, on voit sur les rivières un grand nombre de bateaux, & plusieurs de ces oiseaux perchés

perchés sur l'avant; au signal qu'on leur donne, en frappant l'eau d'un aviron, ils se jettent dans la rivière. Chacun plonge de son côté; & saisissant un poisson par le milieu du corps, ils retournent à la barque avec leur proie. Le pêcheur prend l'oiseau, lui baisse la tête, passe la main le long de son col, & lui fait rendre le poisson qu'il a avalé tout entier lorsqu'il est petit, & qui seroit entré dans son jabot, si on ne lui avoit pas passé le col dans un anneau: ensuite on lui donne quelques poissons pour récompense. Lorsque le poisson est trop gros, plusieurs oiseaux travaillent de concert à l'amener à bord.

Pêches *sous la glace.*

Quoique dans les pays froids, où les eaux sont glacées pendant une grande partie de l'année, on puisse conserver le poisson gelé, tant que le froid dure, on en prend cependant beaucoup sous la glace.

Les filets dont on se sert, ont souvent cinquante brasses de longueur, sur un peu moins d'une brasse de chûte; les meilleurs sont faits de bon fil de chanvre qu'on tire d'Europe; ils sont bordés d'un bon bitord qui sert de maître; on les leste avec des pierres qu'on attache au pied du filet avec un gros fil d'écorce de bois blanc.

Au lieu de liége, on fait les flottes avec des bâtons de bois de cédre, qui ont un pied & demi de longueur, & seulement un pouce de largeur, diminuant un peu vers les extrémités. On prépare le filet, & on ajuste le lest & les flottes le long de quelque rocher. Ensuite on perce la glace jusqu'à l'eau, faisant une ouverture de deux ou trois pieds de diamètre. A environ quatre brasses de ce trou, on en fait un autre, puis un troisième, un quatrième, &c. plus ou moins, suivant la longueur du filet qu'on se propose de tendre. Alors, on tend le filet qu'on fait passer sous la glace, au moyen d'une perche légère à laquelle on attache une ligne de moyenne grosseur & qui a plus de longueur que le filet. On suit du reste les procédés ordinaires de la *pêche.*

PÊCHEUR. Le pêcheur est celui qui fait son métier de la pêche: les uns habitent les bords des rivières & des fleuves, s'attachent à la pêche des poissons d'eau douce; les autres, situés sur le bord de la mer, s'attachent à la pêche du poisson de mer.

Les *pêcheurs* font eux-mêmes leurs filets pour la pêche, tels que les *saines*, les *trémails*, les *nasses*, les *éperviers*, &c. Ils font usage de ces diverses espèces de filets suivant les différentes espèces de poissons qu'ils veulent pêcher, & selon la nature du terrein où ils pêchent. *Voyez* l'article PÊCHES.

PEIGNÉS (harengs), poissons qui ont perdu leurs nageoires ou beaucoup de leurs écailles.

PELARD. Le bois qu'on nomme *pélard*, est le jeune chêne dont on a enlevé l'écorce pour en faire du *tan.*

PELOTE ou PELOTON. On nomme pelotons, des bouts de membrure qu'on cloue sur la partie de l'auge qui traverse la chaussée des étangs.

PENTENNE, nasse ou filet qui termine les bourdigues, & qui est destiné à retenir les anguilles.

PENTIERE. On nomme *grandes pentieres* des filets qu'on établit verticalement & par fond; c'est pourquoi on donne ce nom aux folles.

PERCEPIERRE ou SIGNE DE MER. C'est un poisson de la Manche & de la Méditerranée qui se cache entre les pierres; il est de la classe des poissons à nageoires épineuses. Il a la tête petite & ronde, semblable à celle d'un singe. On remarque aussi la petitesse de son corps, de sa bouche, de ses yeux. Les dents de ses mâchoires s'entrelacent entr'elles. ses nageoires sont courtes; sa peau est mouchetée, lisse & glissante; il tâche de mordre les pêcheurs. Sa chair est molle & a peu de goût.

PERCHE. *Pêcher à la perche*, c'est attacher une ligne garnie d'un haim au bout d'une perche légère ou d'une canne.

Perche volante. Les pêcheurs à la canne disent qu'ils pêchent à perche volante, quand en se promenant le long du rivage, ils font sauter l'haim & l'appât quelquefois même sans toucher à l'eau.

PERCHE DE RIVIÈRE, poisson d'eau douce assez estimé & fort commun. On en distingue de deux espèces: l'une plus grosse que l'autre qu'on nomme *gravelée*, & qu'on regarde comme la vraie perche; il y en a qui pèsent trois quarterons: l'autre qu'on nomme *gremille*, qui est petite, a sur la tête ou auprès, des ardillons qu'elle relève à sa volonté, & qu'on a comparés à une couronne. On trouve de ces poissons dans les étangs; mais ils se plaisent principalement dans les petites rivières d'eau très-vive: on les prend en traversant les cours d'eau d'un trémail, & traînant dessus un épervier; quelques-uns s'enfoncent dans l'épervier, d'autres effarouchées par ce filet donnent dans le trémail. On prend aussi des perches avec les verveux & les filets à manche. C'est un poisson très vorace: quand il est petit, ses arrêtes sont incommodes ; mais quand il est un peu gros, comme de treize à quatorze pouces de longueur, il est fort estimé, & pour cette raison les pêcheurs l'appellent la *perdrix d'eau douce*.

PERCHE GARDONNÉE. On prend dans les rivières, & notamment dans la Seine, un poisson qui semble tenir de la perche & du gardon, non-seulement par sa forme extérieure, mais encore par la consistance & le goût de sa chair ; ces points d'analogie ont engagé les pêcheurs à lui donner le nom de *perche gardonnée*.

PERCHE DE MER, poisson qui ressemble beaucoup au *Serran* ou *Bailleur* : neanmoins la perche est plus grosse que le serran, quoiqu'elle n'excède guère un pied de longueur. L'aileron de la queue de la perche est coupé quarrément : on n'apperçoit point de langue dans la gueule, & les dents sont petites ; mais on trouve près le gosier quatre osselets chargés de dents : sa couleur est brune, avec des reflets tirant au rouge ; il y a des bandes qui s'étendent circulairement depuis le dos jusqu'au ventre ; elles sont plus sensibles qu'au sarguet, & l'on n'en voit point au serran. Rondelet dit aussi que la *perche de mer* est d'un rouge-sombre, avec des bandes brunes qui s'étendent du dos au ventre ; que ses dents sont petites ; qu'il n'a point de langue ; que l'aileron de la queue est coupé quarrément ; que la forme de son corps approche assez de celle de la perche de rivière ; mais qu'elle n'a qu'un aileron sur le dos, au lieu que celle de rivière en a deux.

La *perche de mer* est un poisson de la Méditerranée ; il n'entre jamais dans les rivières, comme la perche de rivière ne va jamais à la mer : il est saxatile ; il a rarement plus d'un pied de longueur ; sa chair est délicate, très-saine, & communément on la préfère à celle de la perche de rivière, qui est neanmoins fort estimée.

PERLES (Pêche des). *Voyez* NACRE DE PERLES.

PERROQUET DE MER. Les poissons dont on a fait une famille sous le nom de *tourdes*, ont assez ordinairement un caractère général ; &, suivant différentes particularités, les pêcheurs leur donnent des noms arbitraires ; de ce genre est celui dont il s'agit, qu'ils ont nommé *perroquet*, principalement parce qu'il y a une teinte verte qui s'apperçoit en beaucoup d'endroits de son corps, & même qui subsiste quand le poisson est desseché ; l'aileron du dos tire au vert ; le dos est brun, le ventre est jaunâtre ; & depuis le derrière des ouies jusqu'à la queue, on apperçoit plusieurs traits verts assez régulièrement distribués ; il a de petites taches répandues sur tout son corps. Il est rare sur la côte de Haute-Normandie. Ce poisson a en général une forme alongée & conique depuis le derrière de la tête jusqu'à l'articulation de la queue. Les rayons qui forment l'aileron du dos sont de longueur inégale ; il y a sur-tout un petit enfoncement à l'endroit où finissent les rayons durs & où commencent les flexibles ; les nageoires branchiales sont un peu alongées ; & lorsqu'il a la gueule ouverte, l'extrémité de la mâchoire supérieure se relève un peu en-haut ; ce que l'on a peut-être comparé assez mal-à-propos au bec d'un perroquet.

Ces dénominations qu'adoptent les pêcheurs, sont fort arbitraires & sujettes à varier ; car sur les côtes de Picardie, on pêche un poisson assez différent de celui dont on vient de parler, & que les pêcheurs nomment *pérot* ou *cato*, & aussi *perroquet de mer* ; & il est assez semblable pour la forme à la cinquième espèce de tourdes de Rondelet.

Le poisson qu'on nomme *perroquet* en Afrique, est du genre des bourses ; ainsi il ne ressemble point aux poissons du genre des tourdes.

En Amérique, on donne le nom de *perroquet de mer* à un poisson qui a du rapport à la carpe, dont les écailles sont très-variées & fort belles ; sa chair est blanche, ferme & agréable au goût.

Barry dit qu'on prend à Toulon un très-petit poisson d'un vert-de-mer clair, que l'on nomme *saurel*, comme on diroit *fouilleur*, parce qu'avec son museau qui est pointu, il fouille dans le sable.

On appelle sur les côtes de Flandres, *perroquet de mer*, un petit poisson qui n'a que trois pouces de longueur. Sa tête est grosse, sa queue est menue, le dos est d'un beau vert-de-mer, le ventre d'un beau vert-pâle, les yeux rouges ; les lèvres qui bordent la gueule sont jaunâtres ; les ailerons & les nageoires sont d'un vert plus ou moins foncé. Ce poisson paroît confiner aux petits poissons qu'on nomme *goulards* ou *testards*.

Par ce que nous venons de dire, on voit qu'on a donné le nom de *perroquet de mer* à quantité de poissons très-différens les uns des autres.

PEUGNE, pêche qu'on fait en mer le long de la côte, près de la Tête-de-Buch. On y emploie les filets dits *leugeons*, ou ceux dits *pétuts*, ensuite de ceux dits *estouyères* ou *bigearraux*, qui tous sont du genre des manets.

PHARILLON, petit réchaud dans lequel on fait un feu de flamme, pour attirer le poisson la nuit.

PHASTIER ou PHASQUIER, pêche au feu, ou à la fichure, ou avec la fouanne.

PIC ou PIOCHE, instrument dont se servent les terrassiers, & que les pêcheurs emploient pour tirer les pitaux & les folades, des fonds qui sont durs.

PICARELLE ou SEVEREAU de Languedoc. Quelques auteurs, Rondelet entr'autres, prétendent que la *picarelle* est une petite mendole blanche, guères plus longue que le doigt, & qui ne change point de couleur dans les différentes saisons, comme le fait la mendole. Il soupçonne qu'en quelques endroits on la nomme *garum*, parce qu'on prétend qu'après l'avoir fait fondre dans le sel, on en fait une sauce appétissante, qu'on peut comparer avec celle que les anciens faisoient avec le poisson *garus*, & qu'ils nommoient *garum*.

La mendole & la *picarelle* sont deux espèces de poissons, quoiqu'ils se ressemblent à plusieurs égards, particulièrement par une tache brune vers le milieu de la longueur du corps au-dessous des lignes latérales. Plusieurs distinguent deux espèces de *picarelles*, dont l'une, qu'on appelle *la blanche*, est moins grosse que l'autre qu'on nomme *la brune*.

PICHICHY, petit poisson qui a une nageoire derrière chaque ouie, un aileron au milieu du dos, la tête plus grosse que le corps, la queue fourchue. Il y en a depuis deux pouces jusqu'à six. On le pêche au Conquet.

PICHLING, nom que les anglois donnent aux harengs d'Yarmouth, qu'ils salent & qu'ils saurissent.

PICHOU. On appelle ainsi la quatrième chambre de la madrague.

PICOTEUX, petits bateaux de la côte de Basse-Normandie, qui n'ont que treize pieds de longueur, & dans lesquels il ne peut tenir que deux ou trois hommes.

C'est aussi un petit filet en tramail qu'on tend, & autour duquel on bat l'eau, pour engager le poisson à donner dedans.

PICOTS, filets d'usage en Normandie, qui ressemblent beaucoup aux jets de Picardie & aux demi-folles ; ils sont pierrés, flottés & sédentaires. On leur donne ce nom, parce qu'on pique le fond autour du filet, pour engager le poisson à donner dedans. On appelle *poissons à picots* ceux qu'on prend dans ce filet.

PIED. La pêche qu'on nomme de *pied* se fait sur les grêves, avec des cordes garnies de lignes & d'haims.

PIED d'un filet. C'est le bas d'un filet, lorsqu'il est tendu verticalement.

PIÉLAGO, pêche en usage sur les côtes de l'Etat ecclésiastique. La maitresse corde s'appelle *parasina*.

PIERRÉS, cailloux qui servent à assujettir les filets à un endroit, par exemple, les verveux entre les rochers. On les nomme aussi *cablières*.

PIGEONS, anses longues par lesquelles les mailleurs commencent quelquefois leurs filets.

PIGO, poisson semblable à la carpe, qu'on pêche en été dans le lac de Côme & le lac Majeur. Ce poisson a au milieu de chaque écaille, du côté de la tête, une espèce d'épine ou de boucle, piquant comme celle de la raie. Sa queue est fourchue ; son ventre est blanc, tirant sur le rouge pâle, le dos d'un bleu noirâtre. Les plus grands de ces poissons pèsent cinq à six livres. Sa chair est délicate.

PILES ou EMPILES, lignes faites de bon chanvre filé, qu'on attache au bout des lignes latérales qui partent de la maitresse corde. Les *piles* servent à porter les hameçons. Les *piles simples* consistent en une seule ligne, les *ovales* sont doubles. Quand on pêche des poissons qui pourraient couper les *empiles* avec leurs dents, on les fait avec du crin ou du fil de laiton.

PILONNEAU. C'est le même poisson, nommé *lagadec* à Marseille. Sa tête est d'une grosseur médiocre ; sa gueule est assez grande, garnie de dents fines, & bordée d'une membrane rouge ; les yeux sont fort grands ; les écailles sont brillantes ; les nageoires & les ailerons du dos, de derrière l'anus, & principalement de la queue, sont rembrunis, tirant au roux. Il paroît que, proportionnellement à sa grandeur, qui est communément de six pouces, il est plus épais que la dorade. Lorsqu'il fait froid, ces poissons se retirent dans les grands fonds ; ainsi on en prend peu l'hiver, à moins que l'air ne soit fort doux. Quand ces poissons ont séjourné sur des fonds pierreux ou sableux, ils sont assez bons, mais jamais aussi estimés que les dorades.

PILOT. On donne ce nom à une portion de tessure de folle, qui est ordinairement formée de quatre *pilots*.

PILOTE, officier marinier chargé de diriger la route d'un vaisseau. Les *pilotes* qui entrent & sortent les vaisseaux dans les rades & les ports, se nomment *pilotes lamaneurs*; ils doivent avoir une parfaite connoissance des fonds, des courans & des écueils.

Les *pilotes côtiers* servent pour le cabotage & les atterages; ils doivent connoître la vue des côtes, des fonds, des courans & de tous les écueils qui sont à l'approche des terres.

Les *pilotes hauturiers* conduisent les vaisseaux en pleine mer, en prenant hauteur au moyen de la boussole de l'estime, & en prenant leur point sur les cartes marines.

Ordinairement c'est le *pilote* qui, sur les bâtimens de pêche, commande la manœuvre pour mettre les filets à la mer.

PILOTE. On nomme ainsi un poisson de mer qui a depuis six jusqu'à dix & onze pouces de longueur. Comme il suit volontiers les vaisseaux, & que souvent on l'apperçoit vers l'avant, on a imaginé qu'il guidoit leur route, & même qu'il les conduisoit jusques dans le port. De cette idée, qui n'est rien moins que vraisemblable, on a jugé à propos de le nommer *pilote*; mais ce nom lui convient mieux quand on considère sa manœuvre à l'égard du requin, ce qui paroît avoir été plus attentivement observé. Effectivement, on voit de ces poissons qui nagent un pied & demi ou deux pieds au dessus du museau des requins; quelquefois il s'en rassemble plusieurs autour d'un requin, & en ce cas il y en a toujours un qui occupe le poste que nous venons d'indiquer, & celui-là suit exactement tous les mouvemens du requin. Si ce poisson vorace se renverse pour attraper sa proie, le *pilote* fait un écart; mais aussi-tôt que le requin a repris sa première situation, le *pilote* reprend aussi son poste, & bien des gens se sont fait un plaisir de considérer la manœuvre réciproque de ces deux poissons; mais les uns prétendent que c'est le *pilote* qui guide le requin, & qui le détermine à faire ces différens mouvemens; d'autres, au contraire, pensent que les mouvemens du *pilote* sont une suite de ceux du requin. Ce dernier sentiment doit prévaloir : effectivement, il est sensible que le requin n'a aucun avantage à espérer du voisinage du *pilote*; au lieu que ce petit poisson trouve son compte à accompagner le requin, qui dévorant tous les poissons qu'il peut attraper, laisse toujours échapper quelque chose, dont le *pilote* fait son profit : d'ailleurs ce petit poisson n'ayant aucune défense, peut se trouver en sûreté dans le voisinage d'un poisson vorace qui effarouche ceux qui font tous leurs efforts pour l'éviter; & par ce moyen le *pilote* est sous sa sauvegarde. Le *pilote* n'a ainsi à craindre que le requin, & il est assez vif pour l'éviter s'il tentoit de s'en saisir; ce qui est justifié par la manœuvre que suit le *pilote*, lorsque le requin se renverse pour saisir quelque poisson.

PILOTINS, c'est le nom qu'on donne aux principaux pieux qui servent à construire les bourdigues.

PIMPIGNON. On nomme ainsi en Provence, des anses ou anneaux de fil qu'on fait pour joindre les unes aux autres, les nappes des tramaillades.

PINASSE, bâtiment basque, long, étroit & léger, qui porte trois mâts, & va à la voile & à la rame.

PINGUE, petite flûte à varangues plates.

PINNE-MARINE, ou NACRE-DE-PERLES DE PROVENCE, ou AIGRETTE. C'est un coquillage bivalve, & le plus grand du genre des moules triangulaires. On le trouve près des côtes de Provence & d'Italie, & dans les mers des Indes. Il y a des coquilles qui ont jusqu'à deux pieds & demi de longueur, & le tiers de largeur.

Ces moules sont nacrées en dedans, vers le haut, de couleur rouge orangée, ou gris de lin, nuées de pourpre dans le reste.

Les *pinnes-marines* sont remarquables, sur-tout par le nombre & la finesse de certains fils bruns qui les attachent aux rochers.

La houpe de soie part immédiatement du corps de l'animal; elle sort de la coquille par le côté où elle s'entrouvre, environ à quatre ou cinq pouces du sommet ou de la pointe.

On fait à Palerme, avec ces fils, des étoffes, & divers autres beaux ouvrages. Ces fils font sur-tout l'objet de la pêche, & deviennent une soie de la plus grande finesse, & propre à diverses fabriques.

La pêche des *pinnes-marines* se fait aux mois d'avril & de mai, à Messine, Palerme, Syracuse, Smyrne, & dans les parages de l'île Minorque.

Les pêcheurs disent que pour tirer ces coquillages, il faut casser la houpe de leurs filets. On les pêche à Toulon, à quinze, vingt, & plus de trente pieds sous l'eau, avec un instrument appellé *crampe*, espèce de fourche de fer dont les fourchons sont perpendiculaires à un long manche; ils ont chacun environ huit pieds de longueur.

On saisit ces coquillages, on les détache, on les enlève avec la crampe.

PINS, mailles du fond de la manche, qui ont au plus quatre lignes d'ouverture en quarré.

PIQUER LE POISSON, c'est donner à l'haim une petite secousse, quand on s'apperçoit que le poisson a mordu, pour le faire entrer dans les chairs au-delà du barbillon.

PIRAGUERA, poisson à grandes écailles, qui se trouve dans la mer de Sainte-Catherine. Il a quatre à cinq pieds de long. Sa chair est aussi délicate que celle des carpes.

PIRAMBU, poisson de la mer du Brésil; il fait entendre une sorte de ronflement. Ce poisson est long de quelques pieds. Au lieu de dents, sa gueule est armée de deux pierres larges de cinq à six doigts, qui lui servent à briser les coquillages dont il fait sa nourriture.

PIRAVENE, espèce de poisson volant; de la grosseur de la lamproie, qu'on ne trouve qu'au Nouveau-Monde.

PIRAYA ou PIRANTA, poisson du Brésil, qui a la forme de la dorade : on en distingue de trois espèces.

Celui qui est long d'un pied & large de six doigts, a l'ouverture de la bouche parabolique, il peut la fermer exactement. Chaque mâchoire est garnie d'un rang de dents blanches, triangulaires, pointues, & si tranchantes qu'il emporte la pièce quand il mord. Ses écailles sont de couleur de feu mêlé de bleu. Il se tient dans la bourbe des rivières.

La seconde espèce est d'un jaune-doré, la troisième de couleur blanchâtre.

PIROGUE, bateau fait d'un gros corps d'arbre creusé par les sauvages de l'Amérique méridionale. Les groënlandois en font avec du cuir tendu sur des membres légers, & qui ne tiennent qu'un homme.

PISSER, ou tenir les harengs à la pisse, c'est en discontinuer le feu, & laisser les harengs égoutter leur eau & leur huile.

PITTE (Fil de); il se fait avec des filamens que l'on tire d'une espèce d'aloës ou aloïdes.

PLANE, sorte de couteau dont se servent les faiseurs d'haims, pour détacher la languette de l'haim, ou le barbilloner.

PLATANE, poisson qui a quelque ressemblance avec la brême.

PLAT-BORD, pièces de bois de chêne qui s'assemblent sur le bout des allonges de revers, & forment véritablement le bord du bâtiment.

PLATE, très-petit bateau à fond plat, qui est en usage pour la pêche, sur la côte de Picardie & de Normandie.

PLETEUX, instrument dont se servent les faiseurs d'haims, pour leur donner une courbure convenable.

PLIE ou PLYE, poisson de mer plat, à nageoires molles.

On en distingue deux espèces, savoir, la grande & la petite qui est parsemée de taches jaunes ou rougeâtres.

Celle-ci est le carlet. *Voyez* ce mot.

La *grande plie* ou *plane* ou *platuse*, est plus large que la sole.

Ce poisson a les yeux sur la partie de dessus qui est brune. Ses nageoires font le tour de son corps; sa queue est large; de la tête à la queue, il a un trait un peu tortu par le milieu du corps; sa bouche est petite & sans dents.

La *plie* entre dans les étangs de mer, & quelquefois dans les rivières fangeuses. On en pêche en quantité dans l'étang de Montpellier, dans la Loire & dans l'Océan.

Quand la *plie* apperçoit les pêcheurs, elle trouble l'eau & se cache dans la vase. On pêche ce poisson quand le temps est calme. On entre dans les petites rivières avec des bottes, ou pieds nuds, on imprime fortement ses traces sur le sable, à peine est-on retiré que ces traces se garnissent de *plies*.

La chair de la *plie* est blanche, molle, & d'un bon suc.

PLOMB DE NANTES, poisson de la famille des *sparus*; il a six pouces de long & deux & demi de large. Ses écailles sont d'un blanc argenté, ses raies latérales sont noires; il est en général de couleur rousse.

Ce poisson est vorace & de passage. On ne peut le manger que très-frais.

PLOMBÉE, c'est le plomb qu'on met au bas du filet pour le lester & le faire aller au fond de l'eau.

PLONGEURS, sorte de pêcheurs qui vont

sous l'eau & prennent à la main des poissons & des coquillages.

PLUMER, c'est ôter avec un couteau les feuilles des cannes dont on construit les bourdigues.

PLYETTER ou POMMETTER. Cette pêche, qui pourroit aussi se nommer *piétiner*, se fait en marchant pieds nuds sur le sable, pour sentir les poissons qui y sont restés enfouis. Quand on sent un poisson sous ses pieds, on le pique avec un digon, ou bien on le saisit avec un angon, ou on le prend à la main sans aucun instrument. Cette pêche se nomme aussi *à la foule*, & on y prend des anguilles.

POCHE, espèce de sac de toile avec lequel on prend à Morlaix beaucoup de menuise.

POCHE DE L'EYSSAUGUE, espèce de manche ou de sac des filets traînans, dans lesquels le poisson se rassemble.

POELA, poisson oriental qui se pêche dans l'île de Larice. Il vit de poissons; sa chair a le goût de celle du brochet; sa tête est rousse, son corps est couvert de jaune, de bleu clair & de raies. Il a des nageoires, les unes rouges, les autres vertes.

POELE, endroit d'un étang vis-à-vis de la bonde, qu'on creuse plus que le reste, pour que le poisson s'y rassemble quand on vide l'étang pour le pêcher.

POISSONS. On comprend sous ce nom les animaux qui ont du sang, qui n'ont point de pieds, mais des ailerons & des nageoires, qui vivent toujours dans l'eau, s'y nourrissent, s'y multiplient & ne peuvent subsister long-temps hors de cet élément; la plupart sont ovipares.

Il y a des *poissons* qu'on nomme *d'eau douce*, parce qu'ils ne peuvent subsister dans l'eau salée. D'autres ne peuvent vivre que dans l'eau de la mer; on les nomme *poissons de mer* ou *marée*. Enfin il y a des *poissons* qui passent de l'eau de la mer dans les rivières, où ils s'engraissent & deviennent d'une qualité supérieure.

Entre les *poissons* d'eau douce, on peut distinguer ceux qui se plaisent dans les lacs, les étangs, même dans les mares vaseuses, de ceux qui se trouvent dans les fleuves, les grandes rivières, & les ruisseaux d'eau très-vive.

A l'égard du *poisson* de mer, les uns sont de la Méditerranée, d'autres de l'Ocean. Plusieurs qui se plaisent dans les eaux tranquilles se retirent dans les anses, & dans les étangs salés. D'autres qui ne redoutent pas l'agitation de l'eau & les brisants, se tiennent au bord de la mer & dans les rochers. Enfin il y en a qu'on ne trouve que dans les grands fonds; & ce sont assez souvent les gros.

On distingue encore les *poissons* de passage, & les domiciliés: ceux de passage ne paroissent sur nos côtes que dans des saisons marquées, & ensuite disparoissent. Entre ceux-là il y en a qui séjournent un certain temps dans quelques parages, & qui dans d'autres ne font qu'y passer sans presque s'y arrêter.

Nous nommons *domiciliés*, les *poissons* qu'on prend à nos côtes toute l'année, quoiqu'il y ait des saisons où il s'en montre beaucoup plus que dans d'autres, soit qu'une partie aille s'établir dans d'autres parages, soit que pour des circonstances qu'on ne connoît pas, ils se retirent dans les grands fonds.

Quand on parle de *poissons de saison*, on entend quelquefois les temps où ils donnent le plus abondamment à la côte, & encore ceux où ils sont de meilleure qualité; car tel *poisson* qui est fort estimé dans une saison, est assez mauvais dans une autre.

Quoique presque tous les *poissons* soient voraces, puisqu'ils vivent de leur chasse, il y en a néanmoins qu'on regarde plus particuliérement comme tels, à cause de la grande destruction qu'ils font de certains *poissons*. Il y a apparence que ceux-ci font pâture de tout, puisqu'on trouve dans leur estomac de toutes sortes de substances, même des crustacées & des coquillages. Il est néanmoins probable qu'ils sont plus friands de certains *poissons* que d'autres. Mais nous ne pouvons avoir de connoissances sur cela que par le choix qu'ils font des appâts qu'on leur présente, lorsqu'on pêche avec les hameçons. On remarque, par exemple, que les soles & les anguilles se jettent sur les vers; & presque tous les *poissons* sur les harengs, les sardines, &c.

Outre les *poissons* d'eau douce & ceux de la mer, il y a d'autres animaux qui sont tantôt dans l'eau & tantôt sur terre, & qui, pour cette raison, sont appellés *poissons*, ou pour parler exactement, *animaux amphibies*: ils ont des poumons, & respirent l'air; mais ce sont d'excellents plongeurs qui se passent long-temps de respirer. Cependant l'air leur est absolument nécessaire, & ils périroient faute de le respirer, si quelque cause les retenoit trop long-temps sous l'eau.

Les auteurs ont nommé *cétacées* les grands

poissons qui ont des poumons, qui sont vivipares, dont on connoît l'accouplement, & dont plusieurs allaitent leurs petits.

On a nommé *cartilagineux* des *poissons* dont le squélette n'est pas dur. On trouve dans le corps de la plupart des œufs assez gros, qu'on peut comparer à ceux des oiseaux; mais l'incubation se fait dans leur corps, & les petits sortent en vie. Le squélette des *poissons* à arrête n'est ni aussi dur que les os, ni aussi tendre que les cartilages: ils sont ovipares, & leurs œufs sont en grand nombre & petits.

On pourroit donc diviser les *poissons* en ceux à poumons qui respirent l'air, & ceux qui, ayant des branchies, aspirent l'eau; & entre ceux-ci, les uns sont cartilagineux, & les autres à arrête; & de plus, les uns sont ovipares, & les autres vivipares.

Une distinction générale & assez frappante dans les *poissons*, est celle qu'on fait, 1°., en *poissons* ronds, tels que la carpe, le saumon, le maquereau, le hareng, &c., qui nagent communément entre deux eaux; 2°. En *poissons* plats, tels que la solle, le carrelet, la barbue, la plie, le turbot, qui se tiennent volontiers sur le fond, ou s'abandonnent au courant qui les entraîne; il y en a qui, comme la dorade, tiennent le milieu entre ces deux ordres de *poissons*; 3°. En *poissons* longs, & dont la forme imite celle des reptiles terrestres, tels que l'anguille, la lamproie; ce qui donne encore lieu à une distinction très-marquée. Cependant il y a des cas où il est difficile de décider si certains *poissons* doivent être compris avec les *poissons* ronds ou dans le genre des longs; car la nature passe d'un ordre à un autre par des nuances.

On peut d'abord distinguer les *poissons* en ronds, en plats & en longs, ou en serpents, puisque ces différences forment des distinctions générales; mais il en faut de particulières, pour reconnoître les espèces: les tégumens peuvent nous en fournir.

Presque tous les *poissons* sont enduits extérieurement d'une espèce de mucosité qui peut bien empêcher l'eau de pénétrer jusqu'à leur peau, & les rendre plus propres à diviser ce fluide. Les *poissons* nuds sont plus fournis de cette humeur muqueuse, que les écailleux; mais nous ne la regarderons point comme un tégument. Je remarquerai seulement que les couleuvres qui vivent à terre, sont pourvues de cette humeur qui a une odeur forte; mais qu'en ayant été conservé quelque temps dans une chambre, elles avoient perdu cette mucosité, & on pouvoit les manier sans que les mains contractassent aucune mauvaise odeur.

Il y a des *poissons* qui n'ayant point d'écailles sont couverts d'une peau ordinairement assez forte, très-rude dans les requins & chiens de mer, & fort douce dans l'anguille & la lamproie. D'autres sont entièrement couverts d'écailles plus ou moins adhérentes, & plus ou moins grandes ou épaisses; tandis que quelques-uns en ont de si petites, qu'il faut y prêter bien de l'attention pour s'assurer de leur existence. Quand on examine les écailles d'un même *poisson*, on remarque que les plus grandes écailles sont presque toujours vers le dos près la tête, que celles des côtés sont d'une grandeur mitoyenne entre celles-là & celles du ventre; & que les plus petites sont sous la gorge, où quelquefois même on ne peut en appercevoir.

Dans les endroits où ces écailles sont les plus grandes & les plus sensibles, on voit qu'elles se recouvrent les unes les autres, comme les ardoises sur un toit. La partie recouverte par celles du dessus est presque double de celle qui est à découvert.

On apperçoit à la vue simple sur plusieurs *poissons*, & encore mieux quand on examine les écailles avec une forte lentille, que la plupart sont légèrement striées dans le sens de leur longueur, non pas par des lignes qui soient parallèles entr'elles, mais qui tendent à un centre commun placé à la partie des écailles qui est découverte, & presque toujours hors de l'écaille, ou au-delà de l'étendue de l'écaille qu'on examine.

La peau des *poissons* qui n'ont point d'écailles, est de différentes couleurs, suivant les espèces. Et quoique les écailles détachées du *poisson*, étant interposées entre la lumière & l'œil, paroissent presque toujours de la couleur d'un feuillet de corne fort mince, la surface extérieure des *poissons* ne laisse pas d'offrir des couleurs souvent très-belles, & quelquefois si vives, qu'au sortir de l'eau elles le disputent à l'éclat de l'or, de l'argent & des pierres précieuses. On peut faire usage de ces couleurs dans la description des *poissons*; néanmoins la vivacité de ces couleurs diminue, quand les *poissons* sont morts, lorsqu'ils sont malades, & il y en a qui sont sujettes à varier, suivant la nature du fond où les *poissons* se tiennent; par exemple, on connoît des étangs où les carpes sont brunes, pendant que dans d'autres elles sont dorées. En général, sur les fonds de vase, les couleurs sont plus obscures que sur les fonds de sable pur. On prétend que le froid & le chaud influent sur la couleur des *poissons*, & effectivement il paroît assez ordinairement que dans les climats chauds les poissons ont des couleurs plus variées & plus éclatantes que dans ceux qui sont froids. On assure que dans le Nord, il y a des poissons qui sont d'une autre couleur l'hiver que l'été; dans quelques espèces, les poissons mâles & les femelles sont de couleurs différentes, & ces couleurs souffrent des changemens dans le temps du frai. De plus, si, comme quelques-uns le pensent, les poissons à écailles sont sujets à une mue comme les oiseaux, il pourroit en résulter encore des changemens de couleur. C'est peut-être pour cette raison que les très-vieilles carpes deviennent blanches. On a vu des poissons dorés de la Chine, qui, étant malades, avoient perdu tout leur or, & même presque leur couleur rouge; de plus, les couleurs vives & distinctes que certains poissons ont au sortir de l'eau, se confondent & prennent une teinte plus sombre quelque temps après qu'ils sont morts.

Quand on dit que les écailles des poissons sont de différentes couleurs on ne prétend pas décider que cette couleur réside toujours dans l'écaille même; on sait qu'il y en a qui sont colorées; mais il est certain que plusieurs étant détachées de l'animal sont comme un feuillet d'écaille blonde & très-transparente, au travers de laquelle se montrent les couleurs de la peau qui en deviennent plus brillantes.

Presque tous les poissons à écailles ont sur les côtés une ligne tantôt blanche, tantôt brune, plus ou moins large, & plus ou moins apparente, qui s'étend depuis le derrière des ouies jusqu'à l'aileron de la queue, suivant une direction plus ou moins courbe, ou presque droite; quelquefois cette raie change de couleur, & même disparoît peu de temps après que les poissons sont tirés de l'eau.

Il y a des poissons qui ont des os pointus ou des épines très-piquantes, non-seulemant au bout des ailerons & nageoires, mais encore à différens endroits de leur corps, comme au front, au bout du museau, aux ouies, ou entre le col & la tête, & à la queue; d'autres en sont même entièrement recouverts: en ce cas, les épines tiennent lieu des écailles.

Quelques amphibies ont du poil ainsi que les quadrupedes. Les animaux aquatiques qu'on nomme *crustacées*, sont entiérement couverts d'une croûte plus ou moins dure. Enfin les coquillages, qu'on nomme *testacées*, sont renfermés dans des boites très-dures.

Il suit de ce que nous venons de dire, qu'on peut encore distinguer les animaux aquatiques en nuds, en écailleux, en épineux, en velus, en crustacées & en testacées.

Il y a peu de parties sur les poissons qui soient plus apparentes & plus propres à les distinguer, que certains appendices ou feuillets, qui s'apperçoivent à différentes parties de leur corps. On les appelle *des ailerons* ou *des nageoires*. En général ces parties sont formées de plusieurs rayons mobiles, joints les uns aux autres par des membranes quelquefois très-minces, d'autres fois plus épaisses; les unes sont douces, d'autres sont rudes au toucher; elles sont encore différemment colorées. A l'égard des rayons, ils sont quelquefois menus, pliants, mous, & d'autres fois ils sont plus gros, durs, comme osseux & même fort piquants; ils sont aussi tantôt plus serrés, & tantôt plus écartés les uns des autres. Ils sont articulés par leur bâse avec des arrêtes qui sont implantées dans la chair. Pour ce qui est des membranes qui les réunissent, elles sont quelquefois très-minces, & d'autres fois plus épaisses; quelques-unes s'étendent jusqu'à l'extrémité des rayons, & d'autres en laissent paroître un bout qui les surpasse & forme souvent un aiguillon. Le nombre, l'étendue, la position des ailerons & des nageoires servent beaucoup à faire connoître les différentes espèces de poissons. La colonne épinière du poisson se termine du côté de la queue par quelques os plats qui forment un épanouissement; & c'est à leur extrémité que sont articulés les rayons de l'aileron de la queue. Ces rayons ont, suivant la volonté de l'animal, la liberté de s'écarter ou de se rapprocher les uns des autres, comme les bâtons d'un éventail, & ils sont liés les uns aux autres par des membranes qu'on peut comparer au papier de l'éventail.

Cet aileron de la queue est quelquefois coupé quarrément par le bout; d'autres fois il est arrondi, & forme comme une espèce de palette; d'autres fois encore il est fourchu, c'est-à-dire, ouvert, & divisé en deux sur sa longueur; & ces parties, suivant qu'elles sont plus ou moins écartées, forment entr'elles un angle rentrant plus ou moins ouvert. Ces échancrures sont symmétriques dans beaucoup de poissons, & à d'autres elles ne le sont pas; il y a encore quelques poissons où cette échancrure, au lieu d'être angulaire, est circulaire ou en croissant.

Souvent dans les poissons plats, l'aileron dorsal s'étend depuis le derrière de la tête jusqu'à la naissance de l'aileron de la queue; quelquefois l'aileron ventral s'étend de même presque d'un bout du corps à l'autre; d'autres fois il ne s'étend pas jusques sous la gorge, & assez souvent il est accompagné d'un second aileron plus petit.

Presque

Presque tous les *poissons* ronds à écailles ont un, deux, ou trois ailerons sur le dos ; & pareillement un ou plusieurs, depuis l'anus jusqu'à la queue. Ces ailerons sont de bien des formes & grandeurs différentes ; ils sont comme ceux de la queue, formés de rayons, les uns fins & souples, les autres durs, roides & même piquants ; il y en a de fort longs, d'autres sont très-courts. Les ailerons du dos & ceux du ventre, ont la liberté de se plier suivant la volonté de l'animal, de la tête vers la queue ; ensorte que quand ils sont ainsi couchés, il ne paroissent presque pas, au lieu qu'ils sont très-apparents quand le *poisson* les relève ; mais l'unique mouvement d'articulation des rayons est suivant le plan de l'animal, & point ou peu de droite à gauche.

Outre les ailerons, la plupart des *poissons* ont des nageoires, qui sont ou près des ouies, (assez ordinairement on les nomme *branchiales*), ou joignant la poitrine, ou sous le ventre & assez près de l'anus ; car la position de ces nageoires varie beaucoup dans les differentes espèces de *poissons*, & il paroît qu'elles sont près de la tête aux *poissons* qui ont cette partie grosse & pesante ; elles sont tantôt arrondies, tantôt triangulaires, quelquefois fort larges, d'autres fois très-longues & terminées par des longues pointes. Leur organisation est assez semblable à celle des ailerons ; mais ce qui les distingue essentiellement, c'est que le plus grand mouvement des ailerons est dans la direction de leur plan ; au lieu que les rayons des nageoires ont deux mouvements très-libres & très-vifs : ils peuvent s'approcher & s'écarter les uns des autres comme les bâtons d'un éventail ; & de plus ils ont tous ensemble un mouvement de l'avant à l'arrière que les *poissons* exercent pour nager. Au reste, la forme de cette articulation qui équivaut en quelque sorte au genou, fait que la nageoire a dans certains cas des mouvements en partie circulaires.

Le nombre, la position, l'étendue, la forme des ailerons & des nageoires sont donc utiles pour caractériser les différens *poissons*.

Des mouvemens des poissons *pour changer de lieu.*

Ce que nous venons de rapporter au sujet des nageoires & des ailerons des *poissons*, nous engage à dire quelque chose des moyens qu'ils emploient pour changer de lieu.

Nous croyons qu'à l'égard des *poissons* ronds, les ailerons du dos & du ventre ne servent presque que pour diriger leur marche. Il est sensible qu'ils doivent les coucher sur le dos, quand ils sont pris en travers par un courant, qui, en donnant contre les ailerons, les feroit dériver ; au contraire, quand ils suivent le courant, ou quand ils vont directement contre sa direction, ou encore quand ils nagent dans une eau dormante, les ailerons déployés doivent les maintenir dans leur route sans opposer beaucoup de résistance, à cause qu'ils sont fort minces ; étant déployés, ils augmentent la largeur du *poisson*, ce qui peut être utile, lorsqu'ils donnent des coups de queue pour aller fort vîte ; ils peuvent, quand les *poissons* sont tranquilles, ou qu'ils ne font que de petits mouvemens, les maintenir, étant déployés, le dos en haut, le ventre en bas, & les empêcher de *rouler*, pour employer un terme de marine. Cependant, ayant coupé à une petite perche l'aileron du dos & celui du ventre, lorsqu'on la touchoit avec une baguette, elle traversoit fort vîte le bassin, comme si elle avoit eu ses ailerons ; on auroit desiré la voir nager doucement, pour mieux observer la manœuvre de ses ailerons & de ses nageoires.

Quand les *poissons* veulent se servir de leurs nageoires pour faire de petits mouvemens, ils approchent les unes des autres les nervures ou rayons de la nageoire, & étant ainsi ployée, ils la portent vers la tête ; ensuite ils écartent ces rayons, & en portant la nageoire ainsi ouverte du côté de la queue, elle fait avancer le *poisson*. Il est sensible qu'en changeant ainsi la situation des nageoires, soit celle de la droite, soit celle de la gauche, ils peuvent beaucoup varier leurs mouvements, à quoi peuvent encore contribuer les ailerons lorsqu'ils plient leur corps ; l'aileron de la queue faisant alors l'office d'un gouvernail, les nageoires étant étendues & sans mouvement peuvent les entretenir le ventre en bas & le dos en haut ; car quand ils sont morts, ils sont toujours sur un des côtés : d'où on peut en conclure qu'il faut un moyen pour s'entretenir verticalement ; mais ces nageoires sont trop souples & trop petites pour imprimer aux *poissons* de grands mouvemens ; quand ils veulent nager fort vîte, ils contournent avec vivacité leur corps ; ils déploient l'aileron de la queue, & aussi ceux du dos & du ventre, & par des secousses répétées & précipitées vers les côtés, ils avancent avec beaucoup de vîtesse. Pour reconnoître l'effet des ailerons & des nageoires, on a coupé à quelques *poissons*, tantôt l'aileron du dos, tantôt aussi celui du ventre, d'autres fois les nageoires, seulement d'un côté ou celles des deux côtés ; mais ces *poissons* se tenant continuellement sur le fond ainsi que ceux qui n'étoient point mutilés, on n'a pu rien appercevoir de décisif : si on les touchoit avec une baguette, ils donnoient un coup de queue & se rendoient avec vîtesse à l'autre extrémité du bassin, d'où on peut conclure que leurs grands mouvemens sont indépendants des nageoires. Ce qui vient d'être avancé sur le mouvement des nageoires est fondé sur les observations, en considérant avec attention des carpes qui nageoient dans un bassin pour prendre des morceaux de pain qu'on leur jettoit.

Des barbes ou filets cartilagineux des Poissons.

Assurément la grandeur, la forme & la position, tant des nageoires que des ailerons, sont d'un grand secours pour distinguer les unes des autres. Plusieurs *poissons* ont des filets cartilagineux ou charnus, en différent nombre, soit au menton, soit auprès de la bouche, ou auprès des yeux, ou sous la gorge, ou ailleurs. On leur donne assez improprement le nom de *barbes* ou *barbillons* : ces appendices cartilagineux sont plus ou moins solides ; des vaisseaux sanguins se distribuent dans la membrane qui les recouvre : la carpe en a deux, le barbeau quatre, la morue un, & certains *poissons* en ont un nombre plus considérable.

Quelques auteurs font mention des pieds & des bras des *poissons*. Ces noms ne conviennent ni aux ailerons ni aux nageoires ; ainsi il est exactement vrai de dire que les *poissons* n'en ont point. Mais parmi les amphibies, les uns ont du côté de la tête de fortes nageoires qui leur servent dans certains cas à se tirer à terre, d'autres ont à cet endroit de vrais bras, ou des parties qui en tiennent lieu, ainsi que des mains & des pieds. Ils nagent très-bien dans l'eau, & se traînent à terre avec leurs nageoires, leurs bras, ou même de grandes dents crochues qu'ils enfoncent dans la terre ou entre les rochers.

A l'égard des animaux qu'on nomme *crustacées*, ils ont des jambes en quantité, & plusieurs en ont à l'avant deux plus fortes & plus longues que les autres, qui étant terminées par de fortes serres, leur servent de bras & de mains : ces *poissons* marchent au fond de l'eau.

Outre cela, les homards, les écrevisses, &c. ont une queue large, formée d'articulations, qui, en se repliant avec vitesse, fait l'office d'une nageoire, au moyen de laquelle ils se meuvent très-vîte à reculons pour gagner leur trou.

Les sèches & les autres animaux aquatiques de même genre qui n'ont point de sang, ont à l'avant des appendices & des filets cartilagineux capables de se contracter, au moyen desquels ils s'attachent fortement à leur proie. Ainsi on peut les regarder comme des bras, quoiqu'ils n'aient ni os ni articulations.

Entre les testacées ou les coquillages, plusieurs restent constamment à la même place, d'autres se traînent avec leur coquille, comme les limaçons terrestres, & d'autres marchent sur leurs opercules qui leur servent de chaussure.

Il y a encore des *poissons* qui étant pourvus de deux grandes nageoires situées sur les côtés, peuvent les étendre & se soutenir en l'air un court espace de temps, se servant de ces nageoires comme les oiseaux de leurs aîles.

Il y a des *poissons* qui ont de fort grosses têtes proportionnellement à leur corps. Mais il y en a entr'autres dans le genre des crustacées, qui en ont de si petites, que quelques auteurs ont cru qu'ils n'en avoient point. C'est une erreur dont on est revenu.

Dans beaucoup de *poissons* à écailles, la tête diminuant uniformément & proportionnellement au corps, elle forme avec lui comme une espèce de coin. A d'autres, l'extrémité grossissant forme un grouin ; ou bien diminuant beaucoup de grosseur, elle offre comme une espèce de museau, ou même un bec qui est tantôt fort long & d'autres fois très-court ; les uns ont une large bouche garnie de dents plus ou moins grandes, pendant que quelques-uns n'en ont point ; d'autres ont la bouche fort petite relativement à la grosseur de leur corps ; la mâchoire supérieure est quelquefois plus longue que l'inférieure ; à d'autres, c'est le contraire, & il n'est pas ordinaire que les deux mâchoires soient égales.

Plusieurs *poissons* ont en dedans de la bouche une membrane qui se replie, & ne paroît point quand la bouche est fermée ; elle se replie dans une rainure, & forme comme une espèce de gencive, qu'il ne faut pas confondre avec les vraies gencives. Le *poisson* peut ouvrir la bouche sans étendre cette membrane ; mais elle est capable d'une grande extension, & elle fait, quand la bouche est ouverte, comme une espèce de bourse, qui enveloppe leur proie. Cette membrane que n'ont pas tous les *poissons*, offre beaucoup de variétés.

Mais pour abréger, il faut se borner à dire que pour les *poissons*, proprement dits, & à écailles ; la tête s'étend depuis l'extrémité du museau jusqu'au derrière de l'opercule des ouies. En effet, on regarde cette partie comme la tête, quoiqu'assez souvent elle contienne une partie des organes qui appartiennent à la poitrine.

Les yeux des *poissons*, sont pour l'ordinaire ronds, tantôt plus grands, tantôt plus petits, & plus ou moins enfoncés dans les orbites ; ils ſont auſſi différemment placés, tantôt plus près du muſeau, d'autres fois plus rapprochés des ouies : aux uns, ils ſont plus élevés du côté du crâne, ou plus rapprochés de l'ouverture de la bouche. Leur couleur varie encore beaucoup, & il y en a de très-brillants. Ils ne ſont point recouverts par des paupières, mais pluſieurs le ſont par une membrane plus ou moins mince & tranſparente. En général, la ſurface extérieure des yeux des *poiſſons* eſt preſque plate, ou moins convexe que celle des animaux terreſtres ; cependant leur cryſtallin eſt preſque ſphérique, & par la cuiſſon il devient fort dur.

On apperçoit ſur le muſeau & en avant des yeux, des trous qu'on nomme *narines*, parce qu'ils ſervent à l'organe de l'odorat.

Ce qu'on appelle *ouies* dans les *poiſſons*, n'eſt point l'organe auditif ; on a même mis en queſtion, s'ils en étoient pourvus. L'abbé Nollet a fait ſur cela des expériences ; mais Géoffroi, docteur-régent de la faculté de Paris, & Camper, ont donné des mémoires très-intéreſſants ſur cet organe, qui pour l'ordinaire, ne paroît point au dehors, & eſt couvert d'une membrane aſſez mince pour ne pas intercepter les ſons. Il eſt donc prouvé que les *poiſſons* entendent, mais probablement ils n'ont pas l'ouie fine.

De la chair des poiſſons.

La chair des *poiſſons*, comme celle des autres animaux, eſt formée par leurs muſcles. Il eſt certain que la chair des différens *poiſſons* a des qualités particulières aſſez ſenſibles, pour qu'un homme qui a le goût fin, puiſſe les diſtinguer en les mangeant ; aux uns, elle eſt molle & glaireuſe ; à d'autres, délicate, ou ferme ou caſſante, pendant que quelques-uns l'ont coriace. De même à l'égard du goût, la chair de certains *poiſſons* eſt fade & déplaiſante ; d'autres ont un goût relevé & appétiſſant : l'odeur de quelques-uns eſt fort déplaiſante. La chair de quelques *poiſſons* eſt d'un tiſſu continu ; à d'autres, elle ſe diviſe par feuillets.

Du ſquélette des poiſſons.

Aux *poiſſons*, comme aux autres animaux, les parties molles, ſont ſoutenues par des os ou des parties qui en tiennent lieu.

Il y a des *poiſſons* qui ont leurs os auſſi durs que ceux des quadrupèdes ; d'autres au lieu d'os n'ont que des cartilages. Le ſquélette de la plupart des *poiſſons*, proprement dits, eſt formé d'arrêtes, qui, à l'égard de leur dureté, tiennent le milieu entre les os & les cartilages, ce qui fait qu'on diſtingue quelquefois, comme on l'a dit, les *poiſſons* en *cartilagineux* & à *arrêtes* Entre ceux-ci, les uns ont des arrêtes dures & piquantes qui incommodent beaucoup ceux qui les mangent, pendant que d'autres les ont ſi fines & ſi molles, que quand on en a ôté les principales, les autres ſe mangent avec la chair ſans en être incommodé.

Le ſquélette de la tête des *poiſſons* eſt formé, 1°. par les os du crâne, qui ont des formes très-différentes, ſuivant les différentes eſpèces de *poiſſons*. On y apperçoit les foſſes orbitaires qui ſont plus ou moins grandes & différemment placées, les cavités pour l'organe de l'ouie & celui de l'odorat. On voit encore les mâchoires ſupérieure & inférieure, qui ſouvent ne ſont pas d'une même longueur, tantôt c'eſt la mâchoire ſupérieure & ſouvent l'inférieure, qui excède l'autre. Communément, c'eſt la mâchoire inférieure qui eſt mobile ; quelquefois, la ſupérieure l'eſt auſſi.

Quelques *poiſſons* n'ont point de dents ou n'en ont qu'auprès de l'orifice de l'eſtomac ; mais la plupart en ſont pourvus : ces dents diffèrent beaucoup les unes des autres par leur grandeur, leur poſition, leur nombre & leur forme. On en voit qui les ont plattes & comme triangulaires, quelquefois liſſes par les bords, d'autres fois dentelées.

Quelques-uns ont des défenſes ou de grandes dents pointues qui ſortent au dehors de la bouche. Il y en a qui ont ſur le devant des dents inciſives, & dans l'intérieur des molaires, qui ont aſſez de force pour broyer des coquilles. D'autres ont un ou pluſieurs rangs de dents droites, pointues & rangées comme les dents d'un peigne. La plupart ont leurs dents en forme de crochet, la pointe étant tournée vers le goſier, & ſouvent il y en a plus d'un rang, au moyen deſquels ils ſaiſiſſent leur proie qu'ils avalent ſans la mâcher. Une partie des dents qui tiennent aux mâchoires ſont fermés dans leurs alvéoles, d'autres ſont mobiles ou branlantes. Outre les dents qui garniſſent la circonférence des mâchoires, il y a des *poiſſons* qui en ont d'attachées à des oſſelets ou des cartilages, qui ſont à différents endroits de l'intérieur de la bouche, à la langue & juſqu'au fond du goſier, particulièrement aux os du palais ou aux branchies ; celles qui ſont déliées forment ſur ces os comme des eſpèces de broſſes ou des aſpérités.

On doit remarquer à cette occaſion, que, ſi l'on excepte un petit nombre de *poiſſons* ; les uns qui vivent de coquillages, les autres qui, ſuivant quelques pêcheurs, paiſſent le jeune varec, les dents du plus grand nombre qui vivent de *poiſſons* ne ſont pas deſtinées à triturer les aliments, mais à saisir fortement leur proie qu'ils avalent peu-à-peu, & qu'on trouve en entier dans leur estomac.

La plupart des *poissons* n'ont point exactement parlant de lèvres; quelques-uns en ont; & si ceux-ci n'ont de dents qu'au fond de la bouche près de l'estomac, ils prennent leur nourriture par une espèce de succion.

Plusieurs ont la bouche bordée d'une membrane, qui en se repliant quand la bouche est fermée, forme une espèce de lèvre.

On appelle improprement les *ouies* des *poissons*, des organes qui leur tiennent lieu de poumons, ils sont formés de parties dures, & aussi de parties molles.

Les ouies de la plupart des *poissons* à écailles sont recouvertes par ce qu'on nomme les *opercules*. Quelques *poissons* mous n'ont point d'opercules, & leurs ouies sont à découvert. Quoi qu'il en soit, les opercules sont formés de lames ou feuillets, tantôt fermes & osseux, tantôt flexibles, & aussi quelquefois mous; ils sont placés des deux côtés de la tête derrière les articulations des mâchoires.

Ceux qui sont durs, sont presque toujours formés de plusieurs lames osseuses; quelques opercules sont couverts d'écailles, d'autres le sont seulement d'une peau très-adhérente à la partie solide, & cette peau est ou unie, ou rude au toucher. Quelques opercules sont couverts d'une substance charnue plus ou moins délicate; & à ceux-là les bords sont presque toujours garnis d'appendices charnus.

Le contour des opercules forme quelquefois une courbe assez régulière, d'autres fois il est découpé en dents de scie, ou il forme des angles saillants & pointus; de sorte qu'à quelques *poissons* la partie postérieure se termine par une longue pointe, & à d'autres cette partie est garnie de quelques épines.

Il y a des opercules fort grands, d'autres très-petits, quelques-uns ne recouvrent les ouies qu'en partie; à tous, les bords postérieurs ont la liberté de s'écarter du corps, mais plus aux uns qu'aux autres; ces mouvemens alternatifs sont produits par des muscles, les uns destinés à les écarter du corps, les autres à les en rapprocher.

On trouve sous les opercules ce qu'on appelle la *membrane* des *ouies* ou *branchies*; cette membrane recouvre, lie & soutient des espèces de côtes, qui ont quelque ressemblance aux rayons des nageoires; d'autant que la membrane des ouies a la faculté de se contracter & de s'étendre, même jusqu'à excéder les opercules quand ils s'écartent du corps; mais quand ils s'en approchent, cette membrane se plie dessous ou aux bords, comme le papier d'un éventail. Les nervures qui soutiennent cette membrane sont d'inégale longueur. Elles sont courbés & applaties, ce qui leur donne la forme de la lame d'une faulx. Le nombre de ces nervures varie beaucoup, il y en a quelquefois fort peu, & d'autres fois elles sont en assez grand nombre.

Sous les opercules & leurs membranes, on découvre une ouverture, ou un canal, ou si l'on veut une chambre qui communique dans la bouche. Ce canal qui est presque toujours placé contre le corps à la partie postérieure & latérale de la tête, contient les branchies; ce sont véritablement les poumons des *poissons* qui aspirent l'eau, ou au moins ces branchies font la fonction des poumons. Chaque branchie est formée d'un ou deux feuillets osseux, un peu arqués sur leur plan, & qu'on peut d'autant plus comparer à une côte, qu'ils ont un mouvement sur leurs deux extrémités qui sont articulées par le bout répondant à la gorge, avec plusieurs petits os qu'on peut comparer au sternum, & par l'autre extrémité avec des osselets qui s'articulent eux-mêmes avec la bâse du crâne, où elles ont un mouvement comme de charnière.

Un grand nombre de muscles sont employés à faire mouvoir ces espèces de côtes, les uns pour les relever, les autres pour les abaisser, quelques-uns pour augmenter leurs courbures, & il y en a aussi qui agissent sur les osselets que nous regardons comme le sternum; car toutes ces parties ont un mouvement de contraction & de dilatation proportionnellement plus considérable que celui des côtes des animaux qui respirent l'air.

Ces lames osseuses que nous comparons aux côtes, & qui sont une partie de ce qu'on appelle les *branchies*; ces lames, dis-je, sont courbes sur leur plan. Or, la face concave est plane; mais la face convexe est creusée à son milieu d'une rainure qui s'étend d'un bout à l'autre. Cette côte qui est flexible, est recouverte par une membrane cartilagineuse, qui aux deux bords de ce feuillet osseux est garnie de dents ou petits feuillets assez fermes, quelquefois durs. Ces branchies forment par leur face concave, comme la voûte du palais des *poissons*, & quelquefois les éminences cartilagineuses étant dures, font l'office de dents.

Aux animaux qui respirent l'air, les quadrupèdes, les oiseaux & même les amphibies, la tête est séparée du tronc par une partie qu'on nomme le *col*, & elle est soutenue par plusieurs vertèbres, des ligaments & des muscles; le col contient l'oesophage ou le conduit des alimens, la trachée artère qui sert à porter l'air dans les poumons, ainsi que les organes de la voix, enfin les vaisseaux qui se distribuent à la tête. Il semble de plus que le col leur étoit nécessaire pour ramasser leurs alimens près de la terre.

Mais les *poissons* qui n'ont ni poumons ni les organes de la voix, & qui étant placés dans un fluide, sont toujours à portée de saisir leur proie sans baisser la tête; les *poissons*, dis-je, n'ont point de col; leur tête est immédiatement attachée au tronc, à moins qu'on ne voulût regarder comme leur col, les premières vertèbres derrière la nuque qui ont de grandes apophyses plates. Quoi qu'il en soit, on a coutume de regarder comme la tête des *poissons* la partie comprise depuis l'extrémité du museau, jusqu'au derrière des opercules, quoique cette partie contienne des organes qui, aux quadrupèdes, sont renfermés dans la poitrine, savoir le cœur, & les branchies qui tiennent lieu des poumons.

Il y a quelques *poissons* qui, exactement parlant, n'ont point de langue, à moins qu'on ne veuille regarder comme telle une portion charnue qui semble en être la racine; mais la plupart ont une vraie langue, & entre celles-ci les unes sont mobiles, & d'autres l'ayant épaisse, elle est incapable de grands mouvements; aux uns, elle est mollette, aux autres elle est comme cartilagineuse; la superficie en est quelquefois douce, d'autres fois rude, & même chargée de petites dents. La forme de cette partie offre aussi beaucoup de variétés: il y en a de grandes, de petites, de larges, de pointues, & même de fourchues.

Ce que nous venons de dire de la langue, peut s'étendre en partie au palais, qui est tantôt molet & charnu, tantôt cartilagineux, ou encore chargé d'aspérités.

On trouve dans l'intérieur de la tête de beaucoup de *poissons* à écailles des pierres ou des osselets fort durs, auxquels on a attribué des vertus médicinales. Je crois qu'elles se réduisent à fournir des poudres absorbantes, quand ils ont été bien porphyrisés. A la réunion de la tête avec le tronc au dessous de la gorge, il se trouve quelques arrêtes qui tiennent lieu de clavicules, & d'autres qui semblent appartenir au larinx.

Depuis le derrière de la tête jusqu'à la naissance de l'aileron de la queue, on apperçoit une suite de vertèbres qui sont tellement articulées les unes avec les autres, qu'elles permettent aux *poissons* de se plier vers les côtés, mouvement qui leur est nécessaire pour nager avec vitesse.

La poitrine qui ne renferme qu'un petit nombre de viscères, est fort petite & presque contenue, comme nous l'avons dit, dans ce que nous appellons la *tête*, étant terminée par en bas, & séparée du ventre par un diaphragme.

La capacité de l'abdomen, qui contient quantité de viscères est beaucoup plus grande. Elle est formée par des arrêtes circulaires ou des côtes, qui par une de leurs extrémités sont articulées avec la colonne vertébrale, & par l'autre se terminent en pointe, n'étant attachées qu'aux chairs. Ces côtes sont par paires; elles s'étendent plus ou moins loin, suivant la capacité de l'abdomen, qui varie beaucoup dans les différentes espèces de *poissons*. Car aux uns l'anus est plus près de la tête que de l'aileron de la queue; aux autres, cette ouverture est au milieu de la longueur du *poisson*, à d'autres elle est plus vers la queue.

On conçoit qu'il faut une grande quantité de muscles pour faire mouvoir les mâchoires, la langue, les yeux, les organes de la respiration, les ailerons, les nageoires, & pour produire les inflexions du corps des poissons qui les font avancer avec vîtesse. Cette multitude de muscles qui s'étendent de tous les côtés, enveloppent les apophyses sus & sous-épineuses, & ils forment presque en entier la substance du poisson, principalement depuis l'anus jusqu'à l'aileron de la queue. Une grande partie de ces muscles étant destinée à faire plier la queue du poisson vers la droite & vers la gauche, il s'ensuit que les *poissons* ont une grande force pour les mouvemens de côté; force telle, qu'on a vu des *poissons* renverser un homme d'un coup de queue, & des truites remonter des cataractes.

La poitrine dans les *poissons*, est fort petite; elle contient seulement le cœur, l'épanouissement de l'artère & une partie des reins. Elle est séparée du bas-ventre, comme dans presque tous les animaux, par le diaphragme, qui dans les *poissons* qui respirent l'eau, est une membrane très mince. Le cœur de tous les *poissons* qui ne respirent point l'air, n'a qu'une cavité & qu'une oreillette, qui est grande par comparaison au volume du cœur; ainsi il est assez petit, & dans les différentes espèces de *poissons* il a des formes particulières; quelquefois il est rond; d'autres fois ovale & plus ou moins alongé, quelquefois anguleux, &c; mais sa substance est compacte & épaisse. L'aorte au sortir du cœur se dilate tellement qu'elle en couvre la base. Il y a dans cette partie qui est d'un tissu serré, des brides charnues ; ainsi elle fait en quelque sorte l'office d'un oreillette. Le cœur est placé fort haut entre les branchies du côté droit & du côté gauche ; ainsi le cœur est placé entre les branchies, comme dans les animaux terrestres il l'est entre les poumons.

La capacité du ventre ou de l'abdomen s'étend depuis le diaphragme, jusqu'à l'anus, & cette capacité est formée postérieurement par la colonne vertébrale, latéralement par les arrêtes courbes qui forment les côtes, & enfin par les muscles du ventre : elle est toute tapissée par le péritoine. On sçait que le péritoine est une membrane mince qui se joint avec le diaphragme ; dans quelques *poissons* elle est blanche, dans d'autres elle est colorée. On apperçoit dans toute l'étendue de l'abdomen, sous le péritoine, des artères intercostales, ou qui suivent une direction semblable à celles des côtes sortant des vertèbres.

L'abdomen, qui suivant les différentes espèces de *poisson* est plus ou moins grand, contient une partie des reins, le foie, la vésicule du fiel, la rate, l'estomac, les intestins, dont la disposition dans l'abdomen varie beaucoup dans les différentes espèces de *poissons* ; de plus, la vessie à air, les œufs dans les femelles, la laite dans les mâles, la vessie urinaire, & quantité de vaisseaux.

La queue, qui excede l'abdomen & qui sur-tout dans les *poissons* ronds est toute musculeuse, s'étend à-peu-près depuis l'anus jusqu'à l'aileron qui termine la longueur du *poisson*.

L'estomac n'a point une figure uniforme dans tous les *poissons* ; sa contexture le distingue des intestins, dont cependant il paroît souvent n'être qu'un renflement, sur-tout quand il est vuide ; mais il est susceptible d'une grande dilatation, & beaucoup plus dans certains *poissons* que dans d'autres. Il prend sa naissance au fond de la gorge ; car comme les *poissons* n'ont point de cou, on ne distingue point la gorge de l'orifice supérieur de l'estomac. Cependant ceci ne convient pas à tous les *poissons* ; car dans les *poissons* longs, comme l'anguille, l'œsophage est assez long pour se distinguer de l'estomac ; de plus, ce viscere varie beaucoup par sa grandeur, sa forme & sa position. Il est naturel que les grands *poissons* aient de plus grands estomacs que les petits. Mais entre ceux de même taille, il y en a qui ont de grands estomacs, & d'autres de petits. Ordinairement ceux qui sont voraces, & qui avalent des *poissons* tout entiers ont un grand estomac membraneux. Ceux qui vivent de racines ou de coquillages l'ont petit & charnu ; & il est bien singulier que ces estomacs qui n'ont rien de comparable à la force du gésier des oiseaux, digèrent parfaitement, non-seulement les enveloppes dures des crustacées, mais même les coquilles des testacées. Quoi qu'il en soit, il traverse le diaphragme pour entrer dans la capacité de l'abdomen. Il y a des *poissons* où l'on n'apperçoit ni valvules ni pylore ; mais, dans d'autres, ces parties sont sensibles. A beaucoup de *poissons* on voit des rides dans l'intérieur de l'estomac ; ce qui fait qu'il peut beaucoup s'étendre. On apperçoit autour du pylore de plusieurs *poissons* ce qu'on nomme des *additions*. Ce sont des appendices vermiculaires de différentes formes, & qu'on trouve en plus ou moins grand nombre. Ils s'ouvrent dans l'intestin au-dessous du pylore, & sont fermés par leur autre extrémité. L'estomac diminue de diamètre ; il se replie en différens sens, & est suivi des intestins qui dans presque tous les *poissons* ne sont point attachés à une mésentère ; mais ils contractent de légères adhérences avec toutes les parties qu'ils touchent, comme les membranes de la laite & des œufs, & sur-tout avec le foie, dont ils sont en grande partie enveloppés. Le canal intestinal se termine à l'anus. Les intestins sont plus ou moins gros, & plus ou moins charnus, de longueur différente dans les différentes espèces de *poissons* ; ils font quelquefois beaucoup de circonvolutions, & d'autres fois peu.

Le foie est souvent divisé en plusieurs lobes qui forment quelquefois comme des appendices. Dans plusieurs *poissons*, il est d'une grosseur considérable ; dans d'autres, il est assez petit. Il recouvre quelquefois en partie la vessie à air, avec laquelle il contracte une légère adhérence, ainsi qu'avec tous les autres viscères qu'il touche, comme les intestins, les enveloppes de la laite & des œufs, le péritoine, &c. On en trouve qui sont d'une seule pièce, d'autres se divisent en deux & trois lobes. La couleur du foie varie beaucoup dans les différens *poissons* ; il est tantôt blanc, tantôt rouge, ou jaunâtre, ou de couleur cendrée. Il y a des foies qui fondent presqu'entièrement en huile.

La vésicule du fiel, qui est plus ou moins grosse, est ou comme enchâssée dans la partie principale du foie, ou elle est en quelque sorte isolée, d'autres fois adhérente aux intestins ; & l'on apperçoit dans l'intestin, un peu au-dessous de l'estomac, un mammelon qui est l'extrémité du canal hépatique ; la bile qu'il contient est ou épaisse ou fluide, tantôt noire, d'autres fois jaunâtre, & toujours fort amère.

La rate est souvent attachée à l'estomac, un peu au-dessous du diaphragme, près la vessie à air. Cependant sa grosseur & sa position varient ; quelquefois elle est d'une seule piece, d'autres fois elle est séparée en plusieurs lobes, qui ne sont unis entr'eux que par des filets assez grêles ;

tantôt elle est presque noire & d'autres-fois rouge comme du sang caillé.

Les reins des *poissons* sont ordinairement fort longs, & ont une forme pyramidale ; il y en a quelquefois dans la poitrine une portion considérable, qui recouvre en partie le diaphragme qu'ils percent : ils s'étendent depuis le diaphragme jusqu'à la vessie urinaire, se terminant en pointe, ce qui forme les ureteres.

La plupart des poissons ronds & à arrêtes ont intérieurement une vessie qui ne contient que de l'air, & qu'on nomme pour cette raison *pneumatique* ; elle occupe ordinairement la partie supérieure de l'abdomen, & s'étend le long de l'épine du dos où quelquefois elle est fort adhérente, d'autrefois elle ne l'est que foiblement. Cette vessie est quelquefois simple, d'autres fois elle est double, ou bien sa capacité est séparée en deux, par un rétrécissement ou un étranglement qui laisse une petite communication d'une vessie à l'autre. Cette vessie est située assez fréquemment entre les reins, les œufs, la laite, &c, & elle s'étend depuis le diaphragme jusqu'à la vessie urinaire, contractant de légères adhérences avec toutes les parties qui l'avoisinent ; elle est de forme très-différente dans les diverses espèces de *poissons*. Dans quelques-uns, elle est fortement attachée aux vertèbres supérieures, & quelques-unes de ses fibres se jettent dans le diaphragme ; quelquefois elle est formée de membranes fort minces & transparentes ; d'autres sont épaisses & accompagnées d'une substance gélatineuse agréable à manger, & dont on peut faire de la colle de *poisson*.

Les *poissons* qui se tiennent constamment au fond de l'eau, n'ont point cette vessie ; ainsi il est probable que son principal usage est de diminuer la pesanteur des *poissons* ; mais par où l'air s'y introduit-il ? par où en sort-il ? C'est ce qu'on ne connoît point encore d'une manière satisfaisante.

On apperçoit dans la plupart des *poissons* un filet qui traverse le diaphragme, la poitrine, aboutit au fond de la gorge, où il s'attache à un petit os ; d'autres fois, il se termine au ventricule même, ou auprès du diaphragme, ou près du fond de l'estomac. Plusieurs anatomistes ont tenté inutilement d'introduire dans ce filet, un stilet ou un crin ; ils n'ont pas même pu y faire entrer de l'air : malgré cela on pense assez généralement que ce canal sert ou à introduire de l'air dans la vessie pneumatique, ou à donner une issue à celui qui y est renfermé, ou à opérer l'une & l'autre fonction ; & quelques-uns ont pensé que l'air de la vessie passoit dans l'estomac pour faciliter la digestion.

Lorsque les *poissons* veulent multiplier, on les voit s'attrouper dans les eaux, sauter & s'élever de toutes parts. La plupart des *poissons* mâles approchent alors de leurs femelles pour répandre la liqueur spermatique contenue dans leur laite sur les œufs qu'elles laissent couler. Parmi les *poissons* de mer les uns mettent bas leurs œufs près des rivages sur les rochers lavés par les flots ; les autres qui habitent la haute mer, font des œufs qui nagent sur les eaux & qui éclosent. Les cétacées sont vivipares, ils s'accouplent & allaitent leurs petits.

Les *poissons* n'étant pas exposés aux influences de l'air doivent vivre long-temps, & ce qui contribue encore à la longue durée de leur vie, c'est que leurs os sont d'une substance plus molle que celle des autres animaux.

Les *poissons* se livrent des guerres entr'eux, les foibles deviennent la proie des forts. Plusieurs espèces voyagent, & s'approchent des côtes, attirés par une multitude innombrable de vers & de petits poissons dont ils font leur nourriture, & ils viennent ainsi tomber dans les piéges & dans les filets des pêcheurs.

Différentes manières de conserver en vie les poissons.

Il est souvent très-avantageux aux pêcheurs de marée de pouvoir conserver quelque temps en vie le *poisson* de leur pêche, pour profiter des circonstances où la vente est plus avantageuse.

Si les pêcheurs qui ont des barques à vivier comme on en a construit à Dunkerque, n'ont point éprouvé de gros temps en se rendant à leur destination, leur *poisson* étant en bon état, ils peuvent le conserver quelque temps dans leur barque en lui donnant quelque nourriture.

Les pêcheurs conservent quelquefois les thons dans des enceintes ou parcs de filets qu'ils font près de la côte, & où ils conduisent les thons par des espèces de canaux formés de filets.

Quand les pêcheurs ont pris beaucoup de raies pour les conserver en vie pendant quelques marées, ils se placent dans le fond d'un parc qui ne sèche point, ils amarrent une ligne fine à un des pieux de ce parc ; ils la passent dans la gueule & dans un des trous des ouies d'une raie, & la tenant fort lâche, ils en arrêtent l'autre extrémité à un pieu un peu éloigné du premier. Les raies étant ainsi en quelque façon à l'attache, & ayant néanmoins la liberté de s'ensabler vivent pendant plusieurs jours.

il y a des pêcheurs qui conservent du *poisson* en vie dans des paniers couverts, qu'ils nomment *viviers*; ils calent ces paniers entre des rochers dans des enfoncemens où il reste toujours de l'eau; ils les chargent avec de grosses pierres, ou ils y attachent des cablières pour qu'ils restent à l'endroit où ils les ont calés; & afin qu'on ne leur dérobe pas leur *poisson* ils ne les quittent que quand la marée est montée. Ils conservent ainsi leur *poisson* en vie plusieurs marées, jusqu'à ce qu'ils jugent à propos de les retirer pour les vendre.

Il se trouve naturellement, ou bien l'on fait à bras d'hommes au bord de la mer des enfoncemens où l'eau entre à toutes les marées, & qui ne sèchent point; non-seulement les riverains y déposent des moules qui s'y grouppent, mais ils y jettent aussi des *poissons* plats, turbotins, barnues, soles, limandes, &c. Ces *poissons* y prennent même un plus prompt accroissement qu'à la mer, trouvant dans ces marres quantité de vermisseaux & d'insectes dont ils se nourrissent. Quoique quelques-uns bordent ces mares d'un clayonnage du côté de la mer, on ne peut y conserver les *poissons* ronds, qui quittant le fond, & nageant en pleine eau, s'échapperoient; au lieu que les *poissons* plats s'envasent ou s'ensablent, & se tiennent toujours sur le fond.

Ces mares étant toujours suffisamment profondes pour qu'elles ne sachent jamais de bassemer, le frai & la menuise s'y conservent jusqu'au retour de la marée, qui leur donne la facilité de regagner la grande eau.

Les *poissons* d'eau douce ont communément la vie plus dure que ceux de mer; d'ailleurs comme les *poissons* de rivière & d'étang sont abondants dans l'intérieur des terres, où l'on ne peut pas avoir la marée fraîche, chacun est engagé à établir chez lui des réservoirs où l'on en trouve dans le besoin: ces raisons font que les réservoirs pour les *poissons* d'eau douce sont plus communs que ceux qui sont destinés à la conservation des *poissons* de la mer, qui ne peuvent être établis qu'à portée de l'eau salée, où l'on ne peut les conserver que peu de temps à cause de la délicatesse de ces *poissons*.

Les historiens disent que Lucullus avoit poussé la magnificence jusqu'à faire nourrir des *poissons* dans des vases de verre, qu'on suspendoit dans les salles à manger, comme nous faisons des cages où sont de petits oiseaux, pour que les convives, étant à table, eussent la satisfaction de voir en vie les même *poissons* qu'ils mangeoient avec délices. On a aussi vu une espèce de *poisson* qui subsiste long-temps dans des bouteilles de verre pleines d'eau; & quelquer-unes de ces bouteilles ont en dedans un globe de verre avec une ouverture par dessous où l'eau de la bouteille ne peut entrer; en ajustant ces bouteilles sur une cage où il y a des petits oiseaux, comme des sereins, ils entrent dans ce globe intérieur, où l'on met de petits bâtons pour les percher, & on croit les voir dans l'eau pêle mêle avec les *poissons*.

Tout le monde connoît ces petits *poissons* dorés de la Chine, qu'on nourrit dans des vases de cristal.

Les bateaux qu'on nomme *bascules*, & qui servent pour apporter de grandes provisions de *poissons* aux endroits où l'on en consomme beaucoup, peuvent être regardés comme des réservoirs, puisqu'ils restent long-temps sur les ports en attendant les acquéreurs; & c'est pour cette raison qu'on les nomme quelquefois *boutique à poisson*.

Mais les plus simples de tous ces réservoirs sont ceux que chacun peut avoir à portée de sa demeure lorsqu'il a une rivière, une source, ou même une marre où il y ait une profondeur d'eau claire assez considérable. Ces réservoirs ne sont autre chose qu'une grande caisse faite de planches de chêne, clouées aux angles sur des chevrons de 3 ou 4 pouces d'équarissage, précisément comme une grande caisse d'oranger, excepté que ces caisses doivent avoir un fond de bonnes planches, sans quoi les carpes, les tanches, &c. se frayeroient bien-tôt un chemin par-dessous; on doit aussi les couvrir avec une trappe fermant à la clef pour tenir le poisson à l'abri des voleurs & des loutres, qui ne tarderoient pas à y avoir fait un grand dégât. Ces caisses sont percées de plusieurs trous, pour que l'eau y entre & en sorte aisément. Elles doivent être enfoncées dans l'eau de presque toute leur hauteur, & être assujetties par de forts pieux qui entrent dans le terrein, ou par les chevrons des angles qu'on fait excéder le fond d'une couple de pieds, & qui se terminent en pointe. On y pêche le *poisson* avec un trubles, & comme ces réservoirs sont établis à quatre ou cinq pieds du terrein, on y arrive au moyen d'une planche qu'on jette du rivage sur la caisse.

Les meûniers qui ont ordinairement la pêche aux environs de leurs moulins, ont de ces réservoirs qu'ils nomment *huche*, dans lesquels ils mettent les *poissons* qu'ils ont pris durant la semaine, pour les vendre lorsque l'occasion se présente; il en est de même dans les villes de provinces pour des marchands & des aubergistes qui

qui achètent le *poisson* des pêcheurs, pour le revendre en détail.

Il y a encore des huches d'une construction plus recherchée, au moyen desquelles on a la facilité de choisir le *poisson* à la main, comme s'il étoit sur une table de cuisine; pour cela, la caisse dont nous venons de parler, a un double fond mobile, & percé de trous; au milieu de ce fond mobile est attaché un montant comme la queue d'une bonde qui traverse un chapeau de charpente. Au moyen de cette queue, quand on a ouvert les trappes qui ferment la huche, on élève le fond mobile jusqu'à la surface de l'eau; & comme le *poisson* est dessus, on peut choisir, & prendre à la main celui qu'on désire; ensuite on laisse descendre ce second fond & le *poisson* qu'on n'a pas pris rentre dans l'eau sans avoir été fatigué; ce qui est inévitable quand on pêche, avec un truble, celui dont on a besoin. Ces huches sont fort commodes; mais elles coûtent plus que les autres.

Il y en a qui ayant un étang à portée de leur maison, y font au bord dans un endroit où l'eau est profonde un retranchement avec des cannes, ou en clayonnage, dans lequel ils déposent le beau *poisson* qu'ils ont pris, soit dans l'étang soit ailleurs; & comme on le nourrit en cet endroit, le *poisson* de l'étang s'y rendra de lui-même, si à l'enceinte de ce petit parc on fait des ouvertures qui soient comme le goulet d'une nasse; mais l'étang en est d'autant plus appauvri.

Quand on est dans le cas de profiter de la décharge d'un étang, ou des fossés qui entourent un château, & qu'il y a une chute d'eau un peu considérable, on peut faire de grands réservoirs, & en mettant une petite pelle à la tête, & une autre au bout opposé: on peut en ouvrant celle-ci, vuider le réservoir en un instant, quand on veut le nétoyer ou prendre du *poisson*, & le remplir de même dans le moment, en fermant la pelle de décharge, & ouvrant celle de la tête qui communique avec l'étang, ou les fossés du château. On fait de ces réservoirs en maçonnerie où il y a un compartiment séparé pour les brochets, avec encore un petit pour les anguilles, ainsi que pour les écrevisses, la grande partie étant pour les carpes, les tanches, les vandoises, &c. Quand ces réservoirs sont remplis d'eau vive, les *poissons* qui auroient été pris dans la vase s'y dégorgent, & en peu de temps ils deviennent très-bons.

Il ne faut pas espérer que les *poissons* augmentent dans ces réservoirs; ils y subsistent seulement; & pour qu'ils ne maigrissent point, il faut les nourrir, les carpes & les tanches avec de gros pain bis, ou avec du grain qu'on a fait cuire dans de l'eau, & qu'on a pétri avec de la terre grasse. On remplit un panier ou un baril défoncé avec cette terre, & les carpes sucent la terre & le grain. De grosses féves à demi cuites sont aussi fort bonnes à cet usage. On leur donne encore des fruits qui se gâtent, hachés menu. Les brochets se nourrissent avec de la blanchaille qu'on prend en pêchant des grenouilles qu'on leur jette après les avoir déchirées, des têtards qu'on peut prendre en grande quantité au bord de l'eau avec un truble, des cœurs de bœuf, &c. Les écrevisses se nourrissent avec des tripailles de la cuisine. Il est sur-tout important de nourrir les *poissons* dans le temps du frai; mais on peut s'en dispenser l'hiver.

Les viviers sont ordinairement de larges fosses, qui ont 20 ou 25 toises de longueur, plus ou moins suivant la situation où l'on se trouve. Il ne faut pas se proposer d'y mettre du *poisson* pour peupler ou pour y grossir; c'est un grand réservoir où l'on en dépose quand il est parvenu à sa grosseur, & dans lequel on pêche journellement pour la provision de la maison seulement. Les viviers ayant plus d'étendue que les réservoirs, le *poisson* s'y porte mieux, surtout quand ils sont entretenus par une source, ou au moins un courant d'eau; & il est bon, tant pour y pêcher que pour le nettoyer, qu'on puisse le vider en ouvrant une petite vanne. Quand l'eau du vivier ne se renouvelle pas, la carpe & la tanche y prennent un goût de vase; en ce cas, il faut, avant de les employer à la cuisine, les faire dégorger dans une eau vive.

Si l'on mettoit quelques carpes dans des fosses qui se trouvent au milieu des pâtures, il est d'expérience qu'elles y grossiroient promptement; mais ce moyen n'est guère praticable, parce qu'elles y seroient exposées à être volées. Il ne faut pas mettre dans un vivier trop de carpes, proportionellement à sa grandeur; elles y maigriroient, à moins qu'on n'eût soin de les nourrir, ce qui exigeroit une dépense d'autant plus considérable, que le vivier seroit plus rempli de *poisson*. La perche, la tanche, le gardon, y prospéreront mieux que la carpe; & le brochet y grossira beaucoup, tant qu'il y aura du *poisson* dans le vivier; mais ce sera aux dépens des autres *poissons*: si c'étoient de petits brochets, ils ne pourroient manger que les petits *poissons*; mais les brochets carreaux détruiront tout.

Quand on fait des viviers des fossés même autour des châteaux, il faut leur donner une grande profondeur d'eau, sans quoi les fortes gelées d'hiver feroient périr le *poisson.*

De la castration des poissons.

Ce que nous venons de dire des réservoirs où l'on nourrit le *poisson*, nous engage à parler d'un moyen qu'on a proposé pour rendre leur chair plus délicate.

Voici ce qu'on lit dans l'Histoire de l'académie des sciences, année 1742, page 31.

M. Sloane a écrit à l'académie qu'un inconnu l'étoit venu voir pour lui communiquer le secret qu'il avoit trouvé de châtrer les *poissons*, & les engraisser par ce moyen.

Cet homme qui n'étoit au commencement qu'un faiseur de filets, & qui résidoit à 5 ou 6 lieues de la maison de campagne de M. Sloane, s'étant rendu habile à connoître & à nourrir les *poissons*, étoit parvenu à en faire un commerce considérable. La singularité du fait excita la curiosité du savant naturaliste, & le marchand de *poissons* lui offrit d'en faire l'essai sous ses yeux : il fut chercher 8 corruches, espèce de petites carpes qu'on avoit apportées depuis peu de Hambourg en Angleterre, il les avoit mises pour les transporter dans de grandes vessies pleines d'eau, qu'il avoit renouvellée une ou deux fois en chemin : d'abord il disséqua une de ces carpes en présence de M. Sloane, & lui montra l'ovaire avec son conduit, qui s'ouvre dans la partie qu'on appelle le cloaque. Il fit ensuite l'opération de la castration sur une seconde carpe, en lui ouvrant l'ovaire, & en remplissant la plaie avec un morceau de chapeau noir. La carpe châtrée ayant été remise avec les six qui restoient, parut nager avec un peu moins de facilité que les autres. On les jetta dans le bassin du jardin de M. Sloane, dont l'eau est renouvellée par une rivière.

Ce marchand de *poissons* nommé Samuel Tull, promit à M. Sloane de lui faire manger au printemps de ce *poisson*, qu'il assure être d'un goût excellent, & surpasser les autres en délicatesse, autant qu'une poularde surpasse un coq, ou un bœuf un taureau.

M. de la Tourdaigne a fait à cet égard des expériences qui lui ont réussi. Il est très-vrai, dit-il, que j'ai essayé la castration des *poissons*; rien n'est si aisé, & cette opération n'est pas plus difficile sur ces animaux & peut-être moins dangereuse que sur tous autres. Car je puis vous assurer que sur plus de 200 carpes que j'ai fait opérer, il n'en est pas mort quatre. Voici le détail de l'opération.

» Il faut être muni de deux bistouris, un recourbé, & coupant par sa partie convexe, & un droit; ce dernier doit être terminé par un bouton réservé à la pointe : en outre d'un stilet ou fil d'argent assez fort, terminé à un de ses bouts par un petit bouton; & à cette extrémité, il doit former un petit crochet.

Pour faire l'opération, on prend une carpe : plus elle est grosse, & plus l'opération est aisée. On peut opérer sur les deux sexes; mais avec plus de facilité sur les carpes mâles, que sur les femelles, parce que les vaisseaux spermatiques sont plus en état de résister.

On prend donc une carpe d'une livre si l'on veut, on l'enveloppe d'un linge, on la couche sur le dos, & on la tient en cet état entre les genoux; alors avec le bistouri courbe, on entame les écailles & la peau, précisément entre l'anus & les nageoires du ventre, prenant garde d'entamer les entrailles, en entrant trop avant. Cette ouverture étant faite, & ayant ouvert la capacité du ventre, on prend le bistouri droit qu'on y enfonce, sans craindre de blesser les viscères, à cause du bouton qui le termine, & l'on ouvre tout l'espace compris entre l'anus & les nageoires; alors avec le petit crochet d'argent qu'on plonge dans le ventre, on tire le conduit des urines, & en même-temps les vaisseaux spermatiques qui viennent aboutir à l'anus.

Dans les *poissons*, les vaisseaux spermatiques partent de l'ovaire, & accompagnent l'urètre & le rectum, un d'un côté & l'autre de l'autre, & il faut avoir grande attention de ménager ces deux organes; pour cela, il faut en séparer les deux vaisseaux spermatiques l'un après l'autre, avec une tenette, & on en coupera trois à quatre lignes, pour empêcher qu'ils ne puissent se rejoindre; ensuite avec une aiguille & du fil on rapproche les lèvres de la plaie par un point de suture, & on remet le *poisson* à l'eau; dès que l'urètre & le rectum ne feront point offensés, tout ira bien. J'en ai gardé plusieurs dans des réservoirs jusqu'à parfaite guérison, ce qui va ordinairement à trois semaines, & il m'a paru que ces plaies se guérissoient plus promptement aux *poissons* qu'aux autres animaux.

C'est, autant que je puis m'en souvenir, l'opération allemande que je viens de décrire; j'ai aussi essayé l'opération angloise, dont il est parlé dans les mémoires de l'académie, & j'ai eu des succès. Elle se fait en ouvrant le ventre du *poisson* par le côté; mais on ne peut pas si bien distinguer les trois conduits; de plus, à celle-ci, il seroit difficile de recoudre la plaie;

c'est pourquoi ils se contentent d'introduire dans la plaie un morceau de feutre, pour empêcher l'eau d'entrer dans la capacité de l'abdomen. Voilà toute l'opération, & pourvu qu'on parvienne à ne pas endommager le conduit de l'urine, on peut être assuré que le *poisson* guérira promptement; il faut rarement plu. de trois semaines, pour que la plaie soit bien cicatrisée, ce que j'ai remarqué dans ceux que j'ai conservés ce temps dans le réservoir.

A l'égard des grands avantages qui doivent résulter de cette opération, je ne puis rien vous en assurer de positif, parce que je les ai toutes mises dans mon étang, qui n'est jamais pêché à fond, & que je n'ai pu les distinguer dans la grande quantité de *poisson* qui y est; mais vous pouvez être certain qu'il est plus aisé de châtrer un *poisson* qu'un chapon. »

Poisson a l'Oiseau. Ce poisson des Indes qui a la forme d'une plie, est blanc, & long d'un pied & demi. Sa tête est petite & pointue. Les lignes latérales sont noires; la queue & les nageoires sont d'un beau jaune. On mange rarement de ce poisson.

Poisson-Coffre. Ce poisson se trouve vers les Antilles. Il est couvert depuis la tête jusqu'à la queue d'une écaille assez mince, sèche & dure. Sa tête est jointe au corps sans aucune séparation apparente. Il est triangulaire ou quadrangulaire; il est armé de deux épines. Sa peau est tiquetée en manière d'écailles à compartimens réguliers.

On dit sa chair blanche & succulente.

Poisson doré de la Chine, ou Dorade chinoise. Ce poisson, que les chinois nomment *kinzu*, s'est tellement multiplié en Europe dans les bassins, les réservoirs, les viviers, même dans quelques rivières, qu'il peut, en quelque façon, être regardé comme naturel à notre climat. Il est d'une beauté si frappante, qu'à la Chine même on en élève avec grand soin dans de petits étangs fort profonds, qu'on construit à ce dessein, & dans certaines provinces on en fait un commerce avantageux; car les chinois riches, qui se plaisent à en faire une décoration dans leurs maisons, les achètent quelquefois assez cher.

Indépendamment de ceux qui se multiplient & s'élèvent d'eux-mêmes dans les bassins ou les viviers des jardins, on se fait un plaisir d'en avoir dans des vases de porcelaine ou de crystal: en ce cas, il faut que ces vases soient grands, sur-tout profonds.

Dans le mois de mai, qui est la saison du frai, si l'on est attentif à ramasser avec un filet très-fin celui qui flotte à la surface de l'eau pour le transporter dans un vase plein d'eau qu'on expose au soleil, on a le plaisir de voir éclorre les petits poissons qui d'abord sont noirs: quand ils sont parvenus à la grosseur du doigt, ils sont d'un très beau rouge avec des reflets d'or ou d'argent, & même nacré, qu'on apperçoit surtout quand on les expose au soleil; c'est alors qu'ils sont dans la plus grande beauté: il y en a qui deviennent gros comme de forts harengs, mais leurs couleurs ne sont plus aussi brillantes que celles des petits.

Plusieurs prétendent que ces poissons ne mangent point l'hyver; d'autres pensent que, sous la glace, ils se nourrissent des insectes qui s'attachent aux plantes aquatiques. Mais il est certain que ceux qu'on élève dans des vases de crystal, prennent peu d'alimens pendant l'hiver; il suffit presque de les changer d'eau tous les sept à huit jours: mais dans cette opération, il ne faut pas ôter toute l'eau, & les laisser à sec; la plupart mourroient. Il faut ôter l'eau peu-à-peu, & la remplacer par de nouvelle qu'on doit tenir dans un vase pendant quelques heures, pour lui faire perdre sa crudité, avant de la donner aux poissons, & quand on veut les changer de vase, au lieu de les prendre à la main, il est mieux de se servir d'un petit filet dont les mailles soient assez serrées pour que l'eau ne s'échappe que peu-à-peu, afin qu'il y reste de l'eau, jusqu'à ce qu'on les mette dans l'autre vase.

On prétend que ceux qu'on a touchés avec les doigts, ainsi que ceux qui restent privés d'eau, même fort peu de temps, deviennent languissans, ce qu'on apperçoit à ce que leurs belles couleurs s'éteignent peu-à-peu, & se dissipent entièrement quand ils sont morts. Cependant on en a transporté à la main d'un vase dans un autre, sans qu'ils aient paru en souffrir.

Quelques-uns sont dorés, d'autres argentés, & suivant des auteurs, ce sont les femelles; mais d'autres prétendent que les marques distinctives des femelles sont d'avoir les nageoires plus petites que les mâles, & des taches blanches auprès des ouies.

Assez souvent, lorsque l'hiver est passé, on met dans les viviers les poissons qu'on a pêchés en automne, & conservés l'hiver dans des vases. Mais si l'on veut en conserver l'été dans des vases, il faut leur donner de la nourriture; ce sera une pâte faite avec de l'échaudé & du jaune d'œufs, comme celle qu'on donne aux petits serins qu'on élève à la brochette: on dit qu'ils sont sur-tout friands d'oublies qui, s'attendrissant dans l'eau, forment une mucosité qui leur est agréable. On dit aussi qu'ils sucent avec plaisir la bave des limaçons.

L'été quand il fait chaud, ceux qui sont dans des bassins courent avec empressement après les appâts qu'on leur présente, & même ils s'apprivoisent assez pour reconnoître ceux qui ont coutume de leur en apporter.

Il est bon quand on conserve ces *poissons* dans des vases, de mettre au fond un peu de sable fin, & un pot renversé, percé de trous assez grands pour que les poissons y puissent passer & s'y réfugier dans certaines circonstances, comme le font dans les trous de rocher, les *poissons* saxatiles.

Ces *poissons* multiplient prodigieusement à la Chine, & même en Europe dans nos viviers; néanmoins ils sont fort délicats.

On prétend qu'à la Chine, ces *poissons* varient beaucoup dans leur forme, ou qu'il y a des *poissons* dorés de bien des formes différentes. On n'oseroit assurer qu'il en soit de même en Europe; mais il est certain que les *poissons* que nous élevons dans nos viviers varient beaucoup dans leurs couleurs; outre que tous les jeunes sont noirs, qu'il y en a de dorés & d'autres argentés, que les uns sont d'un rouge beaucoup plus foncé que d'autres, on en voit qui sont rayés de différentes couleurs, ou comme rubannés. Ils blanchissent en vieillissant.

POISSON RAYÉ ou À RUBANS, *poisson* de la Caroline. Il est plus grand; il a le dessous du corps sur la même ligne droite. Mais son dos est très voûté, les côtés sont fort applatis. Une bande noire entoure sa tête. Il a une espéce de crête brune haute de trois pouces, frangée du côté du dos. Ses nageoires sont brunes.

POISSON STERCORAIRE OU MERDEUX. Ce *poisson* cherche sa nourriture dans les endroits les plus sâles & les plus fangeux. Il est plat & large; son ventre est blanc, marqué de taches; les nageoires de son dos sont garnies de rayons épineux en devant, & de rayons mous par derrière. Raï assure que la chair de ce *poisson* est d'un bon goût.

POISSON VOLANT. Ce *poisson* très rare dans nos ports de l'Océan se trouve plus fréquemment dans ceux de la Méditerranée où on les compare tantôt aux muges tantôt aux harengs. Ce dernier sentiment est le meilleur, puisque ce *poisson* n'a qu'un aileron sur le dos, & que les muges en ont deux: ce *poisson* a plusieurs points de ressemblance avec les muges, sa tête étant plus applatie que celle des harengs, auxquels il ressemble assez par la forme de son corps; cependant l'aileron du dos est beaucoup plus près de la queue que de la tête, & les nageoires de derrière les ouies sont assez grandes, pour qu'en les déployant il s'en serve comme d'ailes pour se soutenir quelque temps en l'air; les nageoires du ventre sont aussi plus grandes que celles du hareng, & en les étendant, elles contribuent aussi à soutenir le poisson en l'air. L'aileron de derrière l'anus n'est pas fort grand; celui de la queue est coupé plus inégalement qu'au hareng; les yeux sont grands, élevés sur la tête; & entre les yeux & le bout du museau, on apperçoit l'ouverture des narines. La gueule paroît petite quand elle est fermée; en s'ouvrant elle se dilate presque comme celle du hareng.

Les deux nageoires de derrière les ouies, ainsi que celles du ventre, sont formées par de forts rayons, souples néanmoins & liés par une membrane déliée & transparente. Quand le *poisson* rapproche de son corps les nageoires de derrière les ouies, elles s'étendent au-delà de l'anus, & le recouvrent presqu'entièrement. Elles sont grises vers leur articulation; le reste est gris blanc & fort brillant; ses écailles sont grandes. Lorsque ces poissons sont poursuivis par des poissons voraces, ils s'élancent hors de l'eau & volent dans l'étendue de plusieurs toises, & aussi-tôt que les ailes sont desséchées, ils retombent à la mer. Mais en évitant par le vol la poursuite des poissons voraces, ils sont quelquefois saisis par des oiseaux de proie.

On en prend fréquemment dans la Méditerranée; à Agde où on le nomme *muge*, on le prend avec les haims, & l'on en trouve dans les bourdigues. Les pêcheurs comparent la chair de ce poisson à celle du hareng, ils disent seulement qu'elle est plus seche.

POISSONNIERS, nom qu'on donne dans la Méditerranée aux chasse-marées qui achètent le poisson des pêcheurs & le transportent par-tout où il peut arriver assez frais pour être mangé.

PORC-EPIC DE MER ou POISSON ARMÉ. On connoît diverses espèces de ce genre de poisson dans les Indes occidentales; il y en a un entr'autres qui est comme un ballon presque tout rond, gros & n'ayant qu'un moignon de queue qui lui sert de nageoire. Il n'a point de tête apparente, & ses yeux & sa queue sont attachés à la masse continue. Au lieu de dents il a deux bourelets osseux, blancs, fort durs & larges d'un pouce qui lui servent à briser les coquillages de mer dont il se nourrit. Tout son corps est armé de pointes grosses & longues, qu'il dresse comme il veut. Lorsqu'il est pris au hameçon ou qu'on le tire sur le rivage, on ne peut le prendre par aucune partie, & il faut attendre qu'il soit mort faute d'eau. Ce poisson quoique plus gros qu'un boisseau, fournit peu de chair à manger. Elle est blanche comme du veau, & elle en a le goût. On lui trouve dans le ventre certaines bourses remplis d'air avec lesquelles on peut faire la colle la plus forte & la plus tenace.

PORC MARIN, c'est un poisson rond & applati. Ses écailles sont très dures & tiennent fortement à la peau. Ses dents sont très aiguës. Ses yeux sont ronds. Il a près des ouies une petite fente avec une petite nageoire de chaque côté. Son dos est armé de trois aiguillons droits, rudes & forts. Sa chair a un goût désagréable. On peut se servir de sa peau pour polir le bois.

PORTE-ÉTENDART ou PORTE-DRAPEAU, poisson des Indes qu'on voit toujours à la tête d'un grand nombre de poissons plus petits que lui, & qui le suivent. Il est remarquable par la vivacité & la variété de ses couleurs. Il est doux & familier. Sa chair n'est pas bonne à manger.

PORTE-LANCETTE poisson dont la forme, est presque ovale & un peu approchante de celle des *demoiselles*.

On lui donne le nom de *porte-lancette*, parce qu'il a vers la queue & de chaque côté, une épine mobile adhérente à une membrane; & comme elle est en forme de dard, on l'a comparée à la pointe d'une lancette. Les lignes latérales serpentent non-seulement du côté de la tête, mais encore dans toute leur longueur. La queue est échancrée en arrondissement.

Sa gueule est petite, & néanmoins garnies de dents assez fortes & très serrées les unes contre les autres. Les yeux ne sont pas grands, l'iris est comme de l'or bruni, & la prunelle noire. La couleur générale de ce poisson est de bistre qui s'éclaircit en approchant du ventre; les parties qui avoisinent les ouies sont violettes & olivâtres. Il fournit un mets peu estimé, car il répand une huile dont l'odeur est encore plus insupportable que celle de la vieille de la Guadeloupe; il a plus d'un pied de longueur. Il est fort commun à la Guadeloupe: on le prend avec la saine & à la nasse. Il se nourrit de frai de poisson, d'algue, & de petits crustacées. On ne croit pas que sa chair soit fort saine.

PORTIERS. On nomme ainsi deux piquets de la paradière qui sont à l'entrée de la tour ou chambre.

POSTE. *Tendre un filet à poste*, c'est le tendre à un *poste* où dans un endroit fixe. Cette expression est d'usage en Provence.

POTERA, nombre d'haims sans appâts, ajustés autour d'un leurre de plomb pour prendre des seiches.

POTINIERES, mailles des manches dites en Provence *potinieres*: elles servent à prendre de fort petites sardines qu'on nomme *potines*. Elles ont environ 5 lignes en quarré d'ouverture.

POUCHES, PONCHES ou POINTES. Ce sont des filets qui ont une forme triangulaire, & qui forment les flancs ou les deux côtés des manches des eyssaugues. Leurs mailles tiennent le milieu entre les majours & les clairets: ainsi elles ont à peu près cinq lignes en quarré d'ouverture.

POUILLEUSE (mer), se dit lorsqu'on voit flotter sur l'eau des taches de graissin. *V.* GRAISSIN.

POUPARDS, grosse espèce de crabes qu'on pêche sur les côtes de Normandie.

POUSAL, POUSAUX, POUCEAUX, ou POUSAOUL, filets du boullier auxquels on donne ce nom, & dont les mailles ont neuf lignes d'ouverture.

PRECINTES ce sont des virures ou filets de forts bordages qui font une ceinture tout autour du bâtiment: celles qui sont les plus élevées s'appellent quelquefois lisses.

PRESTRES, MOINES, CAPELAN, GRADOS, il n'y a pas de port ou il n'y ait un petit poisson connu sous un de ces noms.

Quoiqu'à considérer en gros ces poissons, ils paroissent d'une même espèce; d'après un examen plus assidu, il y a apparence que ce sont différens poissons qu'on nomme *grados*, parce qu'en les maniant, on sent une substance grasse sur leur corps, principalement du côté de la queue; mais ce qui semble trancher la difficulté, c'est que les *grados* qu'on pêche dans la Manche & à Brest, sont, dit-on, pleins d'arrêtes, & ont une chair fade, ce qui fait qu'on ne les emploie que pour amorcer les haims; au lieu que ceux qu'on prend à Cancale, dans les pêcheries de la rivière de Rance; à Saint-Jacut, à Saint-Briac, où il en remonte une multitude toute l'année, mais surtout en mars & avril, ces poissons, dis-je, ont la chair ferme & très-blanche, & ont à peu près le goût fin & délicat des éperlans: on ne peut guère soupçonner que des différences aussi marquées dépendent de la qualité des eaux.

Pendant les mois de février, mars & avril, il monte dans la Rance une prodigieuse quantité de *grados*, de *prestres* & d'éperlans bâtards, ce qui fait une manne pour le pays, sur-tout pendant le carême, & dont Saint-Malo profite. On pêche ces petits poissons avec des saines épaisses.

La pêche des *prestres*, prestras, *grados*, éperlans bâtards, se fait dans l'amirauté de Brest, avec le carreau & les haims, & elle se pratique principalement autour des vaisseaux où se rassemblent ces petits poissons. On en prend aussi avec une espèce de truble ou un sac de filets à petites mailles, monté sur un cercle rond : ces petits poissons, dont on fait peu de cas, servent d'appât pour amorcer les haims ; ce cercle est emmanché au bout d'une perche. Entre les pêcheurs qui sont dans le bateau, les uns manient le filet, les autres le hissent avec une manœuvre qui passe dans une poulie frappée au mât du bateau.

A l'entrée de la rade de Brest, on fait encore la pêche des *grados* ou crados avec une saine de vingt-cinq à trente brasses de longueur ; elle est lestée de pierres distribuées de brasses en brasses sur la relingue du pied du filet. Un homme dans un petit bateau porte le filet au large ; & quatre qui restent à terre, conservent le halin qui est amarré au canon du filet. Quand celui qui est dans le canot, a mis le filet à l'eau, ceux de terre le halent & prennent les *grados* ou *prestres*.

PRIME. On appelle *sardines de prime* celles qu'on prend au coucher du soleil jusqu'à l'entrée de la nuit, & *aube* celles de la pêche du matin.

PRIN. On nomme *filet prin* une corde d'auffe qu'on emploie pour monter les bourdigues.

PRINCESSE ou POISSON PRINCESSE. Les hollandois donnent ce nom à un poisson saxatile des Indes. On en distingue trois espèces ; la première a la tête longue & le corps cannelé & orné de quatre lignes longitudinales avec quelques aiguillons sur le dos ; la seconde est rougeâtre & tachetée de blanc ; la troisième a un bec d'oiseau, il est de couleur violette, avec une tache jaune sur la queue.

PRIVILÉGIÉS. On nommoit avant la révolution de la république française, poissons *privilégiés* ceux que, suivant la coutume du pays & suivant les ordonnances, il étoit défendu de prendre ni pour le poisson bourgeois ni pour autres redevances ; tels étoient les turbots, les saumons, les esturgeons, les marsouins.

PRUD'HOMMES, sorte de jurisdiction consulaire qui étoit exercée à Marseille par d'anciens pêcheurs pour juger des faits de pêche. Ces *prud'hommes* étoient nommés dans d'autres ports *anciens* ou *jurés pêcheurs*.

PUCELOTTE, petit poisson qu'on pêche dans la Manche, qui ressemble beaucoup à l'alose. Comme il n'a point de taches sur les côtés, on peut le regarder comme une jeune alose. Ce poisson n'a ni laite, ni œufs, ce qui l'a fait nommer *grand geai*.

PURAQUE, espèce de poisson du Brésil qu'on ne peut toucher soit avec la main, soit avec un bâton sans ressentir un engourdissement subit. Ce poisson étant cuit perd cette propriété & est un bon aliment.

Q.

QUAPERVA, poisson de l'isle de France dont on distingue quatre espèces, le *commun*, le *tacheté*, le *cendré*; le *coloré*. Ce dernier abonde dans le port de l'île. Il est d'un gris bleuâtre sur le dos, & blanc sous le ventre; il a des bandes noires sous les yeux, & des taches noires à la queue & sur le corps. Ses nageoires sont garnies de pointes & de forts crochets. Sa longueur ordinaire est de neuf pouces de la tête à la queue; sa largeur est de trois pouces & demi.

QUARANTENIER, petite corde grosse comme le doigt, qui sert à racommoder les manœuvres, & à beaucoup d'autres usages.

QUARRÉ, métier à faire à la fois plusieurs peilles ou piles.

QUÊTE DE L'ETAMBOT, est la quantité dont l'étambot s'éloigne par en haut de la perpendiculaire à la quille, se portant en dehors.

QUENOUILLE. On nomme ainsi sur la côte de haute Normandie, les bateaux pour la pêche.

QUILLE. On nomme ainsi, dans le lac de Joux, en Franche-Comté, des morceaux de bois figurés comme des quilles, qui servent de signaux pour connoître les haims où les poissons ont mordu.

QUILLE. On nomme aussi de la sorte la pièce qui fait le fond d'un navire, & sur laquelle sont rassemblées les varangues.

QUINQUEPORTE, verveux dont le corps est comme cubique, & qui a quatre ou cinq entrées.

QUINZE-VINGT, filet du col du boullier, qui a des mailles de six lignes d'ouverture en quarré.

QUIOULETTE, manche de filet qui termine l'espèce de parc qu'on nomme *pantanne* ou *paradière*.

R.

RABANS. Ce sont de petites cordes faites ordinairement de vieux chanvre. Il y en a qui n'ont que six fils, & d'autres plus gros. Ces cordages sont d'un grand usage pour la garniture des vaisseaux.

Les pêcheurs s'en servent aussi.

RADEAU, assemblage de plusieurs pièces de bois légers fortement liées les unes aux autres, & qui forment, un corps flottant, sur lequel on peut naviguer. On en fait, en Chypre, avec des tiges de fenouil, & qui servent à pêcher aux lignes simples.

RADIEUX, poisson des Indes orientales, qui tire son nom des rayons qui semblent sortir de ses yeux. Ces rayons y forment des taches d'un rouge obscur. Il est armé d'aiguillons sur le dos; ses nageoires sont rondes, excepté celles du ventre. Sa couleur est bleue, mêlée de larges lignes rouges. Les habitans d'Amboine en font la pêche, & leur nourriture.

RAFLE, verveux à plusieurs entrées.

RAIE ou RAYE, poisson plat, large, cartilagineux, & très-connu dans la pêcherie. On en distingue différentes espèces. En général les *raies* sont des poissons sans nageoires au corps; ils nagent à plat sur leur largeur; ils ont des piquans à la queue semblables à ceux des ronces. Les espèces d'ailes ou de nageoires que les *raies* ont à la queue ne servent qu'à diriger leur route. Elles regardent de côté; elles ont toutes devant les yeux une raie, & auprès, de grands trous qui sont ouverts quand la bouche est béante, & presque fermés quand la bouche est fermée; elles ont aussi d'autres trous devant la bouche, au lieu de narines. Il y a des *raies* qui ont des dents & d'autres qui ont en place un os âpre. Les *raies* diffèrent encore entre elles par les aiguillons, car les unes en sont armées dessus & dessous, les autres dessus seulement, & d'autres dessous le museau. Enfin il y en a qui n'ont des aiguillons qu'à la queue. Quelques espèces en ont trois rangs, d'autres n'en ont qu'un; ces aiguillons sont foibles, mous & longs dans les unes; ils sont fermes, forts & petits dans les autres; mais tous sont tournés vers la queue, à l'exception des plus longs qui les ont vers la tête. Cette sorte de poisson est fort féconde & très-commune.

Toutes les espèces de *raies* sentent le sauvagin & ont une mauvaise odeur; mais cette odeur se perd en les gardant quelques jours. On sait que la *raie* transportée est meilleure que celle que l'on mange sur les bords de la mer. Les *raies* se nourrissent de petits poissons & habitent dans les lieux fangeux & bourbeux de la mer, proche des rivages.

La RAIE BOUCLÉE ou la RAIE CLOUÉE a beaucoup de rapport avec les autres espèces. Elle a cependant le bec plus court & moins pointu; on la nomme *bouclée* ou *clouée*, parce que ses aiguillons ont la figure de clous; elle a un rang de piquans courbés sur le dos, & trois autres à la queue; son foie est gras & délicat. La peau du dos est noire.

Une autre *raie bouclée*, surnommée *ronce des languedociens*, a le museau plus pointu que la précédente; son dos est garni de quatre aiguillons; sa peau est d'un gris de cendre; sa chair est dure & sent le sauvagin.

La RAIE CARDAIRE a tout le corps couvert de petites pointes.

La RAIE A FOULON est toute garnie d'épines semblables aux pointes des outils des foulons.

La RAIE BOUCLÉE OU PIQUANTE DESSUS ET DESSOUS ressemble à la *raie* cardaire. On ne peut la toucher que par la pinule de sa queue. Elle n'a point de dents.

La RAIE ÉTOILÉE a le corps orné de taches étoilées. Elle habite la haute mer. Sa chair est tendre & facile à digérer.

La RAIE LISSE A MIROIR OU MIRAILLET. Elle a sur le dos deux figures d'yeux, & des marques semblables à de petits miroirs; son museau est cartilagineux & transparent. Son corps est brun au-dessus. Sa peau est lisse & garnie de deux grandes nageoires. Ses aiguillons sont longs & en grand nombre. Sa bouche est garnie d'os d'os, au lieu de dents. Sa chair est dure & difficile à digérer.

La RAIE LISSE ORDINAIRE. Elle a la peau lisse & deux grandes nageoires avec un aiguillon sur chaque œil. La ligne du dos est garnie d'un rang d'aiguillons clair-semés. Il y en a trois sur la queue & quelques autres en dessous près de la bouche, qui est garnie d'os, au lieu de dents.

La RAIE AU BEC POINTU devient fort grande. Elle a de petites dents qui sont foibles & cachées. Ses nageoires sont grandes & étendues. Sa chair est molle & d'un bon goût. Les pêcheurs font quelquefois sécher de cette *raie* à la fumée & au soleil.

La RAIE AU LONG BEC est une espèce de *raie lisse*. Elle a sur la peau des taches pareilles à une lentille. Elle a près des yeux quatre aiguillons, & sa queue en est garnie de quatre rangs. Elle a des dents placées au-devant de la mâchoire. Son dos est brun & son ventre blanc.

La RAIE ONDÉE OU CENDRÉE. Elle a le corps ovale; elle a sur le dos une ligne garnie de quelques aiguillons; elle en a autour des yeux, & trois rangs à la queue. C'est une grande espèce de *raie*.

La RAIE PIQUANTE. Elle a des figures d'yeux sur les nageoires ou ailes. Elle est armée d'aiguillons à la tête, au dos, à la queue & aux nageoires. Ceux de la queue sont plus grands, plus forts & en plus grand nombre. Sa chair est dure & de mauvaise qualité. Il se trouve des *raies* d'une grandeur demesurée. On cite entr'autres une raie pêchée en 1734, près de l'île de Saint-Christophe, qui avoit douze pieds de longueur & dix de largeur, & qui résista long-temps aux efforts de quarante pêcheurs qui l'avoient harponée.

Dans les Antilles, on pêche une petite *raie* dont la queue est fort longue, noire & pyramidale, armée de deux petits dards en forme d'hameçons, dont la piqûre est, dit-on, mortelle.

La RAIE DE SERAM est d'un meilleur goût & plus délicate que celle qu'on pêche en Europe. Sa peau est si dure & si bien marbrée que les femmes du pays s'en servent comme de vêtement.

Les voyageurs font encore mention de la *raie-diable*, qui se trouve dans l'île de Cayenne. Ils disent que ce poisson est long de vingt pieds, qu'il s'élance de l'eau à une certaine hauteur, & qu'il y retombe avec grand fracas.

RALINGUE. Corde commise par des hélices fort alongées, & mollement: on les coud en forme d'ourlet autour des voiles, ou on les attache au bord des filets avec des ganses pour les fortifier.

RAMANDER un filet, c'est le radouber, le rétablir.

RAMPEUR, c'est un poisson du Cap-de-Bonne-Espérance, qui ressemble beaucoup à la raie de ce même pays. Sa peau est unie & d'un brun obscur.

RASCASSE. Plusieurs auteurs & particuliérement Rondelet ont donné le nom de *rascasse* à un gros échinite, & aussi à une espèce de raie; mais on donne en Provence & en Languedoc la dénomination de *rascasse* à différents poissons de la famille des scorpions, désignés dans les ports par les noms vulgaires de *diable*, de *crapaud*, de *crabe de mer*, &c.

On distingue à Toulon quatre sortes de *rascasses*; savoir, la noire ou la brune qu'on regarde comme la vraie *rascasse*; elle se tient dans les algues; sa couleur obscure peut être comparée à celle que prend cette plante marine, quand ayant été quelque temps hors de l'eau, elle a perdu la teinte verte qu'elle avait au sortir de la mer. Cette couleur est chargée de veines noires, le ventre est gris blanc avec quelques veines rouges-clair; mais ces couleurs ne sont point absolument uniformes dans tous les poissons d'un même genre.

RASPEÇON, ou TAPEÇON, très-beau poisson des rivages de la Méditerranée, à nageoires ou à ailerons épineux. Il dort le jour sur le sable, & la nuit il veille pour butiner. Ce poisson est long d'un pied de la tête à la queue; il a deux rangs d'écailles, le reste du corps est couvert d'une peau dure qui peut s'écorcher: son dos est noir, & son ventre blanc, sa tête est grosse, sa bouche qui est grande & ouverte est située sur la tête; la machoire d'en bas la couvre. Quand il l'avance en haut, il sort de sa bouche une peau située entre sa langue & la mâchoire inférieure. Cette peau lui sert pour attirer les poissons dont il veut faire sa proie. Ses yeux sont sur sa tête & regardent directement le ciel. Proche de la fente des ouies sont deux grandes & fortes nageoires de diverses couleurs, & deux autres plus petites, de couleur blanche, près de la mâchoire inférieure. Quelques-uns disent que c'est le poisson de Tobie, & que son fiel est propre à éclaircir la vue.

RATEAU. Les pêcheurs à la basse-eau font usage de deux espèces, les uns semblables à ceux des jardiniers, les autres beaucoup plus grands. Tous ont des dents de fer : on s'en sert pour amasser les coquillages qui sont à la superficie, ou pour entamer le sable, comme avec les crochets. Quand on emploie le grand *rateau* pour prendre des tonilles, on le nomme *tonnillière*. On pêche aussi en bateau avec des *rateaux* qui ont de longs manches plians, & on rapporte des coquillages & des poissons qui s'ensablent. Enfin, on fait plusieurs pêches au feu avec la fouane.

RAVE des Basques & *rogue* des bretons & des normands, sont des œufs de morue ou de maquereau, qu'on sale pour fournir un appât pour les sardines. Ce mot est synonyme de *résure*.

RAVOIRS, filets tendus par le travers des ravins ou des courans d'eau. On tend en *ravoir* de toutes sortes de filets, des saines, des manets, des folles, des demi-folles, des tramaux, &c. suivant l'espèce de poisson qu'on se propose de prendre.

RAY ou CAPEIRON, engin ou filet fait en forme d'entonnoir, à mailles fort étroites : il est de chanvre, & sert aux petites pêches, particulièrement des petits poissons qu'on nomme *saupes*. On s'en sert à Marseille & à Cassis.

RECLARES, filet en nappe simple, très-clair, pierré & flotté. Il a 25 brasses de long sur trois de large. On le tend la nuit depuis le commencement de novembre jusqu'en avril.

REMORE, ou REMORA, poisson auquel certains voyageurs ont ridiculement attribué la faculté merveilleuse d'arrêter seul un vaisseau en pleine mer. Il est vrai que le *remore* poursuivi par d'autres poissons s'attache avec force aux vaisseaux qu'il rencontre. Romé de Lisle, savant naturaliste, a dit connoître deux sortes de *remores*, lesquels diffèrent en grandeur & en couleur. Les plus grands ont deux pieds de longueur, leur dos est d'un brun verdâtre, les autres sont plus petits que les harengs ; ils ont le museau plus court & la couleur moins obscure.

Cet observateur rapporte que tous les *remores* qu'il a vus dans nos mers jusqu'à l'Equateur sont très-petits, & qu'on n'y remarque point les belles couleurs de ceux des mers d'Afrique & d'Asie. Le dessus de la tête du *remore* est fort gluant, & néanmoins raboteux comme une lime fine. C'est-là que se trouve l'organe singulier au moyen duquel il se cole aux vaisseaux & aux gros animaux marins. Si l'on passe le doigt dessus en coulant depuis la machoire jusqu'à la queue, l'aspérité est peu considérable ; mais si on le passe en sens contraire, on est aussi-tôt arrêté. Nos marins observent qu'un grand nombre de ces *remores* attachés à la quille d'un vaisseau, peuvent en effet gêner & retarder même sa course.

RENARD. On donne quelquefois ce nom aux verveux.

RENARD MARIN, poisson cartilagineux qui a huit pieds & demi de long, & 14 pouces dans sa plus grande largeur. Sa queue est faite en forme de faulx, & un peu recourbée vers le ventre. Ce poisson a deux crêtes élevées sur le dos, une grande & une petite ; il a trois nageoires de chaque côté. Les deux près de la tête sont longues de quinze pouces, & larges de cinq, & représentent les ailes d'un oiseau. Sa peau est lisse & sans écailles ; sa gueule a cinq pouces d'ouverture ; elle est armée dans la mâchoire supérieure de dents pointues, dures & fermes, toutes d'un seul os dur en forme de scie ; & la mâchoire inférieure est garnie de six rangs de dents mobiles & attachées par des membranes charnues. Sa langue est toute adhérente à la mâchoire inférieure, & composée de plusieurs os fortement joints les uns aux autres & recouverts d'une chair fibreuse & d'une peau fort âpre. Il y a de ces poissons qui pesent jusqu'à cent livres : on les trouve dans la Méditerranée aux lieux fangeux & bourbeux ; ils mangent des poissons & des plantes. On en retire beaucoup de graisse. Leur chair est d'assez bon goût.

RENCONTRE, pièce de fer qui sert à fixer la longueur des fils que l'on coupe pour faire les haims.

RENÉ, petite truite noire qu'on prend dans la Moselle, auprès de sa source.

REQUIN, poisson cetacée & cartilagineux, d'une grandeur prodigieuse. Il a la tête très-large & la gueule extrêmement fendue, située en dessous, comme dans tous les chiens de mer. Son gosier est très-large. Le requin est le plus vorace & le plus goulu de tous les poissons. Sa gueule est armée d'un appareil de six rangs de dents ; ses nageoires sont grandes, sa queue est longue, forte & échancrée en forme de croissant ; sa peau est d'un brun foncé, elle est revêtue d'une sorte d'enduit dur, épais & grenelé comme le chagrin. Cet animal vient quelquefois échouer sur le rivage en poursuivant sa proie.

On pêche, dit un voyageur naturaliste, sur les côtes occidentales d'Ecosse beaucoup de *requins*. La longueur de ce poisson terrible est d'environ vingt ou vingt-cinq pieds ; mais il est si stupide, qu'il se laisse frotter avec la main dans l'eau ; en général, il demeure immobile à la surface comme s'il étoit endormi ; le plus souvent il est couché sur le ventre, & quelquefois sur le dos, comme les nageurs fatigués.

C'est vers l'heure de midi qu'on réussit le mieux à le pêcher. Un harponneur le frappe le plus près des nageoires qu'il est possible ; il reste sans mouvement jusqu'à ce que deux hommes, réunissant leurs forces, enfoncent davantage le harpon ; alors il plonge & tâche de s'en débarrasser, en se roulant sur le fond de la mer, ce qui se reconnoît au harpon qui est souvent courbé.

Cette tentative ne servant de rien, le *requin* se met à nager avec une telle rapidité, qu'il met en péril le bateau où la corde est fixée ; il arrive quelquefois qu'il tient ainsi les pêcheurs en haleine pendant dix ou douze heures. Le foie est la partie la plus utile, & sur-tout dans les femelles ; il donne de six à huit barils d'huile pure & douce, fort bonne pour la lampe, & fort estimée des tanneurs.

RESAIGNER. En Provence c'est jetter des pierres auprès du filet qu'on a tendu, pour engager le poisson à donner dedans.

RESEGUE ou RESSAIGUE. C'est une grande tessure de tramail dont on se sert dans la Méditerranée : elle diffère de la *ségetière*, en ce que ce filet est fait avec du fil plus délié, & que les mailles sont moins ouvertes.

RESERVOIRS, enfoncemens qu'on pratique sur les bords de la mer, pour conserver l'eau salée, les coquillages & les poissons qu'on a pris. On en fait aussi pour conserver le poisson d'eau douce : les grands s'appellent *vivier*, les petits *huches*.

RESSAUT. En Provence on donne ce nom au filet appellé ailleurs *l'épervier*.

RÉSURE, RAVE, ROGUE. Ce sont les œufs des morues, qu'on sale pour servir d'appâts lorsqu'on pêche des sardines.

RETORS. Les fils *retors* sont des fils simplement roulés les uns sur les autres, au lieu que les fils commis sont d'abord tordus séparément, & l'effort qu'ils font pour se détordre fait qu'ils se roulent plus entièrement l'un sur l'autre.

RETOUR, terme de pêcheur pour exprimer qu'ils ont fait une mauvaise pêche, & qu'ils sont dans le cas de retourner pour essayer d'en faire une plus avantageuse : ils disent qu'ils viennent à *retour*.

RETS, synonyme de filet : on en tend sur piquets, ou pierrés & flottés. *Rets* à roc ou entre roche, sont ceux qu'on tend entre les roches : *rets* à banc, ceux qu'on tend entre les bancs. On nomme *ansiers* ceux qu'on tend dans les anses ; *rêts* sédentaires sont ceux qui sont fixés en un lieu ; dérivans ou flottans, quand ils suivent le cours de l'eau ; d'enceinte, quand on en entoure un lieu où il y a du poisson : on appelle *rêts de gros fond* ceux du genre des folles. Les pêcheurs disent abusivement *tendre leurs rêts*, quand ils mettent leur tessure à la mer.

REY, nom qu'on donne à Toulon au capitaine de la Madrague.

RHABILLER, RACCOMMODER, RADOUBER, RAMANDER un filet ; tous ces termes sont synonymes & signifient le rajuster.

RIDAINS, RIDEAUX, quelquefois RIDELLES. Ces termes synonymes qui ne sont connus que sur certaines côtes, signifient des élévations du fond de la mer qu'on a sans doute comparées à des rides formées sur le fond.

RIEUX & DEMI-RIEUX, ou GIBAUDIERES. Ce sont des filets du genre des folles & des demi-folles qu'on tend en ravoir, principalement pour prendre des raies : on les tend aussi pierrés & flottés.

RISSAUT ou RESSAUT. C'est le nom qu'on donne en Provence au filet qu'on nomme communément *épervier*.

RISSOLE ou REISSOLE, filet dont on se sert en Provence pour prendre des melettes, des anchois & de petites sardines : il ne diffère pas beaucoup de la battude. Il y a une pêche à la *rissole*, qu'on fait au feu & avec un harpon.

RIVALE, pêche qui se pratique dans le duché d'Urbin. C'est un diminutif du colleret.

ROBLOTS. On donne ce nom sur la côte de Picardie aux petits maquereaux, que sur celle de Normandie on nomme *sansonnets*. On nomme aussi *roblots* les palis qui servent à les prendre.

ROCHAU. Ce poiſſon eſt gris-blanc, rayé de bandes circulaires d'un jaune brun qui s'efface preſque ſous le ventre. L'aileron de ſa queue eſt fourchu ; ſa gueule eſt petite & garnie de dents très-fines.

ROGUE, œufs de poiſſons ſalés qui ſervent à attirer les ſardines.

ROQUETS, petites roches peu élevées ſur le fond, où ſe plaiſent pluſieurs eſpèces de poiſſons.

ROMATIERE, pêche qui ſe fait en Provence avec une entremaillade pour prendre des roms ou turbots.

RONDS, *filets.* Ce ſont ceux qui ont la forme du corps d'un bluteau ou d'une manche en entonnoir. On ajoute ordinairement à l'entrée un ou pluſieurs goulets.

ROSERET. A Caen, on donne ce nom à un petit poiſſon qui a deux ailerons ſur le dos. Le *roſeret* eſt tout blanc, & ſa chair eſt ſi tranſparente qu'on apperçoit la grande arrête dans toute ſa longueur ; il eſt vrai qu'elle eſt brune & aſſez groſſe, proportionnellement à la taille du poiſſon.

Les écailles de ce poiſſon ſont petites, néanmoins épaiſſes, ce qui les rend ſenſibles ; les yeux ſont grands & parfaitement ronds, les mâchoires ſont garnies de dents extrêmement fines, que l'on ſent pourtant avec le doigt ; la mâchoire d'en-bas eſt un peu plus longue que la ſupérieure ; enfin la langue eſt pointue. Le goût de ce petit poiſſon eſt agréable.

ROSETTE, poiſſon de mer d'une forme ſingulière. Il eſt long d'un pied ou environ; il a le corps pyramidal, ſa tête, qui a la même figure, eſt grande, quarrée, cuiraſſée & ſtriée de différentes façons. Le haut & les côtés ſont très-plats. A l'occiput eſt un aiguillon fort & pointu, tourné du côté du dos ; près du même endroit eſt un autre aiguillon qui ſort d'une lame oſſeuſe. Sa bouche eſt large & ample. Ses dents ſont petites & très-nombreuſes. Les yeux ſont placés au ſommet de la tête, fort proche l'un de l'autre, couverts d'une peau, grands & placés de manière que le poiſſon peut voir au-deſſus de ſa tête & regarder de côté. La bâſe des orbites des yeux eſt garnie de petits aiguillons.

Ce poiſſon a huit nageoires épineuſes. Il en a deux rougeâtres ſur le dos, dont les épines ſont tournées vers la queue.

Les écailles de la *roſette* ſont tuilées, blanches au ventre, & d'un vert rouge au dos. Sa chair eſt blanche & de bon goût.

Les pêcheurs hollandois prennent un autre petit poiſſon qu'ils nomment de même, dont les nageoires ſont molles, & qui a la chair délicate.

ROSIÈRE, poiſſon d'eau douce à nageoires molles, & du genre des carpes. Sa tête eſt groſſe ; ſes yeux ſont grands. Sa chair eſt bonne à manger, mais de difficile digeſtion.

ROSSE, poiſſon de rivière fort commun en Suède. Il eſt de la grandeur d'une carpe, & du même genre. Ses nageoires & ſes ailerons ſont d'un rouge vif. L'iris de ſes yeux eſt de couleur d'or ; le deſſus de la tête & le dos d'un brun-olivâtre foncé, les côtés d'un jaune-clair. Sa gueule eſt petite & ſans dents. Sa chair eſt bonne, mais un peu amère.

ROTÈLE, poiſſon de rivière & de lac, blanc, plus large que la roſe & la carpe, & plus épais que la brême. Sa couleur eſt d'un brun jaune. Il a la queue & les nageoires du ventre, rouges; il a auſſi une tache rouge ſur les ouies. On pêche de ces poiſſons dans le Rhin, & dans pluſieurs lacs d'Angleterre. Il s'en trouve qui ont douze à ſeize pouces de longueur.

ROTENGLE, poiſſon aſſez ſemblable à la brême, fort connu en Allemagne. Ses nageoires ſont rouges, ſon corps & ſes yeux ſont tachetés de la même couleur.

ROT-FISCH ou ROSVICH, poiſſon de la mer de Norwège. Il eſt rouge en dedans & en dehors. Sa chair eſt d'un très-bon goût.

ROUBINE. Les provençaux nomment ainſi dans la Camargue, les canaux qui communiquent des étangs ſalés à la mer, ou qu'on fait pour introduire l'eau douce du Rhône dans les endroits bas.

ROUE, poiſſon qui ſe trouve dans les mers qui bordent les royaumes d'Angola & de Congo. Sa forme eſt ronde ; il a deux dents au milieu du corps, & deux trous qui lui ſervent d'yeux. Sa chair eſt blanche & très-délicate.

ROUGETS. On a ſouvent donné le nom de *rouge* ou *rouget* à des poiſſons d'eſpèces fort différentes ; parce qu'on rangeoit dans cette famille les poiſſons où le rouge étoit la couleur dominante, il en a réſulté beaucoup de confuſion.

On nomme en beaucoup d'endroits, *rouget*, *barbet* ou ſimplement *rouget*, le ſurmulet, qui ne reſſemble point du tout aux *rougets-grondins.*

Quelques-uns comptent dix à douze sortes de ces *rougets-grondins*, & nous observons que, si l'on a scrupuleusement égard a de petites variétés dans la couleur, lesquelles dépendent souvent de l'âge des poissons, de la nature des eaux où ils ont vécu, & de la nourriture dont ils ont fait usage, on pourroit en augmenter beaucoup le nombre.

Le *rouget-grondin* est à-peu-près rond, à petites écailles & à arrêtes : sa longueur ordinaire est celle des harengs; il y en a de plus petits & de plus gros.

Quoique ces poissons ne soient pas de passage, la saison où ils sont les meilleurs, est le printemps & l'été, dans les mois de juin & de juillet : alors leur chair est blanche, ferme sans être coriace, & se lève par écaill.s. Ce poisson a encore l'avantage de n'avoir presque pas d'arrêtes. C'est donc un fort bon poisson. Il faut remarquer que, quand il est cuit, ses couleurs se distinguent encore, quoiqu'elles soient plus ternes : au reste, il faut prévenir que ce que nous venons de dire des couleurs, est sujet à beaucoup de variations.

Sur les côtes du Havre, on en prend à la dreige : on en trouve dans les parcs & les filets tournans, & aussi aux cordes, pêle-mêle avec d'autres poissons, tels que les maquereaux, les merlans, &c. Ils sont fort communs en Provence & en Bretagne, auprès de Brest, où l'on en prend beaucoup avec des tramaux : on s'établit pour cette pêche principalement depuis la pointe de Penmarck jusqu'à celle de Toulinguet, au-dehors de Camaret.

Le *rouget-grondin* est de toute beauté dans l'eau : lors même qu'il est tiré de l'eau, & que le soleil donne dessus, on apperçoit des reflets de couleurs variées qui font le plus bel eff.: il conserve ces couleurs assez long-temps, surtout lorsqu'il a été pêché à la ligne & au large. Comme tous les *rougets* n'ont pas ces belles couleurs, on en a voulu faire différentes espèces : mais on a remarqué que les mêmes poissons qu'on a pêchés avec le filet de la dreige ou celui du chalut, ayant été froissés, fatigués & même meurtris, ont presque perdu leurs belles couleurs. Ce n'est pas tout; ceux qu'on prend au bord de la mer dans les bas parcs, quoique meilleurs que ceux qui ont été fatigués dans les filets traînans, n'ont pas à beaucoup près des couleurs aussi vives & aussi séduisantes que ceux qu'on prend au large, sur-tout avec des haims; ceux-ci sont, sans contredit, es plus recherchés; ils ont de plus l'avantage e pouvoir être transportés assez loin.

Tous les auteurs & les pêcheurs parlent d'une espèce de ronflement ou de mugissement que font les poissons qu'on a nommés pour cette raison *grondins*. Les uns prétendent qu'ils font entendre ce bruit lorsqu'ils sont dans l'eau rassemblés par bande, & même quelques instans après qu'ils sont sortis de l'eau; d'autres soutiennent que ce mugissement n'est sensible que quand on les tire de l'eau; c'est, disent-ils, un cri plaintif qu'on peut comparer à celui que font certains animaux terrestres qui mugissent, comme l'on dit, entre leurs dents : quelques-uns comparant ce bruit à celui des porcs, ont pour cette raison nommé ces poissons *grogneux* ou *grognauds*. On ne voit pas quelle ressemblance il peut y avoir de ce mugissement avec le chant de l'oiseau nommé *coucou*; néanmoins comme ce bruit fait quelquefois *cou* qui étant répété fait *coucou*; quelques-uns ont nommé le grondin *cuculus*.

ROUGET-GRUMET. On appelle ainsi dans la Haute-Normandie des *rougets* qui sont assez gros proportionellement à leur longueur; & comme leur chair est très-délicate, il y auroit lieu de soupçonner que la grosseur de leur corps viendroit de ce qu'ils sont fort gras. Leur dos est brun; cette couleur s'éclaircit sur les côtes qui sont d'un jaune-clair, avec des reflets verdâtres; le dessous du ventre est blanc. On peut regarder toutes ces circonstances comme des variétés qui ne caractérisent pas une espèce particulière de *rouget*; seulement leur tête est plus alongée que celle des vrais *rougets-grondins*, & l'aileron de la queue est un peu fourchu.

Il y a une autre espèce de petit *rouget*, qu'on nomme *grumelet*; il n'a guère que six, sept, au plus huit pouces de longueur; il a toujours l'air maigre; son corps menu fait souvent des inflexions. La mâchoire supérieure est plus longue que l'inférieure, & son extrémité se relève en-haut. Le crâne fait une bosse considérable au-dessus des orbites; l'aileron de la queue est fort échancré, mais la division qui répond au dos, est plus grande que celle qui est la prolongée du ventre.

ROUGE-TUMBE, de la famille des zeus. Ce poisson, qu'on nomme sur les côtes de Haute-Normandie, ainsi qu'en plusieurs autres endroits, *rouge-tumbe*, ressemble au rouget-grondin par le nombre, la forme & la position tant des ailerons que des nageoires, & par les barbillons qui sont au nombre de trois de chaque côté. A l'égard de l'aileron du dos, la partie voisine de la tête est formée de rayons très-piquans; ceux de la partie postérieure le sont beaucoup moins : cependant ils paroissent proportionnellement un peu plus forts que ceux de la plupart des rougets-grondins. On prend sur les côtes de Haute-Normandie des *rouge-tumbes* qui ont huit ou dix pouces de longueur. C'est vers le carême qu'on prend les plus grands, principalement sur les côtes d'Angleterre, près de Torbay.

ROULÉE, nappe de filet qui sert dans la Loire à prendre des lamproies.

ROUSRET. C'est le nom qu'on donne à Calais aux folles ou bouteux qui servent à prendre des chevrettes & des sauterelles.

ROUSSABLE, étuve où l'on desseche & enfume les harengs & sardines qu'on prépare en saur.

ROUSSAILLE, synonyme de blanchaille, se dit des petits poissons d'étang qui se vendent à bon marché.

ROUSSETTE ou CHAT MARIN, poisson à nageoires cartilagineuses dont on distingue trois especes.

La première differe du chien de mer par le dos qui est plus large, par le museau qui est plus court & plus obtus, & par sa peau rousse marquée de beaucoup de petits points noirs & qui est plus dure que celle du chien de mer.

La seconde est plus petite, plus menue & plus alongée que la précédente, sa couleur est plus claire & plus teinte en rouge.

La troisième espèce differe de la première par sa couleur cendrée, par ses taches plus grandes & moins nombreuses. Son museau est plus long & plus épais. Ses narines sont très-éloignées de la bouche. La peau de la *roussette* est de différentes couleurs, toujours garnie de petites étoiles sur le dos. Elle est plus petite que celle des chiens de mer; elle n'est presque point rude au toucher. Les gaîniers s'en servent pour garnir des étuis de toutes sortes d'ustensiles. C'est avec ces peaux teintes en vert que se fait le *galluchat* si en vogue en France.

ROYES. On nomme ainsi à Calais les pieces de filet qui étant jointes les unes aux autres, forment une tessure de manets pour le hareng & le maquereau.

S.

SABLE, poiſſon que les habitans de Congo appellent *ivoire* à cauſe de ſa blancheur.

Les negres en font tant de cas, qu'il eſt défendu de faire uſage de ſa peau ſans la permiſſion du roi. Chaque *ſable* vaut un eſclave.

Hiſt. des Voyages.

SAC, eſpèce de filet en manche. Le *ſac* de l'eyſſaugue eſt la partie qui en fait le fond. On ſe ſert à Morlaix d'une eſpèce de manche de toile claire, montée ſur un cercle, pour prendre de la menuiſe, on l'appelle *ſac*.

SAINES ou SENNES. Ce ſont des nappes ſimples, deſtinées à arrêter toutes ſortes de poiſſons: on en garnit les parcs, on en tend en ravoir; mais le plus ſouvent on les traîne, c'eſt pourquoi on les nomme auſſi *traîne*.

Il y a des *ſaines* de bien des ſortes; mais c'eſt mal-à-propos que pluſieurs pêcheurs mettent au nombre des *ſaines* les manets & les tramaux. A Antibes, on pêche le nonnat avec des *ſaines* fort épaiſſes, dont les mailles ſont ſi ſerrées, que la teſſure eſt comme une toile.

On appelle auſſi *ſaine* un filet traîné par des bateaux en pleine eau, ou avec un bateau & des hommes à terre.

SAINETTE, diminutif de ſaine, pour exprimer un petit filet en forme de nappe.

SAISON (poiſſons de). On appelle ainſi les poiſſons qui viennent plus abondamment à une côte, ou qui ſont plus eſtimés dans un temps que dans un autre.

SALABARDOU, nom que les baſques donnent à un grand filet avec lequel ils prennent des ſardines.

SALABRE. Les provençaux nomment ainſi une eſpèce de truble qui a une manche, avec lequel on prend le poiſſon dans les trous des bourdigues. L'autre, qu'on nomme *ſalabre de fond*, & qui eſt une eſpèce de drague, eſt ſoutenu par des cordes ſur le fond de la mer.

SALARES, ſaumons qui ne ſont point parvenus à toute leur groſſeur. *Voyez* SAUMON.

SALICOTS ou SALICOQUES. On nomme ainſi, ſur la côte de Normandie, les chevrettes franches.

SALIN, ſynonyme de fougue ou foule.

SALPA ou SALPE, poiſſon de mer à nageoires épineuſes; il eſt oblong, & de la grandeur d'un pied. Ses écailles ſont de différentes couleurs.

Ce poiſſon fréquente les rivages, & ſe plaît dans la fange & dans l'ordure. Il ſe nourrit d'excrémens. Sa chair eſt d'un mauvais ſuc & d'un plus mauvais goût.

SALVELIN, nom qu'on donne, en Allemagne, à un poiſſon de rivière qui eſt commun dans l'Autriche.

Ce poiſſon eſt du genre du ſaumon; il eſt noir ſur le dos; il a des taches jaunes ſur les côtés. Son ventre & ſes nageoires ſont jaunes. Il a une ligne droite qui commence aux ouies & finit à la queue. Ses écailles ſont petites.

SAME, eſpèce de muge connue en Languedoc. Il ne diffère du cabot que parce que ſa tête eſt un peu moins groſſe, & ſon muſeau plus pointu; on trouve ſa chair plus molle; il eſt ſujet à ſauter par-deſſus les filets pour s'échapper. A ces indices, le *ſame* paroît être à très-peu de choſe près une ſorte de mulet.

On en prend dans la Garonne, le Rhône, la Loire & les étangs de Languedoc: on dit qu'il ſe nourrit de vaſe.

SANGLE. Les pêcheurs du Pollet nomment ainſi des pièces d'appelet de moyenne grandeur, deſtinées à prendre des ſoles & autres poiſſons de ce genre.

On nomme auſſi *ſangle* un tiſſu de cordes qu'on paſſe au travers des épaules pour hâler commodément ſur les bras ou halins qui ſervent à tirer les filets à terre.

SANSONNETS. On nomme ainsi, en Normandie, une espèce de petits maquereaux qu'on pêche avec un manet fait d'un fil très-fin.

SANTÉ; très-petit poisson qu'on pêche en Aunis avec la chevrette; qui a la peau très-argentée, d'un blanc mat & sans écailles.

SARACHE, poisson qu'on pêche en si grande abondance dans les lacs d'Albanie, qu'on les sale pour les transporter à Venise & à Ancone.

SARCIETA. On nomme ainsi, à Alicante, le filet qu'en Provence on appelle *aiguillière*.

SARDE. Suivant plusieurs auteurs, entr'autres Rondelet, la *sarde* est une grosse sardine, dont douze ou treize pesent une livre de 16 onces.

Quand les navigateurs se trouvent arrêtés par un calme à la hauteur du Cap-Blanc, côte du Brésil, sur un banc qu'on nomme d'*Elgrace*, les équipages se disposant comme pour la pêche de la morue, prennent les *sardes* à la ligne, amorçant les haims avec de la viande ou de la chair de toutes sortes de poissons; & quand le vaisseau file un peu, le poisson, poursuivant sa proie, la saisit avec avidité, sans examiner l'appât qu'on lui présente, & alors la pêche est plus abondante.

On fait de plus des pêches expresses de ce poisson; mais ce ne sont point des nantois qui s'en occupent, ce sont les portugais qui se servent de barques de 30 à 35 tonneaux. Ils vont faire cette pêche le printems, quoiqu'on pût la faire en toute saison, parce que ces poissons littoraux ne quittent point les côtes: les campagnes sont à peu-près d'un mois. Ils salent & sechent une partie du poisson. Ils prennent leur sel à *Sétuval*, ou aux Canaries; & ils transportent leurs salines à Madère & aux Canaries; on les tranche, comme les flamands & les hollandois tranchent la morue pour ôter la grosse arrête, & donner plus de surface à la chair, afin qu'elle prenne mieux le sel, sans quoi elle se corromproit, à cause des chaleurs considérables qui règnent dans ces parages. La plupart de ces poissons verds ou secs se préparent à bord.

SARDINA, en Gascogne, signifie la pêche de la sardine.

SARDINAL ou SARDINAU. On appelle ainsi en Provence des manets ou filets en nappes simples, dont les mailles sont calibrées pour prendre des sardines, des anchoix, des melettes.

SARDINE. Le poisson que nous nommons *sardine*, est de la famille des harengs, & par conséquent de celle des aloses: tous ces poissons sont ronds à écailles & à arrêtes; tous ont un seul aileron mou sur le dos, vers la moitié de leur longueur; sous le ventre, derrière l'anus, un aileron qui s'étend presque jusqu'à la naissance de celui de la queue, deux nageoires derrière les ouies, deux sous le ventre, où l'on sent des aspérités comme aux aloses, aux fentes & aux harengs. Les plus grosses *sardines* n'excédent pas la grandeur des harengs de moyenne taille.

Les *sardines* sont, ainsi que les harengs, des poissons de passage qui paroissent sur nos côtes par bancs ou par bouillons, dans des saisons marquées; elles n'entrent point comme les aloses dans les rivières qui se déchargent à la mer, aux endroits même où l'on prend beaucoup de *sardines*.

Nous avons dit que le vrai hareng étoit un poisson de l'Océan qui ne se trouvoit point dans la Méditerranée; les *sardines* au contraire, sont si abondantes dans cette mer, qu'il y en a qui ont cru qu'elles lui étoient propres à l'exclusion de l'Océan: on verra dans la suite qu'elles fréquentent les deux mers, & qu'on en fait dans l'Océan des pêches presque aussi abondantes que dans la Méditerranée.

Quoique les *sardines* soient des poissons de saison, qui, généralement parlant, précédent les harengs, elles paroissent plutôt à certaines côtes qu'à d'autres; & elles se plaisent particulièrement sur certains fonds où elles se rassemblent en grand nombre, & y séjournent plus long-temps qu'ailleurs; tout est pris généralement; car des bancs de *sardines* comme ceux de harengs, se portent quelquefois très-abondamment d'un côté & ensuite d'un autre, & quelques années plutôt, d'autres plus tard.

Il paroît qu'elles s'établissent volontiers aux endroits où il y a des herbiers, que les bretons nomment *jaudre*; c'est pour les en tirer que les pêcheurs bretons leur présentent un appât qu'ils appellent *résure*, au moyen duquel on ne bouleverse point le fond comme les filets traînans qu'on emploie en quelques endroits, qui font, pour cette raison, un tort considérable à la multiplication de beaucoup d'espèces de poissons, notamment des *sardines*: néanmoins tous les pêcheurs ne conviennent pas que les *sardines* s'établissent sur les fonds; plusieurs pensent, & ce n'est pas sans fondement, qu'elles se tiennent souvent entre deux eaux comme les harengs, pour éviter les poursuites de quantité de poissons qui s'en nourrissent. Etant prévenus qu'il y a beaucoup d'incertitude sur la marche des *sardines*, on peut dire que communément on en prend peu dans la Manche,

Manche, depuis la Bretagne exclusivement jusqu'en Flandres, peut-être parce que les harengs qui fréquentent beaucoup ces parages, en écartent les *sardines*; néanmoins on en a quelquefois vus des bancs considérables vers l'embouchure de la Seine, mais c'est rarement; cependant il y en a sûrement quelques-unes dans la Manche; car on trouve sur les côtes de Caux quelques *sardines* confondues dans les manets avec les harengs & les célans.

On en fait des pêches considérables en Bretagne, & on en prend sur presque toutes les côtes d'Angleterre. Les portugais en prennent beaucoup à la côte des Algarves, les espagnols en prennent à Cadix; mais leur pêche la plus considérable est au royaume de Grénade: en outre, comme j'ai déjà dit, ce poisson est abondant dans la plupart des ports de la Méditerranée & dans ceux d'Italie. On dit que la Sardaigne qu'on nommoit autrefois *Cedregna*, à cause du fleuve Cédro, un de ceux qui l'arrosent, a pris le nom de *Sardinia*, parce qu'il s'y rend une grande quantité de *sardines* qui sont très-communes sur toutes les côtes de la Méditerranée.

Ceux qui se piquent d'être connoisseurs en *sardines*, & qui prétendent avoir examiné avec attention la qualité des *sardines* de Bretagne, des côtes de France jusqu'à Bayonne, celles d'Espagne, de Languedoc, de Provence & d'Italie, trouvent les petites *sardines* de Provence les plus fines; néanmoins on estime beaucoup les petites *sardines* qu'on pêche à Royan: on en pêche dans d'autres parages qui sont aussi grosses que de moyens harengs, & leur goût en approche un peu; en cela, elles sont bien éloignées d'avoir la délicatesse & le goût fin des petites *sardines* de Royan & de Provence: il est vrai qu'on pêche dans l'Océan & la Méditerranée des poissons de ce genre qui sont gros comme de petits harengs; mais on ne les regarde pas comme de vraies *sardines*, & on leur donne des nom particuliers.

Après ces *sardines* de Provence & celles de Royan, on estime celles de Belle-isle: on dit que les *sardines* de Galice en Espagne, & de Falmouth en Angleterre, sont presque aussi grosses que des harengs guais; ces *sardines*, ainsi que les petites de Royan, sont les deux extrêmes: dans d'autres parages, il s'en prend de grandeur moyenne. Il est probable que les *sardines* acquièrent de la grosseur dans nos mers; mais je suis porté à croire qu'on confond avec les vraies *sardines*, des poissons qui sont seulement de leur même famille, tels que les célans, les célerins, les sprets ou sprats, & d'autres, ce qui occasionne un embarras dont on a peine à se tirer.

Il y a ordinairement le long des côtes de Bretagne mille ou douze cents chaloupes qui sont tous les ans occupées, pendant la saison des *sardines*, à en faire la pêche; & dans cette saison, savoir depuis le mois de juin jusqu'en octobre, quantité d'ouvriers, même des laboureurs, quittent leur profession ordinaire pour aller à la pêche; de sorte que quelquefois il n'y a que le maître & le second qui soient matelots. Les bateaux pêcheurs sont ordinairement équipés de quatre matelots, y compris le maître qu'on nomme *patron*; le second qu'on appelle *brigadier*, & deux matelots; quelquefois au lieu d'un de ces matelots, on embarque deux novices. Le maître & le brigadier doivent avoir de l'expérience & être de bons marins, les autres sont pour la force & ne servent qu'à ramer.

Les filets pour cette pêche, se font avec de beau fil de chanvre; quoiqu'il soit retors, il n'est pas gros, parce qu'il est fait de beaux brins & bien filés; on ne le lessive point; au contraire, les pêcheurs de *sardines* tannent leurs filets & mêmes leurs voiles.

L'espèce de filet dont on fait le plus d'usage pour la pêche des *sardines*, est celui qu'on appelle communément *manet*. Ces filets sont une simple nappe; mais il faut que l'ouverture des mailles soit proportionnée à la grosseur des poissons que l'on se propose de prendre; car les manets different des saines en ce qu'avec les saines on rassemble tout le poisson qui se présente à son passage, & en pliant le filet en deux, on le retient. On le prend en tirant le filet ou sur le rivage, ou au bord des bateaux, au lieu qu'avec les manets, il faut que le poisson se maille & se broque par les ouies. Si les mailles sont trop larges, le poisson passe au travers; si elles sont assez étroites pour que le poisson n'y puisse pas introduire la tête, il s'en va & n'est pas pris; il faut donc que l'ouverture de la maille soit tellement proportionnée à la grosseur du poisson, qu'il puisse introduire la tête, & que le corps qui est plus gros ne puisse la traverser; alors il est pris, non-seulement parce que le poisson de sa nature ne peut reculer, mais encore parce que, s'il parvenoit à reculer, il seroit pris par les ouies. Ceci bien entendu, comme il y a, ainsi que nous l'avons dit, des *sardines* de grosseurs fort différentes, il faut que les pêcheurs aient des manets dont les mailles soient de différentes ouvertures, pour employer les uns ou les autres suivant la grosseur des poissons qu'ils rencontrent. Ordinairement, à la fin de la saison de la pêche des *sardines*, on emploie des manets qui ont les mailles plus ouvertes qu'au commencement.

Voici l'ouverture des mailles des manets dont on fait usage à Belle-Isle, que les pêcheurs nomment tout simplement *filets à sardines*, mais qu'ils distinguent par des numéros relatifs à l'ouverture des mailles qui varient depuis cinq jusqu'à douze lignes d'ouverture en quarré; ainsi les filets du premier moule ont les mailles de cinq lignes, ceux du second moule de sept, du troisième de huit, du quatrième de dix, & du cinquième de douze. Si l'on en a de plus petit moule, on les nomme *carabins*; s'ils sont de plus grand moule, on les appelle *folles*. On est rarement dans le cas d'en faire usage, à moins qu'on ne se trouve dans un banc de célans ou célerins, &c., qui ne sont point véritablement des *sardines*. Un bateau complettement muni de tout ce qui lui est nécessaire pour la pêche des *sardines*, doit avoir des filets de tous ces moules, pour choisir ceux dont l'ouverture des mailles peut convenir à la grosseur des poissons qu'il rencontre; car, quoiqu'on puisse dire en général que les plus petites se prennent au commencement de la saison, vers les Sables-d'Olonne ou à Royan, de même que les plus grosses à la fin de la saison, depuis Concarneau jusqu'à Brest, néanmoins on tombe quelquefois dans des bancs dont les poissons sont plus gros ou plus petits qu'on ne s'y attendoit; & en ce cas il faut changer de filets.

Les mailles des tissures ou filets à *sardines* sont bien plus grandes que celles qui sont permises par l'ordonnance, puisque, quoiqu'il soit permis d'en avoir de quatre lignes en quarré, & de s'en servir en toute saison, il est rare qu'on se serve de celles de cinq lignes, le poisson étant presque toujours trop gros pour s'y mailler; si les mailles n'avoient que quatre lignes, on ne prendroit que du meslis, du nonnat, ou de la gueldre; & si elles étoient trop grandes, il ne s'y mailleroit que des harengs ou des maquereaux.

Nous avons déjà prévenu qu'on pense ordinairement que les *sardines* pêchées au commencement de la saison, sont fort petites, qu'elles grossissent peu-à-peu, & que celles qu'on prend quand elles commencent à disparoître, sont les plus grosses; ce qui engage à croire qu'elles grossissent dans leur route. Ce sentiment n'est pas dénué de vraisemblance; néanmoins, outre les exceptions qu'il convient de faire à cette règle générale, on prétend avoir remarqué que les *sardines* augmentent toujours de grandeur depuis la Bretagne jusqu'en Espagne, & qu'ensuite, vers les côtes de Languedoc & de Provence, elles sont plus petites que les moins grosses des côtes du Ponant. Il ne seroit pas naturel de croire que les *sardines* d'Espagne & de France diminuassent de grosseur en passant dans la Méditerranée; on n'oseroit pas dire que ce sont les jeunes *sardines* qui viendroient des grosses qui passeroient dans la Méditerranée; ces réflexions ont engagé plusieurs personnes à penser que les *sardines* passent de la Méditerranée dans l'Océan, où elles acquièrent de la grosseur. Toutes ces remarques confirment ce que j'ai dit plus haut, savoir, qu'on n'a rien de certain sur la route que suivent les *sardines*. Je reviens aux filets.

Les filets que les pêcheurs de Marennes & de Brouage tendent pour former leurs courtines, leurs venêts & tournées ont leurs mailles, lorsqu'il est question de prendre des *sardines*, de sept à huit lignes d'ouverture en quarré, & ils n'en prennent que de grosses.

Chaque filet a ordinairement quinze brasses de longueur sur deux & demi de chûte; ils sont bordés haut & bas par des ficelles ou ralingues assez menues, qui ont environ neuf lignes de circonférence. Ces nappes de filets, quand elles ne sont point montées sur leurs ralingues, ont quatre-vingt-quinze à cent pieds de long, sur vingt pieds de hauteur, & elles sont réduites à soixante-dix ou soixante-quinze pieds, quand elles sont montées sur leurs ralingues. Ainsi on veut que le filet ne soit point tendu sur sa ralingue, comme nous l'avons remarqué en parlant des manets pour la pêche du hareng. La ralingue de la tête du filet est garnie de flottes de liége qui sont environ trois pieds de distance les unes des autres; on met à de pareilles distances, sur la corde du pied du filet, des bagues de plomb qui pèsent à-peu-près deux ou trois onces.

La corde du pied du filet n'est pas toujours garnie de lest de plomb; c'est ce que nous avons dit qu'on fait assez souvent pour les manets qu'on emploie pour la pêche du hareng; mais, comme les filets pour les *sardines* sont plus fins que ceux qu'on emploie pour le hareng, ils pourroient bien ne pas prendre dans l'eau une direction verticale; c'est pourquoi les pêcheurs de Camaret mettent aux pieds & aux angles de leurs filets, des cablières qui font caler le filet, & néanmoins lui permettent un certain balancement que les pêcheurs trouvent avantageux pour faire mailler les *sardines*. On pêche aussi des *sardines* avec des saines. Nous ferons aussi remarquer que dans des endroits où les *sardines* se tiennent entre deux eaux, on ajuste à la tête du filet des bandingues, au bout desquelles il y a de grosses flottes de liége qui tiennent lieu des barils, dont on se sert pour la pêche du hareng.

Depuis le Croisic jusques & compris Concarneau, on commence cette pêche à-peu-près à la fin de juin, & elle finit en août; ce poisson au commencement de la saison est si tendre qu'on ne le peut saler qu'en petits barils & en saumure;

mais à Audierne, Camaret, Douarnenez, Belle-isle, le Croisic, elle commence en juillet & août; le poisson est alors plus fort, & on peut le saler en grands barils pressés; cependant on assure que dans la baie de Camaret où la mer est tranquille, le fort de la pêche est en novembre jusqu'à la mi-décembre; qu'alors elles sont fort grosses & très-grasses; & que passé la baie de Brest & l'anse de Bertheaume, on n'en prend plus sur les côtes de France que par hasard; c'est communément en ces endroits que se termine la pêche des *sardines*. On ne sera pas surpris de ces incertitudes, quand on fera attention aux variétés qui arrivent dans la marche de ces poissons.

Manière de pêcher les Sardines *sur les côtes de Brétagne.*

Les bateaux de pêches étant gréés, comme nous l'avons dit, pourvus de rames, de résure, de filets & de quatre ou cinq hommes, les pêcheurs partent de grand matin lorsque le temps le permet, pour se rendre à l'aube du jour à l'endroit où ils présument trouver du poisson; quelquefois ce sera près de terre, d'autres fois jusqu'à deux ou trois lieues au large, & souvent dans ces parages ils s'établissent entre Belle-isle & les terres de Quiberon, jusqu'à l'embouchure de la rivière de S.-Cado, où ses fonds n'ont que huit à douze brasses d'eau au plus. On remarque en général, que les *sardines* se plaisent dans le remoux de courants, à des endroits où l'eau paroît peu agitée, ce que les pêcheurs appellent *des limes*; cependant il arrive quelquefois qu'il n'y a pas plus de poisson dans ces endroits qu'ailleurs; en ce cas, ils essaient de croiser la marée. Autrefois les pêcheurs de Camaret prétendoient qu'il ne falloit mettre les filets à la mer que de basse-eau, ou lorsque la mer étoit dans son plein & étale, jamais à mi-marée; mais on a reconnu que c'étoit une erreur, & on jette les filets indistinctement à toutes les heures du jour. On verra dans la suite que quand on ne fait pas usage de la résure, on jette les filets à l'eau la nuit, & que dans des circonstances on fait caler les filets à différentes profondeurs dans l'eau, au moyen des badingues à-peu-près semblables à celles qu'on emploie pour la pêche du hareng; mais il ne s'agit ici que de ce qui se pratique sur la côte de Bretagne.

Lorsqu'un bateau est rendu au lieu où il veut pêcher, il amène ses voiles & quelquefois les mâts; deux ou quatre matelots se mettent en rames, moins pour faire avancer le bateau, que pour le tenir le bout au vent; on ôte le gouvernail, & le maître ou un matelot met le filet à l'eau par l'arrière, & l'attache au bateau par le bout de la ralingue qui porte les liéges; pendant ce temps, l'équipage rame pour que le filet s'étende bien dans l'eau: cette pièce de filet, qui a, si l'on veut, quinze brasses de longueur, s'étend dans la même direction que le bateau, & les bagues de plomb ou les cablières qu'on a amarrées aux angles de la ralingue du pied du filet, lui font prendre dans l'eau une situation verticale.

Lorsque la pièce de filet est ainsi mise à l'eau, on rame mollement, seulement ce qu'il faut pour entretenir le bateau dans l'air du vent: on le laisse dériver au gré de la marée de conserve avec le filet: pendant que l'équipage est occupé à ces opérations, un mousse délaie dans de l'eau de mer de la résure, de sorte qu'il en forme comme une bouillie claire, le maître placé à l'arrière, & ayant auprès de lui un seilleau empli de cette bouillie, en prend dans une gamelle; & avec une cuiller de bois, il en jette de temps en temps des deux côtés du filet, le plus loin qu'il peut; quelques-uns ne se servent point de cuiller, ils la jettent à la main; & suivant la direction que prend le filet, on répand quelquefois la résure par l'avant; mais ce n'est pas l'ordinaire: l'attention que doit avoir celui qui jette la résure, est de la répandre à bas-bord s'il appercevoit le poisson à tribord; & le contraire, afin que le poisson soit déterminé à traverser le filet pour attrapper l'appât; car les *sardines* appercevant cet appât, dont elles sont avides, s'élèvent près de la surface de l'eau, elles nagent de côté & d'autre pour en attrapper, & elles se maillent, quand on voit des écailles qui flottent sur l'eau, on juge que les *sardines* ont donné dans le filet. On en juge aussi quand on voit que les liéges sont agités à la surface de l'eau, ou encore mieux quand les filets étant chargés de poissons, les liéges entrent dans l'eau; alors on répand abondamment de la résure, & quelques-uns qui préfèrent celle de maquereau, en jettent pour les engager encore mieux à donner dans le filet.

Quand le patron soupçonne que son filet est est bien chargé de poissons, il le relève; ou bien s'il s'apperçoit qu'il y a beaucoup de *sardines*, il ajoute une seconde pièce de filet qu'il attache à la première, en épissant ou liant ensemble les cordes de liéges des deux pièces de filets, & ordinairement il met une bouée à l'extrémité foraine de la première pièce de filet, & il attache au bateau la seconde pièce de filet par la corde des liéges, de sorte que la pièce qu'on a mise à l'eau la première, est reculée du bateau de toute longueur de la seconde pièce: lorsque le patron trouve que les *sardines* sont en grande quantité, il met quelquefois jusqu'à cinq pièces de filet les unes au bout des autres, jettant toujours de la résure à mesure qu'il ajoute de nouveaux filets. On conçoit combien il est important que le bateau se tienne toujours de bout au vent, pour que les filets soient en ligne droite, & qu'ils ne s'embarrassent point les uns dans les autres; mais par l'addition de ces pièces de filets, on forme une tissure de soixante-dix ou quatre-vingt brasses de longueur, qui se trouve quelquefois garnie de poissons dans toute son étendue, comme l'étoit la première pièce.

Lorsque le filet est bien garni de *sardines*, ou lorsqu'on est pressé de gagner la terre pour livrer le poisson; ou encore lorsque quelque gros poisson vorace qui s'est jetté dans les filets, les brise, ou fait fuir les *sardines*, enfin quand le jour manque, il faut retirer les filets; & voici comment on fait cette manœuvre.

Quand, pour quelque cause que ce soit, on veut relever les filets, on détache du bateau la pièce de filet qu'on a mise la dernière à l'eau, & on attache une bouée à la ralingue qui porte des liéges, puis le bateau va à la rame chercher la bouée qu'on a mise au bout de la pièce de filet qu'on a jettée la première à l'eau, ou au bout forain de la tissure; car c'est ce bout qu'on tire le premier à bord; & à mesure qu'on y amène le filet, un mousse avec un novice font sortir le poisson des mailles en secouant le filet, & suivant de même les unes après les autres toutes les pièces, le poisson se trouve rassemblé dans le fond d'une chaloupe. Le filet qu'on a mis le dernier à l'eau, étant aussi le dernier qu'on tire à bord, il continue à s'y mailler des poissons pendant qu'on lève les premières pièces, & c'est une raison pour le haler le dernier.

Il y en a qui suivent une autre méthode; ils retirent un couple de pièces de filets du bout forain de la tissure; & quand ils en ont secoué le poisson, ils mettent à l'eau ces filets du côté que le bateau etoit, & ils continuent cette manœuvre jusqu'à ce qu'ils aient chargé leur bateau; ou quand ils ont vendu leur poisson à des chasses-marée, qui les distribuent le long de la côte, ils continuent leur pêche jusqu'à la nuit sans interruption. On a quelquefois vu la pêche donner si abondamment, qu'un bateau étant revenu chargé de cinquante milliers de *sardines*, a retourné faire une seconde pêche; mais elle n'est pas toujours aussi heureuse; il arrive que les bateaux sont dehors des journées entières infructueusement, & après avoir consommé beaucoup de résure, ils rentrent sans avoir presque de poissons; & le malheur est encore plus grand, quand des marsouins ou d'autres gros poissons se sont jetés dans les filets, & les ont déchirés.

A l'égard de Guérande, côte de Belle-isle, où l'on prend beaucoup de *sardines*, les pêcheurs se servent de résure pour attirer le poisson, & ils essaient de croiser la marée avec leurs filets; quelquefois une chaloupe prend jusqu'à vingt-cinq ou trente milliers de *sardines*, mais ces cas ne sont pas ordinaires: les *sardines* fraîches ou soupoudrés de sel, se répandent par les chasses-marée le long des côtes de Bretagne; & celles qu'on a salées & pressées se transportent en Poitou, Aunis, Saintonge, Gascogne, le long des côtes d'Espagne, à Saint-Sebastien, à Alicante, & dans la Méditerrannée, en Provence, en Languedoc, jusqu'au port de Gènes, &c.

On fait de très grandes pêches de *sardines*, dans l'amirauté de Quimper; la saison de cette pêche varie beaucoup; quelquefois elle commence à la fin de juillet, ou avec le mois d'août, d'autres fois les premiers jours de septembre, & elle finit quelquefois au commencement d'octobre; souvent elle dure jusquà la fin de l'année; & vers la fin de la saison, on prend des *sardines* grosses comme de moyens harengs. On dit qu'aux environs de Douarnenez & de Réboul, où l'on prend des *sardines* qu'on estime beaucoup, les chaloupes se retirent dans le port de Pouldavi qui est fort bon; mais les marsouins qui sont abondans dans ces parages, font souvent bien du tort aux pêcheurs.

On y prépare des *sardines* en saumure rouge qu'ils appellent *anchoisées*; ils les mettent dans des futailles où il y a eu du vin de Bordeaux, & les expédient pour les ports du Levant, où on les met en petits barils pour les envoyer à Beaucaire. Depuis qu'on sait leur donner cette préparation en Bretagne, elles ont beaucoup augmenté de prix.

A Douarnenez, les *sardines* qui sont fort grosses, ne paroissent qu'au mois de novembre, même en décembre, & à-peu-près dans le tems que les harengs quittent les côtes de Normandie & de Picardie, on en trouve assez fréquemment dans les manets confondus avec les célans & celerins.

On pêche chaque année au mois d'août, de la vraie *sardine* à Saint-Jacut & à Saint-Cast; on prétend à Brest, que les limites de la *sardine* du côté du nord, sont l'isle de Bas sous Morlaix; cela est généralement vrai: cependant ce poisson semble avoir étendu ces limites; car depuis le siege de Belle-isle, au mois de juin 1761, il s'en montre toutes les années une quantité à Lannion, dont une partie remonte la rivière jusqu'à la ville & au-dessus; il en vient tous les ans depuis cette époque, un nombre suffisant pour en faire manger à tout le monde à dix lieues à la ronde, pendant trois semaines, & à grand marché.

De la pêche des sardines *à cannes.*

Quoiqu'on prenne à cannes des *sardines* avec le filet qu'on nomme *ayaugue*, comme c'est en petite quantité, on peut dire que cette pêche s'y fait le plus ordinairement comme nous l'allons expliquer. Elle commence en mars & finit en août. Il y a dans cette saison près de cent batteaux occupés à cette pêche; ils sont montés chacun par trois ou quatre hommes, & chaque bateau embarque trois filets de l'espèce qu on nomme *sardinaux* qui, comme nous l'avons dit, sont des manets dont les mailles sont plus ou moins grandes pour en faire usage, suivant la grosseur du poisson que l'on pêche. Quelques uns pêchent de jour & de nuit; certaines années on sale à Cannes cinquante mille barils tant d'anchois que de *sardines*.

Les *sardines* fraîches sont un mets très-délicat, d'un goût excellent & fort recherché; mais elles ne conservent pas long-tems leur bonne qualité; & à dire vrai, il n'y a que ceux qui sont à portée des ports où on les pêche, qui les mangent excellentes; on essaie néanmoins d'en transporter de fraîches; on en porte dans des hottes à de petites distances, & des chasses-marée en forment des paniers, comme nous avons dit qu'on faisoit les harengs, & les portent à dos de cheval dans des villes peu éloignées; mais quelque diligence qu'ils fassent, elles ont souvent perdu de leur qualité: on a essayé d'en envoyer à Paris, par la poste, en les renfermant dans des boîtes de fer blanc. On assure qu'on peut en conserver de très-bonnes pendant une quinzaine de jours, quand après les avoir fait cuire, on les mettoit dans des boîtes de fer blanc étant recouvertes de toutes parts avec du beurre fondu.

Outre les *sardines* qu'on consomme fraîches le long des côtes où s'en fait la pêche, les bretons en envoient beaucoup de saupoudrées de plus ou moins de sel, suivant l'éloignement des lieux où on se propose de les transporter; quelquefois on les prépare à demi-sel, & on les nomme *vertes*; alors elles sont braillées comme nous avons dit qu'on faisoit les harengs. Les bateaux chasses-marée transportent ces sardines ainsi soupoudrées de sel à Nantes, à la Rochelle, à Bordeaux, & les vendent sous le nom de *sardines de Royan*, parce que les *sardines* qu'on pêche à Royan ont la réputation d'être excellentes; ils osent de plus assurer que ces *sardines* saupoudrées de sel sont meilleures que si elles étoient fraîches & point du tout salées.

Au reste, le détail & le transport des *sardines* fraîches à des endroits un peu éloignés, se fait précisément comme ce que nous avons dit en parlant du hareng; mais la vente des *sardines* fraîches ou salées en vert, n'est pas à beaucoup près d'une aussi grande importance que celles des *sardines* salées, qui fournissent une branche de commerce, soit dans l'intérieur du royaume, soit chez l'étranger; de sorte que cette saline est intéressante, quoique moins considérable que celle du hareng. Elle forme de bons matelots, elle pourvoit à la subsistance d'un grand nombre de pauvres gens de tous états, soit par la fabrication des futailles, soit par la main-d'œuvre qu'exige leur préparation: nous allons le faire appercevoir en parlant des différentes façons de saler ce poisson.

De la préparation des sardines.

Dans les endroits où l'on pêche beaucoup de *sardines*, il y a des marchands saleurs qui achètent & préparent les poissons que leur apportent les pêcheurs; & en outre les propriétaires de chaloupes préparent les *sardines* que leur livrent leurs pêcheurs; les uns & les autres établissent au bord de la mer des corps de logis quelquefois assez grands; souvent ce ne sont que de petits magasins au rez-de-chaussée, qu'ils nomment *presses à sardines* dans lesquels ils reçoivent les poissons que leur apportent les pêcheurs, & où ils ont ce qui leur est nécessaire pour les préparer; savoir, des pelles servant à répandre le sel comme pour le hareng; des bailles, des corbeilles, pour transporter les *sardines*; des baguettes ou ainettes, pour les enfiler par la tête; des faux-fonds; une bonne provision de sel; des barils, des presses; il faut aussi qu'ils aient du vin pour faire boire ceux qui apportent le poisson; celui qui manqueroit à cet usage ne verroit guère de pêcheurs arriver chez lui.

A mesure qu'ils apportent du poisson, on leur donne un cachet ou un numéro par chaque millier de *sardines* qu'ils fournissent, pour les payer ensuite au prix courant de chaque presse. Il y a dans ces presses sept à huit femmes & des hommes, qui donnent aux *sardines* à peu près les mêmes préparations que nous avons dit qu'on donnoit aux harengs salés en blanc. Ordinairement on fait avec ces ouvriers & ouvrières, des conventions pour la durée de la pêche, & on les paye lorsqu'elle est faite.

Indépendamment des *sardines* qui se vendent fraîches, on en prépare sur les côtes de Bretagne, de Poitou, d'Aunis, &c., de différentes façons; savoir, en vert, en malestran, en pile, en saumure dans de petits barils, en daube, & de fumées ou sauries.

Nous avons déjà dit que les *sardines* se corrompent promptement, & qu'il convenoit de les mettre au sel au sortir de l'eau; ainsi pour peu que les pêcheurs soient éloignés de leur port, ou retenus trop long-temps à la mer pour ne pouvoir livrer promptement leur poisson, ils saupoudrent dessus du sel; en cet état, ils en vendent le long des côtes, à peu près comme celles qui sont fraîches; ou bien ils les portent aux presses: c'est cette première préparation que les pêcheurs de harengs nomment *braillés*, & que ceux des *sardines* nomment *salés en vert*; de sorte qu'ils livrent aux presses les *sardines* les unes entièrement fraîches, d'autres plus communément salées en vert.

On sale aussi des *sardines* en grenier, comme les normands font la morue à Terre-Neuve; pour cela on en forme des tas, mettant du sel entre chaque lit; quand elles ont pris sel & rendu leur eau, on défait les tas, & on en fait de nouveaux, saupoudrant un peu de sel entre chaque lit; enfin on les transporte au lieu de la vente, ou en barils ou dans des paniers; mais on suit peu cette méthode.

Quand les pêcheurs veulent donner aux *sardines* la préparation nommée *malestran*, ils les mettent dans des paniers à claire-voie qui peuvent contenir deux cents poissons, & après les avoir plongés plusieurs fois dans l'eau de la mer pour laver les *sardines*, ils les portent au magasin, où étant rendues, on les met dans des barils bien foncés en répandant du sel sur chaque lit; quoiqu'on n'y ajoute point d'eau, au bout de deux ou trois jours les *sardines* sont à flot dans leur saumure, & quinze jours après elles sont assez saumurées pour être mises en presse.

A cet effet, on commence par en embrocher un nombre par les ouies & la bouche dans de petites baguettes; des femmes prennent ces petites baguettes chargées de *sardines* trois à la fois; elles les plongent plusieurs fois dans la saumure pour les laver, puis elles les tirent de la broche & les rangent ou les paquent avec soin dans une nouvelle barique défoncée d'un bout & percée de plusieurs trous au fond d'en-bas, pour que l'huile puisse s'écouler; on place cette barique sur deux chantiers, sous une presse établie auprès d'un des murs du magasin: ces presses consistent en un levier dont une extrémité entre dans un boulin pratiqué dans le mur à trois pieds & demi ou quatre pieds du terrein; le milieu pose sur un faux-fond qui a sept à huit pouces d'épaisseur, & qui porte sur le poisson qu'on a rangé dans la barique; à l'autre extrémité du levier, on attache un plateau de balance sur lequel on met plus ou moins de poids suivant qu'on veut presser plus ou moins le poisson: on peut encore augmenter le poisson en approchant le plus qu'il est possible les barils du mur, ou en alongeant la partie du levier où sont les poids. De temps en temps on met des cales de bois dans le boulin au-dessus du levier, pour que son extrémité où sont les poids ne s'incline pas trop; on met aussi quelquefois de petits bouts de membrure entre le faux-fond & le levier, pour suppléer à l'affaissement du poisson. On arrange donc régulièrement le poisson dans le baril, pour que la pression ne le déforme pas, & on met entre le poisson & le faux-fond, une couche de fougère pour que le faux-fond n'écorche pas les *sardines* du dernier rang. Enfin, on remplace à différentes fois le vuide que la pression a fait dans la barique, & le remplacement va assez souvent à un tiers de ce qu'elle contient.

Au bas de la barique sont, comme je l'ai dit, plusieurs trous par lesquels coulent l'huile & la saumure que la pression fait sortir du poisson; le plancher étant incliné forme entre les chantiers un ruisseau ou une espèce de gouttière par laquelle l'huile se rend dans une futaille ou une citerne où s'amasse aussi la saumure, sur laquelle l'huile nage, & où on la ramasse pour l'entonner dans des barils. Les *sardines* grasses rendent plus d'huile que les maigres; mais on estime ordinairement que quarante barils de *sardines* en fournissent un d'huile: il est bon que cette huile s'écoule peu à peu, c'est pourquoi une barique est ordinairement dix à douze jours en presse; néanmoins on pourroit, sans beaucoup d'inconvéniens, précipiter la pression en augmentant les poids ou en alongeant le levier.

Pour la préparation des *sardines* en pile, on les porte dans les magasins sans les laver; sitôt qu'elles y sont rendues, des femmes les saupoudrent d'un peu de sel, ensuite elles les arrangent en pile; & quelquefois elles n'en font qu'une pour tout le poisson d'une pêche; alors ces piles ont quatre ou cinq pieds de hauteur, & la base est plus ou moins grande, suivant la quantité de poisson que la pêche a fournie; d'autresfois, suivant la fantaisie de celles qui les préparent, elles font les piles peu épaisses pour que le sel les pénètre mieux, & parce que quand les piles sont très-grosses, les *sardines* de dessous sont écrasées par le poids de celles qui sont dessus. On appuie ordinairement ces piles le long d'un mur; & en les formant, on met alternativement une couche de sel & une de *sardines*, qu'on arrange de manière que les têtes d'une couche répondent aux queues de celles de dessous; par cette attention les couches de *sardines* sont moins sujettes à s'écrouler & plus unies; pour cette raison on peut distribuer le sel plus également: on laisse les piles en cet état jusqu'à ce qu'on juge que le poisson est bien pénétré de sel, ce qu'on reconnoît à la souplesse qu'il acquiert: il faut plus de temps pour les grosses que pour les petites *sardines*, & suivant la qualité du sel, il faut les laisser plus ou moins de temps en pile.

Quand on juge qu'elles ont pris assez de sel, on les embroche dans des baguettes comme le *malestran*, & on en charge des civières dont le fond est couvert d'une natte de paille ; elles mettent toutes les têtes en dehors : les femmes les portent au bord de la mer où elles les lavent ; pour cela elles saisissent par les deux bouts trois de ces baguettes, elles les plongent & les agitent dans l'eau ; les *sardines* ainsi lavées doivent être blanches comme de l'argent ; on les reporte au magasin sur les civières ; quand elles sont égouttées, on les paque ou arrange dans les barils, & on les presse comme le malestran.

Il faut ordinairement pour faire une barique de *sardines* pressées, la charge de quatre civières, plus ou moins, suivant la grosseur du poisson. Ces barils sont de bois de hêtre, à peu près de la jauge d'un tierçon de Bordeaux ; ils ont peu de bouge, & étant pleins ils pèsent ordinairement trois cents à trois cents dix livres.

Les *sardines* bien préparées de l'une ou l'autre façon, se conservent bonnes sept à huit mois ; après ce temps, elles déchoient beaucoup, & rancissent sur-tout dans les pays chauds.

Les sardines pressées doivent, pour être réputées bonnes, être fermes, blanches & claires, d'une grosseur médiocre ; les petites qui sont excellentes à manger fraîches, ne sont pas estimées lorsqu'elles sont pressées ; quand elles sont d'une bonne grosseur, il en entre environ six mille dans chaque baril.

Le but principal de ces deux préparations, est de tirer l'huile des *sardines* que l'on presse, non pas tant pour le profit qu'on trouve à la vendre aux corroyeurs, que pour retirer des *sardines* une substance qui rancit & gâte le poisson ; car on remarque que les *sardines* qu'on ne presse pas assez, se gâtent bien plutôt que les autres.

La préparation en malestran qui occasionne plus de main-d'œuvre, procure deux avantages ; le moins considérable est qu'on retire plus d'huile, parce qu'il s'en perd avec la saumure lorsqu'on les met en piles ; au lieu qu'à la préparation en malestran, l'huile passe avec la saumure, & elle s'en sépare en séjournant dans les citernes où on la recueille avec soin ; l'autre avantage, qui est plus considérable, est qu'on emploie moins de sel, que les *sardines* sont mieux dégraissées, qu'elles sont plus blanches, & en état de se conserver plus long-temps sans jaunir, ce qui les rend plus marchandes. Les *sardines* que les pêcheurs préparent en piles, jaunissent au bout de trois ou quatre mois, & se gâtent assez promptement ; la principale cause de ce dépérissement vient de ce que l'économie les engage à se servir, pour paquer, du même sel qu'ils ont d'abord répandu sur le poisson, & en outre pour conserver la grosseur de leur poisson, afin qu'il en tienne moins dans les barils, ils les pressent peu, & les laissent chargés de l'huile qui les corrompt. Je ne parle pas de ceux qui ont la mauvaise foi de mettre au milieu des barils, des poissons malconditionnés ; ces défauts ne se rencontrent pas aux *sardines* que préparent les bons fabricans, qui, pour conserver leur réputation, apposent à chaud leur marque sur les barils qui sortent de leur fabrique ; & il serait à desirer que tous ceux qui font des barils de *sardines*, fussent obligés de mettre leur marque, afin qu'on pût obtenir des dédommagemens de ceux qui vendent de mauvaise marchandise.

Autrefois on préparoit toutes les *sardines* en pile ; on prétend que c'est à Concarneau qu'on a commencé à les préparer en malestran, & cette méthode est maintenant assez généralement adoptée par les fabriquans ; néanmoins en apportant pour la préparation en pile toutes les attentions convenables, il serait possible de faire de bonnes *sardines*, qui, pour les raisons que nous allons rapporter, pourraient, dans certains cas, mériter la préférence sur celles préparées en malestran : pour le faire appercevoir, il faut remarquer qu'il y a des provinces où le peuple est dans l'usage de manger les *sardines* crues, telles qu'on les tire des barils, comme on fait les anchois en Provence ; ces provinces sont l'Aunis, la Saintonge, la Guienne, & d'autres pays de vignoble ; ceux-là donnent la préférence aux *sardines* préparées en malestran.

Mais à Saint-Malo & dans les provinces telles que la Normandie, la Flandre, où le peuple ne boit point de vin, on ne mange les *sardines* que cuites ; & alors on préfère celles qui ont été préparées en pile, parce que celles qui ont été préparées en malestran, ne peuvent soutenir le feu, elles se séparent par morceaux ; d'où il suit qu'il est avantageux de préparer les *sardines*, les unes en malestran & les autres en pile.

Préparation des sardines *en simple saumure qu'on nomme* anchoisées.

Comme les petites *sardines* qu'on prend au commencement de la pêche, ne rendraient pas d'huile, & comme elles se réduiraient en pâte sous la presse, à cause de leur grande délicatesse, on les met simplement en saumure dans de petits barils ; pour cela on fait une saumure très-forte, on en met dans les barils jusqu'au tiers, & on achève de les remplir avec des *sardines* très-fraîches, & de la saumure dans laquelle on délaie du brun rouge réduit en poudre très-fine, pour leur donner l'air d'anchois; on laisse les barils au soleil pendant quinze jours, les remplissant tous les jours avec de nouvelle saumure. On envoie ces sardines à la foire de Beaucaire, où elles se vendent, pour la plupart, comme anchois.

Des sardines *en daube.*

On peut conserver pendant un mois des *sardines* dans le beurre, de sorte qu'elles sont presque aussi bonnes à manger, que si elles étoient fraîches, & voici comment on y réussit: Pour cinquante sardines, on emploie une livre de beurre frais qu'on fait fondre, quatre onces de sel, une once & demie de poivre fin, & un peu de muscade; quand le beurre est fondu, prenant garde qu'il ne roussisse, on le laisse assez refroidir, pour qu'en trempant les *sardines* dedans, elles en sortent couvertes; en cet état on les arrange dans un pot de grès; on fait un peu réchauffer le beurre qui reste, qu'on verse sur les *sardines*, de façon qu'elles en soient entièrement couvertes, & on bouche le vase le plus exacttement qu'on le peut, avec du liége; quand on veut les apprêter, on les tire du beurre.

Voici une autre manière de conserver des *sardines*, & qui se pratique en quelques endroits de la Bretagne, de même que dans le pays d'Aunis. Après qu'elles ont pris un peu de sel, on les fait frire dans la poële, ou rotir sur le gril, puis on les met dans de petits barils faits exprès, avec du vinaigre, du poivre, du laurier & du girofle, qui forment une espèce de sauce. C'est ce qu'on nomme *confire des sardines*. On en apporte à Paris qui ont été ainsi préparées.

Des sardines *sauries.*

On sale à terre les *sardines* en grenier, en les arrangeant de tête & de queue en tas; on répand du sel entre chaque lit, à-peu-près comme on fait pour celles qu'on prépare en pile; on les laisse ainsi pendant deux ou trois jours au plus; on emploie, autant qu'on le peut, du sel qui ait deux ou trois ans de saunage, parce que les salines en sont moins acres. Lorsque les poissons ont pris sel, on les enfile sur des baguetres, comme quand on veut les mettre en presse; on les lave dans de l'eau de mer, puis dans de l'eau douce; & quand elles sont égouttées, on les pend dans la saurisserie; on les y laisse s'égoutter pendant vingt-quatre heures; ensuite on allume les feux, qui durent sept à huit jours quand l'air est sec, & dix à douze, si l'air est humide.

On fait le feu avec des copeaux de chêne, qu'on prend chez les tonneliers, les menuisiers, & on le couvre de cendres de joncs, pour qu'il fasse de la fumée & point de flamme. Le lieu où l'on fait cette préparation, est un cellier au rez-de-chaussée, dont un manteau de cheminée occupe presque toute la largeur; c'est sous ce manteau qu'on pend les *sardines*. On n'en saurit guères en France: celles à qui on donne cette préparation, sont les grosses qu'on prend à la fin de la saison; cependant les matelots en saurissent ou boucanent pour leur provision pendant l'hiver.

Salaisons & préparations des sardines *en Provence & en Languedoc.*

D'abord, il n'y a que les *sardines* qu'on prend avec les saines, ainsi qu'avec les manets ou sardinaux, qui puissent être salées; celles qu'on prend à la tartane, ou dans les filets tels que les aissaugues, les ganguis, bouliers, étant fatiguées, molles & dépouillées de la plupart de leurs écailles, ne sont point propres à faire de bonnes *sardines* salées; on peut en dire autant de celles qu'on prend dans les madragues, lorsqu'on les relève; il faut les consommer fraiches & très-promptement; de plus, toutes étant petites & très-délicates, elles ne peuvent être pressées, comme nous avons dit qu'on fait celles de Bretagne; leur délicatesse les rend, il est vrai, agréables pour manger fraiches; elles sont aussi les meilleures pour être préparées en saumure, comme nous allons l'expliquer, & pour cette préparation, on ne rebute point celles qui sont blessées; pourvu qu'elles soient très-fraiches cela suffit.

Pour saler ainsi les *sardines*, on en forme des lits dans de grandes bailles, ou comme l'on dit, on les *alite*, répandant du sel entre chaque lit de poisson; & quand la baille est pleine, on fait une forte saumure ou une sauce composée d'un peu de salpêtre avec du bol ou de l'ochre rouge en poudre fine; on prétend que cette substance terreuse contribue à leur conservation; mais on l'emploie principalement pour donner aux poissons & à la sauce une couleur rouge qu'on exige dans le commerce.

Pour qu'ils se confisent bien dans cette sauce, on les laisse reposer cinq à six mois; ensuite on en emplit de petits pots de terre de différentes grandeurs, larges d'ouverture; on met sur les poissons un rondeau de terre cuite, qui produit une pression suffisante pour que la sauce surnage les poissons; puis on bouche exactement

l'ouverture

l'ouverture de ces pots avec du liége, que l'on scelle avec du plâtre, de crainte que le poisson & la sauce ne s'éventent; on en met aussi dans de petits barils qui pèsent 20 à 25 livres, pour les transporter par toute l'Europe & au Levant.

On prépare aussi de cette façon des *sardines* en Languedoc, & quoiqu'il n'y ait point d'amertume dans les *sardines* comme dans les anchois, on leur retranche la tête, & on les vuide pour les vendre comme anchois. Les barils de Languedoc pèsent de 18 à 26 livres, presque tous se portent à la foire de Beaucaire, d'où ils passent dans les Cévennes, le Vivarais, & même en Provence; de plus, beaucoup de sardines qu'on envoie à Beaucaire, se distribuent dans toute la Republique, par Lyon & Paris. Celles qui se pêchent dans les mois d'août, septembre & octobre, sont moins délicates que celles qu'on a pêchées plutôt; c'est pourquoi après la foire de Beaucaire, & quand les *sardines* ont perdu de leur grande délicatesse, les marchands en préparent un peu en Provence & en Languedoc, de pressées à la manière de Belle-Isle, c'est ce qu'on appelle l'*harengade*. Quoique les *sardines* de Provence & de Languedoc passent pour plus délicates que celles de l'Océan, on ne laisse pas que d'y en apporter de Bordeaux.

SARDINIÈRE, filet qui sert, en Gascogne, à prendre des sardines.

SARDON, sorte de lisière faite avec du fil très-fort ou de la ficelle, pour fortifier des filets très-déliés, qu'en Provence on nomme *lin*.

SARGUET ou SARG de Provence, *sargo* en Languedoc & à Venise, *sargone* à Rome.

Ce poisson a les rayons qui forment l'aileron du dos & celui de derrière l'anus, en partie piquans & en partie flexibles; il est seulement, proportionnellement à sa taille, plus épais & plus charnu que la dorade; son dos forme une portion de cercle assez régulière; néanmoins il est demi-plat; l'aileron de la queue est fourchu; il a, ainsi que le sparaillon, une tache noire près l'articulation de cet aileron.

Le *sarguet* a sur les côtés des bandes circulaires brunes, qui s'étendent depuis le dos jusqu'au ventre, suivant la rondeur du poisson; ce qui le distingue de plusieurs poissons de sa famille. La première bande circulaire qui est du côté de la tête, est ordinairement plus large que les autres; mais ces bandes ne s'apperçoivent que quand les poissons sont nouvellement tirés de l'eau. Les yeux sont grands & ronds, les dents sont assez larges, comme les incisives de l'homme.

La chair du *sarguet* est sèche & de mauvais goût, quand on le prend dans des fonds vaseux, & pendant l'été; mais dans les fonds de roche & sableux, elle est assez bonne, sur-tout le printemps & l'automne, pas néanmoins aussi estimée que celle de la dorade.

On pêche en Poitou & dans l'Aunis, des *sarguets* qui ont plus de deux pieds de longueur.

SARTIS, cordes d'auffe qui servent à hâler les filets. Communément les pièces de *sartis* s'appellent *mailles*.

SAUMIER, sorte de grapin ou harpon dont on se sert dans la Dordogne, pour saisir les gros saumons.

SAUMON. Ce poisson a la peau épaisse, délicate quand elle est cuite, & peu adhérente à la chair; les écailles, qui tiennent assez fortement à la peau, sont petites & minces, plus ou moins grandes suivant la grosseur du poisson; néanmoins celles du dos le sont plus que les autres: leur forme est ovale, leur grand diamètre étant à-peu-près de deux ou trois lignes, elles se recouvrent comme les ardoises sur un toit; & les inférieures sont presque entièrement recouvertes par les supérieures.

Au sortir de l'eau, le dos des saumons paroît d'un bleu foncé; quelque temps après, les couleurs s'éclaircissent un peu. Les côtés ont des reflets comme dorés, le ventre est blanc-argenté, & plus bas il est blanc-mat, ainsi que le dessous de la gorge.

La tête du saumon n'est pas proportionellement au corps aussi grosse que celle des morues; elle est menue & alongée: quand la gueule est fermée, le museau forme un coin qui n'est pas fort obtus, le dessus de la tête est un peu applati; l'ouverture de la gueule est assez grande; les deux mâchoires sont à-peu-près de même longueur; s'il y en a une qui excède l'autre, c'est celle d'en-haut.

Ses yeux sont grands, voisins du bec, & couverts d'une membrane clignotante. On apperçoit sur le museau deux trous qui sont les narines; elles sont un peu plus près de l'œil que de l'extrémité du museau.

Les opercules des ouies sont formés de quatre feuillets osseux, minces, flexibles, réunis & recouverts par une membrane épaisse, quand les saumons sont gras; & argentée, souvent marquée de quelques taches, la plupart rondes & de grosseurs inégales. La mâchoire inférieure est bordée d'un rang de dents fort aiguës, recourbées vers le dedans de la gueule; la mâchoire supérieure est bordée de deux rangs de dents un peu plus fortes; entre ces dents, tant de la mâchoire supérieure que de l'inférieure, il y a nombre de petites dents ou aspérités distribuées sans ordre. On voit quelquefois deux rangs de dents au palais; il y en a sur le devant quelques-unes plus petites : le reste du palais n'a point de dents; mais dans le gosier, il y en a quelques-unes qui sont fort aiguës & courbées vers le dedans.

La langue est épaisse, creusée en cuilleron, garnie de quelques rangées de petites dents courbées vers le dedans; & quelquefois sur le devant quelques-unes plus grandes que les autres. On apperçoit de chaque côté quatre branchies qui, à la partie concave, sont garnies de deux rangées de tubercules cartilagineuses semblables à des dents, & de plus hérissées d'aspérités. Ces espèces d'apophyses sont moins considérables à la partie postérieure qu'à l'antérieure; les franges de ces branchies sont doubles. A treize pouces du museau, est le grand aileron du dos, l'attache de cet aileron au dos du poisson occupe une longueur d'environ trois pouces & demi; il est formé par quinze rayons, dont les plus grands sont branchus à leur extrémité; ils s'inclinent tous vers l'arrière, & forment un triangle. Du museau au commencement de l'aileron de la queue, il y a vingt-quatre pouces, dans un poisson dont la longueur totale est de vingt-huit pouces. L'aileron de la queue est brun, l'extrémité est taillée en portion de cercle, dont la concavité est du côté du corps; quand il n'est pas bien étendu, il paroît plus fourchu; il est formé à-peu-près de dix-neuf nervures, dont plusieurs sont branchues. L'aileron de derrière l'anus est à dix-neuf pouces six lignes du museau; il est blanchâtre, charnu, formé de douze à treize nervures; les premières sont menues & simples, les autres sont branchues à leur extrémité; il a un peu plus de trois pouces à son insertion au corps du poisson, les nervures s'inclinent vers l'arrière. Les nageoires de derrière les ouies sont brunes par les extrémités, & formées de quatorze nervures : la première, qui est la plus longue, est simple, elle a quatre à cinq pouces de longueur : les autres, qui sont plus courtes, sont branchues. Les nageoires du ventre sont à douze ou treize pouces du museau, l'anus est à dix-neuf pouces; ces nageoires sont blanchâtres, ayant seulement un peu de brun sur le bord supérieur, & quelquefois chargées de mouchetures; chacune est formée de neuf ou dix nervures la plupart branchues; il y a à la partie supérieure de l'articulation de ces nageoires une apophyse écailleuse, blanche & assez sensible. Le dos des saumons est un peu voûté, cependant ce poisson n'est pas fort ventru : mais cela n'est pas exactement vrai dans tous les saumons; car quand les femelles sont remplies d'œufs, elles ont le ventre fort gros, & cette grosseur augmente encore quand elles ont l'estomac rempli d'alimens : aussi prétend-on assez généralement qu'on ne peut distinguer sûrement les saumons mâles des femelles qu'en leur pressant le ventre; qu'aux femelles il suinte une limphe sanguinolente, & aux mâles une limphe laiteuse; mais quand les femelles sont très-remplies d'œufs, on les distingue très-bien des mâles par la grosseur de leur ventre. Il ne sera pas hors de propos de rapporter ici une observation du docteur Mesplez : il dit que les pêcheurs ayant pris un poisson qui avoit le ventre d'une grosseur extraordinaire, il l'ouvrit & trouva qu'il étoit rempli d'une masse d'œufs considérable, qu'il estima peser sept livres; le poisson vide de ses œufs, qui étoient rouges & gros comme des petits pois, pesoit vingt-cinq livres; sa chair n'étoit pas de bonne qualité; il remontoit le Gave pour se décharger de ses œufs : on voit par cette observation, que les poissons qui fraient, perdent beaucoup de leur qualité.

Les lignes latérales, qui sont peu apparentes, se prolongent d'un bout à l'autre du corps du poisson, suivant une ligne droite qui est un peu plus près du dos que du ventre; elles commencent derrière les opercules des ouies, & se terminent à la naissance de l'aileron de la queue.

Ordinairement il y a des taches, tantôt d'une couleur, & tantôt d'une autre, souvent noires, quelquefois brunes, jaunes, grises, ou un peu rougeâtres; & suivant quelques-uns, leurs couleurs changent dans les différentes saisons; elles sont assez souvent rondes & irrégulièrement distribuées sur les écailles de ce poisson; presque toutes sont au-dessus des lignes latérales, quelques-unes au-dessous, mais en petite quantité. Je crois qu'on peut regarder la couleur de ces taches, & même la couleur générale des poissons, comme des variétés, & se dispenser d'en faire des espèces différentes, qu'on a nommées *salmo maculis cinereis*, *salmo cinereus aut griseus* : car je ne regarde ces circonstances que comme des jeux de la nature. Si ceux qui ont des taches brunes sont très-charnus, si leur chair est fort délicate, s'ils sont singulièrement vifs, c'est probablement parce qu'ils se sont trouvés dans des eaux vives qui leur convenoient, & à portée de prendre de bonne nourriture. Je crois qu'il en est des différentes couleurs des poissons comme des poils des quadrupèdes & des plumes des oiseaux, qui varient infiniment, sans que pour cela on en fasse des espèces différentes.

La colonne épinière du *ſaumon* eſt formée par environ cinquante-ſix vertèbres, la capacité de l'abdomen eſt formée par ſoixante-ſix côtes, trente-trois de chaque côté, y compris les apophyſes tranſverſales. La poitrine, comme dans les autres poiſſons ronds, eſt ſéparée de l'abdomen par le diaphragme qui eſt aſſez épais, & les viſcères contenus dans l'abdomen, ſont renfermés par le péritoine qui eſt de couleur de chair; cependant cette couleur n'eſt pas la même dans tous les *ſaumons* : le cœur eſt anguleux & n'a qu'une cavité; la veine cave, qui s'épanouit au ſortir du cœur, y forme comme une oreillette; le foie eſt grand, d'un rouge foncé, il n'a qu'un lobe; il eſt plat ſur une de ſes faces, convexe ſur l'autre; il a par en-bas quelques échancrures, il touche au ventricule, & eſt placé du côté gauche; la veſicule du fiel eſt d'un vert foncé. Le ventricule eſt capable de s'étendre; car on dit qu'on trouve dedans des poiſſons tout entiers; il eſt long & épais, & eſt une prolongation de l'œſophage; il eſt ſitué à la partie moyenne de l'abdomen; & après avoir deſcendu d'une certaine quantité, il ſe replie & remonte juſques près du diaphragme, où il ſe replie encore. Les femelles ont deux ovaires contenant un nombre conſidérable d'œufs qui ſont rouges, ou couleur de ſaffran, gros comme des pois, ou comme un grain de groſeille rouge. La veſſie pneumatique n'eſt pas épaiſſe; elle s'étend de toute la longueur de l'abdomen, & eſt ſituée le long de l'épine du dos, dont néanmoins elle ſe détache aſſez aiſément. On trouve encore le long de l'épine les reins au nombre de deux, qui ont une forme alongée & pyramidale : la rate eſt noirâtre ou d'un rouge obſcur.

La chair de ce poiſſon eſt plus ou moins rouge dans les uns que dans les autres; ce rouge perd de ſa vivacité à la cuiſſon, mais il augmente dans le ſel. Sa chair ſe lève par grands feuillets, qui ſont autant de muſcles contenus dans une enveloppe propre qui eſt blanchâtre : ces forts muſcles font que ce poiſſon a beaucoup de force pour remonter les cataractes. Quoiqu'elle ſoit délicate & d'un goût agréable, comme elle en a peu, on s'en laſſe aiſément; ainſi, il lui faut un aſſaiſonnement relevé, & on trouve le *ſaumon* plus appétiſſant quand il a pris un peu de ſel.

On prend très-rarement des *ſaumons* dans les filets qu'on tend à la mer & au large pour chaſſer toutes ſortes de poiſſons; cependant c'eſt un poiſſon de mer que les pêcheurs regardent comme littoral, parce qu'ils ne le prennent que près des côtes, dans les parcs, & les filets qu'on tend au bord de la mer, particulièrement vers l'embouchure des rivières. Peut-être que ces poiſſons ſe tiennent une partie de l'année dans les grands fonds, peut-être auſſi qu'ils ſont en grande partie de paſſage & qu'il nous en vient du nord. Ces poiſſons qui paſſent la plus grande partie de leur vie dans l'eau ſalée, ſont portés par inſtinct à remonter dans les rivières, même juſqu'à leur ſource, lorſqu'ils y trouvent ſuffiſamment d'eau & la nourriture qui leur convient.

Il y a peu de rivières en France qui aient un cours plus étendu que la Loire; on y pêche des *ſaumons* depuis ſon embouchure juſqu'auprès de ſa ſource; les petits ſont communs à Saint-Etienne en Forez, même au Puy-en-Velay, & l'on en prend de gros à Saint-Chaumont.

Ce n'eſt pas le ſeul poiſſon qui paſſe de l'eau ſalée dans l'eau douce; mais ils n'ont pas tous la même inclination : quelques-uns qui ſe plaiſent dans l'eau ſaumâtre, reſtent dans les endroits où la marée ſe fait ſentir : d'autres paſſent dans l'eau tout-à-fait douce; mais ils ſe fixent aux endroits où ils trouvent apparemment tout ce qui leur eſt néceſſaire. Il n'en eſt pas de même des *ſaumons*; ils ne reſtent pas long-temps dans un même endroit; quelquefois ils s'approchent du rivage & entrent dans les anſes, puis ils ſe portent où l'eau eſt profonde, & toujours en remontant vers la ſource des rivières, où cependant on n'en trouve guères que de petits; les gros ſe tiennent où il y a plus d'eau. Ils ſe plaiſent dans les eaux vives & claires qui coulent ſur un fond de ſable pur ou de gravier. C'eſt à cette raiſon qu'on peut attribuer la quantité conſidérable de *ſaumons* qui entrent dans certaines rivières, pendant qu'il s'en trouve peu dans d'autres, quoiqu'elles ſe déchargent pareillement dans la mer; & ſouvent après avoir remonté dans une grande rivière un eſpace aſſez conſidérable, ils la quittent pour paſſer dans un ruiſſeau dont l'eau eſt plus vive.

Le fait eſt donc certain; les *ſaumons* ſe portent avec avidité à paſſer dans les rivières : ainſi, c'eſt avec raiſon que Rondelet dit que les *ſaumons* aiment tellement l'eau douce, qu'ils remontent dans les fleuves & les ruiſſeaux juſqu'à leur ſource. Il faut pour cela, comme le remarque Geſſner & d'autres auteurs, qu'ils aient franchi un nombre de pièges qu'on leur a tendus pour les prendre au paſſage. Cet auteur & beaucoup d'autres diſent qu'ils s'élancent pour cela fort haut au-deſſus de l'eau, qu'ils franchiſſent des cataractes qui ont plus de huit pieds de hauteur; & Cambden fait mention d'une ſemblable merveille qu'on trouve dans Pembrock-shire, où la rivière du Zing tombe dans la mer ſi perpendiculairement & de ſi haut, qu'on s'arrête pour admirer la force & l'adresse avec laquelle les *saumons* la franchissent pour passer de la mer dans cette rivière. Cet endroit se nomme pour cette raison *le saut du saumon*.

Michel Drayton dit qu'à cette cataracte les *saumons*, pour vaincre la force du courant, prennent leur queue dans leur gueule pour bander leurs corps comme un arc, & qu'ayant la forme d'un cercle, leur corps se redresse avec une très-grande force; que, s'ils manquent leur coup, ils recommencent la même manœuvre jusqu'à ce qu'ils aient surmonté l'obstacle. Je crois que tout cela se réduit à dire : Quand un *saumon* a à vaincre un courant très-rapide, il plie beaucoup son corps, pour qu'en donnant des coups de queue très-vifs, il acquière la force qui lui est nécessaire pour surmonter la résistance du courant.

Mais quelle raison les détermine à quitter l'eau salée pour passer dans l'eau douce? C'est un point sur lequel on n'est pas d'accord. Le sentiment le plus généralement adopté par les naturalistes, est que les *saumons* remontent dans les rivières pour y frayer & y déposer leurs œufs.

Du saumon *bécard*.

Les *saumons* qu'on nomme *bécards* se distinguent de ceux qu'on appelle *francs-saumons*, dont on vient de donner la description, principalement par une difformité de la mâchoire inférieure qui, au lieu d'être à-peu-près droite, se recourbe vers le haut; de sorte, dit-on, que son extrémité se loge dans une cavité qui se forme à la mâchoire supérieure. On assure même en avoir trouvé quelques-uns qui avoient la mâchoire supérieure percée à la rencontre du crochet de la mâchoire inférieure.

On prétend encore que les bécards ont les écailles plus brunes & moins brillantes que les *francs-saumons*, que leurs taches sont brunes & plus distinctes. Quelques-uns disent qu'ils ont des taches rouges, & pour cette raison, ils les nomment *truites*: on ajoute, & Belon dit, que les bécards ont les taches de couleurs plus vives & plus variées que les autres *saumons*; que leur tête est grosse proportionnellement au corps qui est plat, menu & alongé.

Quelles sont les qualités des bons saumons.

On estime les *saumons* qui ont la tête petite relativement au corps, qui doit être gros, arrondi, ce qui indique qu'il est charnu & gras; ses écailles doivent être brillantes, & alors on pense que c'est un signe de bonne santé. Au contraire, ceux qui éprouvent la maladie du frai les ont ternes, & les mouchetures moins distinctes.

Les *saumons* fraient dans les rivières d'eau douce, depuis le mois de septembre jusqu'en décembre, & ils sont alors réputés de mauvaise qualité; mais comme la plupart n'ont point frayé en entrant dans les rivières, presque tous ceux qu'on prend à leur embouchure sont bons en toute saison : néanmoins ils sont dans toute leur perfection en janvier & février; & quand ils se remplissent d'œufs, leur chair est plus sèche : ils sont absolument mauvais quand ils fraient, & peu de temps après.

On estime que les *saumons* qu'on prend dans la Loire, la Seine, la Garonne, la Meuse, le Rhin, la Tamise, sont plus forts, plus gras, que ceux d'Ecosse, & que pour cette raison, ceux-ci sont meilleurs pour saler. Ceux de Bretagne sont un peu moins estimés que ceux des rivières que nous venons de nommer. Ceux de la mer Baltique sont gros & gras; mais leur chair a peu de couleur, ce qu'on attribue aux eaux douces qui abondent, sur-tout dans le golfe de Finlande. On dit que ceux de Norwege ont la chair plus dure, & que ceux d'Irlande perdent plus de leur couleur à la détrempe que ceux d'Ecosse.

Les rivières qui se déchargent dans la mer d'Allemagne & la Baltique, ne fournissent ordinairement que de petits *saumons* qui viennent par Hambourg & autres ports voisins des environs de l'Elbe. Ces poissons paqués, comme l'on dit, en vrac, tête & queue, & pêle-mêle de toute sorte, ne sont point achetés avec confiance par les marchands, comme ceux qui viennent d'Angleterre & d'Ecosse, qui sont paqués par sorte & triés fidellement.

Pêche des saumons.

Si l'on prend quelques *saumons* dans la Méditerranée, c'est fort rarement & accidentellement : on en chercheroit en vain dans les fleuves qui y affluent : je ne sache que le Rhône, où l'on dit qu'on en avoit pris quelques-uns; mais on prend beaucoup de ces poissons sur les bords de l'Océan, rarement en pleine mer; c'est pourquoi les pêcheurs les regardent comme des poissons littoraux : ils sont beaucoup plus abondans dans les rivières qui se déchargent dans cette mer, & c'est dans le lit de ces rivières où, s'étant rassemblés en nombre, on en prend en plus grande quantité. Ainsi on peut dire en général qu'on trouve des *saumons* dans les fleuves qui se déchargent dans l'Océan, plus à la vérité dans ceux dont les eaux sont vives & claires, & qui coulent avec rapidité sur un sable ou un gravier pur, que sur les fonds vaseux, ce qui est commun aux *saumons*, aux truites & à plusieurs poissons de la même famille. Leur inclination les porte à remonter fort haut vers la source de ces rivières; & quand, chemin faisant, ils rencontrent de petites rivières d'eau très-vive & crue, ils abandonnent la grande pour entrer dans ces ruisseaux; car ils se plaisent à remonter les courans rapides, même les chûtes d'eau & les cataractes, & dans certaines circonstances ils s'élèvent assez haut au-dessus de la surface de l'eau, de sorte qu'ils parviennent à franchir les filets ainsi que les clayonnages qu'on oppose à leur passage; & dans tous ces cas les truites paroissent avoir plus de force & de légéreté que les *saumons*. La disposition naturelle que ces poissons ont à remonter jusqu'à la source des petites rivières, fait que la Flandre, la Picardie, la Normandie, la Bretagne, l'Aunis, la Gascogne, le Béarn, en sont fournis.

Les *saumons* & les truites se trouvent fréquemment de compagnie, cependant il y a des rivières où les truites sont plus abondantes que les *saumons*, & le contraire. Bien plus, il arrive quelquefois que les *saumons* & les truites ayant remonté de compagnie une rivière, si dans son cours elle se partage en deux branches, presque tous les *saumons* passent dans un bras, & les truites dans un autre. Comme ces deux espèces de poissons aiment les eaux vives & qui coulent avec rapidité, on ne sait pas quelle raison les engage à prendre différentes routes.

Il y a cette différence entre les truites & les *saumons*, qu'on ne trouve de ces derniers que dans les eaux qui ont une communication avec la mer, ou immédiatement, ou par l'entremise des grands fleuves; au lieu qu'on trouve des truites dans des étangs, des lacs, même des canaux qui n'ont aucune communication avec la mer; elles s'y multiplient, & elles y grossissent; de sorte qu'on peut dire qu'il y a peu de poissons qui soient aussi généralement répandus que la truite.

Ce que nous venons de dire de la distribution des *saumons* & des truites par les petites rivières, ne regarde que l'intérieur de la république; mais on en prend assez considérablement dans plusieurs rivières de Hollande, & ces poissons sont beaucoup plus abondans au nord de l'Ecosse & de l'Irlande; encore plus en Islande, en Danemarck, en Norwège, en Canada, dans la mer Baltique, dans les rivières qui se rendent à la mer Caspienne, même dans le Wolga.

Suivant les voyageurs, il y en a à chair blanche & à chair rouge qui surpassent, par leur délicatesse & leur bon goût, les mêmes poissons qu'on prend dans nos parages. Ainsi il paroît que ce poisson est d'autant plus abondant, qu'on s'approche plus du nord.

Des marques extérieures qui indiquent que les saumons *& les truites sont de bonne qualité.*

Les pêcheurs ne doivent pas ignorer qu'on estime les *saumons* & les truites qui ont la tête petite, avec le corps gros & arrondi; car quand ces poissons sont gras, ils paroissent moins alongés & avoir la tête moins grosse.

On préfère, dans les *saumons* & les truites, ceux qui ont la chair rouge; cependant il y a de fort bons *saumons* qui ont la chair très-pâle, & plusieurs estiment les truites qui ont la chair blanche comme du lait.

De la pêche des saumons *& des truites à l'embouchure des viviers.*

Les *saumons* & les truites qui par inclination, ou pour quelque raison que ce puisse être, passent de la mer dans les rivières en certaines saisons, se rassemblent nécessairement en assez grand nombre à leur embouchure: alors il s'en prend davantage dans les parcs, les jets & les étentes.

Les rets, qu'on nomme *à saumons*, sont faits avec de bon fil retors: leurs mailles ont trois pouces d'ouverture en quarré; & les pièces ont vingt-cinq à trente brasses de longueur sur seulement quatre pieds de chûte; quelquefois pour avoir une tessure plus étendue, on ajoute deux ou trois pièces de filet les unes au bout des autres, & on les tend sur des pieux de six pieds de longeur, qu'on met à trois pieds les uns des autres, & qui entrent d'un pied & demi dans le sable; on ne les tend que d'èbe & de morte-eau, parce que le courant des grandes marées pourroit désensabler les pieux & emporter les filets. Quelques poissons s'emmaillent, & quand les pêcheurs s'en apperçoivent, ils vont dans l'eau les prendre avec un lanet. Quand ils s'apperçoivent aussi qu'il s'est rassemblé des *saumons* auprès des filets, ils essaient de les prendre avec un bouteux ou des haveneaux.

Cette façon de pêcher différant peu de celle qu'on pratique sur les graves qui bordent l'embouchure des rivières, il s'y prend, outre les *saumons* & les truites, quantité de différentes espèces de poissons, sur-tout quand, au lieu d'une simple nappe, on fait les étentes avec des tramaux.

Une remarque qui a rapport à toutes les étentes qu'on fait tant sur les plages que dans le lit des rivières, est que comme les *saumons* & les truites se plaisent dans les courans rapides d'eau vive & claire, il est à propos que les pêcheurs établissent leurs filets dans les endroits où le courant est rapide; & quand il ne s'en rencontre pas, ils essaient de s'en procurer en formant des gores de clayonnage.

Les truites & les *saumons* ne se laissant point aller au courant, mais le refoulant toujours, il faut tendre les filets à manche, verveux, guideaux, &c. l'embouchure du filet du côté du bas de la rivière, & ne la pas présenter au courant, comme on le fait pour prendre les poissons qui descendent les rivières en s'abandonnant au cours de l'eau: ceci étant bien entendu, on conçoit comment on doit tendre ces filets sur les plages.

Outre ces pêcheries sédentaires, la saine est fréquemment employée pour pêcher les *saumons* & les truites à l'embouchure des rivières, même dans leur lit & dans de petits golfes où il se rassemble quelquefois beaucoup de ces poissons, sur-tout quand il s'y rend quelques petits ruisseaux d'eau douce.

Lorsque la nappe d'eau a beaucoup d'étendue, les pêcheurs traînent leur saine avec deux petits bateaux, chacun en tenant un bout; puis ils se rapprochent l'un de l'autre pour hâler la saine à bord d'un des deux bateaux, ayant soin de réunir la ralingue du pied qui porte les plombs avec celle de la tête où sont les flottes, afin qu'en doublant ainsi le filet, ils retiennent mieux le poisson.

A Beauport, amirauté de Saint-Brieux, on pêche avec des saines qui ne sont point lestées de plomb par le pied, mais seulement garnies de pierres peu pesantes, placées de brasse & demi en brasse & demi, pour ne point endommager les fonds.

Quand les pêcheurs veulent se servir de ces filets, ils se réunissent ordinairement quatre bateaux; la chaloupe qui porte le filet, a cinq hommes d'équipage; quatre nagent formant un demi-cercle; le cinquième jette le filet à l'eau; un des bouts est amarré à l'arrière du bateau; les trois autres bateaux servent pour relever. A cet effet, quand on veut faire cette manœuvre, deux bateaux entrent dans l'enceinte du filet, & battent l'eau pour empêcher le poisson de sauter par-dessus les flottes de liége; le troisième fait la même opération en-dehors: ainsi tous les trois suivent le contour qu'on a fait prendre au filet, & tous aident à le relever.

Chaque pièce a trente brasses de long sur trois de chûte, & chaque bateau fournit une pièce qui, étant ajustée l'une au bout de l'autre, forme la tissure entière. On prend avec ce filet des *saumons* à l'embouchure des rivières dans la saison de la montée; mais c'est pêle-mêle avec toutes sortes d'autres poissons qui se trouvent renfermés par l'enceinte du filet. Quand la nappe d'eau n'a pas autant de largeur, les deux bateaux, de concert, gagnent la terre, & les pêcheurs étant à pied, tirent le filet sur la grève.

Assez souvent, quand la nappe d'eau n'a pas beaucoup d'étendue, un bateau tire un bout du filet; & des hommes étant à pied au bord de l'eau, halent l'autre bout; puis le bateau ayant gagné le rivage, tous se réunissent pour tirer le filet à terre.

Si l'équipage n'est pas assez nombreux pour se partager en deux bandes, on attache au bord de l'eau à un pieu un halin, qui répond à un des bouts du filet; le bateau ayant pris le filet à son bord, le met à l'eau en gagnant le large; & après avoir décrit une portion de cercle pour former une enceinte, il revient au pieu, où est attaché un des bouts du filet; & les pêcheurs qui sont dans le bateau se mettant à terre, y tirent la saine.

Lorsque la nappe d'eau n'est pas fort épaisse, & que le fond est assez solide pour que des hommes puissent y marcher, on pêche dans la saison de la montée des *saumons* & des truites avec le colleret, qui est une petite saine, que des hommes qui se mettent à l'eau traînent, ayant les halins passés sur l'épaule en forme de bandoulière. Quoique les moyens qu'on emploie pour prendre les *saumons* & les truites dans les petites rivières avec une simple nappe ou une saine trémaillée, ne diffèrent pas essentiellement de ceux que nous venons de décrire pour la pêche dans les grandes rivières, elles exigent néanmoins certaines manœuvres dont il est bon de dire quelque chose.

Quand les pêcheurs ont un bateau, ils s'en servent pour passer une partie de leur monde d'un côté de la rivière, pendant que l'autre reste sur l'autre bord. Ceux qui traversent ainsi la rivière prennent dans leur bateau une corde ou un halin amarré à un des bouts du filet. Ce halin sert à mettre à l'eau le filet, & à le traîner dans le lit de la rivière, de concert avec ceux qui sont restés sur l'autre bord; & pour le reste, on peut consulter ce que nous avons dit, avec cette différence qu'il faut traîner le filet du haut de la rivière vers le bas pour rencontrer le poisson qui remonte toujours le courant.

Quand la rivière est fort étroite, & que les pêcheurs n'ont point de bateau, ils attachent au bout d'une ligne déliée une pierre ou une perche, qu'ils jettent le plus loin qu'ils peuvent par le travers de la rivière, & ceux qui y sont, essaient de l'attraper avec un croc ; cette ligne menue sert à attirer à eux un des halins du filet ; & les pêcheurs étant distribués, les uns sur un bord de la rivière, les autres sur l'autre, traînent une saine simple ou un trémail, en suivant le cours de la rivière.

Ce filet est soutenu aux deux extrémités par un bout de perche que les pêcheurs nomment *basule*, ou ailleurs *canon* ; ce bâton ayant à un de ses bouts une pierre assez grosse ou une cablière, est maintenu dans une situation verticale, & contribue de concert avec les plombs qui sont au pied du filet & les flottes de liége qui sont à la tête, à entretenir le filet dans une position avantageuse.

On prend aussi dans la Meuse, auprès de Mézières, des *truites* avec des filets : mais la pêche avec les hameçons y est bien plus pratiquée.

On fait cette pêche aux décharges des moulins & aux endroits des chaussées par lesquels l'eau s'échappe ; en un mot, dans les endroits où il y a des courans rapides, parce que c'est dans ces bouillons ou remoux que se rendent les grosses *truites*, principalement depuis le mois de mai jusqu'en septembre : on emploie pour cette pêche différents appâts, & on dispose différemment les hameçons, comme nous allons l'expliquer.

On trouve sur les rivières principalement trois espèces d'insectes volans ; les uns jaunes, qui sont assez gros, on les choisit par préférence ; d'autres moins gros, qui sont brunâtres ; & d'autres qui tirent au blanc, on les emploie au défaut des jaunes. On fait les lignes avec du crin blanc très-fin, & l'on se sert d'haims fort déliés, pour que la mouche qui sert d'appât flotte sur l'eau.

Au défaut d'insectes naturels, on en fait d'artificiels avec des plumes de bécasses, de perdrix & de loreau, essayant d'imiter, au moins par la couleur, les insectes de la saison ; & comme la plupart ont la tête dorée ou argentée, on la forme avec des plumes de paon, qu'on plie & qu'on attache avec de la soie blanche. On amorce aussi les haims avec des vers, préférant ceux qui se trouvent dans le fumier de porc ; ils ont la tête rougeâtre & la queue tirant au jaune ; mais soit qu'on se serve de ces vers ou des vers de terre, avant de les employer, on les met, comme on l'a dit ailleurs, dans une boîte qu'on remplit de mousse apprêtée avec des jaunes d'œufs & du sucre en poudre fine : ce qui leur donne la consistance nécessaire pour les bien ajuster aux haims. Pour cette pêche, la ligne doit être encore de crin blanc, & l'haim de médiocre grosseur ; car le ver doit y être ajusté de façon que la tête excéde l'haim du côté de la ligne, & que la queue passe la pointe de l'haim d'environ trois lignes. On attache sur la ligne, à environ six ou huit pouces de l'haim, un petit plomb qu'on fait plus ou moins léger, suivant la vitesse du courant : au reste cette pêche se pratique dans presque toutes les saisons de l'année.

Ce filet est fait de soie verte ; la tête est bordée d'une fine corde de crin noir, où l'on ajuste des flottes de liége coupées en petites tranches de trois pouces de longueur, d'un pouce de largeur & de trois lignes d'épaisseur ; on les attache avec de la soie sur la corde de crin qui borde la tête du filet, les mettant à deux pieds les unes des autres. Pour que le filet se place verticalement dans l'eau, on attache des balles de plomb à la corde qui borde le pied du filet ; mais il faut éviter d'en mettre trop, parce qu'il faut que la tête du filet se tienne à la surface de l'eau. On tend ce filet sédentaire suivant la direction du courant, & jamais par le travers de la rivière ; c'est pourquoi on choisit un endroit où son lit soit droit, sans coudes, tournans ni tourbillons, & , autant qu'on le peut, à un endroit où les bords soient plantés d'arbres & garnis de crônes ou de sous-rives : on laisse le filet ainsi tendu toute la nuit, afin que les poissons qui sortent des trous pour chercher leur vie, donnent dedans.

Pêche des Saumons *& des* Truites *dans la Loire.*

La pêche des *saumons* commence ordinairement à l'entrée de la Loire en septembre, & dure jusqu'au mois de mai ; j'entends la grande pêche, car on prend quelques *saumons* toute l'année, mais c'est en petite quantité & accidentellement ; c'est en février & mars qu'ordinairement la pêche est la plus abondante ; je dis *ordinairement*, car lorsqu'il survient des coups de vent & de grosse mer, les *saumons* entrent en plus grand nombre dans la rivière ; il est vrai que souvent il arrive de ces gros temps aux approches des équinoxes ; & comme les marsouins chassent les *saumons* avec tant d'acharnement qu'ils en prennent quelquesfois jusques dans les filets, ces poissons voraces engagent encore quelquefois les *saumons* à entrer plus précipitamment dans la rivière.

On prend assez souvent des *saumons* blessés ; si ces blessures sont considérables, on peut les attribuer aux marsouins, qui, quelquefois leur emportent presque toute la queue ; & si l'on trouve vers la queue & sur le dos des écailles percées, même emportées en forme de sillons, il est probable que ces plaies ont été faites par des insectes qu'on dit qu'on trouve assez fréquemment attachés aux *saumons*; souvent les *saumons* ont sous le ventre des égratignures qu'on attribue avec beaucoup de vraisemblance à ce qu'ils se sont frottés sur des cailloux ou des pierres qui sont au fond des rivières, que les *saumons* fréquentent par préférence à celles dont le fond est vaseux. Les pêcheurs disent que vers le mois de mai & de juin, ils prennent les *saumons* qui descendent la Loire pour retourner à la mer.

Si nous disons que dans une saison ces poissons remontent la Loire, & que dans une autre ils la descendent, il ne faut pas imaginer qu'ils suivent, soit en montant, soit en descendant, une ligne droite; d'où il résulteroit que dans la saison de la montée ils se trouveroient pris dans les trémaillons du côté d'aval, & dans la saison de leur retour à la mer dans ceux du côté d'amont; mais les pêcheurs ne remarquent sur cela rien de constant, parce que les *saumons* suivent souvent la direction du flux & reflux, toujours pour refouler le courant; souvent ils coupent la rivière de biais, ou même ils se portent pendant quelque temps du côté d'aval pour chercher leur proie.

Outre les *saumons*, on prend dans la Loire, & par les mêmes moyens, des *truites*, les unes à chair blanche, les autres à chair rouge ou saumonée, qu'on regarde dans cette rivière comme une espèce de *saumons*, néanmoins on les distingue à la couleur des écailles qui sont communément moins brunes aux *truites* qu'aux *saumons*, & tachetées de rouge, au lieu que les mouchetures des *saumons* sont pour la plupart noires; la chair de la *truite* saumonnée passe pour être plus délicate que celle des *saumons*.

Au reste, les *truites* ressemblent aux *saumons* par la façon de vivre, les infirmités, l'inclination qu'elles ont d'entrer dans les rivières, leur séjour dans l'eau douce, le choix qu'elles font des eaux vives, claires & qui coulent rapidement, leur retour à la mer, le nombre & la position tant des ailerons que des nageoires; enfin on les prend avec & par les mêmes moyens que les *saumons*.

Commerce du saumon.

Le *saumon* frais est sans contredit un mets fort recherché, ce qui fait que quand les pêcheries sont établies à portée des villes considérables, on en trouve un débit avantageux, & on est dispensé d'avoir recours à des préparations embarrassantes & toujours dispendieuses; il y a même cela d'avantageux, que quoique la chair de ce poisson soit délicate, elle peut se conserver assez long-temps bonne à manger, pourvu que ce soit par un temps frais. Aussi les chasses-marée en apportent à Paris & dans d'autres grandes villes fort éloignées des pêcheries; au moyen de quoi il se vend communément fort cher, même à portée des endroits où l'on en prend beaucoup.

On sait que les poissons gelés se gardent tant qu'on veut sans se gâter. Les canadiens conservent ainsi leurs vivres, chair & poissons, tout l'hiver, pourvu qu'il n'arrive point de dégel; car dans ce cas ils éprouvent une grande calamité, la chair du poisson se corrompant très-promptement aussi-tôt qu'ils sont dégelés. A la Chine on forme sur des bateaux des espèces de glacières, au moyen desquelles on transporte à Canton du poisson frais & bon à manger qu'on a pris dans des provinces fort éloignées.

On sait encore qu'en France on conserve long-temps du gibier & du poisson dans des glacières, & que les chasses-marée profitent des temps de gelée pour transporter fort loin leurs poissons: mais en France les gelées sont rarement d'assez longue durée pour qu'on puisse compter sur cette façon de conserver le poisson; de sorte qu'il arrive souvent que le dégel survenant tout à coup, les chasses-marée font des pertes considérables.

Heureusement il suffit que l'air soit frais pour qu'on puisse transporter les *saumons* en bon état de 50, 60 & même 80 lieues.

Quoique le *saumon* puisse se conserver frais & bon à manger plus long-temps que quantité d'autres poissons, même que les truites, néanmoins il ne seroit pas possible de l'envoyer en état d'être mangé à des distances considérables, surtout quand l'air n'est pas frais; c'est ce qui a fait imaginer aux hollandois une manière de le conserver, par laquelle on peut le manger au bout de quinze jours ou trois semaines, presqu'aussi bon que s'il n'étoit pêché que depuis trois ou quatre jours. Il est vrai que cette opération exige des frais & des précautions qui la rendent impraticable pour en faire un objet de commerce. Voici en quoi elle consiste.

Si-tôt que le poisson est pris, on lui coupe le bout du museau, & on le pend par la queue pour en tirer le sang le plus qu'il est possible; peu de temps après, on lui ouvre le ventre pour le vuider, & on le lave soigneusement; on le fait cuire tout entier dans une saumure de sel blanc qu'on qu'on écume fréquemment ; avant que le poisson soit entièrement cuit, on le tire de la saumure, prenant garde d'endommager la peau ; on le laisse refroidir & égoutter sur une claie, puis on l'expose un jour ou deux à la fumée d'un feu de genièvre, qui ne doit pas faire de flamme ; enfin, on le met dans une boîte de fer-blanc, dont les côtés soient d'environ un pouce plus élevés que l'épaisseur du poisson ; on remplit entièrement cette boite avec du beurre frais & salé qu'on fait fondre ; quand le beurre est figé, on ferme la boîte avec son couvercle, qu'on fait souder avec le dessous. Quelques-uns mangent ce poisson sans le faire cuire ; mais il est meilleur quand on achève de lui donner sa parfaite cuisson ; alors on le sert comme le *saumon*-frais, avec une sauce relevée. On lui trouve plus de goût, & on le préfère au *saumon* frais. L'hiver on peut substituer au beurre de bonne huile d'olive, qui, restant figée, ne s'écoule pas plus que le beurre.

Du saumon *mariné.*

On prend, comme nous l'avons dit, du *saumon* dans la plupart des rivières qui se déchargent dans l'Océan ; mais souvent c'est en trop petite quantité pour qu'on puisse en faire des salaisons ; d'autres fois, des pêcheries où l'on prend beaucoup de *saumons*, étant situées dans des provinces très-peuplées, ou à portée de villes assez considérables pour qu'on trouve à les vendre frais à un prix qui passe toujours celui du *saumon* salé, il ne seroit pas raisonnable d'en faire des salaisons. Néanmoins il arrive quelquefois & accidentellement qu'on fait des pêches si abondantes, qu'on est obligé de donner pour moins de dix sols la livre des *saumons*, qui pour l'ordinaire se vendent 40 & 50 sols la livre. C'est dans ces circonstances accidentelles qu'il est avantageux de préparer le *saumon* de façon qu'il puisse se conserver long-temps, & être transporté assez loin sans souffrir d'altération ; on ne pourroit pas espérer de se dédommager, par la vente, des frais qu'exige la préparation avec le beurre, que nous avons détaillée ci-dessus. On peut bien en saler une petite quantité pour sa propre provision ; mais ces cas, presque toujours imprévus, ne permettent pas de faire des salaisons considérables, qui emporteroient trop de frais pour entrer en concurrence avec le poisson qu'on met dans le commerce.

Le meilleur parti qu'on puisse prendre pour profiter des pêches abondantes qui arrivent accidentellement, & sans qu'on puisse les prévoir, est de mariner le *saumon*, d'autant que quand cette préparation est bien faite, le poisson est beaucoup meilleur que celui qui est salé ; & souvent, quand on est las de *saumon* frais, on mange avec plaisir celui qui est mariné suivant quelques-unes des méthodes que nous allons rapporter.

Pour que les opérations dont nous allons parler aient tout le succès qu'on peut desirer, il faut les faire avant les chaleurs. Aussi, en Ecosse, on commence à mariner le *saumon* aussi-tôt que les rivières étant dégelées, on peut commencer la pêche, & on cesse de mariner quand, vers le mois de mai, les chaleurs se font sentir ; alors on sale & on paque en barils tous les *saumons*.

Quand on ne se propose pas de conserver le *saumon* mariné fort long-temps, mais qu'on veut qu'il soit bon, voici la méthode qu'il convient de suivre. Aussi-tôt que le *saumon* est pris, on le vuide & on le lave ; puis on le fait cuire dans l'eau avec un peu de sel. Pendant que le poisson cuit, on fait chauffer du vin, se contentant de le faire frémir ; ensuite on le laisse refroidir, & on le verse sur le *saumon*, qu'on a mis dans un pot de grès, qu'on couvre le mieux qu'il est possible. Au bout de huit, dix, douze & même quinze jours, on en tire des tronçons qu'on peut servir au sec sur une serviette, & le manger avec du verjus, ou jus de citron, de l'huile & du vinaigre ; on peut aussi lui faire, comme au *saumon* frais, une sauce dans laquelle on le fera réchauffer.

A Abberdeen, où l'on marine beaucoup de *saumons*, aussi-tôt que le poisson est sorti de l'eau, on lui retranche six ou huit pouces de la queue ; puis on tranche la tête & le corps en deux suivant toute sa longueur, de sorte que la tête reste attachée à une des moitiés ; on le lave bien dans l'eau douce, ou encore mieux dans l'eau de mer, quand on en est à portée, de sorte qu'il n'y reste ni sang ni ordures. On coupe ordinairement en deux la moitié où il n'y a point d'arrête, & en trois celle où l'arrête est restée ; on a soin que la moitié de la tête reste aux tronçons qui sont le plus près de la tête, & même pour qu'elle ne s'en sépare pas, on l'y attache avec une ficelle.

On fait dans une chaudière sur le feu une saumure avec du sel blanc, & on met plus ou moins de sel, suivant qu'on veut conserver le *saumon* plus ou moins long-temps, ou l'envoyer plus ou moins loin ; celui qui est moins salé est plus agréable à manger ; il approche plus du *saumon* frais ; mais il ne se conserve pas aussi long-temps. A mesure qu'il se forme de l'écume sur la saumure, on l'emporte avec l'écumoire. Lorsque la saumure est bien bouillante, on met dedans les tronçons des *saumons*. Comme il est important d'ôter le plus que l'on peut l'huile du *saumon*, il faut écumer presque continuellement, jusqu'à ce que le poisson soit assez cuit pour être bon à manger ; alors, on le retire de la saumure, & on le met égoutter sur une grille de bois, la peau en-dessus, prenant garde d'entamer les écailles.

Le lendemain, quand le poisson est refroidi, on le met dans de petites tinettes, & sur environ trente livres de poisson, on met deux pintes de vinaigre. Quand c'est de bon vinaigre de vin, on peut en diminuer la dose, & on achève de remplir la tinette avec la saumure où le poisson a cuit, qui est refroidie, & qu'on a passée par un tamis pour en ôter la graisse. En arrangeant les tronçons de *saumons* dans la tinette, on met deux ou trois onces de gros poivre avec de la fleur de muscade, & l'on augmente la dose de ces épices suivant que l'on veut que les poissons marinés se gardent plus ou moins de temps ; il faut sur-tout enfoncer les tinettes avec soin, & qu'elles soient bien étanchées, pour qu'elles ne perdent point la saumure, & qu'elles ne prennent point d'air, en les tenant de plus dans un lieu frais & sec. Le poisson est très-bon à manger au bout de six semaines ou deux mois. On peut le conserver plus long-temps ; mais plus on le garde, plus il perd de sa qualité.

La méthode de Berwick ne diffère de celle d'Abberdeen, qu'en ce qu'il est recommandé 1°. d'appuyer pendant la cuisson avec le plat de l'écumoire sur les morceaux qui surnagent, pour qu'ils plongent dans la saumure ; 2°. qu'une demi-heure suffit pour que le *saumon* soit cuit, lorsque la saumure est bien bouillante ; 3°. que quand on met le *saumon* refroidir, il faut éviter que les morceaux se touchent, pour qu'ils se refroidissent plus promptement ; 4°. que la saumure qui reste, après que l'on en a pris ce qu'il faut pour remplir la tinette, peut servir jusqu'à quatre fois à cuire de nouveaux poissons.

La méthode de Newcastle ne diffère des précédentes qu'en ce qu'en arrangeant les morceaux de poisson dans les tinettes, on met entre eux des épices en poudre composées comme il suit. Une demi-once de poivre noir, autant de poudre de la Jamaïque, un quart d'once de clous de girofle, une livre de sel, le tout réduit en poudre. On préfère l'eau de mer à l'eau douce pour faire cuire le poisson ; & quand on est obligé d'employer de l'eau douce, il faut doubler la dose de sel. Il y en a qui trouvent le *saumon* mariné avec des épices, meilleur que celui où l'on n'en a point employé ; mais quelques-uns donnent la préférence à celui qui est tout simplement confit dans le sel & le vinaigre. On donne pour marque que le poisson est assez cuit, quand les morceaux les moins gros s'élèvent à la surface de la saumure.

Plusieurs marineurs mettent leurs pièces de *saumons* s'égoutter & se refroidir sur une table inclinée & carrelée de carreaux de faïence, plutôt que sur une grille de bois. Les tinettes dans lesquelles on porte le *saumon* mariné au marché de Londres, ont environ deux pieds de diamètre & neuf à dix pouces de haut. Il y en a de moitié plus petites qu'on nomme des *demi-tinettes*. Il est étonnant la quantité qui s'en débite à Londres. En Ecosse, les maisons où l'on marine le *saumon*, sont placées la plupart au bord de l'eau, pour avoir aisément de l'eau de mer, soit pour le laver ou le faire cuire.

En Hollande, aussi-tôt que le *saumon* est pris, on lui coupe la tête, on sépare en deux suivant la longueur du poisson ; on coupe le reste par tronçons ou tranches de trois doigts d'épaisseur jusqu'au-dessous de l'anus ; on laisse la queue de la longueur que l'on veut. On met tous ces morceaux dans un grand vase plein d'eau fraîche, où on les lave avec soin, & on change l'eau jusqu'à trois fois pour ôter tout le sang : on lie chaque tranche séparément sur de petites lattes, pour qu'elles ne se touchent pas & qu'elles ne se déforment point en cuisant.

Quand les tranches de *saumons* sont ainsi préparées, on fait bouillir à part assez d'eau pour que le poisson en soit couvert ; on y ajoute deux bouteilles de vin du Rhin, une bouteille de bon vinaigre, du macis, des clous de girofle, du poivre en grain ou du poivre long de Portugal, de la coriandre, du thim, des feuilles de laurier, une gousse d'ail & plus ou moins de sel, suivant qu'on se propose de conserver plus ou moins de temps le *saumon* mariné. Quand cette eau est bouillante, on y met les tranches de *saumon*, observant de placer en-dessus les têtes qui sont plus aisées à cuire que la chair. Quand le poisson est cuit, on le retire proprement pour le mettre égoutter sur un linge blanc. Le bouillon étant refroidi, on le passe par un tamis ; ensuite on arrange le *saumon* dans une tinette ou un pot de grès sur une couche de feuilles de laurier ; on met entre les morceaux de *saumon* un peu de sel & des tranches de citron ; on verse dessus la sauce dans laquelle le *saumon* a cuit, jusqu'à ce que le poisson en soit tout couvert. On finit par remplir le vase avec les têtes & les queues ; on verse par-dessus de bonne huile, & on ferme exactement le vase où l'on a mis le *saumon*, qui, étant ainsi préparé, peut se conserver un couple de mois. On peut le manger tel qu'il est sortant de la tinette, avec une sauce comme pour le *saumon* frais ; ou bien l'ayant fait réchauffer, on le sert avec une sauce blanche ou une étuvée, &c.

Du saumon fumé.

La façon de préparer le *saumon fumé* revient à celle qu'on donne au hareng qu'on nomme *saur* ou *sauré*; mais il est beaucoup meilleur. On en prepare en Angleterre, en Ecosse & en Hollande, mais pas à beaucoup près autant que dans le nord : comme la préparation est à-peu près la même dans ces différens endroits, je me contenterai de détailler celle qui est en usage en Hollande.

Aussi-tôt que le *saumon* est tiré de l'eau, on lui coupe le museau & on le pend par la queue pour laisser écouler le sang ; puis on l'ouvre dans toute sa longueur par le ventre jusqu'au dos, de sorte cependant que la tête ne se sépare pas du corps; on ôte les ouies, on le vuide & on le lave. On met du sel blanc dessus le poisson, & on le laisse en cet état 24 ou 36 heures plus ou moins; suivant le tems qu'on se propose de conserver le poisson.

Il y en a qui le mettent ainsi couvert de sel entre deux planches qu'on pend dans un lieu frais & sec, non-seulement pour l'applatir, mais encore pour que la graisse & la lymphe s'égouttent ; il faut ensuite l'exposer à la fumée : mais pour que le poisson conserve sa forme platte, on passe en travers de petites lattes minces qu'on attache à la peau du côté du dos. Enfin on le fume avec des copeaux de bois de chêne ou de genièvre, qu'on allume de façon qu'il produise de la fumée sans faire de flamme : quand il a été ainsi fumé pendant trois jours, on le pend à l'air pendant vingt-quatre heures, & on continue à l'exposer alternativement à l'air & à la fumée pendant quinze jours ou trois semaines.

Pour conserver le *saumon fumé* il ne faut pas l'empiler comme la morue seche ; car ce poisson étant très huileux, se gâteroit: il faut le suspendre en l'air & même il est avantageux de l'exposer de temps en temps à la fumée. Quand on veut le transporter, on enveloppe séparément chaque poisson dans de la paille longue, pour qu'ils ne se touchent point ; & pour les tenir séchement. Ce *saumon* bien préparé se conserve assez long-temps comme le hareng saur ; cependant il n'est jamais meilleur que quand il n'est préparé que depuis un mois ou deux.

Du saumon desseché.

On dessèche dans le nord les *saumons* en henfish, flacfish, rondfish, &c. Il y a des canadiens qui salent les *saumons* comme la morue verte, à la façon de Hollande : d'autres après les avoir salés, les fument comme les norvégiens. Les sauvages sans saler leurs *saumons*, les dessechent à la fumée, ou les boucanent.

Ils font un espèce d'échafaud élevé de quatre pieds au-dessus du terrein, & formé de piquets fourchus, qui supportent des perches sur lesquelles on pose de menus barreaux ou des branches d'arbres pour former un grillage, sur lequel ils arrangent le poisson après l'avoir vuidé, ouvert dans sa longueur, & en avoir retranché la grosse arrête; ils passent dans les bords de la chair de petites baguettes pour qu'il se tienne bien étendu ; enfin ils allument sous l'échafaud du feu qui fasse beaucoup de fumée ; & point ou fort peu de flamme, ce qu'ils continuent en retournant le poisson de temps en temps, jusqu'à ce qu'il soit bien desséché; quand il l'est suffisamment, on le conserve dans un endroit frais & sec. Si l'on s'apperçoit qu'il ait repris un peu d'humidité, on prévient qu'il ne se corrompe en le remettant un peu sur l'échafaud.

Du saumon salé.

Dans les endroits où l'on prend beaucoup de *saumons*, & où l'on ne trouve pas à les consommer frais, on les *sale*, sur-tout quand les chaleurs se font sentir, car alors il n'est plus bon ni mariné ni fumé, & c'est ce *saumon* salé qui fait une branche considerable de commerce. Quoique les hambourgeois, & les autres ports, des environs de l'Elbe & de la mer d'Allemagne, ainsi que de la Baltique, fassent ce commerce, presque tout celui qu'on consomme en France vient d'Angleterre & d'Ecosse : les poissons qu'ils fournissent sont de bonne qualité, salés avec soin, & paqués fidellement, étant lottis suivant leur espèce, & point fourrés d'autres poissons.

On sale quelques *saumons* comme on fait la morue verte : pour cela après avoir vuidé la tête & le ventre, l'avoir lavé, tranché par le dos sans lui ôter la grosse arrête, on les met en premier sel pendant trois ou quatre fois 24 heures, tantôt dans des caisses, lits par lits, avec du sel entre deux, & d'autres fois dans une forte saumure : quand ils ont pris sel, on leur laisse égoutter leur eau, ensuite on les paque en baril en y mettant de nouveau sel.

Les irlandois tiennent leur poisson un mois ou six semaines en premier sel : ensuite ils le salent en le paquant dans des barils qui pèsent environ trois quintaux.

Dans la Bothnie occidentale on vuide les *saumons*; & après les avoir coupés en quatre morceaux, on les met dans de grands vaisseaux, où on les couvre entièrement de sel : on les laisse en cet état plusieurs mois, jusqu'au commencement de l'automne, qu'on les tire de ce premier sel ; on les lave avec soin, & on les paque dans des tonnes de bois de sapin sans y mettre de sel ; mais quand elles sont remplies, on verse par la bonde le plus qu'il est possible d'une forte saumure, ce qui suffit pour les conserver.

SAUMONNIÈRE, espèce de harpon de fer avec lequel on pêche les saumons dans la Dordogne. Dans la Russie, les lapons prennent ces mêmes poissons avec des dards auxquels ils ajustent une ficelle qui sert à tirer au bord de l'eau les poissons qu'on a dardés.

SAUPE. Ce poisson qu'on nomme *la saupe* en Languedoc s'appelle *sopi* à Marseille. La *saupe* est un poisson particulier à la Méditerranée, & de temps en temps il s'approche du rivage pour manger des algues ou la mousse qui s'attache à la carène des vaisseaux. C'est un poisson demi-plat, de la famille des *sparus*, qui communément n'a que six pouces de longueur. Il est rare qu'il excède un pied, & qu'il pèse plus d'une livre : il a sur le dos un grand aileron dont les rayons, au nombre à-peu-près de douze, sont pointus, ils sont un peu moins gros à l'aileron de derrière l'anus, excepté les deux premiers qui sont plus piquans que les autres : l'aileron de la queue est fourchu. Ses écailles diffèrent peu de celles d'autres poissons de sa famille ; & outre une raie noire assez droite qu'il a de chaque côté, il a huit à neuf bandes jaunes & dorées qui s'étendent de toute sa longueur, étant paralleles entr'elles & au dos, ce qui fait un très-bel effet : la belle couleur de ce poisson vient de sa peau, car elle subsiste & même devient plus éclatante quand on en a enlevé les écailles.

SAUTADO. On appelle ainsi aux Martigues un filet d'entremaillade qui fait partie du filet qu'on emploie dans ce port, pour faire la pêche nommée *seinche* pour prendre les poissons connus sous les noms de *muges* & de *loups*.

SAVENEAU, SAVENELLE, SAVONEAU, est un filet monté sur deux bâtons : il y en a où ces deux bâtons forment deux arcs qui se croisent ; d'autres sont montés sur deux quenouilles qui ne se croisent pas.

SAUR. Hareng *saur*, *soret*, ou *sauri*, est un hareng salé & fumé avec soin qui peut se garder long-temps.

SAVRE ou SAVREAU, filet peu différent de la grenadière qui sert à prendre des lançons. Le *savre* à rateau sert à prendre de la résure ou du nonnat.

SAUREL. C'est un poisson applati, gros comme une sardine ; son corps est un fond d'azur qui réfléchit différentes couleurs ; son ventre est blanc avec des reflets, les uns argentés, les autres dorés : sa tête est applatie sur les côtés, son museau est assez pointu, ses yeux sont grands, l'iris est blanc, ses dents ne sont que des aspérités ; le bout de la langue est rude, un peu piquant, ce qui sembleroit indiquer que le *saurel* n'est autre chose que la picarelle.

SAURIN DE BOUCHE. On nomme ainsi des harengs saurs d'une nuit, & choisis tout laités.

SAUTER, c'est arranger & comprimer les harengs dans la barrique en *sautant* sur un faux-fond qui les recouvre.

SAXATILES. Les poissons *saxatiles* sont ceux qui habitent volontiers les roches, tels que les congres, les homards, &c.

SCARE, poisson du genre des sparus. Il est d'une grande beauté par la vivacité de ses couleurs. Les environs de ses yeux & de l'anus sont de couleur pourpre ; l'aileron de la queue tire au vert ; le reste du corps est de couleur changeante, ayant des reflets, les uns verts, les autres noirs, d'autres blancs parsemés de taches brunes. Sa gueule est petite, les dents de la mâchoire supérieure sont larges & comme incisives ; celles de la mâchoire inférieure sont pointues & clair-semées ; ses yeux sont petits, les opercules des ouies sont couverts de petites écailles.

L'aileron du dos occupe les deux tiers de toute la longueur du poisson ; les rayons du côté de la tête sont durs, ceux du côté de la queue sont souples, & presqu'une fois plus longs que les autres ; tous les rayons de l'aileron du ventre sont flexibles, excepté quelques-uns les plus près de l'anus ; l'aileron de la queue est coupé presque quarrément. Les nageoires de derrière les ouies sont courtes & larges, celles de dessous le ventre sont moins grandes, & se terminent en pointes. Les lignes latérales sont presque droites, & vers le milieu de leur longueur il y a une tache rougeâtre : la chair de ce poisson est blanche & délicate ; ce poisson se nourrit d'algue, & on dit que ses boyaux ont une odeur de violette. Il est commun sur les côtes de l'île de Rhodes.

On prend en Provence aux petites pêches, plusieurs petits poissons nommés *rochaux*, qu'on regarde comme des ſcares. Ils ont tous à-peu-près 9 à 10 pouces de longueur & ils ſont aſſez bons à manger. Les marſeillois font grand cas de l'aiole, eſpèce de *ſcare*, qui réunit la bonté à la beauté.

On pêche au Croiſic un petit poiſſon ſaxatile qu'on y appelle *lonteque* ou *lontek* qui eſt auſſi une ſorte de petit *ſcare* qui n'a pas plus de quatre pouces de longueur ſur huit lignes de largeur verticale ; on en pêche beaucoup au Croiſic avec de petits haims qu'on attache au nombre de quatre ou cinq à une ligne déliée qui répond à une gaule légère : on les reçoit dans un ſac de toile qu'on attache au bout d'une perche. On peut les conſerver vivans hors de l'eau pendant quatre jours au moins ; & quand on les a vidés, ils donnent encore des ſignes de vie au bout de douze heures. On n'en mange point, parce qu'ils ſont trop remplis d'arrêtes ; mais on en fait de bons coulis.

Les enſans de Biarritz pêchent à la ligne & dans les rochers deux eſpèces de petits poiſſons du genre des *ſcares*, qu'ils nomment *peſquits* ; ceux d'une de ces eſpèces ont environ trois pouces de longueur ; leur corps eſt de couleur de ſouci & de brun, par bandes alternatives dirigées ſuivant la longueur du corps. Ceux de l'autre eſpèce ſont, pour la forme, ſemblables aux précédens ; mais ils ont à-peu-près ſix pouces de longueur ; la chair des uns & des autres eſt inſipide.

SCHEID ou WELSS, poiſſon inconnu en France qu'on trouve dans l'Elbe & le Danube ; il ſe rend redoutable à ceux qui s'y baignent. La chair de ce poiſſon n'eſt bonne que pluſieurs jours après ſa mort. Il devient très-grand. On en pêche qui pèſent juſqu'à cent vingt livres & plus. Sa principale force eſt dans ſa queue. Sa tête eſt d'une groſſeur diſproportionnée à celle de ſon corps ; ſa bouche eſt très-fendue, ſon muſeau eſt plat, il eſt armé de quatre petites cornes. Sa marche ondoyante lui fait éviter ou déchirer les filets. Sa peau eſt unie, mince & tranſparente comme la corne. Ce qui la fait choiſir par les tartares pour ſervir de vitres à leurs fenêtres.

SCHINDEL, eſpèce de perche du Danube connue des allemands ſous le nom de *ſiegmaul*. On la pêche auſſi dans le lac Ammerſée en Bavière. Ce poiſſon pèſe rarement plus de dix livres. Sa figure eſt plus longue que celle de la perche. Son muſeau eſt plus long & plus pointu. Ses dents ſont petites ; il a le dos élevé, le ventre large & plat ; les écailles bordées de filets épais & durs ; le dos & les côtés d'un jaune ſale tirant ſur le brun avec des taches obſcures. Il a le bas du ventre & des nageoires un peu moins rouges que dans la perche.

SCHRAITSER, eſpèce de perche qu'on pêche dans le Danube. Il a ſix pieds & demi de long. Il reſſemble à la perche de la petite eſpèce par l'unique nageoire qu'il a ſur le dos dont une partie des rayons eſt molle & l'autre épineuſe. Au reſte ce poiſſon paroît être à-peu-près le même que le ſchindel.

SCOLOPENDRE DE MER, animal ſingulier connu des anciens, & qu'on trouve dans la mer d'Allemagne : il eſt de forme ovale, ſon corps eſt bordé de vingt-huit appendices, terminées chacune par une aigrette de poils qui lui ſervent de nageoires. La *ſcolopendre* hériſſée de ces aigrettes, a beaucoup de reſſemblance avec le porc-épic.

Ce poiſſon a la faculté de s'enfler & de ſe deſenfler alternativement ; dans ſon état de gonflement il paroît diaphane.

On trouve beaucoup de *ſcolopendres* dans la mer Boréale : il ne faut pas confondre ce poiſſon avec l'inſecte à pluſieurs pieds qui porte le même nom.

SCORPION DE MER, poiſſon de la famille des zeus qui n'a d'autre reſſemblance avec le ſcorpion de terre que parce qu'il eſt épineux. Il y a apparence que les noms particuliers que les pêcheurs donnent aux différentes eſpèces de ſcorpions, & qui occaſionnent beaucoup d'incertitudes, ont été imaginés ſur quelques ſingularités qui les ont frappés : car ſi-tôt qu'un poiſſon leur paroît avoir une figure hideuſe, & ſur-tout méchante, ils le nomment *diable* ; ſi d'autres ont une grande gueule & une peau dénuée d'écailles, ſur-tout ſi elle tire au jaune, avec des taches diſtribuées çà & là, ils les appellent *crapauds de mer*. Ces noms arbitraires ont été adoptés par des auteurs célèbres.

Le *ſcorpion de mer* a les nageoires épineuſes. Il a la tête groſſe, le corps garni d'aiguillons dangereux, une bouche grande, des dents petites & épaiſſes. Les écailles de ce poiſſon reſſemblent à celles des ſerpens. Il vit ſur les rivages & dans la fange.

SECHE, poiſſon de mer, long d'environ deux pieds, & quelquefois approchant de la grandeur de deux coudées. Il eſt couvert d'une peau mince, mais ferme. Sa figure eſt laide & difforme. Il a huit pieds ou bras extrêmement élaſtiques attachés à la tête. Son corps eſt charnu & garni en dedans, ſur le dos, d'une ſorte d'écailles aſſez ſolide ou d'un os grand comme la main, blanc, opaque, léger, uni, fongueux, un peu rude & friable en dessous, d'un goût salé & âcre sans odeur, connu vulgairement sous le nom *d'os de seche*. Son bec est de la forme & de la couleur de celui du perroquet. Ce poisson singulier peut vivre plus de vingt ans.

Quand la *seche* se trouve violemment poursuivie par les loups-marins, dont elle est la proie ordinaire, elle distille autour d'elle une liqueur noire, qui la dérobe quelque-temps aux regards de ses ennemis.

Pour prendre la *seche*, on n'a pas besoin de filet, il suffit de traîner avec une corde une femelle dans l'eau; les mâles accourent alors avec vitesse, & le pêcheur choisit sa proie.

Malgré l'horrible laideur de ce poisson, on le mange dans plusieurs villes de France & d'Italie; sa liqueur noire peut servir d'encre, & son os est d'une grande utilité aux orfévres.

On pêche la *seche* sur les bords de l'Océan & de la Méditerranée.

La petite *seche* n'excède jamais la longueur d'un pouce. Bien différente de la *seche*, elle n'a point comme elle un os sur le dos. Elle a de chaque côté une espèce de petite aile ronde & étroite; son corps est tiqueté de points noirs; sa chair est molle & assez délicate. On en pêche beaucoup au printemps avec les petits poissons.

SEDE. On nomme en Provence, *sede* le petit bâtiment où se logent les bourdiguiers.

SÉDENTAIRES. On dit *pêches sédentaires*; on dit aussi pêcher avec des lignes *sédentaires* ou dormantes.

SEDOR, filet en tramail dérivant, dont un bout est dans le bateau, & l'autre répondant à une bouée, flotte au gré du courant.

SEFER, poisson du cap de Corse, à la côte d'Or. Sa chair a le goût de celle de l'anguille; on la fait sécher. Ce poisson parvient à la longueur de cinq pieds; sa peau est toute noire. La retraite ordinaire de ce poisson est entre les rochers. Les nègres le percent à coups de dards dans leurs pêches aux flambeaux.

SEGARIÉ ou SEGUERIÉ, partie de la manche des filets du grand ganguy dont les mailles ont un quart de pouce d'ouverture.

SEGETIERE ou SAGETIERE, est un rets en tramail, composé de trente pièces de filet, qui ont chacune trente brasses de longueur & six pieds de chûte. On pêche avec ce filet dans les grands fonds.

SEINCHE ou ENCEINTE, pêche propre à la Méditerranée, qui se fait avec de grands filets pierrés & flottés, avec lesquels on entoure un banc de poisson, formant une espèce de parc.

SERGAT. Ce poisson, qu'on pêche aux Sables-d'Olonne, ressemble beaucoup au tacaud, à cela près qu'il est plus petit, n'ayant pour l'ordinaire que six pouces de longueur, rarement neuf. On en prend quelques-uns l'hiver à la drague.

Le *sergat* aborde à la côte au mois de mai, & même l'hiver quand il fait doux; alors on en pêche dans les roches, & quantité dans le port même des Sables, où il séjourne jusqu'au mois d'août, temps auquel il se retire. Lorsque l'air est frais, on va le chercher le matin & le soir dans les fonds. Au milieu du jour, quand il fait beau soleil, il s'approche de la surface de l'eau, où on le prend à la ligne avec des haims amorcés de vers. Sa chair, qui ressemble à celle du barau, est plus ferme & a plus de goût.

SERRAN ou SERRATAN, poisson de haute mer, & à nageoires épineuses. Il a environ dix pouces de longueur; il est connu en quelques endroits sous le nom de *grive* ou *merle de mer*. Effectivement, il ressemble à plusieurs égards à ceux qu'on nomme *turdus*. Il est un peu trop rond pour être compris dans la classe des sparus, poissons demi-plats. On estime médiocrement ce poisson, dont la chair n'est pas délicate.

SERRE, on dit aussi *contretour*. C'est une chambre de la bourdigue qui sert de décharge à la dernière tour, lorsqu'il y a beaucoup de poissons.

SEUIL. On donne ce nom à la traverse de la grenadière, apparemment en la comparant au *seuil* d'une porte.

SHELLFISH, nom qu'on donne à un poisson du genre des morues, qui est desséché, & dont la chair se lève par feuillets.

SIEGE, espèce de muge d'eau douce. Ce poisson est commun dans les rivières & dans les ruisseaux du côté des Cévennes.

SIEUREL ou SICUREL. Ce poisson, assez semblable au maquereau, en a la couleur, il est moins épais; il a le corps un peu écrasé, le museau pointu, la bouche petite, les mâchoires âpres, les yeux grands & verts. Il n'a point d'écailles apparentes; il a depuis la tête jusqu'à la queue, un trait fait de petits os si rudes, qu'il ſemble que ce ſoit une ſcie. La chair du *ſieurel* eſt plus dure que celle du maquereau.

SIGNAL. Les pêcheurs nomment *ſignal* une bouée de liége, un morceau de bois ſec, ou un faiſceau de roſeau qui flotte ſur l'eau, & qui leur indique le lieu où ſont leurs filets ou leurs cordes.

SILURE ou SIRULE ou SALUT ou SOM, grand poiſſon vorace de mer & de fleuve. Il a les nageoires molles; ſa bouche eſt armée de dents pointues & fortes. Sa peau eſt dure, noirâtre & ſans écailles. Ses yeux ſont grands. Il a deux nageoires au dos, d'autres proche des ouies & au ventre, & des barbillons aux mâchoires. Sa chair eſt dure.

SINGE DE MER, poiſſon ou animal de mer, long d'environ dix pieds, large de trois à quatre pieds. Il ſe termine en queue ronde & fort longue. Son nom lui vient de la forme de ſa tête. Ses nageoires reſſemblent à la barbe ou aux fanons de la baleine. Il eſt ſans écailles. On le pêche dans la rade de Juida. Sa peau eſt tiquetée comme celle du requin; elle eſt d'un noir brillant quand l'animal eſt en vie. Sa chair eſt bonne, & a le goût de bœuf. Il ſe nourrit de poiſſons & d'herbes marines. On le prend à la ligne, ou avec le harpon lorſqu'il approche aſſez près d'un vaiſſeau.

SIX-DOIGTS. C'eſt le nom qu'on donne en quelques endroits aux filets appellés *folles*.

SKEGGERS, truites qui ne ſe pêchent qu'en Angleterre, dans les rivières de Wye & de Saverne.

SKIRPING, poiſſon ſéché au vent, qui en Norwége tient lieu de pain.

SOCLETIERE, filet fait de fil très-fin, qui reſſemble à la riſſole ou à l'aiguillière, & qui ſert au Martigue à prendre des ſoclets & de petites ſardines.

SOLE, poiſſon de mer à nageoires molles; il eſt plus long, plus plat & moins large que la plie; il devient grand dans l'Océan. La partie de deſſous ſon corps eſt blanche, celle de deſſus eſt noirâtre. Ses yeux ſont placés ſur la face ſupérieure de la tête. Sa bouche eſt de travers, & ſes mâchoires ſont ſans dents. Il a quatre ouies & des écailles petites. Il a le corps environné d'ailerons ou de nageoires étroites. On appelle auſſi ce poiſſon *perdrix de mer* à cauſe du bon goût de ſa chair, qui eſt ſaine & nourriſſante.

SOLEIL, nom d'un poiſſon de mer ſingulier, qui fut pris en 1707, près Bagewal aux environs d'Amboine, dans les îles orientales.

Ce poiſſon avoit trois pieds & demi de long, un peau dure, des aiguillons à l'extrémité du corps & ſur la queue. Sa couleur étoit d'un bleu clair; mais ce qu'il avoit de particulier, c'étoit la figure d'un ſoleil bien marquée, brillante, & d'un blond doré, placé ſur le haut du dos, proche de la tête; avec deux autres taches de la même couleur, & trois taches noires ſur la queue.

SOLETTE, tringle de bois mince qui fait partie du petit métier à faire des peignes, & qu'on nomme *quarré*. La *ſolette* tient lieu de toupins pour empêcher que les fils ne ſe roulent les uns ſur les autres, avant qu'ils aient pris aſſez de tors.

SOLTAS. On nomme ainſi, à Alicante, une petite pêche qu'on fait avec le tramail.

SONDE, morceau de plomb plat par-deſſous, qui eſt attaché à une ligne: il ſert à connoître la profondeur de l'eau, à l'endroit où l'on eſt. On frotte de ſuif le deſſous de la *ſonde* pour qu'il rapporte un peu de fond, ſable, vaſe, coquillage, &c.

SORET. Le filet connu ſous ce nom au Martigue, eſt une eſpèce de bregin.

SORISSERIE, nom qu'on donne, en Picardie, à l'endroit où ceux qu'on nomme *ſoriſſoriers*, fument & ſoriſſent le hareng.

SORISSORIERS, pêcheurs qui fument & ſoriſſent le hareng.

SORRAT, poiſſon de mer cartilagineux; il a les dents larges, & le muſeau court. C'eſt une eſpèce de chien de mer.

SOURIVE. Ce terme exprime de petits crones ou trous qui ſe forment au bord de l'eau, ſous les racines de groſſes ſouches.

SPARE ou SPARAILLON. Ce poiſſon, qu'on nomme *ſparlin* à Antibes, reſſemble à la dorade de nos côtes par ſes écailles, par les traits qu'on apperçoit ſur ſon corps, par le nombre & la ſituation, tant des nageoires que des ailerons, dont les rayons juſqu'à la moitié de l'aileron du dos, ſont durs, les autres ſont flexibles; l'aileron de la queue eſt fourchu. On apperçoit auprès des yeux un trait vert & jaune foncé, qui a quelque rapport éloigné avec le trait d'or bruni que la dorade a à cet endroit; ſes ouies ſont, comme celles de la dorade, couvertes d'écailles.

Les *ſparaillons* entrent, comme les dorades, dans les étangs ſalés. Ils s'approchent des côtes lorſque l'air eſt doux; & quand le froid ſe fait ſentir, ils gagnent les grands fonds, où ils ſe raſſemblent : ce qui n'a rien de ſingulier, puiſque ces poiſſons vont toujours de compagnie. Les dents des *ſparaillons* ſont très-différentes de celles des dorades. Enfin, ils ont une tache brune plus ou moins ſenſible, près l'aileron de la queue.

Joignons à cette deſcription, l'autorité de Rondelet, qui dit que le *ſparaillon* reſſemble tellement à la dorade par la poſition, le nombre & la forme tant des ailerons que des nageoires, que les pêcheurs ſont ſouvent embarraſſés à diſtinguer ces deux eſpèces de poiſſons. Il ajoute que les *ſparaillons* ne parviennent pas à la groſſeur de la dorade, qu'ils n'acquièrent guères plus de huit pouces de longueur; leur dos eſt un peu plus voûté, leur corps, proportionnellement à leur longueur, eſt un peu plus large & moins épais; leur tête eſt plus applatie, leur muſeau un peu plus pointu; la gueule eſt plus petite, les dents moins groſſes & moins arrondies qu'à la dorade; leurs nageoires ſont jaunâtres, ſurtout celles de deſſous la gorge. Suivant Belon, l'aileron de derrière l'anus eſt précédé de trois aiguillons; ce qui les caractériſe principalement eſt la tache noire qu'ils ont à la naiſſance de l'aileron de la queue.

SPARTE, AUFFE ou AUFFO, plante de la nature du jonc, dont on fait des nattes, des paniers, des cordages & des filets.

SPENS ou ESPENS. On appelle ainſi en Provence des pièces de filet qui ſervent à faire le grand filet qu'on nomme *ſardinal*. Cinq *ſpens* font une bande de filet.

SPRAT ou SPRET. Ce poiſſon n'a guères que cinq & au plus ſix pouces de longueur totale. Sa mâchoire inférieure eſt plus longue que la ſupérieure de plus d'une ligne, ce qui eſt conſidérable relativement à la petiteſſe du poiſſon; quand on écarte les mâchoires on voit qu'elles ſont bordées d'une membrane mince qui forme une bourſe, ainſi qu'à pluſieurs autres poiſſons de cette famille, & le bout de la mâchoire inférieure paroît former une courbure qui ſe relève un peu en haut; à l'égard de la mâchoire ſupérieure, elle paroît comme coupée quarrément quand on regarde le poiſſon de face; la langue eſt très-petite; on ſent en touchant le bord des mâchoires quelque choſe de rude, mais on n'apperçoit point de dents.

Du bout du muſeau au derrière de l'opercule des ouies, il y a dix lignes; cet opercule eſt mince, formé de pluſieurs feuillets cartilagineux, couverts d'une membrane ſi brillante, qu'ils paroiſſent de l'argent bruni; le dos eſt couleur d'olive, avec néanmoins des reflets bleuâtres marqués irrégulièrement de taches ou nuages bruns, plus ou moins approchans d'une forme ronde; les côtés & le ventre ſont d'un blanc argenté; aux endroits où il y a des écailles, il ſemble des paillettes d'argent bruni; & quand les écailles ſont enlevées, la peau paroît une étoffe d'argent.

Les raies latérales ſont très-déliées, à peine ſenſibles, & s'étendent en ligne droite depuis le derrière des ouies juſqu'à l'aileron de la queue. Il n'a qu'un aileron ſur le dos, qui commence à deux pouces du bout du muſeau.

SQUALE, eſpèce de grand chien de mer, dont la peau eſt fort rude : on en trouve qui ont plus de vingt pieds de longueur, ſur neuf de circonférence, & qui pèſent plus de trois mille livres.

L'organe le plus ſingulier de ces ſortes de poiſſons, eſt un filtre placé entre la pointe du muſeau & du cerveau, de la conſiſtance & de la couleur du corps vitré; c'eſt de-là que l'humeur tranſſude par quantité de petits trous de la peau.

SQUILLE, eſpèce de cruſtacée de mer & de rivière.

La *ſquille-mante* a le corps long, menu, large vers la queue, couvert d'une croûte mince, blanche & tranſparente. Ses deux premiers bras ſont longs, découpés en dedans comme une ſcie. Cette *ſquille* a deux cornes fort longues. Ses yeux ſont larges & clairs. Le bout de la queue eſt un os large, entouré d'aiguillons. Sa chair eſt molle, douce, délicate & de bonne nourriture.

La *ſquille de rivière* eſt un petit cruſtacée qui a pluſieurs découpures ſur le corps. Sa tête eſt longue & plate comme une lentille. Elle a quatre cornes.

STRIBORD ou TRIBORD, par corruption de dextribord. C'eſt le côté du vaiſſeau qui eſt à la main droite, quand étant à la poupe on regarde la proue ou l'avant du bâtiment.

SUCET ou REMORE ou REMORA. *Voyez* ce dernier mot.

SURMULET ou ROUGET-BARBET ou MULET-BARBET. Comme ce poiſſon eſt en grande partie rouge, on l'a quelquefois nommé *vrai rouget*. La dénomination de *rouget* lui conviendroit mieux qu'à tout autre; mais il faut éviter de le confondre, comme pluſieurs ont fait, avec le rouget-grondin. Si l'on a égard à la forme

forme de son corps, ainsi qu'au nombre & à la position tant des nageoires que des ailerons, il paroîtra qu'il est à propos de le rapprocher des mulets.

Si on a nommé ce poisson *surmulet*, ce n'est pas à raison de sa grandeur, mais parce qu'il fait un manger plus délicat que le mulet, & qu'à cet égard il lui est supérieur. Le *surmulet* a, comme les grondins, des barbillons; mais au lieu que ceux des grondins ont leur attache auprès des articulations des nageoires de dessous la gorge, le *surmulet* les a à l'extrémité de la mâchoire inférieure: c'est ce qui l'a fait nommer *rouget* ou *mulet-barbet*, *barbarin*, *barbeau de mer*. La ressemblance qu'on a trouvée entre les barbillons que le *surmulet* a au menton avec ceux des morues, a fait qu'on l'a encore nommé en quelques endroits le *surmulet-morude*, par comparaison à la morue.

Le *surmulet* est un poisson singulièrement estimé, sur-tout celui qu'on pêche en grande eau depuis le commencement de juillet jusqu'en août; car dans cette saison il est dans sa grandeur, qui n'excède guères huit à neuf pouces, sa chair est blanche, ferme, & se lève par feuillets; elle est d'un goût excellent; mais malheureusement il n'est pas de garde, il faut le manger dans les vingt-quatre heures.

Les écailles du *surmulet* diffèrent peu de celles du mulet; elles sont placées à recouvrement, comme les ardoises sur un toit; elles sont si transparentes qu'on apperçoit au travers la couleur de la peau qui est d'un beau rouge; & losqu'on les a enlevées, la couleur rouge du poisson est plus sensible; le rouge de la peau subsiste même lorsque le poisson est cuit, seulement quand on a ôté les écailles, on n'apperçoit plus les reflets dorés qu'on voit sur les poissons nouvellement tirés de l'eau. Les écailles sont assez fortement adhérentes à la peau qui est mince, mais ferme, sans être coriace.

Comme les *surmulets* se tiennent au fond de la mer lorsqu'il fait froid, il faut les y aller chercher avec le filet de la dreige, & l'on en trouve dans les fosses; mais quand il fait chaud, ils s'approchent de la superficie de l'eau: alors il y en a dans les manets qu'on tend pour les maquereaux. Au reste, on trouve des *surmulets* dans les parcs, & l'on en prend comme les bars & les mulets, mais ils ne sont pas aussi communs; néanmoins il y en a assez abondamment à la côte de Saint-Marcou, amirauté de la Hogue, à Joinville, amirauté de Barfleur, à la baie d'Isigny & sur les côtes de Poitou.

SUTARS, harpon des Sables d'Olonne.

T.

TACAUD. Le poisson qu'on appelle ainsi à la Rochelle, se nomme *baraud gode* au Havre, & à Dieppe; *poule de mer* à Fescamp; *petite morue fraîche* à Paris; *malcot* à Brest.

Ce poisson est incontestablement de la famille des morues, puisqu'il est à arrêtes & à écailles, qu'il a trois ailerons sur le dos, deux sous le ventre derrière l'anus, deux nageoires derrière les ouies, & deux sous la gorge, l'aileron de la queue coupé presque quarrément, & un barbillon au menton.

Le *tacaud* ne peut être confondu avec la morue franche, même avec les jeunes, étant beaucoup plus court, plus large, plus applati. On ne peut le confondre non plus avec le lieu, puisqu'il a un barbillon; il a la mâchoire supérieure un peu plus longue que l'inférieure; le lieu a l'inférieure plus longue; il a une tache noire à l'articulation de la nageoire branchiale, le lieu n'en a point; l'aileron de la queue est plus fourchu au lieu & à l'anon qu'au *tacaud* qui l'a presque coupé quarrément. La tache de l'anon est fort différente de celle du *tacaud*, tant par sa grandeur que par l'endroit où elle est placée; enfin, la forme de ces poissons ne se ressemble point, non plus que leurs couleurs.

On prend des *tacauds* toute l'année sur nos côtes; mais la saison où ils sont estimés les meilleurs, sont les mois d'octobre, novembre, décembre & janvier.

On en trouve dans les parcs, dans les filets qu'on tend à la côte, les tramaux, les manches, les verveux; on en prend dans les nasses & bouraques qu'on emploie pour pêcher les crustacées; & aussi aux haims; en un mot, dans tous les filets qu'on tend pour prendre les lieux, les merlans, &c. Quelques-uns même s'engagent dans les manets avec les maquereaux, mais rarement, parce que la plupart sont trop gros. Ce poisson se plaît dans les rochers.

TACON, nom qu'on donne à une espèce de saumoneau.

TAMIS, instrument des pêcheurs; c'est en effet un tamis que dans certaines circonstances, on ajuste au bout d'une perche, & qui dans cet état sert de verveux.

TAMOUTA, poisson de rivière du Brésil. Il est de couleur de fer sur-tout à la tête. Il est long de cinq doigts: il a la tête comme celle d'une grenouille; sa bouche est petite, sans dents, garnie de chaque côté de deux barbillons. Ses yeux sont petits, l'iris en est doré. Sa peau est une espèce de cuir assez garni d'écailles oblongues, & dentelées. La chair de ce poisson est très-délicate.

TANCHE. On distingue deux espèces de tanches, celle d'eau douce & celle de mer.

La *tanche d'eau douce* est un poisson rond à écailles & à arrêtes, qui, à plusieurs égards, ressemble à la carpe. Les ailerons & les nageoires de la *tanche* sont formés de rayons fort souples, qui semblent composés de filets très-fins, ramassés en forme de faisceaux. Elle a un petit aileron sur le dos, plus près de l'aileron de la queue que du bout du museau; un autre aileron derrière l'anus: l'aileron de la queue n'est pas beaucoup fendu, mais comme frangé. Elle a deux nageoires derrière les opercules des ouies, & deux sous le ventre; ainsi à cela près que l'aileron de la queue n'est pas beaucoup fendu, elle a tous les caractères des poissons compris dans la famille des aloses.

Ses écailles sont vertes, petites, minces, & recouvertes d'une mucosité, qui rend ce poisson très-glissant, de sorte qu'on seroit tenté de croire qu'il n'en a point: ce poisson se trouve dans presque toute les rivières, les étangs, même dans les mares; car il se plaît dans la vase; néanmoins on assure qu'elles passent volontiers des eaux dormantes dans les rivières, & effectivement on en trouve assez abondamment dans de petites rivières dont l'eau est fort vive; celles qu'on pêche dans les fonds vaseux, ont un goût de vase très-désagréable; pendant que celles qui se sont dégorgées dans les eaux vives, sont un très-bon manger, sur-tout lorsqu'elles sont grosses; car les petites sont pleines d'arrêtes, qui les rendent désagréables: une *tanche* de trois livres est réputée belle; on dit qu'il y en a qui pèsent cinq à six livres; on assure qu'elles fraient en avril dans les herbiers; il est certain que ce poisson multiplie beaucoup; il y a peu d'endroits où l'on n'en trouve.

La *tanche* a la vie dure; néanmoins elle est plus difficile à transporter en vie que la carpe. La gueule n'est pas grande, elle ressemble beaucoup à celle de la carpe; on ne sent point de dents dans l'intérieur; mais au fond du gosier elle a des os comme la carpe. Son palais est charnu, néanmoins pas autant que celui de la carpe. La vessie pneumatique est double. On dit que les mâles ont les nageoires du ventre plus grandes que les femelles, & que le premier rayon surtout est gros & canellé en travers; ainsi les pêcheurs prétendent pouvoir par ces caractères distinguer les mâles des femelles.

La *tanche de mer* est un poisson saxatile, dont la chair est très-molle. Il a le museau pointu & alongé. Sa bouche est assez grande. On voit à sa tête & aux opercules des ouies, de petites lignes & des points bleus. La *tanche de mer* vient frayer dans l'algue. On fait rarement usage de ce poisson dans les alimens.

TANNER. C'est faire tremper les filets dans une forte teinture d'écorce de chêne qui sert à préparer les cuirs, & qu'on nomme *tan*. Les catalans *tannent* leurs filets avec l'écorce de quelques espèces de pin.

TARD (voyage de), second voyage que les pêcheurs de morue font à Terre-Neuve dans l'année, & qui fournit de meilleure morue que le voyage de prime.

TAREIRA, poisson du Brésil, dont il y a deux espèces, l'une de mer, l'autre de rivière.

Le *tareira de mer*, est de figure ronde, long de huit pouces, & épais de cinq. Sa tête ressemble à celle d'une couleuvre: ses yeux ont l'iris de couleur jaune; ils sont dominés par deux tubercules: sa bouche est pointue & grande, jaune en dedans, & garnie de dents fort aiguës; ses nageoires sont minces comme des feuilles de pavots, & bordées d'aiguillons mous: ses écailles sont lisses: il a le ventre blanc: sa queue est striée de brun.

Le *tareira de rivière* est long d'un pié. Il a le corps oblong; le dos droit, le ventre élevé, la mâchoire inférieure plus longue que la supérieure. Toutes deux sont armées de dents aiguës. Sa tête ressemble assez à celle du brochet. Ses yeux sont grands & élevés. La nageoire du dos est grande & étroite; ses écailles sont grandes & brunes sur le dos, celles des côtés sont brunes & argentées; sa tête est couverte d'une peau brune: tout son ventre est blanc. La chair de ce poisson est bonne à manger.

TARTANE, bâtiment léger, dont on fait grand usage sur la Méditerranée pour le commerce, quelquefois pour la guerre, & même pour la pêche. Il porte un grand mât ou arbre de mestre, un petit à l'avant; des voiles triangulaires. Quand il fait gros temps, on l'appareille en quarré. Ce bâtiment sert à Marseille, aux Martigues & sur les côtes de Languedoc à une pêche que l'on nomme *à la tartane*. Elle se fait avec un grand filet à manche, qui se nomme aussi *tartane*, & ressemble au gangui.

TASSART ou TAZARD. C'est une espèce de brochet de mer très-vorace. Sa chair est blanche & d'un goût excellent. On pêche communément ce poisson entre deux îles sur les côtes de l'Amérique & dans les îles situées sous la Zone Torride.

TATABULA, poisson des Indes orientales. Il a sur le dos quelques taches quarrées, osseuses & marquées de petits points ressemblans à des dés. On remarque encore quelques aiguillons qui sortent des nageoires de dessous le ventre.

TAUREAU DE MER, poisson qui se trouve à la côte d'Ivoire. On le nomme aussi *poisson cornu*. Ce grand cétacée est une espèce de lamentin ou d'hyppopotame.

TÉDORO. On appelle ainsi à l'embouchure de la Loire un filet du genre des *folles*. Les mailles ont trois pouces & demi d'ouverture.

TEMPLES. C'est le nom qu'on donne aux perches horisontales qui servent à construire les bourdigues.

TENAILLE, poisson des Indes orientales, nommé ainsi, parce qu'il a la bouche faite en forme de tenaille. Cette partie est dure & recourbée en haut. On pêche ce poisson près de l'isle de Lions, voisine d'Amboine.

TENTE ou ÉTENTE *à la basse eau*. On donne ce nom à plusieurs manières de pêcher qui se font au bord de la mer lorsqu'elle est basse. De ce genre, sont les ravoirs, les rieux, les folles tendues sur des piquets, les palis, &c.

TERRIR. Les pêcheurs disent que les poissons *terrissent* quand il fait chaud, pour dire qu'ils s'approchent de la terre; & quand les eaux sont froides, ils gagnent la grande eau, où ils se retirent dans les grands fonds.

TESSURE. Les pêcheurs cordiers appellent une *tessure* plusieurs pièces d'appelets jointes les unes au bout des autres.

TESTACÉES, se dit des animaux aquatiques qui sont renfermés dans des coquilles ou boîtes très-dures, tels que les huitres, les moules, &c.

TESTADOU, piquet qui est tout près de celui qu'on appelle *courrier*, qui sont l'un & l'autre à la pointe de la pentière.

TESTARD. On donne ce nom à plusieurs poissons qui ont la tête assez grosse, mais entr'autres à la Chevanne.

TESTE. La tête d'un filet en est le haut, lorsqu'il est tendu verticalement; & c'est par cette partie qu'on commence à le travailler.

THÉE. On appelle en Provence bois de *thée*, du bois de pin bien sec, qu'on brûle dans le réchaud de la rissole.

THON, poisson de mer massif & ventru, couvert de grandes écailles, & d'une peau très-mince. Il a le museau pointu & épais. Les deux mâchoires sont garnies de petites dents aiguës & serrées les unes contre les autres. Les yeux sont grands, ronds & saillans. Les ouies doubles, le dos noirâtre. Ce poisson a deux nageoires, près des ouies, deux à la partie antérieure du ventre, une auprès de l'anus qui s'étend jusqu'à celle de la queue, une sur la partie antérieure du dos, & une autre à sa partie postérieure qui va jusqu'à la queue. La première nageoire du dos est composée de longs aiguillons pointus que le poisson dresse à son gré pour attaquer ou pour se défendre. Les aiguillons portés en avant ont le plus de longueur. Sa queue est large & formée en croissant. Elle fait sa principale force & sa défense.

Le *thon* à cinq à six pieds de long, il va toujours en troupe. On connoît qu'il approche, par le bruit qu'il fait en agitant vivement l'eau de la mer par où il passe. La vitesse avec laquelle nagent les *thons* & plusieurs autres poissons, & la durée constante de cette vitesse, ne paroîtroient point vraisemblables, si elles n'étoient pas bien attestées.

Le capitaine Chimbaud étant parti de la Martinique, pour France, par la voie de Marseille, dit que dans cette traversée, qui fut de plus de cent jours, il rencontra une quantité prodigieuse de *thons* qui l'accompagnèrent pendant 47 jours. Ils disparurent tous au moment que l'on quitta l'Océan pour entrer dans le détroit de Gibraltar.

Le *thon*, dans son repos, se plaît dans les lieux limoneux de la mer. Il se nourrit de petits poissons, de l'algue & de plusieurs autres plantes maritimes. Ce poisson est très-gras. La chair du *thon* ressemble assez à celle du veau. L'endroit le plus délicat est la poitrine. Cette chair est rouge, ferme, d'un bon goût, & nourrissante.

On pêche les *thons* en automne & au printemps en Espagne, principalement vers le détroit de Gibraltar, en Provence, en Languedoc, &c.

On a préparé pour la pêche du *thon* sur les côtes de Provence une grande pêcherie qu'on nomme madrague. On y pêche ce poisson avec une espèce de gros filet qu'on nomme *thonnaire* C'est dans le pays une espèce de fête publique par l'affluence des bateaux, & par le concours des curieux, hommes & femmes, qui viennent jouir de cette pêche comme d'un spectacle, en contribuant même à son succès par la rumeur & le fracas qu'ils occasionnent. En effet, le *thon* est fort timide. Le tonnerre ou un grand bruit le fait jetter étourdiment dans les fosses où les filets sont tendus. Il n'ose même sortir de ces filets sur-tout lorsqu'on a trouvé le moyen de le faire coucher sur le dos. Il meurt peu de temps après qu'il est pris.

La pêche du *thon* qui se fait aux côtes des Basques & de Labour dans le ressort de l'amirauté de Bayonne, commence ordinairement à la mi-avril, ou au plus tard au commencement de mai; elle dure jusqu'à la fin de septembre, & même quelquefois elle se continue encore en octobre, si les *thons* ne sont pas encore repassés. Elle se fait à la ligne, le bateau toujours à la voile; les pêcheurs la font à quelques lieues à la côte, & quand les *thons* ne la rangent point, & qu'au contraire ils s'en éloignent, les pêcheurs vont quelquefois à quinze & vingt lieues. Il faut alors du vent pour faire cette pêche avec succès.

On ne met point d'appâts à l'hameçon qu'on a soin seulement de garnir de vieux linge disposé de manière que la tige de l'haim est ou couverte d'un fil ou d'un chiffon bleu, & l'hameçon est recouvert d'une espèce de petit sac de gros bazin blanc, taillé en forme d'une sardine, dont les *thons* sont fort friands; en sorte que cet hameçon mouille & ainsi enveloppé, fait illusion au poisson qui est très-vorace & qui le gobe aussi-tôt.

Pour empêcher le *thon* de se dégager de la ligne, & d'emporter l'haim en la coupant, les pêcheurs frappent l'hameçon sur une petite ligne d'environ une brasse de long formée de huit à dix fils de cuivre que le *thon* ne peut couper; cette ligne de cuivre est frappée sur une autre de fin fil de chanvre bien retorse & bien travaillée de deux à trois brasses de long. La grosse ligne où elle est amarrée, a ordinairement deux cents brasses de long ; chaque double chaloupe en a six avec lesquelles on peut prendre chaque fois des poissons. Quand la pêche est bonne & abondante, une chaloupe peut prendre par jour cent à cent cinquante *thons*, dont quelques-uns d'une grosseur considérable, pesant jusqu'à deux quintaux & plus.

Les *thons* & les autres poissons qui se pêchent à cette côte, se consomment sur les lieux ; & même les espagnols voisins, viennent quelquefois en prendre en échange d'huile d'olive, de vin d'Espagne, & d'autres semblables denrées.

Les basques n'ont point l'usage de saler & de mariner le *thon* qui s'y trouve à très-grand marché par son excessive abondance.

Les *thons* meurent presqu'aussi-tôt qu'on les a retirés sur le rivage. Alors on les vuide ; on les dépèce par tronçons ; on les rôtit sur de grands grils ; on les frit dans l'huile d'olive ; on les assaisonne de sel, de poivre ; enfin on les encaque dans de petits barils avec de nouvelle huile d'olive, & un peu de vinaigre.

Le *thon* ainsi préparé s'appelle *thonine*, dont l'une est désossée, c'est-à-dire, sans arrête, & l'autre a les arrêtes du poisson.

Les sinopiens tiroient autrefois un grand profit de la pêche du *thon* qui se faisoit sur leur rivage, où en certain temps, selon Strabon, ce poisson se vendoit en quantité : c'est la raison pour laquelle ils le representoient sur leurs monnoies, comme il paroît par les médailles de Géta. Ce poisson venoit des Palus-méotides, passoit à Trébisonde & à Pharnacie, où l'on en faisoit la première pêche. Le *thon* alloit de-là le long de la côte de Sinope, où s'en faisoit la seconde pêche ; il traversoit ensuite jusqu'à Bysance où s'en faisoit une troisième pêche.

Les romains qui alloient à la pêche des *thons*, faisoient des sacrifices de *thons* à Neptune, pour le prier de détourner de leurs filets les poissons qui les déchiroient, & de prévenir les secours que les dauphins rendoient aux *thons*, empêchant par-là le succès de leur pêche.

THONNAIRE, filet qui sert dans la Méditerranée à prendre des thons. Quand on le tient sédentaire, on le nomme *thonnaire de poste* ; quand on le laisse dériver, on le nomme *courantille*. L'un & l'autre ont quelque rapport aux folles.

THONINE, chair de thon coupée & salée. La plus maigre est la meilleure.

THYM, THYMALE ou THEMERO. Ce poisson n'est pas connu en France : mais comme on dit qu'il est commun en Angleterre ainsi qu'en Allemagne, & que Willughby en donne une description très-détaillée, on va la rapporter.

Il est plus alongé & plus comprimé que la truite ; son ventre est applati : il pese ordinairement une demi-livre : son dos est d'un vert obscur, & les côtés verts de mer-ou-argenté. Les écailles, par leur assemblage, forment des lignes parallèles qui paroissent d'une couleur plus foncée : elles s'étendent de toute la longueur du poisson. La forme des écailles qui approchent du losange, contribuent à rendre les raies dont nous parlons plus sensibles : les lignes latérales sont plus rapprochées du dos que du ventre. On voit sur son corps des taches brunes, irrégulières par leur forme, leur position & leur couleur : ordinairement on n'en apperçoit point du côté de la queue. Il a sur le dos un aileron plus près de la tête que de la queue, qui a 21 ou 22 nervures : la premiere est la plus courte ; les suivantes augmentent peu-à-peu de longueur jusqu'à la cinquième. Les bords de cet aileron sont d'un beau rouge : le reste est bleuâtre & purpurin ; à quelques-uns, il est marqué de taches qui forment comme un échiquier : entre cet aileron & la naissance de celui de la queue, est un petit appendice cartilagineux qui caractérise les poissons de la classe des *saumons*. L'aileron de la queue est fourchu. L'anus est à un quart de la longueur du poisson à compter du côté de la queue. Il y a derrière, un aileron d'un bleu pâle, formé de treize nervures. La première & la seconde sont les plus considérables.

La tête de ce poisson est petite ; ses yeux sont saillans ; leur iris est argenté & de couleur changeante ; la gueule de médiocre grandeur ; & la mâchoire supérieure est plus longue que l'inférieure. Les bords des mâchoires sont hérissés d'aspérités, ainsi que deux cartilages qui sont au palais : il n'y en a point sur la langue. Il y a quatre branchies de chaque côté. Derrière, & au-dessous des opercules des ouies, on voit de chaque côté une nageoire formée d'environ seize rayons, dont le second est le plus long. Sous le ventre, vers la moitié de la longueur du poisson, il y a deux autres nageoires formées chacune d'environ dix rayons : elles ont une legère teinte rouge & bleu-changeant.

On a prétendu que ce poisson sentoit le thym, ce qui l'a fait nommer *thymale*. Ceux qui ont parlé de ce poisson conviennent assez généralement qu'il a une odeur agréable, mais qui n'a pas de rapport au thym : il est fort estimé sur les bonnes tables. Il se nourrit d'insectes comme les truites.

Suivant cette description, que nous rapportons

d'après Willughbi, on voit que le thymale ressemble, par toutes les parties essentielles aux petites truites, ou au moins à l'ombre d'Auvergne, comme le pense Willughbi; car les petites différences de couleurs peuvent être réputées de simples variétés, d'autant que Gesner regarde comme le thymale un poisson que Rondelet & Belon nomment *ombre fluviatile*. Suivant la description que donnent ces auteurs, il ressemble entièrement à la truite, excepté seulement que l'ombre dont ils parlent n'a point d'aspérités aux mâchoires, qu'il a la tête plus allongée que la truite, néanmoins la gueule plus petite & le museau plus obtus, ce qui ne cadre guères avec une tête alongée. Ils prétendent qu'il vit de vase & de sable, qui étant nuancé & de couleur d'or, a fait dire qu'il se nourrissoit de paillettes de ce métal. Belon dit que sa chair est délicate & de bon goût : d'autres prétendent qu'elle est blanche & sèche.

La seule chose qui paroît essentiellement différente de l'ombre d'Auvergne, est que cet ombre a des dents ; au lieu qu'on dit que le thymale n'a que des aspérités dans la gueule : mais ces aspérités sont de petites dents. Les auteurs parlent de plusieurs poissons de la famille des *saumons* ou des truites, qu'ils disent être sans dents ; mais ayant examiné avec soin tous ceux que nous avons pu nous procurer, nous leur avons trouvé des dents quelquefois si petites, qu'elles ne formoient que des aspérités ; & suivant la description de Willughby, le bord des mâchoires en est hérissé, ainsi que le palais.

THYOURRE, excellent poisson qu'on prend à Bayonne. Il ne diffère de la lubine que parce que le *thyourre* a de petites écailles : on en pêche depuis le mois de juillet jusqu'en octobre, & en haute mer. Il est moins grand que celui qui n'est pas moucheté, il y a apparence que c'est le poisson qu'on appelle *loubine mouchetée*, ou, suivant Rondelet, *loup tacheté*.

TIBURIN ou TIBURON, animal de mer cétacée oblong & à nageoires cartilagineuses, cruel, vorace, rusé, & avide de chair humaine. Il a trois rangs de dents très serrées qui coupent comme un rasoir, & trois pointes sur le dos en forme de pertuisanes. Cet animal suit ou plutôt devance un vaisseau en mer plus de cinq cents lieues. Des voyageurs rapportent qu'il dévore un homme tout entier. Quand une prise tombe entre plusieurs de ces affreux animaux, ils se livrent entr'eux des combats furieux. On rencontre beaucoup de *tiburons* dans la mer des Indes ; ils ont plus de vingt piés de long & dix de circonférence. On prend ce cétacée avec un fort hameçon de fer garni de thon. Quinze hommes suffisent à peine pour le tirer à bord. Sa peau est très dure & comme impénétrable aux traits. On prétend que le *tiburon* est une espèce de grand chien de mer.

TIERCIERE. Les mailles du filet en manche qui porte ce nom, ont à-peu-près six lignes d'ouverture en quarré.

TIGNOLE, petit bateau dont on se sert dans le Morbihan pour pêcher avec la fouane.

TILLE, petit tillac qui ne s'étend que du quart de la longueur du bateau où il forme une soute ou un coffre.

TILLOTTE ou TILLOLE, petit bateau d'une construction singulière qui n'a ni quille ni gouvernail.

On donne aussi ce nom à de fort petits bateaux très-legers, pointus par les deux bouts, dont on se sert pour pêcher dans des endroits, où il n'y a pas beaucoup d'eau, & où ils peuvent couler sur la vase.

TILLOTIERS, compagnie de bateliers pêcheurs établie à Bayonne.

TIGRE de MER, poisson des Indes orientales, ainsi nommé à cause des lignes égales qu'il a sur tout le corps. On en distingue deux espèces dont la différence consiste dans la couleur & les nageoires du ventre. Le premier est d'un gris cendré & a des lignes tirant sur le noir ; le second est bleu, & ses lignes tirent aussi sur le noir : ils ont l'un & l'autre la queue verte ainsi que les nageoires qui sont encore semées de taches jaunes. C'est une sorte de morue, du moins la chair en a la consistance & le goût.

TIRANT D'EAU d'un batiment. C'est la quantité de pieds & de pouces dont le vaisseau entre dans l'eau lorsqu'il est chargé. On prend cette mesure à l'avant & à l'arrière du dessous de la quille à la ligne de flotaison.

TIRASSADOUR. On nomme ainsi en Provence une partie de l'embouchure de la manche d'un filet dont les mailles étroites de chappe ont quinze lignes d'ouverture en quarré.

TIRAU, est le nom qu'on donne aux martigues à une simple nappe qui fait partie du filet qu'ils emploient pour faire la pêche nommée *seinche* pour prendre des muges & des loups.

TIROLLE ou TRÉAULE, filet à très petites mailles en tramail qui a 6 à 7 pieds en quarré, & est monté sur une perche de 12 piés de long. Les pêcheurs de la Gironde s'en servent pour prendre de petites soles, des plyes, des mulets & autres petits poissons.

TIS ou TISSE, signifient en quelques endroits de la Provence une maillade ; mais assez souvent il ne signifie qu'une nappe de filet.

TITIRI, ou TITRI, nom caraïbe qui désigne un poisson commun dans la plûpart de isles antilles. On en trouve aussi dans la Méditerranée. Ce poisson est d'un beau blanc & délicat quand il est très jaune, mais à mesure qu'il vieillit, il perd de sa couleur & de la délicatesse de son goût. Le *titri* n'est pas plus gros qu'un fer d'aiguillette. Il a le corps marqueté de noir & de gris avec deux petites empennures, dont l'une sur le dos & l'autre sous le ventre. Il a deux nageoires près de la tête qui sont ainsi que la queue mêlées de trois ou quatre couleurs très vives, de rouge, de vert, de bleu &c Ces poissons vont en troupes si nombreuses autour des roches de la mer, qu'il est facile d'en pêcher une grande quantité d'un coup de filet. L'abondance, la finesse & la délicatesse de ces poissons font qu'on les mange à la cuillier peu de temps après la pêche, car on ne peut les garder. Il n'y a ni écailles à ôter, ni arrêtes à craindre. Ces poissons sont gras & excellents, de quelque manière qu'on les accommode.

TOCANS ou SAUMONEAUX. Ceux qui pêchent de la menuise & du fretin avec des filets à manche dans les rivières où il remonte des saumons & des truites, prennent beaucoup de petits poissons qui en ont le caractère distinctif ; & il est probable que les *tocans* sont en effet des *saumoneaux* ou des truitelles, c'est-à-dire de ces poissons éclos depuis peu de temps.

TOCAN, poisson qu'on pêche dans l'Allier & autres rivières, peut pour la grandeur & la couleur être comparé aux harengs de bonne saison : son dos est vert d'olive, un peu plus foncé qu'aux harengs ; cette teinte s'éclaircit sur les côtés, & vers le tiers de sa circonférence ; elle devient changeante & brillante comme la nacre de perle : ses écailles sont fort petites, le haut de son dos est un peu voûté, sa tête est petite, & quand sa gueule est fermée, la mâchoire supérieure excède un peu l'inférieure. L'extrémité du museau est brune, tirant au noir, & dénuée d'écailles jusqu'au haut de la tête : entre les yeux & l'extrémité de la mâchoire supérieure, on apperçoit deux petites ouvertures qui sont les narines. L'œil est petit, vif ; la prunelle est brune & l'iris argenté. Les opercules des ouies sont marqués des plus vives couleurs de nacre : il a quatre branchies de chaque côté. Les ailerons, les nageoires & les lignes latérales sont semblables, & placées comme à la truite. Les écailles étant en lozange, il semble, en regardant le poisson dans un certain sens, que son corps soit rayé ; ce qui contribue à le rendre plus brillant.

On en prend dans les eaux douces & dans les eaux salées.

TOILE, synonyme de flue. C'est la nappe fine qui est entre les deux hamaux du tramail.

TOMBEREAU, retranchement qu'on fait derrière la bonde des étangs pour pêcher, lorsqu'on ne peut pas y faire une bonne poële, ou lorsque la bonde perd l'eau.

TOMTOMBO, genre de poisson rond & armé, dont on distingue plusieurs espèces différentes qui se trouvent dans les mers des Indes. En général ils ont la bouche petite, ils sucent fortement, & sont garnis d'aiguillons très-piquans.

TONILIERE, rateau dont la tête est garnie d'une poche de filet. Cet instrument sert à prendre les coquillages qu'on nomme, à Aigues-Mortes, *tonilles*.

TONNELLE, gors qu'on forme au bord de la mer avec des filets. On les appelle ainsi, en les comparant aux tonnelles que les chasseurs tendent pour prendre du gibier.

TONNES. Ceux qui transportent le poisson d'eau douce, mettent sur les charettes de grosses *tonnes* remplies d'eau, & qui ont à la bonde une grande ouverture quarrée qu'on ferme avec un tampon d'herbes de marais.

TORPILLE, TORPEDE, TREMBLE ou DORMILLÉOUSE, poisson de mer, ainsi nommé de la propriété singulière qu'il a d'occasionner un engourdissement à ceux qui le touchent. On rencontre ce poisson sur les côtes de Poitou, d'Aunis, de Gascogne & de Provence.

La *torpille* est rangée parmi les raies. C'est un poisson plat, cartilagineux, à-peu-près de la figure d'une raie. Ses yeux sont petits, mais saillans ; regardant horisontalement en dehors, & pouvant, à la volonté de l'animal, rentrer dans leurs orbites. Les narines sont placées au-dessus de la bouche, & en forme de croissant. La bouche, qui est peu grande, a aussi la forme d'un croissant, en sens contraire de celui des narines. Elle est garnie de plusieurs rangées de très petites dents disposées en crochet : les ouies sont au nombre de cinq de chaque côté, en forme de croissant, & placées presqu'au milieu de la longueur de l'animal. On distingue de chaque côté une grande & une petite nageoire demi circulaire ; de plus, celle de la queue, & les deux nageoires dorsales. Sa queue est courte & charnue. Le dos est blanc ou grisâtre. La peau est fort mince, sans écailles sensibles. Au reste, on distingue plusieurs sortes de *torpilles* : les unes ont des marques circulaires colorées, d'autres ont des points noirs sans cercles.

Les plus grandes *torpilles* des mers de France, n'ont pas deux pieds de long. Quand on les touche avec les doigts, il arrive, non pas toujours, mais assez souvent, que l'on sent un engourdissement douloureux dans la main & dans le bras, jusqu'au coude, & quelquefois jusqu'à l'épaule. Cet engourdissement dure peu ; il ressemble à la douleur qu'on éprouve quand on s'est frappé rudement le coude contre quelque corps dur. La cause la plus vraisemblable de cet engourdissement vient, suivant Réaumur, du jeu des muscles, & de l'effort subit que fait la *torpille* pour applatir son dos, qui est un peu convexe, jusqu'au point de le rendre concave.

Un physicien allemand (Schilling), dit qu'ayant mis une *torpille* dans un baquet d'eau, & ayant ensuite appuyé une pierre d'aimant sur l'eau, le poisson, après s'être agité pendant près d'une heure, s'approcha par degré de l'aimant, & s'y attacha de la même manière que le fer. Il en sépara, avec précaution, la *torpille*, & trouva la pierre d'aimant couverte de parties ferrugineuses, comme si l'aimant avoit touché à de la limaille de fer.

La chair de la *torpille* n'est pas d'un goût agréable.

TORQUETTE ou TORCHETTE, sorte de panier ou emballage fait avec de la paille longue, ou de la glu, dans lequel on enveloppe quelques poissons de choix.

TORTUE DE MER. Elle diffère principalement de la *tortue* de terre par sa grandeur ; par ses pieds faits pour nager, & assez semblables aux nageoires des poissons ; enfin, par sa tête, dont la bouche se termine communément en bec de perroquet. La *tortue* de mer croît à une grandeur considérable : on en trouve de très-grosses au Brésil, aux îles Antilles, Rodrigue & de l'Ascension. Dans l'île Taprobane, les toits des plus belles maisons sont couvertes d'écailles de *tortues*.

Plusieurs voyageurs assurent avoir vu dans l'Océan indien, des *tortues* d'une telle grandeur que quatorze hommes pouvoient monter à la fois sur l'écaille supérieure d'une seule de ces *tortues*.

Les *tortues* de mer paissent l'herbe sous l'eau & hors de l'eau ; elles font leur demeure ordinaire, & trouvent leur nourriture dans des espèces de prairie qui sont au fond de la mer, le long de plusieurs îles de l'Amérique. Elles vont tous les ans à terre pondre leurs œufs dans des trous qu'elles font sur le sable par le moyen de leurs ailerons. Elles mettent bas de quinze jours en quinze jours ; chaque fois quatre-vingt-dix œufs, ou environ, & au bout de vingt-cinq jours de leur ponte, naissent des fourmillières de petites *tortues*, qui deviennent la plupart la proie des oiseaux, & d'autres animaux.

Le terrissage des *tortues*, aux îles de Cayeman, commence à la fin d'avril, & dure jusqu'au mois de septembre, c'est alors qu'on peut en prendre en abondance.

A l'entrée de la nuit, on met des hommes à terre qui, se tenant sans faire de bruit sur la rade, guettent les *tortues* lorsqu'elles sortent de la mer pour s'avancer dans les anses ou sur le sable ; ils vont à elles & les renversent sur le bos, les unes après les autres. (Ce qui s'appelle chavirer la *tortue*.). Cette opération doit se faire promptement, afin que la *tortue* ne puisse pas se défendre avec ses nageoires, ni jetter du sable dans les yeux des matelots, qui peuvent facilement tourner chaque soir en moins de trois heures, quarante ou cinquante de ces animaux, dont les moindres pèsent cent cinquante livres, & les ordinaires deux cents livres. Elles ont toutes une grande quantité d'œufs dans le ventre. Ces œufs sont ronds, & de la grosseur d'une balle de jeu de paume ; ils ont du blanc & du jaune ; mais ils sont moins bons que les œufs de poule. La coque n'est pas ferme, elle est mollasse comme du parchemin mouillé.

Tout le jour les matelots sont occupés à mettre en pièce & à saler les *tortues* qu'ils ont prises pendant la nuit. La chair des *tortues* salées n'est pas moins en usage dans les colonies de l'Amérique, que la morue dans tous les pays de l'Europe. La graisse de ces *tortues* rend une huile jaune, bonne dans les alimens quand elle est fraiche, & pour les lampes quand elle est vieille.

On prend aussi les *tortues* de mer au harpon, à-peu-près comme les baleines.

La nuit, lorsqu'il fait clair de lune, & que la mer est tranquille, un pêcheur monte sur un petit canot avec deux autres, dont l'un tient l'aviron, qu'il fait remuer avec autant de vitesse que de dextérité. Le maître pêcheur se tient droit sur le devant du canot, & lorsqu'il apperçoit que quelque *tortue* fait écumer la mer en sortant par intervalles, il montre du bout d'un bâton, l'endroit où celui qui gouverne le petit esquif, doit le conduire. Lorsqu'il est à portée, il lance son

ſon harpon avec une telle force ſur le corps de la *tortue*, qu'il pénètre la carapace, & entre bien avant dans la chair. La *tortue*, qui ſe ſent bleſſée, coule à fond ; auſſi-tôt l'autre homme qui eſt dans le canot, lâche une petite corde qui eſt attachée au harpon, & lorſque la *tortue* s'eſt bien débattue, & qu'elle a perdu beaucoup de ſang, on la prend aiſément. Cette ſorte de pêche s'appelle *prendre la* tortue *à la varre*.

Voici la manière dont les pêcheurs s'y prennent dans la mer du ſud.

Un plongeur ſe place ſur l'avant d'une chaloupe, & lorſqu'il ne ſe trouve plus qu'à quelques toiſes de la *tortue* qu'il veut prendre, il plonge & remonte auſſi-tôt vers la ſurface de l'eau, fort près d'elle : alors ſaiſiſſant l'écaille vers la queue, il s'appuie ſur le derrière de l'animal qu'il fait enfoncer dans l'eau, & qui ſe réveillant, commence à ſe débattre des pattes de derrière. Ce mouvement ſuffit pour ſoutenir ſur l'eau l'homme & la *tortue*, juſqu'à ce que la chaloupe vienne les pêcher tous deux.

L'eſpèce de *tortue* d'eau douce reſſemble aux autres par la conformation. Son écaille eſt noire ; ſa queue eſt plus longue que celle des *tortues* de terre. Cette eſpèce pouſſe un ſifflement entrecoupé, & fort petit ; elle mange de tout, principalement de la chair & de l'herbe. Il ſe trouve de ces *tortues* dans la rivière de Bartha en Siléſie, & ſouvent les pêcheurs y en pêchent dans leurs filets. Il y en a beaucoup auſſi dans les environs de Bordeaux & de Marſeille. Elles ſe plaiſent aux lieux marécageux.

La *tortue* d'eau douce n'eſt pas vraiment amphibie, quoiqu'elle ſe tienne plus volontiers dans l'eau que ſur la terre. Comme elle détruit les inſectes, on la met dans les jardins, mais il faut avoir ſoin de lui donner aſſez d'eau pour qu'elle puiſſe nager. Les *tortues* d'eau ſont très-friandes de poiſſon.

TOULETTE, terme picard qui ſignifie une eſpèce de poulie en bobine, faiſant partie du métier à faire des peies ou piles, & qu'on nomme *quarré*.

TOUPIN, morceau de bois, quelquefois de de liége, figuré en cône tronqué, ſur lequel on fait des rainures pour recevoir pluſieurs fils ou tourons qu'on veut commettre, afin de régler leurs révolutions.

TOUR, enceinte ronde des bourdigues, dans leſquelles le poiſſon ſe raſſemble. Il y en a ordinairement cinq : les deux qui ſont les plus près de l'entrée s'appellent *reculadou* ; celles du milieu *requinquetté*, & celle de la pointe eſt dite *du dehors*.

TOURNEDOS. On doit expoſer dans les marchés les poiſſons un peu avariés, dans un ſens différent de ceux qui ſont en bon état, pour que les acquéreurs les connoiſſent : c'eſt ce qu'on appelle *expoſer à tournedos*. Cela ſe pratique particulièrement à Metz.

TOURNÉE. On donne ce nom, dans l'amirauté de Saint-Brieux, au colletet. On nomme auſſi *parcs à petite tournée*, des parcs ouverts & à crochet ; mais ceux *à grande tournée*, ſont les grands parcs fermés. Il y a encore de hauts & bas parcs à *tournée*, qu'on tend de haute mer.

Enfin, on appelle *tournée* une ſaine qui eſt tirée par deux bateaux.

TRABACOU ou TRABAUQUÉ. C'eſt ainſi qu'on nomme, aux Martigues, le filet des grandes tartanes.

TRAILLET, ſorte de chaſſis ſur lequel on roule la corde du libouret.

TRAINE. On donne aſſez ſouvent ce nom aux ſaines. Les provençaux diſent *trahines*. Dans l'amirauté de Caen, on nomme *traineaux* les petites ſaines. On nomme auſſi *traînes* une pêche qu'on fait avec un crochet double qu'on traîne ſur le ſable, pour en tirer les coquillages qui s'y enfoncent.

TRAINELLE, ſac de toile qu'on traîne ſur le ſable, comme une petite charrue, pour prendre des lançons. Ce terme eſt uſité en Baſſe-Normandie.

TRAIT, ſe dit de l'eſpace qu'on parcourt avec un filet qu'on traîne : après avoir fait un *trait*, on en fait un autre. On appelle quelquefois *trait*, les ailes des filets en manche, apparemment parce qu'on les traîne par ces ailes.

TRAITER ou TRAILLER une ligne, c'eſt lui donner de temps en temps une ſecouſſe en la tirant vivement d'une braſſe ; ſoit pour que l'haim entre mieux dans les chairs, ſoit pour engager les morues à ſaiſir l'appât qui pourroit leur échapper.

TRAMAIL, TREMAIL ou TRAMEAU, filet compoſé de trois nappes, deux de fils forts & à grandes mailles, qu'on appelle *hamaux* ou *aumés* : entre ces deux, une de fil fin & à petites mailles, qu'on nomme la *nappe*, la *toile*, ou la *flue*.

On tend ces filets, ou à la basse-eau, comme les palis; ou on en garnit les parcs; ou bien on les tend en pleine eau, tantôt par fond, & tantôt à la dérive.

TRAMAILLADE ou TREMAILLADE, nom qu'on donne en Provence, aux filets que, dans le Ponant, l'on nomme *tramaux*. Ce que dans l'Océan on appelle *hamaux*, se nomme *entremaillade* ou *entremaux*; & on appelle *nappe* le filet qui est entre deux.

TRANCHE, instrument des faiseurs d'haims. Il ressemble à la *tranche* des serruriers & des cloutiers. C'est un ciseau acéré, qui est assujetti dans un bloc; il sert à couper le fil-de-fer de longueur, au moyen d'une autre piece qu'on nomme *rencontre*.

TRAVERSANT. Les rets *traversans* sont de deux sortes: les uns, lorsque la mer est basse, sont enfouis dans le sable; & comme il y a, de distance en distance, des lignes attachées à la tête du filet, & qui portent des flottes, on hâle dessus, & on relève le filet lorsque la mer est haute. L'autre sorte de rets *traversans* se nomme en Gascogne, *palets*.

TRAVERSE des bourdigues. Ce sont des cloisons qui se dirigent l'une vers l'autre & qui forment comme des goulets, qu'on nomme *coutelets*.

TRAVERSIER, petit bâtiment ponté, d'usage à la Rochelle.

TRAVERSIÈRE, petite manœuvre qu'on frappe d'un bout sur le grelin qui répond à l'ancre, & est amarrée par l'autre bout au bord du bateau qui est opposé au cable: par ce moyen le bateau se trouve en traversée, ou comme affourché.

TRÉAULE, filet dont on se sert dans la riviere de Dordogne.

TREILLE, filet approchant du carreau, avec lequel les femmes du pays d'Aunis prennent des chevrettes, loches, aloseaux & aubuissons.

TREMALLAS. On nomme ainsi à Alicante, le filet que nous nommons *tramaille*.

TREMILLONS du bourg d'Ault. Ce sont de petits tramaux.

TRESSONS, espèce de folle qui est en usage à Roscoff & à l'île de Bas.

On donne aussi ce nom dans la Dordogne, à une saine à mailles fort petites & serrées.

TRESSURE, filet d'usage en Bretagne, & qui est du genre des folles.

TREU. Les pêcheurs des environs de Royan, nomment ainsi une espèce de truble avec lequel ils prennent des chevrettes.

TREUILLE ou TRULOT, petit truble pour des chevrettes, qui n'est pas monté sur un cercle, mais sur deux règles parallèles l'une à l'autre. Elle est en usage à l'île de Rhé.

TRIDENT, sorte de fouane. Cette pêche se fait en Provence, en se mettant dans un bateau nommé *bette*.

TRINQUETTE, voile triangulaire qu'on met à l'avant de plusieurs bâtimens de la Méditerranée.

TRIPTERYGIENS, nom qu'on donne aux poissons qui ont trois ailerons sur le dos.

TRI-TRI. Le *tri-tri* n'est autre chose que le frai de plusieurs poissons fluviatiles qui ont déposé leurs œufs à l'embouchure des rivières, ou bien dont les œufs, déposés dans les hauteurs près des sources, ont été emportés par les torrens à la mer ensemble, avec de grands quartiers de roches & d'immenses troncs d'arbres.

Les petits qui en proviennent, cherchent, à force de nageoires, à remonter jusqu'à ce qu'ils trouvent une eau claire & limpide, qui leur plaît infiniment, & qu'ils soient à l'abri de la dent meurtrière de plusieurs ennemis redoutables, qui ne leur font point de quartier, & qui sont plus multipliés dans les bas, par rapport au voisinage de la mer: ils gagnent tant qu'ils peuvent le long des deux rives, parce que le courant y est d'ordinaire moins fort & moins rapide.

Ce frai n'a d'ordinaire que cinq à six lignes de long. On y distingue visiblement de très-petits crabes, de menues anguilles, de petites écrevisses, des têtards menus & affilés, des hauts-dos minces, des mulets fort courts & fort petits, & quantité d'autres poissons naissans. L'espèce la plus commune, est un petit poisson blanc, marqueté de quelques taches rouges, & dont la taille élégante est relevée par de petites empennures. Il signale parmi les autres sa célérité & sa vîtesse. Ce n'est également qu'un frai.

La pêche du *tri-tri* se fait comme l'a décrit le P. Labat. Quatre ou deux personnes prennent un linge, qu'elles tiennent étendu par les coins, aux environs de l'endroit où elles voient fourmiller une grande quantité de ces poissons, & l'élevant en l'air, elles en prennent des milliers. Lorsque le *tri-tri* se tient au fond de l'eau, il ne faut que marcher ou remuer dans la rivière pour le faire lever & le pêcher.

Quoique depuis 200 ans, ou environ, on en fasse tous les ans, & à plusieurs reprises, une pêche prodigieuse, sur-tout quatre ou cinq jours avant ou après les pleines lunes, depuis juillet jusqu'en novembre, le nombre de *tri-tri* semble n'avoir point diminué. Sa délicatesse provoque l'appétit : chacun en mange volontiers ; on le fait frire, ou on l'accommode au court-bouillon. Le poisson pour lors est si jeune, ses écailles sont si petites, sa tête si tendre, sa queue & ses nageoires si molles, ses arrêtes si foibles, qu'on le mange tout entier, sans le vuider, ni le dépouiller. A mesure qu'il prend de l'accroissement, il change de nom, suivant la conformation qui lui est propre, les marques caractéristiques, le genre & l'espèce qui le distinguent. Le *tri-tri* pris ensemble est blanc quand il est frais ; il noircit à vue d'œil & perd sa qualité hors de l'eau. Il faut conséquemment le cuire aussi-tôt.

Outre tant de divers poissons de rivière dont le frai forme ce qu'on nomme le *tri-tri*, il s'en rencontre aussi de mer, qui ont été formés à l'embouchure des rivières. Ceux-ci ne remontent pas beaucoup, ils vont, viennent, coupent hardiment le fil de l'eau & les courans, de sorte qu'ils semblent jouer dans les eaux douces, qui sont le plus près des eaux salées. C'est là qu'on les enlève, & qu'on les force malgré eux à devenir *tri-tri* pour servir d'ornement à nos tables. Le pisquet, petit poisson de mer, qui n'acquiert jamais plus de quatorze à quinze lignes de longueur, éprouve souvent ce triste sort, de même que le cailleu, le mulet de mer, le cailleu tassart, la sardine, &c.

TROMPETTE, grand poisson des Indes orientales. Ruisch dit que quand la nuit est arrivée, & que la mer est calme, ce poisson forme un grand bruit qu'on peut entendre jusqu'à un demi-mille du lieu où il nage : ce qui lui a fait donner le nom de *poisson trompette* Sa couleur est jaune, variée de lignes blanches : il a des aiguillons sur le dos, & près de la queue deux larges nageoires presque quarrées. Il a un bec long & osseux.

TRONCHON, poisson de mer, bleu sur le dos, & blanc sur le ventre. Il a deux traits qui vont de la tête à la queue ; l'un tortu, l'autre droit. Ce poisson est large, court, plat, & sans écailles.

TROUELLE, petite baguette souple & pliante, qu'on passe entre les mailles de quelques filets à manche, comme les verveux, pour faire un petit cercle qui tient le filet ouvert.

TROUILLOTE, sorte de petit filet, qu'on nomme aussi *caudrette* ou *chaudrette*.

TRUBLE, poche de filet qui est attachée à la circonférence d'un cercle de bois ou de fer, auquel est ajusté un manche plus ou moins long.

TRUBLEAU, petit truble.

TRUITE. C'est avec raison qu'Artedi a compris les *truites* dans la classe des saumons, quoique quelques auteurs se soient efforcés d'établir des différences entre ces deux espèces de poissons qui ont, disent-ils, des inclinations fort différentes. Et pour le prouver, ils avancent que les *truites* passent de la mer dans les rivières pour y déposer leurs œufs : cela est incontestable, au moins à l'égard de plusieurs ; mais ils ajoutent qu'elles retournent ensuite à la mer pour se rétablir de la maladie que le frai leur a occasionnée. C'est peut-être pour quelques-unes, mais on ne peut pas l'admettre comme une règle générale ; & quand cela seroit, il n'en résulteroit aucune différence d'avec les saumons, puisque une grande partie des saumons fraient dans les rivières, & que plusieurs retournent ensuite à la mer. On ne peut pas étendre cela à toutes les *truites*, puisqu'il y en a qui restent perpétuellement dans les lacs & les rivières, & qui fraient dans les eaux douces sans avoir besoin de passer dans l'eau salée pour se rétablir. Il paroît qu'il y a quelques saumons qui restent long-temps dans les rivières, puisque dans certains fleuves on en prend en toute saison ; mais on ne croit pas qu'il y en ait qui passent toute leur vie dans l'eau douce, comme le font des *truites* qu'on nomme pour cette raison *fluviatiles*.

Il n'est pas douteux que les *truites* qui passent de la mer dans les rivières, ont dans le corps, de la laite & des œufs ; mais il en est de même de la plupart des saumons : ainsi on ne peut pas tirer de cette circonstance une différence bien marquée entre les saumons & les *truites*. D'ailleurs, on n'établit pas la distinction des familles des poissons sur leur façon de vivre, non plus que sur les alimens dont ils se nourrissent, mais sur leur forme extérieure, afin qu'on puisse les connoître dans les poissonneries. Ainsi, pour prouver que les saumons & les *truites* doivent être rangés dans une même classe, il suffit de faire attention que les *truites* ont, comme les saumons, un aileron de médiocre grandeur sur le dos, & vers le milieu de sa longueur un petit appendice charnu, entre cet aileron & celui de la queue.

On a voulu faire une différence entre les saumons & les *truites* par l'aileron de la queue, prétendant que cet aileron est plus large, plus court & moins échancré aux *truites* qu'aux saumons; mais il est démontré qu'à l'égard des *truites*, la forme de cet aileron varie beaucoup: ainsi on ne peut pas établir sur cette circonstance un caractère distinctif entre les saumons & les *truites*: l'un & l'autre de ces poissons ont un aileron derrière l'anus, qui s'étend presque jusqu'à la naissance de l'aileron de la queue; de plus, deux nageoires sous la gorge, dont l'articulation est presqu'à l'aplomb de l'extrémité de l'opercule des ouies, & deux autres sous le ventre vers le milieu de la longueur du poisson. Enfin, les *truites*, comme les saumons, sont couvertes d'écailles, sur lesquelles on apperçoit des taches de différentes couleurs, grandeurs & figures. Communément les *truites* en ont plus que les saumons, mais le plus ou le moins ne peut former un caractère distinctif: & si les *truites* ont des taches d'un rouge très-éclatant, il y en a aussi qui n'en ont point. Par exemple, auprès de la source de la Moselle, on prend de petites *truites* noires qu'on y nomme *rené*. Auprès de Clermont en Auvergne, ainsi que dans les petites rivières du pays des basques on en prend qu'on nomme *truitons*. La plupart de celles de Saintonge sont blanchâtres. On dit que celles de Languedoc sont les unes jaunes, les autres brunes, & qu'il y en a de fort grosses; il y a des *truites* qui ont des écailles blanches, d'autres brunes: enfin, les unes ont peu & les autres beaucoup de mouchetures de différentes couleurs; il est encore incontestable qu'il y a des *truites* qui passent, ainsi que les saumons, de la mer dans les rivières, pendant que d'autres restent toute leur vie dans l'eau douce, sans avoir jamais aucune communication avec la mer; & cette circonstance a engagé plusieurs auteurs à distinguer les *truites* en fluviatiles & marines.

Les *truites*, comme les saumons, se plaisent dans les eaux claires, vives, qui coulent avec rapidité; elles ont encore plus de force que les saumons, pour remonter les cataractes. On trouve en effet dans plusieurs rivières de la Suisse, & en particulier dans celle de Reuse au comté de Neuchatel, des *truites* qui ne peuvent s'être si fort éloignées de son embouchure, & être parvenues dans les lieux où on les pêche, qu'après avoir surmonté de très-grands obstacles de ce genre. A la vérité elles y sont toujours petites.

Ces deux sortes de poissons se trouvent fréquemment pêle-mêle dans les mêmes rivières; & on les prend dans les mêmes pêcheries. On ne peut pas dire que les saumons soient plus gros que les *truites*, non-seulement parce qu'on assure qu'on prend dans les lacs des *truites* qui pèsent 30, 40 & 50 livres; mais encore parce qu'on trouve de jeunes saumons & des truitelles qui sont fort petites: d'ailleurs, la grosseur des poissons ne forme pas un caractère distinctif. Dans une même rivière on prend de grosses *truites* dans les endroits où la nappe d'eau est large & profonde, pendant qu'à la source de ces mêmes rivières on n'en prend que de petites; & l'on prétend que quand celles-ci ont acquis une certaine grosseur, elles descendent ces rivières pour chercher des endroits où il y ait plus d'eau. Si dans certaines rivières ou lacs il se trouve des *truites* plus grosses que dans d'autres, ne sait-on pas que dans certains étangs les carpes sont plus grosses au bout de trois ans que dans d'autre à cinq & six? & cela n'a rien de plus singulier que de voir dans des provinces les bestiaux, les volailles, même le gibier, petits; pendant que dans d'autres, ces animaux sont gros.

La couleur des poissons ne peut aussi être regardée comme une marque caractéristique, puisque elle varie dans les poissons de même espèce. Il en est de même dans les *truites*, ce qui revient à ce qu'on remarque dans des étangs où toutes les carpes sont d'une couleur obscure, pendant que dans d'autres elles sont dorées & brillantes. A l'égard des taches dont la couleur varie, pourquoi n'en seroit-il pas des poissons comme d'autres animaux, dont les plumes, le poil, & même la peau prennent des couleurs très-variées? Un chat noir, un chat roux, un chat blanc sont toujours des chats. Sans sortir de la classe des poissons, ne voit-on pas que les carpes deviennent blanchâtres en vieillissant? Et ceux qui ont élevé de petits poissons dorés de la Chine, doivent avoir remarqué que leur couleur varie prodigieusement; bien plus, que le même poisson en change à différens âges.

On peut donc dire avec Rondelet, que les *truites* ressemblent beaucoup aux saumons par leurs parties extérieures; ces deux espèces de poissons se ressemblent encore par leurs parties intérieures, & de plus par leur façon de vivre, puisque les uns & les autres se nourrissent de vers, d'insectes, & de petits poissons. Malgré tous les points d'analogie & de ressemblance que nous venons de faire remarquer, les pêcheurs ne s'y trompent guère; ils savent même distinguer assez bien les *truites* saumonées des saumons, principalement par la tête, qui est communément plus menue, & le museau plus pointu aux saumons qu'aux *truites*; ils prétendent encore les distinguer par l'aileron de la queue, qui est plus court & moins échancré dans les *truites* que dans les saumons.

Les pêcheurs disent encore, que les écailles des saumons sont plus larges que celles des *truites* : mais pour sentir cette petite différence, il faut avoir les deux poissons à côté l'un de l'autre, à portée de les comparer. Enfin, ils ajoutent que les *truites* ont le corps moins alongé que les saumons : mais qu'on fasse bien attention que la forme du corps dans les poissons vides de laite & d'œufs, est bien différente de celle qu'on remarque dans les poissons qui sont pleins. D'ailleurs, il y a des *truites* plus menues & plus alongées que d'autres; nous en parlerons. Cependant on peut dire en général que les saumons ont la forme plus arrondie depuis l'anus jusqu'à la queue, que les *truites* qui sont un peu plus applaties, & que communément les saumons ont l'air plus dégagé que les *truites*.

Il faut donc être connoisseur pour bien distinguer les *truites* des saumons; & les pêcheurs de bonne foi avouent qu'ils sont quelquefois embarrassés à faire cette distinction.

Il est certain, comme on l'a déjà dit, qu'il y a des *truites* qui se multiplient & qui passent toute leur vie dans des rivières, des lacs, même des canaux, qui n'ont aucune communication avec la mer, pendant que d'autres remontent ainsi que les saumons, de la mer dans les rivières, pour y déposer leurs œufs; celles-ci, & les petits poissons qui viennent de ces œufs, retournent à la mer. Mais doit-on regarder ces *truites* comme deux espèces? ou la *truite* pouvant subsister dans l'eau douce, ainsi que dans l'eau salée, est-elle engagée, suivant différentes circonstances, à rester dans l'une ou l'autre espèce d'eau? En un mot, doit-on distinguer les *truites* qui entrent de la mer dans les rivières, *trutta marina*, de celles qui restent dans les rivières, *trutta fluviatilis*, & de celles qui s'élèvent dans les lacs, *trutta lacustris*, comme faisant trois espèces distinctes?

De plus, il y a des *truites* qui ont la chair blanche, *trutta vulgaris*; & d'autres qui l'ont plus ou moins rouge, qu'on appelle pour cette raison *truite* saumonée, *trutta salmonata*. C'est une seconde question, que de savoir si ce sont deux espèces distinctes.

De la truite *qu'on prend à la mer.*

La *truite* de mer est un poisson littoral, ou qui range toujours la côte tant qu'elle se tient à la mer; du moins on doit la regarder comme telle, puisqu'on n'en prend point à la dreige, & ce poisson, très-vorace dans les rivières, ne mord point aux appâts dans les grands fonds. Cependant on en trouve quelquefois dans les mares au bord de la mer, lorsqu'il y reste de l'eau à la mer basse : on en trouve aussi dans les parcs qu'on tend le long des grèves; mais c'est en petite quantité, par comparaison à ce qu'on en prend dans les pêcheries qui sont établies à l'embouchure des rivières & dans leur lit.

Les *truites* de mer bien formées, sont souvent aussi grosses que les saumons : il n'est pas rare d'en prendre qui aient trente pouces de longueur, que l'on a peine à distinguer des saumons de même taille. On prétend que celles qui n'ont point entré dans l'eau douce, ont la peau plus claire que celles qui y ont séjourné, & qu'elles deviennent d'autant plus brunes qu'elles y ont resté plus long-temps; cependant on a vu des *truites* qui n'avoient jamais été à la mer, dont les écailles étoient très-blanches, très-claires, & qui avoient fort peu de brun sur le dos. Assez ordinairement les *truites* sont fort argentées sous le ventre, elles ont sur les côtés quelques petits reflets dorés, & même sur le dos, quoiqu'il soit brun ou verdâtre; la tête & les ouies sont couvertes d'une peau grasse & luisante sans écailles; ces parties sont de même couleur que le dos, quelquefois plus foncées; une portion des opercules des ouies est argentée & très-brillante. La plupart des *truites* sont couvertes d'une humeur muqueuse qui les rend très-glissantes quand on les manie, ce qui fait qu'au toucher on ne sent point leurs écailles qui sont petites & minces; & quelques pêcheurs prétendent qu'on peut distinguer les *truites* des saumons seulement au toucher.

L'œil n'est pas grand proportionellement à la taille du poisson; la prunelle est d'un bleu-foncé, tirant au noir; l'iris est blanc-argenté mat : entre l'œil & le bout du museau, on apperçoit les narines, qui sont deux trous de chaque côté, séparés par une membrane. Le haut de la langue & du palais est garni de petites dents fort pointues; celles des mâchoires leur sont solidement attachées.

Sur le dos, au milieu de la longueur du corps, est un aileron formé de onze ou douze nervures qui se ramifient à leur extrémité, où elles se divisent en plusieurs filets. Ces nervures ou filets sont couverts d'une membrane grasse & gluante.

Derrière l'anus, à-peu-près à un tiers de la longueur du poisson, du côté de la queue, on voit l'aileron du ventre qui a des nervures rameuses, comme celles du dos; cet aileron est blanchâtre, avec quelquefois une légère teinte rouge. Il y a deux nageoires à côté des ouies & deux petites sous le ventre, à-peu-près à la moitié de la longueur du poisson : celles-ci sont de la même couleur que l'aileron de derrière l'anus. Entre l'aileron du dos & celui de la queue, on voit, comme au saumon, un petit appendice, charnu & gluant. Souvent aux grosses *truites* de mer, l'aileron de la queue paroît court, & coupé presque quarrément.

Les écailles dont les *truites* sont couvertes, sont plus petites & plus minces que celles des saumons : cependant au haut du dos, entre les deux ailerons, elles sont un peu plus grandes qu'ailleurs : elles deviennent plus petites en approchant de la queue ; on apperçoit sur les côtés les raies latérales qui sont droites. Les *truites* encore plus que les saumons sont marquées de taches de figure irrégulière, & dont la couleur varie ; quelques-uns de ces poissons en ont sur le dos, & aussi sur les côtés ; d'autres en ont fort peu.

Dans les mois de mai, juin & juillet, que les *truites* commencent à s'emplir d'œufs & de laite, elles ont plus sensiblement que dans les autres saisons la forme de leur corps plus grosse & plus ramassée que les saumons.

On prend à la mer, ou à l'embouchure des rivières, des *truites* qui ont la chair blanche, & d'autres qui l'ont plus ou moins rouge ; celles-ci sont ordinairement estimées les meilleures ; cette règle n'est pas générale. On en prend aussi qui sont bécardes comme les saumons. Nous avons parlé à l'article des saumons, de la difformité qui fait appeller ces poissons *bécards*.

Il y a des *truites* mâles & des *truites* femelles, qui sont bécardes ; cette difformité leur vient, quand elles ont séjourné quelque temps dans l'eau douce ; leur tête change aussi de forme, elle paroît plus grosse ; elles deviennent brunes ayant la couleur des tanches ; leur chair perd de sa délicatesse, ce qu'on apperçoit plus sensiblement dans le temps du frai. Il est probable que si l'on trouve la chair de quelques bécardes peu délicate, c'est parce qu'on les a prises dans le temps du frai ; ce qui arrive à tous les poissons. Il y a des *truites* bécardes, dont les taches sont la plupart d'un beau rouge ; les pêcheurs les nomment bécardes rouges.

En voilà assez sur les *truites* qu'on pêche au bord de la mer ou à l'entrée des rivières, lorsqu'elles sont déterminées à entrer dans l'eau douce pour y déposer leurs œufs. Il faut maintenant donner la description des *truites* qui passent toute leur vie dans les eaux douces, pour mettre les lecteurs en état de décider si elles sont une espèce differente de celles qu'on prend au bord de la mer.

Truite *de Rivière*.

La *truite* de rivière est, ainsi que celle de mer, un poisson rond à écailles & à arrêtes, qui ne peut être distingué des saumons de même grandeur que par les marques que nous avons indiquées plus haut. Les *truites* de rivière, ainsi que celles de mer, paroissent larges quand elles sont remplies d'œufs.

Il y en a qui ont le dos rembruni, parsemé de taches noires : quelques-unes ont des taches rouges interposées entre les noires. A toutes, les lignes latérales, tantôt jaunes, tantôt blanches, souvent brunes, sont toujours droites. Les ailerons & les nageoires sont semblables & semblablement placés comme aux *truites* de mer & aux saumons ; l'aileron de la queue est plus ou moins échancré. Les ailerons & les nageoires tirent quelquefois au rouge, & d'autres fois ils sont jaunâtres.

La longueur du corps des *truites*, tant de mer que de rivière, est environ trois fois & demie celle de la tête ; l'anus est placé entre les deux tiers ou les trois quarts de la longueur du poisson, allant du museau vers la queue. Il y en a qui ont la chair blanche, d'autres l'ont rouge ; elle se lève par feuillets ; & quand elles sont grasses, pêchées en bonne saison & dans une eau vive, cette chair est aussi delicate & a plus de goût que celle du saumon. Elles se nourrissent de crustacées, d'insectes & de petits poissons. Dans plusieurs rivières, elles fraient en décembre ; alors elles ne sont pas bonnes ; ensuite elles engraissent, & font un très-bon manger en juillet, août & septembre.

La Touvre, rivière de France, dans l'Angoumois, qui prend sa source dans des rochers à environ une lieue & demie au-dessus de Ruelle, & dont les eaux sont très-vives, nourrit une prodigieuse quantité de très-bonnes *truites*.

Comme la nature des eaux influe beaucoup sur la qualité du poisson qui s'y élève, il en résulte que les *truites* qu'on pêche dans cette rivière, dont les eaux sont très-pures, fraiches l'été, & qui ne gèlent point l'hiver, sont de très-bon goût & délicates.

On prenoit autrefois dans cette rivière, des *truites* qui pesoient cinq à six livres ; mais maintenant les plus belles ne sont que de quatre, & les communes d'une livre & demie ou deux livres. La cause de cette diminution de grosseur des *truites*, doit être attribuée à ce qu'on pêche beaucoup dans cette rivière, & qu'on ne donne pas au poisson le temps de grossir.

On prend dans la Touvre des *truites* qui ont la chair blanche, & d'autres qui sont rouges, qu'on nomme *saumonées*. Les pêcheurs de cette rivière prétendent qu'on ne peut pas distinguer sûrement les *truites* saumonées des autres à des marques extérieures, non plus que les mâles d'avec les femelles, excepté, disent-ils, dans le temps du frai, où la couleur des mâles est plus brune, & celle des femelles plus argentée : mais ils distinguent une espèce de *truite* qu'ils estiment plus que toutes les autres; ils la nomment *gardonnière*, parce que, suivant eux, elle est très-friande de gardons, & qu'on lui en trouve fréquemment dans l'estomac. Ces *truites*, dites gardonnières, sont toutes saumonées, plus courtes & plus larges que les *truites* ordinaires, & leurs écailles sont plus fines & plus blanches.

Quoiqu'on pêche quelquefois de belles *truites* dans les rivières, elles sont rarement aussi grandes & aussi grosses que les belles *truites* de mer, ainsi que celles des lacs; mais il y en a des unes & des autres qui ont la chair blanche, & d'autres saumonées : on estime qu'en général les *truites* de rivière sont plus brunes sur le dos; on compare cette couleur à un bleu d'acier. A l'égard des taches, les unes sont d'un brun obscur; d'autres, couleur de cerise, & les taches sont quelquefois entourées d'un cercle blanchâtre. On croit appercevoir sur les côtés, des reflets de cuivre jaune, avec une légère teinte rouge : toutes ces couleurs s'éclaircissent, & le ventre est blanc-mat. Il y a à l'insertion de l'aileron de la queue au corps une espèce de petit bourrelet charnu, couvert d'écailles très-fines. Il semble que les ailerons des *truites* de rivières sont plus grands proportionnellement à la grosseur des poissons, que ceux des *truites* de mer; mais cette même différence s'observe aussi dans les rivières entre les petites *truites* & les grosses. Il semble que les ailerons n'augmentent pas proportionnellement au corps, & souvent on apperçoit dessus des taches pareilles à celles du dos, & assez fréquemment l'extrémité du petit aileron charnu & visqueux du dos est rouge.

Il y a des pêcheurs qui, regardant les *truites* de mer & celles de rivières, comme deux espèces différentes, prétendent qu'on peut distinguer entre les jeunes *truites* qu'on pêche dans les rivières, celles qui viennent du frai des *truites* de mer d'avec celles qui proviennent de *truites* qui ne quittent jamais les eaux douces. Ils disent que la tête de celles-ci est moins longue; la queue moins fendue; de sorte qu'elles deviennent, à mesure qu'elles croissent, coupée spresque quarrément. On ne rapporte ceci que d'après des pêcheurs, & on s'abstiendra de fixer le degré de confiance qu'on doit y avoir, d'autant qu'il faudroit, pour avoir sur cela quelque chose de certain, être parvenu à élever des unes & des autres dans des lieux séparés, ce que les pêcheurs n'ont sûrement pas exécuté.

A S.-Omer, on prend beaucoup de *truites* dans l'Aa, dont les eaux sont très-vives; mais on n'y prend point de saumons, parce que la rivière ne communique à la mer que par des écluses, & cette même raison doit empêcher que les *truites* qu'on prend dans cette rivière ne viennent de la mer. C'est aussi ce qui fait qu'il n'y a point de *truites* dans les canaux.

On prend des *truites* en Beauce dans la petite rivière d'Autrui, qui prend sa source près de Champ-Baudouin, & se décharge dans la rivière d'Etampes. On en prend aussi en Gâtinois dans les canaux du parc de Courance, dont les eaux se déchargent dans l'Essonne. Il n'y a qu'une seule pièce d'eau dans le parc de Courance, où les *truites* fraient; elle est à la chûte des sources; le fond en est graveleux, ainsi que la partie de la rivière où se rendent ces eaux : on prétend avoir remarqué qu'elles ne déchargent leur frai qu'aux endroits où l'eau a le plus de courant, & où il y a le plus de gravier.

La saison du frai est à peu près depuis Noël jusqu'à la fin de janvier. On prend dans la même pièce d'eau des *truites* saumonées & d'autres dont la chair est jaune, ou enfin qui ont la chair blanche; on n'est certain de ces différentes couleurs de la chair, que quand on les apprête : on croit que les rouges & les jaunes sont de la même espèce, qu'elles changent de couleur en vieillissant, & que dans les jeunes on en voit très-peu de jaunes.

On prétend qu'elles se nourrissent d'herbe, & de poisson quand elles peuvent en attrapper : ce qui doit être rare, parce que dans cette pièce d'eau, il n'y a presque que de la *truite*.

Il y a des saumons qui ont la chair plus rouge que d'autres qui l'ont presque blanche; mais cette différence est bien plus sensible dans les *truites*.

Quelques-uns prétendent que cette différence de couleur dépend du sexe; mais cette raison n'est pas admissible, puisqu'on prend les *truites* à chair blanche & des saumonées, qui ont les unes de la laite & les autres des œufs dans le corps. D'autres ont prétendu que les *truites* devenoient saumonées en vieillissant; mais c'est sans fondement, puisqu'on en prend de fort petites &

de fort grosses, qu nt les unes la chair blanche, les autres la ch ir rouge. Comme les *truites* perdent beaucoup de leur bonté dans le temps du frai; des pêcheurs ont imaginé que les saumonées devenoient à chair blanche dans cette saison; mais c'est une erreur, puisqu'alors on en prend de saumonées qui sont à la vérité maigres & moins délicates que dans les saisons où elles se sont rétablies de la fatigue que la ponte leur a occasionnée, & il est de fait que dans la Touvre elles sont au mois de mai dans toute leur bonté, ce qui dure jusqu'au mois de novembre; & que dans ces mois on prend des *truites*, les unes à chair blanche, les autres à chair saumonée: ajoutez à cela qu'on en a pêché des blanches & de saumonnées dans les saisons où elles ne fraient pas, & lorsqu'elles étoient excellentes.

Quand les *truites* ont fait leur ponte, elles vont se rétablir dans des bancs d'herbes, où les pêcheurs qui savent leur métier vont les chercher. Les œufs au sortir de l'animal sont de couleur d'ambre jaune; l'intérieur est une glaire, & l'enveloppe est une membrane blanche & transparente.

De la conservation des truites *dans les viviers.*

Quoique les *truites* ne se conservent pas aussi long-temps dans leur bonté que les saumons, on ne laisse pas de les transporter assez loin quand l'air est frais, sur-tout lorsqu'elles sont grosses. Mais il est presque impossible de les transporter en vie dans des barques à vivier, encore moins dans des tonnes, comme on fait quantité de poissons d'eau douce. Cependant on peut en conserver dans des viviers; pour cela on fait un vivier sur un fond de gravier, dans lequel se rendent des sources d'eau vive: il suffira que ce vivier ait 20 à 22 pieds de largeur; mais plus on lui donnera de longueur, & plus on pourra y mettre de truites; celles qu'on y transportera promptement des rivières voisines, s'y conserveront très bien; elles s'y multiplieront même, si ce vivier est fort long, sur-tout si l'on y jette de la blanchaille pour leur fournir de la nourriture. Les canaux du parc de Courance en sont une preuve incontestable; & c'est pour cette raison qu'il se trouve des truites dans des étangs fond de gravier, qui sont traversés de ruisseaux d'eau fort vive.

Des truites *du lac de Genève, & de leur pêche.*

On ne voit point de saumons aux environs de Genève; mais on prend beaucoup de *truites* dans le lac, & principalement aux deux extrémités; savoir, dans le Rhône de Genève, & encore plus dans celui du Valais. On en prend aussi dans les petites rivières qui se déchargent, soit dans le Rhône, soit dans le lac: comme on les distingue en *truites du lac* ou *d'été*, *truites du Rhône* ou *de la ferme*, & *truites des petites rivières*, il faut expliquer ce qu'on entend par ces différentes dénominations.

Les *truites* qu'on nomme *du Rhône* sont celles qu'on prend à l'endroit où le Rhône sort du lac. La pêche en appartient à la ville, qui l'afferme à des particuliers, ce qui fait appeller *truites de la ferme* celles qu'on prend à cette pêcherie. A Villeneuve, qui est à l'autre extrémité du lac, à l'endroit où il reçoit le Rhône du Valais, on pêche dans la même saison des *truites* comme à la ferme, mêmes en plus grande quantité & plus grosses. On nomme *truites d'été* celles qu'on prend en toutes saisons dans le lac même. Enfin il y a encore des *truites* qu'on prend, soit dans le Rhône, soit dans de petites rivières, qui se rendent les unes dans le lac & les autres dans le lit du Rhône. On va dire quelque chose de ces différentes *truites*, ou pour parler plus exactement, des *truites* qu'on prend aux différens endroits que nous venons d'indiquer, commençant par les *truites* qu'on nomme *de la ferme*.

Dans le mois de mai, il passe des *truites* du lac dans le Rhône, mais en petite quantité. C'est depuis le mois de septembre jusqu'en octobre, que la descente en est plus considérable, & qu'on prend les plus grosses. Entre les *truites* qui descendent dans le Rhône, plusieurs sur-tout des petites, & lors des chaleurs, entrent dans la petite rivière qu'on nomme l'Arve, pour jouir de la fraicheur des eaux de cette rivière. Ces *truites*, dit-on, sont longues seulement d'un pied, & n'ont que deux pouces d'épaisseur verticale.

On ajoute que cette petite *truite*, qui est excellente, n'a point de taches sur le corps, & que son museau n'est pas fort alongé; enfin on avance que ce poisson est du lac de Genève: mais on assure que ce nom n'est point connu à Genève, & que les truites qui viennent de l'Arve se nomment *gaines*, parce qu'elles diminuent de grosseur, à proportion du temps qu'elles ont resté dans cette petite rivière; de sorte qu'une truite de huit livres au sortir du lac, qui aura séjourné quelque mois d'été dans l'Arve, ne pesera plus que quatre ou cinq livres quand elle en sortira; & l'on assure que les grosses *truites* qui descendent dans le Rhône en septembre & en octobre, passent rarement dans l'Arve; elles restent dans le Rhône où elles fraient.

Pour prendre les *truites* qui passent du lac dans le Rhône, ou du Rhône dans le lac, on ferme l'embouchure du Rhône dans toute sa largeur par une

une espèce de clayonnage ou de grillage, auquel on ménage quelques portes qu'on ouvre dans certains temps. On ajuste à différens endroits de ce clayonnage de grandes nasses de fil de fer, ordinairement au nombre de huit, dont cinq servent à prendre les poissons qui descendent, & les trois autres ceux qui remontent. Ce clayonnage que l'on entretient avec beaucoup de soin, n'est pas en ligne droite, mais en zig-zag, & les nasses sont placées à chaque angle saillant & rentrant. Comme elles sont très pesantes, on se sert d'un tour pour les lever & en tirer le poisson, que l'on porte ensuite dans un grand réservoir construit au bord du Rhône. On ouvre les claies au commencement du printems; car la descente des *truites* du lac dans le Rhône commence dès le mois de mai; ce sont les premières descendues qui dans les chaleurs de l'été entrent dans l'Arve, dont l'eau est plus fraiche que celle du Rhône, & qui y maigrissant, forment les *truites* qu'on nomme *gaînes*.

La descente des grosses *truites*, qui ne se fait qu'en novembre, étant finie, les gaînes commencent à remonter dans le lac dès le 25 octobre: alors on ferme les nasses de descente, laissant cependant un passage libre pour entrer dans le Rhône, & on ouvre les trois ouvertures où sont placées les nasses de remonte. Cette pêche dure à-peu-près jusqu'à la fin de l'année; mais le temps où elle est la plus considérable, soit pour le nombre, soit pour la grosseur des *truites*, est depuis le 10 jusqu'au 20 décembre; & cela ne varie que de peu de jours. On prend à cette pêcherie des *truites* de toute grosseur; quelques-unes pèsent trente livres poids de Genève, dont la livre est de dix-huit onces. On ne se souvient pas d'en avoir pris qui excédassent trente-cinq livres, mais il n'est pas rare d'en prendre de vingt & vingt-cinq; de sorte que sur trois à quatre cents qu'on prend chaque année, il y en a bien cent de ce poids. Il arrive encore qu'on prend, les premiers jours de printemps, quelques grosses *truites* qui ont passé tout l'hiver dans le Rhône, mais cela est rare.

Il est sûr que les *truites* qui passent du lac dans le Rhône, fraient dans cette rivière, & l'on prétend que ce n'est qu'à un quart de lieue au-dessous de l'endroit où le Rhône sort du lac. Il est bien rare d'en trouver de grosses à une demi-lieue: cependant il n'en faut pas inférer qu'il n'y en ait pas qui fraient dans le lac; car on en trouve souvent qui remontent, ayant des œufs bien formés dans le corps. Il est vrai qu'on prétend que quand on met de ces *truites* remplies d'œufs dans les réservoirs, elles ne les jettent point; mais peut être que les pêcheurs ne s'apperçoivent pas que ces œufs sont avalés au sortir du corps de la mère, par les poissons qui sont dans le réservoir, ou bien ils sont bien aises de persuader que ces œufs ne peuvent pas produire des *truites*, afin qu'on ne leur défende pas de les prendre. Quoi qu'il en soit, on estime beaucoup plus les *truites* qui descendent du lac, que celles qui y entrent; & en cela il n'y a rien de surprenant, puisqu'elles ont éprouvé dans la rivière la maladie du frai, & que probablement plusieurs n'en sont pas encore rétablies.

Quant aux *truites* qu'on nomme *du lac* ou *d'été*; on les prend dans le lac également dans toutes les saisons de l'année; & ce n'est point par des moyens particuliers, mais pêle-mêle avec toutes les autres espèces de poissons, qui sont assez abondantes dans le lac. Ces *truites* sont bonnes, mais pour l'ordinaire moins grosses que celles qu'on prend aux pêcheries établies soit au Rhône de Genève, soit à celui du Valais; car on fait dans le Rhône du Valais qui entre dans le lac, & dans celui de Genève qui en tire ses eaux, à-peu-près des pêches pareilles: de sorte que les *truites* d'été qu'on prend dans le lac, ne pèsent guère que sept à huit livres poids de Genève. Quelques-uns veulent que ces *truites* ne soient pas de la même espèce que celles du Rhône; mais ce n'est pas le sentiment du commun des pêcheurs, qui ne peuvent y appercevoir d'autre différence que dans la grosseur.

Il nous reste à parler des *truites* du poids d'une livre qu'on prend dans les petites rivières qui se déchargent dans le lac ou dans le Rhône. Ce qu'il y a de singulier, c'est qu'entre ces petites *truites*, on en prend une partie qui ont la chair rouge ou saumonée, pendant que presque toutes celles qu'on prend dans le lac & aux embouchures du Rhône, sont à chair blanche. On dit presque toutes; car on en prend quelquefois à chair rouge dans le Rhône, sur-tout auprès de l'embouchure des petites rivières qui s'y rendent, comme la Versoix, & encore plus quand on remonte ces petites rivières un peu au-dessus de leur embouchure; mais c'est en si petite quantité, qu'on peut dire que les excellentes *truites* qu'on prend dans le lac & à la ferme, ont la chair blanche. On a cependant assuré que le 13 juillet 1733, par une chaleur excessive qui duroit depuis quelques jours, on trouva à la ferme toutes les nasses de remonte remplies de *truites* d'environ deux livres, entre lesquelles il y en avoit grand nombre de saumonées. Ce fait est cité comme étant fort extraordinaire.

On voit à l'article du saumon, que ce poisson passe avec avidité de l'eau salée dans l'eau douce, probablement pour y déposer ses œufs; mais pour quelque raison que ce puisse être, il change, pour ainsi dire, d'élément; car il y a tant de différence entre l'eau de la mer & celle des rivières, que beaucoup de poissons de mer périssent quand on les met dans l'eau douce, comme aussi les poissons de rivière quand on les met dans l'eau salée, & cette différence d'eau peut bien engager quelques poissons à passer d'une eau dans l'autre; mais ce n'est pas cette raison qui peut déterminer les *truites* à passer du lac dans le Rhône, & du Rhône dans le lac, puisque les eaux de l'un & de l'autre sont douces.

Nous avons dit que ces poissons avoient une singulière inclination à remonter vers la source des rivières, & à refouler les courans les plus rapides; mais ici cet instinct ne peut avoir lieu, puisque s'il y a des *truites* qui refoulent le courant pour passer dans le Rhône du Valais, il y en a qui suivent le cours de l'eau pour passer dans le Rhône de Genève; ainsi une partie passe dans le Rhône du Valais en refoulant le courant, & une autre dans le Rhône de Genève, en suivant son cours. Quelque temps après, les unes & les autres rentrent dans le lac, ou en suivant le cours du Rhône du Valais, ou en refoulant celui du Rhône de Genève. Quelle raison peut donc les engager à changer ainsi de domicile? C'est peut-être uniquement pour se porter à des endroits où il y ait moins d'eau, un fond de gravier, une eau vive & claire, en un mot un endroit favorable à l'opération du frai, comme on voit des poissons de mer qui passent dans des étangs salés pour frayer, & qui ensuite retournent à la mer.

On a dit qu'on pêchoit des *truites* dans le lac, tantôt avec des hameçons, tantôt avec des nasses ou des filets à manche, ou avec des saines: mais la pêche la plus considérable se fait avec ce qu'on nomme *le grand filet*, qui est formé d'un grand sac, à l'embouchure duquel sont ajustés deux ailes de filet fort longues, & chacune est tirée par un bateau. On croit que dans le lac il y a à l'embouchure de la manche un goulet comme aux verveux. On attache encore quelquefois le long d'une corde plusieurs nasses ou verveux, qu'on cale au fond de l'eau.

Il y a une façon de pêcher qui se fait avec un filet qu'on appelle *meni* ou *menia*, dont la construction est fort simple: c'est une nappe faite avec du fil très-délié. La corde qui borde la tête du filet est garnie de flottes de liége: à celle qui borde le pied du filet, sont un grand nombre de filets auxquels on attache de petites pierres grosses comme des noisettes, qui font un lest suffisant seulement pour maintenir le filet dans une situation à-peu-près verticale. On forme avec plusieurs pièces de ce filet une enceinte à l'embouchure d'une petite rivière ou d'un golfe. Quand le filet est tendu, on bat l'eau dans l'enceinte, pour obliger le poisson à donner avec force dans le filet, qui, quand il est dans l'eau, n'est pas tendu avec force; de sorte qu'étant très-fin, il peut céder aisément aux efforts du poisson qui s'y embarrasse: la secousse qu'il occasionne fait sauter les petites pierres; quelques-unes entourent le poisson, & passant dans une maille, le retiennent. Si le poisson s'agite dans ce filet, qui est très-délicat, & étendu mollement, il s'y embarrasse de plus en plus, & fait rejaillir des pierres qui, s'engageant dans des mailles, lient d'autant plus fortement le poisson.

Cette pêche est connue & pratiquée également dans les autres lacs de la Suisse, & principalement dans celui de Neuchâtel. Les pêcheurs la nomment *étole*, & ils s'en servent aussi pour prendre de petits poissons destinés à des amorces.

Au reste la pêche des *truites* & celle des saumons étant absolument la même, *voyez* ce qu'on en a dit à l'article SAUMON.

TUCA, espèce de merlan plus court, plus plat & plus large que le vrai merlan.

TURBINÉES. Les coquilles *turbinées* sont univalves & roulées en spirale comme les limaçons.

TURBOT RHOMBE, poisson de mer à nageoires molles, large, plat, de figure rhomboïde ou en losange, fort connu dans les poissonneries. Il y a plusieurs espèces de *turbots* qui diffèrent aussi en grandeur. Les uns portent des aiguillons vers la tête & la queue, les autres nommés *barbus* n'en ont point.

Le *turbot* à piquans se nomme en Normandie *bertonneau*. Dans la même province on donne au petit *turbot* le nom de *cailletot*. Ce poisson fréquente les rivages. Son dos est brun, ses nageoires sont blanches. Sa bouche est grande & sans dents, ses mâchoires sont âpres. De celle d'en bas pendent deux barbillons. Il a quatre ouies: deux de chaque côté. Le *turbot* est aussi appellé *faisan d'eau* à cause de la délicatesse de sa chair. Ce poisson est vorace, il se nourrit de poissons, de cancres, & d'écrevisses. Il se tient souvent à l'embouchure des rivières, & pour attirer ou guetter sa proie, il se couvre de sable & se tient en embuscade en faisant un léger mouvement.

On pêche de grands *turbots* à l'embouchure du Rhône & dans la mer Baltique, sur-tout dans l'Océan. La chair du *turbot* est blanche, ferme & succulente.

TURBOT ÉMAILLÉ, poiſſon de lac & de rivière de la Louiſianne : il a deux pieds de long ou environ. Sa figure eſt ronde ; ſon nez eſt pointu & fait comme celui d'un rat ; il pèſe environ ſix livres : il eſt ſans arrêtes. La chair de ce poiſſon eſt fort eſtimée.

Les ſauvages recherchent beaucoup ce poiſſon pour avoir ſes aiguillons dont ils arment leurs flèches. Il eſt couvert de diſtance en diſtance de douze rangées d'écailles de deux en deux. Ces écailles ſont triangulaires, petites vers la tête & la queue, plus grandes au milieu du corps. Elles ſont prodigieuſement dures. Entre ces rangées d'écailles la peau eſt liſſe. Ce poiſſon au lieu d'arrête a au milieu du corps un ligament qui prend de la tête à la queue & qui eſt auſſi délicat que la chair.

V.

VACHE MARINE, ou BÊTE A LA GRANDE DENT ou MORSE. Cet animal se trouve dans la mer du Groënland, vers la nouvelle Zemble, près des petites îles vers le golfe de Saint-Laurent. C'est un cétacée vivipare & amphibie. Par la forme de son corps, il est assez semblable au phocas ; mais il est beaucoup plus grand, il a plus de corps, il est même plus pesant qu'un bœuf. Ses quatre pieds sont plus propres à nager qu'à marcher, sur-tout ceux de derrière qui sont absolument palmés. Ses doigts sont couverts d'une peau épaisse de six lignes : la peau du corps a près d'un pouce d'épaisseur. Ses poils sont courts, bruns & d'un jaune-sale. Il a la tête très-grosse, informe, platte en devant. Il a sur le front deux trous par lesquels il rejette l'eau. Son museau est entouré de soies cartilagineuses. La mâchoire supérieure est garnie de huit fortes dents ; la mâchoire inférieure qui est triangulaire en a autant. C'est de l'extrémité de la mâchoire supérieure que sortent deux grosses & larges défenses faites en forme de croissant, & qui se dirigent vers la poitrine de l'animal. Ces défenses ont environ vingt pouces de longueur & neuf de circonférence près de leur origine. Elles sont un peu aplaties & légérement cambrées ; elles sont plus dures & aussi blanches que l'ivoire de l'éléphant. La *vache marine* se nourrit de coquillages. Ce sont les danois & sur-tout les lapons qui vont à la pêche de cet animal. On trouve encore beaucoup de *vaches marines* dans la mer de Kamtschatka. Leur peau est noire, fort épaisse & fort dure.

Les *vaches marines* sont douces par nature ; on les touche quelquefois sans qu'elles s'enfuient ; aussi choisit-on celles du troupeau que l'on veut prendre. Un homme fort se met dans un bateau conduit par trois ou quatre rameurs, & tient à sa main un grand crochet de fer bien aigu qu'il enfonce dans le dos d'un de ces animaux : ce harpon est attaché à une grosse corde qu'une trentaine d'hommes tirent du rivage, tandis que ceux qui sont dans le bateau percent le malheureux animal jusqu'à ce qu'il expire. Lorsqu'une *vache marine* se sent accrochée, elle se débat pour se dégager, & ses compagnes cherchent aussitôt à la secourir ; les unes s'étendent sur la corde comme pour la casser, d'autres essaient d'arracher le harpon à coups de queue ; quelquefois elles entrent en fureur & renversent le bateau en le soulevant par dessous & le font couler à fond en le frappant & le perçant de côté & d'autre avec leurs défenses osseuses. Elles parviennent même quelquefois à briser les armes des pêcheurs & à les faire tomber de leurs mains. On fait la pêche de ces animaux pour leur enlever leurs défenses ainsi que leur graisse, dont on retire une huile aussi bonne que celle de la baleine.

VACHE MARINE de la Chine. On voit dans les mers de la Chine, cet animal qui vient souvent à terre, & qui attaque les vaches domestiques. On rapporte que ses cornes s'amollissent à l'air en peu de temps, ce qui l'oblige de retourner à la mer pour leur faire reprendre leur première dureté.

VAGABONDES ou VARIANTES. On donne ce nom aux courtines qu'on change fréquemment de place. Il y a encore des courtines qu'on nomme *volantes*.

VAIRON, petit poisson blanc & de rivière, à nageoires molles. C'est une espèce de petit goujon. On trouve ce poisson dans les gués couverts de pierres ou de sable. Il a le corps de différentes couleurs. L'opercule des ouies jette des reflets très-brillans, or, jaune, vert, bleu. Ses mâchoires sont bordées d'un beau rouge ; ses prunelles sont très-noires. Une bande assez large, d'une belle couleur d'or, s'étend des deux côtés de l'aileron de la queue aux ouies. Son dos est brun, pointillé d'or, le dessous semble une bande d'étoffe pointillée de vert, de bleu, d'or, de rouge. Ce poisson est de la famille des aloses.

VALET, morceau de bois qui a un crochet à chacun de ses bouts, & sert à tenir tendue la portion du filet qui est faite, pour continuer à le faire commodément.

VANDOISE ou DARD. La *vandoise* est un petit poisson-d'eau douce de la longueur d'un hareng, mais plus large ; il est rare d'en prendre qui aient un pied de long ; il va si vîte dans l'eau, qu'il semble s'élancer comme un dard, ce qui lui a fait donner ce nom par les pêcheurs.

de la Loire. Son corps, proportionnellement à sa longueur, est moins large que celui du gardon, son museau est plus pointu; ses écailles sont de moyenne grandeur; il devient fort gras. Sa chair est molle, néanmoins d'un goût assez agréable, & elle passe pour être fort saine.

VANGERON, poisson des lacs de Lausanne & de Neuchatel. Il a près des ouies deux nageoires couleur d'or, deux sous le ventre qui sont jaunes, un aileron derrière l'anus, un sur le dos; celui de la queue est fourchu. Ce poisson a la figure & la chair semblables à celles de la carpe.

VARANGUES. Ce sont les membres qui sont posés immédiatement sur la quille, & forment la partie la plus basse des couples. Quand on veut que les fonds du bâtiment soient fins, on donne de l'acculement aux *varangues*. On les fait plattes, quand on veut qu'ils tirent peu d'eau. Les *varangues* de l'avant sont acculées, celles de l'arrière encore plus.

On nomme *maitresse varangue*, celle du maître couple, qui est vers le milieu de la longueur du bâtiment.

VARVOUSTE, filet à manche.

VAS-TU, VIENS-TU, pêche qui se fait avec un filet du genre des maners ou des tramaux, qu'on tend de terre par les travers d'un courant.

VATROUILLE, tampon de laine attaché au bout d'une perche qui sert à laver les morues.

VENETS, espèce de petit bas parc du genre des courtines, formé de filets demi-circulaires.

VENGUDE. C'est ainsi qu'on nomme la grande entrée d'une bourdigue du côté de l'étang.

VENTURON, terme en usage au port de Fréjus, pour désigner un filet appellé *carrelet*.

VERDONE, poisson à nageoires épineuses, qui a les lèvres grandes, élevées & épaisses. Il est presque par-tout de couleur verte.

VERGADELLE. On appelle, en Languedoc, *vergadelle* un petit poisson confinant à la saupe, qui se trouve assez fréquemment dans les étangs. En la considérant dans une position verticale, la *vergadelle* paroît moins alongée & former un ovale plus raccourci que la saupe. Quelques-uns l'appellent *saupe d'étang*; néanmoins on en prend aussi à la mer pres des côtes.

VERGANDIER. On appelle ainsi sur la côte de Normandie, un petit arbrisseau qu'on nomme ailleurs *houx-frêlon*.

VERGUES, pièces de bois plus grosses au milieu que vers les extrémités, qu'on attache au mât par le milieu, & sur lesquelles sont tendues ou encapelées les voiles.

VÉRON, petit poisson de rivière, différent du vairon dont nous avons parlé. Il ressemble assez, pour la forme du corps, à un petit gardon; mais il en diffère beaucoup par les couleurs, qui sont très-brillantes, sur-tout dans le temps du frai; en le gardant hors de l'eau, elles s'affoiblissent, & même plusieurs disparoissent. Ces couleurs appartiennent à la peau, car il n'a pas d'écailles; cependant sa peau n'est pas lisse comme celle des poissons nuds, elle est pointillée & comme sablée.

On dit que la chair du *véron* est toujours un peu amère, peut-être parce qu'on a peine à vuider ce poisson sans rompre la vésicule du fiel. On s'en sert pour amorcer de petits haims.

VERROTIERS. On appelle ainsi les pêcheurs qui fouillent le sable avec des pioches, louchets, cous, rateaux ou herses, pour en tirer les vers. On les transporte en vie dans des sebilles pleines d'eau de mer.

VERT (sardines en). On appelle ainsi celles qu'on couvre d'un peu de sel, comme les harengs braillés.

VERTAULET, filet conique & à manche, qui sert dans le comtat Vénaissin à prendre des truites.

VERVEUX ou VERVIERS, filets en forme de manche, comme les guideaux, mais moins longs. Pour empêcher que le poisson n'en sorte, on ajuste à l'entrée & dans l'intérieur un filet large d'entrée, qui se termine en pointe, qu'on appelle *goulet*.

VIBORD, partie du vaisseau qui s'élève au-dessus du pont le plus élevé, & forme avec ce pont une espèce de coffre.

VIEILLE ou VIELLE. On pêche sur les côtes de Normandie & de Bretagne, un poisson qu'on y nomme *vieille* ou *vielle*, *vrac*, *carpe de mer*. Les auteurs donnent ces différens noms au poisson dont il s'agit. Sa longueur ordinaire est de dix pouces ou au plus d'un pied, & sa largeur verticale de neuf à dix pouces; sa couleur varie beaucoup, mais son dos est en général d'un jaune plus foncé que le reste du corps qui est chargé d'écailles, les unes blanches, les autres vertes; le dessous du ventre est blanc tacheté de jaune; les écailles sont colorées de vert plus ou moins foncé, avec des taches, les unes rouges, les autres jaunes tirant à la couleur d'or. Ces couleurs sont plus vives aux mâles qu'aux femelles, & on trouve que les mâles approchent plus de la couleur des carpes d'eau douce que les femelles.

On estime assez ce poisson en Basse-Bretagne, & l'on en fait quelquefois des salaisons. L'histoire générale des voyages dit qu'il y a beaucoup de ces poissons à la côte d'Afrique, dans la baie de Portandic, dans celle d'Arguim & dans celle de la rivière de Sierra-Léona. On prétend qu'il y en a qui pèsent jusqu'à 200 liv.

L'auteur de l'histoire générale des voyages, ajoute que la chair de ce poisson, qu'il nomme *vieille*, est grasse, blanche, ferme, tendre; qu'elle se lève par écailles; enfin, que sa peau est epaisse, grise, délicate & couverte de fort petites écailles; que ce poisson est vorace, & mord volontiers aux appâts qu'on lui présente. Il dit que sa chair est plus agréable quand elle a pris le sel, que quand elle est fraîche, & qu'elle exige, pour être bien préparée, plus de sel que la morue. Quand on y apporte les attentions convenables, ce poisson se conserve très-bien en baril; de sorte que quand les hollandois étoient maîtres d'Arguim, ils en faisoient un commerce considérable. Tout cela établit très-bien que le poisson dont il est parlé dans l'histoire des voyages, & qu'ils nomment *vieille*, n'est point du tout celui auquel on donne ce nom sur nos côtes, & qu'il est de la famille des morues.

On pêche dans les parages de Narbonne, deux espèces de *vieilles*, une qui est de couleur brune, qu'on prend au large, & l'autre couleur d'azur, qui se tient entre les rochers; ce qui prouve qu'il y a des *vieilles* de bien des couleurs différentes. Il s'en trouve d'une beauté admirable.

VIREVAU, cylindre de bois qui est percé horizontalement, & qu'on fait tourner avec des léviers.

VIRURE de bordage, est une bande de bordages, qui s'étend tout autour d'un bâtiment.

VIVANOFRANC. On nomme ainsi un poisson du genre des sparus. On le prend à la ligne dans des fonds qui ont plus de huit brasses de profondeur; pour cela cinq nègres se mettent dans une pirogue; quand ils sont rendus au lieu de la pêche, deux nagent, deux qui sont vers l'arrière tiennent, avec leur rame, lieu de gouvernail, & le cinquième jette à la mer une corde qui porte à son extrémité plusieurs lignes fines garnies d'haims, & amorcées de petits poissons qu'on tire la plupart des coquillages. Le *vivano* étant très-vorace, se jette avec avidité sur ces appâts, & souvent on trouve des haims qu'on a mis à la mer, garnis de ces poissons de différentes grandeurs.

Sa chair est blanche & de bon goût, quand le poisson est nouvellement pêché. Il y a de ces poissons qui pèsent jusqu'à trente livres. Outre ce *vivano* qu'on nomme *franc*, on en pêche plusieurs autres, entr'autres un qu'on nomme *mombain*, qui ne diffère du précédent que parce que sa tête est plus arrondie, & que le rouge est plus foncé; un autre qu'on nomme *variolé*, parce que ses écailles sont variées de différentes couleurs; le *vivano* gris, dont les lignes latérales sont jaunes; enfin *le vivano à oreilles noires*, qui a des taches noires à la naissance des nageoires pectorales.

VIVE. On a donné à ce poisson, comme à beaucoup d'autres, bien des noms différents; à Gênes, à Marseille, en Languedoc on l'appelle *araignée*, probablement parce que, regardant l'arraignée comme vénimeuse, on en a jugé de même des piqûres de la *vive*, qui occasionnent de grandes douleurs. Et comme ce poisson a le regard vif & farouche, on l'a aussi appellé *draco marinus*; & la dénomination de *vive*, que nous adoptons, vient probablement de ce que ce poisson vit assez long temps hors de l'eau, & qu'il donne encore des signes de vie après avoir été vuidé, ou même lorsqu'on lui a retranché la tête. Dans les mois de juin & juillet, il s'approche du rivage; on en prend dans les manets qu'on tend pour la pêche des maquereaux. Quand il fait chaud, quelques-uns mordent aux haims; mais l'hiver ils se retirent dans les grands fonds, ou ils s'ensablent, & il faut les y aller chercher avec des filets de la dreige.

Les plus grandes *vives* n'ont guères que seize à dix-huit pouces de longueur totale; les communes onze à douze. Ce poisson à la chair ferme, sans être coriace; son goût est très-agréable; sa peau est dure & sèche; il a l'avantage de pouvoir être transporté assez loin; il se conserve long-temps sans se gâter.

Quand on est piqué par les aiguillons de la *vive*, on ressent de fortes douleurs qui occasionnent quelquefois la fièvre: il y a des charlatans qui se vantent d'avoir des secrets pour calmer ces douleurs. Les pêcheurs, pour prévenir ces accidens, qui ne sont que très-fréquens, rompent ou arrachent ces aiguillons aux poissons qu'ils tirent de l'eau; mais l'expédient qui passe pour le meilleur, est de mettre sur la piqûre le foie nouvellement tiré de l'animal.

On pêche des *vives* dans l'Océan & dans la Méditerranée ; mais celles-ci sont assez souvent fort petites ; ce qui fait soupçonner qu'elles pourroient être le petit poisson connu sous le nom d'*araignée de mer*.

VIVIERS. Ce sont de grands réservoirs qui reçoivent l'eau d'une source, dans lesquels le poisson se conserve mieux que dans les huches, & en plus grande quantité ; mais ils n'y multiplient pas.

Les viviers, pour conserver les poissons de mer, sont des mares qu'on creuse au bord de la mer, ou des paniers qu'on dépose dans les endroits où il entre de l'eau de mer.

VIVIPARES, se dit des animaux dont les petits naissent vivants.

UMBRE ou UMBLES, poisson de la famille des saumons.

Les *umbres* pèsent tout au plus une livre. Il paroît que ces poissons recherchent au moins avec autant d'avidité que les truites, les eaux vives, claires & limpides qui descendent des montagnes.

L'*umbre* fluviatile franchit les cataractes comme les truites. On trouve des truites dans presque tous les endroits où l'on pêche les *umbres* ; mais il n'y a pas des *umbres* par-tout où l'on trouve des truites. Ces petites *umbres* sont assez communes dans les petites rivières de la Franche-Comté & du Bugey, au pied des Alpes, où on les voit remontant contre le fil de l'eau, rassemblées en troupe ; ce qui fait que dans quelques endroits on les nomme *harengs d'eau douce*. On en voit dans les rivières de Saint-Claude, de Dortans, de Furan. Il s'en montre peu l'hiver, & l'on dit que dans cette saison, elles se retirent dans des rochers, dans des cavernes & autres lieux ombragés.

Les *umbres* fluviatiles ont des dents très-fines. Ces *umbres* font un manger très-délicat & fort estimé ; mais sa grande délicatesse fait qu'il se corrompt promptement ; & comme c'est l'été qu'on en prend le plus, pour peu qu'il fasse chaud, on ne peut pas le transporter dans les villes ; où l'on en trouveroit un débit avantageux.

L'*umbre-chevalier* du lac de Genève est un poisson fort gras ; sa chair est plus délicate que celle de la truite : aussi est-il plus estimé, & pour cette raison d'un prix plus considérable. Il a tous les caractères des poissons de la famille des saumons & des truites.

On distingue deux espèces d'*umbre-chevalier* : ceux de la grosse espèce ne diffèrent de la truite qu'en ce qu'ils sont moins longs, beaucoup plus larges & plus épais : il y en a qui pèsent 10, 15 & 20 livres. Ce poisson est fort gras ; il est d'un gris blanchâtre. Cette espèce d'*umbre* ne se prend qu'à l'hameçon dans les endroits les plus profonds du lac ; on amorce les hameçons avec de petits poissons. Il est rare que cette espèce d'*umbre* se prenne au filet, parce qu'elle ne vient guère sur les bords ; c'est pourquoi on juge qu'elle fraie dans les grands fonds. Ce poisson a des dents comme la truite ; ses écailles sont imperceptibles.

La seconde espèce d'*umbre-chevalier* est moins grosse, & se pêche avec le filet à une petite distance des bords, quoique quelquefois dans des endroits assez profonds. Le mâle se distingue assez aisément de la femelle par ses différentes couleurs : il a le dos d'un beau gris argenté ; mélangé de petites taches noires ; le museau parfaitement noir ; le ventre d'un jaune éclatant & doré ; les nageoires imitant la nacre de perle. Le mâle de cette espèce n'est ni si gros ni si épais que ceux de la première ; il est plus applati & plus large. La femelle est d'un gris plus brun que celles de la grosse espèce. Les plus grosses ne pèsent que 8 à 10 livres.

Il y a outre cela la petite *umbre* de rivière, qui a la gueule fort petite ; elle n'a point de dents. L'*umbre* de rivière se nourrit de petits coquillages, d'insectes & de moucherons qu'elle prend à la surface de l'eau : ses écailles sont assez grandes relativement à la grosseur du poisson, qui n'excède guère une livre ou une livre & demie.

VOILE, assemblage de plusieurs lès de toile cousus à côté les uns des autres, pour faire de grandes pièces de toile qui donnent le mouvement aux bâtimens de mer par l'action du vent. Il y en a de quarrées qu'on tend sur des vergues ; de latines ou triangulaires qu'on attache aux antennes des galères ou autres bâtimens de la Méditerranée ; d'autres qu'on tend sur les cordages nommés *étais*. Les voiles tirent leur nom des mâts où elles sont attachées. Le grand mât porte la *grande voile*, le *grand hunier* & le *grand perroquet* ; le mât de misaine la *grande voile de misaine*, le *petit hunier*, le *petit perroquet* ; l'artimon, ses voiles *latines* & le *perroquet de fougue* ; le beaupré, la *civadière*.

VOLARDS. Ce sont des rames ou menues branches d'arbres qui servent à faire les clayonnages.

VOLETS, gaules menues & pliantes sur lesquelles les pêcheurs montent les filets de leurs bouteux.

VORACES. Quoique presque tous les poissons vivent d'autres poissons, il y en a cependant qui en font une telle destruction qu'on les regarde particulièrement comme *voraces*.

VOYE. On appelle ainsi à La-Tête-de-Buch, une bouée ou signal qui sert à retrouver les filets qu'on a tendus par fond.

VRAK (harengs salés en). C'est ceux qu'on met dans des tonnes avec du sel, jusqu'à ce qu'on les paque avec soin dans des barils.

VREDELÉE. Les pêcheurs de St.-Michel en l'Herm nomment ainsi un filet, dont les deux bouts sont montés sur deux perches. Deux hommes les tiennent contre le courant, pendant que d'autres battent l'eau pour engager le poisson à donner dans le filet.

WHANG-YU, espèce d'esturgeon de la Chine qui pèse plus de deux cens livres. Sa chair est très-ferme & d'un bon goût : on en fait une grande pêche dans la profonde rivière de Fu-chen par des méthodes fort ingénieuses ; on y étend des filets sur quatre pieux courbes, lesquels s'abaissent & se relèvent par le moyen d'une perche attachée à terre : au centre est un grand puits d'où le poisson ne peut sortir quand une fois il y est entré.

WARANDEURS. On nomme ainsi à Dunkerque des gens nommés par le magistrat pour assister aux salaisons des harengs qui se font dans la ville, & pour apposer les armes de la ville sur les caques.

WARNETTE. Ce terme sur la côte de Normandie signifie des filets en saine qui sont faits avec du fil très-fin & très-délié.

WARNETTEURS, petits bateaux pêcheurs à cul-quarré, en usage à Dieppe.

WARRETÉE, espèce de fil à voile que les pêcheurs achètent des cordiers, pour joindre ensemble plusieurs pièces de filets. Ce terme est en usage sur une partie de la côte de Normandie.

WITFISCH. Les groënlandois donnent ce nom allemand à une espèce de baleine qui n'a des dents que par en bas. Ce cétacée a la tête pointue ; il n'a point de nageoires au dos, mais une longue de chaque côté. On remarque deux trous dans la bâse du crâne qui se réunissent dans un seul tuyau charnu pour produire un seul jet d'eau. Le *witfisch* est d'un blanc jaunâtre. Il a quinze à seize pieds de long. On pêche rarement ce poisson parce qu'on en tire peu d'avantage ; mais sa rencontre fait présager une pêche abondante de baleines.

WITTING. On appelle ainsi dans le nord, à cause de sa blancheur, le poisson que dans l'Océan on nomme merlan.

X.

XABEGA, ſorte de bregin dont ſe ſervent les eſpagnols pour prendre des ſardines. On le nomme auſſi *boliche*.

XANTHURUS des Grandes-Indes, poiſſon des Indes orientales. Il eſt de la groſſeur d'une carpe. Ses mâchoires ſont armées de petites dents fort aiguës. Son dos & ſa queue ſont jaunes. Son ventre eſt d'un blanc bleuâtre. Ses nageoires ſont d'un beau rouge. Sa tête eſt brune.

On pêche ce poiſſon à l'hameçon, entre les rochers, ſur les bords de la mer. Sa chair eſt ſaine & d'un goût agréable.

Y.

YACONDA, poiſſon des Indes occidentales. Il eſt couvert d'un teſt, & long de trois pieds; il eſt tout rayé de lignes jaunes, rouges & blanches.

YOLLE ou BISCAYENNE, petite chaloupe qui va preſque toujours à la rame.

Z.

ZÉEDRAAK ou DRAGON MARIN, poiſſon cartilagineux des Indes orientales. Les nageoires que ce poiſſon a ſur les ouies, lui ſervent d'ailes; elles ſont d'un vert-clair, mais rouges à leurs extrémités. Il a deux aiguillons à la queue. Les nageoires des deux côtés ſont molles & flexibles. Il a peu de chair, & elle eſt inſipide.

ZÉE-WIND ou WINDVISH. Les hollandois nomment ainſi une eſpèce de lavaret qu'on prend ſur leurs côtes avec les ſaumons.

ZENDEL ou ZINGEL, poiſſon que l'on pêche dans le Danube, & dans pluſieurs rivières de l'Allemagne. Il eſt fort eſtimé à cauſe de la délicateſſe de ſa chair. Le *zendel* eſt de la grandeur de la carpe; il eſt large, épais, blanc, & aſſez ſemblable à la truite ſaumonée.

EXPLICATION

DE PLUSIEURS TERMES

EMPLOYÉS DANS LE TRAITÉ DES PÊCHES.

NOUS devons ajouter ici, d'après le Traité des Pêches de Duhamel, l'explication de plusieurs termes qui sont en usage entre les pêcheurs, & communément peu connus de ceux qui ne se sont point occupés de la pêche. Il n'y a point de science, d'art (dit Duhamel), même de métier, qui n'aient des termes qui leur sont propres ; & ceux qui veulent s'instruire de quelque science ou de quelqu'art, doivent commencer par apprendre la valeur & la vraie signification de ces termes, sans quoi ils ne pourront prendre une juste idée de ce qu'on leur expliquera avec le plus grand soin. Ce sont ces réflexions qui ont déterminé ce savant à joindre à son Traité des Pêches un vocabulaire ou une explication des termes propres à cet art. Ce secours est sur-tout nécessaire pour l'intelligence des différentes pêches ; car les côtes de la France étant fort étendues, & éloignées du centre de la république, le langage des pêcheurs qui est, absolument ignoré dans les provinces du continent, est de plus sujet à varier beaucoup sur les différentes côtes où l'on s'occupe de la pêche.

Les bretons, les normands, les saintongeois, les flamands, les picards, les provençaux, ont des idiômes qui leur sont particuliers, d'où sont venus les différens noms qu'on a donnés à une même pêche : mais quoique, dans les diverses descriptions, on se soit attaché à rapporter les expressions particulières à chacune de ces provinces, il ne faut pas présumer que l'on ne laisse rien à desirer sur ce point ; les variétés infinies qui se trouvent dans une même province, d'un port à l'autre, ont rendu la chose presque impossible. Heureusement ces omissions ne seront sujettes à aucun inconvénient ; car, comme on explique la manœuvre des pêches, dans un détail suffisant, il sera aisé d'appercevoir que la pêche annoncée sous un nom est souvent la même que celle qui est connue dans quelque port que ce soit sous une autre dénomination.

On pourroit dire que ces différens termes de pêches étant expliqués dans le corps de l'ouvrage, on auroit pu se dispenser de les expliquer encore dans un vocabulaire ; mais ceux qui forment cette objection ne font pas attention que comme on s'est contenté d'expliquer une seule fois des termes qu'on a été obligé d'employer plusieurs, il arriveroit que les lecteurs, ignorant en quel endroit cette explication a été placée, ils se trouveroient dans un embarras dont ils ne pourroient se tirer ; au lieu qu'en ayant recours au vocabulaire, ils trouveront une explication abrégée, qui souvent leur suffira.

A.

ABAIT, mot d'usage en Bretagne pour signifier *appât*; d'où l'on dit *abaiter*, *abecquer* ou *embecquer* pour *amorcer*.

ACCRUES. Ce sont de fausses mailles ou surnuméraires qu'on fait aux bords du filet quand on veut augmenter sa largeur. Pour les diminuer, on joint ensemble deux mailles par un même nœud.

ACMÉE. Les pêcheurs nomment ainsi les vers de terre, dont ils amorcent leurs haims.

ACON, petit bateau plat, très léger & quarré par derrière ; il sert à aller sur les vases ; un homme met une jambe dans le bateau, il appuie ses deux mains sur les bords, & il pousse l'*acon* avec une jambe qu'il a dehors ; de cette façon, il se transporte où il veut.

ACQ ou ACQUIE, terme picard pour signifier un haim ; d'où peut venir *acquer* pour dire *amorcer les haims*.

ACQUER, synonyme d'*amorcer*.

Acul, nom que les pêcheurs donnent au fond des parcs, du côté de la mer.

Affaner ou Affamer. C'est engager par un appât les sardines à s'élever à fleur d'eau, où l'on tend le filet.

Agave. Von-Linné a donné ce nom à l'aloïdes qui fournit le fil de pitte.

Aiche, synonyme d'*appât*. On dit aussi *eche*.

Aicher, synonyme d'*amorcer*. Ce mot peut venir d'*aehées*, vers de terre qui servent à amorcer.

Aiguille de laceur. C'est une espèce de navette de bois léger, sur laquelle on roule le fil qui doit servir à faire le filet. On *charge*, on *emplit* ou l'on *couvre* l'aiguille de fil; ces termes sont synonymes. Il y a aussi un petit poisson de mer qu'on nomme *aiguille*.

Aiguillette, morceau de fil-de-fer, terminé par une espèce de bouton qui sert à tirer du sable les coquillages qu'on nomme *manchots* ou *manches de couteau*.

Aiguillière. C'est un filet qui ressemble assez à la battude ou au sardinal. On le tend entre deux eaux; il sert à prendre des aiguilles & quelquefois des muges ou des bogues.

Ailes de filet. Ce sont les bandes de filet qu'on ajoute aux côtés des filets en manche.

Ain. *Voyez* Haim.

Ainards, petites ganses qui servent aux pêcheurs à attacher le bord de leur filet sur une corde ou ralingue qui les borde.

Alas, partie des aîles du filet dit *boulier*. Les mailles ont deux pouces d'ouverture en quarré. Ce terme a aussi rapport au filet de la tartane.

Alignolle, filet de Provence, qui est une simple nappe lestée & flottée, qu'on établit près de la surface de l'eau. On le fait avec un fil retors assez fort, parce qu'il sert à prendre des bonites, des thons, des espadons.

Aloes, *aloïdes*, plante dont on retire le fil de pitte.

Alosier. *Voyez* Verqueux.

Alviers. On nomme ainsi de petits étangs destinés à élever de l'alvin ou de petits poissons, pour peupler les grands étangs.

Alvin. On appelle ainsi de petites carpes qui ont six pouces de long, & qu'on met dans les étangs pour les repeupler.

Amairades ou Armaillades sont des filets dont on fait usage en Languedoc; ils s'appareillent comme les battudes, & tiennent beaucoup des demi-folles.

A-mer. On nomme ainsi deux objets à terre, qui étant vus de la mer l'un par l'autre, ou sur la même ligne, indiquent la route qu'il faut tenir.

Amorcer. C'est garnir un haim de l'appât qui doit attirer le poisson, & l'engager à mordre à l'hameçon.

Amouba, terme de la langue des basques, qui signifie *hameçon*.

Ampin signifie en provençal un *grapin*.

Ancrage. C'est un lieu propre à mouiller l'ancre, soit à cause de la profondeur de l'eau, l'avantage de l'abri, & la nature du fond, qui doit être de bonne tenue, & de nature à ne point endommager les cables. Il y a des endroits où il faut payer l'*ancrage*.

Ancre est un gros crochet de fer qui mord dans le fond du terrein, & arrête les bâtimens. Toutes les ancres ont une tige, deux bras terminés ordinairement par un évasement, qu'on nomme *patte*; à l'extrémité de la tige, est un organeau où on amarre le cable.

Andana, sorte de pêche que les espagnols font à la nasse.

Angon, instrument qui sert à tirer les crustacées d'entre les rochers; c'est un morceau de fer barbelé par les bords, qu'on emmanche au bout d'un bâton.

Anse, enfoncement dans les terres, plus considérable que ce qu'on nomme *crique*, & moindre que la baie & le golfe; les bâtimens s'y retirent par le gros temps, quand ils y trouvent assez d'eau, un bon ancrage, & que la mer n'y est pas agitée.

Ansières. On nomme ainsi les filets qu'on tend dans les anses.

Appareiller un vaisseau. C'est disposer toutes choses pour mettre à la voile; & comme l'on dit *appareiller une voile*, les pêcheurs disent aussi *appareiller leurs filets*, lorsqu'ils les préparent pour la pêche.

APPAT. On nomme ainsi toute substance dont les poissons sont friands, & qu'on emploie pour les attirer dans un filet ou dans un lieu; on en garnit les haims. En quelques endroits on dit *amorce*, *baiste* ou *aiche* au lieu d'*appât*.

APPELET. On appelle *pièce d'appelet* une corde garnie de lignes ou empiles & d'haims. En joignant au bout les unes des autres plusieurs pièces d'*appelets*, on forme une tessure.

APPOINTER un haim, c'est lui former sa pointe.

AQUERESSES, ouvrières qui garnissent les haims d'appâts; elles sont aussi chargées de réparer les lignes & les empiles qui sont rompues, & de mettre des haims à la place de ceux qui sont perdus.

ARCEAU, annelet ou anse de cordage qui passe au travers d'un trou fait à une pierre nommée *cablière*, qui sert à faire couler bas les cordages & les filets.

ARCHET. On appelle ainsi une baguette souple que l'on plie; on attache au milieu un plomb & une longue ligne que l'on conserve dans la barque. Aux deux extrémités de la baguette, on attache des empiles garnies d'hameçons.

ARCHIPEL, nombre d'îles qui se trouvent assez près les unes des autres. Il y a un *archipel* considérable dans la Méditerranée.

AREIGNOL est une grande battude.

ARONDELLE ou HAROUELLE, corde garnie de lignes latérales, qui porte des haims & qu'on fixe sur le sable par de petits piquets.

ART. Les pêcheurs des côtes du Roussillon nomment ainsi le filet appellé *boulier*.

A-SEC. L'à-sec des étangs est le temps qu'on laisse les étangs à vuide d'eau, & sans être empoissonnés. Les marins disent qu'un endroit asséche, quand il n'y reste point d'eau de basse-mer.

ATROUBA, nom qu'on donne à deux des trous des bourdigues.

ATTRAIT, synonyme d'*appât* ou d'*amorce*.

AUBE du jour. On dit qu'une pêche se fait à l'*aube* du jour ou du matin, quand elle se fait depuis le moment où la lumière du soleil commence à paroître sur l'horison, jusqu'à ce que le soleil soit entièrement levé. C'est ce qu'on appelle aussi l'*aurore*. On appelle en Provence *sardines d'aube*, celles que l'on pêche le matin.

AUFFE ou SPARTE, plante qui vient d'Espagne, dont on se sert pour faire des filets à grandes mailles, & le plus souvent des cordages, qu'en Provence on nomme *sartis*. Une pièce de ces cordages s'appelle *maille*.

AUMAILLADE, filet en tramail qui sert à la Tête-de-Buch pour la pêche dite *cara*. On y prend des sèches, des barbues, &c. On les appelle aussi *armaillades*.

AUMÉES ou HAMAUX, nappe à grandes mailles, faisant partie des tramaux.

AURERAS. On appelle ainsi en Provence les mailles d'une partie de l'ayssaugue, qui ont deux pouces & demi d'ouverture en quarré.

AUSSIÈRE, corde faite avec plusieurs faisceaux de fils commis ensemble & roulés les uns sur les autres. On appelle aussi en Provence *aussière* une bordure de filet, qu'on attache aux bouts des filets déliés.

AVALETTE. On nomme ainsi le morceau de bois qui sert à pêcher au libouret.

AUVEL, sorte de claie de canne pour faire l'enceinte des bourdigues; celles qui sont les plus serrees se nomment *séguerié*; l'*auvel courant* a les cannes moins serrées. Pour l'*auvel* dit *canaaou*, les cannes sont encore plus écartées.

B.

BACHE traînante, filet en manche que l'on traîne sur les sables dans des endroits où il y a peu d'eau, pour prendre de la menuise ou du frai.

BACHOTTE, espèce de baquet qu'on emplit d'eau, & qui sert à transporter à dos de cheval une petite quantité de poissons d'eau-douce en vie.

BADAIL. C'est une vraie drague qu'on nomme aussi *gangui à la voile*.

BALADOU. On donne ce nom en Provence aux chambres des bourdigues. Il y a le grand & le petit *baladou*.

BALANTIN, pêche aux haims qui se fait à la côte de Valence en Espagne ; elle ne diffère pas beaucoup de celle du libouret.

BALISES, signaux qu'on met sur les écueils auprès des atterrages, pour qu'on puisse les éviter. Ce sont des perches qu'on enfonce dans le sable ou dans la vase ; d'autres fois ce sont des coffres, des tonnes ou des tonneaux de bois léger, retenus par des chaînes. Les pêcheurs appellent aussi *balises* une bouée qui indique où est établi un filet par fond pour le retrouver plus aisément. Ces bouées s'appellent communément des *signaux*.

BALLE (Traîner la). On nomme ainsi une pêche qui se fait avec une ligne garnie dans sa longueur de petites baguettes dites *baluettes*, à l'extrémité desquelles sont empilés des haims, & cette ligne est terminée par une balle ou petit boulet qui la fait caler.

BALSES. Les pêcheurs de Callao & de Lima nomment ainsi une espèce de radeau fait de roseaux secs, qu'ils emploient pour la pêche.

BALUETTES, petites baguettes qu'on ajuste le long de la corde qui sert pour pêcher à la balle.

BANC. Ce mot se prend à la mer en différens sens. On appelle *banc de sable* une espèce de montagne ou d'île de sable qui s'élève du fond de la mer. *Banc de poissons*, se dit d'une multitude de poissons qui vont par troupes ; ce qui est propre aux poissons de passage. *Banc d'huitres, de moules* ou d'autres coquillages, est une multitude de ces crustacées qui forment des lits quelquefois fort étendus, & qui ont plusieurs pieds d'épaisseur. On nomme *rets à banc* un filet qu'on tend entre les *bancs*.

BANDE de filet. Ceux qui pêchent avec le sardinal appellent *bande de filet*, cinq spens, ajoutés les uns au bout des autres. On nomme aussi de ce nom les ailes qu'on ajoute aux manches de filets.

BANDEAU, portion de la manche des filets qui en ont.

BANDINGUES, lignes qu'on attache à la tête d'un filet qu'on tend à la basse-eau, & qu'on enfouit dans le sable par l'autre bout, pour faire une espèce d'étai, qui empêche le filet de se renverser quand la mer se retire.

BANNE, grande toile formée de plusieurs lez : on s'en sert pour former des tentes & pour d'autres usages. En quelques endroits, on appelle *banne*, la flue des tramaux.

BARBELET, outil qui sert à faire les haims, & qui est fixé sur l'établi.

BARBILLON ou DARDILLON, c'est la petite languette de l'haim qui sert à empêcher le poisson de se débarrasser.

BARBILLONNER, c'est relever la languette ou le barbelet, ou la petite lèvre des haims.

BARGES, ce sont de fort petits bateaux, dont on fait usage à l'entrée de la Loire.

BARIGUE, nasse de figure conique, qui sert dans la Garonne à prendre des lamproies.

BARIOSTI. On nomme ainsi, en Gascogne, une pièce de bois qui se met à l'arrière des petits bateaux nommés *filadières*, & ce morceau de bois sert à supporter leur haveneau.

BARQUE. On donne ce nom à plusieurs petits bâtimens de grandeurs différentes ; les plus grandes n'excèdent pas le port de 100 tonneaux, elles sont pontées, & portent trois mâts & un beaupré, mais il y en a de petites qui ne sont point pontées, qui ne vont qu'à la rame pour le service des rades ; on les nomme souvent *barquettes*. Les pêcheurs cordiers de la Manche se servent des *barques* longues de Dunkerque, qui sont réputées bonnes pour la pêche ; elles ont un demi-pont qui s'étend jusqu'au pied du grand mât ; souvent on les appareille en *brigantin*. Les *barques lamaneuses* du Havre sont de petits bâtimens qui ont 26 pieds de quille, 7 pieds & demi de bau, point de pont, une petite tille à l'avant & à l'arrière : on s'en sert pour toutes sortes de pêches, principalement le *chalut*, & la drague pour les huîtres. Elles marchent bien, & soutiennent bien la mer : le maître bau est au tiers de la longueur en avant ; elles ont beaucoup de façons ; elles tirent jusqu'à trois pieds & demi d'eau, ne se démâtent point ; mais le beaupré & la baume se mettent tout-à-fait en dedans. Enfin, les *barques* à vivier sont des bâtimens destinés à transporter en vie le poisson de mer, dans une soute qui est remplie d'eau de mer.

BAS-BORD, c'est le côté du navire qu'on a à gauche, quand étant à la poupe on regarde la proue.

BASCULE ou BOUTIQUE, bateau au milieu duquel il y a un coffre ou vivier rempli d'eau, pour transporter à flot le poisson d'eau douce en vie.

BAS-FOND, endroit où il y a peu d'eau, & où l'on craint d'échouer; il est opposé à *grand-fond*.

BASTUDE ou BATTUDE, espèce de filet ou de manet dont on se sert en Provence pour pêcher dans les étangs salés au bord de la Méditerranée : les mailles en sont calibrées pour prendre des maquereaux, bogues, blaques, &c. On le tend sédentaire & par fond. Les grandes battudes s'appellent aux Martigues *areignol*.

BATEAU, petit bâtiment construit sans beaucoup de soins, qui va à la voile ou à la rame, & qui a ordinairement moins de façons que les chaloupes; les uns ne portent qu'un mât & une voile; d'autres deux mâts & deux voiles; quelques-uns ont deux mâts & trois voiles : ceux de l'Amérique sont fort estimés. Il y a beaucoup d'espèces de *bateaux*, tant sur l'Océan que sur la Méditerranée, qui tous sont appareillés de différentes manières.

BATELAGE. *Faire le batelage*, c'est aller chercher avec des canots ou des chaloupes, le poisson qui a été pris à la mer, pour le porter en vente, & fournir à ceux qui sont à la mer les appelets ou les filets nécessaires pour continuer la pêche.

BATTE. On mesure la longueur des poissons *entre œil & batte*, ce qui se prend depuis le coin de l'œil jusqu'à l'angle de la fourchette de la queue.

BATTUDE. *Voyez* BASTUDE.

BATTURE, c'est un endroit où il y a peu d'eau, & où le fond étant de roche ou de pierre, la mer forme des vagues qu'on appelle *brisans*, qui indiquent que ces endroits sont dangereux.

BAU. On dit en Provence *tirer le bau*, lever le filet qu'on traîne.

BAU ou BOL. On nomme ainsi, en Provence, le poste qu'occupent les pêcheurs à l'eyssaugue.

BAUDAU, corde d'auffe qu'on emploie pour monter les bourdigues.

BAUDE, aux Martigues BAUDO. On donne ce nom en quelques endroits aux cablières.

BAUFFE, grosse corde le long de laquelle sont distribuées nombre de lignes garnies d'haims; c'est aussi ce qu'on appelle *maitresse corde*. La *bauffe* sédentaire sur les sables au bord de la mer est, ou enfouie dans le sable, ou retenue par de grosses cablières.

BAUX. Ce sont les poutres des vaisseaux, ou de grosses pièces de bois qu'on pose par le travers des vaisseaux pour soutenir les ponts. On appelle celui qui est à la partie la plus large du vaisseau, le *maître bau* : les petits *baux* qu'on met aux gaillards se nomment *barrots*.

BEAUPRÉ, mât qui est incliné sur l'étrave, à l'avant du bâtiment : il porte quelquefois une petite voile qu'on nomme *civadière*; mais son principal usage est d'y amarrer l'étai de misaine & les foques ou voiles d'étais.

BELANDRE, petit bâtiment à varangues plates, qui est appareillé comme un heu : les plus grandes *belandres* sont de 80 tonneaux. L'avantage de ces petits bâtimens est de pouvoir être conduits par peu de monde.

BELÉE. *Pêcher à la belée* ou entre deux eaux, c'est établir une corde qui porte les haims entre deux eaux, au moyen du lest & des liéges.

BELOUGA. On appelle ainsi une pêche qui se fait à Astracan, à cause du poisson qu'on y prend : c'est une espèce de gors formé de pieux, terminé par une cage de bois de 9 à 10 pieds de longueur sur 5 de large. On y attire les belougas avec des appâts.

BENASTRE, petit parc de clayonnages ouverts.

BERGAT, sorte de nasse dont les pêcheurs de la Garonne font usage.

BERTAVELLE, nasse que les génois font avec du jonc.

BERTAULE, BERTOULENS, BERTOULETTE ou BERTOULONNET, ce sont les noms qu'on donne en Languedoc aux filets, qu'ailleurs on nomme *verveux*. Les *bertoulettes* de Cette sont de très-petits verveux.

BETTE-MARINE. Les provençaux nomment ainsi de petits bateaux qui leur servent pour plusieurs sortes de pêches.

BICHETTE, filet qui ne diffère du haveneau, que parce que le filet, au lieu d'être monté sur deux perches droites, l'est sur deux perches courbes.

Biécharié, tramail dont on se sert sur la Dordogne pour prendre des saumons & des aloses. C'est, je crois, le même qu'on nomme dans la Gironde *bizarré* : on le nomme aussi *bicharrière*.

Bigearreyns, filet du genre des demi-folles, qui est en usage en Gascogne pour prendre des poissons plats.

Billottée. On appelle vendre le poisson d'un étang *à la billottée*, quand on le vend par lots ou en bloc, ce qui ne se fait que pour la blanchaille ou le petit poisson.

Bire, Bure ou Bouteille, sorte de nasse que les pêcheurs de la Seine mettent au bout de leurs diguiaux. Ces *bires* sont terminées par une petite qui est sur le côté, & qu'on nomme *cornion*.

Biscayenne ou Yolle, petite chaloupe qui va presque toujours à la rame, & sert à entrer les bâtimens dans le port, ainsi qu'à plusieurs pêches. Les *biscayennes* ou bisquines du Havre portent 25 à 26 pieds de quille, 4 à 5 pieds de bau ; elles ont beaucoup de façons : on les démâte lorsqu'on va à la rame. La grande voile s'amarre à un des bancs ou taude.

Bitord, menue corde faite de deux fils commis ensemble. Le luzin est un fil retors sans être commis ; au lieu que le *bitord* l'est. C'est en quoi consiste la différence de ces deux espèces de cordages.

Bivalves, coquilles qui ont deux battans ou valves, & s'ouvrent comme une boîte.

Bizarré. *Voyez* Biécharrié.

Blanc. Se dit du hareng salé & prêt a être mis en caque.

Blanchaille, Blanc ou Blanquet. On comprend sous ces noms différentes espèces de poissons, particulièrement des poissons blancs qu'on emploie pour appât, ou les poissons des étangs qui ne sont point marchands, tels que les goujons, les anguilles, *&c*. On les nomme *mesters*.

Blanche, petits poissons qu'on prend dans les parcs, & dont on ne peut encore distinguer l'espèce.

Bloc, gros morceau de bois qui sert à couper les haims. Il porte une pièce qu'on nomme *tranche*, & une autre qu'on nomme *rencontre*, sur laquelle on appuie le bout du fil-de-fer pour le couper d'une longueur convenable.

Bœufs. La pêche dite *aux bœufs*, se fait avec le filet appellé *ganguy*, qui est traîné par deux bateaux à la voile.

Boisseau. *Voyez* Nasse.

Boitte. C'est le nom qu'on donne du côté de Tréguier aux petits poissons qui ne viennent que d'éclore : ailleurs on les nomme *menuises*, *nonnat*, &c.

Bol ou Bau. On nomme ainsi les postes que doivent occuper les pêcheurs à l'eyssaugue, pour ne point endommager les filets des autres pêcheurs.

Bolantin, pêche qui se fait en bateau avec des lignes simples.

Boliche, sorte de brégin, que les espagnols nomment aussi *xabega*.

Boliez. Les catalans appellent de ce nom un petit ganguy.

Bonde. La bonde d'un étang est une espèce de gros robinet qu'on établit au milieu de la chaussée, à la partie la plus basse ; elle doit retenir l'eau exactement quand elle est fermée ; on l'ouvre pour laisser échapper l'eau de l'étang quand on veut le vider.

Boniteras. Les espagnols sur la côte d'Afrique nomment *boniteras* une pêche qu'on fait avec des tramaux pour prendre des bonites.

Bordage. On nomme ainsi les planches qui couvrent l'extérieur du navire, depuis la quille jusqu'au plat-bord. Celui qu'on place tout près de la quille, s'appelle *gabord*. Celui qui couvre l'œuvre vive ou la partie qui est dans l'eau s'appelle *bordage de fond*.

Border un filet. C'est passer tout autour avec du fil retors dans toutes les mailles sur les bords, une corde ou ralingue qui le fortifie.

Borigue. On nomme ainsi sur la Dordogne ce qu'ailleurs on nomme des *nasses*.

Bouchelle, entrée de la tour de dehors de la bourdigue.

Bouchots. Ce sont des parcs ouverts du côté de la côte, qui sont formés de deux grandes aîles de pierre, de pieux ou de clayonnage, disposés en triangle, qui se réunissent en pointe, & sont terminés par une nasse ou filet en manche qu'on nomme *bourgin*. Il ressemble beaucoup aux gords des rivières. Dans le Poitou, on en met

met quelquefois trois au-dessus les uns des autres ; celui qui est le plus près de la côte, se nomme *bouchot de la côte* ou *de terre ;* celui qui est plus bas, *bouchot de parmi ;* & le plus bas, *bouchot de la mer.*

Bouée, corps légers qui servent à indiquer en quel endroit l'ancre est mouillée. En ce cas, la bouée est amarrée à un cordage qu'on nomme *orin* ou *drome*, qui tient à la tête de l'ancre. Il y a des bouées qui sont faites comme des barils vides, d'autres sont formés par des morceaux de liége liés les uns aux autres.

Bouffi. On appelle *hareng bouffi* une espèce de hareng-soret.

Bouguière ou Buguière, filet très-délié, de l'espèce des manets, qui en Provence sert à prendre les poissons appellés *bogue* : il diffère peu de la battude.

Boulets. On appelle ainsi à Estrehan les petits bouteux.

Bouleurs. Ce sont des hommes qui battent l'eau, & fourgonnent dans les herbiers, les crosnes ou les sourives, pour engager le poisson à donner dans les filets.

Boulic de plage. Les espagnols nomment ainsi une très-grande pêche qu'ils font au boulier, & qu'ils appellent aussi *arte real de peschera.* Ils y emploient jusqu'à quatre-vingts hommes.

Boulièche ou Trahines. On nomme ainsi dans la Méditerranée de très-grandes saines. Il ne faut pas les confondre avec les boulliers. On les nomme ailleurs *bouyer.*

Bouligou. C'est le nom qu'on donne à Cette à une espèce de bregin.

Boullier, Boullière, Boulliche, Boulèche. Le grand boullier est un filet formé comme l'eyssaugue, de deux bras qui aboutissent à une manche ; il diffère de l'eyssaugue par les mailles qu'on nomme *deux doigts, pousal, quinze-vingts, brassade, &c.*

Bouque & Contrebouque, goulets qui séparent les chambres des bourdigues.

Bouquetort, petit bouteux. C'est le nom qu'on donne à ce filet dans l'amirauté de Coutances.

Bouraque, Bourache, Bouragues, Panier, Cage, Claie, Cazier. Tous ces noms sont synonymes, & signifient une nasse d'osier qui est faite comme les souricières de fil d'archal.

Bourdigue. Ce sont de grands gords qu'on fait dans les canaux qui communiquent des étangs à la mer, au moyen desquels on prend le poisson qui veut retourner à la mer. Il y en a en Provence & en Languedoc, & de petites dans la Camargue.

Bourdon. On nomme ainsi un bâton qu'on ajuste au bout des saines, pour tenir le filet tendu : on le nomme aussi *canon.*

Bourdonnoro. C'est le nom qu'on donne à la première chambre de la madrague.

Bourgeois ou Hote. Les pêcheurs nomment ainsi le propriétaire du bateau dont ils se servent. De-là ils appellent *poisson bourgeois*, celui que cet homme a droit de prendre après celui de coutume. On nomme les turbots, les saumons, les marsouins, les esturgeons, *poissons privilégiés*, parce qu'ils ne peuvent pas être pris pour les poissons de redevance.

Bourgin ou Bregin. On nomme ainsi à Marseille un filet qui ressemble beaucoup au petit boullier. & qui ne diffère de l'eyssaugue que par la grandeur des mailles. Aux Martigues, on ne distingue pas le bregin du boullier.

Bourgne ou Bourgnon. Sorte de nasse qu'on met au bout des parcs ouverts.

Boursal. On nomme ainsi en Provence ce que dans l'Océan on nomme *goulet* : c'est une sorte de filet conique, dont la pointe entre dans le corps du verveux, & qui empêche que le poisson n'en sorte.

Bourse, nom synonyme de *manche, poche, queue, sac.* On dit *bourse de l'eyssaugue.*

Bourset, corps flottant, qui sert à tirer un des bouts du filet de la dreige.

Bout de Quiévre, est une espèce de grand haveneau, mais dont les perches qui le croisent sont terminées par des cornes de chèvre, ce qui fait qu'on peut le pousser lentement sur la grève. Il y a un haveneau qui au lieu de ces cornes, a deux planches qui font le même effet.

Boutargue, œufs de poissons préparés, qui proviennent de la pêche des bourdigues.

Bouteux. Sorte de grande truble, dont la monture est tranchée quarrément ; d'un côté, elle a un grand manche, avec lequel on la pousse devant soi, comme les jardiniers font leur ratissoires. Quelques-uns font le filet des *bouteux* comme un verveux, & ils l'appellent *bouteux à queue de verveux*.

Boutique. On nomme ainsi sur la côte de la Hougue des nasses que nous avons appellées *bouragues*.

Branco, bouts de ficelle d'auffe, qui servent à attacher les cannes des bourdigues qui s'étendent de toute la longueur de l'ourdidou.

Brassade. C'est un filet dont les mailles ont quatre lignes d'ouverture, & qu'on emploie à la manche ou au coup du boullier.

Brayes. On donne ce nom à des gords qu'on forme au bord de la mer avec des pieux ou des clayonnages.

Brege, tramail dont on se sert dans la Gironde pour prendre les esturgeons ou créat.

Bregin, Bergin ou Bourgin. On donne en Provence ce nom à un filet qui diffère peu de l'eyssaugue; il est seulement moins grand, & on ne s'en sert point dans les grands fonds. Il prend bien des noms différens dans les ports où on l'emploie : on s'en sert pour pêcher au feu, en faisant précéder le filet par un petit bateau qui porte un feu pour attirer le poisson.

Bresseaux, terme provençal qui signifie les lignes menues, qu'on attache sur la maitresse corde ou le maître de palangre.

Brételières, demi-folle qui sert à prendre de petits chiens-de-mer, que sur plusieurs côtes de Normandie on nomme *brette* ou *bretelles*.

Breveux. On nomme ainsi sur la côte d'Isigny un crochet de fer, dont on se sert pour tirer les homards & les crabes d'entre les rochers.

Breuille, entrailles de poissons.

Bricolle. On appelle ainsi le long des rivières une ligne attachée à un pieu, qui porte à son autre bout un ou plusieurs haims amorcés.

Brider un filet. Un des inconvéniens des mailles en losange, c'est de changer beaucoup de forme, suivant qu'on tire le filet dans un sens ou dans un autre, & on y remédie en le bordant ou en le bridant.

Brigantin. C'est proprement un bâtiment de la Méditerranée qui va à la voile & à la rame. Les anglois ont cependant de gros brigantins pour la pêche de la morue sèche, qui ont un grand mât, un mât de misaine, un beaupré, point de perroquets ni d'artimon.

Brisants. On appelle de ce nom des rochers qui, s'élevant à fleur d'eau, forment des lames ou petites vagues : & on donne aussi ce nom aux vagues formées par ces rochers, qui annoncent qu'il y a des écueils à une petite profondeur sous l'eau.

Broquer. C'est percer le poisson avec l'haim. Pour l'amorcer on broque les petits poissons par les yeux, les ouies, &c.

Brougnée, longue nasse, peu différente de celle dont on se sert dans la Garonne, & qui diffère peu de la bourigue de la Dordogne.

Bruine. On appelle ainsi en Provence une corde qui borde la tête du filet, & qui porte les nattes de liége. On la nomme en Ponant *ralingue*.

Buhottier, petit bouttеux qui sert à prendre des chevrettes, que les picards nomment *buchots*. On appelle aussi quelquefois ce filet *buchot*.

C.

Cabas, panier fait avec de l'auffe. On en fait un grand usage en Provence & en Languedoc, pour emballer des fruits secs, des poissons salés.

Cableau, diminutif de cable, ou synonyme de grelin. Les pêcheurs emploient souvent ce terme pour signifier une petite corde qui sert à amarrer quelque chose.

Cablière. Les pêcheurs nomment ainsi une pierre percée, qui leur sert à tenir leurs cordes & leurs filets assujettis au fond de la mer ou sur le sable. On dit *pêcher à la petite cablière*, quand on attache au bout d'une ligne simple une petite pierre, qu'on enfouit dans le sable, & *pêcher à la grosse cablière*, quand on attache de grosses pierres aux deux extrémités d'une grosse corde, qui est chargée d'empiles.

Caboutière ou Cabussière, sorte de tramail, dont on fait usage dans les étangs de Cette.

Cache ou Chasse. C'est un filet tendu sur

des piquets en forme de palis. On en met à l'embouchure des parcs, pour déterminer le poisson à y entrer.

CAGÉ, CLAYE, CASIER, sorte de nasse. On donne aussi ce nom à une barrière ou grillage de bois qu'on fait à la bonde d'un étang, pour empêcher que le poisson s'échappe quand on ouvre la bonde.

CAHOSSET, petit haut-parc qu'on appelle communément *closet*.

CAHUOTTIER. *Voyez* VERVEUX.

CAILLOUX. Comme le plomb est fort cher, les pêcheurs emploient autant qu'ils peuvent des cailloux pour lester leurs cordes & leurs filets. On les choisit de forme longue pour qu'ils soient plus aisés à attacher.

CALANGUE. On donne en Provence ce nom à de petits ports ou anses. *Voyez* ANSES & CRIQUES.

CALEN, grand carreau qu'on établit à l'avant d'un petit bateau, & qu'on relève au moyen d'un contrepoids.

CALER. C'est enfoncer dans l'eau. La charge d'un vaisseau le fait *caler*. On dit *caler une tessure*, pour dire la jetter à la mer. L'eyssaugue ne peut caler que d'un soleil à l'autre. On la relève au coucher du soleil.

CALINS. Nom qu'on donne à deux piquets ou peaux de l'entrée de la tour de la paradière.

CANARD, espèce de filet de 50 brasses de longueur & de 8 pans de large, soutenu par des roseaux. La pêche où on emploie ce filet, dure pendant les mois de juillet, août & septembre.

CANCHALAVAR. Nom que les pêcheurs des Açores donnent à une espèce de truble.

CANESTEAU. On nomme ainsi en Provence le panier dans lequel les pêcheurs roulent les cordes chargées d'empiles & d'haims. Ces paniers ont une bordure de liége, qu'ils nomment *garlande*.

CANNE ou CANETTE. On dit pêcher à la canne quand au bout d'une canne ou d'une perche déliée, on attache une ligne à l'extrémité de laquelle est empilé un haim.

CANNIÈRE. On appelle ainsi en Basse-Normandie une espèce de bretelière qui sert à prendre des chiens.

CANON, synonyme de bourdon, bâton qu'on ajuste au bout des saines pour tenir le filet tendu.

CANNONIÈRE. Ouvertures qu'on pratique au fond des écluses ou parcs de pierre pour laisser échapper l'eau.

CANOT, petite chaloupe. Les canadiens font des canots creusés dans de gros corps d'arbres, ou avec de l'écorce de bouleau soutenue sur des membres fort minces.

CANULETTE, sorte pagaye dont les pêcheurs des environs de Quito font usage.

CAPOULIÈRE, nappe de filet d'auffe, à larges mailles qu'on met à l'entrée des bourdigues pour empêcher le poisson de s'échapper, & qu'on abat pour laisser passer les bateaux quand il s'en présente.

CAQUER. C'est mettre le hareng dans des caques ou barils lorsqu'il est salé.

CARAVELLE, CREVELLE ou CLINCART, petits bâtimens de 25 ou 30 tonneaux qui sont employés pour la pêche du hareng. Ceux qui servent dans la Manche ne sont que de douze à quinze tonneaux.

CARCASSE. On nomme ainsi de grandes glines ou corbeilles couvertes, dans lesquelles on met les grands poissons qu'on a pêchés. Ce sont surtout les pêcheurs-parquiers qui en font usage.

CARDON. On nomme ainsi à Caen les petites chevrettes.

CARÈNE. On appelle ainsi toute la partie d'un bâtiment qui est submergée. On dit aussi *œuvre vive*. On nomme encore *carène* l'enduit dont on couvre cette partie.

CARLOCK. Quelques-uns donnent ce nom à la colle de poisson qui vient d'Archangel.

CARPIERS, petits étangs qu'on appelle aussi *alviers*.

CARRA ou CAVA. On nomme ainsi à la Tête-de-Buch & dans le bassin d'Arcachon une espèce de manet avec lequel on pêche à la dérive. Nous avons décrit cette pêche dans l'article du bassin d'Arcachon; le filet s'appelle *aumaillade*.

CARRÉ. *Voyez* CARREAU.

CARREAU, CARRELET, CARRÉ, CALEN,

VENTURON, ECHIQUIER, HUMIER. C'est une nappe quarrée qu'on tend sur deux portions de cerceau, qui se croisent & qu'on attache au bout d'une perche; on le tend sur le fond, & quand on apperçoit quelques poissons dessus, on le relève promptement.

CARRELET. *Voyez* CARREAU.

CARROSSE. Il y a de petits bas parcs, dont le dessus est couvert par un filet; c'est ce qu'on appelle *carrosse* ou *parcs couverts*.

CARTE. Quelques-uns nomment ainsi la flue des tramaux, ce qui n'est guère d'usage. La carte de Dunkerque est un filet en chausse qu'on traîne; ainsi c'est une espèce de drague.

CASTRATION du poisson. Opération aisée à faire, par laquelle on prétend que la chair du poisson devient plus délicate & de meilleur goût.

CATENIÈRE ou CATONIÈRE, haut de chaîne qui porte quantité de crocs que les pêcheurs trainent au fond de la mer pour retrouver leurs filets ou leurs appelets quand ils leur ont échappé.

CATIMARAN, sorte de radeau fait avec trois piéces de bois, & qui sert sur la côte de Madras à pêcher à la ligne simple.

CAUDRETTE, CHAUDRETTE, CAUDELETTE, CHAUDIERE, SAVONCEAU. Ces noms adoptés dans différents ports désignent des trubles qui n'ont point de manche & sont suspendues comme le plateau d'une balance; on les relève avec une petite fourche de bois.

CAVIAR ou CAVIAT, œufs d'esturgeon qu'on sale & qu'on prépare en Russie. Les italiens le regardent comme un mets délicat.

CAZIER ou CASIER, nasse à-peu-près semblable aux bouraches, avec laquelle on prend dans le quartier de Saint-Mâlo des poissons à croute.

CEINTE. *Voyez* PRÉCEINTE.

CHALON, grand filet que les pêcheurs de rivière trainent entre deux bateaux : ce terme n'est guère d'usage.

CHALOUPES, petits bâtimens qu'on embarque dans les vaisseaux, & qui sont d'un grand service dans les rades : on s'en sert pour la pêche. Il y en a qu'on nomme *lamaneuses*, qui servent à entrer les vaisseaux dans le port.

CHALUS ou CHALUT. C'est un filet en chausse sans ailes, ou une drague qu'on traine. Il y en a qui sont montés sur des espèces de traineaux de bois.

CHANDELIERS. On nomme ainsi sur les barques & les chaloupes des espèces de fourches de bois ou de fer, sur lesquelles on met les avirons, les gaffes ou les vergues, quand elles sont abattues.

CHANTAGE ou HUAGE. On appelle une pêche *chantuage* ou *huage*, quand on fait du bruit pour engager le poisson à donner dans le filet. *Voyez* JETS.

CHAPEAU, sorte de truble dont on se sert à Calais pour prendre des chevrettes qu'on y nomme *grenades*.

CHAPERON, couverture de paille qu'on met sur les paniers de poisson.

CHAPPE. On nomme ainsi en Provence une espèce de lisière qu'on met autour des filets pour les fortifier. Les mailles de *chappe* ont 15 lignes en quarré. *Voyez* ENLARMER.

CHARRUE, filet en manche, d'usage en basse-Bretagne, semblable au chalus. *Voyez* ce mot.

CHASSE. Nom qu'on donne à de petites tessures qu'on tend dans le bassin d'Arcachon; & aux halins qui servent à tirer les grands filets.

CHASSE-MARÉES. Marchands qui transportent promptement la marée, ou à dos de cheval, ou dans les fourgons, aux endroits où s'en fait la vente.

CHAT, petit grapin dont se servent les pêcheurs pour retirer du fond de la mer leur tessure, quand elle leur a échappé.

CHATAIGNE DE MER. On donne quelquefois ce nom aux oursins.

CHATOUILLE, espèce de petite lamproie qu'on emploie pour appât.

CHAUSSE ou MANCHE du bregin. Elle diffère de celle de l'eyssaugue en ce qu'elle est plus large, & les mailles du cul-de-sac sont si petites, que ce filet semble être une toile claire.

CHAUSSÉE d'un étang, est une levée ou une digue qu'on fait avec beaucoup de soin pour retenir l'eau; il y a au milieu une bonde pour le vider.

CHEVALET, instrument qui sert à faire des haims, & fait partie du barbelet. On le nomme quelquefois *rencontre du barbelet.*

CHILA. On nomme ainsi en Corse de petits parcs tournés qu'on forme avec des pieux.

CHUTE. On entend par la *chûte* d'un filet, sa hauteur lorsqu'il est tendu : ainsi on dit qu'un filet a tant de longueur & tant de *chûte.*

CIBAUDIÈRE. C'est le nom qu'on donne dans quelques ports sur la côte de Dunkerque aux folles. On tend quelquefois ces filets sur des piquets, pour prendre des mulets; alors on les appelle *muliers* ou *mulotiers. Voyez* RIEUX.

CLAIRE. En général une tessure qu'on dit *claire* a les mailles larges; au contraire celle qu'on dit épaisse les a serrées.

CLAIRET, espèce de mailles de deux brasses de la partie supérieure au cul-de-sac d'une manche : elle est de 24 ourdes au pan, ou d'un peu plus de 4 lignes. Celles des manches, dites en Provence *clairets*, ont quatre lignes & demie; celles de l'eyssaugue les ont de six à sept lignes.

CLAVA. Les provençaux nomment ainsi une perche ou une canne qu'on ajuste au bout du filet de la tartane, pour le tenir tendu.

CLAVEAU. Les bas-bretons appellent ainsi les haims.

CLEF, DOUBLE CLEF & DEMI CLEF, sorte de nœud qui sert à attacher les haims aux empiles, les cailloux aux cordes, & les cordes aux piquets.

CLINCART, terme adopté à St.-Valery, pour signifier un bâtiment employé à la pêche du hareng. Quelques-uns disent *trincart.*

CLOSETS ou CAHOSSETS. Ce sont de petits hauts parcs, formés d'un filet en manets & tendus sur des perches : un bout du filet tendu droit forme une chasse; & l'autre bout formant un crochet, fait le corps du parc.

CLOYÈRE, petit panier dans lequel on met un assortiment de poisson pour la provision d'une maison. *Voyez* EMBALLAGE.

COIFFE, filet à grandes mailles & évasé, qu'on met à l'embouchure d'un filet en manche, pour déterminer le poisson à y entrer.

COLLERET, petite saine ou sainette que deux hommes trainent au bord de la mer ou des étangs; ou par le travers des petites rivières. Il y a de grands collerets qu'on traine avec des chevaux ou avec des vireyaux.

COMMENDE ou EILLÈRE. C'est en général un bout de corde qui sert à retenir un corps dans une situation fixe & convenable.

CONCEDON. C'est le nom qu'on donne à la seconde chambre des bourdigues.

CONDORTES, faisceaux de cannes disposés pour la construction des bourdigues.

CONSERVATEURS. On nomme ainsi à Rome des magistrats qui ont inspection sur la vente du poisson.

CONTREMAILLE. On appelle ainsi en quelques endroits le filet en tramail.

CORALIÈRE, petit bâtiment provençal, qui sert pour la pêche du corail & aussi pour celle du poisson : il porte un petit mât, point de vergues, une grande voile quarrée & un foque. Quelques-uns disent *coraline.*

CORBEILLE. C'est en effet une corbeille d'osier revêtue de cuir de cheval, dont les Anglois se servent assez adroitement pour la pêche.

CORCERONS. Ce sont de petits morceaux de liége qu'on attache aux empiles, pour que les haims se détachent du fond. Ce mot est synonyme de *flottes.*

CORDE D'AUFFE. On en emploie de trois grosseurs, qu'on distingue par les noms de *lignette* ou *brumel*, le *baudon* & le *filet prin.* Ces cordes se vendent par balles assorties.

CORDES. Pêcher aux *cordes* est pêcher avec une longue corde, à laquelle on attache, de distance en distance des lignes ou empiles garnies d'haims : c'est ce que dans la Méditerranée on appelle *palangre.* Lorsqu'elles sont chargées de plomb ou de cailloux, on dit *corde par fond*; quand elles sont soutenues par des flottes de liége, on dit *cordes flottantes* : la principale *corde* s'appelle *maitresse corde* ou *bauffe* dans l'Océan; dans la Méditerranée *maître de palangre.* Les pêches aux grosses *cordes* diffèrent de celles aux lignes, parce que les *cordes* sont plus grosses, & ordinairement plus longues. *Voyez* LIGNES.

CORDIER. Un pêcheur *cordier* est celui qui pêche avec des cordes garnies d'haims. On l'appelle dans la Méditerranée *palangrier.*

CORESSE. On appelle ainſi à Dunkerque les magaſins où on fait les harengs ſorets.

CORMORAN, oiſeau qu'on dreſſe à la pêche, pour s'approprier le poiſſon qu'il prend.

CORNION, partie de la bire, ou bure, ou naſſe qu'on ajuſte à l'extrémité des diguiaux.

CORPON ou CORPOU, cinquième chambre qui eſt à la tête de la madrague, où ſe prennent les thons.

CORPS ou COSSE d'un bateau. On appelle ainſi la partie d'un bateau, compriſe depuis le mât juſqu'à-peu-près les deux tiers de ſa longueur, tant à l'avant qu'à l'arrière.

COTEREAUX ou COTERAS. On nomme ainſi à la Hougue des pièces de cordages de 18 braſſes de longueur, avec leſquelles on joint, à cette diſtance les unes des autres, des pièces de tramail, qu'on tient flottantes entre deux eaux.

COUDRE un filet, eſt joindre pluſieurs filets les uns au bout des autres, pour en faire un grand.

COUFFE de palangre. On nomme ainſi en Provence un panier fait avec de l'auffe, & rempli de pierres, au bord duquel on attache des piles qui portent des haims, & qu'on deſcend au fond de la mer. On le retire au moyen d'une ligne qui y eſt attachée.

COULETTE, ſorte de truble dont la monture eſt comme celle d'une raquette : on s'en ſert dans la Garonne pour prendre pluſieurs ſortes de poiſſons. C'eſt un grand lanet.

COULEUR D'EAU. Quand on n'entame pas les haims, on les fait revenir ſur un petit feu : d'abord ils prennent une couleur bleue, enſuite une brune, qu'on appelle *couleur d'eau*.

COUP. On donne quelquefois ce nom à la manche du boulier.

COUPEILLON, nom que les bourdiguiers donnent à une pêchette ou ſorte de truble, qui leur ſert à prendre le poiſſon qui eſt dans les tours des bourdigues.

COUPERU, nom que les pêcheurs d'Oleron & d'Aunis donnent à une eſpèce de petite truble ou de naſſe, dont ils ſe ſervent pour prendre le poiſſon qui reſte dans leurs écluſes ou courtines, quand l'eau n'eſt pas entièrement retirée.

COUPLE. Ce mot ſe prend en différens ſens : quand les pêcheurs l'emploient, ils diſent *pêcher au couple*, lorſqu'ils attachent au milieu d'un fil de fer un peu courbe, un petit poids, & aux deux bouts deux piles garnies chacune d'un haim. On amarre ce fil de fer par le milieu, à une longue ligne que les pêcheurs tiennent dans la barque qui va à la voile. Lorſqu'on parle de la conſtruction d'un bâtiment, le *couple* eſt une tranche verticale, formée de varangues, de genoux & d'alonges; on l'appelle auſſi une *levée*. Les *couples* de balancement ſont ceux qui terminent la partie ſymmétrique du bâtiment, un vers l'avant, l'autre vers l'arrière : le *maître couple* eſt celui qu'on met à la partie la plus large du bâtiment. On peut, pour avoir des notions plus préciſes ſur les *couples*, conſulter le traité d'architecture navale.

COURANTILLE, ſorte de thonnaire ou filet à prendre des thons, qu'on abandonne à lui-même, & qui dérive au gré du courant.

COUREAU, petit bateau de la Garonne, qui ſert pour l'armement des grands bateaux, & pour la pêche dans la rivière.

COURBE, pièce de bois cintrée ou en équerre, qui eſt d'un grand uſage dans la marine.

COURRIER, piquet qui aſſujettit le bout de la pantenne de la paradière.

COURTINE. On nomme ainſi des eſpèces de gords ou de bouchots, dont l'enceinte eſt formée par des filets tendus ſur des piquets. On nomme *courtines vagabondes* ou *variantes*, celles qu'on change ſouvent de place.

COUTEL. C'eſt une eſpèce de ſerpe qui ſert à couper les cannes qu'on emploie pour faire les bourdigues.

COUTELETS, ſorte de goulets ou entrées des bourdigues. *Voyez* TRAVERSE.

COUTUME. On nomme *poiſſons de coutume*, ceux de redevance, qu'on donne avant la vente au propriétaire du bateau & au maître pêcheur. C'eſt le poiſſon choiſi par le fermier qu'on nomme particulièrement *de coutume* : celui du propriétaire du bateau ſe nomme *poiſſon bourgeois*.

COUVO. Les eſpagnols nomment ainſi le coup ou la manche du filet qu'ils nomment *kaviga* ou *reddes reales*, qui eſt un filet aſſez ſemblable au boullier.

CRAYÉ. C'eſt le nom qu'on donne en Picardie aux macreuſes.

CRIQUE. C'est un enfoncement dans les terres, ou une espèce de petit port formé naturellement le long des côtes, où les bâtimens cherchent un asyle dans les gros temps.

CROCHET, instrument de fer ajusté au bout d'une perche, pour détacher les coquillages des rochers, & tirer les crustacées & quelques poissons d'entre les roches. On traîne sur le sable un double crochet pour faire saillir les vers & les poissons qui se sont enfouis.

CROSNES, trous ou petites cavernes qui sont au bord de l'eau, assez souvent sous des roches.

CROUSILLES. On nomme ainsi en Provence des enceintes de filet, ou des espèces de parcs qu'on établit au bord des étangs.

CRUSTACÉES, poissons qui sont couverts d'une croûte dure, tels que les crabes, les homards, les écrevisses, &c.

CUL-DE-LAMPE d'un étang; enceinte qu'on forme derrière la bonde d'un étang, au moyen d'une chaussée pour retenir l'eau, & empêcher qu'elle ne se perde.

CUL-DE SAC, CUL-DE-PEIVAU ou CUL-DE-CHAUDERON. C'est le fond de la manche de l'eyssaugue, & des autres filets de même genre.

CULAIGNON, partie de la manche des filets, & qui en forme le fond.

D.

DANE, cabane pratiquée au pied du grand mât des gondoles qui servent pour la pêche à Yarmuth, & qui se démonte pour celle du maquereau.

DARDER. Il y a des sauvages qui sont très-adroits à lancer un dard sur les poissons qu'ils apperçoivent.

DÉCHARGE ou DÉCHARGEOIR, endroit par où on fait échapper l'eau d'un étang, quand il est trop plein.

DÉCLORRE une bourdigue, c'est en ôter les roseaux, pour laisser le passage libre aux poissons.

DÉMARRAGE se dit d'un bâtiment qui, n'étant plus retenu par ses amarres, obéit à l'action du vent. Les pêcheurs comptent leurs petites campagnes par le nombre de *démarrages* qu'ils font : ils disent qu'il y a des démarrages qui leur sont bien plus avantageux que d'autres.

DEMI-CLEF. *Voyez* CLEF.

DEMI-FOLLE, filet qui ne diffère des folles que parce qu'il a moins d'étendue, & que les mailles en sont moins ouvertes. On peut rapporter à ce filet les bretelières, les jets de Picardie, les picots de Normandie.

DÉRADER, c'est désagréer un bateau quand la saison de la pêche est finie.

DEUX DOIGTS. Les filets du bouiller, dit *de deux doigts*, ont leur maille d'un pouce & demi en quarré.

DIGON, morceau de fer barbelé ou terminé par un demi-dard, ajusté au bout d'une perche, & dont on se sert pour piquer & prendre le poisson.

DIGOT ou AIGUILLETTE, petit instrument qui sert à tirer du sable les manches de couteau.

DIGUIAUX, grands filets en forme de manches, terminés par une nasse nommée *bire* ou *bure*, que les pêcheurs de la Seine établissent entre les arches des ponts.

DOGRE, bâtiment que les hollandois & les françois emploient pour pêcher dans les mers d'Allemagne : il est pincé par l'avant & l'arrière, porte un mât surmonté d'un hunier, une grande voile & un beaupré à l'avant, sur lequel sont amarrées des foques.

DOIGT. On dit en quelques endroits *pêcher au doigt*, quand on tient la ligne à la main sans canne; mais c'est ce qu'on doit appeller *pêcher à la ligne.* On spécifie quelquefois la grandeur des mailles en les dénommant *de deux doigts*, *six doigts*, &c.

DOMICILIÉS. Nous nommons *poissons domiciliés*, ceux qui se trouvent toute l'année sur les mêmes côtes, tels que les soles, les limandes, &c.

DORMANT. Les pêcheurs disent qu'ils pêchent avec des *lignes dormantes*, quand ils en mettent un nombre au bord de l'eau, & qu'ils vont de temps en temps visiter celles où le poisson a mordu. Les pêcheurs de l'embouchure de la Seine appellent *rêts dormants* des rêts tendus comme les folles.

DRAGUE. On comprend sous ce nom générique, qui signifie un filet en manche que l'on traîne, bien des espèces de filets. On peut les considérer comme des guideaux, qui, au lieu d'être établis sédentaires, sont traînés sur le fond, ou comme des eyssaugues ou ganguis qui n'ont point d'ailes : il y en a qu'on hale de terre sur les grèves; d'autres sont traînés par des bateaux : les unes se nomment *chaluts*, d'autres *dranguelle*; d'autres *cartes* ou *dragues*. Toutes ces pêches s'exécutent avec des filets en chausses, qui sont plus ou moins longues, qui ont leur ouverture plus ou moins grande, & qui sont armées de fer ou de bois. La force des filets varie aussi suivant leur grandeur. On appelle aussi *drague*, un filet en chausse, armé par-devant d'un chassis de bois ou de fer, qui gratte le fond lorsqu'on le traîne : il sert principalement à prendre des coquillages, comme huitres, carambots, oursins. On l'appelle en quelques endroits *ganguy*.

DRAGUEUR, bâtiment de haute-Normandie pour la pêche de la morue, du hareng, du maquereau, au Nord, à Yarmuth, aux côtes d'Irlande, &c.

DRAINETTE, DRIVONNETTE, DROUILLERTE, par corruption, je crois, de *derivette*, filet dont on se sert à la dérive pour prendre plusieurs sortes de petits poissons ronds : c'est un manet.

DRANET; synonyme de *colleret*.

DRANGUELLE, sorte de drague, ou chausse simple qu'on traîne sur le fond au moyen d'un petit bateau : il y a des *dranguelles* claires & d'autres épaisses.

DREIGE, pêche considérable qu'on fait dans l'Océan, avec un grand tramail, qu'on traîne avec un bateau nommé *nef*, & un ajustement que la marée porte au loin, pour traîner un des bouts du filet : on le nomme le *bourset*. On donne aussi ce nom en Bretagne à une manche qui est tenue ouverte par un chassis de bois ou de fer, & dont le bas est chargé de plomb & de fer; c'est une vraie dreige.

DREIGEUR, bateau qui sert à la pêche à la dreige.

DROME. On emploie ce terme dans quelques ports, pour signifier le cordage qu'ailleurs on nomme *orin*, & qui sert à tenir la bouée arrêtée sur les filets des pêcheurs.

DROUILLET, petit filet monté sur des perches, qu'on présente à l'opposite du cours de la marée, pour prendre de petits poissons, particulièrement le haranguet, qui est fort différent du hareng.

DUNES, élévations qui bordent la mer; il y en a d'assez élevées pour former des montagnes : on donne volontiers ce nom à celles de sable qu'on voit aux environs de Dunkerque.

E.

ECHIQUIER. *Voyez* CARREAU.

ECHOUER, se dit quand un vaisseau manquant d'eau, porte sur le fond.

ECLUSE. Les pêcheurs parquiers nomment ainsi les parcs de pierre.

ECUEIL, rocher ou banc de sable qu'il faut éviter pour ne pas périr.

EGRAU, filet de la pêche dite *jagude* dans les cheneaux de Buch.

EGUILLIÈRE. *Voyez* AIGUILLIÈRE.

EIN. C'est un mot corrompu de haim. Quelques-uns disent *eiche*.

EISSAUGUE. Il vaudroit mieux écrire *aissaugue* : quelques-uns écrivent *essaugue*, d'autres *issaugue*. C'est un filet approchant de la saine, au milieu duquel il y a un sac de filet, ce qui est assez d'usage en Provence. Ainsi ce filet est composé de deux ailes ou bras de filet, & d'une manche qui est au milieu. Après avoir fait parcourir au filet une grande enceinte, on le tire à terre pour prendre le poisson.

ELANCEMENT de l'étrave. C'est la quantité dont l'étrave se porte en avant au-delà de l'extrémité de la quille.

EMBALLAGE du poisson. On prend bien des précautions pour emballer le poisson dans les paniers, lorsqu'on veut le transporter, ou, comme on dit, *le chasser au loin* : on emballe dans des paniers qu'on nomme *deux au cheval*, quand deux paniers en font la charge; *trois au cheval*, quand il en faut trois, & de même *quatre au cheval*. Il y en a de plus petits, qu'on nomme *cloyères*. Enfin, on enveloppe quelquefois de beaux

beaux poissons simplement dans de la paille ; c'est ce qu'on nomme *torquette* ou *torchette*. On couvre les paniers avec de la paille longue, qu'on nomme *glu*, & on forme ce qu'on nomme *le chaperon*.

EMBECQUER. C'est mettre un appât friand à la pointe d'un haim. Quelques-uns disent *abecquer* & *abaiter*.

EMBOURIGUE. C'est le nom qu'on donne aux goulets qui séparent les différentes chambres des bourdigues : d'autres se nomment *bouques* & *contre-bouques*.

EMERILLON, petit crochet de fer, qui est disposé sur son manche, de manière qu'il y peut tourner facilement.

EMPERNA. *Faire emperna*, c'est former l'enceinte de filets pour la pêche qu'on nomme *seinche* ou *enceinte*.

EMPILER les haims. C'est les attacher à une empile ; & comme il y a des haims de différente forme & grandeur, on a aussi des empiles grosses & menues, de simple & de doubles, de rondes & de cadenettées. Il y en a de métal & de crin.

EMPILES ou PILES. Ce sont des lignes déliées, ordinairement doubles, auxquelles on attache un haim, & qui s'attachent aux lignes ou cannes. On les appelle dans la Méditerranée *bressaux*.

ENCEZA, pêche de Catalogne, qui se fait de jour & de nuit avec le fitora ou le fichoir. A Alicante, cette pêche se fait avec le feu & le filet.

ENCLESTRE, partie du filet de la tartane.

ENLARMER un filet. C'est le border d'une espèce de lisière de grandes mailles, faites de fil fort, ou pour fortifier le filet, ou pour former des anneaux comme ceux d'un rideau : c'est à-peu-près ce qu'on nomme en Provence *chappe*.

ENSABLER. C'est tendre sur un fond de sable des filets, au pied desquels on ne met point de lest.

ENTREBOUQUE. On nomme ainsi la première chambre des bourdigues du côté de l'entrée.

ENTREMAILLADE. Les provençaux nomment ainsi ce qu'on appelle en Ponant *hameaux*. *Voyez* TRAMAUX.

EPAISSE. Une tessure épaisse est celle qui a les mailles serrées.

EPERVIER, filet en forme de cloche, dont les bords sont plombés ; il y a une ligne ou corde à la pointe du cône ; quand on voit du poisson au fond de l'eau, on jette ce filet étendu, & on le couvre. On le nomme aussi *furet*, *risseau*, &c.

EPINETTE, sorte d'haim qui se fait avec des épines d'arbre. La pêche qui se fait avec ces sortes d'haims s'appelle *pêcher à l'épinette*.

EPISSOIR, sorte de cheville de fer, dont les emballeuses de poisson se servent pour écarter les osiers & y passer les ficelles.

ESCABECHER, manière de préparer les sardines.

ESCAUME, cheville de bois qu'on frappe sur le bord du bateau, & qui forme un point d'appui aux environs lorsqu'on rame.

ESCAVE, nom qu'on donne dans la Dordogne à un filet très-semblable à la saine.

ESCOPE, grande cuiller de bois dont les matelots & les mariniers se servent pour vider l'eau de leurs bateaux, quand ils sont trop petits pour avoir des pompes.

ESNARDS, lignes qu'on attache à la tête d'un filet, & qui tiennent à une grosse flotte de liége, pour tenir un filet entre deux eaux.

ESPADOT. C'est un morceau de fer ajusté au bout d'un bâton, & qui forme un crochet : il sert à prendre au fond des écluses, dans les endroits où il reste de l'eau, les poissons qui y sont restés. Cette pêche se fait ordinairement aux flambeaux.

ESPALIER, nom qu'on donne à deux paux qui sont à l'entrée de la pantenne de la paradière.

ESPAR, levier qui sert pour la grosse artillerie. On emploie aussi ce terme pour signifier une forte perche, plus menue qu'un mâtereau.

ESPENS, pièces au nombre de dix, qui composent le filet du sardinal, ayant chacune 16 brasses & demie de longueur, & 6 brasses de largeur. *Voyez* SPENS.

ESPERE. On appelle en Provence *tendre à l'espère*, quand on tend des filets dans l'attente du poisson qui y donnera.

Espion. On nomme ainsi en Roussillon, le filet qu'on nomme ailleurs *sardinal.*

Essaugue, est, comme nous l'avons dit plus haut, un filet dont on fait grand usage dans la Méditerranée : au milieu est une grande bourse, aux deux côtés de laquelle sont deux aîles. On le tire à terre après lui avoir fait décrire une grande enceinte.

Estoire ou Estoueyre, sorte de tramail dont on se sert sur la Gironde, pour prendre des gattes ou fintes, des soles, des turbots, &c. On le nomme aussi *bigearreyres* ou *bigearreyns.*

Estrits ou Etritte. On donne ce nom sur les côtes de Basse-Normandie, à une espèce de crabes.

Estrope, bout de cordage qui entoure la boîte d'une poulie, ou des cailloux, pour former une anse par laquelle on les suspend.

Etabli des ouvriers qui font les haims, c'est une table épaisse, basse & solide, sur laquelle sont plusieurs ustensiles & outils qui servent à ces ouvriers.

Etalier est pris pour deux pêches fort différentes : quelquefois c'est un établissement de pieux & de perches, qu'on fait au bord de la mer pour tendre des filets de guideaux : les uns s'appellent *hauts*, & les autres *bas étaliers*, suivant leur grandeur. Dans les environs de Coutances, *étalières* est un filet tendu circulairement sur des perches.

Etalon. C'est le nom qu'on donne en quelques endroits aux cablières.

Etambot, pièce qui s'élève à-peu-près perpendiculairement à l'arrière du bâtiment à l'extrémité de sa quille, & à laquelle est attaché le gouvernail.

Etamer. C'est couvrir les haims d'étain, pour empêcher qu'ils ne se rouillent.

Etangs. On sait que c'est une grande étendue d'eau, qu'on retient par une digue qu'on nomme *chaussée*, au milieu de laquelle il y a un déchargeoir appellé *bonde*, qu'on ouvre quand on veut vuider l'*étang* pour le pêcher. Le poisson croît & se multiplie dans l'*étang*. Il y a de petits *étangs* qui sont uniquement destinés à la multiplication du poisson; on les nomme *alviniers* ou *carpiers.*

Etau, morceau de buis dont se servent ceux qui font les haims, pour supporter le fil-de-fer.

Etente. *Voyez* Tente.

Etiquette. Les pêcheurs verrotiers nomment ainsi un couteau emmanché de bois, qui n'a point de tranchant, & dont la lame est barbelée : cet instrument sert à détacher les coquillages des rochers, & à tirer du sable les vers & les hamilles.

Etrave, pièce de bois ordinairement courbe, qui s'élève verticalement à l'avant du bâtiment, & terminé sa longueur à cette partie.

F.

Façons, parties du bâtiment vers l'avant & vers l'arrière, qui diminuent de capacité, tant dans le sens vertical que dans le sens horizontal.

Faille, filet qui est d'usage en Provence. La portion du filet de l'eyssaugue nommée *faille*, est formée du filet qu'on nomme *majour*, dont les mailles ont 6 lignes d'ouverture.

Farati ou Grande entrée, est une espèce de vestibule qui distribue à droite & à gauche dans les chambres de la madrague.

Fas de la nause. Les catalans nomment ainsi le goulet des nasses.

Fauques, planches qu'on ajuste à coulisse autour des bateaux à rames, quand on va à la voile, pour empêcher que la lame n'entre dedans : on les nomme aussi *ansins.*

Fauvrade. Les provençaux nomment ainsi une enceinte de filets, ou un petit parc qu'ils forment près de la côte, pour y renfermer les thons qu'ils ont pris à la pêche qu'ils nomment *seinche.*

Faux. On donne ce nom à plusieurs pêches, mais entr'autres à une dans laquelle on se sert d'un grand filet à manche, monté sur deux quenouilles, & dans laquelle deux hommes se mettant à l'eau, présentent ce filet au courant : il y a une autre pêche dite *à la faux*, qui se fait avec l'hameçon : elle sera rapportée dans l'article de la morue.

Fer a croc. Les provençaux nomment souvent ainsi un haim.

Feu, *pêcher au feu*. Cette pêche se fait avec des lumières pendant la nuit : les poissons viennent à la lumière, & les pêcheurs profitant de cette inclination du poisson, le prennent, ou avec des fouannes, ou avec des filets. Outre cela, il se fait encore une pêche au feu avec des filets ; telle est l'enceza d'Alicante, & le bregin au feu de Provence.

Feuille, petit poisson d'étang, plus petit que l'alvin, & qui est grand comme une feuille de saule.

Fichure. On appelle volontiers de ce nom en Provence, la pêche à la fouanne ou au harpon.

Filadière, bateau de la Garonne qui n'a qu'un mât, une voile quarrée, deux latines, une d'étai qui se borde sur le beaupré ; il a communément vingt pieds de longueur, six à sept de largeur, trois de creux ; il est plat pardessous, relève beaucoup de l'avant & de l'arrière, est pointu par les deux bouts, ce qui le fait ressembler à une navette de tisserand *Voyez* Courau.

Filet, réseau fait avec du fil, dont les mailles doivent être plus ou moins grandes, selon l'espèce de poisson qu'on se propose de prendre. On en tend au bord de la mer sur des piquets ou palots ; on en tend aussi en pleine eau, qui sont pierrés & flottés. Ce qu'on nomme *grand filet*, est une saine dont on se sert dans plusieurs rivières qu'on barre entièrement. *Voyez* Réts

Fitora, terme catalan, qui signifie un harpon ou un fichoir. Sur les côtes de l'Etat Ecclésiastique, on appelle *foscina* ce que nous appellons *harpon*.

Flambart, petite chaloupe du Havre, qui n'a que douze ou quinze pieds de long, qui porte deux mâts sans vergue : on s'en sert pour la pêche du libouret & du chalut. On la démâte quand on veut aller à la rame, pour servir d'aide aux grands pêcheurs.

Flamméque, filet dont se servent les pêcheurs de Caux pour prendre du hareng hors le temps permis.

Flêche. Comme on tue quelques poissons dans l'eau avec le fusil, il y a des sauvages qui les percent à coups de *flêche*.

Flibot, espèce de petite flûte ou de pinasse, qui sert pour la pêche de la morue. Les grands ont trois mâts & un beaupré, point de perroquet : les petits, au lieu d'artimon, ont une voile d'étai ; ils sont à cul rond, & ont un gros ventre.

Flottant. Les pêcheurs disent qu'ils pêchent *à corde flottante* ou *à filets flottans*, quand ils attachent auprès de l'haim un morceau de liége qui les fait flotter près de la surface de l'eau. On fait quelquefois flotter la corde avec des vessies pleines d'air.

Flottes. Ce sont des morceaux de liége ou de bois léger, qu'on ajuste aux cordes ou à la tête des filets, quand on ne veut pas qu'ils portent sur le fond. Au bourg d'Ault, on les nomme *flotterons*.

Flue. C'est la nappe fine qui est entre les deux hamaux aux filets en tramail. En quelques cantons de Normandie, on donne ce nom aux demi-folles.

Flute, bâtiment de charge dont les hollandois se servent beaucoup, ainsi que les françois. Elles sont ordinairement mâtées en vaisseau. Les hollandois en font usage pour le commerce de la morue dans le Nord.

Folles. On nomme ainsi un filet à larges mailles, qu'on tend de façon qu'il fasse des plis, tant dans le sens vertical, que dans le sens horizontal : il est lesté & légèrement flotté. On le tend toujours par fond. Il sert à prendre des poissons plats, particulièrement des raies : c'est pourquoi, en quelques endroits on les nomme *rieux*. On tend les folles en *ravoir*. *Voyez* Ravoir. Les demi-folles diffèrent des *folles*, en ce que les mailles sont moins ouvertes : elles servent à prendre des soles, des carrelets, & autres poissons du même genre. On nomme quelquefois ces filets *grandes pentières* ou *bretellières*, parce qu'on y prend de petits chiens qu'on nomme *bret* ou *bretelles*. On appelle *folles tramaillées*, des tramaux tendus comme les *folles*.

Follée, bourse que les pêcheurs laissent faire au filet en le tendant sur des perches.

Follier, bateau qui sert à la pêche aux folles.

Fond. C'est le terrein ou la nature du sol qui est sous l'eau : c'est dans ce sens qu'on dit *fond* de roche, de sable, de galet, de vase, de paillettes, de coquilles, briseis d'algue, &c. & *pêcher par fond*, quand on établit les filets ou les cordes auprès du *fond*. On appelle aussi *fond*, une pêche qu'on fait au haut de la Loire avec une trape.

FORCIBLEMENT, nom qu'on donne à un matelot vigoureux qui tire à bord les grandes folles.

FOSCINA ou FUSCINA. C'est ainsi qu'on nomme à Raguse une sorte de harpon, avec lequel on perce très-adroitement les poissons qu'on apperçoit. Quand cette pêche se fait la nuit, on s'éclaire avec un morceau de sapin allumé.

FOUANE, instrument propre à percer les poissons pour les prendre. Il y en a de bien des formes : les unes sont une broche terminée par un dard, d'autres une lame barbelée ; d'autres sont formés de deux, trois, ou un plus grand nombre de lames : quelquefois ce n'est qu'une fourche. Ces instrumens étant ajustés au bout d'une perche, on en perce les poissons qu'on apperçoit au fond de l'eau, ou on les enfonce dans la vase aux endroits où l'on juge qu'il y a des poissons.

FOUE. Les pêcheurs d'Oleron nomment ainsi une manche de filet qu'ils mettent au fond de leur courtine.

FOUGNE. C'est une fourche de fer à deux ou trois fourchons, avec laquelle on darde les poissons qui sont restés aux endroits qui n'assèchent pas de basse-mer. La fougne est un harpon.

FOULE, sorte de pêche. *Voyez* PLYETTER.

FOUR. On nomme *grand four* & *fort four*, des manœuvres qui servent à appareiller le bourset de la dreige.

FOURCHE, espèce de fouane à deux fourchons, emmanchée de bois, comme celles dont on se sert dans les fermes pour charger les gerbes ; d'autres sont à trois fourchons, comme celles qui servent à charger le grand fumier. On se sert aussi de petites fourches de bois pour relever les caudrettes. *Voyez* CAUDRETTES.

FOURÉE, espèce de bas parcs. *Voyez* VENETS.

FOURQUETTE. Les provençaux nomment ainsi une croix de fer ou de cuivre, qui porte des lignes & des haims, & qui est attachée à une longue ligne pour la descendre au fond de la mer, & la retirer quelque temps après. On nomme aussi *fourquette* ou *fourchette*, une petite fourche de bois, à laquelle on entrelace la ligne des bricolles, pour que le poisson qui a mordu à l'hameçon ne rompe pas la ligne.

FRAI. On appelle ainsi les œufs de toute sorte de poissons. Le poisson n'est pas bon quand il fraye, c'est-à-dire, quand il dépose ses œufs.

FREGATION, petit bateau de Provence, pour la pêche : il est pointu par les deux bouts ; il a dix-huit pieds de longueur & six de largeur ; il ne va qu'à la rame.

FRÈRES, nom qu'on donne aux pieux, piquets ou paux, qui forment le corps ou le tour de la paradière.

FRONGIATA, pêche de Raguse, qui est une vraie pêche à la saine.

FUNIN, cordage fait de bon chanvre & de médiocre grosseur, ce qui le fait appeller quelquefois *franc funin*.

FURET. *Voyez* EPERVIER.

G.

GABARET, petite gabarre. *Voyez* FILADIÈRE.

GABEZ, enceinte de filets ou sorte de parcs d'usage en Egypte.

GAFFE, morceau de fer qui porte une pointe & un crochet, soudé à une douille, dans laquelle on ajuste une longue perche. Cet instrument est d'un grand usage pour tirer à terre les gros poissons. Les petites se nomment *gaffeaux* : en quelques endroits on les nomme *halle-crocq* & *gauchon*.

GALET, cailloux roulés qui se sont arrondis en se frottant les uns contre les autres, quand la mer les agite. Les fonds de galet sont de mauvaise tenue, & endommagent les cables. On nomme aussi en Provence *galet*, ce qu'on nomme ailleurs *bouée* ou *signal* pour reconnoître la situation d'un filet : en Catalogne on dit *gayot*.

GANCETTES, maille de trois pouces en quarré.

GANGUEILE, petit ganguy qu'on traîne avec un bateau : on s'en sert en Provence à prendre des anguilles.

GANGUY. C'est ordinairement un filet plus petit que le bregin, & qui a les mailles très-serrées : le grand ganguy est un vrai bregin. Ce qu'on nomme *ganguy des Carambots* & *ganguy des Ourfins*, font des dragues qui traînent au fond de la mer. Celui qu'on appelle *à la voile* reffemble affez à la tartane.

GARÇON DE BORD. On appelle ainfi un jeune homme qui fe loue pour aider à la pêche; il ne fournit point de filets, & ne partage point dans le profit de la pêche : c'eft un grade au-deffus des mouffes, qui, étant plus jeunes & moins forts, ont une paye très-foible.

GARDY. C'eft le nom qu'on donne à la troifième chambre de la madrague.

GAULETTE, petite gaule, fynonyme de *volet*. Ce font deux gaules menues & pliantes, auxquelles on arrête le bord du filet nommé *bouteux*.

GAY. *Hareng-gay* fe dit du hareng qui a frayé, & qui n'a ni laite, ni œufs.

GLACE. Dans l'Amérique Septentrionale, en Ruffie, en Suède, &c. on fait des trous à la glace, & on introduit dans l'eau qui eft deffous, des filets & des haims, avec lefquels on prend beaucoup de poiffons.

GLAI, herbier de glayeuls qui forme des efpèces d'îles dans les étangs.

GLINE, panier couvert dans lequel les pêcheurs mettent le poiffon qu'ils ont pris.

GLU, paille longue qui fert à emballer le poiffon.

GOBELETTE, petits bateaux de Picardie, qui ont 21 pieds de longueur & 6 pieds de largeur : ils portent au milieu un mât foutenu des étais, une vergue & une voile quarrée.

GOMBIN ou GEMBIN, nom qu'on donne en Provence à des naffes cylindriques qui ont deux entrées garnies de goulets : ce font des louves faites très-artiftement avec des cannes ou des ofiers. Les provençaux les nomment auffi *lances*.

GONDOLE, barque plate, longue & très-légère, qui ne va qu'à la rame. Celles de Saint-Valery, font femblables aux batelets du Pollet. Les gondoles provençales portent une grande voile latine & un foque à l'avant.

GORETS, nom qu'on donne en Bretagne aux parcs. *Voyez* BENASTRE.

GORGE. C'eft le demi-cercle que l'eyffaugue & le bregin forment dans l'eau. On le mefure plutôt par le cercle que forme au fond de l'eau la corde fur laquelle eft le plomb, que par celui que le liège forme fur l'eau. On donne auffi ce nom, en quelques-endroits du Languedoc, aux aîles du boullier.

GORDS, pêche qui s'établit dans le lit des rivières & au bord de la mer; ce font de grands entonnoirs qu'on forme avec des filets ou des pieux qui fe touchent les uns les autres, & dont la pointe aboutit à l'entrée d'un verveux ou d'un guideau, pour y conduire le poiffon. On nomme auffi à la Tête-de-Buch *gords*, le filet qui fert à la pêche dite *jagude*.

GOULET. On appelle ainfi une efpèce d'entonnoir qu'on met à l'entrée des filets en manche & des naffes, pour que le poiffon qui y eft entré librement, n'en puiffe pas fortir. En Provence on lui donne le nom de *goulume*.

GOURDE ou CALEBASSE. On s'en fert au lieu de flottes de liége, pour empêcher le filet d'aller au fond de l'eau.

GOUVERNAIL, pièce de bois plus large qu'épaiffe, qui étant attachée par des pentures à l'étambot, peut fe mouvoir au moyen d'un levier, qu'on nomme *la barre* : par ce mouvement, le pilote ou timonier dirige la route du bâtiment.

GRADOU, chambre de la madrague, qui, avec le gravicheli & le corpou, fait la cinquième chambre.

GRAGE. C'eft le nom qu'on donne en baffe-Normandie, à la drague aux huitres.

GRAPIN, petite ancre qui a quatre bras, une feule tige & un organeau où l'on attache le cable. On n'y met point de jas.

GRAU. C'eft le nom qu'on donne à des coupures ou de petits canaux qu'on fait aux digues qui féparent les étangs de la mer.

GRELINS. Les cordes en grelins font faites avec plufieurs auffières, commifes les unes avec les autres, c'eft pourquoi elles font commifes deux fois.

GRENADIERS, grands bouteux qui fervent à prendre des chevrettes, que les flamands nomment *grenades*. On appelle auffi *grenadière*, une petite faine qui fert au même ufage.

GRIBANE, forte de barque qui eft ordinairement du port de 30 jufqu'à 60 tonneaux, & fort en ufage fur les côtes de Normandie & de

Picardie ; elle porte un grand mât, une misaine sans hunier & un beaupré : ses vergues sont inclinées.

GRILLAGE, barreaux de bois ou de fer qu'on met à tous les endroits par où l'eau arrive dans un étang, & par ceux qui servent de décharge, pour empêcher que le poisson ne sorte de l'étang.

GUELDRE, GUIDILLE, GUILDIVE, GUILD, appât qu'on fait avec des poissons du premier âge, des petites chevrettes, ou de la chair de quelques poissons cuits.

GUERAGNON, fond de la manche du ganguy, qui est fait de gros fil, qu'on nomme *de six*.

GUIDEAUX, filet en manche, dont l'embouchure qui est large, se présente à un courant qui la traverse. On tend ces guideaux en traîne contre un courant ; il y en a de plusieurs grandeurs, qui s'établissent de différentes manières.

GUIRON, terme provençal, qui signifie deux pièces de filets qui forment une partie de la manche de la tartane & autres. Le guiron du subre est celui où sont attachés les liéges : le guiron du plomb est au bas de la manche.

H.

HABILLER se, dit du poisson qu'on apprête pour le saler, en lui ôtant la guigne & les ouies.

HAYE, tournoiement d'eau qui se forme dans les courants : on en occasionne quelquefois pour y placer des verveux.

HAIM. On dit aussi *ain* : on l'écrit dans quelques ouvrages *hain* : mais il paroît préférable de l'écrire *haim*, parce qu'il dérive de *hamus* : c'est un crochet fait ordinairement de métal, avec lequel on saisit le poisson. Il y en a de petits, d'autres fort grands : les uns n'ont qu'un crochet, d'autres en ont deux. On en fait avec des épines, & même avec des os.

HALBOURG, espèce de hareng fort gras, qui se pêche dans la saison.

HALINS ou BRAS, corde qu'on ajuste aux extrémités des filets pour les traîner. En Provence & en Languedoc, ces cordages sont ordinairement d'auffe, & on les appelle *sartis* : chaque pièce est assez souvent nommée *maille*.

HAMAUX, nappe des tramaux à larges mailles.

HAMEÇON. Exactement parlant, c'est un haim garni de son appât. On le prend souvent pour l'haim ou le crochet qui arrête le poisson. *Voyez* HAIM.

HARENGUIÈRE ou HARENGUADE, palis pour prendre des harengs.

HARENG. Ce poisson se prend avec les filets nommés *manets*. *Voyez* ce mot.

HARGNIÈRE. On nomme ainsi sur les côtes de haute-Normandie quelques brasses de filet à larges mailles, qui terminent les extrémités des saines.

HAROUELLE. *Voyez* ARONDELLE.

HARPON, espèce de dard mis au bout d'un manche de bois, qui se lance sur le poisson, comme on lançoit autrefois le javelot ; & au moyen d'une ligne déliée, on suit le poisson qui a été piqué.

HARPONNAGE, en Provence *fichure*, est la pêche avec la fouane ou le harpon.

HARPONNER. Quoiqu'on confonde communément le harpon avec la fouane, on appelle *harponner*, lorsqu'on lance le harpon sur un poisson ; c'est ainsi qu'on prend les baleines, les marsouins, &c.

HARVIAU, anse de corde qui sert à attacher le grand filet en chausse, qu'on emploie pour les pêcheries établies aux arches des ponts sur les grandes rivières.

HAVENEAU ou HAVENET, est un filet tendu sur deux perches qui se croisent comme une paire de ciseaux : on ne le pousse point devant soi, mais on le présente au courant. On pêche avec ce filet à pied, & dans de petits bateaux. Les petits haveneaux de Vannes diffèrent peu des bouteux de Normandie.

HAUSSIÈRES. *Voyez* ANSIÈRES.

HAUTÉE. Le filet qu'on nomme ainsi en Provence ne diffère de la battude que parce qu'il est plus grand.

HEU, bâtiment à plate varangue, & qui tire peu d'eau : il est d'un grand usage, sur-tout en

Hollande & en Flandre. Il n'a qu'un mât qui s'incline vers l'arrière, avec une demi-varangue ou corne qui porte une grande voile, à laquelle on ajoute quelques voiles d'étai.

HERBIERS, bancs d'herbe qui se forment au milieu des eaux, & dans lesquels le poisson se réfugie.

HERSES, instrumens semblables à ceux dont se servent les laboureurs pour enterrer leurs grains : elles sont tirées par des chevaux ou des bœufs, pour entamer le sable.

HORIZON DU SOIR, pêche qui se fait au soir, commençant quand le soleil est couché, jusqu'à ce que sa lumière disparoisse entièrement. C'est aussi ce qu'on nomme le *crépuscule*.

HÔTE ou BOURGEOIS. Les matelots nomment ainsi celui à qui appartient leur bateau pêcheur, & qui le leur loue suivant certaines conventions.

HOTTE de quai. Ce sont des hottes ordinaires, au fond desquelles on ajuste un morceau de bois qui répond du fond de la hotte à terre, & qui sert à ceux qui transportent le poisson à se reposer.

HOULEVICHE, filet qu'on appelle ailleurs *bretellière*, parce qu'il sert à prendre une sorte de chien qu'on appelle à Barfleur *houle*.

HOUX-FRÉLON. C'est la plante appelée par les botanistes *ruscus myrtifolius aculeatus*, qu'on nomme sur la côte de Normandie *verganaier*, dont on se sert pour faire les avalettes pour la pêche qu'on nomme *la balle*.

HOYÉ. On appelle *poisson hoyé*, celui qui a été meurtri & fatigué dans le filet, ou attaqué par des poissons voraces : il se corrompt aisément, & il faut le consommer sur le lieu de la pêche.

HUAGE. *Voyez* CHANTAGE & JETS.

HUCHES, grandes caisses de bois qu'on établit dans l'eau, & qui ferment à clef : on y dépose le poisson qu'on doit prendre journellement pour la table.

HUNIER. C'est un grand calen qu'on attache au bout d'une corde passée dans une poulie frappée au bout d'une vergue ; & en hâlant sur cette corde, on relève le carreau ou calen.

HYDROGAPHE, maître payé dans les ports pour enseigner aux élèves la théorie de la navigation, & pour examiner ceux qui se présentent pour être reçus pilotes hauturiers ou côtiers, & capitaines de vaisseaux marchands.

I.

JAGUDE. La pêche qu'on nomme ainsi dans le bassin d'Arcachon, est une espèce de manet qu'on tend sédentaire dans les chenaux. Nous l'avons décrit dans le détail des pêches d'Arcachon & de la Tête-de-Buch.

JAMBE d'une maille, est le fil qui forme un de ses côtés. *Jambe de filet.* On nomme quelquefois ainsi les aîles qu'on ajoute à côté des filets à manche.

JARDINET, compartiment fait sur le pont des gondoles, pour servir à caquer le hareng à Yarmuth.

JARRETIÈRE, lien de charpente qui soutient les jumelles des bondes. C'est sur ces jarretières qu'on cloue les planches percées qui forment la cage.

JETS. Les jets de Picardie sont des demi-folles tendues en ravoir. On fait quelquefois du bruit pour engager le poisson à donner dans le filet : alors on nomme cette pêche *chantage*, *cantage*, *huage*.

INGE, corruption de haim.

JONCHÈRE, touffes de jonc qui se forment dans les étangs, & deviennent quelquefois des îles flottantes.

JONQUINNE ou JONQUILLE. On nomme ainsi les cordes d'auffe.

ISSAUGUE, petit issaugue ou bourgin. *Voyez* BREGIN.

ISLOT ou ILOT, petite île. Les marins disent quelquefois *îlette*.

L.

LAÇEUR, synonyme de *mailleur*, ouvrier qui fait des filets.

LAGUILLIÈRE, rêts en usage à Marseille, fait avec du fil de lin fort fin double, de 15 mailles au pan, & de 200 brasses de long sur 6 de large.

LAMPRESSE, nappe de filet dont les mailles n'ont qu'un pouce & demi d'ouverture. Il est du genre des demi-folles.

LANCE, nasse cylindrique. *Voyez* GOMBIN.

LANE, étendue de rivière où on laisse dériver les filets avec lesquels on prend les saumons & les aloses. Ce mot est en usage dans la Dordogne.

LANETS. C'est un petit truble dont on se sert pour prendre des chevrettes dans les algues. Il est ordinairement monté comme une raquette, & son manche est souvent fort court.

LANGOUSTIER, filet à mailles très-larges, qui sert à prendre des langoustes.

LANNES. On appelle ainsi dans l'Océan les lignes fines qui partent de la maîtresse corde. Quelques-uns les appellent *semelles*.

LARGE. *Aller au large, se porter au large*, c'est s'éloigner de la côte vers la grande mer.

LASSINS, filet à manche peu différent de tous les autres.

LATINE. *Voile latine* : c'est une voile triangulaire qui est d'un grand usage sur la Méditerranée. Les tartanes portent des *voiles latines*, des foques, des coutelas, bonnettes en étai, des voiles d'étai ; toutes ces voiles sont triangulaires.

LAÜT, bâtiment qui sert à Cette à faire la pêche à la tartane.

LECHES ou ACHÉES. *Voyez* ce mot.

LÉGRAU, filet qui sert à pêcher à la jagude dans l'étang d'Arcachon. *Voyez* JAGUDE.

LÉPAS, genre de coquillages univalves, ou qui n'ont qu'une coquille, & sont attachés au rocher qui leur sert d'une valve.

LESQUE ou LISQUE. C'est un filet semblable aux cibaudières ou folles. Ces dénominations sont en usage dans l'amirauté d'Eu.

LEST, poids dont on charge le pied du filet pour le faire caler : on le fait ordinairement de plomb ou de cailloux, ou de grosses pierres qu'on nomme *cablières*, quelquefois avec un gros cordage.

LÉTIS *Voyez* BATTUDE.

LEUGEON, filet dont les mailles ont deux pouces d'ouverture, que les pêcheurs de la Tête-de-Buch tendent sédentaires & en pleine eau. *Voyez* PEUGNE.

LEURRE. Ce sont des appâts factices qu'on met aux haims pour attirer le poisson. C'est quelquefois une espèce de poisson fait avec de l'étain fondu ; d'autres fois un morceau de liége couvert d'une peau de poisson, des chenilles, des papillons, &c. imités avec différentes substances ; de petites anguilles d'étain pour prendre des vives avec la fouane.

LEVIÈRE, grosse corde qui pose sur un treuil & sert à relever le filet qu'on tend aux arches des ponts, lorsqu'on veut les faire sécher.

LEVURE. Les mailleurs nomment ainsi des demi-mailles par lesquelles on commence le filet. *Lever un filet*, c'est en faire la levure ; & le *poursuivre*, c'est continuer à faire les mailles.

LIBAN. On appelle ainsi en Provence la corde qui borde le pied du filet, & à laquelle on attache le lest ; c'est encore une corde de 4 ou 6 pouces, faite avec de l'auffe, & qui sert à attacher de grosses pièces de liége au filet de la madrague.

LIBOURET, pêche qui se fait avec une ligne qu'on enfile dans un trou qui est au bout d'un morceau de bois, qui à son autre extrémité porte plusieurs piles garnies d'haims. Cette ligne est terminée par un poids. Le morceau de bois du libouret se nomme *avalette*.

LIGNE. Les marins emploient ce mot en plusieurs sens différents. C'est ordinairement une corde menue qui sert à porter un poids pour connoître la profondeur de l'eau, & alors on l'appelle *ligne de sonde* ; *ligne de loch*, celle qu'on attache à un petit instrument de ce nom, pour connoître la vitesse du sillage ; *ligne d'amarrage*, qui sert à attacher différents corps ; *ligne de pêche fine ou simple*, celle qu'on fait avec de la soie ou du crin, à l'extrémité de laquelle on attache un haim amorcé, & qu'on tient à la main pour tirer à bord le poisson qui a mordu : on pêche de cette façon des morues, des cabillauds, des thons & beaucoup d'autres poissons ; *lignes dormantes & par fond*, celles qui sont garnies dans leur longueur d'empiles d'haims & de lest, qu'on tend au fond de la mer avec de petits bateaux : il y en a qui ont beaucoup d'étendue ; *lignes sédentaires & flottantes*, qui sont attachées à des corps fixes, ou dont les haims sont attachés à des corps flottants : enfin on appelle

pelle *ligne d'eau en charge*, celle que trace la superficie de l'eau sur le pourtour du bâtiment lorsqu'il a sa charge.

LIGNETTE ou BRUMET, ligne menue & fort déliée qui sert pour la pêche à la canne.

LIS ou DREIGE, filet composé de 70 rangs de mailles, de 9 ourdres au pan, ou d'un pouce en quarré.

LISSEAU. Les faiseurs de filets nomment ainsi ce qu'on appelle communément *peloton*.

LOTIER, pêcheur qui, au moyen de sa part de filet qu'il fournit pour la pêche, jouit du plein lot.

LOUP. On donne ce nom à plusieurs sortes de filets : dans la rade de Nantes, on appelle ainsi un filet qu'on tend en pleine eau sur trois piquets ou perches : l'une qui est sédentaire se nomme *perche de terre*, une autre *perche de rade*, & la troisième *perche du milieu*.

LOUTRE, animal amphibie du genre des castors, qui vit de poissons. Dans la ci-devant abbaye de Sorgue, près Bayonne, un religieux en avoit privé & dressé une à la pêche, de sorte qu'il lui ordonnoit d'aller à la pêche : la *loutre* obéissoit, & lui rapportoit un poisson ; ce qu'elle répétoit toutes les fois que le maître lui ordonnoit.

LOUVE. On donne quelquefois ce nom aux verveux, principalement à ceux qui ont plusieurs ouvertures à chaque bout : ceux qui sont garnis d'aîles sont appellés *rafles*.

LUZIN, menu cordage formé de deux fils simplement retors, & non pas commis comme le bitord. *Voyez* BITORD.

M.

MACLE. On donne dans quelques ports de Picardie ce nom aux folles. On nomme en Languedoc *Maclonnière*, un filet de la nature des folles.

MACLONNIERE, sorte de tramail dont on fait usage dans les étangs de Cette, & qui peut se rapporter aux folles.

MADRAGUE. On appelle ainsi de très-grandes pêcheries qu'on établit dans la Méditerranée, principalement pour prendre des thons. On peut les regarder comme de grands parcs établis en pleine eau, & dans lesquels le poisson est conduit par une chasse ou une cloison de filet qui s'étend depuis la *madrague* jusqu'à la côte.

MAILLADE ou TREMAILLADE. C'est ainsi qu'on appele sur la Méditerranée les filets que dans l'Océan on nomme *tramaux*.

MAILLE. On sait qu'on appelle ainsi les ouvertures qui sont entre les fils des filets. Il y en a de grandes & de petites : les unes sont quarrées, les autres en lozange. On appelle en Provence *majours*, des mailles qui ont à peu-près six lignes en quarré d'ouverture ; celles appellées *grand majour* en ont sept. *Maille royale* : en quelques endroits, c'est un filet qu'on peut regarder comme une cibaudiere ou folle à cause de la grandeur de ses mailles. Quand on veut détacher un filet du milieu d'un autre, on fait un rang de mailles avec deux fils, ce qui fait deux anses qu'on nomme *mailles doubles* : on prend les unes pour faire un filet, & on réserve les autres pour l'autre filet. Enfin on appelle en Languedoc & en Provence *maille* des pieces de cordes de sartis ou d'auffe qui ont 75 brasses de longueur.

MAILLEUR, synonyme de *Laceur*, ouvrier qui fait des filets.

MAJOURS *Voyez* MAILLE.

MAISTRE DE PALANGRE. *Voyez* CORDE.

MAITRESSE-CORDE *Voyez* CORDE.

MANCHE, filet en forme de tuyau conique, large à l'entrée & qui s'étrécit jusqu'à son extrémité, qu'on ferme de différentes manières. Il y a des filets en manche auxquels on donne différents noms.

MANET, filet en nappe simple, dont les mailles sont proportionnées à la grosseur des poissons qu'on se propose de prendre ; ainsi elles sont plus serrées pour les sardines que pour les harengs, & pour les harengs que pour les maquereaux. Ceux pour prendre les mulets ont les aîles encore plus larges ; car il faut que la tête du poisson entre dans la maille, & qu'il soit retenu par les ouies. Les *manets* se tendent en ravoir : on en garnit des parcs, on en tend en pleine eau pierrés & flottés.

MANGONNIERS, nom qu'on donne en Languedoc aux chasses-marée ou marchands de poisson en détail.

MANGUE, grand filet qui sert auprès de Fréjus.

MANIGUIERE, pêcherie formée de filets tendus

ſur des pieux qui aboutiſſent à des manches où entrent les anguilles.

Maniolle, grande truble dont on ſe ſert dans l'Adour près Bayonne, dans un petit bateau, pour prendre de petits poiſſons: on s'en ſert auſſi dans le port de Breſt pour prendre des merlans bâtards. Quelquefois la *maniolle* n'a point de manche, & eſt ſuſpendue à un cordage.

Marander ſignifie chez les pêcheurs normands deux choſes fort différentes, ſavoir : mettre leurs appelets à la mer, ou raccomoder, rétablir, radouber leurs filets.

Marchais ou Hareng-gai. C'eſt le hareng vuide de laite & de rogue après qu'il a frayé.

Marée. On appelle ainſi les poiſſons de mer. Les plus chers & les plus délicats ſe nomment *grande marée*, les plus communs *petite marée*.

Mareyeur, marchand de marée. Comme ils l'achetent des pêcheurs pour la tranſporter en différents endroits, on les nomme *chaſſes-marée*.

Marsaïque, palis pour prendre des maquereaux.

Martegal, ſorte de bregin. Ce mot eſt peu uſité.

Mats, longues pièces de bois qui s'élèvent verticalement ſur les vaiſſeaux: on les nomme ſur les galeres *arbres*. Sur les vaiſſeaux, il y a le grand mât, le grand hunier & le grand perroquet; le mât de miſaine, le petit hunier & le petit perroquet. A l'arrière l'artimon, en avant le beaupré. Les petits bâtiments ne portent qu'une partie de ces mâts.

Matte de thons. C'eſt en Provence un banc de thons.

Mejanos ou Mejanes. On appelle ainſi aux Martigues les cannes qu'on emploie pour faire les bourdigues lorſqu'elles ſont de moyenne longueur.

Mentana. Les Baſques appellent ainſi les *noves* ou *noues* de la morue.

Menuise. Les pêcheurs diſent ſouvent *meniſe*: ce ſont des poiſſons du premier age qu'on prend en prodigieuſe quantité, ce qui détruit beaucoup de poiſſon.

Merlin, menu cordage formé de trois fils commis enſemble : il eſt meilleur que le bitord & que le luzin. *Voyez* ces mots.

Meslis. C'eſt un mélange de toutes ſortes de poiſſons du premier âge. Ailleurs on l'appelle *nonnat*.

Mestre ou Maistre. Les lévantins appellent le grand mât des galeres, tartanes, &c. *arbre de meiſtre*.

Miroir, ſorte de pêche qui ſe fait avec un miroir dans lequel, pour attirer le poiſſon, on reçoit la lumière de la lune, comme on fait celle du ſoleil pour prendre les alouettes. Les chinois, au lieu de miroir, ſe ſervent d'une planche blanchie & couverte d'un vernis poli.

Miterne, ſynonyme de *jonchere*. *Voyez* ce mot.

Monter un filet, c'eſt le garnir de cordes & apparaux pour le mettre en état de ſervir.

Morgue ou Gorge. On appelle ainſi l'embouchure de la chauſſe du bregin & de l'eyſſaugue: c'eſt auſſi l'entrée de la manche des filets qui en ont, particulièrement de celle du filet de la tartane.

Mornelles ou Mornilles, pêche que les eſpagnols font dans un batelet avec des naſſes.

Mouillage, endroit où l'on peut mouiller ou jetter l'ancre. Ce mot eſt aſſez ſynonyme d'*ancrage*. *Voyez* Ancrage.

Moule, morceau de bois rond ou quarré, ſur lequel on forme les mailles, & qui en fixe la largeur.

Moulinet. C'eſt un treuil qui ſert à pluſieurs uſages. Aux Martigues, on nomme *moulinet* celui qu'on emploie pour tendre le filet dit *capoulière*, qui eſt à l'entrée de la bourdigue. Quand les équipages ſont foibles, ils ſe ſervent d'un moulinet pour tirer à terre ou dans leur bateau leurs filets, ſaines, eyſſaugues, bregins, &c.

Mouscleau ou Muscleau. Les pêcheurs provençaux nomment ainſi un haim.

Mousses, jeunes enfants qui vont à la mer pour s'accoutumer à cet élément, & pour apprendre le métier de matelot ou de pêcheur. *Voyez* Garçon de bord.

Mulier. Ce filet qui eſt principalement deſtiné à prendre des mulets, eſt du genre des cibaudieres ou folles. A Saint-Tropès, on dit *mulletière*. On le tend ſouvent ſur piquet ou en palis.

Muraille. On nomme volontiers ainſi en Provence ce qui forme l'enceinte des pêcheries, ſoit que ce ſoit des cannes ou des filets.

N.

NANÇAS. Sorte de pêche à la nasse, que font les espagnols, & qui diffère peu de l'andana.

NANSE. Les provençaux appellent ainsi des nasses faites d'osier & figurées comme le sont certaines souricières de fil d'archal, que dans l'Ocean on nomme *bouraguis*. Les *nanses* des catalans approchent plus de la forme des verveux.

NAPPE de filet, étendue de filet simple, qu'on tend à plat. On donne aussi ce nom au filet des tramaux qui est entre les deux hamaux qu'on appelle communément *flue*.

NASSES : ce sont des espèces de paniers fait d'auffe, de jonc ou d'osier, qui étant à claire-voie, laissent passer l'eau & retiennent le poisson. On leur donne différentes formes, & aussi différents noms, comme *nasse*, *nasson*, *nanse*, *lance*, *bire*, *boisseau*, *bouteille*, *ruche*, *panier*, *bouterolle*, *bourgne* : tous ont des goulets à leur entrée.

NASSE ou BANDE, une des trois parties principales qui composent le filet nommé *eyssaugue*.

NASSELLE. On nomme ainsi à Gibraltar de petites nasses qu'on fait avec du jonc qui croît dans les marais.

NASSONNES, sont des nasses figurées comme une botte ; elles servent à prendre des crustacées.

NATTE de liége. On appelle ainsi en Provence ce que dans les ports du ponant on nomme *flottes*. Ce sont des morceaux de liége qu'on attache à la tête du filet ou au bruime supérieur.

NEF. C'est le nom qu'on donne au corps du bateau qui traine la dreige. *Voyez* DREIGE.

NŒUDS. Les fils des filets sont joints les-uns aux autres par des nœuds. On en distingue entre les autres de deux sortes : savoir le nœud sur le pouce, & celui sous le petit doigt. Pour constater la grandeur des mailles d'un filet, on compte combien il y a de nœuds dans une longueur, comme par exemple d'un pied.

NOGAT. Les pêcheurs gascons donnent ce nom aux pains de noix ou au marc de noix, dont on a exprimé l'huile. Il leur sert d'appât.

NONNAT, synonyme de *mestis*, vient du latin *non natus*, parce que ces petits poissons sont à peine nés. On appelle ainsi ce que sur la côte d'Antibes & ailleurs, on appelle *menuise*.

NOUE ou NOVE, vessie à air de morue, qui fait un mets délicat ; elle se trouve le long de l'arrête du poisson en dedans.

O.

ŒUVRE MORTE. On appelle ainsi toute la partie du bâtiment qui excède la surface de l'eau.

ŒUVRE VIVE. La partie du bâtiment qui entre dans l'eau, ou celle qui est comprise depuis la quille jusqu'à la ligne de flotaison.

OISEAUX. On prend des poissons avec des *oiseaux* pêcheurs, tels que le cormoran. Cette pêche est sur-tout en usage à la Chine.

ORDUN. C'est ainsi qu'on nomme une certaine longueur de cannes montées sur des cordes, comme on fait les paillassons.

ORIN. C'est une corde qui répond d'une bouée ou à la croisée d'une ancre, ou à l'extrémité d'un filet qu'on a calé au fond de la mer, ou à une cablière.

ORPHIS, poisson qui se prend avec les manets. *Voyez* ce mot.

OURDIDOU. On nomme ainsi une espèce de hangar ou de halle, sous laquelle on fait les pièces de canne.

OURDIR les cannes. C'est en faire des cordes, ou des espèces de claies semblables aux paillassons des jardiniers : chaque pièce se nomme *ordun* ou *auvel*. *Voyez* AUVEL.

OURDRE, terme provençal, qui signifie ce que dans les ports du Ponant on appele *nœud*.

OYÉ. *Voyez* HOYÉ.

P.

Pacolet. Les pêcheurs à la tartane nomment ainsi une cheville qui sert à amarrer les libans à l'extrémité des paux ou boute-hors qui sont à poupe & à proue de la tartane.

Pacquer. C'est trier le poisson, & l'arranger dans les barils pour le transporter.

Pagaie. Sorte de petit aviron qu'on n'appuie point sur le bord, & qu'on manie à deux mains, comme on feroit un balai.

Paillole, filet d'usage aux Martigues. C'est une tisse d'entremaillade, dont les fils sont déliés & les mailles assez fines.

Palamidière, filet assez semblable aux courantilles : mais comme les palamides sont moins grosses que les thons, on fait les mailles moins grandes.

Palangre, terme provençal, qui signifie une corde garnie de lignes ou bresseaux, & d'haims ou muscleaux. Cette façon de pêcher se nomme dans l'Océan, *pêcher aux cordes*. *Voy.* ce mot.

Palangrer, pêcher avec la corde dite *palangre*.

Palangrier, celui qui pêche avec la corde nommée *palangre*. On nomme aussi *bateau palangrier*, celui qui sert à cette pêche. Dans l'Océan on appelle celui qui fait cette pêche *pêcheur cordier*.

Palicot de la Tête-de-Buch, est un petit parc tournant, que les pêcheurs font aux endroits où ils jugent qu'il y a beaucoup de poissons, par les traces qu'ils laissent sur le sable.

Palis. Ce sont des filets du même genre que les manets, qu'on tend sur des piquets : on leur donne bien des noms différents, suivant les poissons qu'on se propose de prendre, comme *marsaïque*, *harenguière*, *harengade*, *&c.*

Palleter un haim, c'est en applatir l'extrémité en forme de palette, pour l'attacher à la pile. Cela se fait sur un tas ou petite enclume.

Pallets de Gascogne. Ce sont des filets qu'on tend comme les rêts traversants, en les enfouissant dans le sable, pour les relever lorsque la mer est haute, en hâlant sur les lignes qu'on amarre au haut des perches plantées auprès du filet.

Palot ou Palet est une vieille bêche ou un louchet, avec lequel les pêcheurs verrotiers labourent le fond du sable pour en tirer les vers, des coques ou vanets, des hamilles, & quelques autres poissons. Ce mot signifie aussi des piquets sur lesquels les pêcheurs tendent leurs cordes au bord de la mer, ce qu'ils appellent *tendre sur palots*.

Pan, mesure d'usage en Provence, qui a 9 pouces de longueur.

Panier de bonde. Les meûniers nomment ainsi de grandes nasses qu'ils ajustent aux décharges de leur moulin, quand ils lèvent la bonde, ou à des ouvertures qu'ils font à dessein à leurs chaussées.

Pantanne. Sorte de parc ou d'enceinte de filet, qu'on établit dans l'étang de Leucate, près de Narbonne.

Panteno. C'est une espèce de verveux qu'on met tout-à-fait à l'extrémité des bourdigues, pour retenir les anguilles.

Paradière. Comme il n'y a point de flux & de reflux sensible & réglé dans la Méditerranée, on ne peut y faire usage des parcs qu'on construit sur les côtes de l'Océan ; mais les pêcheurs ont eu l'industrie d'en établir en pleine eau qu'ils nomment *paradière* ou *aiguillière*.

Parage se dit d'une étendue de mer, ordinairement peu éloignée des côtes. On dit *dans ce parage le mouillage est bon ou mauvais*.

Paramitte. Les génois appellent ainsi ce que les provençaux nomment *palangre*.

Paranchuso. Les napolitains nomment ainsi une pêche semblable à la bellée. *Voyez* ce mot.

Parcs, enceintes que l'on fait pour prendre le poisson qui suit le retour de la marée pour gagner la grande eau. Il y en a de bien des sortes, savoir : *les naturels*, qui sont naturellement ou presque naturellement formés par des rochers entre lesquels il reste de l'eau : les *artificiels*, dont les uns sont appellés *parcs de pierre* qui sont formés par des espèces de murailles à pierres sèches & assez élevées auxquelles on ménage des ouvertures grillées pour laisser échapper l'eau; les autres sont appellés *bouchots*, & sont formés par des palis ou pieux jointifs, & des clayonnages; d'autres nommés *courtines* ou *tournées*, dont l'enceinte est faite de filets.

Il y a des *parcs ouverts*, ainsi appellés parce qu'ils ne sont fermés que du côté de la mer, & qu'ils sont entièrement ouverts du côté de terre; & des *parcs fermés* qui sont fermés de toutes parts, à l'exception d'une entrée assez étroite.

On construit dans l'amirauté de Quimper des *parcs ouverts*, garnis de manets qui ne portent point à terre; ils servent à prendre des maquereaux. Les parcs fermés sont composés d'une grande enceinte, à laquelle on réserve une petite ouverture du côté de la terre pour l'entrée du poisson, & une autre du côté de la mer pour laisser échapper l'eau. On la ferme par un grillage ou un filet; ou bien on y ajuste tantôt un verveux, tantôt une nasse; vis-à-vis l'entrée, on établit un palis de filet qui s'étend jusqu'à la côte; pour déterminer le poisson à entrer dans le parc, ce qu'on nomme la *cache* ou la *chasse*. Le haut de ces parcs est formé par des filets; mais le pied l'est tantôt par des pierres, & tantôt par des clayonnages : de ces parcs les uns sont *simples*, d'autres ont plusieurs tournées.

On fait encore la distinction des *bas parcs*, qui s'élèvent peu au-dessus du sol où ils sont établis, & que l'eau de la marée surmonte beaucoup, dont quelques-uns sont formés par une enceinte de muraille à pierre sèche; & des *hauts parcs* dont l'enceinte a beaucoup d'élévation au-dessus du sol : il y en a d'ouverts & de fermés. Enfin on fait aussi des *parcs à l'angloise*; ce sont ceux qui sont formés par un filet tendu droit sur des piquets comme les palis, mais dont l'extrémité forme un crochet; il y en a de hauts & de bas : *des parcs à fond de verveux*, auxquels on ajuste à la décharge une manche ou un verveux.

PARESCAUME. On nomme ainsi un bateau qui sert pour la pêche de la madrague. Il est pointu par devant, & par derrière; il a ordinairement 27 pieds de longueur, 9 de largeur; il porte mâts & voiles.

PAR FOND. *Pêcher par fond* se dit quand les haims ou les filets chargés de plomb, répondent sur le fond de la mer. *Voyez* FOND.

PAROY, PAREY. Les fils de canne des bourdigues s'appellent *parois* ou *murailles*.

PARQUIERS, *Pêcheurs parquiers*. Ce sont ceux qui s'adonnent à prendre du poisson dans les parcs.

PARTEQUE. On nomme ainsi en Provence une perche qu'on attache aux halins du ganguy pour tenir ce filet ouvert.

PASSAGE. Les poissons de passage sont ceux qui ne paroissent dans certains parages que dans des saisons déterminées; tels sont les harengs, les sardines, &c.

PAUX. Ce terme en quelques endroits est synonyme de *pieu*, *piquet*, *pal*, *palots*, *poichons*, &c. & signifie les piquets qui forment la muraille ou la chasse des paradières.

PÊCHE A LA CAGE. Elle se fait avec une nasse faite comme une espèce de mue à élever des poulets, avec laquelle on couvre le poisson qu'on apperçoit au fond de l'eau; ainsi c'est une espèce d'épervier.

PÊCHER, proprement dit, est s'approprier le poisson qui se tient dans l'eau, ce qui se fait avec des haims, des filets, des nasses, des harpons, &c. &c.

On emploie aussi ce terme pour signifier tirer de l'eau quelque corps qui y est tombé : c'est dans ce sens qu'on dit *pêcher une ancre*, *un canon*, *une pièce de bois*, &c.

PÊCHER PAR FOND. C'est établir sur le fond l'instrument, cordes, lignes, ou filet, avec lequel on pêche sur le fond, & les y assujettir avec du lest pour qu'ils ne flottent pas. *Voyez* PAR FOND.

PÊCHER A CORDE FLOTTANTE. *Voyez* FLOTTANTE.

PÊCHERIE. C'est un lieu disposé pour quelque pêche. On applique ordinairement ce terme aux parcs. *Voyez* PARCS.

PÊCHEUR, est celui qui s'occupe à prendre du poisson : presque tous les matelots sont de bons *pêcheurs*.

PECICA, pêche qui se fait à Alicante & sur la côte de Valence. Deux hommes marchent à pied au bord de la mer; traînant un filet à manches, qui est comme une petite eyssaugue. A la manche près, ce seroit un colleret.

Peilles, Peies, synonymes de piles ou empiles. *Voyez* ces mots.

Pelote ou Pelotons. On nomme *pelotons* des bouts de membrure qu'on cloue sur la partie de l'auge qui traverse la chaussée des étangs. *Voyez* Lisseau.

Pentenne, nasse ou filet qui termine les bourdigues, & qui est destiné à retenir les anguilles.

Pentière. On nomme *grandes pentières* des filets qu'on établit verticalement & par fond; c'est pourquoi on donne ce nom aux folles. Les *petites pentières* du Crotoy sont les petits rieux d'Ambleteuse.

Perche. *Pêcher à la perche*: c'est attacher une ligne garnie d'un haim au bout d'une perche légère ou d'une canne. *Voyez* Canne.

Perche volante. Les pêcheurs à la canne disent qu'ils pêchent à perche volante, quand en se promenant le long du rivage, ils font sauter l'haim & l'appât, quelquefois même sans toucher à l'eau.

Petut, filet de Gascogne. *Voyez* Leugeon, dont il ne diffère que par la grandeur des mailles.

Peugne, pêche qu'on fait en mer, le long de la côte près de la Tête-de-Buch. On y emploie les filets dits *leugeons*, ou de ceux dits *petuts*, ensuite de ceux dits *estoteyres* ou *bigeaurraux*, qui tous sont du genre des manets.

Pharillon, sorte de pêche au feu avec une fouane.

Phastier ou Phasquier, pêche au feu & à la fichure, ou avec la fouane.

Pic ou Pioche, instrument dont se servent les terrassiers, & que les pêcheurs emploient pour tirer les pitaux & les folades des fonds qui sont durs.

Pichou. On appelle ainsi la quatrième chambre de la madrague.

Picoteux, petits bateaux de la côte de Basse-Normandie, qui n'ont que treize pieds de longueur, & dans lesquels il ne peut tenir que deux ou trois hommes. C'est aussi un petit filet en tramail qu'on tend, & autour duquel on bat l'eau, pour engager le poisson à donner dedans.

Picots, filets d'usage en Normandie, qui ressemblent beaucoup aux jets de Picardie, & aux demi-folles: ils sont pierrés, flottés & sédentaires. On leur donne ce nom, parce qu'on pique le fond autour du filet pour engager le poisson à donner dedans. On appelle *poissons à picots* ceux qu'on prend dans ce filet. On tend des picots à l'embouchure de la rivière de Caen.

Pied d'un filet. C'est le bas du filet lorsqu'il est tendu verticalement.

Pied. La pêche qu'on nomme *de pied* se fait sur les grèves avec des cordes garnies de lignes & d'haims.

Pielago, pêche en usage sur les côtes de l'État Ecclésiastique. La maitresse corde s'appelle *parasina*. *Voyez* Ligne & Corde.

Pierrés, cailloux qui servent à assujettir les filets à un endroit; par exemple, les verveux entre les rochers. On les nomme aussi *cablières*.

Pigeons, anses longues par lesquelles les mailleurs commencent quelquefois leurs filets.

Piles ou Empiles, lignes faites de bon chanvre filé, qu'on attache au bout des lignes latérales qui partent de la maitresse corde. Les piles servent à porter les hameçons. Les *piles simples* consistent en une seule ligne, les *ovales* sont doubles. Quand on pêche des poissons qui pourroient couper les empiles avec leurs dents, on les fait avec du crin ou du fil de laiton.

Pilot. On donne ce nom à une portion de tessure de folle, qui est ordinairement formée de quatre pilots.

Pilote, officier marinier chargé de diriger la route d'un vaisseau. Les pilotes qui entrent & sortent les vaisseaux dans les rades & les ports, se nomment *pilotes lamaneurs*: ils doivent avoir une parfaite connoissance des fonds, des courants & des écueils. Les *pilotes côtiers* servent pour le cabotage & les atterages. Ils doivent connoître la vue des côtes, des sondes, des courants & de tous les écueils qui sont à l'approche des terres. Les *pilotes hauturiers* conduisent les vaisseaux en pleine mer, en prenant hauteur au moyen de la boussole de l'estime, & en prenant leur point sur les cartes marines. Ordinairement c'est le pilote qui, sur les bâtimens de pêche, commande la manœuvre pour mettre les filets à la mer.

PILOTINS. C'est le nom qu'on donne aux principaux pieux qui servent à construire les bourdigues.

PINS, mailles de fond de la manche, qui ont au plus 4 lignes d'ouverture en quarré.

PINASSE, bâtimens des basques, longs, étroits & légers, qui portent trois mâts, & vont à la voile & à la rame.

PIMPIGNON. On nomme ainsi en Provence des anses ou anneaux de fil, qu'on fait pour joindre les unes aux autres les nappes des tramaillades.

PINQUE, petite flute à varangues plates. *Voy.* FLIROT.

PIQUER un poisson, c'est donner à l'haim une petite secousse, quand on s'apperçoit que le poisson a mordu, pour le faire entrer dans les chairs au-delà du barbillon.

PIROGUES, bateaux faits d'un gros corps d'arbre creusé par les sauvages de l'Amérique Méridionale. Les groënlandois en font avec du cuir tendu sur des membres légers, & qui ne tiennent qu'un homme.

PITTE, *fil de pitte.* Il se fait avec les filamens qu'on tire d'une espèce d'aloës ou aloïdes.

PLANE, sorte de couteau dont se servent les faiseurs d'haims pour détacher la languette de l'haim ou le barbillonner.

PLAT-BORD, pièces de bois de chêne qui s'assemblent sur le bout des allonges de revers, forment véritablement le bord du bâtiment.

PLATE, très-petit bateau à fond plat, qui est en usage pour la pêche sur la côte de Picardie & de Normandie.

PLETEUX, instrument dont se servent les faiseurs d'haims pour leur donner une courbure convenable.

PLOMBÉE. C'est le plomb qu'on met au bout du filet pour le lester & le faire aller au fond de l'eau.

PLONGEURS, sorte de pêcheurs qui vont sous l'eau, & prennent à la main des poissons & des coquillages.

PLUMER, c'est ôter avec un couteau les feuilles des cannes dont on construit dans les bourdigues.

PLYETTER OU POMMETTER. Cette pêche, qui pourroit aussi se nommer *piétiner*, se fait en marchant pieds nuds sur le sable, pour sentir les poissons qui y sont restés enfouis. Quand on sent un poisson sous ses pieds, on le pique avec un digon, ou bien on le saisit avec un angon, ou on le prend à la main sans aucun instrument. Cette pêche se nomme aussi *à la foule*, & on y prend des anguilles.

POCHE, espèce de sac de toile, avec lequel on prend à Morlaix beaucoup de menuise. *Poche de l'eyssaugue*, espèce de manche ou de sac des filets traînants, dans lesquels le poisson se rassemble.

POELE, endroit d'un étang vis-à-vis de la bonde, qu'on creuse plus que le reste, pour que le poisson s'y rassemble quand on vide l'étang pour le pêcher.

POISSONS, animaux qui vivent dans l'eau. On les distingue relativement à leur forme, en *poissons ronds*, le merlan, le lieu; *poissons longs*, l'anguille, la lamproie; *poissons plats*, la sole, le turbot. Dans ces différents genres, il y en a *à arêtes*, & d'autres *cartilagineux*. Certains viennent par troupes dans des saisons, & sont appellés *de passage*, le hareng le maquereau : quelques-uns passent de l'eau salée dans l'eau douce, le saumon, l'alose.

On nomme *amphibies* ceux qui respirent l'air, se traînent par terre, où ils paissent l'herbe, & qui néanmoins sont habituellement dans l'eau où ils chassent les poissons, tels le lamentin, la vache marine. Les *crustacées* sont les homards, les crabes, les tortues : les *testacées* sont les coquillages, les huitres, les moules.

On distingue encore les *poissons*, relativement à l'usage qu'on en fait, en *poissons frais*, qu'on mange tels qu'ils sortent de la mer, en *poissons salés* ou *séchés* ou *boucanés*, pour empêcher qu'ils ne se corrompent, & pour qu'ils puissent se conserver & se transporter au loin.

On nomme aussi *poisson bourgeois* celui que prend le propriétaire du bateau; *du maître*, celui que lève le maître à chaque vente.

POISSONNIERS, nom qu'on donne dans la Méditerranée aux chasses-marée qui achètent le poisson des pêcheurs, & le transportent par-tout où il peut arriver assez frais pour être mangé.

OMMETTER. *Voyez* PLYETTER.

POSTE. *Tendre un filet à poste*, c'est le tendre à un poste ou dans un endroit fixe. Cette expression est d'usage en Provence.

PORTIERS. On nomme ainsi deux piquets de la paradière, qui sont à l'entrée de la tour ou chambre.

POTERA, nombre d'haims sans appâts, ajustés autour d'un leurre de plomb pour prendre des seiches.

POTINIÈRES, mailles des manches dites en Provence *potinières* : elles servent à prendre de fort petites sardines qu'on nomme *potines* : elles ont environ 5 lignes en quarré d'ouverture.

POUCHES, PONCHES ou POINTES. Ce sont des filets qui ont une forme triangulaire, & qui forment les flancs ou les deux côtés des manches des eyssaugues. Leurs mailles tiennent le milieu entre les majours & les clairets : ainsi elles ont à-peu-près 5 lignes en quarré d'ouverture.

POUPARDS, grosse espèce de crabes qu'on pêche sur les côtes de Normandie.

POURSUIVRE un filet, c'est continuer à faire les mailles. *Voyez* LEYURE.

POUSAL, POUSAUX, POUCEAUX ou POUSAQUE, filets du boullier auxquels on donne ce nom, & dont les mailles ont neuf lignes d'ouverture.

PRÉCINTES. Ce sont des virures ou filets de forts bordages, qui font une ceinture tout autour du bâtiment : celles qui sont le plus elevées s'appellent quelquefois *lisses*.

PRIME. On appelle *sardines de prime* celles qu'on prend au coucher du soleil jusqu'à l'entrée de la nuit, & *aube* celles de la pêche du matin.

PRIN. On nomme *filet prin* une corde d'auffe qu'on emploie pour monter les bourdigues.

PRIVILÉGIÉS. Il y a des poissons qu'on nomme *privilégiés*, parce que suivant la coutume, il est défendu de les prendre, ni pour le poisson bourgeois, ni pour autres redevances : tels sont les turbots, les saumons, les esturgeons, les marsouins.

PRUD'HOMMES, sorte de Jurisdiction consulaire exercée à Marseille par d'anciens pêcheurs qui jugent des faits de pêche. Il y a des ports où on les nomme *anciens* ou *jurés pêcheurs*.

Q.

QUARANTENIER, petite corde grosse comme le doigt, qui sert à raccommoder les manœuvres, & à beaucoup d'autres usages.

QUARRÉ, métier à faire à la fois plusieurs peilles ou piles.

QUENOUILLE. On nomme ainsi sur la côte de Haute-Normandie les bateaux pour la pêche.

QUÊTE de l'étambot, est la quantité dont l'étambot s'éloigne par en haut de la perpendiculaire à la quille, se portant en dehors.

QUEUE. *Voyez* MANCHE ou GUIDEAUX.

QUILLE. On nomme ainsi dans le lac de Joux en Franche-Comté des morceaux de bois figurés comme des quilles, qui servent de signaux pour connoître les haims où les poissons ont mordu.

QUILLE. On nomme aussi de la sorte la pièce qui fait le fond du bâtiment, & sur laquelle sont assemblées les varangues.

QUINQUE-PORTE, verveux dont le corps est comme cubique, & qui a quatre ou cinq entrées.

QUINZE-VINGT, filet du col du boullier, qui a des mailles de six lignes d'ouverture en quarré ; ainsi on pourroit l'appeller *majour*.

QUIOULETTE, manche de filet qui termine l'espèce de parc qu'on nomme *pantanne* ou *paradière*.

R.

RABANS. Ce sont de petites cordes, faites ordinairement de vieux chanvre. Il y en a qui n'ont que 6 fils & d'autres plus gros. Ces cordages sont d'un grand usage pour la garniture des vaisseaux. Les pêcheurs s'en servent aussi.

RADEAU, assemblage de plusieurs pièces de bois léger, fortement liées les unes aux autres, & qui forment un corps flottant, sur lequel on peut naviguer. On en fait en Chypre avec des tiges de fenouil, qui servent à pêcher aux lignes simples.

RAFLE, verveux à plusieurs entrées. *Voyez* LOUVE.

RALINGUE, corde commise par des hélices fort alongées, & mollement : on les coud en forme d'ourlet autour des voiles, ou on les attache au bord des filets avec des ganses pour les fortifier.

RAMANDER un filet, terme de Haute-Normandie, qui signifie le radouber, le rétablir.

RATEAU. Les pêcheurs à la basse-eau s'en servent de deux espèces; les uns semblables à ceux des jardiniers, les autres beaucoup plus grands. Tous ont des dents de fer : on s'en sert pour amasser les coquillages qui sont à la superficie, ou pour entamer le sable, comme avec les crochets. Quand on se sert du grand rateau pour prendre des tonilles, on le nomme *tonillière*. On pêche aussi en bateau avec des rateaux qui ont de longs manches pliants, & on rapporte des coquillages & des poissons qui s'ensablent. Enfin, on fait plusieurs pêches au feu avec la fouane.

RAVE des basques, & *rogue* des bretons & des normands, sont des œufs de morue ou de maquereau, qu'on sale pour fournir un appât pour les sardines. Ce mot est synonyme de *résure*.

RAVOIRS, filets tendus par le travers des ravins ou des courants d'eau. On tend en ravoir de toutes sortes de filets, des saines, des manets, des folles, des demi-folles, des tramaux, &c. suivant l'espèce de poisson qu'on se propose de prendre.

RAY ou CAPEIRON, engin ou filet fait en forme d'entonnoir, à mailles fort étroites : il est de chanvre, & sert aux petites pêches, particulièrement des petits poissons qu'on nomme *saupes*. On s'en sert à Marseille & à Cassis.

RECLARES, filet en nappe simple, très-clair, pierré & flotté. Il a 25 brasses de long sur 3 de large. On le tend la nuit depuis le commencement de Novembre jusqu'en Avril.

RENARD. On donne quelquefois ce nom aux verveux.

RENCONTRE, pièce de fer qui sert à fixer la longueur des fils que l'on coupe pour faire les haims. *Voyez* BLOC.

RESAIGUER. En Provence, c'est jetter des pierres auprès du filet qu'on a tendu, pour engager le poisson à donner dedans.

RESEGUE ou RESSAIGUE. C'est une grande tessure de tramail, dont on se sert dans la Méditerranée : elle diffère de la ségetière, en ce que ce filet est fait avec du fil plus délié, & que les mailles sont moins ouvertes.

RÉSERVOIRS, enfoncements qu'on pratique sur les bords de la mer, pour conserver dans l'eau salée les coquillages & les poissons qu'on a pris. On en fait aussi pour conserver le poisson d'eau douce : les grands s'appellent *viviers*, les petits *huches*.

RESSAUT en Provence est l'épervier.

RESURE, œufs de poissons salés, qui servent pour attirer les sardines. Les pêcheurs des cantons de Brest donnent aussi ce nom au filet qu'ils emploient pour prendre des sardines, apparemment à cause qu'en se servant de ce filet, ils se servent de la résure. Ce filet se nomme encore *sardinal*, du nom du poisson qu'on y prend, & le terme de *résure* vient de l'appât.

RETORS. Les fils *retors* sont des fils simplement roulés les uns sur les autres, au lieu que les fils *commis* sont d'abord tordus séparément, & l'effort qu'ils font pour se détordre fait qu'ils se roulent plus intimement l'un sur l'autre.

RETOUR, terme de pêcheurs, pour exprimer qu'ils ont fait une mauvaise pêche, & qu'ils sont dans le cas de retourner pour essayer d'en faire une plus avantageuse : ils disent qu'ils viennent *à retour*.

RETS, synonyme de *filet* : on en tend *sur piquets* ou *pierrés & flottés*. Rêts *à roc* ou *entre roche*, sont ceux qu'on tend entre les roches; *rêts à banc*, ceux qu'on tend entre les bancs. On nomme *ansieres* ceux qu'on tend dans les anses; rêts *sédentaires* sont ceux qui sont fixés en un lieu; *dérivants* ou *flottants*, quand ils suivent le cours de l'eau; *d'enceinte*, quand on en entoure un lieu où il y a du poisson : on appelle *rêts de gros fond* ceux du genre des folles. Les pêcheurs disent abusivement *tendre leurs rêts*, quand ils mettent leur tessure à la mer. *Voyez* FILET, FOLLE, TESSURE.

REY, nom qu'on donne à Toulon au capitaine de la madrague.

RHABILLER, RACCOMMODER, RADOUBER, RAMANDER un filet, tous ces termes sont synonymes & signifient le *raccommoder*.

RIDAINS, RIDEAUX, quelquefois RIDELLES. Ces termes synonymes, qui ne sont connus que sur certaines côtes, désignent des élévations du fond de la mer, qu'on a comparées à des rides formées sur le fond.

RIEUX & DEMI-RIEUX ou CIBAUDIERE. Ce sont des filets du genre des folles & des demi-folles, qu'on tend en ravoir : principalement pour prendre des raies : on les tend aussi pierrés & flottés. *Voyez* FOLLES.

RISSAUT ou RESSAUT. C'est le nom qu'on donne en Provence au filet qu'on nomme communément *épervier*.

RISSOLLE ou REISSOLLE, filet dont on se sert en Provence pour prendre des melettes, des anchois & de petites sardines : il ne diffère pas beaucoup de la battude. Il y a une pêche à la rissolle qu'on fait au feu & avec un harpon.

RIVALE, pêche qui se pratique dans le duché d'Urbin: c'est un diminutif du colleret.

ROBLOTS. On donne ce nom sur la côte de Picardie aux petits maquereaux, que sur celle de Normandie on nomme *sansonnets*. On appelle aussi *roblots* les palis qui servent à les prendre.

ROGUE. *Voyez* RAVE ou RÉSURE, œufs de poisson salés qui servent à attirer les sardines.

ROMATIERE, pêche qui se fait en Provence avec un entremaillade pour prendre des roms ou des turbots.

RONDS, *filets ronds*. Ce sont ceux qui ont la forme du corps d'un bluteau ou d'une manche en entonnoir. On ajuste ordinairement à l'entrée un ou plusieurs goulets.

ROQUETS, petites roches peu élevées sur le fond, où se plaisent plusieurs espèces de poissons.

ROUBINE. Les provençaux nomment ainsi dans la camargue les canaux qui communiquent des étangs salés à la mer, ou qu'on fait pour introduire l'eau douce du Rhône dans les endroits bas.

ROULÉE, nappe de filet qui sert dans la Loire à prendre des lamproies.

ROUSRET. C'est le nom qu'on donne à Calais aux folles ou bouteux qui servent à prendre des chevrettes & des sauterelles.

ROUSSAILLE, synonyme de *Blanchaille*, se dit des petits poissons d'étang qui se vendent à bon marché.

ROYES. On nomme ainsi à Calais les pièces de filet qui étant jointes les unes aux autres, forment une tessure de manets pour le hareng & le maquereau.

S.

SAC, espèce de filet en manche. *Voyez* MANCHE. Le sac de l'eyssaugue est la partie qui en fait le fond. On se sert à Morlaix d'une espèce de manche de toile claire, montée sur un cercle, pour prendre de la menuise : on l'appelle *Sac*.

SAÎNES ou SENNES. Ce sont des nappes simples, destinées à arrêter toutes sortes de poissons : on en garnit les parcs, on en tend en ravoir ; mais le plus souvent on les traîne ; c'est pourquoi on les nomme aussi *traîne*. Il y a des saines de bien des sortes : mais c'est mal-à-propos que plusieurs pêcheurs mettent au nombre des saines les manets & les tramaux. A Antibes, on pêche le nonnat avec des saines fort épaisses, dont les mailles sont si serrées, que la tessure est comme une toile. On appelle aussi *saine* un filet traîné par des bateaux en pleine eau, ou avec un bateau & des hommes à terre.

SAINETTE, diminutif de *saine* ou *senne*. *Voyez* COLLERET.

SALABRE. Les provençaux nomment ainsi une espèce de truble qui a un manche, avec lequel on prend le poisson dans les trous des bourdigues : l'autre qu'on nomme *salabre de fond*, & qui est un espèce de drague, est soutenu par des cordes sur le fond de la mer.

SALICOTS ou SALICOQUES. On nomme ainsi sur la côte de Normandie les chevrettes franches.

SALIN, synonyme de *fougne* ou *foule*.

SANGLE. Les pêcheurs du Pollet nomment ainsi des pièces d'appelets de moyenne grandeur, destinés à prendre des soles & autres poissons de ce genre. On nomme encore *sangle* un tissu de cordes qu'on passe au travers des épaules pour hâler commodément sur les bras ou hâlins qui servent à tirer les filets à terre.

SANSONNETS. On nomme ainsi en Normandie un espèce de petits maquereaux, qu'on pêche avec un filet nommé *manet*, fait d'un fil très-fin. *Voyez* MANET.

SARCIETA. On nomme ainsi à Alicante le filet qu'en Provence on nomme *aiguillière.*

SARDINA, en Gascogne, signifie la pêche de la sardine.

SARDINAL ou SAIDINAU. On appelle ainsi en Provençe des manets ou filets en nappe simples, dont les mailles sont calibrées pour prendre des sardines, des anchois, des melettes.

SARDINIERE, filet qui sert en Gascogne à prendre des sardines.

SARDON, nom qu'on donne en Provence à une petite largeur de filet fort, avec lequel on borde le haut & le bas des filets déliés pour les fortifier; les mêmes bordures qu'on met aux bouts s'appellent *aussieres.*

SARTIS, cordes d'auffe qui servent à hâler les filets; communément les pièces de *sartis* s'appellent *mailles.*

SAUMIER, sorte de grapin ou harpon dont on se sert dans la Dordogne pour saisir les gros saumons.

SAUSAYRON, terme provençal. *Voyez* SAVENEAU.

SAUTADO. On appelle ainsi aux Martigues un filet d'entremaillade, qui fait partie du filet qu'on emploie dans ce port pour faire la pêche nommée *seinche*, pour prendre des muges & des loups.

SAVENEAU, SAVENELLE, SAVONCEAU, en provençal *sausayron*, est un filet monté sur deux bâtons: il y en a où ces deux bâtons forment deux arcs qui se croisent; d'autres sont montés sur deux quenouilles qui ne se croisent pas.

SAVRE ou SAVREAU, filet peu différent de la grenadière qui sert à prendre des lançons. Le *savre* à rateau sert à prendre de la résure ou du nonnat.

SAXATILES. Les poissons saxatiles sont ceux qui habitent volontiers les roches, tels que les congres, les homars, &c.

SEDÉ. On nomme en Provence *sede* le petit bâtiment où se logent les bourdiguiers. Ce mot vient probablement de *sedere.*

SÉDENTAIRE, *pêches sédentaires.* Ce mot est synonyme de *dormantes.* On dit *pêcher avec des lignes sédentaires. Voyez* DORMANT.

SÉGARIÉ ou SÉGUERIÉ, partie de la manche des filets du grand ganguy, dont les mailles ont un quart de pouces d'ouverture.

SEGETIERE ou SAGETIERE, est un rêts en tramail, composé de 30 pièces de filet qui ont chacune 30 brasses de longueur, 6 pieds de chûte. On pêche avec ce filet dans les grands fonds.

SEINCHE ou ENCEINTE, pêche propre à la Méditerranée, qui se fait avec de grands filets pierrés & flottés, avec lesquels on entoure un banc de poisson, formant une espèce de parc: On appelle aussi *seinche ou seincho* aux Martigues, un filet ajusté pour prendre des loups ou des muges, ou au moins les forcer d'entrer dans une bourdigue.

SÉMELLE; synonyme de *lannes. Voyez* ce mot.

SERRE: on dit aussi *contre-tour.* C'est une chambre de la bourdigue, qui sert de décharge à la dernière tour lorsqu'il y a beaucoup de poissons.

SEUIL. On donne ce nom à la traverse de la grenadiere, apparemment la comparant au seuil d'une porte.

SIGNAL. Les pêcheurs nomment *signal* une bouée de liége un morceau de bois sec ou un faisçeau de roseau qui flotte sur l'eau, & qui leur indique le lieu où sont leurs filets ou leurs cordes.

SIX-DOIGTS. C'est le nom qu'on donne aux folles en quelques endroits.

SOCLETIERE filet fait de fil très fin, qui ressemble à la rissole ou à l'aiguillière, & qui sert aux Martigues à prendre des soclets & de petites sardines.

SOLETTE, tringle de bois mince, qui fait partie du petit métier à faire des peies, & qu'on nomme *quarré.* La solette tient lieu de toupins, pour empêcher que les fils ne se roulent les uns sur les autres avant qu'ils aient pris assez de tors.

SOLTAS. On nomme ainsi à Alicante une petite pêche qu'on fait avec le tramail.

SONDE, morceau de plomb plat par dessous, qui est attaché à une ligne: il sert à connoître la profondeur de l'eau à l'endroit où l'on est. On frotte de suif le dessous de la sonde, pour qu'il rapporte un peu du fond, sable, vase, coquillages, &c.

SORET. Le filet connu sous ce nom aux Martigues, est une espèce de bregin.

SORISSERIE nom qu'on donne en Picardie à l'endroit où ceux qu'on nomme *sorisseries* fument & sorissent le hareng.

SORISSORIERS, ceux qui fument & soriſſent le hareng.

SOUILLARDIERE. Les pêcheurs normands donnent ce nom à un rouleau de filet, qu'ils ajuſtent au pied du filet au lieu de leſt, quand ils pêchent ſur un bord ſerré.

SOURIVE. Ce terme exprime de petites crônes ou trous qui ſe forment au bord de l'eau ſous les racines des groſſes ſouches.

SPARTE, AUFFE ou AUFFO, plante de la nature du jonc, dont on fait des nattes, des paniers, des cordages & des filets.

SPENS ou ESPENS. On appelle ainſi en Provence des pièces de filet qui ſervent à faire le grand filet qu'on nomme *ſardinal*. Cinq spens font une bande de filet.

STRIBORD ou TRIBORD, par corruption de *dextribord*. C'eſt le côté du vaiſſeau qui eſt à la main droite, quand étant à la pouppe on regarde la proue ou l'avant du bâtiment.

SUTARS harpon des ſables d'Olonne.

T.

TAMIS. C'eſt en effet un tamis, que dans certaines circonſtances on ajuſte au bout d'une perche, & qui dans cet état ſert de verveux.

TANNER. C'eſt faire tremper les filets, pour les conſerver, dans une forte teinture d'écorce de chêne, qui ſert à préparer les cuirs, & qu'on nomme *tan*. Les catalans tannent leurs filets avec l'écorce de quelques eſpèces de pin.

TARTANE, bâtiment léger dont on fait grand uſage ſur la Méditerranée pour le commerce, quelquefois pour la guerre, & même pour la pêche. Il porte un grand mât ou arbre de meſtre, un petit à l'avant, des voiles triangulaires. Quand il fait gros temps, on l'appareille en quarré. Ce bâtiment ſert à Marſeille, aux Martigues & ſur les côtes de Languedoc, à une pêche qu'on appelle *à la tartane* : elle ſe fait avec un grand filet à manche qui s'appelle auſſi *tartane*, & reſſemble au ganguy.

TEDORO. On appelle ainſi à l'embouchure de la Loire, un filet du genre des folles ; les mailles ont 3 pouces & demi d'ouverture.

TEMPLES. C'eſt le nom qu'on donne aux perches horiſontales qui ſervent à conſtruire les bourdigues.

TENTE ou ETENTE à la baſſe-eau. On donne ce nom à pluſieurs manières de pêcher qui ſe font au bord de la mer lorſqu'elle eſt baſſe. De ce genre ſont les ravoirs, les rieux, les folles tendues ſur piquets, les palis, &c.

TERRIR. Les pêcheurs diſent que les poiſſons *terriſſent* quand il fait chaud, pour dire qu'ils s'approchent de la terre, & quand les eaux ſont froides, ils gagnent la grande eau, ou ſe retirent dans les grands fonds.

TESSURE. Les pêcheurs cordiers appellent *une teſſure* pluſieurs pièces d'appelets jointes les unes au bout des autres. *Voyez* APPELET.

TESTACÉES. Ce ſont les coquillages qui ſont renfermés dans un têt ou coquille, tels que les huîtres, les moules, &c.

TESTADOU, piquet qui eſt tout près de celui qu'on appelle *courrier*, qui ſont l'un & l'autre à la pointe de la pentiere.

TESTE. La tête d'un filet en eſt le haut lorſqu'il eſt tendu verticalement ; & c'eſt par cette partie qu'on commence à le travailler.

THÉE. On appelle en Provence *bois de thée*, du bois de pin bien ſec, qu'on brûle dans le réchaud de la riſſole.

THONNAIRE, filet qui ſert dans la Méditerranée à prendre des thons. Quand on le tient ſédentaire, on le nomme *thonnaire de poſte* ; quand on le laiſſe dériver, on le nomme *courantille*. L'un & l'autre ont quelque rapport aux folles.

TIERCIERE. Les mailles du filet en manche qui porte ce nom ont à peu-près 6 lignes d'ouverture en quarré.

TIGNOLE, petit bateau dont on ſe ſert dans le Morbihan pour pêcher avec la fou ae

TILLE, petit tillac qui ne s'étend que du quart de la longueur du bateau où il forme une ſoute ou un coffre.

TILLOTTE ou TILLOLE, petit bateau d'une construction singulière, qui n'a ni quille ni gouvernail. On donne aussi ce nom à de forts petits bateaux très-légers, pointus par les deux bouts, dont on se sert pour pêcher dans des endroits où il n'y a pas beaucoup d'eau, & où ils peuvent couler sur la vase.

TILLOTIERS, compagnie de bateliers pêcheurs, établie à Bayonne.

TIRANT D'EAU d'un bâtiment. C'est la quantité de pieds & de pouces dont le vaisseau entre dans l'eau lorsqu'il est chargé. On prend cette mesure à l'avant & à l'arrière du dessous de la quille de flottaison.

TIRASSADOUR. On nomme ainsi en Provence une partie de l'embouchure de la manche, dont les mailles étroites de chappe ont 15 lignes d'ouverture en quarré.

TIRAU, est le nom qu'on donne aux Martigues à une simple nappe, qui fait partie du filet qu'ils emploient pour faire la pêche nommée *scinche*, pour prendre des muges & des loups.

TIROLLE ou TRÉAULE, filet à très petites mailles en tramail, qui a 6 à 7 pieds en quarré, & est monté sur une perche de 12 pieds de long. Les pêcheurs de la Gironde s'en servent pour prendre de petites soles, des plys, des mulets & autres petits poissons.

TIS ou TISSE, signifie en quelques endroits de la Provence une maillade; mais assez souvent il ne signifie qu'une nappe de filet.

TOILE, synonyme de *flue*. C'est la nappe fine qui est entre les deux hamaux du tramail.

TOMBEREAU, retranchement qu'on fait derrière la bonde des étangs, pour pêcher lorsqu'on ne peut pas y faire une bonne poële, ou lorsque la bonde perd l'eau.

TONILLIERE, rateau dont la tête est garnie d'une poche de filet. Cet instrument sert à prendre les coquillages qu'on nomme à Aigues-mortes *tonilles*.

TONNELLE, gors qu'on forme au bord de la mer avec des filets. On les appelle ainsi, en les comparant aux tonnelles que les chasseurs tendent pour prendre du gibier.

TONNES. Ceux qui transportent le poisson d'eau douce, mettent sur les charrettes de grosses tonnes remplies d'eau, & qui ont à la bonde une grande ouverture quarrée, qu'on ferme avec un tampon d'herbes de marais.

TORQUETTE ou TORCHETTE, sorte de panier ou emballage fait avec de la paille longue ou de la glu, dans lequel on enveloppe quelques poissons de choix. *Voyez* EMBALLAGE.

TOULETTE, terme picard qui signifie une espèce de poulie en bobine faisant partie du métier à faire les *peis* ou *pilés*, qu'on nomme *quarré*.

TOUPIN, morceaux de bois, quelquefois de liege, figuré en cône tronqué, sur lequel on fait des rainures pour recevoir plusieurs fils ou tourons qu'on veut commettre, afin de régler leurs révolutions.

TOUR, enceinte ronde des bourdigues, dans lesquelles le poisson se rassemble. Il y en a ordinairement cinq : les deux qui sont les plus près de l'entrée s'appellent *reculadou*; celles du milieu *requinquette*, & celle de la pointe est dite du *dehors*.

TOURNEDOS. On doit exposer dans les marchés les poissons un peu avariés dans un sens différent de ceux qui sont en bon état, pour que les acquéreurs les connoissent : c'est ce qu'on appelle *exposer à tournedos*. Cela se pratique particulièrement à Metz.

TOURNÉE. On donne ce nom dans l'amirauté de Saint-Brieuc au colleret. On nomme aussi *parcs à petite tournée* des parcs ouverts & à crochets; mais ceux à grande tournée sont les parcs fermés. Il y a encore des hauts & bas parcs à tournée, qu'on tend de haute-mer. Enfin on appelle *tournée* une saine qui est tirée par deux bateaux.

TRABACOU ou TRABAUQUÉ. C'est ainsi qu'on nomme maintenant aux Martigues le filet des grandes tartanes.

TRAILLET, sorte de châssis sur lequel on roule la corde du libouret.

TRAINE. On donne assez souvent ce nom aux saines. Les provençaux disent *trahines*. Dans l'amirauté de Caen, on nomme *traineaux* les petites saines. On nomme aussi *traînes* une pêche qu'on fait avec un crochet double qu'on traîne sur le sable, pour en tirer les coquillages qui s'y enfoncent.

TRAINEAUX. *Voyez* TRAINE.

TRAINELLE, sac de toile qu'on traîne sur le sable, comme une petite charrue, pour prendre des lançons. Ce terme est usité en basse Normandie.

TRAIT, se dit de l'espace qu'on parcourt avec un filet qu'on traîne : après avoir fait un trait, on en recommence un autre. On appelle quelquefois *trait* les aîles des filets en manche, apparemment parce qu'on les traine par ces aîles.

Tramail, Tremail ou Tramau, filet composé de trois nappes, deux de fil fort & à grandes mailles, qu'on appelle *hamaux* ou *aumés* : entre ces deux, une de fil fin & à petites mailles, qu'on nomme la *nappe*, la *toile* ou la *flue*. On tend ces filets, ou à la basse-eau, comme les palis, ou on en garnit les parcs, ou bien on les tend en pleine eau, tantôt par fond, & tantôt à la dérive.

Tramaillade ou Tremaillade, nom qu'on donne en Provence aux filets que dans le Ponant on nomme *tramaux* : ce que dans l'Océan on appelle *hamaux*, se nomme *entremaillade* ou *entremaux* ; & ils appellent *nappe* le filet qui est entre deux.

Tramillons, petits tramaux.

Tranche, instrument des faiseurs d'aims. Il ressemble à la tranche des serruriers & des cloutiers : c'est un ciseau acéré, qui est assujetti dans un bloc : il sert à couper le fil-de-fer de longueur, au moyen d'une autre pièce qu'on nomme *rencontre Voyez* Bloc.

Traversant. Les rêts traversants sont de deux sortes : les uns, lorsque la mer est basse, sont enfouis dans le sable ; & comme il y a, de distance en distance, des lignes attachées à la tête du filet, & qui portent des flottes, on hâle dessus, & on relève le filet lorsque la mer est haute. L'autre sorte de rêts traversants se nomme en Gascogne *palets*. *Voyez* Palot ou Palet.

Traverse des bourdigues. Ce sont des cloisons qui se dirigent l'une vers l'autre, & qui forment comme des goulets qu'on nomme *coutelets*.

Traversier, petit bâtiment ponté, d'usage à la Rochelle.

Traversiere, petite manœuvre qu'on frappe d'un bout sur le grelin qui répond à l'ancre, & est amarré par l'autre bout au bord du bateau qui est opposé au cable : par ce moyen, le bateau se trouve en traversé, ou comme affourché.

Tréaule, filet dont on sert dans la rivière de Dordogne.

Treille, filet approchant du carreau, avec lequel les femmes du pays d'Aunis prennent des chevrettes, loches, aloseaux & aubussons.

Tremallas. On nomme ainsi à Alicante le filet que nous nommons *tramail*.

Tremillon du bourg d'Ault. Ce sont de petits tramaux.

Tressons, espèce de folle qui est en usage à Roscoff & à l'isle de Bas. On donne aussi ce nom dans la Dordogne à une saine à mailles fort petites & serrées.

Tressure, filet d'usage en Bretagne, & qui est du genre des folles.

Treu. Les pêcheurs des environs de Royan nomment ainsi une espèce de truble avec lequel ils prennent des chevrettes.

Treuille ou Trulot, petit truble pour prendre des chevrettes, qui n'est pas montée sur un cercle, mais sur deux regles parallèles l'une à l'autre. Elle est en usage à l'isle de Ré.

Trident, sorte de fouane. Cette pêche se fait en Provence, en se mettant dans un bateau nommé *bette*.

Trinquette, voile triangulaire qu'on met à l'avant de plusieurs bâtiments de la Méditerranée.

Trouelle, petite baguette souple & pliante, qu'on passe entre les mailles de quelques filets à manche, comme les verveux, pour faire un petit cercle qui tient le filet ouvert.

Trouillotte, sorte de petit filet qu'on nomme ailleurs *caudrette* ou *chaudrette*.

Truble, poche de filet qui est attachée à la circonférence d'un cercle de bois ou de fer, auquel est ajusté un manche plus ou moins long.

Trubleau, petite truble. *Voyez* Truble.

Turbinées. Les coquilles turbinées sont univalves & roulées en spirale comme les limaçons.

V.

Vagabondes ou Variantes. On donne ce nom aux courtines qu'on change fréquemment de place. Il y a encore des courtines qu'on nomme *volantes*.

VALET, morceau de bois qui a un crochet à chacun de ses bouts, & sert à tenir tendue la portion du filet qui est faite pour continuer à le faire commodément.

VARANGUES. Ce sont les membres qui sont posés immédiatement sur la quille, & forment la partie la plus basse des couples. Quand on veut que les fonds du bâtiment soient fins, on donne de l'acculement aux varangues. On les fait plattes, quand on veut qu'ils tirent peu d'eau. Les varangues de l'avant sont acculées, celles de l'arrière encore plus. On nomme *maitresse varangue* celle du maitre couple, qui est vers le milieu de la longueur du bâtiment.

VARVOUTE, filet à manche.

VAS-TU, VIENS-TU, pêche qui se fait avec un filet du genre des manets ou des tramaux, qu'on tend de terre par le travers d'un courant, au moyen d'une manœuvre passée dans une poulie de renvoi, qui est frappée à un rocher ou à un pieu.

VENETS, espèce de petit bas-parc du genre des courtines, formé de filets demi-circulaires.

VENGUDE. C'est ainsi qu'on nomme la grande entrée d'une bourdigue du côté de l'étang.

VENTURON, terme en usage au port de Fréjus, pour désigner un filet appellé *carrelet*. *Voyez* CALEN.

VERGANDIER. On appelle ainsi sur la côte de Normandie un petit arbrisseau qu'on nomme ailleurs *houx frélon*, & en latin *ruscus myrtifolius aculeatus*.

VERGUES, pièces de bois plus grosses au milieu que vers les extrémités, qu'on attache au mât par le milieu, & sur lesquelles sont tendues ou encapelées les voiles.

VERQUEUX, synonyme ou corruption de *verveux*. *Voyez* ce mot.

VERROTIERS. On appelle ainsi les pêcheurs qui fouillent le sable avec des pioches, louchets, ceus, rateaux ou herses, pour en tirer les vers. On les transporte en vie dans des sebilles pleines d'eau de mer.

VERS. Il y en a de bien des espèces qui servent à amorcer les haims.

VERVEUX ou VERVIERS, filets en forme de manche comme les guideaux, mais moins longs. Pour empêcher que le poisson n'en sorte, on ajuste à l'entrée & dans l'intérieur, un filet large d'entrée qui se termine en pointe, qu'on appelle *goulet*.

VIBORD, partie du vaisseau qui s'élève au-dessus du pont le plus élevé, & forme avec ce pont une espèce de coffre.

VIREVAU, cylindre de bois qui est percé horizontalement, & qu'on fait tourner avec des leviers. *Voyez* MOULINET.

VIRURE de bordage, est une bande de bordages qui s'étend tout autour d'un bâtiment.

VIVIERS. Ce sont de grands réservoirs qui reçoivent l'eau d'une source, dans lesquels le poisson se conserve mieux que dans les huches, & en plus grande quantité; mais il ne s'y multiplie pas. Les viviers pour conserver les poissons de mer, sont des marres qu'on creuse au bord de la mer, ou des paniers qu'on dépose dans des endroits où il entre de l'eau de mer.

VOILE, assemblage de plusieurs lés de toile cousus à côté les uns des autres, pour faire de grandes pièces de toile qui donnent le mouvement au bâtiment par l'action du vent. Il y en a de *quarrées*, qu'on tend sur des vergues; de *latines* ou *triangulaires*, qu'on attache aux antennes des galères ou autres bâtimens de la Méditerranée; d'autres qu'on tend sur les cordages nommées *étais*. Les voiles tirent leur nom des mâts où elles sont attachées: le grand mât porte la *grande voile*, le *grand hunier* & le *grand perroquet*, le mât de misaine, la *grande voile de misaine*, le *petit hunier*, le *petit perroquet*; l'artimon ses voiles *latines*, & le *perroquet* de fougue; le beaupré, la *civadière*.

VOLARDS. Ce sont des rames ou menues branches d'arbres qui servent à faire les clayonnages.

VOLETS, gaules menues & pliantes, sur lesquelles les pêcheurs montent le filet de leurs bouteux.

VORACES. Quoique presque tous les poissons vivent d'autres poissons, il y en a cependant qui en font une telle destruction, qu'on les regarde particulièrement comme voraces.

VOYE. On appelle ainsi à la Tête-de-Buch une bouée ou signal qui sert à retrouver les filets qu'on a tendus par fond.

VRAC. *Poisson en vrac.* C'est celui qu'on met pêle-mêle dans les barils sans les arranger.

VREDELÉE. Les pêcheurs de St.-Michel en l'Herm nomment ainsi un filet dont les deux bouts sont montés sur deux perches : deux hommes les tiennent contre le courant, pendant que d'autres battent l'eau pour engager le poisson à donner dans le filet.

W.

WARANDEURS. On nomme ainsi à Dunkerque des gens nommés par le magistrat pour assister aux salaisons des harengs qui se font dans la ville, & pour apposer les armes de la ville sur les caques.

WARNETTE. Ce terme sur la côte de Normandie signifie des filets en saine, qui sont faits avec du fil très-fin & très-délié.

WARNETTEURS, petits bateaux pêcheurs à cul quarré, en usage à Dieppe.

WARRETÉE, espèce de fil à voile que les pêcheurs achètent des cordiers, pour joindre ensemble plusieurs pièces de filet. Ce terme est en usage sur une partie de la côte de Normandie.

X.

XABEGA, sorte de bregin dont se servent les espagnols pour prendre des sardines. On le nomme aussi *boliche*.

Y.

YOLLE ou BISCAYENNE, petit chaloupe qui va presque toujours à la rame.

Extrait du Traité des Pêches de Duhamel-Dumonceau.

Fin du Vocabulaire des Pêches.